工商管理优秀教材译丛

管理学系列 →

供应链管理

物流视角 | 第 10 版

[美]
约翰·J. 科伊尔（John J. Coyle）
C. 小约翰·兰利（C. John Langley, Jr.） 著
罗伯特·A. 诺华克（Robert A. Novack）
布里安·J. 吉布森（Brian J. Gibson）

宋华　王岚　等 译

Supply Chain Management A Logistics Perspective (Tenth Edition)

清华大学出版社
北　京

北京市版权局著作权合同登记号 图字：01-2019-5067

John J. Coyle，C. John Langley，Jr.，Robert A. Novack and Brian J. Gibson
Supply Chain Management：A Logistics Perspective，10th edition

Copyright © 2017 Cengage Learning Asia Pte Ltd..

Original edition published by Cengage Learning. All rights reserved. 本书原版由圣智学习出版公司出版。版权所有，盗印必究。

Tsinghua University Press is authorized by Cengage Learning to publish and distribute exclusively this Simplified Chinese edition. This edition is authorized for sale in the People's Republic of China only (excluding Hong Kong，Macao SAR and Taiwan). Unauthorized export of this edition is a violation of the Copyright Act. No part of this publication may be reproduced or distributed by any means，or stored in a database or retrieval system，without the prior written permission of the publisher.

本中文简体字翻译版由圣智学习出版公司授权清华大学出版社独家出版发行。此版本仅限在中华人民共和国境内（不包括中国香港、澳门特别行政区及中国台湾地区）销售。未经授权的本书出口将被视为违反版权法的行为。未经出版者预先书面许可，不得以任何方式复制或发行本书的任何部分。

Cengage Learning Asia Pte. Ltd.
5 Shenton Way，♯ 01-01 UIC Building，Singapore 068808

本书封面贴有 Cengage Learning 防伪标签，无标签者不得销售。
版权所有，侵权必究。举报：010-62782989，beiqinquan@tup.tsinghua.edu.cn。

图书在版编目（CIP）数据

供应链管理：物流视角：第 10 版/（美）约翰·J. 科伊尔（John J. Coyle）等著；宋华，等译. —北京：清华大学出版社，2021.1（2022.8重印）
（工商管理优秀教材译丛. 管理学系列）
书名原文：Supply Chain Management：A Logistics Perspective（Tenth Edition）
ISBN 978-7-302-56434-8

Ⅰ. ①供… Ⅱ. ①约… ②宋… Ⅲ. ①供应链管理－高等学校－教材 Ⅳ. ①F252.1

中国版本图书馆 CIP 数据核字（2020）第 178170 号

责任编辑：贺　岩
封面设计：常雪影
责任校对：宋玉莲
责任印制：丛怀宇

出版发行：清华大学出版社
　　　　　网　　址：http://www.tup.com.cn，http://www.wqbook.com
　　　　　地　　址：北京清华大学学研大厦 A 座　　　邮　编：100084
　　　　　社 总 机：010-83470000　　　　　　　　　　邮　购：010-62786544
　　　　　投稿与读者服务：010-62776969，c-service@tup.tsinghua.edu.cn
　　　　　质量反馈：010-62772015，zhiliang@tup.tsinghua.edu.cn
印 装 者：三河市铭诚印务有限公司
经　　销：全国新华书店
开　　本：185mm×260mm　　印　张：31.25　　插　页：2　　字　数：722 千字
版　　次：2021 年 1 月第 1 版　　　　　　　　　　　　印　次：2022 年 8 月第 2 次印刷
定　　价：98.00 元

产品编号：082089-01

序言

供应链管理：物流视角（第10版）
Supply Chain Management: A Logistics Perspective

本书第10版《供应链管理：物流视角》于2016年春季出版，这标志着距第一版发布已经40周年。在这40年的时间里，对原文的标题和内容的改动反映了美国和世界其他国家的动态变化。如果我们能预测到无人驾驶飞机会送货，3D打印取代了库存，机器人在仓库填写订单，1976年可用于购物的现代手机的问世，我们可能会被认为正在写科幻小说。尽管如此，在第10版中，这些改变加上许多其他的改变都有所涉及并被广泛接受，书里解释了它们对全球经济的影响，特别具体说明了它们对21世纪许多企业的物流和供应链系统产生的影响。这个世界已经发生了巨大变化，特别是商业环境，一些专家描述这个世界为"湍流世界"。因此你必须系好安全带，戴好头盔，才能在这样一个混乱、快速的40年里幸存下来。在这一过程中，物流和供应链管理在改善组织效率、效用和竞争力方面扮演了越来越重要的角色。

1976年，有些人认为美国注定要成为第二经济体，而日本会超越美国成为第一，西德等国在竞争激烈的全球市场生产产品和服务。美国经济处于"低潮"状态，然而变化的种子正被悄然播下。第一个重要的变化是对运输的管制放松，这发生在美国20世纪70年代末和80年代那段时间。放松管制的最终结果是，运输服务的购买和销售与购买和销售其他商品和服务无异，政府监管越来越少。富有竞争力的价格刺激了经济活动，这助力了美国产品在国内和全球范围内更具竞争力，从而提高了美国在20世纪80年代的经济竞争力，这点在第1章也有涉及。

全球化、技术和更加消息灵通的消费者也影响和改变了90年代美国经济的发展（第1章将更详细地讨论）。所有这些变化和美国经济复苏的一个关键因素是经济的发展。许多组织以及物流和供应链服务提供商（3PLs）为美国经济的增长及其在全球的地位作出了贡献。这是一系列令人惊讶的变化，我们希望在过去40年的各种版本中都能充分反映这一变化（因此，上文提到的内容和标题发生了变化）。全球组织了解到，精益、快速、敏捷和灵活的供应链是21世纪的一项要求。在21世纪，经济波动可能比过去更快，持续时间更短。快速适应和应对也是持续增长和盈利的要素。

成功的另一个重要经验是认识到"金融"必须是供应链管理人员的共同语言，因为这是董事会的基本语言。每股收益、资产收益率、投资回报率、现金流和股东价值被供应链管理人员用来报告其对公司的贡献。尽管在以前，存货周转率和订单完成率是衡量供应链和物流绩效的内部指标，但其必须转化成与管理层产生共鸣的术语。认识到21世纪持续的快速变化和高效的供应链管理的重要性，作者试图在本书第10版中以新增内容反映这些方面，并对主题进行重新排序。

第一部分——供应链基础

本节为理解供应链管理提供了一个框架，因为它是为迎接过去30年的挑战而发展的。第一章概述了21世纪供应链管理的作用和重要性。接下来是第2章，通过对人口统计学的深入研究，探讨21世纪世界各国之间的全球性问题。第3章探讨了支持全球供应链挑战的物流管理的重要维度。这使人们充分认识到物流作为供应链支柱所发挥的关键作用。作为第一部分的最后一章，第4章探索供应链设计的挑战，分别从传统视角以及快速兴起的全渠道分布的语境下来考虑。

第二部分——供应链基本面

供应链的基本面可以在所谓的SCOR模型中看到，该模型提供供应链关键成分的概念视图。本部分的内容延续了SCOR模型的精神，每一章都将探讨模型的一个组成部分。战略采购是第5章的主题，涉及采购材料和服务。在这个外包时代，货物和服务的战略性全球采购变得越来越相关和重要。第6章的重点是运作。在制造和相关领域（如维护）的高效和有效的运营在供应链中具有重要意义。第7章介绍了为客户增值的客户需求和要求。作为本部分最后一章，第8章涉及了客户服务和订单管理，并将重点放在绩效测度和财务影响。

第三部分——跨链物流流程

此部分深入了解实现客户订单履行目标所必需的主要供应链流程。这些领域被统称为"交叉链物流过程"，它们是保障原材料、组件和成品流程成功按要求交付的主要因素。为了给本部分主题提供有用的见解和观点，第9章重点介绍了供应链中管理库存的当代和未来的方法。第10章强调了承担供应链关键责任的分销角色，第11章用大篇幅讲到作为整体供应链成功的关键要素——运输发挥的关键作用。

总体上，通过确保客户在合适的时间和地点，以合适的价格收到合适数量的合适产品，这些流程的成功实施有助于实现高效和有效的供应链承诺。顾客也会因此满意，订单变现也能得到最大化。虽然该部分不像供应链管理其他部分那么有趣，但这些流程却是保障供应链成功所不可或缺的。

第四部分——供应链挑战和未来方向

第四部分探讨了供应链管理者在全球经济中努力保持竞争力所面临的战略问题。其中一个问题是供应链整合问题，它越来越受到供应链专业人士和学术界的关注。第12章讨论的是，由于供应链参与者之间需要协作，因此需要在内部和外部的视角上进行协调。第12章也提供了关于第三方物流服务提供者的作用，以及他们如何促进成员之间达到所期望的供应链整合的程度。第13章对绩效评估和财务分析的重要领域进行了深入的探讨，这些领域对于成功地执行今天的供应链责任至关重要。第14章讨论了技术这一主题，因为它在实现供应链成功方面发挥着越来越重要的作用。供应链技术不仅对供应链和所涉组织的运作十分重要，而且已成为创造客户价值，为整个组织的成功作出重大贡献的关键因素。简言之，强大的技术使用已成为一个非常重要的变革动因，它可以帮助应对供应链面临的日益增加的压力。最后，第15章介绍了供应链管理的一些管理原则，以及它们是如何在快速变化的环境中继续发展和保持现状的。作为收尾，本章还针对几个对当代以及未来都有助于实现供应链管理和整体商业成功目标的话题，提供了深度评析。

本书特点
- 在每章开始部分的学习目标为学生提供了本章的总体视角，并为后续主题的知识展开建立基准。
- 供应链窗口是每一章的开始，通过熟知的、真实存在的企业、人物和事件向学生介绍本章的主题。
- 物流在线部分是具应用性的具体的例子，能为学生提供符合每章主题的实务管理经验。
- 每章末尾的小结和研究问题能加强本章的学习内容。
- 每章末尾的简短案例建立在学生所学知识的基础上，案例后的问题能够增强学生批判性思维能力。

附加材料
本书网站包含三个重要的来源：
- 教师手册包括章节大纲、章尾研究问题的答案、章尾简短案例和综合案例的评论，以及教学提示。
- 方便的题库为每一章提供了各种各样的判断选择题、多项选择题和简答题。
- 幻灯片涉及了主要章节的话题，也包含了主要部分的图表。

国际采购与供应链管理协会（IPSCMI）简介

国际采购与供应链管理协会（International Purchasing and Supply Chain Management Institute，IPSCMI，网址：www.ipscmi.org）是一所在全球享有良好声誉的美国专业协会，在全世界范围内提供采购和供应链管理方面的专业培训和职业资格认证服务。

IPSCMI 于 2004 年推出的注册国际供应链专员（CISCP）和注册国际供应链经理（CISCM）职业资格认证，是世界上最早的供应链管理方面的专业认证。到目前为止，来自全球 42 个国家的 6 万多名专业人员已成功获得了 IPSCMI 的认证。

前 言
供应链管理：物流视角（第10版）
Supply Chain Management: A Logistics Perspective

供应链管理和其紧密相关的物流是大多数企业实施竞争战略，提升市场份额和股东价值的必要基础。那些计划在企业发展中寻求事业的学生将会从对该领域的深刻理解中受益良多。实践管理者也会发现本书是一本有益和有效的资源，因为它及时、全面、有深度地反映了该领域中的很多话题。

在第10版中，本书试图尽可能全面地反映商业实践中正在发生的变革。本书的作者试图结合已证实的、现实世界的物流视角，为读者提供有关供应链管理最前沿的知识和系统全面的思考。为了反映全球商业环境和供应链管理领域发生的巨大变化，本版也提出了一个能充分了解和认识供应链管理概念和原则的逻辑框架。此外，需要重点关注的是，本书的特点不仅仅是从物流的视角看待供应链管理，而且将物流定位于从更为广义的供应链概念出发，实现战略和运营成功的一系列重要的流程和职能。

第一部分提供了理解供应链管理的一个框架。第1章概述了21世纪供应链管理的作用和重要性。第2章探索了全球供应链，以及与全球贸易战略和成功之间的关联。第3章分析了物流的重要维度，以及物流与供应链管理之间的关系。作为第一部分的最后一章，第4章探索供应链网络设计，分别从传统视角以及快速兴起的全渠道分布的环境下来分析。

供应链战略要素是第二部分的核心。每一章内容分别探讨SCOR模型的一个组成部分。第5章的主题是战略采购，有关供应、采购、供需关系。第6章的主题是生产运营。第7章的主题是需求管理，包括预测、销售与运营计划流程等。第8章涉及两个紧密相关的话题，即订单管理和客户服务。

第三部分供应链关键流程深入探讨了实现客户订单所必需的关键供应链流程，它们是保障原材料、组件和成品按要求成功交付的主要因素。第9章重点介绍供应链中有效管理库存的方法。配送和运输可以视为连接供应链的纽带，这些领域中的战略和技术是第10章和第11章涉及的内容。

第四部分探索影响未来物流和供应链管理的宏观趋势，以及将来保持竞争力的战略。第12章从内部和外部整合的视角讨论了供应链联盟与协作。第13章涉及绩效评估和财务分析，这有利于我们理解如何运用绩效和财务方法实现效率和效益。第14章讨论了技术这一主题，包括信息技术以及影响供应链管理的技术革新。因为技术已经成为驱动供应链变革和实现供应链成功的重要因素。最后，第15章介绍了供应链管理面临的挑战与机遇，也提出了一些想法，即各类企业在特定的状况下如何转变或变革供应链。

本书第10版内容更新和涵盖了国际采购与供应链管理协会（International Purchasing and Supply Chain Management Institute，IPSCMI）供应链管理认证项目

CISCP/CISCM 的知识体系和专业能力要求,是其资格认证考试的指定培训教材。

本书特点

每章开始部分为学生提供了学习目标,以帮助学生了解整章涉及的内容,以及各主题的基本知识点。

每章从供应链窗口开始引入,利用熟悉真实的企业、人物和事件向学生介绍本章的主题。

利用物流在线和具体案例为学生提供有关本章内容的实用的管理经验。

每章结束时的小结和研究问题用来强化本章内容。

每章讲述的案例以学生每章所学习的内容为基础,其后的案例问题强化训练了思考技巧。

北京语言大学的郭子萌、汪韵、肖雅妮、潘馨越、华海萍、吴梦丽、曾泽鑫同学对本书的翻译提供了大量的帮助,汪韵和肖雅妮帮助进行了本书的校对,在此表示感谢。

目录

供应链管理：物流视角（第10版）
Supply Chain Management: A Logistics Perspective

第一部分

第1章 供应链管理 ········ 3
- 供应链窗口 ········ 3
- 1.1 引言 ········ 5
- 1.2 塑造21世纪的供应链：发展与改变 ········ 6
- 1.3 供应链：21世纪的发展和塑造 ········ 11
- 1.4 主要供应链问题 ········ 16
- 小结 ········ 19
- 复习思考题 ········ 19
- 案例1.1 莱亥谷运输和物流服务（LVTLS） ········ 20
- 案例1.2 Central Transport 公司 ········ 21

第2章 供应链的全球维度 ········ 22
- 供应链窗口 ········ 22
- 2.1 引言 ········ 23
- 2.2 全球贸易和商业的基本原理 ········ 23
- 2.3 影响全球商业和供应链的因素 ········ 24
- 2.4 全球供应链流动 ········ 29
- 2.5 在全球经济中的供应链 ········ 32
- 2.6 全球市场和战略 ········ 33
- 2.7 供应链安全：调节平衡 ········ 35
- 2.8 港口 ········ 36
- 2.9 《北美自由贸易协议》 ········ 36
- 小结 ········ 36
- 复习思考题 ········ 37
- 案例2.1 红鱼蓝鱼有限责任合伙 ········ 38

第3章 物流在供应链中的地位 ········ 39
- 供应链窗口 ········ 39
- 3.1 引言 ········ 40

3.2 什么是物流 ⋯⋯ 41
3.3 物流的增值作用 ⋯⋯ 43
3.4 物流活动 ⋯⋯ 45
3.5 经济中的物流：宏观角度 ⋯⋯ 49
3.6 企业中的物流：微观角度 ⋯⋯ 51
3.7 企业物流：影响物流成本和物流重要性的因素 ⋯⋯ 54
小结 ⋯⋯ 60
复习思考题 ⋯⋯ 60
案例3.1 Jordano食品公司 ⋯⋯ 61
案例3.2 Senco电子公司 ⋯⋯ 62
附录3A 物流系统分析技术 ⋯⋯ 63
附录3B 物流系统分析方法 ⋯⋯ 65

第4章 配送和全渠道网络设计 ⋯⋯ 70

供应链窗口 ⋯⋯ 70
4.1 引言 ⋯⋯ 71
4.2 长期计划的需要 ⋯⋯ 72
4.3 物流网络设计 ⋯⋯ 75
4.4 主要的选址决定因素 ⋯⋯ 78
4.5 建模方法 ⋯⋯ 83
4.6 全渠道网络设计 ⋯⋯ 93
小结 ⋯⋯ 102
复习思考题 ⋯⋯ 102
案例4.1 强生公司 ⋯⋯ 104
案例4.2 Bigelow商店 ⋯⋯ 104
附录4A 坐标法——城市库房地址的敏感性分析和应用 ⋯⋯ 105

第二部分

第5章 采购和服务 ⋯⋯ 111

供应链窗口 ⋯⋯ 111
5.1 引言 ⋯⋯ 112
5.2 购买的产品服务的种类和重要性 ⋯⋯ 113
5.3 战略采购方法 ⋯⋯ 115
5.4 供应商评估和供应商关系 ⋯⋯ 121
5.5 总到岸成本 ⋯⋯ 122
5.6 电子采购 ⋯⋯ 123
5.7 电子商务的类型 ⋯⋯ 126

小结 ……………………………………………………………………………… 127
复习思考题 ………………………………………………………………… 128
案例 5.1　鳄鱼公司 ………………………………………………………… 128
案例 5.2　环球公司 ………………………………………………………… 129
附录 5A　采购价格的具体案例 …………………………………………… 130

第 6 章　产品和服务的生产 …………………………………………………… 134

供应链窗口 …………………………………………………………………… 134
6.1　引言 …………………………………………………………………… 135
6.2　供应链管理中生产运营的作用 ……………………………………… 136
6.3　运营战略和计划 ……………………………………………………… 139
6.4　生产执行决策 ………………………………………………………… 146
6.5　生产指标 ……………………………………………………………… 153
6.6　生产技术 ……………………………………………………………… 154
小结 …………………………………………………………………………… 156
复习思考题 …………………………………………………………………… 157
案例 6.1　哈德森吉他公司 ………………………………………………… 157
案例 6.2　埃尔维斯高尔夫有限责任公司 ………………………………… 158

第 7 章　需求管理 ……………………………………………………………… 160

供应链窗口 …………………………………………………………………… 160
7.1　导言 …………………………………………………………………… 161
7.2　需求管理 ……………………………………………………………… 161
7.3　平衡供应与需求 ……………………………………………………… 163
7.4　传统预测 ……………………………………………………………… 164
7.5　预测误差 ……………………………………………………………… 165
7.6　预测方法 ……………………………………………………………… 167
7.7　销售与运营规划 ……………………………………………………… 172
7.8　协同规划、预测和补货 ……………………………………………… 174
小结 …………………………………………………………………………… 177
复习思考题 …………………………………………………………………… 177
案例 7.1　你的轮胎公司 …………………………………………………… 177
案例 7.2　玩乐时光股份有限公司（Playtime,Inc.） ……………………… 179

第 8 章　订单管理和客户服务 ………………………………………………… 180

供应链窗口 …………………………………………………………………… 180
8.1　引言 …………………………………………………………………… 181
8.2　订单影响——客户关系管理（CRM） ………………………………… 182

8.3 订单执行——订单管理和订单履行 …… 190
8.4 电子商务订单履行战略 …… 195
8.5 客户服务 …… 195
8.6 预期缺货成本 …… 202
8.7 订单管理对客户服务的影响 …… 204
8.8 服务补救 …… 217
小结 …… 218
复习思考题 …… 219
案例 8.1 Telco 公司 …… 219
案例 8.2 Webers 责任有限公司 …… 221

第 三 部 分

第 9 章 供应链中的库存管理 …… 225

供应链窗口 …… 225
9.1 引言 …… 226
9.2 库存在美国经济中的作用 …… 226
9.3 库存在企业中的作用：保有库存的原因 …… 228
9.4 库存成本 …… 233
9.5 管理库存的基本方法 …… 244
9.6 其他存货管理方法 …… 263
9.7 库存分类 …… 274
小结 …… 279
复习思考题 …… 280
案例 9.1 MAQ 公司 …… 280
案例 9.2 BBE 棒球卡商店 …… 281
附录 9A EOQ 方法的特殊应用 …… 282

第 10 章 配送——管理执行操作 …… 292

供应链窗口 …… 292
10.1 引言 …… 293
10.2 配送操作在供应链管理中的作用 …… 293
10.3 配送计划与战略 …… 299
10.4 配送执行 …… 307
10.5 配送度量 …… 311
10.6 配送技术 …… 313
小结 …… 317
复习思考题 …… 317

案例 10.1　Power Force 公司 ……………………………………………… 318
　　案例 10.2　TV Gadgetry 公司 …………………………………………… 319
　　附录 10A　物料处理 ………………………………………………………… 320

第 11 章　运输——管理供应链的流动 …………………………………… 327
　　供应链窗口 …………………………………………………………………… 327
　　11.1　引言 …………………………………………………………………… 328
　　11.2　运输在供应链管理中的作用 ………………………………………… 329
　　11.3　运输的方式 …………………………………………………………… 331
　　11.4　运输计划和战略 ……………………………………………………… 342
　　11.5　运输执行和控制 ……………………………………………………… 351
　　11.6　运输技术 ……………………………………………………………… 356
　　小结 …………………………………………………………………………… 359
　　复习思考题 …………………………………………………………………… 360
　　案例 11.1　Vibrant Video 公司 …………………………………………… 360
　　案例 11.2　鲍勃的 BBQ ……………………………………………………… 361
　　附录 11A　运输行业的联邦规则 …………………………………………… 362
　　附录 11B　运输费用的基础 ………………………………………………… 366

第 四 部 分

第 12 章　供应链联盟 …………………………………………………………… 373
　　供应链窗口 …………………………………………………………………… 373
　　12.1　引言 …………………………………………………………………… 374
　　12.2　第三方物流——行业概况 …………………………………………… 381
　　12.3　第三方物流调查研究——行业详细情况 …………………………… 386
　　小结 …………………………………………………………………………… 391
　　复习思考题 …………………………………………………………………… 392
　　案例 12.1　Quik Chips 公司 ……………………………………………… 392
　　案例 12.2　HQ Depot 公司 ………………………………………………… 393

第 13 章　供应链绩效衡量与财务分析 …………………………………… 395
　　供应链窗口 …………………………………………………………………… 395
　　13.1　引言 …………………………………………………………………… 397
　　13.2　绩效衡量标准的维度 ………………………………………………… 398
　　13.3　开发供应链绩效体系 ………………………………………………… 401
　　13.4　绩效衡量的类别 ……………………………………………………… 402
　　13.5　供应链和财务的联系 ………………………………………………… 405
　　13.6　销售收入与成本节约之间的关系 …………………………………… 406

- 13.7 供应链对财务的影响 ········ 408
- 13.8 财务报告 ········ 411
- 13.9 供应链决策的财务影响 ········ 413
- 13.10 供应链服务的财务影响 ········ 418
- 小结 ········ 424
- 复习思考题 ········ 424
- 案例 13.1 WD 公司 ········ 425
- 案例 13.2 Paper2Go.com 公司 ········ 426
- 附录 13A 财务词汇 ········ 427

第 14 章 供应链技术——管理信息流 ········ 428

- 供应链窗口 ········ 428
- 14.1 引言 ········ 429
- 14.2 信息需求 ········ 430
- 14.3 系统能力 ········ 433
- 14.4 供应链管理软件 ········ 437
- 14.5 供应链技术的实施 ········ 442
- 14.6 供应链技术创新 ········ 446
- 小结 ········ 449
- 复习思考题 ········ 449
- 案例 14.1 充气帐篷的创新 ········ 450
- 案例 14.2 Grand Reproductions Inc. ········ 451

第 15 章 供应链中的战略挑战与变革 ········ 452

- 供应链窗口 ········ 452
- 15.1 引言 ········ 453
- 15.2 供应链管理的原则 ········ 453
- 15.3 供应链分析和大数据 ········ 457
- 15.4 全渠道 ········ 462
- 15.5 可持续性 ········ 464
- 15.6 3D 打印 ········ 468
- 15.7 供应链管理中人才管理需求的日益增长 ········ 471
- 15.8 本书主要思想 ········ 474
- 小结 ········ 475
- 复习思考题 ········ 475
- 案例 15.1 Snoopze's P.O. PLUS ········ 476
- 案例 15.2 Peerless Products 公司 ········ 478
- 附录 15A 逆向物流系统与封闭式物流系统 ········ 479

第一部分

第1章 供应链管理

第2章 供应链的全球维度

第3章 物流在供应链中的地位

第4章 配送和全渠道网络设计

供应链管理：物流视角（第10版）
Supply Chain Management: A Logistics Perspective

第一部分

　　本书这一部分提供了一个框架和概述，来描述过去 30 年来扩展和发展的供应链管理的一些认识、见解和理解。这一部分进行了再次更新和修订，以便更好地反映作者对 21 世纪全球供应链动态发生的看法。公司和其他组织需要应对相关挑战，以实现效率和效益，同时满足"客户"的期望。

　　第 1 章概述了供应链管理在当今动荡的环境中的作用和日益增加的重要性。这一章探讨了影响全球供应链的外部力量以及 21 世纪的主要挑战和问题。同时还概述了供应链管理及其发展的基本原则。

　　供应链管理的全球因素在第 2 章中被重新定位，并将其扩展到更充分地解释影响全球供应链的人口和经济问题的复杂性。对这些全球动态做出有效反应对于企业生存至关重要。

　　第 3 章探讨了物流管理的各个方面，及其对全球供应链成熟度的影响。物流作为世界级供应链的"支柱"的作用得到了检验和解释。

　　第 4 章已在第一部分重新定位，并扩展到包括对全渠道分布和相关网络设计的分析和讨论。对于许多供应链而言，这是一个重要的问题，也是一个日益严峻的挑战，因为它们满足了当今苛刻和精通技术的消费者的需求。

第 1 章

供应链管理

学习目标

通过阅读本章,你应该能够:

- 阐述高效的供应链是如何提高顾客满意度和现金流的。
- 了解领先企业中供应链管理发展的合理性并理解其对保持财务活力的贡献。
- 意识到供应链管理在私有企业和公共机构中的重要性与作用。
- 理解供应链方法对组织效率与效益以及全球竞争力的促进作用。
- 分析实施有效供应链管理所产生的效益。
- 了解组织在制定与实施供应链战略中所面临的主要挑战和问题。

供应链窗口

SAB 物流配送公司

SAB 是一个传统的供应链中介组织,它从主要的生产商如卡夫、金佰利、宝洁、联合利华那里购买消费产品,然后再将它们卖给分销商、批发商和零售商。2010 年,Susan Weber 接任公司 CEO 一职,她意识到即使有一些重大的变化,SAB 要在激烈竞争的经济环境下生存下来取决于公司重新审视自己在各类供应链中的作用,并进行适当的战略和战术变革。

公司背景

1949 年,三个退伍老兵在宾夕法尼亚州的哈里斯堡成立了 SAB 物流配送公司。第二次世界大战期间,他们曾经在美国海军后勤部服役。选择哈里斯堡是因为它位于宾夕法尼亚州的中心,同时也靠近公路和铁路。SAB 的创始人 Skip、Al 和 Bob 认识到这里需要一个食品批发公司,服务于以哈里斯堡为中心方圆 100 英里范围内的中小型零售商。他们的远见得到了证实,在随后几年,公司成长并且兴旺起来。1978 年公司合并,1980 年创始人退休后,Pete Swan 被任命为 CEO。

SAB 的市场扩张到了邻近的州,生产线也从不易变质的食品延伸到了易腐食品和非食品的消费产品。1995年,当公司处于重要的转折点的时候,Sue Purdum从Pete那里接管了这家公司。Purdum女士因为在SAB成功地应对了一系列的竞争挑战而业绩卓著。当Susan Weber接任CEO一职之时,她就充分地认识到如果SAB想要继续盈利,变革是十分必要的。基本上,SAB需要对业务实施重大变革。

现状

SAB面临着关乎其未来生存的很多挑战。首先,它的客户不得不与大的零售商竞争,如沃尔玛(能从和SAB相似的消费品生产商那里直接购买,而不需要中间商)。此外,全球化正在影响SAB的经营业务,这主要是由于为美国更加多样化的人群提供的进口产品的增加,以及一直以来对低价格产品的寻找。而最终的结果就是一个更具潜在风险、更加复杂和竞争激烈的商业环境。

当Sue Purdum在1995年担任CEO的时候,她迅速地分析了其所处的竞争环境并且识别了改变经营业务的必要性。她最初关注通过提高仓库的运作效率来降低运营成本。同时,她发展了与核心承运商的关系,给他们更大的批量,由此带来了较低的单价和较好的服务。最后,她投资了信息系统。这些改变降低了SAB客户的营业成本并且使他们更具有竞争力。这也是一种双赢模式,因为SAB也变得更加高效和高盈利。

最初,Susan Weber遵循着Sue Purdum的领导方针,但她知道她必须变革企业来吸引更大的零售商。他们现在的客户的市场份额正在被更大的零售商侵蚀,而这对SAB的盈利水平产生了一定的负面影响。

Susan Weber意识到大型的零售商都把它们的部分运营外包给了我们通常所说的第三方,它们能够提供比大型零售商成本更低的更好的服务。考虑到SAB在物流上的专业性,她认为SAB有机会消除在供应链中重复的环节。例如,在生产上的工厂和零售点之间,通常有三四个存储和处理产品的配送点。

SAB的经理们认识到关于Susan Weber对竞争市场的评估的挑战以及她所指出的由这些变革所带来的机遇。在Susan五年的领导后,SAB就吸引了五个位于西北部的大型地方连锁零售商,并且发展建成了用于仓储的物流园区,一个交通中心以及一个邻近斯克兰顿市的调用中心。

这个新的物流园区使得SAB通过第三方物流服务(仓储、存货管理、订单执行、物流以及特殊包装)扩张升级了其为顾客带来的增值活动。

SAB希望能吸引更多的地区连锁店,比如Wegman's。这个新的物流园区聚焦在新鲜水果、蔬菜以及其他的易变质食品,这种物流通常被称作冷链。SAB物流园区成功吸引了其他几个位于东海岸的公司的注意,它们也在准备与其开展合作。

近期,Susan从某位SAB的创始人的女儿那得知,一个大型投资组织找上了她的家族,它们想买下这个家族所持有的公司65%的股份并将公司私有化。这样一次潜在的收购对Weber女士和她的员工们来说有着重要的影响。她认为SAB能够在现在的环境中生存,但她需要制订一个计划呈现给这些企业主并使其相信他们能够保持现在的股权。

正如你在本书所读到的那样,思考SAB如何解决那些当前环境的挑战,这包括:(1)成本压力;(2)拥有一个反应积极的/需求驱动的供应链;(3)供应链可见性;(4)更加积极合作的供应链关系;(5)改善的信息流和数据分析。

1.1 引言

20世纪的最后十年对组织特别是企业来说是一个快速发展的时期。21世纪,这种变化速度并没有减慢下来,事实上正在加快。这种变化的力量要求企业具有更强的敏捷性和响应度。也就是说,企业要有能力转变自身来适应激烈竞争的全球环境。SAB的案例就是这种驱动企业转变经营模式的一个好例子。如果在20世纪90年代没有改变的话,企业就会被这种模式所淘汰,且当今企业正面临着更加恐怖的挑战,这也就需要更大的改变。

本书之前的版本中引用的话在这个时点仍然适用。这些话如下:

"变化是不可避免的,而成长与进步是可以选择的。"

"当企业外部变化的速度比内部还快的时候,大限也就不远了。"

SAB的CEO Susan Weber理解了这些评论的意义以及与顾客合作的需求。表1.1中零售产业在2000年、2010年以及2014年的排名说明了这种变化的状态。或许有人会认为大多数零售商本来就是供应链企业,因为它们购买别人生产的产品,然后把这些相同的产品卖给它们的客户。虽然其他因素(如销售规划、价格、店铺选址、布局)都非常重要,但是供应链管理和物流是在当今高度竞争的全球环境下成功的关键因素。

表1.1 领先零售商

2000年	2010年	2014年
1. 沃尔玛	1. 沃尔玛	1. 沃尔玛
2. 克罗格	2. 克罗格	2. 克罗格
3. 家得宝	3. 太吉	3. 好市多
4. 西尔斯罗巴克	4. 沃尔格林	4. 家得宝
5. 凯马特	5. 家得宝	5. 沃尔格林
6. 艾伯森	6. 好市多	6. 太吉
7. 太吉	7. CVS Caremark	7. CVS Caremark
8. 杰西潘尼	8. 洛斯	8. 洛斯
9. 好市多	9. 百思买	9. 亚马逊
10. 西夫韦	10. 西尔斯控股	10. 西夫韦

Susan Weber理解了供应链在促使企业成功的过程中所发挥的潜在作用,也理解了当今全球环境的动态性所要求的新思维。表1.1展示了其改革要素以及其适应已经发生的变化的需求。2000年名单中十大巨头中有五个已经不在2010年的名单内,并且还伴随着西尔斯和凯马特的合并。请注意,在2000年,西尔斯和凯马特排在第四名和第五名的位置,但在合并之后,合并的公司仅仅排在第十名。四个新公司被列入2010年的名单中。2014年,两个新公司(亚马逊和西夫韦)被列入前十名的名单内,然而西尔斯和百思买却已经不在名单内。亚马逊的出现是十分引人注目的,因为它们的商业模式是没有任何实体店面的。

作为过渡,我们有必要调查塑造经济和政治环境的主要外部驱动力。我们需要理解这些引起经济和组织变化的动力的影响。

1.2 塑造 21 世纪的供应链：发展与改变

20 世纪 90 年代，全球市场态势发生了戏剧性的变化，企业必须适应这些变化，否则就会"灭亡"。不幸的是，一路伤亡不断。一些曾经辉煌过的企业并没有在竞争日趋激烈的全球市场中存活下来，因为它们无法适应和改变。顶尖的一些公司，比如 Westinghouse、Bethlehem Steel 以及 RCA 也不再进行商业活动。目前，成功的公司，比如 IBM，通用电气以及麦当劳在努力对商业模式做出适当的改变的同时，也在为生存苦苦挣扎。有人认为一个合适的商业理念应该是"颠覆或者被颠覆"，这可能是一种古老公理——"跳出固有思维模式"的一种表述方式。

五种主要的外部力量驱动了变化的速度，同时塑造了我们的经济和政治形势，它们是全球化、技术、组织的融合、日益强大的消费者、政府的政策和规则（见图 1.1）。这些因素的影响极大地改变了整个经济格局并且为全球供应链及其管理的发展提供了一个合适的商业环境。

图 1.1　外部变化驱动

1.2.1　全球化

全球化是被企业家引用最频繁的变革因素，它已经取代了第二次世界大战后的"冷战"，成为世界经济发展的主要驱动力。在过去的 20 年，"全球市场"或世界经济的概念对所有的企业（盈利的和非盈利的、中小企业和大企业）和消费者都具有新的意义。总之，全球化导致了一个竞争更加激烈的经济和地理环境。这种环境带来了经济和政治上的机遇与挑战。有些人认为，当前的全球环境中没有"地理界线"，或者更合适的说法是时间和空间被压缩了。因此，寻求全球网络合理化的企业会提出以下的问题：(1) 应当在何处获取资源？(2) 应当在何处组织生产产品或服务？(3) 产品或服务应当销往世界何处？(4) 应当在何处组织仓储和进行分销？(5) 应当采用哪一种全球化运输战略？

全球经济下供应链的一些重要问题和挑战包括：(1)更多政治上和经济上的风险；(2)产品生命周期缩短；(3)传统组织边界变模糊。这三个方面都值得讨论。

有很多原因导致了供需变得更加不稳定。例如，恐怖主义行为。ISIS在中东地区的恐怖袭击以及海盗袭击货船对商流带来严重的影响，企业已采取安全手段来保护它们的全球供应链，并迅速采取行动以抵消供应链所面对的挑战，这些挑战增加了企业的成本，但是风险仍然存在。另外，自然灾害，如飓风、洪水、地震等都会因为气候的变化和其对全球供应链所形成的重大挑战而成为更大的问题。供需的挑战通常因涉及的距离而在数量和严重程度上加剧，这就需要采取风险缓解策略。

有人认为，对供应链的打断导致信息流和产品流的中断就像心肌梗死中断了流向心脏的血液。如心肌梗死一般，供应链中断也会产生持久的影响。最好的公司的全球供应链必须具有适应性、弹性和反应能力，以应对全球经济所带来的挑战并且为破坏性力量制定缓解策略。

缩短产品生命周期是快速复制产品和服务的能力的证明。技术公司特别容易受到自己的新产品被再造的威胁。但是，在高度竞争的全球环境下，几乎所有的产品都会面临这样的问题。从供应链的角度上讲，缩短产品生命周期对库存管理是个挑战。被复制的产品很可能面临需求锐减并需要新的定价政策，这两个方面都对有效的物流管理提出了挑战。随着新产品的开发，绿色环保是库存管理的另一个挑战。这意味着公司要不断开发新产品或者重新布局旧产品来保持市场份额。科技发展的速度对现有企业尤其具有破坏性，并已导致一些企业的倒闭。

传统的组织界限的模糊使企业不得不调整或改变自身在竞争的全球经济中的经营模式或者说做生意的方式。为了保持财务上的生存能力（理解为盈利能力），企业不得不将自己运作的某些部分外包给另一个国内的或全球的公司，这些公司能够更加有效地提供它们的所需，同时能够保证质量。它们也会增加现有的运营以增加客户价值。SAB就在考虑这一战略。

外包并不是新生事物。没有任何一个组织是完全独立的。全球环境的竞争性已经扩大了国内和国际外包的范围。正如之前所提到的，为了保持竞争上的和财务上的生存能力，企业需要分析自己是如何经营业务的。例如，耐克多年来一直将其所有的制造业务外包出去；航空公司和旅馆业外包了它们的呼叫中心；许多手机和计算机生产商也将产成品所需的零部件外包出去。从供应链和物流的角度上讲，外包的增长是非常值得关注的，因为它增加了更加复杂和更具挑战性的、有效的全球供应链的重要性。

与全球经济增长相辅相成的是和供应链相关的技术领域的增长和发展。有人提到时间和空间正在被压缩，而技术在其实现过程中发挥了重要的作用。我们将讨论下一个外部变化驱动力——技术。应该指出的是，有一些企业认为科技已经成为比全球化更加重要的变革驱动力。

1.2.2 技术

随着企业流程的转变，企业作为变革的推动者，对供应链产生了重大的影响。但是，技术也是改变市场态势的巨大推动力。个人和组织被24×7（每周7天、每天24小时的营业方式)连接在一起,并且可以通过互联网以相同的基础获得同样的信息。搜索引擎(如 Google)能够快速地收集及时的信息。我们已经成了一些人所描述的"点击"一代。我们不再需要等待媒体按照它们的规划把信息"推给"我们,必要时我们也能够"拉动"信息。数据和信息的大量存储实际上就在我们的指缝间。像 Facebook 和 Twitter 这样的社交网络也在商业组织中扮演着日趋重要的角色,并且由于其对顾客需求的巨大影响和信息传递的速度,它们也在影响着供应链。一些人认为另一个在21世纪与企业相关的咒语是:不推特就后退。很多公司看到了在社交媒体上挖掘数据的机会,并以此来发现与改善预测和营销能力相关的需求。我们将来会进一步详细讨论,云计算成为了一个时髦用语,并在不断革新信息系统。

技术使个人和较小的企业与世界的"知识池"相连接,由此为供应链中的合作创造了一系列难以置信的机遇。技术促进了商流向发展中国家外包,也促进了与全球的个人和企业合作的机遇。科技使得 Uber、Airbnb 以及其他一些这样的企业的迅速发展,而它们的出现也会颠覆它们各自的市场。

作为 SAB 新任 CEO,Susan Weber 将不得不全面探索技术在经营采购和客户服务方面带来的机遇。她的前任使用技术改善了内部的流程,如仓储运作、订单履行及承运商的合作。Susan 将需要更加关注外部的信息技术,以提高整个供应链的效率和效益。

1.2.3 组织的融合和权力的转移

第二次世界大战后,产品制造商成为供应链的驱动力。它们设计、生产、促销和配送产品。在销量、员工、购买力、选址等方面,生产商通常是供应链中最大的组织。它们凭借特定的经济优势,通过供应链对产品分销施加影响。

20世纪八九十年代,伴随着零售商规模的增加,供应链中相对的经济力量发生了显著变化。零售巨头成为市场的领导者,如沃尔玛(Wal-Mart)、西尔斯(Sears)、凯马特百货公司(Kmart)、家得宝(Home Depot)、塔吉特(Target)、克罗格(Kroger)、麦当劳(McDonald)等。虽然其他的零售商不如沃尔玛大,但是它们的规模和经济购买力都获得了显著的提高。供应链末端经济实力转移的一个重要方面是因为许多消费品企业发现,15%~20%的客户占了它们70%~80%的总销量,单单是沃尔玛就占了它们10%~20%的总销量。

大型的零售商与消费品企业考虑的服务是一致的。例如,定时配送、混装或存货单元(Stock-Keeping Units,SKUs)、预先收货通知(Advance Shipment Notices,ASNs)、收缩性薄膜包装的托盘等,这些服务使得零售商的运作更有效率,也更有效益。零售商的规模也可以为生产商带来经济利益,后面的章节将细述这些利益。

为了实现成本节约和客户服务改善,供应链中的企业之间的合作更多了。例如,共享销售时点的数据就是减缓供应链中所谓的"牛鞭效应"的有效合作工具,这会带给供应链的合作方更多的利益。最佳创新实践的企业其创新的洞察有一半来自与供应商和顾客的合作行为。信息共享的作用不能被低估,这是 SAB 探索的关键领域,因为它正试图适应其周围的竞争环境。数据共享将帮助 SAB 减少缺货情况以及相关的销售损失,并以此来提高销售的存货的可得性。

1.2.4 日益强大的消费者

消费者对供应链与物流管理的影响更加直接,因为消费者在零售层面对多样化的产品和服务的需求增加了。大型零售商对全渠道配送策略的运用将会在第4章被讨论,当前一个很好的例子是科技对在零售商层面的市场销售额有着巨大影响,并且使得这个策略变得可行。

消费者从互联网或其他来源获取的信息赋予了他们权利,他们对产品来源和相关信息的访问呈指数增长。消费者有机会比较商品的价格、质量与服务,因此他们需要有竞争力的价格、优良的品质、定制的产品,还有便利、灵活及敏捷的响应。他们越来越无法忍受劣质的产品与服务。他们在网络上向Yelp等第三方汇报自己的喜恶。由于较高的收入水平,消费者的购买力也得到增加,他们需要最优质量的同时需要最优的价格和最好的服务。这些需求对各种消费品的供应链提出了挑战,也对其施加了压力。

随着双职工家庭与单亲家庭数量的增加,社会人口状况的变化使"时间"成为许多消费者首要考虑的因素,他们希望并要求按照他们制定的计划更加快捷和便利地提供商品或服务。朝九晚六的五天制服务已经不能满足消费者的要求,顾客需要24小时的全日制服务及最少的等待时间。"买方小心"这个古老的公理可能会改变为"卖方小心"。互联网使他们能够扩大购买选择范围,同时在购买前快速地做出对比。全渠道配送为消费者带来了便利和灵活。消费者的"力量"已经给供应链的运作机制带来了很多变化。即使是在通货膨胀时期,消费者仍要求价格稳定,其带来的压力也要求供应链尽可能有效地运作。合作时常是降低不断增长的成本,提高效率的基础。

1.2.5 政府的政策和规制

第五个外部变革因素是建立管理政策、规制、税收的各级政府(联邦的、国家的、地方的),它们会影响企业及其供应链。20世纪八九十年代,政府解除了对几个重要的经济部门的管制。这些解禁的部门包括运输、通信、金融机构,它们都是大多数组织结构的基石。

从20世纪70年代后期到80年代,政府解除了对交通运输部门的经济管制,如解除了对地方税务和服务区域的管制。交通运输服务可以在具有竞争性的环境中进行买卖。运输公司还能够提供运输服务之外的其他服务。例如,许多汽车运输公司声称是物流服务公司,可以提供一系列相关的服务,包括订单履行、库存管理及仓储。它们在新的商业环境中积极进取,把外包和合伙作为潜在的战略优势。(见案例1.1)

金融业同样也被解除了管制。金融市场变得更加竞争激烈、灵活,也更加响应客户需求。对金融机构的解除管制改变了商业组织运营现金流、购物卡以及短期投资方面的事物。这些改变使得组织察觉到供应链管理的作用,有助于资产效益的实现和现金流改善。以上这些都促使了对现金流的关注。但我们也需要注意关于解除金融业管制所带来的负面效应。比如,2008—2010年的金融危机。

通信行业的竞争性也日益加强，但由于重大变化要通过最高法院决议，因此情形有所不同。美国电话电报公司（AT&T/Bell）的电话业务被分离出来成立地方公司，长话业务也独立出来由其他公司（如美国MCI通信公司）经营。与上述两个行业一样，通信行业已经发生了很大变化，并将随着电缆、电话、计算机及无线接入等业务的综合经营发生更多变化。

企业和普通消费者都受到了通信行业变化的影响，从蜂窝电话到电子邮件、短消息及互联网，通信效率的提高为物流与供应链的发展带来了机遇，并使其得到显著改善，如库存可见性、快速响应补货、改进运输调度、订单录入等。第4章所讨论的全渠道配送在零售商层面对满足消费者需求有着巨大影响。供应链的改进导致了更低的成本与更好的顾客服务，供应链技术不断提高，更多的例子会在之后的章节进行进一步阐述。

SAB物流公司正受到所有这些变革驱动力的阻挡。市场竞争更加激烈，消费者需求和知识也在增加。全球化和管制解除都使得SAB在其地区市场上更易受攻击，同时也更易与较大的竞争对手直接接触。这些变革驱动力也为SAB和其他无论大型或小型的企业带来了机遇和挑战。SAB需要使用技术来提高供应链以及改变其商业模式以此存活下来。

物流在线

改变药物使用时间

在21世纪的"变革之风"中受到冲击的美国制药业多年来一直是美国经济的一支重要力量。多年来，该行业提供了稳定而优秀的就业机会，并为股东带来了丰厚的回报。然而，近年来，该行业受到了更激烈的全球竞争的挑战：非专利处方药和使用的相关增长；对其主要药品的专利保护的终止；新型"治疗重大疾病的重磅药"研发速度放缓；更多的监管；以及反应迟钝的供应链。

对于上述列举的挑战，人们可能会想到几种"解决办法"，但毫无疑问，在提高执行效率的同时，更有效地管理供应链是十分必要的。在与主要高管的讨论中指出，有必要将他们的战略从推动式转变为拉入式。推动式的做法导致了一些SKU库存过剩，另一些SKU缺货，从而导致库存成本上升，或许还会导致销售损失。他们的供应链也需要对需求"信号"作为及时的反应，另一个需要改变的是与供应商、客户和物流服务提供商进行更多的合作。在过去，制药公司基本上可以支配和控制供应链中发生的事情。供应链中的参与者通常不被认为是合作伙伴或需要的合作者。宝贵的信息和潜在的创新可能在这个过程中被浪费了。正如近年来所指出的，供应链合作者和合作伙伴通常提供了一半或更多的创新变化，从而降低了成本和/或改善了服务。

另一个需要改变的是改进信息流和管理以及提高供应链的可视性。这是改善物流和运输决策的必要因素。数据变得不完整或不正确、高成本和/或侵扰客户服务发生得十分频繁。及时准确的信息流非常重要，是改善药品供应链和提高行业财务生存能力的必要组成部分。

制药行业仍然是经济的一个重要组成部分,但与其他部分和个人公司一样,它们需要在其供应链和有关活动中作出创新的改变,以便在 21 世纪更具竞争力和财政可行性。

1.3 供应链:21 世纪的发展和塑造

1.3.1 供应链概念的发展

供应链管理并不是一个全新的概念,它始于 20 世纪 60 年代**实体配送**概念的形成,即对企业物流系统出货方的关注逐步产生演变的第三阶段(见图 1.2)。人们已经认识到运输、存货要求、仓储、外部包装、物料搬运及其他一些活动或成本中心之间的系统关系。例如,一种运输方式的选择与运用(如铁路运输)会影响到存货、仓储、包装、客户服务和物料搬运的成本;另一种运输方式(如汽车运输)会对同一成本中心产生不同的影响。产品类型、载货量、运输距离等将决定哪种形式总成本较低。这种系统视角是隐藏在供应链管理中的重要概念,我们将在第 3 章内更详细地探索它。

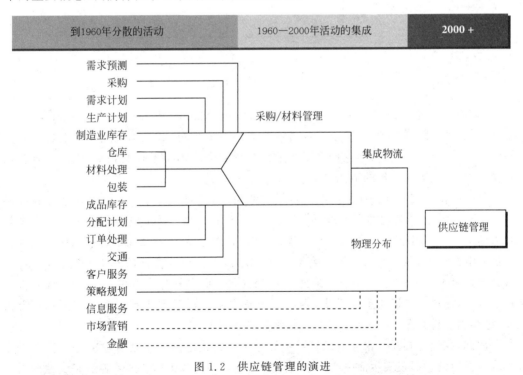

图 1.2 供应链管理的演进

正如我们已经提到的,20 世纪 80 年代,美国对交通和金融机构解除管制,物流或整合物流管理概念开始被越来越多的组织机构所运用。这是合乎逻辑的,因为放松运输管制能够将大型托运人的进货运输和出货运输结合起来,通过减少空回程车来降低承运人的运输成本,从而降低托运人的运费。同时,进货物流中的原材料和物资的全球采购越来越重要。因此,进货物流系统和出货物流系统的协同提供了更多提高效率或改善客户服务的机会。

系统或总成本概念背后的逻辑是物流管理的基本原理,价值链概念已经成为企业竞争性分析与战略工具。在价值链示意图中(见图 1.3)可以看到,出货物流与进货物流是价值链重要的基本组成部分,它为企业客户提供价值并使企业财务具有生存能力。其他有关销售、生产与物流的整合同样是价值链的重要方面,并且在供应链管理方面变得日益重要。

图 1.3 一般价值链

20 世纪 90 年代初期,食品生产商协会(Grocery Manufacturer's Association,GMA)委托一家专门从事物流与供应链管理研究的大型咨询公司,对其物流及供应链进行研究与分析。其所得出的有力结论指出了通过将存货水平从 104 天降低到 61 天可实现在出货物流中 30 亿美元一年的节约潜力。

另一个供应链重要意义的证明来自供应链协会,它对 1996 年和 1997 年业绩在上游(前 10%)和中游的公司的数据进行了比较。1996 年上游公司供应链的成本占整个销售收入的 7.0%,而中游公司的则占 13.1%。换句话说,上游公司每 1 美元收入中有 7 美分是供应链的成本,而中游公司每 1 美元中有 13.1 美分用于供应链的成本。到了 1997 年,数据分别是上游公司为 6.3%,中游公司为 11.6%。假设某一公司在 1997 年有 1 亿美元销售收入,通过简单运用上述数据,则该公司是上游公司就意味着利润要多出 530 万美元,这相当于再有 8 000 万到 1 亿美元销售额产生的利润。

因此,我们有必要对供应链做进一步的分析与讨论。图 1.4 是假设的一个简化的水平线性供应链。而现实生活中的供应链通常要比它复杂,因为它们可能是非线性的或有更多的参与者(见图 1.5)。同时,这个供应链没有充分体现供应链中运输的重要性。此外,一些公司可能是几个供应链的参与者。比如,化工企业为不同企业生产的不同的产品提供配料。

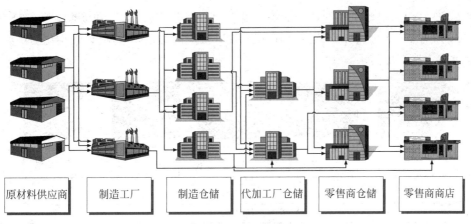

图 1.4　整合供应流基础

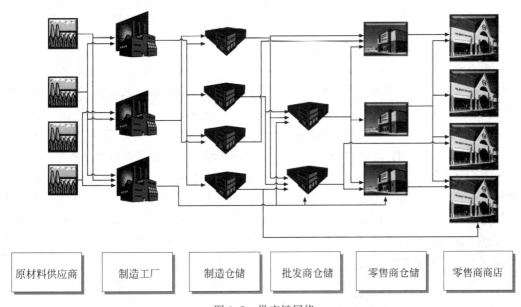

图 1.5　供应链网络

我们可以通过图 1.4 了解供应链的基本原理。图中的说明部分指出了几处非常重要的地方。供应链是一个扩展的企业，它跨越了企业间的界限，覆盖了供应链中所有与物流相关的企业。这种被扩展的企业试图完成商品或服务、信息、资金（尤其是现金）的协调和双向流动。图 1.6 下面画出的四条双向箭头线对供应链管理的成功非常重要。跨边界的企业整合意味着为了满足最终用户的需要，供应链需要像一个企业那样运作。供应链管理是一种艺术也是一种科学，从预测到配送，当今有很多科学应用和模型在供应链管理中被采用，这些会在之后的章节详细阐述。然而，供应链管理也是一种艺术，不仅因为它的活力，还因为其复杂环境所需要的沿着供应链的合作以及持续不断的分析和规划。短期和长期的直接管理是创新和成果管理的关键。模型的应用通常挑战性较小。

国际采购与供应链管理协会（IPSCMI）把供应链管理定义为：把供应商、生产商、分销商、零售商和最终客户有效地组织成供应链网，进行集成一体化管理。从供应商的供应商到客户的客户,对整个供应链中的需求流、产品/服务流、信息流和资金流进行计划、组织、领导和控制,优化供应链价值增值流程、提升供应链的整体效率,以最小化的供应链成本满足最终客户的需求。

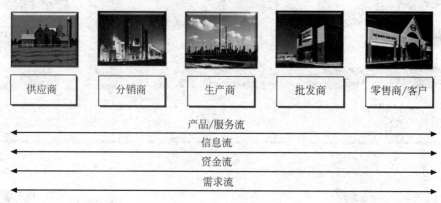

图1.6　整合供应链

最重要的流程——产品和相关服务流是传统物流专家研究的重点,也是供应链管理的重要部分。用户希望他们的订单能够以及时、可靠和无损坏的方式运送,其中运输是满足这一要求的关键。图1.7表明,当今环境中的产品流是双向的,逆向物流系统对于因买方不满意或商品损坏、过时、废旧而造成的退货具有重要意义。图1.7也展现出在当今环境下,产品流是双向的,这是因为,逆向物流系统日趋重要,它能够将顾客觉得破损、过时或者老旧而不能接受的产品退回。这种逆向物流系统的形成还有很多原因(我们将在后面的章节中研究),但毫无疑问,这是供应链中正在出现的一个新现象。我们同时要注意逆向系统网络的设计与前向系统不同,其位置、规模、设备布局不同,运输工具的运用方式也不同。因此,专门提供逆向物流系统的第三方物流公司已经发展起来,它们可以在适当的情况下提供有价值的服务。

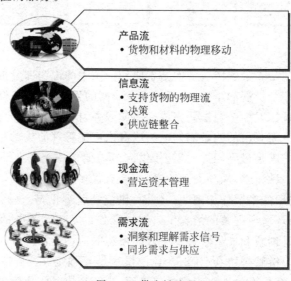

图1.7　供应链流程

图1.7中的第二种流是信息流,它已经成为供应链管理成功的重要因素。习惯上,我们把信息流看作是与产品流呈反向流动的,即从市场/消费者开始向后流向批发商、生产商和供应商。信息流是指初始需求或销售数据,它是补货的触发器和预测的基础。需要注意的是,除了零售商或最终卖方,供应链的其他成员要对补货订单做出响应。如果订单之间的时间间隔较长,供应链成员将面临需求水平和需求模式的极大不确定性,这通常会导致较高的物流或缺货成本。这种现象就是我们所说的"牛鞭效应"。

供应链管理的一个真实结果是实时基础上的销售信息共享,这将减少不确定性和安全存货。在某种意义上,供应链以时间流或信息流的形式被压缩,这会导致一种存货压缩型的供应链。换句话说,库存可以通过及时、准确的需求信息从供应链中消除。如果销售时点(Point-of-sale,POS)数据实时可用,那么它将有助于消除与供应链存货相关的"牛鞭效应",大大减少成本。

图1.7中还呈现了双向的信息流。在供应链环境中,供应链中的前向信息流的意义与重要性越来越突出。前向信息流有很多形式,如运前通知(Advance Shipment Notices,ASN)、订单状态信息、有效存货信息等。其总的影响是为了减少订单履行的不确定性,同时有助于降低存货水平和改善补货时间。与前向信息流相关的应用是条形码和射频(Radio Frequency,RF)标签的大量应用,这大大增加了存货能见度,有助于减少不确定性和安全存货;同时,大大提高的存货能见度使提高效率成为可能,如运输整合和合并运输战略的采用。及时、准确的双向信息流的结合降低了有关供应链的成本,同时改善了有效性或消费者服务,但是还有很多方面需要改进。

第三个是资金流,更准确地说是现金流。现金流在供应链中被认为是单向且向后流动的,即为商品、服务或接收的订单付款。供应链压缩和加快订单周期的主要影响是加快了现金流周转。用户接受订单更快,付款更快,公司收款也更快。由于效益的影响,加快的现金交易和订单回款周期成为许多公司的财源。事实上,有些公司营运资本为负或者是财务公司所说的"闲置"的现金流。在不得不支付分销商和供应商费用之前,它们实际上会先从客户那里收到付款。这些现金可以被用来做金融投资,或者作为产品开发或其他改进的资金来源。现金流的衡量已经成为金融市场上用来估计企业的成长能力和弱点的一个重要的测量指标。

第四个也是最后一个是需求流,由于需求管理系统,需求流不断受到供应链经理的关注。对于物流管理而言这并不是一个新概念,但其反映出科技的进步,通过检测和理解需求信号并对存货补给和订单的完成作出适当的调整,它使得组织更好地协调供应和需求。例如,根据SKU的需求预测,产品公司经常会做出一个30天生产计划。最后,无论其是否会真正在零售层面被售卖,这些产品会被推到配送中心。直到下一阶段,产品流都是十分严格的。

一流的公司已经拥有了一个更加灵活的生产计划,使得公司有机会在24小时内对紧急情况做出调整。生产成本变得更低,同时也带来了满足需求峰值的能力,或者是降低SKUs(最小单位库存)生产速度。值得注意的是一些公司无法在如此短时间内做出调整。全球供应链意味着一个特殊挑战,因为新产品投入生产之前所需的设计时间变得更长,但是技术使得公司能够感知到需求信号以及市场的改变,并且做出更快速的调整,这些我们会在接下来几章进行讨论。

SAB物流公司显然是在供应链中处于生产商与零售商之间的位置。批发商的传统角色是以批发价格大量购买商品,然后将商品加以组合并以较高的价格小批量卖给零售商。通常,它们除了销售商品外,还扮演着为商品销售促销和融资的角色。生产商和零售商的经营要依赖批发商经营效率的高低。大规模零售商和生产商愿意并能够提供个性化的定制服务,这使批发商的处境非常危险。SAB已经觉察到了环境的变化,它需要重新评估与零售商的关系。

供应链管理为企业提供了降低成本(提高效率)和改善客户服务(效益)的机会。但是,要取得供应链管理的成功,还要处理一些问题和挑战。

1.4 主要供应链问题

开发和保持一个有效的供应链,要求企业处理很多问题。我们在这里简要地讨论这些问题,后面的章节将做更深入的探讨。

1.4.1 供应链网络

网络设施(工厂、配送中心、终端机等)和运输服务一直以来都被认为是很重要的因素。但是,动态的全球环境下网络系统也是很关键的。挑战之一是发生快速的变革。企业和其他组织需要一个无论是在短期或长期都能灵活响应和改变市场动态的有力网络系统。

例如,技术公司不得不在6~9个月中将生产运营转移到另一个国家,因为发生的变化会影响它们的成本或客户服务。对灵活性的需求通常意味着出租设施、设备和支持性服务。有时,灵活性可能需要更短的时间,例如,对港口罢工、洪水、飓风、政治暴乱、恐怖袭击和其他破坏作出反应。降低诸如此类的风险是当今全球网络的关键战略。私营企业更加重视解决风险的战略,无论这些风险是自然风险还是其他的扰乱性因素。这种级别的响应程度要求信息系统提供尽可能多的警告,以及就如何响应制订计划。

1.4.2 复杂性

之前提到的供应链的全球化和融合已经增加了组织在SKUs、客户/供应商位置、运输要求、贸易协定、税收等方面的复杂性。企业需要采取措施尽可能多地简化其供应链。例如,很多企业SKUs的数量已经扩大了,这加剧了库存管理和订单履行方面的问题。最终,为了消除对收益没有贡献的品类,企业正在对SKUs进行合理化调整。同时,为了减少高成本的运营,企业还需要分析选址。企业要像分销商和供应商一样,使客户服务水平也得到合理化。复杂性的增长似乎是必然的,但是企业需要通过评估过程,训练员工以及开发技术来持续地评价这些复杂领域。

1.4.3 库存

供应链两个有趣的特点是,库存经常沿链条增高及"牛鞭效应"的产生。有效的供应链管理通常提供了降低库存水平的机会。协同和整合能降低供应链中横向(一家企业)和纵向(多个企业)层次的库存水平。例如,压缩和延迟战略也会产生积极的影响。库存调配是供应链的一个重要问题,因为与之相关的是成本和增加效率的相关机会。然而,记住库存管理是一个成功供应链的必要因素,但库存水平必须要谨慎管理来降低营运资本。我们将在下一部分以及接下来的章节讨论,信息科技是库存管理效率的关键因素。

1.4.4 信息

当前企业获得的信息和通信系统导致了大量数据的收集和储存,但有趣的是,企业也许不会利用大量数据的优势开发信息系统,从而改进决策制定。除非数据在供应链中被横向和纵向共享,且被用于做出与库存、客户服务、运输等相关的更好的决策,数据的积累和储存才会有用处。如果信息是及时的、准确的、被管理的、共享的,那么它就是一个强有力的工具。因为信息能够降低不确定性,它可以代替库存。后者是高库存水平的主要原因之一,因为它导致了安全库存的积累。通常的挑战是沿供应链的信息共享和确保数据收集的完整性,这是很大的挑战,但是也有很大的潜力。

1.4.5 成本/价值

本章前面已经提到了效率(成本)和效益(价值)。供应链的一个挑战是防止成本/价值只能实现次优。在当今环境下,全球供应链和全球供应链的竞争意味着供应链末端的成本和价值是重要的。这就是为什么供应链协作如此重要的另一个原因,供应链中的所有成员都需要充分了解供应链的关键问题和挑战。

SAB不得不去了解与其竞争客户的大型零售商所提供的成本和价值。SAB必须考虑如何使其客户更具竞争力并能吸引不同的客户,其中协同作用会带来更好的结果。SAB或许能将其在仓储、配送和库存管理上的经验利用在一个新的相关类型的经营上。供应链横向和纵向的视角提供了"打开黑箱"(think out of the box)的机会。

1.4.6 组织关系

供应链管理强调横向过程导向,跨越组织内部传统的职能部门,使外部分销商、客户、运输公司、第三方和供应链中的其他参与者之间的合作成为可能。换句话说,与营销、销售、运营/生产、会计/财务之间的内部合作,以及与外部企业的合作都是非常重要的。

沟通对于实现使供应链更具竞争力的系统权衡是很关键的。例如,生产副总也许会说明基于一周七天全天运作的工厂能降低生产成本的合理性,但是销售完成之前不得不存储的商品的仓储和库存成本是多少呢?孤立地分析生产成本会导致更高的系统成本。在第3章,我们会更详细地探索系统分析的概念,以及销售、生产计划的重要性。内部和外部在供应链的协作是成功的关键要素,但这也是对大多数组织来说的一个持续的挑战。

1.4.7 绩效测量

大多数企业通过对绩效衡量指标来评价在不同时段上企业的效率和进展。有时这些指标被用做制定基期的绩效目标或期望的结果,如每天履行的订单。(绩效的测量是很重要的,在第5章我们将给予这一主题更多的关注。)在这一过程中,我们要认识到一个企业较低水平的测量必须与这个企业和供应链高水平的绩效测量直接相连,通常是净利润、投资回报或者资产和现金流。有些情况下,某些指标对企业的子单位似乎是符合逻辑的,但是对整个企业或供应链则是次优的。之前的例子中,副总为了达到产品最低的单位成本,让工厂一周七天全日制运转,从而生产每单位产品能够节约 3 分,但是持有多余库存的额外花费每单位是 4~5 分,由此降低了企业的边际净利润。仓库经理的绩效以存储单元每平方英寸的成本来衡量,他们因此受到激励而把库房填满到天花板(替代成本是什么?)。因此,一个组织总体的财务指标应该会是更基础的指标。

1.4.8 技术

技术可以被看作是一个变革的驱动力,但是它也对带来效率和效益改善的变革有促进作用。这里面临的挑战是如何评价和成功地实施技术,以获得满意的绩效改进。确切地说,有时技术会带来问题,通常会导致挫折继而失败。必要的对策是分析调整或改变过程,教育参与的人群,然后选择和实施技术以促进改变。跳过前两步就好像经常被提及的错误的战略规划方法——准备、开火、瞄准。今天的技术几乎势不可当,但是为了达到预期的结果,分析和计划还是必要的。

1.4.9 运输管理

运输可以被视为实现供应链系统功能的黏合剂。供应链的结果是把正确的产品在正确的时间以正确的数量和质量、以正确的成本运送到正确的目的地。运输在使这些"正确"的事发生的过程中扮演着重要的角色。运输重要性的另一方面与一些被企业用来在当今经济中保持竞争性的战略相关,如准时存货、精益物流和制造、预约递送等。运输商之间经济的变化已经加剧了挑战。司机的短缺、升高的燃油成本、驾驶时间规定的改变导致了有些人所称的运输危机或"完美风暴"。20 世纪 90 年代,运输还是潜在的用户能轻易获取的一种"商品",而在今天的某些市场领域,它已经变成稀有的了。一个重大的挑战是现有交通基础设施的维护(道路、桥梁、港口、水路、轨道、机场)以及其为满足不断增长的需求量而增加承载量的需要。交通基础设施是全球供应链需要考虑的主要因素,特别是在港口地带的水上交通。

1.4.10 供应链安全

将产品安全可靠地送达客户是供应链所期望的。在过去,这被认为是理所应当的,但是自从"9·11"以后,它就成为一个受关注的潜在挑战。全球化显然增加了供应链中断或关闭的风险。由此,企业必须做好万一发生恐怖袭击的准备。这样的威胁已经改变了一些针对供应链的计划和准备,其中包括一些情景分析,可以考虑可能的威胁、评价可能性,以及针对方案的部署计划。这种状况在近期不会有所改变,企业必须予以准备。随着全球化的发展,距离和复杂性会使供应链的脆弱性放大。

1.4.11 人才管理

随着供应链变得更加复杂和全面,许多组织认识到了拥有有学识以及才能的经理来管理供应链的重要。组织也越来越重视吸引、培养、留用从入门到执行层面的合适人才。

曾经,很多人认为任何一个在其他领域工作(如市场营销、制造、会计)有经验的人就可以很容易地任职于物流或者是供应链管理领域。然而,大多数组织认识到复杂以及特殊的21世纪供应链的挑战需要这方面的经验和专业常识。因此积极地对拥有供应链以及物流专业的大学进行校招。

除此之外,关于物流以及供应链管理方面的教育课程和专业资格认证项目也变得越来越流行。这些教育课程通常都来自于高校,而专业资格认证项目则来自于专业组织。供应链管理方面的专业资格认证主要有:国际采购与供应链管理协会(IPSCMI)于2004年推出的注册国际供应链经理(CISCM)证书,美国运营管理协会(APICS)于2006年推出的注册供应链专业人士(CSCP)证书,以及美国供应管理协会(ISM)颁发的供应管理专业人士(CPSM)证书等。

小结

- 在当今的全球市场上,现金流已经成为财务成长性最重要的衡量标准之一。供应链是改善现金流的一个重要的决定因素,因为它直接影响成本、收入和资产需求。
- 供应链是资本消费的一个重要决定因素,因为它影响了营运资本、库存水平和其他资产,如仓库。
- 有效的供应链能够获得有价值的资源,同时改进客户履行系统,目的是增加投资或资产回报,以及改善股东价值。
- 经济中的变革速度已经加快了企业内的持续改变或转型,以保持竞争力的必要性。
- 变革的速度是由一系列外部因素所驱动的,包括全球化、技术、组织融合、供应链中的权利转移、日益强大的消费者、政府的政策和规制。
- 供应链的概念并不是一个新概念。事实上,企业已经从实体配送管理发展到了物流管理,接着发展到了供应链管理,这些都是基于有效的系统分析。
- 供应链的边界在拓宽,需要在协作的基础上管理四个流程——产品流、信息流、财务(现金)流和需求。
- 信息系统和技术是成功供应链的重要组成部分。
- 供应链的绩效必须要以整个企业成功的目标为形式来衡量,供应链战略必须与组织战略相一致。
- 供应链要聚焦在供应链末端的客户上,而且要灵活和及时响应。
- 技术对促进变革是很重要的,它必须遵循流程变革和员工教育来恰当地解决问题。
- 在21世纪,因为已经发生的变化,运输管理和安全变得越来越重要。
- 随变化而改变,否则你就会被变化而改变!

复习思考题

1. 全球化和技术发展使全球经济发生了一些重大变化。讨论这些变化对美国的重要性及对供应链的影响是什么?

2. 许多供应链零售端的合并产生了重要影响,由于零售业的整合和相关权利转移,供应链管理发生了哪些变化?

3. 在今天,消费者被认为在市场中有更大的影响。那么,是什么因素导致了这种"强大的消费者"现象?这个因素在过去的10~15年是如何改变供应链的?这种影响会继续吗?

4. 描述供应链概念发展的三个阶段。

5. 为什么高级管理人员要关注企业中的供应链管理?有效的供应链管理如何提高企业的财务生存能力?

6. 供应链包含四个流程,描述这四个流程。它们为什么很重要?它们之间是如何关联的?

7. 在20世纪八九十年代,管理供应链中的运输职能被认为是重要的但不是关键的。这种观点改变了吗?如果改变了,是如何改变的?为什么?

8. 合作对成功的供应链是一个非常关键的因素,为什么?什么形式的合作是重要的?有哪些挑战和问题需要解决?

9. 在供应链中信息为什么非常重要?有效信息的成功开发和实施的挑战是什么?什么是技术和信息管理?

10. 描述未来供应链面临的主要挑战和问题。

案例1.1 莱亥谷运输和物流服务(LVTLS)

LVTLS由Mason Delp创立于1960年,它是一家为位于宾夕法尼亚州莱亥谷地区的几个州际火车运输公司提供取件和运输服务的本土货运公司。Mason预见了艾伦镇和费城之间地区的改变,包括州际高速公路系统和连接了东西南北的宾夕法尼亚州付费高速公路系统的改善,以及其他道路的增加和改善。并且,费城的人口也在不断增加。道路的增加以及改善为很多社区提供了便捷的交通。Mason的观察是正确的,这个区域从以农业为主导转变为生产和制造产品和提供服务。

一个非常重要的发展就是一系列的制药设施以及相关的公司和服务的建立。这些公司的成长以及成功为Mason Delp发展其在中部大西洋洲地区提供少于或等于一货车运输量的摩托运输业提供了机遇。当摩托运输在1980年被解除管制,Mason在宾夕法尼亚州的兰斯代尔建立了仓储服务作为其卡车运输服务的补充。在那时,"物流"一次被加入公司的名字。因为他的儿子Paul的学识和经验,他提拔他为仓储部门的副经理。

2000年,Mason退休而Paul成为CEO。随着21世纪经济的发展,这个公司的仓储业务得到了成长,Paul还大量地投资信息系统和技术。然而,2008年的大萧条对LVTLS造成了挑战和财务上的困扰。对信息系统的投资缓解了这一衰退的影响。

到2012年公司才完全恢复过来,但Paul现在认识到以成本控制和战略性关系来缓冲未来的经济不稳定性的必要性。他十分关心与制药公司的商业来往,因为它们正面临着挑战。然而,Paul认识到这些挑战或许是LVTLS来与这些公司发展合作性关系的机会,这样做能帮助它们改善其供应链管理。

☑ **案例问题**
1. 讨论制药行业面临的挑战。
2. 哪些挑战为 LVTLS 提供了最好的机会?为什么?

案例 1.2　Central Transport 公司

　　Central Transport 的总裁兼 CEO Jean Beierlein 刚刚见过 SAB 物流公司的新总裁兼 CEO Susan Weber。Jean 最近刚从 Central Transport 的 COO 得到晋升。她的前任和 SAB 物流的前 CEO 工作联系紧密,那时 SAB 为响应竞争市场的变化而转变了其七年前的运作。现在,Susan 正面对新的挑战,而且它的再次转型仍需要 Jean 和 Central Transport 的合作。

　　据 Susan 称,她已经接见了其管理团队的新成员和老成员(当 Susan 宣布了她的变革计划后,几个老成员已经离开了企业),并且已经开发了一个试验计划来改变 SAB 的战略方向。Susan 相信,如果 SAB 改变其经营模式,增加类似于第三方物流公司的服务(如仓储、运输递送和库存管理),那么 SAB 将在大西洋中部国家吸引更多的较大型的零售商。然而,Susan 觉得她需要一个在这些地区有经验的主要合作伙伴。她还认为如果这个合作者与 SAB 以前就一起成功工作过并且愿意承担一些新的挑战会更好。

　　Susan 决定接触 Wegmans Food Markets 作为这些新服务的最终客户。Wegmans 是一家在东北部非常成功的私营企业,在过去的 15 年里,该公司一直在小心翼翼地扩展新的市场领域。它为客户提供更有价值的服务,包括店内烘焙、熟食,更多的外卖选择和店内烹调示范。

　　Wegmans 的主要配送点位于公司总部附近纽约罗切斯特的一个配送园区。随着它们的店铺向华盛顿特区扩张,并向南延伸至弗吉尼亚州,它们正在宾夕法尼亚州西北部开发一个新的配送园区,以降低成本、改善服务。Wegmans 感受到了与沃尔玛和其他食品连锁店进行更大价格竞争的压力,但同时也希望保持自己在为顾客提供的商店服务方面的独特附加值。

　　Susan 相信 Wegmans 可以在价格上具有竞争力,并继续增加它们的店内服务以扩大其市场机遇。她觉得 Dan Wegmans 会听从她的建议,提供扩展的服务使其公司更具竞争力。现在,她希望 Central 和 SAB 一起提出 Wegmans 的建议。

　　Jean 需要你帮助她对 Susan 做出一个积极的答复。

☑ **案例问题**
1. 在过去的 5~7 年中,SAB 的竞争市场为什么发生了变化?发生了何种变化?
2. 在计划的新企业中,Central 的经验会带来什么优势?
3. 在计划的新方法中,SAB 和 Central 会面对什么问题?

第 2 章

Supply Chain Management: A Logistics Perspective

供应链的全球维度

学习目标

通过阅读本章,你应该能够:

- 理解全球供应链经理所面临的复杂议题以及动荡的全球经济所带来的挑战。
- 理解全球贸易流的原理(进口和出口)以及在阐述国际贸易时绝对优势和相对优势的概念。
- 讨论生产要素在为地区或者国家参与全球贸易提供的优势中所扮演的角色和其重要性。
- 理解人口规模和年龄分布在不同国家的不同以及它们对经济增长和活力造成的影响。
- 认识并了解城市地区的发展是如何对其国家提供机遇和挑战的,特别是那些大城市。
- 讨论移民对全球经济,尤其是发达国家经济的重要性以及挑战。
- 理解科技和信息系统在经济增长和发展方面所承担的内部和外部角色。
- 理解和讨论国家间的贸易流量(进口和出口)。
- 认识并理解美国的不同贸易伙伴的重要性。
- 讨论影响美国及其贸易伙伴的贸易活动的重要性以及本质。

供应链窗口

随着供应链的范围日益全球化,高管们越来越重视管理全球供应链中的内在风险。最初,人们更关注与管理与供应商复杂性相关的风险,这些顾客和服务伙伴通常被距离、文化、习俗、语言、商业行为等因素分隔开。还有来自其他国家竞争对手激烈竞争所带来的风险和威胁,因为他们在全球市场中也变得更加高效。管理风险成为供应链经理在21世纪最主要的焦点,风险度量的范围也扩大了,尤其是在气象相关风险领域。后者常常与灾难性事件相关,这些事件将会引起供应链的中断,必需材料和完成品的缺货以及与紧急情况响应和降低灾害影响相关的成本的出现。

此外,全球气候的变化也会带来更微妙的风险,尤其是所谓的全球变暖,它会改变全球航运模式,影响地缘政治。对 Suez 运河的改善,特别是 Panama 运河的改善引发了广泛的讨论。能够容纳新的更大的集装箱船的影响导致了关于港口交货的海上贸易模式的大量讨论。美国西海岸的港口受益于来自亚洲船运量的大幅增长,尽管一些集装箱到达中西部和中海岸的运输距离比较远。当 Panama 运河可以容纳这些大型船只时,它能使其直达东海岸港口甚至可能是欧洲。

然而,由于全球变暖导致所谓的北极冰层融化,可能会出现另一条"神秘的"海上路线。这条东北通道与横贯加拿大北冰洋的西北通道正好相反,将提供一条从欧洲经俄罗斯偏远的北冰洋地区通往亚洲的海上通道。这条航线将使欧洲和亚洲之间的航运时间缩短 35%~40%,并使欧洲到美国西海岸的航运时间缩短,从而对供应链产生巨大影响。这条线路很有可能对苏伊士运河产生负面影响。东北通道对地缘政治的影响可能比对经济的影响更大。对于在北极附近的国家来说,未开发的自然资源,特别是天然气和石油的经济潜力有很大的利害关系。这些发展不会在不久的将来发生,但对国家和企业来说,一个长期的愿景是至关重要的。关于谁拥有北极主权的争论将会愈演愈烈!

2.1 引言

全球供应链依赖于世界各国和地区之间的有效贸易流动,有许多因素可以影响全球商品和服务的流动,特别是经济和政治因素。其他的重要因素包括从天气(见章节简介)到恐怖主义威胁和人口因素。这些可能影响全球贸易流动的因素太多,无法在本章或正文中详细讨论。作者自行选择了一些对 21 世纪全球贸易产生影响的重要因素。换句话说,什么因素是全球商业的"驱动力",并且从讨论中获得对全球供应链流动的理解。在讨论全球驱动因素之间,我们将总结一下全球和区域贸易的基本原理。

2.2 全球贸易和商业的基本原理

任何熟悉经济和政治历史的人都知道,国际贸易不是 21 世纪甚至 20 世纪的现象。这种活动实际可以追溯到所谓的中世纪,当时,来自不同国家的商人,通过陆路和海路进行易货或者贸易,以换取本国无法获得的某些商品。人们早就注意到欧洲探险者和其他一些人的功绩,特别是他们寻求吞并新领土的努力,但贸易是他们旅行中非常重要的方面,即寻找和交换有价值商品的机会。

随着欧洲国家经济的发展,特别是在 18 世纪,人们越来越重视国际贸易的潜在价值。亚当·斯密在他著名的专著《国富论》中,不仅为建立在竞争基础上的市场经济提供了逻辑依据,而且为国家间贸易提出了理论基础,称为绝对优势理论。斯密认为,如果各国都能在各自拥有经济或成本优势的情况下进行商品交易,就能让它们的产品在本国生产的一种或者多种产品上受益。换句话说,卖掉它们拥有成本优势的产品,购买它们不具备成本优势的产品。斯密总结道,所有参与此类交易的人都比试图自给自足的要好。虽然这个分析相对比较简单,它却成为了一个有价值的建议,特别是对于那段时期而言。

绝对优势的潜在逻辑也被亚当·斯密用来推进他所谓的"劳动分工"或者劳动专业化的合理化。后者的概念导致了制造工厂的大规模生产或装配线。其潜在逻辑是,专业化导致了总产出的增加和单位成本的降低,并为区域专业化和区域间贸易提供了机会,并一次获得整体经济利益。

比较优势理论在大约40年后由几位经济学家提出,他们认为,即使一个国家在两种产品的生产中具有比较优势(较低的成本),它们也应该把重点放在它们拥有最大优势的一种产品的生产上,并与另一种产品进行贸易。因为没有考虑到所有相关成本,这个分析有一点过于简单了。然而,只要考虑到总成本,这种逻辑就是合理的。绝对优势和比较优势的重要性都表明,全球贸易和相关的全球供应链流动不仅可以建立在国家物品稀缺的基础上,还可以建立在生产成本的差异上,对所有相关各方都有潜在的好处。

正如人们所预料的那样,后来的经济学家更充分地探索了全球贸易和专业化的合理性。例如,要素禀赋理论假设,当一个国家拥有四种所谓的生产要素(土地、劳动力、资本和企业家精神)中的一种以上时,它在生产一种或多种产品时可能具有比较优势。例如,一个拥有大量资本和受过教育的劳动力的国家可以生产高科技产品,进口劳动密集型产品和农业产品。

当前更为复杂的全球经济意味着比传统生产要素更多的变量能够为各国提供优势,并成为全球贸易流动的基础。其中一些因素有助于解释所谓的金砖四国(巴西、俄罗斯、印度和中国)和Vista(越南、印度尼西亚、南非、土耳其和阿根廷)国家的发展。近年来,由于全球交通的改善、通讯系统的加快、人口的增长、教育和技术的进步,印度和中国取得了发展和繁荣。接下来对全球发展的各种因素的讨论对于理解当前的全球供应链非常重要,同时也对未来的挑战和潜在的发展提供了深刻的见解。

2.3 影响全球商业和供应链的因素

经济增长和全球贸易流动增长的基本因素包括人口增长和年龄分布、城市化、土地和资源、经济一体化、知识传播、劳动力流动、资金流动以及公共和私人来源对基础设施的投资、更快的通信系统、改善金融服务以促进货物和服务的有效流动。这些因素是全球化的动力,我们需要加以讨论来了解全球贸易和发展的未来进程。

2.3.1 人口规模和分布

表2.1显示2000年、2010年和2015年10个最大国家的总人口以及2050年的预测人口,通过这些数据,可以对当前和未来的经济增长和发展产生一定的了解。其中前10个国家占总人口的近60%,中印两国约占总数的36%,美国排在第三位,中国和印度的人口是美国的四倍多。另一个有趣的统计数据是,预计到2050年,印度人口将超过中国,俄罗斯(♯9)和日本(♯10)预计2050年的人口将少于2015年的人口。

表 2.1 十大人口最多的国家

排名	国家	2000 年人口	2010 年人口	2015 年人口	2050 年预测人口
1	中国	1 268 853 362	1 330 141 295	1 361 512 535	1 303 723 332
2	印度	1 004 124 224	1 173 108 018	1 251 695 584	1 656 553 632
3	英国	282 338 631	310 232 863	321 362 789	439 010 253
4	印尼	213 829 469	242 968 342	255 993 674	313 020 847
5	巴西	176 319 621	201 103 330	204 259 812	260 692 493
6	巴基斯坦	146 404 914	184 404 791	199 085 847	276 428 758
7	尼日利亚	123 178 818	152 217 341	181 562 056	264 262 405
8	孟加拉国	130 406 594	156 118 464	168 957 745	233 587 279
9	俄罗斯	146 709 971	139 390 205	142 423 773	109 187 353
10	日本	126 729 223	126 804 433	126 919 659	93 673 826
前 10 国家合计		3 618 894 827	4 016 489 082	4 213 773 474	4 950 140 178
其余国家		2 466 012 769	2 829 120 878	3 050 850 319	4 306 202 522
世界总人口		6 084 907 596	6 845 609 960	7 264 623 793	9 256 342 700

中国和印度的人口规模将为这两个国家提供一个潜在的经济优势,只要经济能够支持这一人口规模。俄罗斯和日本人口减少反映了人口老龄化以及在劳动力利用率和社会成本支持方面存在经济差异。移民至这两个国家可能会带来经济上的好处,特别是对俄罗斯来说,当然也包括日本,不仅是劳动力的普遍可用性,而且还能提供帮助老年人的服务。

如前所述,不仅国家人口总数很重要,年龄分布也值得考虑。图 2.1 通过四年的中位数年龄数据提供了这一领域的一些情况。这四年中每一年都显示了当年世界年龄的中位数(注意,过去两年是预测),然后是更发达国家,最后是不发达国家和最不发达国家。正如人们可能预计的那样,在这四年中,所有类别的平均年龄都在增加,只有一个是例外。发达国家的平均年龄每年最高,最不发达国家的平均年龄最低,这些差异大体上在教育程度,医疗水平和经济状况上得到了解释。

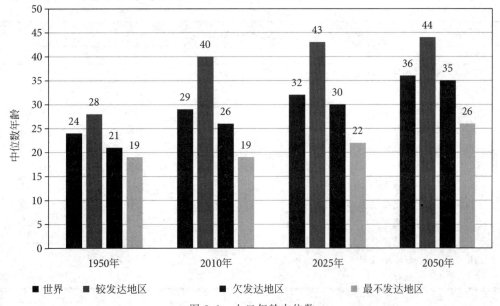

图 2.1 人口年龄中位数

值得注意的是最发达和最不发达国家的中位年龄的差异。2010年和2025年是21岁,但到2050年将降至预计的18岁。然而,总体而言,挑战是显而易见的,较发达国家的出生率较低、公民老龄化,这对未来的经济发展和繁荣具有一定的影响。

如果你考察个别国家的数据,挑战就更大了。例如,预计日本和三个欧洲国家的人口中位数将超过50岁(见表2.2)。如前所述,这些国家的老龄化人口将导致医疗保健费用的增加和劳动人口或劳动力规模的减少,这可能导致劳动生产率下降和税收增加。相比之下,许多不发达国家目前和预计的年龄中位数在20岁以下(见表2.3)。这一现象的后果可能意味着高失业率,某些资源缺乏,需要更多人力,基础设施(水、下水道、道路等),教育和其他服务,从而使经济生存能力更加紧张。然而,潜在劳动力的规模可以吸引劳动密集型产业,如果不加以限制,向人口老龄化国家移民成为另一种可能性。

表2.2 老龄化程度最高的十个国家或地区

	2015年			2030年	
排名	国家或地区	人口中位数	排名	国家或地区	人口中位数
1	日本	46.5	1	日本	51.5
2	德国	46.2	2	意大利	50.8
3	马提尼克	46.1	3	葡萄牙	50.2
4	意大利	45.9	4	西班牙	50.1
5	葡萄牙	44.0	5	希腊	48.9
6	希腊	43.6	6	中国香港	48.6
7	保加利亚	43.5	7	德国	48.6
8	奥地利	43.2	8	其他未指定地区	48.1
9	中国香港	43.2	9	斯洛文尼亚	48.1
10	西班牙	43.2	10	韩国	47.5
	世界	29.6		世界	33.1

表2.3 世界上最年轻的十个国家

	2015年			2030年	
排名	国家或地区	人口中位数	排名	国家或地区	人口中位数
1	尼日尔	14.8	1	尼日尔	15.2
2	乌干达	15.9	2	索马里	17.7
3	乍得	16.0	3	安哥拉	17.7
4	安哥拉	16.1	4	乍得	17.9
5	马里	16.2	5	马里	17.9
6	索马里	16.5	6	乌干达	18.1
7	甘比亚	16.8	7	甘比亚	18.3
8	赞比亚	16.9	8	布隆迪	18.5
9	刚果	16.9	9	赞比亚	18.5
10	布基纳法索	17.0	10	刚果	18.6
	世界	29.6		世界	33.1

从世界商业和全球供应链的角度来看,这一数据对经济增长、市场规模和发展、资本流动、劳动力可用性、消费者需求以及自然和战略资源的利用等方面具有重要意义。私营部门和公共部门都将面临挑战和机会。

随着许多国家人口从农村地区向城市地区的迁移的增加,带来的一个相关的问题是城市化。正如人们所预期的那样,这种转变将在世界上较为不发达国家和最不发达国家最为明显。联合国预计,到2025年,亚洲50%以上的人口将居住在城市,中国将拥有最大的城市人口。

一个新的城市类别被确定,即特大城市(超过1 000万以上的人口),这就是向城市迁徙的表现。这些新兴特大城市的一个有趣而又重要的方面是"它们将在哪里发展"。预计亚洲将有15个特大城市,拉丁美洲将有4个,北美将有2个。欧洲不会有那么大的城市。孟买和拉各斯将挑战东京,成为世界上最大的城市。

特大城市的崛起将带来机遇和挑战,私营部门可以在这些大型城市社区的发展中发挥重要作用,为了解决交通、淡水、污水处理、卫生服务、教育设施等基础设施短缺的问题,将需要公共和私人资金来满足这些需求。全球贸易流动和全球供应链将受到影响,企业必须做好准备,为公民的福祉参与其中。

迁徙作为一种平衡人口分布,特别是平衡年龄分布的手段,已在早些时候被提到。然而,当一大批民众在政治巨变的情况下,离开自己的祖国去向安全地区以逃离恐怖主义威胁的时候,移民也常常引起混乱。人性的冲突损伤了现存的经济和社会制度,并造成不稳定的条件。然而,出于人道主义考虑,必须尽一切可能容纳来自叙利亚和其他邻近国家的大规模移民。欧盟国家已经通过地理位置和经济地位的变化感受到移民的重大影响。

在结束关于人口和年龄分布的讨论前,我们还需要关注一下美国的情况。表2.4按年龄和性别划分了2010年到2014年的美国人口。在这段期间,人口增长幅度不大。在五年期间内增长了约950万。有趣的是,女性人口数量多于男性,这主要是因为她们的预期寿命更长。在此期间,中位年龄一直保持稳定。

表2.4 美国人口按性别与年龄统计

	人口估计				
	2010年	2011年	2012年	2013年	2014年
总人口	309 347 057	311 721 632	314 112 078	316 497 531	318 857 056
根据性别					
男	152 089 484	153 294 635	154 528 573	155 741 368	156 936 487
女	157 257 573	158 426 997	159 583 505	160 756 163	161 920 569
根据年龄组					
<18岁	74 123 041	73 917 259	73 711 826	73 610 207	73 583 618
18~24岁	30 766 571	31 094 473	31 397 205	31 534 166	31 464 158
25~44岁	82 201 194	82 491 713	82 905 066	83 441 231	84 029 637
45~64岁	81 776 898	82 851 559	82 933 072	83 188 886	83 536 432
65岁以上	40 479 353	41 366 628	43 164 909	44 723 041	46 243 211
中位数	37.2	37.3	37.5	37.6	37.7

物流在线

经济增长和出生率

尽管一些政治家一直在抗议,世界人口并没有泛滥,一些人的世界末日预测完全与现实不符。第二次世界大战后的一段时间里,人口增长率约为每年2.2%,人们担心人口爆炸会带来可怕的后果。虽然世界总人口在绝对基础上一直在增长,但增长率已下降到每年约1%的水平,预计2025年将达到0.75%左右。面临的挑战是,在那些负担不起增长的国家,人口一直在迅速增加。经济较发达的国家将人口增长作为经济发展动力,然而,这些国家的工作年龄人口正在减少,造成工人和退休人员之间的不平衡,例如日本。20~60岁人口群体的重要性不仅对劳动力投入至关重要,还对与创新和变革相关的经济活力至关重要。因此,移民的难题是移民的可能停滞与其所带来的经济增长之间的冲突。美国可能是一个研究移民的价值的典型的案例,不仅在减缓人口老龄化方面,还有创新和经济增长领域。许多美国公民会惊讶地发现,在不久的将来,白种人将成为人口的第三大部分。最大的将是亚裔;其次是拉美裔。以德国为例,它的出生率是世界上最低的,每1000名公民每年只生育8胎。为了维持目前的工作年龄公民与退休人员的分布,德国每年必须接纳150万移民。也许关于移民的争议会随着国家慢慢认识到它们对吸引和发展有才能的劳动者的急需而逐渐消失。

2.3.2 土地和资源

除了与上述人口讨论有关的劳动力供应外,其他两个"生产要素"土地和资源对经济的进步和发展也很重要。

这些一般要素包括能源、粮食和水等对经济活力和未来发展至关重要的项目。技术可以在缓解关键资源短缺方面发挥重要作用,从海水淡化、天然气和石油生产水力压裂技术到生物技术提高作物产量和农业生产。例如,水力压裂已经改变了石油和天然气工业的全球格局,北美已成为天然气和石油的主要生产国和出口国。随着运输基础设施即将发生必要的变化,这些发展将是未来经济增长的关键因素。公共和私营部门的合作和伙伴关系可以帮助缓解目前在全球范围内存在的经济差距。对基础设施的投资是必须的,但最重要的是消除破坏经济政治稳定性的恐怖主义行为。

2.3.3 技术和信息

技术有两个重要的维度,它可以被看作是一种内部变革的推动者,可以提高组织的效率和效力,并增强在全球市场上的竞争能力。然而,技术也可以被视为类似于全球化的变革的外部驱动因素,事实上,人们可能会说,近年来它的外部作用使技术领先于全球化,成为变革的推动者。无论是硬件还是软件,新技术的迅速发展改变了"交战规则",并促成了新的竞争来源和形式,特别是新的"商业模式"。新公司及其新技术改变了竞争的性质,这往往意味着老牌公司不得不改变或"灭亡",有很多机构是"盲目的"和危机四伏的,信息科技技术,特别是互联网,是最大的"罪魁祸首",因为它透过个人电脑、电话及其他装置,以即时的方式,向市民提供有关的资料。

这些信息的提供和共享已成为推动竞争和开发新商业模式的主要力量。例如,没有店铺的亚马逊或Zappos可以有效地与现有零售商竞争。事实上,这种竞争导致"实体店"建立了一种全渠道的分销方式,这一点将在第4章中讨论。技术和运输服务在这些变化中发挥了重要作用。这些发展的一个非常重要的结果是有机会通过向世界其他国家进行外包以及高效率和有效的供应链扩大全球参与。它使相对较小的公司能够参与其中的一些进程并扩大其足迹。例如,印度利用其庞大的受过教育的劳动力,通过科技公司的呼叫中心、企业和会计师事务所的金融服务、研发、制造组件等,参与全球供应链。互联网和信息系统技术使得流程能够在竞争和高效的基础上与一家公司分离。这是20世纪大型、分级和垂直集成的组织的一个重大变化,也为全球参与和合作提供了主要机会。

2.4 全球供应链流动

如前所述,在21世纪初经常提到的缩略语、金砖四国和VISTA五国,前者被确定为最大的新兴经济体,后者被确定为发展速度较快的经济体。全球供应链的发展为这些经济体提供了参与全球格局的机会,因为它们的物质资源、劳动力规模、技术水平或其他一些经济优势使其对较发达经济体的公司具有吸引力。它们的人口规模也使其成为美国、欧盟和日本企业的潜在市场。它们被誉为全球经济更加平衡的信号。一位作者宣称,在经济发展的基础上,"世界正在变得扁平",它们在当时的地位很大程度上是基于生产的内在因素和相关的发展。在这一点上已经有了一些变化,一些VISTA国家未来的重要性还不清楚。21世纪第二个十年发生的政治动荡和恐怖主义破坏了一些经济发展。尽管如此,全球供应链流是十分重要的,对相关贸易数据的检验为我们了解各国在世界舞台上的重要性提供了一些重要的见解。

图2.2和相关表格提供了世界前十大国家或地区出口贸易量的数据,相关的世界贸易图以它们的规模显示了许多出口贸易量。从地图上看,它的众多圆圈意味着商品的出口或流出,它反映了一些好消息和坏消息。好消息是参与国际贸易或全球贸易的国家或地区数目。坏消息是这些国家或地区在出口量方面的悬殊差异。当然,这在一定程度上可归因于这些国家或地区的规模、经济发展的阶段和出口商品的价值,但经济力量的集中是显而易见的。

该图表明,欧盟作为一个整体,包括28个国家,在出口方面处于领导地位。这个排序对一些读者来说似乎不公平。但例如,欧盟的总地理规模比俄罗斯和中国小,而且它被看作一个独立的经济体。此外,令人感兴趣的是,尽管地理面积相对较小,但四个欧洲国家在这份名单上的前九名国家之列。总而言之,欧盟是全球经济的重要组成部分,也是世界上最重要的经济力量之一。

正如人们所预料的那样,在出口方面,中国内地处于领先位置,紧随其后的是美国,美国的出口比中国内地少了大约30%。紧随美国的是德国,日本在这份榜单上排在第四位。此外,令人感兴趣的是,韩国和中国香港的出口都大于意大利和法国。如果把排名扩

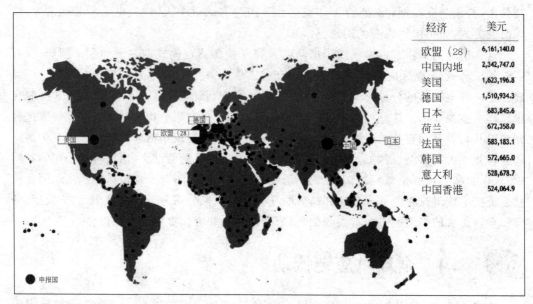

图2.2 2014年商品出口额排名

大到前12位,那么英国和俄罗斯将分别排在第11位和第12位。

图2.3提供了不同国家或地区的进口量数据。欧盟再一次排在第一位,但美国和中国内地改变了位置,美国排在第二位。这两个表显示了中国内地作为净出口国和美国作为净进口国的地位。不过,请记住,这些数据显示的是商品流量,而不是同样反映资金流动的国际收支差额。从价值角度看,贸易数据与全球供应链的即时讨论最为相关,但人们可能会辩称,从供应链的角度来看,流动的实物量也可能很重要。进出口的总体比较是很有趣的。另外,请注意中国内地和德国的出口和进口数据。

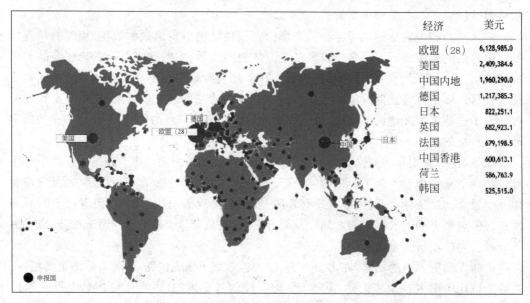

图2.3 2014年商品进口额排名

这一讨论涉及的另一组数据是美国在进出口方面的贸易伙伴。表2.5显示了2014年美国及其25个最大出口伙伴的出口总额。按照这个顺序,加拿大、墨西哥和中国内地是美国出口的前三名。日本排在第四位,约占中国内地出口总额的一半,而中国内地仅占墨西哥出口总额的一半。到目前为止,在出口方面加拿大是美国最重要的贸易伙伴。值得注意的是,前25名中有六个欧洲国家,其他的大多数是一系列的亚洲和南美洲国家或地区。如前所述,美国是一个主要的全球贸易出口国,与其两个最亲密的"邻国"有着某种程度的贸易集中,而且在世界各地也有广泛的影响。

表 2.5 美国贸易伙伴排行

国家或地区	2008	2010	2014
加拿大	$601	$525	$660
中国内地	$408	$457	$589
墨西哥	$367	$393	$534
日本	$204	$181	$201
英国	$112	$98	$107
德国	$152	$131	$172
韩国	$83	$88	$114
荷兰	$61	$54	$64
巴西	$63	$59	$72
中国香港	$28	$31	$46
总计	$2 079	$2 017	$2 559

全球供应链流动反映了世界经济和世界各国之间的贸易模式。如本章前文所述,全球贸易的背后有一个经济原理,它可以给各种贸易伙伴带来好处。尽管如此,"经济馅饼"的分配并不均衡,各国的经济实力是建立在其固有的"生产要素"和一些相关的经济、社会和政治因素的基础上的,全球经济的总体进步取决于较发达经济体的共同努力,以帮助较不发达国家的发展。

从宏观上看,全球相互依存可以是好消息,也可以是坏消息。从积极的方面看,这可能会使世界上发达和发展中区域的国家和地区降低价格,扩大商品和服务的供应范围,开发土地和资源,并创造新的就业机会。消极的一面是,相互依存可能导致全球经济衰退,就像2008—2009年的情况一样,需要政府采取干预措施来缓解这些问题。一些国家的复苏进程缓慢,造成了经济动荡。

我们在本书中的关注重点是微观层面,以及单个企业如何应对全球经济日益复杂和竞争的问题。这些变化导致了产品生命周期缩短、新形式的竞争和新的商业模式。外包、离岸外包和内部外包已经成为21世纪商业词汇的一部分。信息科技使得供应链能够变得更有效率以及更好地执行。供应链管理已成为一些组织的重要组成部分,甚至是它们在全球环境下的竞争战略和成功的关键因素。这些公司通过改变自己的供应链来利用全球机遇,实现了自身的转型。

第1章认为,变化的速度已经加快,并受到一些主要的外部力量或变化的驱动因素的推动。尤其是全球化与科技的协同作用,已经永久地改变了世界市场的格局。一些地区对外包的强烈抗议已经晚了40年,可能是被误导了。这个新时代已经并将继续将供应链作为组织经济竞争能力的一个关键部分加以突出,它值得特别讨论。

2.5 在全球经济中的供应链

第1章描述的全球经济中的供应链是一个跨越边界的供应链;也就是说,覆盖一群相互关联的公司,专注向在供应链的末端的最终客户提供最优的价格或价值最高的产品和服务。同时,供应链还应该管理四个重要的流程,即材料/产品、信息、财务和需求。

当今世界经济的一个重要特征是区域经济一体化程度的提高。全球化的经济、关税和贸易总协定(GATT)的建立及其1995年继承者世界贸易组织(WTO)的成立共同促进了多边贸易,降低了国际商业交易的壁垒。然而,越来越多的国家聚集在一起,形成区域贸易协定(区域贸易协定),最大、最著名的例子就是欧盟,旗下成员从20世纪50年代的六位成员增长至2015年的28位。20世纪90年代,区域贸易协定的数量显著增加。截至2005年7月,关贸总协定或世贸组织批准了330项区域贸易协定,其中200多项是在1995年世贸组织成立后批准的。今天,其中的180项仍然有效。区域贸易协定的成员通常受到成员资格要求和规则的约束,同时在区域贸易协定成员之间获得非成员无法获得的特殊贸易优惠。这些优惠的具体细节因区域贸易协定的不同而有所不同。不同区域和成员国的比较优势因区域地位的变化而发生变化,提出了新的区域贸易协定,新成员加入了现有的区域贸易协定,新的一体化活动(如海关联盟、货币联盟和免签证过境)在成员国之间得到执行或提议。最好的供应链在国家、区域和全球的基础上竞争非常成功。

物流在线

相同价格,更多配送

已经有140年历史的Kimberly-Clark总部设在美国得克萨斯州,它是一家生产各种个人护理产品的公司,包括著名的Kleenex面膜,Huggies尿布和Scott's纸巾。2010年,该公司公布了来自150多个国家的17亿美元的全球收入。

在欧洲,Kimberly-Clark公司在45个国家销售其产品,并经营15家工厂,货物储存在32个配送中心,全部由第三方物流公司(3PL公司)经营。

2003年,荷兰的一些零售商试图根据销售点数据重新进货,这将使它们能够根据实际的客户交易做出补货决定。作为该计划的一部分,零售商希望通过只回收已售出的商品来增加送货和再供应商店的频率。"他们真的希望实现更频繁的交货,以便实时地与销售点数据保持一致。"

Kimberly-Clark面临的问题是:如何在不增加运输成本的情况下缩短补给周期,交付较小数量的货物?

解决办法是与另一家公司合作,向同一家零售商店发货。Kimberly-Clark和它的合作伙伴分担使用一辆卡车,每辆车装上半辆拖车,两家公司都可以在不增加运输成本的情况下提高交货频率。

Kimberly-Clark 与化妆品制造商利弗·法比尔格就这一提议签订了合同,这两家公司与 Makro 进行了一次成功的试验,Makro 在荷兰经营着一家连锁仓库俱乐部商店。该试验除了节省运输费用外,还带来了其他好处:通过缩短交货周期、协同配送减少库存,同时增加产品的现货供应。当它和 Makro 一起进行试验时,它们储存的产品的价值减少了 30%,库存也减少了 30%。

合作在欧洲更为普遍,尤其是针对消费品公司(CPG)。共享供应链的概念已经被证明是有吸引力的,并且已经形成了一个非营利性组织来促进其他 CPG 公司、零售商和第三方物流公司之间的合作。

对 Kimberly-Clark 来说,在荷兰合作分销的积极经验促使这家消费品巨头将该项目推广到更多的国家和商业伙伴。

Kimberly-Clark 和其他公司通过改变自己的供应链和商业模式而改变了自己,而这反过来又极大地改变了 21 世纪的商业格局。例如,考虑到一些美国公司 25% 以上的利润来自全球销售,这有助于缓解国内市场的下滑或不稳定。1976 年,我们在本书的第 1 版中提出,物流的一个重要作用是通过提高新市场领域的效率和成本,帮助扩大国家或公司的市场范围。

这对供应链来说更合适。可以说,供应链有助于强化市场竞争能力的极限。换句话说,供应链末端的成本和价值决定了企业在全球市场上竞争的能力。良好的供应链是企业力量,良好的供应链管理人员不断推动其供应链的极限,使其在国内和全球市场上都可行。

甚至对个人和小公司来说,在全球范围内开展业务也变得更加容易,因为如上文所述,信息交流技术的发展,以及 UPS、FedEx、DHL 等专业第三方的不断改进,他们能够以"非常合理的成本"提供全球供应链服务。越来越多的专业企业和信息技术/通信方面的持续改进正在促成这一现象,也正促使世界变得更加平坦。显然,大型跨国公司也助长了这一现象。

可以说,供应链和供应链管理在全球经济中发挥着重要作用,它们有助于推动那些"供应链管理"做得很好的公司的增长和成功。全球供应链以更低的价格、更丰富的产品种类和更便捷的方式(如一站式购物等)影响着所有人,但也有一些是由于个人失业造成的,企业都关门了等。许多人会认为利大于弊,例如,较低的价格为消费者节省了数十亿美元的购买价格。有权衡(有利和不利),但没有回头路。成功的组织将继续需要发展有成效和高效率的供应链管理,因为它们将在 21 世纪积极向前迈进。

 ## 2.6　全球市场和战略

全球化的商业环境发生了重大变化,公司不仅进口和出口产品,而且还在世界其他地区设立工厂和其他设施。本田(Honda)和丰田(Toyota)曾在日本生产汽车,并将它们运往美国。现在它们的汽车也在美国生产,在北美销售。例如,丰田在印第安纳州已经生产汽车 25 年了。美国公司还在其他国家设立了工厂,如墨西哥和加拿大以及一些南美国家。

许多国家大大降低了关税和其他贸易壁垒,使全球经济更具竞争力。一些公司反应不佳,失去了市场份额或倒闭。其他公司也利用这一机会向全球市场扩张,例如,通用电气、IBM、沃尔玛、麦当劳、宝洁、Kimberly-Clark等。许多《财富》500强公司在全球市场的销售额达到或超过50%。通过发展适当的关系,有机会在全球范围内进行采购和销售,中小型公司也能够成为全球市场的参与者。

要想在全球市场上取得成功,就需要制定一套连贯一致的战略,包括产品开发、技术、营销、制造和供应链。当全球化公司的战略帮助它们实现各种全球化分配的业务目标时,它们往往更成功。从供应链的角度来看,这意味着在全球范围内战略性地采购材料和部件,为关键的供应站和配送中心选择全球地点,评估运输替代方案和渠道中介,提供客户服务,了解政府对全球供应链流动的影响,审查与第三方或第三方物流公司合作的机会,以及其他供应链问题。

从客户服务的角度看,全球市场和战略具有四个重要特征。

第一,公司试图用标准化来降低复杂性,但它们必须认识到,全球市场需要一些定制。例如,与美国市场不同的是,大型零售商店大量购买,以交付给它们的大型仓库,而欠发达国家则可能只有面积80~100平方英尺的小型零售店。这意味着小数量的交付,更频繁的交付,不同的包装等。这些市场的客户服务水平必须在交货时间表、数量、订单履行情况和其他方面进行调整。

第二,正如前面提到的,全球竞争往往会缩短产品的生命周期,因为竞争对手可以快速复制或重新设计产品。即使在美国市场,技术公司也面临着这种现象,但在全球范围内,其他的产品也面临着类似的经历。科技公司通过不断的升级和新产品来反击。例如,苹果在iPod上取得了巨大的成功,但为了保持财务势头,它很快就用iPhone和现在的iPad取代了这一点。较短的产品生命周期对库存管理提出了有关过时物品的挑战。客户服务水平也受到影响,因为随着产品在销售量方面的下降,产品的盈利能力降低。通常,当产品数量下降时,公司无法提供同样水平的客户服务。

第三,传统的组织结构和相关的商业模式经常发生变化,因为公司更多地参与外包制造和运输、仓储和订单履行等一些日常活动。这些都影响到了供应链及其相关的客户服务活动。所指出的协作需要各方之间的有效协调,以确保客户服务水平(准时交货、完整订单、可靠性等)保持不变。

供应链管理者面临着许多挑战。全球供应链管理的软性方面提出了重大挑战。在与外国商业伙伴打交道时,社会和文化因素发挥了作用,需要每天努力确保供应链的顺利执行。这是因为"软"问题和物理问题在许多情况下并不是相互排斥的。误解文化和错误的沟通会在全球供应链规划和执行的物理层面造成破坏。跨文化交际不仅受到不同语言和时区的影响,还受到其他文化因素的影响,如交际方式、完成任务的不同方式、对冲突的不同态度、不同的决策风格等。

第四,正如第1章所述,全球化带来了更多的波动性和复杂性。更有可能的是,全球供应链将面临天气、恐怖主义、打击和其他干扰的挑战。对灵活性和响应性的需求是整个供应链中的客户服务所必需的。扩大的网络覆盖远距离的活动,并且有很多是更加复杂的。贸易政策、法规、关税和汇率加剧了全球供应链的复杂性。此外,可以涉及的中介的数量增加了另一个额外的复杂性层。

除了前面提到的四个领域外，国内市场上使用的一些习惯战略也受到挑战。例如，减少订单周期时间已成为供应链管理的重要组成部分，因为它可以降低客户的创新水平，改善现金流，降低流动资产和应收账款。供应链的长度和复杂性的增加使得缩短交货时间变得更加困难。

此外，需求驱动的供应或拉动系统可以显著降低库存水平，但它们受到多层供应链的更长距离和复杂性的挑战。其他战略，如压缩和精简供应链，也更难在全球环境中实现。这些讨论并不意味着公司不应参与全球化。相反，它提供了对实现成功的可能性所必须完成的挑战的理解。毫无疑问，正如之前所指出的那样，全球化已经使许多美国公司受益。高得多的销售和利润以及更稳定的收入是迄今为止所指出的一些优势，但全球化是一把双刃剑，要求一家公司在管理和应对变化方面保持灵活和持续的积极主动。下一节的主题——全球供应链安全，直接与本书对全球供应链战略的讨论联系在一起。

 ## 2.7 供应链安全：调节平衡

在2001年9月11日事件之前，船只经常会在几个小时内通过美国港口。由于后来实施的安全措施，情况发生了变化。现在，在美国边境更多的货物检查、更多的文书工作以及更长的时间检查已经成为现实。船舶可以停靠和检查，货物可以检查。有些船只和物品由于其原产国而受到非常严格的检查。

鉴于全球贸易对美国的重要性，安全与全球贸易的有效流动之间存在着微妙的平衡。如果安全措施过于严密，就会阻碍所需货物或材料的流动，造成延误和效率下降。由于安全措施，港口和边境网关可能会变得拥堵。因此，在某些情况下，排队时间从几个小时增加到几天。现在已经采取措施改善过境点的流动情况，这对我们的全球经济是必要的。

货物信息的电子存档有助于缩短边境清关时间。2002年"贸易法"要求出口商在交货后24小时或离港前24小时以电子方式向美国海关提交运输单据。对于进口货物，货单必须在运往美国的货物装船前24小时由海运承运人或货主提交。由于加拿大是其贸易伙伴，美国制定了一套快速程序(FAST)以加快美国与加拿大边境的检查速度。

2002年美国《海上运输安全法》授权美国海岸警卫队评估美国港口的安全性，并拒绝不符合美国安全标准的外国船只入境。该法案要求制定集装箱封条和船闸标准、货物跟踪、识别和海洋集装箱甄别系统。

另外，海关打击恐怖主义贸易伙伴关系(C-TPAT)去年11月在美国国土安全部的指导下成立。这一保护全球供应链的自愿行动由7家公司发起；到2007年，约有7 400家公司参与了这一合作以为合法的货物和运输提供便利。C-TPAT隶属于美国海关和边境保护局，该机构之前被称之为美国海关总署。

海关总署对美国海关的传统作用负有责任，即防止人和药品非法入境，保护农业免受害虫和疾病之害，保护企业知识产权，征收进口关税，规范和促进全球贸易。C-TPAT的合作伙伴公司同意负责保证供应链的安全，使其符合商定的标准，并实施必要的更改。该方案的主要特点之一是成员之间共享最佳的安全措施的信息。该公司将开发一条"绿色通道"，以加速货物穿越边境，同时也保护美国和全球供应链的参与者。

2.8 港口

港口是全球供应链的重要组成部分,也是全球安全的一个主要焦点。每天,来自世界各国的数千个集装箱抵达美国海港。每一批货物通常是有一个特定的供应链,例如,从泰国运往圣路易斯零售商的门廊家具,或从中国运往芝加哥分销商的鞋子。

每年有超过2万亿美元的贸易价值通过美国的港口,超过200亿美元的行业收费和税收。50个州利用大约15个港口来处理进出口,每天有价值60多亿美元的货物进出。美国约99%的国际货物通过其港口,约30亿吨。1960年,国际贸易约占美国国内生产总值的9%。今天,这一数据已经超过了30%。

美国的港口也对邮轮行业起着至关重要的作用。2015年,北美邮轮上约有8 000万次入场券。前五大启程港约占北美邮轮旅客离港量的60%。前三名是佛罗里达港、迈阿密劳德代尔堡和卡纳维拉尔港。由于对支持邮轮工业的开支,这种客流对美国经济产生了非常积极的经济影响。

港口也对国家国防和安全起着至关重要的作用,港口是部署部队和装备的行动基地。港口安全对于军事和民用目的非常重要,是公共和私营部门的共同责任。C-TPAT就是这种共同责任的一个很好的例子。

如本章前面所述,加拿大和墨西哥是美国非常重要的贸易伙伴;2014年,它们分别排在出口第一位和第二位,进口排名第二位和第三位。鉴于其重要性,本章下一节将讨论《北美自由贸易协定》(NAFTA)。

2.9 《北美自由贸易协定》

《北美自由贸易协定》由加拿大、美国和墨西哥的领导人于1992年签署,并于1994年初获得国会批准。《北美自由贸易协定》建立了这三个国家之间的自由贸易,并提供了该协定的相互签署方式。《北美自由贸易协定》指出,这三个国家的目标是基于货物畅通无阻、最惠国地位以及承诺加强货物和服务的跨境流动的原则。最惠国地位提供最低的关税,如果有的话,也简化了在伙伴国之间运输货物所需的文书工作。

从长远来看,《北美自由贸易协定》的目标是创造一个更好的贸易环境。《北美自由贸易协定》的目标包括进行结构改革,以便在北美建立一个无边界的物流网络。信息系统、程序、语言、标签和文件正在为加快过境和商业流动而重新设计。这三个国家在实现既定目标方面都面临着持续的挑战。从墨西哥移民到美国仍然是一个政治"热点",因为进入美国相对容易。

随着新的市场和供应来源的发展,需要开发新的运输和储存设施以及中介机构。储存设施对于促进高效率和有效的全球贸易流动尤其重要。第10章将概述这些主题。

小结

- 全球公司通常面临着更复杂和更长的供应链,这些供应链在效率、有效性和执行力方面对它们提出了挑战。

- 随着经济和政治环境的变化,成功的全球公司不断地改变它们的供应链,使它们能够向最终客户提供最佳成本和最佳价值。
- 在过去的几十年里,美国与其他国家之间的贸易流动的范围和规模已经大大增加。一个非常重要的发展是与中国和其他几个亚洲国家贸易额的增长。
- 全球贸易的基础是生产要素,包括土地、劳动力、资本和创业精神。人口和年龄分布是影响劳动力可得性的重要因素。
- 移民和城市化是经济发展和活力的重要问题。
- 要想在全球市场上取得成功,就需要不断制定一套连贯一致的战略,包括客户服务、产品开发、业务模式和供应链管理。在 21 世纪,供应链变得越来越重要。
- 自 2001 年 9 月 11 日以来,供应链安全变得越来越重要。公司单独、联合或与各级政府合作,积极参与。特别是联邦政府扩大了其全球安全条例和政策的范围。
- 美国港口在全球供应链中扮演着关键的角色,因为美国 90% 以上的货物贸易都是如此。港口也是安全的一个重要焦点。美国需要把更多的注意力放在港口基础设施上。
- 加拿大和墨西哥分别是与美国最重要的贸易伙伴的第一位和第三位。1994 年国会批准的《北美自由贸易协定》加强了这一关系,该条约有着崇高的目标,但其目标的实现仍然存在问题。尽管如此,它还是帮助促进了北美的贸易。

复习思考题

1. 解释全球贸易的基本原理,并解释比较优势和绝对优势之间的差异。
2. 经济增长和全球贸易流动进一步发展的基本因素是什么?为什么它们在当今的全球经济中如此重要?
3. 一些作者指出,在当前的全球经济中,传统的等级组织已经发生了变化。组织如何改变?为什么变了?这些变化可能会产生什么影响?
4. 哪一家私营公司体现了管理良好的全球公司供应链的概念?为你的回答提供一个理由。
5. 供应链在组织全球化中扮演什么特殊角色?成功的供应链对公司有什么贡献?
6. 目前对全球经济的描述"时间和距离已被压缩",这意味着什么?你同意吗?这种压缩的影响是什么?
7. 为什么客户服务及其相关战略对经营全球供应链的公司如此重要?你认为客户服务比降低成本更重要吗?
8. "供应链安全,特别是在全球基础上的供应链安全"是一种平衡行为是什么意思?是向一个方向倾斜还是向另一个方向倾斜?
9. 为什么国家间的区域贸易协定在全球经济中如此重要?你对《北美自由贸易协定》及其对参与国的影响有何评价?
10. 港口在全球商业中的作用是什么?为什么这个角色很重要?我们现有的港口基础设施能够满足需要吗?为什么能,或者为什么不能?

案例 2.1 红鱼蓝鱼有限责任合伙

从红鱼蓝鱼首席执行官弗兰·费舍尔分别会见了埃里克林奇和杰夫费舍尔(供应链管理高级副总裁和业务副总裁)讨论扩大他们的经营范围和规模以来,两年过去了。在这段时间里,这里有好消息也有坏消息。好消息是,随着公司在马里兰州、新泽西州、弗吉尼亚州和华盛顿特区的扩张,公司在国内的销售额有所增长。事实上,建筑和咨询业务得到了明显的改善。吉姆·贝尔莱恩接受了建筑销售副总裁的职位,他的经验和人脉对红鱼蓝鱼公司来说是一种实实在在的好处。然而,弗兰·费舍尔表示,全球销售令人失望。欧洲和加拿大的销售情况很好,但亚洲市场的销售并不是很好,他们为中国、印度和日本开发了一些新的网页。虽然他们在网页上有很多"点击"量,但销售并不令人满意。公司依赖于亚洲市场的互联网销售。

一些附加背景

2007年,在弗兰·费舍尔决定改变职业生涯后,他成立了红鱼蓝鱼公司。他当时是一个成功的播音员,专门广播体育赛事,但也在其他节目里出现。这些年来,他对鱼类产生了浓厚的兴趣,并拥有着一些大型鱼缸来养鱼,这些鱼缸是他办公室装饰的一部分。他的一个朋友安迪·齐默曼是一名牙医,专门为儿童和青少年提供牙科护理。安迪在装修办公室的时候找到了弗兰,帮助他用鱼缸来做新装潢,他也认为这会使他的年轻病人放松和感兴趣,减轻他们的压力,这让弗兰对这个项目感兴趣,并在设计方面和鱼的选择上花费了大量的时间和精力。安迪对此留下了深刻的印象,他坚持向弗兰支付一笔可观的咨询费,并表示愿意为一家后来被命名为红鱼蓝鱼的新企业提供资金支持。就像他们说的那样,其余的都是历史。公司的崛起就像"从枪中射出的子弹"一样起飞,弗兰还引进另外几个人来帮助解决供应链问题、建设和整体运作。现在他们正处在扩张的十字路口。

现在的挑战和问题

该公司已经通过从中国供应商和中国出口公司那里购买大部分鱼类在中国站稳了脚跟。弗兰聘请了宾夕法尼亚州立大学供应链项目的几名学生为他做一些研究,作为他们实习的一部分。他们的分析验证了弗兰的结论,即全球市场提供了最大的潜力。他们的结论是基于他们在研究中发现的两项重要进展——美国与十几个亚洲国家之间正在制定的"跨太平洋贸易协定"和亚洲国家的人口结构。

> **案例问题**
> 1. 解释贸易协定的好处,以及它如何影响像红鱼蓝鱼这样的公司。
> 2. 是什么使亚洲国家的人口结构对未来的贸易发展具有吸引力?
> 3. 红鱼蓝鱼公司会面临什么样的挑战?
> 4. 就全球中介人而言,红鱼蓝鱼公司有哪些选择?你有什么建议吗?为什么?
> 5. 红鱼蓝鱼公司有哪些其他的方法来扩大亚洲市场的销售?

第 3 章

物流在供应链中的地位

学习目标

通过阅读本章,你应该能够:
- 理解物流在改善企业供应链中发挥的作用。
- 理解高效且有效的物流管理是如何增强经济活力及改善国际竞争力的。
- 从微观和宏观角度讨论物流的价值增值作用。
- 解释物流与组织中其他重要职能领域的关系,其中包括生产、营销和财务及它们对组织效率和有效性的贡献。
- 讨论物流职能中管理活动的重要性。
- 根据不同目标从几个不同方面分析物流系统。
- 确定物流系统总成本并理解物流系统中的成本平衡选择。

供应链窗口

被大船击垮的小港口

吉姆·奥哈洛兰(Jim O'Halloran)刚刚阅读完一本叫《西雅图-塔科马使者》(Seattle-Tacoma Herald)的书,他大声惊叫道:"我们要被大型集装箱船取代了。"声音大到位于波特兰和华盛顿的公司都听见了。吉姆是 Seattle-Tacoma/Portland Grain 公司和 Seed Company 公司的首席物流执行官。这两所公司分别在西雅图-塔科马都市区和俄勒冈州的波特兰有办公地。虽然这两处都接近港口,但是波特兰由于处在临近哥伦比亚河的内陆地区,到港口更加不便。传统上来说,由于哥伦比亚河能提供给爱达荷州的各个农业主和船运商更方便的运输,波特兰港口的位置是大有裨益的。从犹他州到波特兰的沿哥伦比亚河的驳船服务使得各农业主们能运输出口各类农产品,其中包括土豆、扁豆、豌豆和小麦。在波特兰,这些农产品会被搬运到海运船上,出口至亚洲和欧洲。进口船则会带来如钢铁、汽车和肥料等货物。进出口的业务让波特兰港口一跃进入美国前 25 的港口榜单。(波特兰位于第 21 位)这样一个地位为波特兰、华盛顿州、爱达荷州以及其他毗邻的地点带来了经济效益。

在2014年，波特兰港口经手超过13万的集装箱（长20英尺的标准集装箱），然而在2015年，几乎不再有任何集装箱通行。船运公司发现，使用新式大型的集装箱船后，沿哥伦比亚河从太平洋到波特兰，这100英里的蜿蜒旅程不仅缓慢、困难，花费还更多。于是，船运公司决定停止一切到波特兰港口的服务，于是所有人陷入了困境。波特兰港口及其顾客被部分全球进出口市场排除在外，除非他们愿意花费更多代价用火车运输货物到远在150英里外的塔科马。波特兰并不是唯一的例子。东海岸甚至西雅图和塔科马港口也面临着与能装载1万标准集装箱的大船博弈的困境。随着巴拿马和苏伊士运河的修缮，它们能承载更大的船，可以预想，未来会有更多更大的船只被用于国际运输，尤其是来自亚洲的船，其中以中国为主。只要港口和毗邻的航道能容纳得下，这些大船能极大地降低运输成本。一些港口正花费数百万美元去挖掘和开拓通往港口航道，为的就是能容纳这些大船。人们意识到高效的海上运输对于开拓国际运输市场是必要的，但这还远远不够。港口的基础设施也必须跟上步伐，它要变得更加实用才能容纳下"超级"运输船。

吉姆·奥哈洛兰感到非常沮丧。这是因为他看到了出口商品到更大的国际市场的大好良机。他的公司现在仍能够使用小型船只运输出口货物，然而如果未来他们不能解决港口基础设施的问题的话，他的公司就会被更有利可图的市场排除在外。吉姆的困境说明高效且有效的物流服务对供应链的关键作用，同时，交通基础设施也是成功必不可少的条件之一。在学习本章时，请为Portland/Tacoma Grain和Seed Company思考可行的策略。

3.1 引言

物流专家和其他一些知识渊博的管理人员意识到尽管互联网和全渠道销售等正在被大肆宣传，成功的企业仍必须高效且有效地管理客户订单履行环节，以建立和保持竞争优势和盈利能力。1999年圣诞期间，著名的E-tailing公司的倒闭事件足以证明人们对优秀的基础物流系统的需要。复杂的前端销售作系统不能在今天充满竞争性的全球化市场中独立存在——后勤部门的运营对顾客的满意程度起着至关重要的作用。事实上，互联网及其他技术的使用加快了订单的速度，而这更需要一个能够合理控制库存、加快客户订单履行速度、管理退货的有效的物流系统。经常被引用的谚语"成功的物流即是企业力量"是十分恰当的，因为物流有助于建立客户忠诚度。最后，如果一个企业不能将自己的产品及时交付客户，那么它就不会在市场上长存。这并不是说企业不需要优质的产品，以及有效的营销不重要。两者显然都十分重要，但是为了取得长期的成功和财务绩效，它们必须与有效的物流相结合。

在订单履行符合或超过客户预期的情况下，管理整个物流系统是一项挑战。同时，在市场竞争的环境下要求有效地控制运输、存货及其他与物流相关的成本。随后我们将谈到，在评价客户服务水平和有关的物流总成本时必须综合权衡成本与服务。但是在今天的竞争环境下，效率与效益这两个目标仍然是重要的。

明确地区分物流管理和供应链管理,是十分重要的。在接下来的章节,供应链管理被定义为类似一条管道,管道的前端代表最初的生产商或供应商,管道的末端代表最终的用户(见图 3.1)。换句话说,它是一个从供应商的供应商到消费者的消费者的一组扩展的企业链。

图 3.1　现代供应链通道

供应链管理的另外一种观点认为,供应链是一个由物流系统和某一供应链中的所有单个组织或企业的相关活动组成的连通的网络。单个物流系统显然影响整个供应链的成功。供应链中物流系统的协同与整合则是对企业的一个挑战。

本章的重点是单个物流系统的维度和角色,但是我们必须意识到,没有一个物流组织是在一个真空的环境中运行的。例如,生产商物流系统的出货部分和其客户物流系统的进货部分是连接在一起的。供应链管理包含物流和其他在第 1 章所讨论的活动。在引入了物流的概念及其与供应链的关系之后,下一节我们将探讨关于物流的各种定义,以及物流在价值链增值活动中所扮演的角色。

3.2　什么是物流

物流这一术语在过去 20 年里已经被普通大众所认可。电视、广播、平面广告都在强调物流的重要性。运输公司(如 UPS、DHL、FedEx)经常称它们的组织是物流公司,并强调它们的服务对整个物流系统的成功非常重要。20 世纪 90 年代的波斯湾战争同样使人们进一步认识到物流的重要性。其中的原因在于 CNN 新闻广播经常提到使用 7 000 米长的"供应系统"来支持波斯湾战争计划是不小的物流挑战。帮助我们认识物流的另外一个因素是我们作为消费者越来越关注物流服务质量,而不仅限于货物的质量。

物流管理,正如本书中定义的那样,它不仅包括私营企业物流,而且包括公共或政府及非营利组织的物流系统。此外,服务性企业包括银行、医院、饭店、旅馆等也存在一些物流挑战和问题,物流管理也适用于这些行业,并亟待发展。因此,从不同角度看物流,它都会有很多定义。(详情请看图表 3.1)

从本书的角度来看,由供应链管理协会(前身为物流管理协会)提出的物流定义是最恰当的。然而,我们有必要知道物流这一词源于军事活动,这也更加确立了物流活动对国家防御的重要性。同样地,其他关于物流的定义从各自的目标和角度来说也是自恰并且合适的。

物流的军事定义包括所供应的物品(食物、燃料和零部件)和人员。据说"物流"早在 18 世纪的欧洲就已成为军事术语的一部分。物流军官负责为部队安营扎寨、安排住宿和管理补给仓库。不同角度的物流定义如表 3.1 所示。

表 3.1 物 流 定 义

角　度	定　义
库存	• 运动或静止中的物料管理
客户	• 在正确的时间、正确的地点,以正确的成本向正确的消费者提供正确数量、正确状态的正确商品(物流中的"7 个正确")
字典	• 军事科学的分支,对物资、人员和装备进行采购、维护和运输
国际物流协会	• 对用于目标、计划和行动的资源进行要求、设计、供应和储存的,与管理、工程和技术活动有关的科学与艺术
效用或价值	• 为支持组织目标提供物资和服务的时间和空间效用或价值
供应链管理协会	• 供应链中,为满足顾客需求而对商品、服务及相关信息,从产地到消费地高效率、低成本的流动和储存进行的规划、执行和控制过程
配件支持	• 为工厂进行的供应管理(进货物流)和为企业客户进行的配送管理(出货物流)

　　物流概念在 20 世纪 60 年代以"实体配送"的说法开始出现于商业记载中,主要指物流系统的出货方面。(由工厂到市场)20 世纪 60 年代,军事物流开始关注物流的工程学方面——可靠性、耐用性、构造、管理、生命周期管理等,并且越来越强调模型分析和数量分析。相反,商业应用则通常更加关注非耐用消费品的营销和成品的实体配送。与工程相关的物流(如军事所运用的物流)在生产工业产品(在整个生命周期,产品要用备用零配件维护)等企业中引起了关注。例如,重型机械生产商小松制作所(Komatsu)开发了享誉全球的物流系统,可以运送配件来维修和保养它们的车辆。

　　在 20 世纪 70 年代到 80 年代间,采用物流的企业或商业部门形成了进货物流(支持生产或经营的物料管理)和出货物流(支持销售成品的实体配送)。20 世纪 90 年代,企业或商业部门开始研究连接供应商的供应商和消费者的消费者的所有组织供应链或需求链的前后关系。正如第 1 章提到的那样,供应链管理要求网络中所有组织中形成的物流系统能够建立一个更加动态的、合作的、协调的物资流和商品流。物流应当被视为管理的一部分,并且有四个分支:

- 商业物流。供应链中为满足顾客需要,对商品、服务及相关信息从产地到消费地高效、低成本的流动和储存进行的计划、实施和控制过程。
- 军事物流。为确保迅速、可靠和有效,对支持军事力量(调度和驻防)操作能力的所有方面和它们的装备进行的设计与组合。
- 事件物流。为将发生的事件及事后的有效退出,组织、调度和配置资源所需要的由活动、设备和人员组成的网络。
- 服务物流。为支持和维护服务业或服务企业而对设备、资产、人员和物资进行的采购、调度和管理。

　　这四个分支具有一些共同点和要求,如预测、调度和运输,但是其主要目的略有不同。这四个分支都可以被视为供应链中的上游或下游组织,与其他组织共同为整个供应链的成功和长期生存发挥作用。

　　在给出物流的定义之后,下面我们将讨论物流是如何为企业的产品增加价值的。

3.3 物流的增值作用

经济效用的五个基本类型可增加产品或服务的价值。它包括形式效用（运输）、时间效用、空间效用、数量效用和占有效用，五者相互关联。通常，我们认为生产活动提供形式效用，物流活动提供时间效用、空间效用和数量效用，营销活动提供占有效用。接下来我们将简要讨论每一种效用。

3.3.1 形式效用

形式或转型效用指的是通过生产或加工过程增加产品的价值。例如，当原材料或成分以预先确定的某种方式组合成产成品时，形式效用就产生了。这种情况发生在戴尔将软件随带的部件组合生产出一台满足客户特定要求的电脑时，组合这些不同部件的简单过程反映出产品形式的变化，并增加了成品的价值。

3.3.2 空间效用

物流通过将商品从生产地点移动到需求地点从而提供空间效用。物流突破了市场的有形界限，从而增加了商品的经济价值。商品或服务增加的这种经济价值被称为空间效用。物流主要是通过运输产生空间效用。例如，把好奇纸尿裤（Huggies）用传送机从位于威斯康星州（Wisconsin）的金佰利克拉克（Kimberly-Clark）的制造厂运送到存在客户需求的市场上，此时就产生了空间效用。空间效用带来市场边界的延伸加剧了竞争，这通常会导致降价和通过规模经济而得的获利机会。

3.3.3 时间效用

不仅产品和服务必须在有消费需求的市场可得，而且必须当消费者需要时才可得。时间效用就是指通过在特定时间的某一需求点所拥有的产品或服务增加的经济价值。物流通过适当的存货维护、产品和服务的战略定位及运输产生了时间效用。例如，物流通过广告中的产品在广告所承诺的时间内在零售店出售而产生时间效用，或者，在紧急情况下有办法提供急需的产品，这也是时间效用的例子之一。由于现在人们更强调减少前置时间以及通过物流方面的战略来最小化存货水平从而改善现金流，今天的时间效用变得更加重要。

物流在线

无人机的时代来临：喜讯还是噩耗？

近来，关于物流和供应链出版物、报纸和其他媒体充满了这样的故事：信息系统和相关的科技可能会在物流补给、存库、运输、订单处理和订单履行等方面改变供应链的面貌。毫无疑问，我们正生活在这样一个巨变的时代，它挑战着船运商、运货公司、消费者和其他人——必须通过转型变得更加高效，否则就会被时代淘汰。已有许多资料提及了无人驾驶的交通工具、智能公路、智能库房、机器人、云计算、3D打印、交通和库房管理系统等新兴事物。然而，没有一样事物如无人机那样抓人眼球，特别是在普罗大众眼中。在回答标题的问题前，让我们回顾一下无人机的背景。

严格来讲，无人机指的是最初在"二战"中作为军用而发明的远程操控装置。那之后，远程操控模型飞机和船只被用于户外娱乐。随着时间推移，这些远程操控装置变得更加精巧和昂贵。在近二十年间，人们设想了越来越多无人机在农业、林业以及包括交通管制等的安保方面的商业用途。军事无人机与人力相比，花费更少且可以替代人力以减少人员伤亡。

2013年，亚马逊宣布将在旧金山地区开展以无人机配送货物的实验。亚马逊的宣言吸引了人们的注意，有人支持，也有人质疑。支持者对此并不惊讶，因为亚马逊一直在物流和供应链管理方面挑战极限。在后来的章节会提到，运输提供了经济和社会效益，其中包括易得性和连通性。一直以来，在拥堵的城市区域的"最后一英里"对于物流运输是个不小的难题。这时，若高效地运用无人机就可以有效地改善这个问题。无人机的灵活性以及它对基础设施的低要求使无人机运输魅力大增。

来自德国的包裹运输公司DHL，作为FedEx和UPS的对手，宣称自己即将采用无人机运输药物和医疗产品至偏僻、难以到达区域，比如德国海岸的JUIST岛。可以想象，这样的服务可以用于运输其他产品到偏僻区域如阿拉斯加等。亚马逊和谷歌在尝试提供相似服务时受到美国监管部门的阻挠。然而亚马逊在加拿大已经提供相似服务，正如谷歌在澳大利亚做的一样。此类服务受阻的根本原因是合理的，我们能做的就是希望合理明智的公共安全管控能够代替行政壁垒，使无人机的使用不受阻。无人机的运输服务以及它在农业、林业、火灾预防和交通安全上的使用拥有许多潜在的好处，这就是标题中所提到的"喜讯"。

那么，"噩耗"又是什么呢？答案就如大众媒体广泛报道的那样，人们对无人机的兴趣日益高涨，无人机使用也变得稀松平常。对于一个带有摄像头的精巧模型，拥有一个无人机的投资是相对适中的。而这吸引了大众购买无人机去欣赏各种各样如森林火灾、施工现场、暴动和暴乱现场等，这些行为频繁地干扰到警方和安全反应小组。因此，这给无人机噩耗的发生埋下隐患。这个情况就好像移动通讯设备和汽车司机的关系。移动设备本身可以为个人、团体以及公共机构提供便利服务，但是如果司机在开车的时候发推特或邮件，就会造成危险事故。近年来也有无数类似的例子。这就是喜讯和噩耗的真正意义！只要采取合适的管控，加上大众的配合，我们就能去掉噩耗保留喜讯，得到一个双赢的局面。

3.3.4 数量效用

当今的经济环境不仅要求产品能够及时地送达正确的目的地，而且要求按照正确的数量送达，从而减少库存的花费，同时也能避免缺货情况发生。时间和空间的效用要结合数量效用。将正确数量的产品送达要求的地点就产生了数量效用。以汽车产业中数量效用的重要性为例，假设通用汽车运用JIT库存管理战略要在一天内组装1 000辆汽车，这需要5 000个轮胎在当天早晨送达来支持汽车生产计划。而当轮胎供应商将3 500个轮胎及时送达正确的地点时,即使产生了时间和地点效用,但是没有产生数量效用。这样,通用就不能按计划组装1 000辆汽车。因此,物流必须要在正确的时间、按照正确的数量将产品传递到正确的地点,从而增加产品的效用和经济价值。时间、空间、数量效用三者紧密相连。

3.3.5 占有效用

占有效用主要通过产品或服务促销等基本营销活动产生。我们可以将"促销"定义为通过直接或间接地接触消费者来增加其拥有商品或想要受益于服务的愿望和行为。物流在经济中的作用取决于并支持占有效用的存在,因为时间、空间或数量效用仅仅是在对产品或服务的需求存在时才有意义。同样,营销也取决于物流,因为占有效用仅在其提供了时间和空间效用时才起作用。

3.4 物流活动

前面所讨论的物流的定义说明了物流管理人员负责的活动。这些活动主要包括:
- 交通运输。
- 仓储存货。
- 工业包装。
- 物料搬运。
- 存货控制。
- 订单履行。
- 需求预测。
- 生产规划。
- 采购。
- 客户服务。
- 设施选址。
- 退货处理。
- 零部件和服务支持。
- 废弃物处理。

上述所列出的活动非常广泛,一些物流运营良好的企业可能不会将所有这些活动都交给物流部门负责。但是与这些领域相关的决策会影响总的物流成本。此外,当一项或多项上述活动产生变化时,需要物流管理部门权衡成本和收益。

3.4.1 运输

运输是物流系统非常重要的组成部分,而且通常是最大的物流成本的变化因素。物流和供应链中一个主要的焦点是商品的实际移动或者是使商品移动的网络。这个网络由为企业提供服务的运输机构组成。物流管理人员负责权衡、选择和使用运送原材料和产成品的方式,以及负责开发自有运输。因此,运输是供应链中非常重要的组成部分,原因在于它在供应链中承担着连接各个组织的职责。

3.4.2 储存

第二个物流活动是储存,企业必须在它和运输之间寻找平衡。储存包括两个单独但紧密相关的活动:库存管理和仓储。运输和库存水平及其所要求的仓库数量有着直接关系,例如,如果企业选用速度相对慢的运输方式,就不得不保持较高的库存水平,并常常要为这些存货保留更多的仓库空间。企业可以考虑使用较快同时也更昂贵的运输方式来减少仓库数目及其所储存存货的数量。

许多重要决策与储存活动(存货和仓库)有关,包括仓库数量、存货数量、仓库选址和仓库规模等。运输决策影响储存决策,所以权衡各种方案效益平衡的分析框架是非常必要的。

3.4.3 包装

与物流有关的第三种活动是工业(外部)包装。工业包装可以在产品运输和储存的时候对产品起到保护作用,包括厚纸板盒、缠绕机、捆绑、袋子等。例如,由于运输中破损的可能性大,铁路或水路运输通常需要额外的包装支出。在分析运输方案变化的效益平衡时,物流人员通常要考虑变化对包装成本的影响。许多情况下,由于破损的风险较小,选择价格较高的运输方式将降低包装成本,如空运。近年来,由于人们对可持续性兴趣盎然,包装也受到了密切关注。包装材料的处置一般是垃圾填埋场。许多公司已经采纳可替代材料来大幅减少包装浪费。

3.4.4 物料搬运

需要考虑的第四种活动是物料搬运,这也是生产企业在其他方面非常重要的典型活动。物料搬运对仓库设计和有效的仓储操作是非常重要的,物流管理人员关注商品经由运输工具进入仓库的运动、商品在仓库的放置,以及商品从储存区到拣单区及最后到月台准备运出仓库的运动。物料的搬运通常使用短距离移动的机械设备,这种设备包括输送机、堆垛机、高架起重机和自动存取系统(Automated Storage and Retrieval Systems,ASRS)。为了保证所使用的各种设备能够相互适合,物料搬运的设计必须具有一致性。

3.4.5 库存控制

第五种活动是库存控制。库存控制有两个维度:确保充足的库存水准和保证库存的准确性。前者需要物流来监督现有的库存水准,同时补充来自生产商或销售商的更新订单以防止缺货。库存控制的另一个维度是保证库存的准确性。为了满足客户的订单而使库存耗尽时,工厂的信息系统会自动跟踪现有库存水准的状态。为了确保真实的物资库存水准与信息系统中显示的一致,一年内每期都会对抽选的物品进行盘点。这时使用条形码或RFID标签有助于这个过程高效且有效地完成。

3.4.6 订单履行

订单履行由一系列设计配送和运输顾客订单的活动构成。订单履行对物流很重要,因为其对客户决定订货的时刻到这些商品以满意的状态真正送达的时刻所占用的时间即前置时间都有影响。订单履行也称前置时间构成的四个过程是订单传送、订单处理、订单准备和订单运输,下一章中我们会更详细地讨论这些活动。

3.4.7 预测

物流的另外一个重要活动是存货预测。为了满足生产效率和顾客需求,可靠的预测是必须的。物流和供应链管理人员应当配合生产计划以及对需求的市场预测来形成库存预测,这样才能保持合理的库存水平以满足消费者需求。

3.4.8 生产规划

物流管理人员越来越重视的另外一种活动是生产规划。该活动与有效存货控制紧密相关。一旦做出了预测并对当前持有的存货及其使用率进行了评估,生产经理就能够决定必要的生产数量来确保足够的市场覆盖率。但是在生产多种产品的企业中,生产工序的时间安排要求生产计划的控制与物流规划之间实现密切协同。

3.4.9 采购

采购是物流的又一项活动。将采购包括在物流中的基本依据是运输成本与企业生产所要采购的原材料和零配件的地理位置(距离)直接有关。采购数量也会影响到总物流成本。例如,从中国为一家美国的制造厂购买零部件需要10~12个星期的前置时间,这会对制造厂为防止工厂倒闭所持有的必需的库存水平产生直接影响。使用最优的运输方式来减少前置时间会降低库存水平,但是却增加了运输成本。所以,在做出采购决策的同时需要系统地考虑总物流成本。

3.4.10 客户服务

客户服务有两个对物流很重要的维度:一是与客户直接接触来影响和接受订单的过程;二是企业提供给客户的服务水平。从获得订单的角度看,物流关注的是落实订单,即订单即将发出时能够向客户做出承诺。这需要库存控制、制造、仓储、运输之间的协同,以保证接受订单时所做出的任何承诺及产品的可得性。

客户服务的第二个维度与企业向客户允诺的服务水平有关。这些服务水平包括订单履行率和及时运输率。库存、运输、仓储的决策也和客户服务水平相关联。物流在确保消费者在正确的时间得到正确数量的正确产品方面起到非常重要的作用。物流决策影响着产品可得性和存货前置时间,这二者对客户服务至关重要。

3.4.11 选址

物流的另外一个重要活动是工厂和仓库的选址。位置的变化可能改变工厂与市场之间或供应地与工厂之间的时间和地点关系。这种变化将影响运输费用和服务、客户服务、存货要求。因此，物流管理人员非常关心且负责地进行选址的决策。

3.4.12 其他活动

其他活动可能被视为物流的一部分。其中包括零配件和服务支持、退货处理、废弃物处理等。由于运输和存储决策会影响这些活动，物流管理者需要参与产品设计、产品维护及供应的服务。这些领域也许需要逆向物流系统的发展，也就是将使用过的、损坏的、废弃的产品返回给供应商处置。这些工作一般由物流部门直接负责或者由第三方物流服务提供者完成。

物流在线

UPS 和 Wiley Coyote 的故事

近来 UPS 收购 Coyote 物流的新闻让人不禁回想起 UPS 是怎样用战略一步步在物流和供应链界站到今天的位置的。许多物流和供应链界的专家可能不知道 UPS 前身只是一个小快递公司。它主要为在纽约、费城和华盛顿这些东海岸城市的大型零售商提供服务。许多城市家庭住在小小的房子里，一般都没有自己的汽车。因此他们一般乘坐公共交通（公交车或有轨电车）去市中心。在市中心有许多大型多层商场，他们可以在那儿购买除了食物以外的其他东西，通常这些物品在自家附近小商店都没有，而且这里的选择更丰富。如果他们买了特别多的物品，或者某些货物太大以至于难以用公共交通运输，他们就会使用 UPS 的运输服务。这不仅在当时是一个宝贵的服务，也是一个跨时代的服务。

"二战"结束后，人们心里积郁着战时被压抑的消费欲望，同时人们的家庭储蓄也提高了。许多家庭开始从城市中的小房子搬到近郊的大房子中去。由于战后他们有个人的用地，许多家庭为了购物和其他便利纷纷买了车。这种战后现象极大地影响了 UPS。由于零售商店开始入驻带有免费停车场的商场，人们对包裹运输服务的需求也减少了。于是 UPS 开始对自己的商业模型和战略进行评估，并问自己一个老生常谈的问题：我们的定位是什么？

最终，UPS 给出了自己的答案：它们定位自己为一个专攻小包裹运输的运输公司。它们的服务针对公司对公司，公司对个人以及个人对个人。UPS 对公司使命的重新定位为它们打开了许多新的机遇，但同时前方也横亘着一些挑战。当时，州内和州际的运输服务受到联邦政府和州机构的管控。UPS 需要得到批准才能够提供服务。其中，州际运输的批准是最富有挑战性的。同时，这意味着 UPS 需要和美国邮政竞争。美国邮政提供着相似服务，唯一不同的是，它们不在企业或住户家庭提供直接提货服务。一直以来，UPS 在这些"路障"的存在下负重前行，当联邦减少对汽车运输服务管控时，UPS 可以更积极地前行了。然而，管控的减少也为其他公司提供着机遇，如联邦快递（Federal Express）。一开始，UPS 和 FedEx 的服务各有特色。然而现在它们之间的界限越来越模糊，二者都在野心勃勃地扩张和成长中。

UPS和FexEx都采用收购现有公司的方法来扩张它们的国际版图。最终结果是,两家公司都从运输公司变身为更全面的物流服务公司,为企业和个人提供各种各样的服务。目前,作为第三方物流(3PL),UPS以60亿收益位居第四。这两家公司都借着物流和供应链管理扩张之势,一跃成为家喻户晓的大品牌,在21世纪为全球提供着物流服务。

UPS和FexEx对全球企业需求的认知和满足是它们成功和扩张的秘诀。然而,为了不被对手超越,它们需要变得更高效且有效,并持续不断地改进自己。于是Coyote物流就是最合适UPS的珍宝,正如GENCO物流对FexEx一样。GENCO为FexEx提供了急速增长的退货即逆向物流服务。UPS野心勃勃地想进军船运中介,Coyote就在这个行业里获利和成功,它们为管理这项服务而发明的专有计划技术是其发家的法宝。这项技术会成为UPS管理汽车运输的有效工具,在假期高峰派上用场,解决往日的难题。

我们从故事中学到的关键是UPS在外部环境发生变化时,能够改变内部的结构和商业模型去迎接挑战,并意识到"最后一英里"对供应链和物流的重要程度。也许原标题应该改成"Coyote物流和UPS的故事"?

3.5 经济中的物流:宏观角度

随着经济的发展,宏观基础上物流的总绝对成本将会增加。换句话说,如果我们生产和消费更多的产品与服务,物流成本将会上升。为了确定物流系统的效率,我们需要用国内生产总值(Gross Domestic Product,GDP)这一广为人们接受的、用于计算经济增长率的指标衡量物流总成本。2014年,物流成本达到了14兆美元(﹩1,449 billion),占总GDP的8.3%。由于经济增长,物流、库存和运输成本提高,2014年的物流成本较往年提高了3.1%。

正如图3.2指出的那样,由于经济衰退,自2005年后物流成本就相对稳定,2009年达到最低点。在20世纪70年代中,物流成本约为GDP的20%。

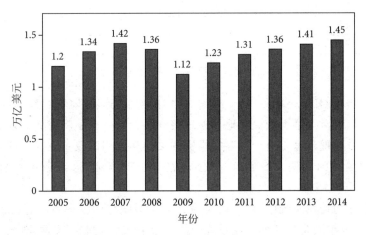

图3.2 美国物流成本

物流成本在 GDP 中所占比例的降低是因为经济运行中各种企业的整个物流系统的效率有了显著提高。由于物流成本直接影响了产品销售成本,相对成本的减少使得企业更加具有竞争力。我们可以认为,20 世纪美国全球化经济生存能力的好转,其部分原因是物流成本的改善。

通过研究储存成本、存货成本和运输成本三类主要成本及其他物流成本,可以更好地了解物流。图 3.3 描绘了 2014 年这些成本的情况。储存成本是持有存货的所有费用。存货成本是储存货品的费用。持有成本包括利息费用(或与存货相关的投资的机会成本)、与风险相关的费用(废弃、贬值)和与服务相关的费用(保险、税金)。运输成本是指货物在移动引起的总的国内支出。第三类物流成本是指与管理物流活动相关的管理费用。

利息	2
税收	331
库存	143
小计	476
运输成本	
汽车运输	
卡车-市际间	486
卡车-本地的	216
小计	702
其他	
路运	80
水运(国际31,国内9)	40
油管运输	17
空运	28
代运人	40
小计	205
运输相关成本	10
物流管理	56
总物流成本	1449

图 3.3 2014 年总物流成本(10 亿美元)

物流成本相对 GDP 下降始于 20 世纪 80 年代初,与运输业解除管制有关。解除管制使运输企业可以针对竞争更加灵活地调整运费和服务。引起下降趋势的第二种因素是对存货水平的改进管理。这是由于对存货投资的关注和应用以及企业拥有了与有效库存决策制定有关的更好的方法。最后,许多公司着眼于现金流,这导致了存货周转率备受关注。

在任何企业的物流系统中,两个最大的成本类型就是运输成本和存货成本。如我们所指出的,运输成本通常是任何物流系统中的一个最大的成本。注意,图 3.3 中汽车运输占据了运费支出的大部分,为 7 020 亿美元,而其他的所有运输支出为 2 050 亿美元。这种费用水平虽然未必建立在最低的运费基础上,但却反映了汽车运输业为托运人(服务的使用者)所提供的价值以及成本的重要性。我们将在第11章讨论运输,但我们要知道物流管理要求考虑所有物流活动的总成本,而不是如运输这样的某一种成本。

同样值得注意的是,2014年存货增长开始减缓(请看图3.4),生产存货在2015年持续衰退。

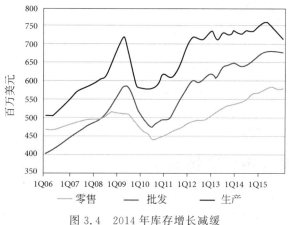

图3.4 2014年库存增长减缓

 ## 3.6 企业中的物流:微观角度

另外一种物流属性是从微观角度研究物流与企业的其他职能领域之间的关系,如营销、生产或经营、财务和会计等。物流的本质是关注超越传统职能领域的过程,特别是在今天强调供应链的环境下。因此,物流在许多重要的方面与其他职能领域相互联系,毕竟当物流和供应链运转时,整个组织的其他功能也会同样地被影响。

3.6.1 物流与运营或生产的交叉

物流与生产管理之间的交叉表现在生产运行时间上。通常,长期的生产运行以及较少的生产线重启和改变是生产效率的基础。但这很容易导致某种产成品存货过多而其他产品备货有限。因而,最佳的生产决策要求管理者仔细权衡长生产运行对存货成本影响的利与弊。较短的生产运行配合有效率的生产线重启可以为企业满足市场短期需求提供灵活性。当今的趋势是向"拉式"系统发展,即与传统的产品先于需求的推式系统相反,生产系统或物流系统的产品被需求所拉动,而这需要较短生产运行为之提供灵活性。这样即使生产成本可能会提高,也可以通过降低存货水平减少总的物流成本。

生产经理希望将产品季节性需求所带来的影响最小化。例如,巧克力糖果产业一年内仅受到几个"事件"的驱动,如情人节、复活节、返校购物日、万圣节、圣诞节。为了保持低成本、避免紧急需求状况的出现,生产经理通常会在旺季到来之前进行生产。这种预先生产可能在经济上不合算,因为存在存货成本。这里需要在库存成本和生产成本之间进行权衡。

物流和生产在供应方面同样存在交叉。比如，缺货可能导致生产设备的停工或生产成本的增加，物流管理人员应当确保原材料和其他生产性投入的数量充足，以满足生产计划，但是考虑到存货储运成本，不宜过多，应谨慎考虑。由于这种协调的需要，今天许多企业将生产计划的责任由生产管理转向物流管理。

物流与生产相互交叉的另外一种活动是包装，许多企业把它看作一种物流活动。无论是属于生产管理还是物流管理，包装主要的目的都是为了保护商品免受损坏。这显然不同于营销和促销中所谓的产品包装所具有的价值。

由于近来原材料和其他生产性投入的外部采购及可持续问题引起了人们的关注，这使得物流和生产之间的交叉变得更加重要。同时，今天许多企业正和第三方生产商或包装商达成协议，来生产、装配、改进部分或全部企业的产成品。这种协议在食品工业尤其盛行，即许多企业仅生产食品，然后贴上其他企业的商标出售。全球供应链管理加剧了物流和生产之间合作的重要性。

3.6.2 物流与市场营销的交叉

物流和市场营销联系密切，二者需要协同合作。这是由于实体配送或企业出货物流系统要负责为消费者进行产品的实体运送和储存，从而在产品销售中起到重要作用。有时，订单履行可能是产品持续销售的关键要素，即企业以正确的数量和正确的成本在正确的时间和地点提供产品的能力可能才是销售的关键因素。

这里主要讨论物流与营销活动在营销组合中每一组合的主要活动之间的交叉。我们将从营销4P——价格（Price）、产品（Product）、促销（Promotion）和地点（Place）进行讨论。此外，还将讨论物流和营销交叉部分的近期趋势。

1. 价格

企业在销售产品时，通常也会为大批量采购提供一个折扣计划。如果这种折扣计划与按重量制订的运费折扣计划有关，企业就可以为自己或为客户降低总运输成本。在一些企业中，管理者会根据企业利用不同运输方式的运载量调整定价表。在罗宾逊-帕特曼法案（Robinson-Patman Act）和相关法规下，因节约运输成本而提供价格折扣是正当的。

此外，物流管理人员可能会关心在不同定价标准下产品的销售数量，因为这将影响到存货要求、重置时间和客户服务的其他方面。企业要考虑物流管理人员在诱人的定价标准下提供充足产品数量的能力。物流管理人员必须了解这种特殊性，才能根据预计需求调整存货条件。

2. 产品

有关每年投放市场的新产品数量已记录了很多，它们的大小、形状、重量、包装和其他物理属性影响了物流、供应链的系统运送和储存产品的能力。因此，物流管理人员应当参与决定新产品物理属性的营销活动，能够提供有关新产品运送和储存的恰当信息以减少后患。除了新产品，企业经常用各种方法对老产品进行改进，以改善或保持销售量。通常，这种改进可以采取新的包装设计，或者采取不同的包装规格。产品的物理属性不仅影响储存和运送系统的使用，还影响需要的运输设备，影响破损率、储存能力、物料处理设备的使用,如输送机和托盘、外部包装及其他许多物流活动。

我们很难表达出物流管理人员在发现产品包装的改变使标准托盘使用不经济,或者以无效或可能损坏产品的方式使用拖车或货车运送时所感觉到的挫折感。对那些销售和营销主管来讲,这些事情似乎是普通的,并且微不足道,但是它们却极大地影响了一个组织整体的成功和长期的赢利能力。

影响物流的另外一个销售活动是消费包装。销售经理通常视消费包装为"无声的"销售人员。在零售环节,包装或许是影响销售的决定因素。销售经理关注包装外观、包装所提供的信息和其他相关方面的内容。当顾客比较零售货架上的几种商品时,消费包装可能会有助于商品的售出。消费包装对物流管理人员之所以重要,原因有两个:首先,消费包装通常必须适应所谓的工业包装或外部包装,消费包装的规格、形状和其他属性将影响工业包装的使用;其次,消费包装提供的保护作用能引起物流管理人员的重视,消费包装的物理特性和保护作用会影响物流系统的运输、物料搬运和仓库储存。简单来说,消费包装若有损毁,会危害物流成本(效率方面)以及客户服务。物流和营销之间合作是保证高效且有效的前提。

3. 促销

企业通常花费数百万美元在全国进行广告和其他促销活动,以改善销售。利用促销活动来促进销售的企业应当与其物流管理人员协作,以便有足够的产品向客户销售。但是,即便有了这样的协作,仍然会出现问题,原因就在于难以预估一个新产品的需求。然而信息之间的流通可以减轻这个问题,同时供应链合作可以改善困境。第4章会讨论在大型零售商之间的全渠道分销,这更强调物流和营销间的合作。

4. 地点

地点决策指的是分销渠道决策,包括交易和实体配送渠道决策。买卖双方通常变得更加关注如何制定市场交易决策和决定,诸如将商品卖给批发商还是零售商之类的事情。从物流管理者的角度来看,这种决策可能极大地影响物流系统要求。例如,公司仅与批发商交易可能会相比直接与零售商交易产生少一些物流问题。一般说来,批发商比零售商采购批量更大,并且对订货和存货的管理更加稳定且易被预测,从而使服务成本降低。如第1章所说,如沃尔玛一样的超级零售商的出现已经改变了这个情况。

5. 近期趋势

最显著的趋势是销售经理开始认识到营销组合中地点的战略价值和高质量的物流服务带来的收入和客户满意度的增加。因此,许多企业已经将客户服务列为销售和物流之间的交叉活动,并且积极、有效地将客户服务提升为营销组合的关键因素。食品、化工产品、医药品和科技行业中的企业在这一方面已经取得了巨大的成功。

3.6.3 物流与其他方面的交叉

尽管生产和销售可能是生产企业物流的两个最重要的内部职能交叉,但其他重要的职能交叉依然存在。过去的十年中,财务领域变得越来越重要。实际上,在后面的章节,我们会谈到财务是物流和供应链管理的第二语言。物流对资产收益率(Return On Assets, ROA)或投资回报率(Return On Investment, ROI)的影响非常显著。物流在几个方面必然影响资产收益率。首先,存货在资产负债表上是一项资产,而在收入表中是一项支出,降低存货水平会降低资产和相应的支出,从而正向地影响ROA。其次,运输和仓储成本也会影响ROA。如果企业拥有自己的仓库和运输平台,资产就会增加。如果这些资产减少了或清除了,那么ROA也会增加。同样,如果企业利用第三方来存储和运输,就会产生各种支出,减少这些支出也会对ROA有正向影响。最后,关注客户服务(第9章会谈及)会增加收入。只要收入的增量大于为客户提供服务的成本增量,ROA就会增加。

物流管理者应该使用与回收期有关的可接受的财务工具调整与物流有关的投资增加。因此,供应链和物流经理必须对财务指标和业绩标准十分了解,在后来的章节我们会详细说明这点。

会计同样与物流存在重要的交叉。会计制度为分析物流系统方案提供相应的成本资料。过去,企业没有专门的物流成本测量,而是常常将其综合在一般管理费用当中,这就使得系统地监测物流成本成为一件难事。近来企业开始关注直接顾客收益率和有关的成本核算制度[如作业成本法(Activity-Based Costing,ABC)],从而提高了物流分析的质量。会计制度对衡量供应链效益的平衡和绩效也是非常重要的。

3.7　企业物流:影响物流成本和物流重要性的因素

本节讨论物流成本的具体因素以及物流的重要性。理解竞争关系、产品关系和空间关系等有助于解释企业物流职能战略作用的重要性。

3.7.1　竞争关系

竞争常常被简单地理解为价格竞争。价格竞争固然重要,但在许多市场上,客户服务是非常重要的竞争形式。例如,如果一个企业能够在较短的时间内安全地将产品提供给客户,客户通常就能够使存货成本最小化。由于降低成本能提高盈利,客户也许会认为存货成本最小化与保持产品低价格同样重要。

1. 订货周期

订货周期长短直接影响存货要求是人们广为接受的物流管理原则。也就是说,周期越短,要求的存货越少。图3.5展示了二者间的关系。我们将订货周期定义为从客户决定订货到收到订货所需要的时间。它包括订单传送、订单接受、订单处理、订单准备(分拣和包装)和运输等活动。图3.5表明较长的订货周期通常要求较高的存货。假设一个客户每天用掉10个单位的产品,同时供应商的订单周期是8天,那么订货周期中客户的平均库存就是40单位(80/2)。如果供应商将订货周期缩短到4天,客户的平均库存就减少到20单位(40/2)。由此得出结论,这种成本减少和价格降低一样重要。

2. 可替代性

产品的可替代性常常影响客户服务的重要性。换句话说,如果一个产品同另外一个产品相似,发生缺货时客户可能会用有竞争能力的产品将其取代。因此,客户服务对高度替代性的产品比对客户或许愿意等待或延期订货的产品更重要。这就是企业之所以要花费大量广告支出使客户意识到其品牌的一个原因。企业想要消费者需要自己的品牌,并

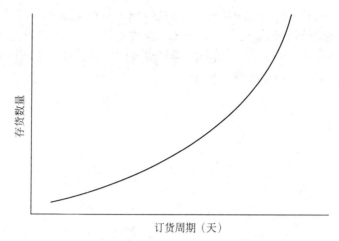

图 3.5　从客户角度看,要求的存货和订货周期的关系

且如果其商品临时缺货,它们希望消费者等待直到有货。对物流经理来讲,如果企业希望降价销售丧失成本(衡量客户服务水平和可替代性的方法),那么要么存货费用较高,要么运输费用较高,从而降低订货周期。

3. 库存效应

图 3.6 表明,通过增加存货成本(通过增加库存成本或提高再订货点),企业通常能够减少滞销成本。换句话说,在滞销成本与存货成本之间存在反向关系。但是,企业通常只愿将存货成本增加到总成本开始增加为止。它们希望增加存货投资,通过较大数量的存货减少滞销成本,即直到减少滞销成本的边际节省等于增加存货的边际持有成本。

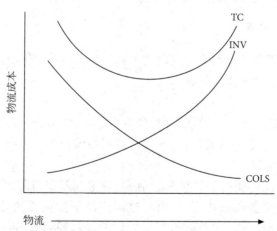

注：TC——总成本；INV——存货成本；COLS——滞销成本。

图 3.6　滞销成本与存货成本的一般关系

4. 运输效应

我们在图 3.7 中可以看到,运输也存在类似的关系。企业通常能够用增加的运输成本取代减少的滞销成本。对于运输,这种增加的支出主要指购买更好的服务。例如,从水运转向铁路运输,或者从铁路运输转向汽车运输,或者从汽车运输转向空运。高运费、小批量频繁运送带来较高的运输成本。如图3.7所描述的,企业能够通过增加运输服务支出、改善客户服务来减少滞销成本。同样,滞销成本的边际节省等于增加的有关运输成本的边际增加时,大多数企业才愿意这样做。

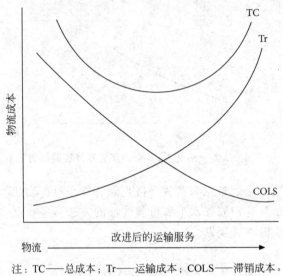

注:TC——总成本;Tr——运输成本;COLS——滞销成本。

图3.7 滞销成本与运输成本的一般关系

通常在存货和运输上支出较多的企业,其滞销成本也几乎同时减少。运输的改善通常会降低存货成本。换句话说,实际情况比这儿所指出的更加互动和协调一致。

3.7.2 产品关系

产品方面的许多因素都会影响物流的成本和重要性。其中影响较大的因素有美元价格、密度、易破损程度和特殊搬运要求。

1. 美元价格

产品的美元价格通常影响仓储成本、存货成本、运输成本、包装成本,甚至物料搬运成本。如图3.8所示,当产品的美元价格上升时,每个领域的成本也会上升。成本函数的实际斜率和水平因产品而不同。

运费反映了与商品移动有关的风险。通常,贵重商品很可能发生破损,这类商品的破损将花费运输公司更多的赔偿资金,因此这类商品的运输需要格外小心。运输公司一般对较贵重的商品收取更高的运费,因为它们的客户通常能够为这类商品支付较高的运费。

当产品的美元价格上升时,储存成本也会上升。较高的价格意味着在库存上占有更多的资本,从而总资本成本随之升高。此外,储存较高价格产品的风险因素增加了可能的报废与折旧成本。同时,储存高价格产品所要求的物资设备更加先进,所以仓储成本也会随着美元价格的增加而增加。

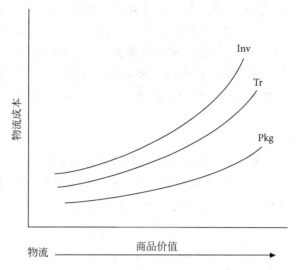

注：Inv——库存成本（包括储存）；Tr——运输成本；Pkg——包装成本。

图 3.8　商品价值和不同物流成本的一般关系

由于企业要使用保护包装来减少破损，包装成本通常也会增加。如果产品价值高，公司会在包装上花费更多的精力，以避免产品受到破损和损耗。最后，为了满足高价值产品的需要，通常要使用十分先进的物料搬运设施。企业通常愿意多消耗资金和使用贵重设备来加快高价值产品在仓库的流转，使产品破损的可能性最小。

2. 密度

影响物流成本的另外一个因素是密度。密度指的是重量与所占空间之比。一个商品的重量相对于其所占据的空间较轻，就具有低密度，如家具。密度影响运输和仓储成本，如图 3.9 所示。随着产品密度的增加，仓储和运输成本就会降低。

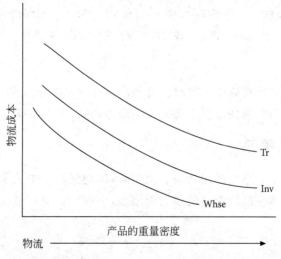

注：Tr——运输成本；Inv——存货成本（包括储存）；Whse——仓储成本。

图 3.9　产品的重量密度与物流成本的一般关系

在确定运费时,由于运输公司以每100磅收取多少美元来报价,所以它们通常要考虑运输工具能装多重的商品。对于密度大的商品,由于能够在一辆汽车里装载更多重量,其每100磅所支付的运费就较低。假设对装满53英尺的拖车的货物,承运商要从中收取5 000美元。而低密度的产品也许就能装20 000磅,承运商就会对每100磅收取25美元;另一方面,高密度的产品也许就能装40 000磅,这样每100磅的价格就是12.5美元。

3. 易破损程度

影响物流成本的第三个产品因素是产品的易破损程度(见图3.10)。破损的风险越大,运输和仓储成本就越高。易破损的产品与较高的风险和责任相关,所以运输和仓储提供商都会收取较高的价格。这些提供商也会因为必须采取措施避免产品损坏而收取较高的价格。

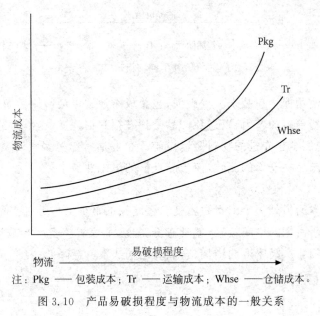

注:Pkg——包装成本;Tr——运输成本;Whse——仓储成本。

图3.10 产品易破损程度与物流成本的一般关系

4. 特殊搬运要求

第四个因素是产品的特殊搬运要求。有些产品可能要求专门设计的设备,如冷藏、加热或捆扎设备。这些特殊的搬运要求通常都会增加仓储、交通和包装成本。

3.7.3 空间关系

最后一个对物流十分重要的问题是空间关系,即物流系统中关于需求和供应点的定点选址。由于运输成本会随着距离的增加而增加,空间关系对运输成本非常重要。请看图3.11的例子。

举例

如图3.11所示,位于B点的企业以7.00美元的单位成本生产,而位于A点的企业以8.50美元的单位成本生产,企业B相对企业A有1.50美元的生产成本优势。然而,企业B运入原材料需支付1.35美元(0.60＋0.75)，将产品运往市场(M点)需支付3.50美元，即每单位产品运输费用总计4.85美元。企业A运入原材料需支付0.90美元，将产品运往市场需支付1.15美元，即总运输费用是2.05美元。企业A以2.80美元的运输成本优势抵消了1.50美元的产品成本劣势。为了在市场(M点)上更具竞争力，企业B可能希望为其物流系统寻找可行的战略方案。

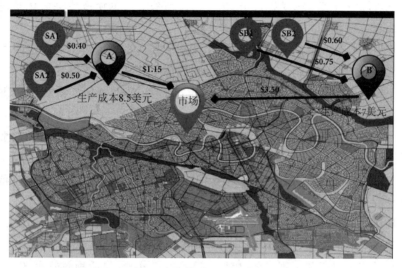

图3.11 物流和空间关系

距离因素或空间关系可能会以运输成本以外的方式影响物流成本。例如，远离某一个或多个市场的企业或许需要利用市场所在地仓库，在满意的时间内为客户送货。因此，距离会增加仓储和存货持有成本。

距离或空间关系对物流成本非常重要，因此物流的职责包括设施选址。对很多企业来说，仓库选址决策是基于与市场的距离、与供应商的距离和运输的便利而做出的。我们将在本书的后面详细讨论选址分析问题。

3.7.4 物流和系统分析

前面我们提到分析和方法论的进步促进了物流的发展。其中一个进步就是系统分析，或称为系统概念。本质上，系统是由一组相互关联、功能相关的要素、变量、组成部分或目标组成的统一整体。绝大多数人在早期的教育中就已经接触过系统的概念。例如，你的老师在自然科学中可能教给你太阳系，以及形成白天与黑夜、天气等的行星、太阳和月亮之间的关系是怎样的；在生物学中的人体学习中，你可能看到过作为另外一个系统的人体的组成部分，如心脏、血管及它们之间的关系。系统概念的宗旨在于系统是一个互动的整体，而不是单独存在的变量。因此我们的目标在于更高效且有效地运行整个系统，而不仅关注单独部分。从供应链角度看，这是个不小的挑战。

小结

- 第二次世界大战以来，物流已经发展成为企业的重要职能。物流经过几个发展阶段，才取得了今天的地位。
- 物流是供应链管理的关键部分，供应链中所有系统的协调或一体化是成功管理供应链的必然要求。
- 尽管物流有许多不同的定义，本书主要采用供应链管理协会所制定的物流定义。
- 物流是管理的一个领域，它有四个分支：企业、军事、服务和事件。
- 从宏观角度来看，与物流有关的成本相对减少，帮助美国经济在全球重新赢得了竞争性地位。
- 物流增加了产品的空间、时间、数量价值，提高了生产与销售所增加的形态和占有价值。
- 物流与企业的生产、销售、财务和其他领域有重要系统关系，这些关系帮助企业高效发展。
- 物流活动包括运输、存货、仓储、物料搬运、工业包装、客户服务、预测及其他，它们都是供应链的重要组成部分。
- 物流系统可以用几个不同的方法进行考察和分析，包括物料管理与实体配送、成本中心、节与链、物流渠道。这四种方法用于不同的考察目的。
- 物流系统通常从系统的角度进行分析，当计划进行调整时，强调成本和服务的效益悖反。分析可以利用长期的观点，也可以使用短期的观点。
- 物流系统的成本受一些主要因素的影响，包括市场竞争、节的空间关系和产品特征。

复习思考题

1. 给出物流的定义并说出为什么物流对私营企业和公共组织如此重要。
2. 解释物流为何对宏观经济如此重要以及它是如何影响经济的。
3. 讨论物流在经济中或企业中如何增加经济价值，二者之间是否有区别？若有，区别是什么。
4. 比较物流管理和供应链管理。
5. 讨论本章提到的物流的四个分支。
6. 讨论生产与物流的关系。两个领域之间有哪些效益悖反关系？
7. 实体配送与销售有特殊的关系。为什么这种关系如此特殊？物流与销售之间的总体关系的特征是什么？这种关系将变得是更加重要还是不重要？
8. 物流包括相当多的管理活动。讨论其中的五个活动并说明它们为什么对物流系统非常重要。

9. 为什么公司要分别从节点和链的角度对物流系统进行分析？

10. 产品的哪些特征影响物流成本？讨论这些特征对物流成本的影响。

案例 3.1 Jordano 食品公司

供应链一览

Jordano 食品（Jordano Foods）

特瑞西·山农，Jordano 食品公司的物流副总裁，刚刚向公司执行委员会成员发了如下邮件：

我刚刚与 SAB 配送公司的总裁苏珊·韦伯开完一场漫长的会议。现在董事会为了市场份额增长以及改善盈利能力，向她施加极大的压力。最近，一家更大型的食物配送公司向 SAB 表明并购意向，不少董事会成员建议要慎重考虑这个收购邀请。苏珊认为 SAB 可以通过改进服务来改善它的盈亏状况。韦伯女士即将与 SAB 主要的供应商和顾客讨论一些新服务，它们有望提升 SAB 供应链的竞争力。

Jordano 食品的背景

1950 年，路易和马里奥兄弟在宾夕法尼亚州的刘易斯敦创建了 Jordano 食品公司。他们的父母在宾夕法尼亚州的伯纳姆开了一家主营意大利菜的餐馆。他们的母亲玛丽以她的厨艺闻名。她开发了意大利面酱、肉丸、干湿意大利面和其他意大利食物的独门食谱。在创建 Jordano 食品公司前，两兄弟在父母的餐馆帮忙。兄弟俩可以通过向宾夕法尼亚州中部地区邻近的社区餐馆贩卖意大利菜品，如意大利面、酱料等来获利，从而将家族食谱变现。

他们第一次冒险创业是如此的成功，以至于他们开拓产品线，将食物卖给宾夕法尼亚州小型或中型批发商和分销商。他们在刘易斯敦创建了生产食物的工厂，而后在伊丽莎白镇建立了第二个工厂，在梅卡尼克斯堡建立了仓库。

公司现状

1990 年代和 2000 年代是 Jordano 发展的鼎盛时期。马里奥和路易分别作为公司总裁和董事会主席。目前公司的年收益超过 6 亿美元，第三个厂房建立在宾夕法尼亚州靠近尤宁敦的地方。公司现有一支专业管理队伍来负责主要的职能领域。特瑞西·山农在 2010 年被雇用而负责物流领域，然而并未受到太多重视。

特瑞西非常清楚，兄弟俩在早些年管理的生产和销售职能被视为公司成功的两大基石。物流相对 Jordano 是一个较新的职能领域，但以特瑞西长远的眼光和领导力来看，物流应该受到更多重视。苏珊·韦伯对 SAB 公司的愿景为包括 Jordano 食品公司在内的所有供应链成员提供了巨大前景。现在，特瑞西在帮助 Jordano 公司精心策划一场转型。

✓ **案例问题**

1. 你会如何全面评估 Jordano 食品公司和 SAB 公司之间新型关系的前景？解释你的态度。

2. 你认为针对 SAB 顾客的利益,物流中的哪个领域对于 Jordano 和 SAB 公司的合作最有前景? 为什么?

案例 3.2　Senco 电子公司

Senco 电子公司(Senco Electronics Company)是一家美国个人电脑和其他电子设备制造商。现在它所有的组装以及运作都在美国,而且主要服务于美国市场。从 Senco 美国的驻地到其客户的运输主要是通过拖车完成的。Senco 在美国运营成本的上升促使它开始在中国建立新的装配工厂。后来,越南也被列入考虑。Jim Beierlein 是 Senco 供应链管理的执行副总裁,他正在关注 Senco 将如何把产品从亚洲运到美国。"在美国,我们有很奢华的、发展完善的地面基础设施来运送我们的产品。而现在我们面临着让大量的电子产品跨越几千公里的海域移动。我们没有其他运输方式的大量经验。"

Skip Grenoble,Senco 的物流董事应邀提出他的建议。"显然,我们需要决定是否使用海运或空运把我们的产品从新的工厂运出来。空运虽然比海运的价格高,但是因为较快的运输时间会导致存货成本较低。反之对海运也成立。通过空运移动产品也会导致较高的订单成本,因为我们将为美国的配送中心更加频繁地更新订单。使用任何一种方式,新工厂和美国的配送中心都需要在装货/卸货设施上进行固定投资。新工厂的年需求是 2.5 亿磅,但是我们期望这一需求在未来 5 年内每年增长 5%。即使空运系统是现在较昂贵的选择,我们还是需要考虑我们的增长目标,以及每种方式将如何帮助我们达到利润和服务目标。"每一种方案的相关成本信息如下表所示。

	海　运	空　运
总运输成本	$150 000	$290 000
库存成本		
运输	48 000	23 000
搬运	20 000	22 000
订单	7 000	15 000
固定成本	600 000	450 000
总成本	$823 000	$800 000

✓ 案例问题

1. 如果你是 Skip Grenoble,你将建议 Jim Beierlein 女士选择哪一个系统? 你用于决策的标准是什么?
2. 当每年的需求达到什么水平时(以磅为单位),这两个系统的成本将相等?
3. 用图表描述这两个系统和它们的成本均衡点。
4. 你会推荐哪种方案来适应未来需求的增长? 还需要考虑哪些因素?

附录 3A 物流系统分析技术

本节主要介绍物流系统的总成本分析技术。我们研究的仅仅是较为基础的方法,较为复杂的总成本分析技术将在后面的章节讨论。这里所考察的基本方法加深了我们目前所讨论的一些概念,从而结合在一起,为本书后面章节的内容提供了背景。

3A.1 短期/静态分析

企业物流总成本分析的一般方法被称为短期分析。在短期分析中,我们将选定某一时间点或某一生产水平及与各种物流成本中心有关的开发成本。只要与企业对物流领域施加的约束条件一致,我们将会考虑多种短期分析并从中选择具有最低总成本的系统。有人将这种短期分析称为静态分析。

实质上,他们认为这种方法分析了某一时点或某一产出水平上与物流系统各组成部分相关的成本。

举例 表 3A.1 列举了静态分析或者说短期分析的例子。在这个例子中,企业目前正使用全部采用铁路运输的路线将货物从工厂及相关的工厂仓库运送到客户。在工厂仓库,化工药品经过包装后由铁路运输到客户。而所建议的第二个系统将采用市场所在地仓库,即产品将从工厂运送到市场仓库,然后包装运送到客户。企业使用驳船将货物运到仓库而不是采用铁路运输,这是利用了批量运送运费低的优势。接着,货物打包后,将通过铁路运输从仓库运往客户。

成　本	系　统　1	系　统　2
工厂物流成本		
包装	$500	$0
储存和搬运	150	50
存货持有	50	25
管理	75	25
固定成本	4 200	2 400
运输成本		
到市场仓库	0	150
到客户	800	100
仓储成本		
包装	0	500
储存和搬运	0	150
存货持有	0	75
管理	0	75
固定成本	0	2 400
总成本	$5 775	$5 950

表 3A.1 对 C&B 化工公司的静态分析(50 000 磅产出)

在这个例子中,存在着降低的运输成本与增加的仓储成本的权衡。如果这个分析是严格静态的(在特定的产出水平上),那么建议的系统比现有的系统成本高。因此,除非分析能够提供详细信息说明所建议的系统更加有利,否则企业将继续使用现有系统。

但是,我们有两个原因来选择所建议的系统。首先,我们没有关于客户服务要求的信息,新的市场所在地仓库可能因提供了更好的客户服务而增加销售额与利润,从而抵消了系统 2 中较高的部分成本。

其次,即使现有的系统(系统 1)成本较低,企业也会转向系统 2。因为企业期待系统 2 能在未来带来较低的成本。这需要使用动态分析,我们将在后面的章节讨论这一主题。

3A.2 长期/动态分析

短期分析聚焦于特定时间或产出的水平,而动态分析则检验一段长时间内的物流系统和产出的范围。通过表 3A.1 的数据,就可以进行动态分析。从数学的解决方案来考虑,要用到直线的方程式($y=a+bx$)。在这一具体例子中,a 是固定成本,b 是单位变动成本,x 是产出水平。如果我们想求出两个系统成本相等的点,只需将这两个等式合成一个等式,将相应的成本数据代入就可以解出这个相等点。如下所示,这两个系统在产出为 70 588 磅时相等。这从图 3A.1 中也可以看出来。

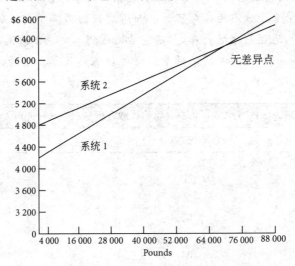

	总成本	固定成本	总变动成本	每磅变动成本
系统 1	$5 775	$4 200	$1 575	$0.031 5
系统 2	$5 950	$4 800	$1 150	$0.023 0

图 3A.1 物流系统成本动态分析

系统 1

总成本＝固定成本＋每单位变动成本×单位数量

$$y = \$4\,200 + 0.031\,5x$$

系统 2

$$y = \$4\,800 + 0.023\,0x$$

成本相等点

$$\$4\,800 + \$0.023\,0x = \$4\,200 + \$0.031\,5x$$
$$600 = 0.008\,5x$$
$$x = 70\,588 \text{ 磅}$$

总成本＝固定成本＋单位变动成本×单位数量

$$x = 70\,588(\text{磅})$$

一家企业可能要同时考虑两个以上的物流系统。许多例子表明企业会同时考虑三个或四个系统。不管分析多少个系统，我们都能够利用同样的基本方法测绘出或者用数学解出无差异点。此外，在求解两个系统的特殊情况下，费用函数不必要相交。因此，在整个产出范围内，一个函数将低于另外一个。当一个企业考虑三个或更多系统时，当另外的一个在象限中的上方时，其中的两个可能会相交。如果我们有三个相交的系统，通常会出现两个相关的交点或两个无差异点。第三个交点将出现在其他成本函数的上方，则是不相关的。

附录 3B　物流系统分析方法

对物流系统的分析通常要求对物流活动有不同观点。最好观点的采取取决于需要进行分析的类型。例如，如果一家企业想要分析物流长期系统设计，注重节点和链组成的企业网络关系可能会是最有益的。另一方面，如果企业评价运输公司或运输方式的变化，它或许应当按照成本中心分析物流系统。在本部分，我们讨论分析物流系统的四种方法：物料管理与实体配送、成本中心、节点和链，以及物流渠道。

3B.1　物料管理与实体配送

将物流分为物料管理和实体配送对于组织的物流管理和控制(进货和出货物流)是非常有用的。企业原材料的移动与储存往往不同于产成品的移动与储存。例如，石膏生产商用轨道车将石膏和其他商品运送到工厂。存储是很基本的，而且包含了很多封闭式的拱形结构(位于工厂外面)，石膏块能够通过其顶部的开口从轨道车上传送过来。石膏成品的运输和存储有所不同。其运输通常是由专门设计的轨道车或平板式传送机车进行的。石膏成品的存储完全在设施内部，在那里石膏板的托盘被堆叠起来准备运输。这种内部的存储对防止石膏受潮是必要的。

物料管理和实体配送之间存在的不同物流要求对一个组织物流系统的设计有重要影响。大的差异可能导致对物料管理和实体配送采用不同的物流系统设计。尽管存在差异，物料管理和实体配送的紧密配合仍是必要的。

3B.2　成本中心

包含在物流领域内的管理活动，即运输、仓储、存货、物料搬运和工业包装。通过将这些活动作为成本中心来考察，人们能够分析它们之间的效益悖反，这可能会带来更低的总成本或更好的服务。例如，用更快捷可靠的汽车运输取代铁路运输所带来的库存成本降低,会抵消掉较昂贵的汽车运费。如表 3B.1 所示,汽车运输虽然比铁路运输昂贵,但它在其他方面减少的成本可以抵消较高的运输费。另外一种可能是,增加仓库数量会提高仓库和库存成本,但是减少的运输和滞销成本可能足以使总成本降低。正如表 3B.2 所示,然而这并不会带来最低成本方案。将物流细分为各种成本中心是物流系统分析的第二种方法。由于减少总物流成本和改善服务最常发生在对两个成本中心的权衡中,企业通常将物流细分为成本中心来分析物流系统。

表 3B.1 转向较高成本运输方式的总物流成本分析

成本中心	铁路(美元)	汽车(美元)
运输	3.00	4.20
存货	5.00	3.75
包装	3.50	3.20
仓储	1.50	0.75
销售损失成本	2.00	1.00
总成本	15.00*	13.00*

* 单位成本

表 3B.2 增加仓库数目时,对总物流成本的分析

成本中心	系统 1 三个仓库(美元)	系统 2 五个仓库(美元)
运输	850 000	500 000
存货	1 500 000	2 000 000
仓库	600 000	1 000 000
销售损失成本*	350 000	100 000
总成本	3 300 000	3 600 000

* 当客户需要商品而没有存货时可能发生的预期成本。

3B.3 节点和链

分析企业物流系统的第三种方法是用节点和链的观点(见图 3B.1)进行分析。节点是确定的用于储存和处理商品的空间点。换句话说,节点是生产或组装工厂,也是企业储存生产原材料和销售给顾客的产成品(供需平衡)的仓库。

链是指连接物流系统的节点的运输网络。这个网络可以由单独的运输方式(铁路、汽车、航空、水运或管道)组成,也可以由各种不同的方式组合而成,我们会在第 10 章讨论到这些方式。

从节与链的观点看,物流系统是非常复杂的。只有一个节的系统或许只用一个简单的链从供应商到组合工厂和仓库,然后到达相对较小的市场区域的客户。另一种极端情况是有多个工厂与仓库地址的生产多种产品的大规模企业。后者复杂的运输网络可能包括三四种不同的运输方式,以及自有运输和出租运输。

运用节与链的观点,在分析物流系统的两个基本要素时,便于寻找可能的系统改善。

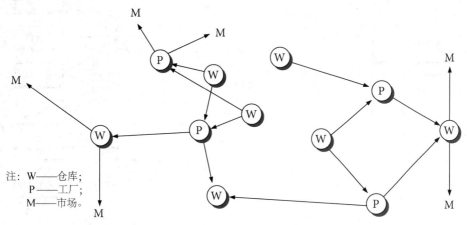

图 3B.1　物流系统中的节和链

注：W——仓库；
　　P——工厂；
　　M——市场。

如我们所注意到的，物流系统的复杂性通常直接与节和链之间的时间和距离关系有关，直接与系统内商品的进入、离开和移动的物流的稳定性、可预测性和数量有关。

3B.4　物流渠道

物流系统分析的第四种方法是研究物流渠道，即为有效的商品流从事运输、储存、搬运、通信和其他职能的供应链网络。

物流渠道有简单的，也有复杂的。图 3B.2 展示了一个简单的渠道。在这个渠道中，单个生产商直接与最终用户打交道。这个渠道的控制相对简单。由于直接与客户接触，由单个生产商控制物流流动。

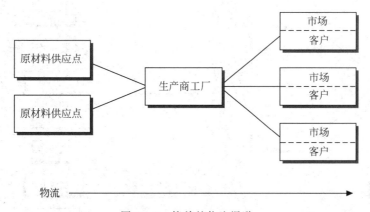

图 3B.2　简单的物流渠道

图 3B.3 展示了一个较为复杂的、多环节的渠道，它表示一个销售仓库对多个零售商。销售仓库可以是一个公用仓库。在这个例子中，由于增加了第三方企业所提供的储存和运输，控制更加困难。

图 3B.4 描述了一个复杂的综合渠道。在这里，实现渠道中有效的物流流动相当困难。该图非常逼真地描述了美国和海外运作的许多大规模企业所面对的状况。

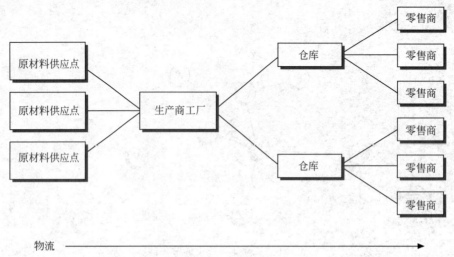

图 3B.3　多环节物流渠道

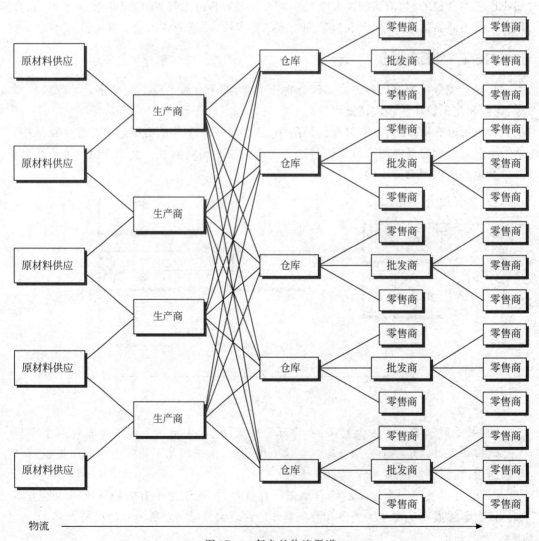

图 3B.4　复杂的物流渠道

如果是生产基础产品,如钢铁、铝或化学制品,由于企业可能不仅只是一条供应链或一个渠道的一部分,那么情况会更加复杂。例如,钢铁可能被出售给汽车生产商、集装箱生产商或文件柜生产商。重复的仓储设施、少量的运输、方式选择的冲突及其他问题都可能导致渠道的无效率,同时也会存在沟通问题。

第 4 章

配送和全渠道网络设计

学习目标

通过阅读本章,你应该能够:
- 明确评价供应链网络的结构和功能的必要性,以及何时应该做出改进。
- 构建供应链网络设计的有效过程。
- 知晓主要的选址决定因素,包括地区的、国家的、全球的和特定地区的,以其对潜在选址方案的影响。
- 运用简单的"坐标方格"或重心法进行设施选址,并理解不同的因素会影响选址决策。
- 区分市场渠道和物流渠道。
- 理解"全渠道"供应链策略的相关性及其对供应链结构和职能的影响。
- 知晓关于现代公司应对全渠道配送挑战的例子。

供应链窗口

为什么田纳西成为生产的绝佳之地?

许多大公司正蜂拥至田纳西。过去一年间,大众汽车在查塔努加建立价值 10 亿美元的厂房,尼桑汽车公司宣布将首次在美国开发奔驰引擎。与此同时,惠而浦公司正在追求 LEED 黄金认证(LEED Gold certification),而普利司通为求 10% 的日产量增长完成了扩张。它们加入到生产商江森自控、美国德纳、宝洁的队伍中。

汽车行业仍居于主导地位。事实上,田纳西州在汽车生产方面排列第八,生产工作中占比 34%,为 10.5 万人提供就业岗位。加上原始设备制造商(OEMs)、供应商和辅助生产商,田纳西州共有 864 家的汽车相关公司。

加强美国基地建设

美国之外的公司为美国巨大的消费者市场进行生产,田纳西州也加入了这个潮流并从中获利。2008 年美国地区的大众汽车 CEO 斯蒂凡·雅各比的一席话可以解释大众在田纳西定址的原因:"今天的这个决策将会为美国新的战略方向打下基础。"

惠而浦在去年也发出相同观点。"我们在田纳西州的克利夫兰投资的 12 亿美元是我们在全球范围有史以来做的最大投资,这加强了我们对建设有竞争力的美国生产业的承诺。"惠而浦 CEP 杰夫·菲蒂格说道。

支持现有业务

尼桑公司希望在田纳西州重现当年的成功。"再也没有比士麦那更好的一流生产基地能够帮我们成功应对困难了。"尼桑美国区副总裁比尔·克鲁格说道。

高质量生产的决定性因素之一是劳动力的技术水平。田纳西政府官员比尔·哈斯拉姆说:"我的首要任务就是让田纳西成为美国东南部首屈一指的能够提供高质量工作的地区。我们的 Jobs4TN 计划就是未来的蓝图。通过利用各个区现有的资产,我们能够吸引新产业到田纳西州,同时帮助现有业务扩张从而保持竞争力。我们也会通过投资创新行业从而使田纳西在未来成为全国的领头羊。"

一如往常,私营企业和公共企业的合作对保持现有公司和吸引新公司十分重要。"我们需要保持竞争力,对增长做好准备,随时准备提供激励方案。幸运的是,政府和企业的领导人都十分理解。"克拉克斯维尔-蒙哥马利经济发展协会的总裁杰姆斯·查韦斯说道。

4.1 引言

当企业寻求降低成本和改善顾客服务的新方法时,将物流和制造设施放置在何处就变得前所未有的复杂或者说重要了。重新设计企业的物流网络,除了可以改善供应链作业的效率和效果之外,还可以在市场上对企业进行区分从而得到新型的竞争性优势。鉴于今天商业世界日益增长的动态性,企业都在为网络设计和运行持续地寻找新式改良的途径。以下一些例子反映了在这方面取得的成功。

- 一家大型的家居装修零售商建立了由 18 个专业库房组成的全国网络。这些所谓的"快速调度中心"依据战略布局,旨在提高补货和送货的效率,包括配送发电机、清雪机、胶合板至受天气灾害影响的地区。此项策略使得供应链更快且更便宜。
- 一家领先的提供全国性服务的医药分销商,将其物流网络中的配送中心大量削减,与此同时,开始向顾客提供选择性的服务(例如,当天交付、日常服务等)。
- 一家顶尖的办公用品公司,将其配送设施网络从 11 个削减到 3 个,同时,大大提高了与其顾客进行交叉配送活动的水平,极大地改善了物流顾客服务。
- 两家大型百货业制造商合并后,它们联合的物流网络包含了横跨美国的 54 个配送中心。经过详细的研究和分析,从未来着眼,该公司将其物流网络合并成 15 个经过战略选址的设施。这一举动极大地削减了公司的总物流成本,同时改善了顾客服务的水平。
- 一家大型的消费品零售商开发了一个大型的分销中心,为国内货物运送和国际生产提供支持。

- 一家大型的全球物流服务提供商曾面临配送中心设计的难题。这个配送中心需要让一个欧洲的生产商整合众多配送中心为一个。最后单一的经济、新的设备以及有巨大改进的顾客订单履行率,提升了市场份额和生产商的盈利能力。
- 一家大型的半导体产品制造商最近将其物流网络合并成位于新加坡的一个全球配送中心,同时使用一个快速物流服务的第三方供应商来管理其全部的物流活动。最后带来了成本的降低、服务的改善和企业找到在市场上定位自己的新方法等正向影响。

全球船运量伴着全球贸易水平的不断波动,这些变化时常对全球供应链的结构和运作以及不同港口设备的角色有着重大影响。

当然也有相反的例子,也有企业合理地扩充了其物流网络,增加了配送设施的数目,但合并现有系统的举措更为普遍。假设企业考虑这样的决策对总供应链成本造成的影响,合并设施引起的存货成本节省超出将产品送往顾客时的额外运输费用是很平常的。同时,目前各种可能的信息技术的运用,再加上许多运输服务供应商保证准时的能力,都意味着这样的举动增强了响应性和顾客所体验到的服务水平。

本章首先考察供应链网络设计的几个战略要素。虽然有些时候会出现需要"为变而变"的情况,有一些很显著的因素会表明对物流网络进行再设计较为适宜。紧接着,对物流网络再设计的过程进行了详细检查。这一内容提供了一个非常有用的框架,有助于理解在进行物流网络设计和设施选址综合方法中的关键步骤。

在这些讨论之后,我们将把注意力放在一些关键的选址决定因素上。这些因素有可能是将重点放在区域上,也可能是事关具体位置,同时包括了目前位置选择方面主要趋势的总结。本章还推出了几种建模方法,可以用于提供供应链网络设计和设施选址方面的知识。

第4章同样提供了关于备受关注的全渠道供应链战略的有益视角。除了全渠道这个主题的讨论外,本章还将讨论网络设计的问题,从而使公司更好地执行这个概念。

4.2 长期计划的需要

短期而言,企业的物流网络和其关键设施的选址已然确定,物流管理者必须在既定设施基础上作业。场地可用性、租约、合同、投资都使得在短期内变动设施地址不太现实。然而,就长期而言,物流网络的设计必须考虑到可变性,相应的管理决策能够而且应该要保证网络做出改变后仍能满足顾客、供应商、竞争变化和供应链自身现实的需要。

此外,今天所做的网络设计和设施选址决策对未来有着深远的意义。在今天的经济、竞争和技术环境中,恰当定位的设施在未来环境中可能不是最适宜的。今天的设施选址决策将会在物流、营销、制造和财务这些领域对未来的成本产生巨大影响。因此,设施选址决策必须慎重考虑预期的商业环境,同时必须意识到灵活性和快速响应性的重要意义,因为将来顾客需求很可能改变。对于今天很多的物流作业而言,后一项关注增加了第三方物流选择的吸引力。

4.2.1 物流网络设计的战略重要性

为何要对供应链网络进行分析？从本质上讲，答案在于所有企业都在一个动态的环境中经营，在这种环境中，"变"是唯一不变的东西。消费者和产业购买者需求的特征、技术、竞争、市场和供应商都在不停地变化。结果就是，企业必须重新配置它们的资源以适应和满足这一不断变化的环境。

考虑到变化的速度，任何一个现存的物流网络是否真正实现了紧跟时代都值得怀疑。任何一个现存的物流网络在几年后都需要重新评价并进行潜在的再设计。即使现存网络在职能上并未过时，对现存网络的分析也有可能发现削减成本和/或改善服务的新机会。

本节将注意力放在几种变化上，它们可能预示着对企业物流网络进行重新评价和/或重新设计的需求。虽然这些因素不会在同一时间对某一企业产生影响，但它们确实是商业环境中影响物流和供应链管理因素中变化得较为频繁的。

4.2.2 向国际贸易模式转变

随着时间的变化，我们很容易发现国际贸易的模式发生了重大改变。这是因为国家和地区的经济不断变化，并且易于影响。比如货币波动会导致在某些地区的货品时而会变得更加便宜，时而昂贵。单就货币波动这个因素就会给全球采购策略带来影响，因为企业都在获取物品上追求最佳价值以满足商业需要。这个因素同样影响着消费，因为顾客总希望在任何地点和时间都能做出最合算的买卖。以下这些点需要被考虑：

- 货币汇率
- 国家内或国家间的贸易量
- 国家或地区运送所需物品至国际地点的易得性
- 用于实体运送货物从产出地到所需地的国际运输基础设施
- 国际贸易航线的平衡和失衡（与国际物流和运输服务的供应和需求相关）

4.2.3 变化的顾客服务需要

顾客的物流需求正以多种方式发生变化，因此需要对物流网络进行重新评价和再设计。一些顾客对有效率和成效的物流服务的需要更加强烈，另外一些顾客正在寻求与那些可以将物流能力和绩效实现到前所未有水平的供应商建立关系。

顾客的服务需要在经历变化的同时，企业所服务顾客的类型也在随时间变化。以食品制造商为例，很多年来，他们一直都将其产品配送到独立的商店和区域性的零售连锁店，而最近他们将大宗批发商和网络零售商加到他们的顾客名单上。在这些例子中，顾客和供应链层面都发生了变化，从而对提前期、订单的规模和频率以及相关活动，如装运通知、贴标签和价签、包装等产生了影响。

近来一个重大的发展是"全渠道"供应链，它一般通过多种供应链（比如传统零售商店、目录销售、网络销售等）来贩卖商品给购买者。正如之前提过的那样，全渠道的概念已经变得与许多公司的商业模型如此关系紧密，在本章的后半部分我们会详尽地讨论。

4.2.4 顾客和/或供应市场的位置变化

考虑到制造和物流设施位于顾客与供应市场之间的供应链条上，这些市场上的任何变化都会引起企业重新评价其供应链。随着世界经济的全球化，许多企业发现了明确国际网络设计战略的必要性。本质上，这强调了在全球战略性的地点拥有众多设施的需要，但同时，发展操作协议也有助于阐明这些各不相同的设施会怎样协同合作。对供方而言，汽车工业向 JIT 制造方式转移了所发生的对服务和成本的需求，要求企业对物流设施的位置进行检查。许多供应商会选择较近的地点设置制造和/或零部件配送设施。考虑到全球部件采购的发展，汽车行业中的众多企业开始简化供应链，以实现效率和效能目标。

从全球范围来看，利用合并市场的能力来帮助实现全球供应链和总体企业目标的手段备受关注。除了重新安排调整物流网络外，企业面对这些挑战时，还采取了在这些新兴地区建立分支机构、同占据重要市场地位的公司签订合作协议的举措，以进入这一潜力巨大的市场。

4.2.5 企业所有权的变化

当今，一个非常普遍的现象是企业会经历与兼并、收购和转让相关的所有权方面的变化。在这种情况下，许多企业选择在变化发生前对新的和旧的供应链网络进行主动的、正式的评价。这将有助于确保新合并或新独立出来的企业，在企业所有权的变化对物流的影响方面有全面的预期。在其他情况中，物流管理者可能是最后才知道变化正在迫切发生的人，物流网络设计的角色也就马上转变为防守姿态。

对于企业而言，即使物流影响不是计划过程的一部分，在前面段落提到的，在所有权变化发生后，对供应链网络进行重新评价也是非常重要的。如果没有充分的提前计划，这些变化很可能会使新企业重复工作并且提高产生不必要的物流费用的可能性。

关于并购和收购对供应链网络设计的重要影响的一些例子是瑞士诺华收购葛兰素史克、美国雷诺兹收购洛里亚尔、卡尔斯克收购华纳、两大石油公司合并成埃克森美孚，以及卡夫食品拆分其食品生产线到亿滋国际，这对两方公司的供应链都产生了巨大影响。

4.2.6 成本压力

对于今天的企业来说，一项首要任务是找出新的、创造性的方法来减少关键业务过程中的成本，当然也包括那些与物流和供应链管理相关的业务。在这种情况下，对物流网络和整个供应链的功能进行重新评价，有助于发现新的成本节约方式。无论答案是削减交通、存货、仓储，还是其他领域的成本，对目前的系统进行详细审查，或与其他可供选择的方法进行比较，都可能非常有效。

从全球范围来看，劳动工资成本对于生产的选址和物流运作具有重要影响。近来，如金砖四国(BRIC，Brizial，Russia，India，China)等低劳动成本国家涌现了各种经济活动，同时全球企业对于 VISTA 五国(Vietnam，Indonesia，South Africa，Turkey，Argentina)的兴趣也非常大。关于向新地址迁移的一个有趣的例子是英特尔公司在 2010 年在越南建立了价值 10 亿美元的芯片厂。那里的设施是全球最大的，同时越南也有望在从低技术产业向高技术产业转变时创造成百上千技术岗位。

在新兴市场中,经济活动成功扩张的一个直接结果就是工资水平会因为人力供给和需求而上涨。然而,在如中国一样的低成本国家,随着生活水平的飞涨,可用劳动力缩水,工资在不断提高。特别是在中国,工资水平的增长已经远远超过美国的增长率。严格来说,边际生产水平的分量正在重新支撑着美国。然而出于谨慎,考虑到国际商业的多变性和流动,未来关于生产选址、采购选址和基于市场的设备选址的趋势有可能会有巨变。

考虑工厂现代化需要的企业有时也会从综合成本分析中获益,物流网络的再评价可能会伴随着这种分析进行。考虑对现有工厂进行数百万美元投资的企业必须考虑这样一个问题:考虑到目前和未来的顾客与销售商的位置,这是否就是工厂的适宜地点?

4.2.7 竞争能力

另一个因素与竞争压力相关,它可能会迫使企业审视其物流服务水平和物流网络设施所产生的成本。为了维持在市场上的竞争力,或者是开发一项竞争优势,企业必须经常检查其设施的位置,改善服务和降低成本之间的差距。企业常常进行这样的网络监察,因为新开发的运输能力有可能提高某些领域服务顾客的能力。

例如,企业经常把配送中心放在靠近联邦快递、UPS这些公司运营网络中心的地方,以保证准时、快速运输服务的可得性。这一战略对于那些高价值、对时间敏感的产品尤为适宜,它们能在得到通知后马上开始运送,由此带来了服务水平的提高。这种综合、快速物流服务的总成本低于在企业的整个物流网络不同的地方存储必要的存货所发生的总成本。实际上,像这样将存货集中在经过战略选择的位置不但降低了物流总成本,同时极大地提高了在交付时间方面的响应能力。此外,通过使用高质量的物流服务提供商能实现相同的效果,如向前航空公司(Forward Air Corporation),特别为对服务敏感的运送实现空对空的运输,以及提供其他物流增值解决方案和物流服务。

4.2.8 企业组织变革

在考虑任何大型的企业变革(例如缩减规模)的同时,通常都会讨论物流网络设计这一问题。在这种情况下,企业物流网络的战略职能被视为在组织变革的过程中必须保护甚至是加强的方面。

4.3 物流网络设计

当开始考虑企业物流网络的最佳设计时,需要考虑很多因素。这些因素将在本章稍后进行讨论。在开始的时候,需要认识到设计恰当的物流网络的工作应该与关键的企业战略和总体业务战略的识别与执行保持紧密的一致性。因为企业物流网络的设计和再设计可能很复杂,对它的讨论包含在大企业的再造过程中。

图4.1是我们推荐的六个步骤,它用于综合性的物流网络设计过程。在接下来的段落中,我们将对这些步骤进行详细说明。

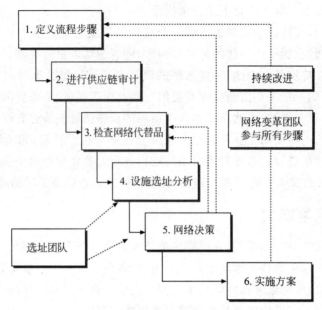

图 4.1 供应链网络设计过程的关键步骤

4.3.1 步骤1 定义物流网络设计过程

在一开始,重要的是成立一支对物流网络设计过程各个方面负责的物流网络再造团队。这一团队首先需要了解总的企业战略(公司层面和业务层面)、企业根本的业务需要及其所参与的供应链环节。

在此步骤中,同样重要的是设置物流网络设计或再设计过程自身的参数和目标。例如,高层管理者对预期的认知,对于总体再造过程的有效进展非常重要。与资金、人员、系统这些所需资源可得性相关的问题,也必须在此过程的早期阶段为人们所了解。

另一个需要早早指出的问题是,企业可以通过提供物流服务的第三方供应商的介入来实现企业的物流目标。这非常重要,因为它将拓宽网络设计团队的视野,可以考虑来自外部提供的供应链网络解决方案或适当的物流资源。

4.3.2 步骤2 进行物流审计

供应链审计使得再造团队的成员对企业的物流过程有一个全面深入的了解,此外,这一过程还可以帮助收集各种类型的重要信息,这些信息将在再设计过程的余下步骤中发挥重要作用。图 4.2 指出了物流审计中的一些关键步骤。以下所列的是在审计后应该得到的不同类型信息的一些例子。

- 顾客需求和关键环境要素;
- 关键物流目标和成果;
- 目前物流网络的描述和企业在相关供应链上的位置;
- 对于供应链上重要活动和过程的理解;
- 供应链的基准点、目标和产出价值以及关键绩效的测度;

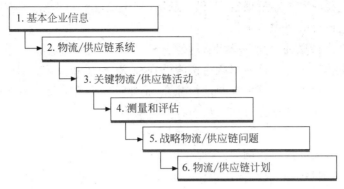

图 4.2　供应链审计的关键步骤

- 目前和所期望的供应链绩效间差距的确定(定量和定性);
- 物流网络设计的主要目标(尽可能用有助于进行衡量的方式表达)。

4.3.3　步骤 3　审查建模方案

下一步是审查供应链布局的可行方案。这包括选择合适的地址以用于生产、物流和配送设备等。这包括在目前的物流网络和考虑中的备选方案与方法中应用恰当的定量模型。这些模型提供了有关各种可能的网络及其功能、成本或服务效果等方面的大量信息。主要的建模方法有最优化、模拟和探索性方法或者三者结合,这些方法将在本章的稍后部分进行深入探讨。简而言之,最优化方法寻求"最佳"解决方案;模拟模型对供应链网络的功能进行复制;探索性技术能够适应广泛的问题定义,但不会提供最优解决方案。

一旦选择了恰当的建模程序,就应该用于确定与在物流审计中识别的目标所一致的供应链网络。最初,再造团队经常指望模型给出所提问题的答案,但他们很快就会意识到建模方法更有可能提供洞察力而非答案本身,同时有更多的问题需要被解答。

一旦最初的设计方案确定下来,紧接着就应该进行"假如"(what if)类型的分析,以检验所推荐网络设计在改变关键的物流变量(如运输率、配送中心成本、顾客和供应链位置间的距离等)方面的敏感性。这一步骤应该提供有关物流设施的数量和一般位置的有价值的信息,这将有助于满足期望的目标。

而且,在网络设计过程的这一步中,理解供应链的各种地理参数非常重要。尽管最近许多网络设计的重点会采用国内或地区性的观点,有越来越多的设计采用跨国和国际性的观点。目前先进的网络设计过程能够处理较大的地理范围内供应链的物流需求。

4.3.4　步骤 4　进行设施选址分析

一旦有了所期望供应链网络的一般架构,下一项工作就是详细分析特定区域和城市的特征,它们是物流设施地址、配送中心、交叉配送操作等的区域基础。这些分析将同时包含定量和定性两个方面。定量分析的很多要素已经集成到了步骤 3 的建模工作中。定性方面将在本章的较后一节中进行讨论,其中包括劳动环境、运输问题、与市场和顾客的距离、生活质量、税收和产业发展激励、供应商网络、土地成本和用途、供应链总体、物流基础设施以及企业偏好等考虑事项。

这一步的工作将通过地址选择团队的建立来完成，它将收集各个具体特征（例如在前面确认的那些）信息。此外，这一团队应该能够在地形、地质和设施设计方面对潜在的场所进行审查。为了对内部的可用资源进行补充，企业可能会希望得到咨询机构的服务，这些咨询机构致力于在地址选择过程中从顾客的角度出发。

地址选择团队所进行的第一轮筛选通常是去除那些从物流观点看来不经济的地点，这就减少了备选方案的数目。例如，考虑美国南部配送中心潜在地址的数目，运用物流选址决定因素，团队成员可能会发现在物流上最优的地址是田纳西/乔治亚区域。这就明显减少了潜在地址的数量，使得团队可以进行某一具体区域的选址分析。又如，如果决策扩展到全球范围，则区域的选择可能集中到中国南方地区或越南——通过深入的分析能够得到更多的解决方案。

4.3.5　步骤5　网络和设施选址的决策制定

下一步是对在第3步和第4步中推荐的网络和物流设施具体位置与在第1步中确定的设计标准进行比较，对它们是否一致进行评价。本步骤应该确定需要对企业的物流网络进行何种改变，当然这一切都应该是在供应链总体定位的基础上进行。虽将第三方供应商加进备选方案的可行性已经在前面两个步骤中进行了评价，但采用外部供应商确实具有一定成本和服务意义，也是具有战略意义的。

4.3.6　步骤6　开发执行方案

总体方向一旦确定，有效的执行方案或者"变革蓝皮书"的开发就变得非常关键了。这一计划解释了目前的供应链网络如何向期望的物流网络移动的有用的路径图。由于一开始就已经知道这一再造过程可能会产生进行重大变革的建议，因此提供必需的资源以保证顺利、准时的执行和对网络决策持续的改进非常重要。

4.4　主要的选址决定因素

供应链再造过程中步骤4的重点在于对那些作为物流设施地址备选的具体区域和地方进行特征分析。表4.1列出了一系列在全球、全国、地区和具体地址选择方面的主要决定因素。这些因素是按照重要性的一般顺序所排列，每一因素的相对权重取决于其所考虑具体选址决策的详细情况。

这些主要的选址重要性的决定因素因其所处行业的不同和处在具体行业中的各个企业的不同而不同。例如，劳动密集型行业如纺织、家具和家用电器将重点放在区域和地方市场上劳动力的可得性和成本上。而对于高技术产品制造商而言，例如，计算机和外设、半导体和科学设备的制造商则将大部分重心放在确保具有专业技能的高素质的劳动力以及靠近顾客市场（这在前面已经讨论过了）上。对于像药品、饮料和印刷品及出版物这样的行业，竞争和物流成本巨大，因此，其他物流成本就非常重要。

表 4.1 主要选址决定因素

普通/特殊	选址决定因素
国际/全国/地区决定要素	• 劳动力环境 • 运输服务与设施 • 市场和顾客距离 • 生活质量 • 税收和工业开发动机 • 供应网络 • 土地成本和效用 • 工厂基础设施 • 公司偏好
特殊地区决定要素	• 运输方式 　— 公路运输 　— 空运 　— 铁路运输 　— 水运 • 大都市内/外区域 • 劳动力的可获得性和所需技能 • 土地成本和税收 • 效用

4.4.1 考虑的关键因素

我们所要讨论的内容主要是表 4.1 中列出的区域性决定因素。因为具体地址的决定因素不能轻易得出，因此，这个方面的具体内容应该由选址团队去努力获取并进行评估。

1. 劳动环境

在选择一个地区、区域或国家的劳动环境时，选址的决策制定者要考虑很多决定某一地方劳动环境的因素。由于许多供应链作业所具有的劳动密集型本质，劳动力的可得性和成本自然而然成为考虑的主要问题。其他需要考虑的因素包括劳动力的联合程度、技能水平、工作方面的道德规范、生产力和当地政府官员的热情。国家工作权力法规（它禁止将协会成员资格作为雇佣的条件）的存在和主要地方雇主的联合揭示了劳动力的联合程度。停工、生产力（每一雇员提供的价值增值）和技能水平方面的政府信息，在绝大多数区域都可获得，每一行业中每小时的收入也可从政府部门获得。

另外一个需要关注的与劳动力相关的因素是所考虑地区的失业率。在其他因素许可的情况下，低的失业水平可能会要求企业大大提高它们预计的小时工资以吸引合格员工。这种意料之外的工资增加可能会影响所考虑地区的总体吸引力。选址研究小组需要探访感兴趣的地区，获取当地的信息，同时研究工作道德方面的态度、旷工、潜在的管理问题以及州和地方政府官员的合作性。

2. 运输服务和基础设施

考虑到许多企业对高质量、可靠运输服务的需要，这一因素在众多选址决策中具有重大意义。根据产品类型和所供给行业的不同,合适的地址可能需要对下面的一个或多个特征进行评价:州际高速公路入口、主干线铁路互联的可用性、大型机场设施的便利性、靠近内陆或海洋港口设施等。服务运营商的数量和整体运输能力的范围可能会成为评估要素。在世界各地域之间,有关可运输服务和运输基础设施的可用性问题可能广泛存在。例如,在中国,交通基础设施上的投资已经被认为是保持经济发展的一个关键且优先的条件。因此,这个话题应该在每个网络设计决策中被深刻思考和探讨。

近年来,许多运输企业在运输服务方面有了巨大的改进,绝大多数区域和地方至少在一个以上的运输领域非常有能力。对于某种高价值、低重量的产品,如计算机、半导体和电子设备,选址决策会重点确定一个国家或国际性的地理区域,在该处配送公司制造的全部产品。今天,联邦快递、UPS、DHL 和许多国家的邮政服务提供了时效非常强的服务,这一战略变得更加流行。

同时,基于全球层面,评估不同地域和国家的基础设施可用性十分重要。比如,在中国,物流和运输的公路设施在不断改进,而在印度的部分地区长期存在着高速公路的缺乏,这将成为供应链地域决策的相关因素。

3. 靠近市场和顾客

靠近市场这一因素通常考虑物流和竞争两个方面的变量。物流变量包括运输可能性、运输成本和所供应地理市场的规模是否能满足服务需求。例如,在当天或翌日凌晨。企业所在市场区域的顾客越多,备选地址的竞争优势就越大。

虽然许多公司都优先将物流设施放置在靠近市场和顾客的地方,但从成本角度来看,一个过分复杂的供应链网络可能不具优势。同时,从物流设施的及时性方面来看,高质量的运输服务和有效信息技术的可得性使得地理区域的扩张成为可能。从广义上讲,这也导致全球采购和全球营销的作用的强化,当然这还要考虑客户的服务需求。今天的全球物流/供应链能力已经增强,这是为了迎合客户的期望达到更加严格的服务水准。

4. 生活质量

某一特定区域的生活质量很难量化,但它确实会影响员工的精神状态和他们的工作质量。生活质量因素对于那些必须吸引和维系机动的专家以及能够到任何地方去工作的技术人员的企业来说尤为重要。这样一种条件在高技术行业非常普遍,尤其是在一个公司的研发工作中。地方评级年鉴(Places Rated Almanac)从气候、居住成本、保健和环境、犯罪、旅客运输、教育、娱乐、艺术和经济机会对主要城市的生活质量进行了评级。另一个有用的信息来源是城市排名和评级。

5. 税收和行业发展激励措施

提前知道适用于企业和个人的政府与地方税收信息非常重要。较为普遍的企业税收包括收入或所得税、存货税、财产税等,它们都会对在备选地点处进行作业所发生的成本产生巨大的影响。影响某一特定区域或地点吸引力的个人税收包括:对个人所得税、财产税,以及适用的销售税、消费税等。

另一个重要因素是产业发展激励措施的可得性,一些政府和社区通过使用这些手段来吸引公司到其所在地投资。这方面的例子包括税收激励(在财产、存货或销售方面削减一定比率的税收或进行税收免除)、财务计划(政府贷款或政府担保贷款)、水费和排污费用的削减以及由社区根据企业说明提供的免租金建筑。大多数国家、州、省、城市等都有一个行业发展委员会,它提供政府和地方优惠方面的信息。此外,与州和地方银行机构以及财务组织代表的尽早接触并与其进行讨论,将会获得大量有用的信息以及财务或其他方面服务的承诺。

一个有意思的利用减税和刺激产业发展的全球性事例发生在位于中国上海浦东新区的上海外高桥自由贸易区。这个机构在1990年成立,并且是中国第一个成立的自由贸易区。这个自贸区作为中国(上海)自由贸易区试验田,成立于2013年的9月,总共占地1万平方公里。它的客户包括英特尔、惠普、飞利浦、IBM和艾默生电气等企业。有趣的是,位于外高桥自贸区的企业被给予了五年的税收优惠待遇。本来需要缴纳的15%的公司税率,在开始阶段只需缴纳8%,之后逐渐递增,直至五年后涨到15%的全额。2014年,宝马集团宣布计划在墨西哥圣路易斯波托西新建一座工厂。根据宝马的说法,这一决定符合宝马确保全球平衡增长的战略政策,以及继续实行"按市场生产"的战略政策,这一决定突显了宝马对《北美自由贸易协定》地区的承诺,并涉及未来几家子公司10亿美元的投资。宝马预计在2019年开设该工厂,届时员工人数预计将达到1 500人。例如,北美自由贸易区区域内以及与欧洲联盟和南方共同市场成员国签订的大量国际自由贸易协定是选择地点的决定性因素。其他的关键优势包括:高素质的本地劳动力、稳固的供应商网络和发达的基础设施。

物流在线

供应链管理者看上了美国城市的近海机遇

根据哈克特集团(Hackett Group)的最新研究,许多中等规模的美国城市和其他地区,对于正在考虑合并金融、IT和其他商业服务业务、共享服务或全球商业服务中心的公司来说,现在是印度和其他离岸地点有吸引力的替代品。

研究发现,劳动力成本差距的缩小,再加上较低的周转率、更多的商业知识、接近客户和总部,以及州税收优惠等因素,使得许多公司现在正在认真考虑美国环境,特别是对于处理复杂和高价值流程的中心而言。

威瑞森通信公司(Verizon Communications)是其中之一,在过去两年中,它将近1 500名金融业务人员合并为两个美国服务中心的员工。

哈克特集团的全球商业服务执行咨询项目(Global Business Services Executive Advisory Program)开发了这项研究,根据加权混合因素为全美30多个城市提供详细排名。在研究中排名前十的城市是纽约州锡拉丘兹、佛罗里达州杰克逊维尔、佛罗里达州坦帕、密歇根州兰辛、密歇根州大急流城、佐治亚州亚特兰大、宾夕法尼亚州阿伦敦、威斯康星州格林湾、弗吉尼亚州里士满和科罗拉多州隆曼特。

先前的研究发现,虽然离岸外包已经导致美国企业IT、金融、采购和人力资源工作数量急剧下降,但过去几年来,新的商业服务岗位转移到海外的数量一直在减少,而且这个趋势仍将继续。当公司在这些领域的工作类型达到一定条件时,这些工作就可以有效地离岸。

"公司正在意识到,美国正在成为其服务提供机构的一个日益可行的选择,我们看到这一部门的实际增长,近 700 个美国卓越中心、共享服务中心和全球商业服务业务现在已经开始运作。"哈克特集团首席执行官兼全球财务执行咨询业务负责人吉姆·奥康纳(Jim O'Connor)说。

他补充说,与东欧、拉丁美洲和亚洲相比,美国的劳动力和运营成本仍然很高。但差距正在缩小,并且还有一些其他显著的好处。

"在越来越多的情况下,这些好处超过了额外的成本。此外,公众对离岸外包的反应使得'在家工作'对美国公司来说是一种有吸引力的选择。"他说。

6. 供应商网络

就制造工厂而言,原材料和部件的可得性和成本以及将这些材料运到既定工厂所发生的运输成本都将具有重要意义。对于配送中心而言,重要的是知道计划中的工厂位置与主要供应商的工厂在地理上的匹配程度如何。在这两种情况下,来自供应商的进货运送成本和服务敏感性都是需要考虑的重要问题。

以 Lear 公司为例,其向福特公司的卡车工厂提供座椅。这些座椅实际上是按顺序进行制造的,这样,它们从交付车辆上下来就可以按安装的顺序进入福特的装配线。由于 Lear 面临着扩张的需要并且了解到现在的工厂已经受到了地域上的限制,他们选择了一个新的地点,这个地点离一个工厂只有 10 分钟路程,离另外一家工厂也只有 20 分钟路程。结果就是,每天共 20 个小时,每隔 15 分钟就会有装满座椅的卡车离开 Lear 的工厂。从 Lear 公司的管理人员获知,新工厂的选址尽可能远离顾客的同时仍能提供准时交付——JIT 交付系统。

7. 土地成本和配套设施

根据所考虑设施的不同类型,有关土地成本及所需配套设施方面问题的重要性可大可小。以制造工厂或配送中心为例,它可能需要一个最小面积的土地规模,以备当时使用及未来的扩张,这就意味着潜在的巨大费用,地方建筑法规和建筑成本等因素需要重视。同时,电力、排污和工业废物处理等设施的可用性和费用都需要作为考虑因素进入决策制定过程。

8. IT 基础设施

与供应链设施地点日益相关的一个问题是指必要的硬件、软件、网络和人才资源的有能力的信息技术基础设施的可用性。总体而言,数据传输的速度和质量将对世界各地区和国家供应链运作的有效性产生重大影响。具体问题可能包括网络启用、互联网连接、防火墙和安全性。

衡量 IT 能力的一个共同标准是带宽,以 Mbps(每秒兆字节)为单位。据彭博社报道,平均峰值速度最快的国家和地区是中国香港、韩国和日本。另外,试图提高带宽能力的其他国家的例子包括韩国、印度、埃及和印度尼西亚。

9. 企业偏好

除了上述各种类型的因素以外,公司或其 CEO 对某一区域或地方也会存在偏好,也会影响到物流设施所在地的选址决策。例如,一家公司可能会希望将所有的新设施放在大城市 50 英里内的乡村。或者有公司可能会希望将设施放在已经有竞争者的地方。在其他情况下,企业可能希望将设施放在可以与其他企业共享某些益处的地点,比如可以得到熟练劳动力供应、良好的营销资源或可以靠近主要的供应商。这一决定因素被归结为集群效应,该现象有时可以解释某些企业为何倾向于将设施放在一起。在全球化趋势连接着商业发展的今天,会很有趣地看到集群效应的成长和扩大会形成多样的协同形式。

4.4.2 目前地址选择的趋势

除了一系列国际的、全国的、地区性的选址因素外,表 4.1 还列出了一些决定因素,这些决定因素更直接地关注正在考虑的具体地点。更广泛地看一看特定地点的主题,当今供应链环境中的一些趋势可能具有重要意义,它们对物流设施选址决策具有巨大的影响。在这些趋势包括:

- 存货的战略定位。例如,可快速运输的盈利性产品可以放在"面向市场"的物流中。运输较慢、盈利性较弱的产品可以放在更具区域性或国家性的设施里。这些例子都与存货细分战略的有效执行保持一致。
- 除了减少大量批发商/分销商业务的一般趋势外,企业正在朝着更多使用来自制造和其他供应链上游位置的"顾客直接"交付的方向前进。在很多情况下,这就绕过并减少了对完整的配送设施网络的需要。直接运送的频繁使用使得产品直接从制造商交付给顾客,因此减少了对中间配送能力的需要。
- 拥有战略性定位的交叉配送设施的需求和应用不断增长,它们作为集装运送的转运点使用,统一运送的货物需要进行分解或混合成小批量货物交付到个人顾客手中。这方面的例子是将多个卖主的货物集装起来运送到零售店或销售点。这一概念应用到进货运送方面,可以极大地减少内部配送设施的需要。
- 用于定位和选址决策的尽职调查重点强调主要机场和港口的货物进出口渠道。
- 第三方物流服务供应商得到了更多的应用,它们可以承担将企业的产品移动到顾客处,或将其购买的零部件和原料移动到制造过程中的全部或部分职责中。在全球布局中,很多这样的公司都在发展自身特有的促进进出口货物运输的能力。
- 本章后面将讨论日益增强的对于全渠道能力的兴趣,它不仅提高了做出良好的选址决策的重要性,而且还整合了满足客户消费者需求的其他方法。

4.5 建模方法

本节关注建模方法这一主题,将为我们提供物流网络设计如何选择方面的知识。当然,在此处讨论的技术也可用于包括对工厂、配送中心和顾客的位置选择,以及产品和信息的流动所支持的物流/供应链网络机能。这些应用于网络设计的决策主要是基于国内以及全球化的视角。建模的主要方法有最优化、模拟和探索性模型。其中,用于设施选址的坐标方格法的详细描述将作为探索性建模方法的一部分进行讨论。

如前文所述,建模技术的应用将有助于对目前供应链网络的功能及成本/服务效果与计划中的供应链网络进行比较。一旦选择了恰当的建模程序,就应该将其用于确认与早先在供应链网络再设计过程中确定的主要目标相一致的供应链网络。在确定初步方案后，就应该进行"假如"（what if）类型的分析，以测试所建议的网络设计在关键供应链变量变化方面的敏感度。

4.5.1 最优化模型

最优化方法建立在精确的数学方法基础之上，对将要评价的问题进行数学定义，由此找到"最佳"或"最优"的解决方案。这意味着能够通过数学方法证明最终的解决方案是最好的。在前面讨论过的简单 EOQ 模型，就是一项能够提供"最优"解决方案的方法。

最优化方法是在考虑相关限制条件的情况下，从很多可行方案中选择最优的行动方案。今天使用的最优化模型加入了数学规划（线性、整数、动态和混合整数线性等）、列举、排序技术和微积分的应用。这些技术很多都已经加进了可以购买到的软件包中。

图 4.3 列出了通过最优化技术的使用可以应对的问题类型。总的来说，这些方法有下面这些优点：

```
I. 工厂问题（类型：供应商、生产商、配送中心、交叉码头、集中运送和港口）
    A. 数量、大小、地点
    B. 所有权
    C. 任务
II. 工厂任务问题
    A. 原材料供应商采购数量、成本、限制
    B. 生产量、成本、能力和库存需求
    C. 选址中心的吞吐量、存储水平、运营成本和库存容量
    D. 港口、交叉码头和纯吞吐量水平，运营成本和吞吐量限制
III. 市场问题
    A. 竞选
    B. 市场渠道、产品
    C. 选择（利益最大化）
IV. 重大政策问题
    A. 战略采购
    B. 目标市场扩张
    C. 国际扩张
    D. 供应链脆弱性
    E. 并购和收购
    F. 容量计划
    G. 交通政策
    H. 季节性需求/供应
    I. 长线计划
    J. 库存战略
    K. 风俗/渠道/产品营利能力
    L. 产品介绍和删除
    M. 可持续测量和目标
    N. 能源和碳用量一览
    O. 服务营利能力、服务成本
```

图 4.3　与供应链网络建模相关的具有代表性的战略管理问题

- 在给定一系列假设和数据后,用户将会得到可能的最优解决方案;
- 可以正确处理许多复杂的模型结构;
- 对所有得出的备选方案进行分析和评价,将会引向更具效率的分析;
- 可以对每一运行过程进行可信的比较,因为最优的解决方案适用于每一运行过程;
- 最优解决方案和探索性解决方案之间的成本或利润节约可能非常巨大。

标准的网络建模目标是建立起成品货物配送中心的数量、方位、规模和相关产品的流程,使得成本达到最小化并且维持或促进客户服务。现在通常会设计一整条从原料采购到最终客户的完整供应链,这个崭新的观点包含了采购、多阶段/流程制造、分销中心功能,和所有与交通流动相关的因素。供应链的功能已经不仅是服务供应者,还逐渐被视为一个竞争的武器;成本最小化逐渐被利益最大化所取代(或是重视利益相关者的公平性);并且国家间的边界正不断消解。简而言之,在今天要回答网络设计问题的话,几乎无法避开非常强大的决策支持工具的帮助。有太多的数据无法被消化吸收,设施和支持模式的编码数量以亿计算。幸运的是,应对这类决策问题的帮助随手可得。

一直受到极大关注的一项最优化技术是线性规划,或者称为 LP(Linear Programming)。当网络中的设施相互关联时这一方法最为有效。在这种网络中,工厂、配送中心或市场区域的供应和需求限制都必须被当成限制条件对待。在确定线性规划关注的目标函数后(例如,最小总成本),LP 所定义的最优设施分布模式与问题的需求和供应限制保持一致性。虽然这一技术在现实中非常有效,但它的适用性却受到了极大的限制,原因在于构造问题使其具有的确定性和可进行线性拟合的程度之间的差距难以弥补。同时,LP 应用本身不允许像考虑物流设施运营时的可变成本一样考虑固定成本。因此,虽然 LP 的应用是最优解,它只能基于相对狭窄的假设之上。

混合整数线性规划(mixed-integer linear programming)的运用使得模型可以处理像固定和变动成本、容量限制、规模经济、交叉产品局限性以及独特采购需求这些问题。这种类型的模型中较为先进的一种是由 Insight 公司开发的 SAILS(集成物流系统战略分析,Strategic Analysis for Integrated Logistics System)。图 4.4 显示了供应链的复杂性,它可以使用 SAILS 等强大的网络最优化模型来处理。简而言之,SAILS 是一个完全集成的决策支持系统,可以用来建立、修改、解决并解释复杂的战略供应链设计模型。SAILS 使公司能够分析端到端业务,并探讨潜在的变化如何影响服务、成本、资产配置、可持续性和风险。SAILS 将强大的优化引擎与非常容易使用的接口、广泛的支持数据库、强大的数据准备机制、详细的场景生成选项和全面的报告功能结合在一起。尽管 SAILS 起初被设计用来分析包括长期资源保障的战略问题,但很多用户也成功地解决了战术性问题,如初级产品计划、生产线平衡、季节性预建等。

一旦创建了建模数据库,无论是简单的还是复杂的,SAILS 的使用都会促使许多用于分析的候选方案的产生,同时还可对其进行评价。SAILS 还有多种运送计划控制方式,这使得用户可以比较集中运送、中途停留、顺路和直接工厂运送这些不同的运送方式,选择对网络的影响。SAILS 是一种具有高度灵活性的建模工具,适用范围很广,从非常简单的问题到数据多达上百万的运送合同的问题。当一个建模方案产生后,SAILS 运用

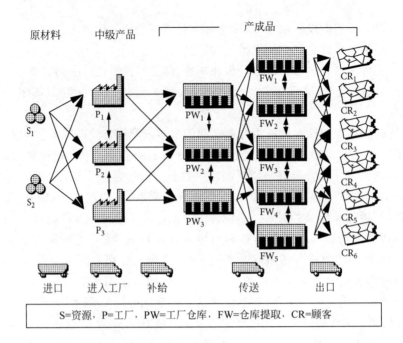

图 4.4 供应链的复杂性

混合整数线性规划并结合一项先进的技术(网络分解),从而得到最优的解决方法。SAILS 一般的数据输入包括:顾客需求(预测或历史数据)、集成的产品和用户识别数据、工厂和配送中心的实施数据、运输选择和费率、政策事项如运送计划规则、配送中心存货限制和顾客服务要求等。

最优化方法一般需要巨大的计算机资源,今天各种高效系统的可得性极大地促进了它们的应用。随着模型设计和求解技术的进步,那些进行供应链设计和分析的人们在未来将会更容易找到可以应用的一般方法。

除经过改进的分析技术以外,对物流网络进行深度、形象地展示亦可增强我们了解网络备选方案的能力。图 4.5 是一个对备选方案进行"地理描绘"的例子,目前是可以实现的。

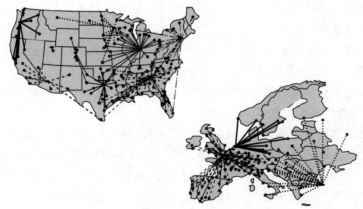

图 4.5 "地理描绘"展示案例

4.5.2 模拟模型

供应链网络设计的第二种方法包括模拟模型的开发和使用,模拟被定义为"设计一个真实系统的模型,并且运用该模型进行试验,以理解系统的行为或在该系统运行时的一个或一系列因素的限制下,对不同战略进行评价的过程"。网络模拟包含了对供应链网络进行计算机表达的开发,然后在成本结构、限制和其他因素变化的情况下对网络的成本和服务特征进行观察。有人说模拟过程"或多或少只是在系统模型上进行取样试验的技术"。

在选址分析中使用模拟技术,允许决策制定者测试不同的备选地址对成本和服务水平的影响。建模需要进行广泛的数据收集和分析,以确定系统因素,如运输、仓储、存货、物料处理和劳动成本之间是如何互相影响的。模拟过程对决策制定者所选地点进行评价,并且用以决定其各自的成本。模拟不会给出最优化的解决方案,它只是简单地评价其中的备选方案,模拟工具的一个重要特征是它在本质上是动态的还是静态的。动态工具不仅从多个时间区间进行考察,同时在前一时间区间的基础上对每一时间区间的系统状态进行更新。

虽然模拟技术与优化方法有很大的不同,但模拟技术在供应链网络规划中有很大的适用性。虽然没有产生最优解决方案,但它是非常稳健的,因为它很容易地包含了许多可能在一定程度上近似现实的假设(例如,运输成本、劳动力成本、定价结构等)。此外,它具有相对全面和详细的问题描述能力,因此还是有很大用处的。有些时候,最先使用最优化方法来确认和评价可行的网络设计方案,然后,就可以使用高度定制化的模拟模型来集中考察最能满足期望目标的物流网络。

4.5.3 探索性模型

探索性模型能够进行范围很广的问题定义,但它们不提供最优的解决方案。使用探索性方法能够有助于将问题缩减至可以管理的规模,同时,它能够在各种方案中进行自动搜索,以发现更好的解决方案。如下面将要讨论的坐标方格方法,其表明探索性方法是能够在一个复杂的决策问题中进行成本最低的地址逼近的方法。为了削减地址备选方案的数目,决策制定者应该将其认为最优的地址特征加入探索性程序中。

例如,选址团队可能认为最优的仓库地址是(1)在主要市场区域的 20 英里内;(2)离公司的其他配送中心至少有 250 英里;(3)在一条州际公路的 3 英里内;(4)在一家大型机场的 40 英里内。探索性模型寻找具有这些特征的地址,从而将备选地址的数目减少到决策制定者认为比较现实的程度。

此外,启发式决策规则有时会被纳入决策过程中,这似乎是"经验法则"。例如,选址配送中心,以便某一特定区域内的所有客户能够在一天或两天内收到交货,或确保工厂位于关键供应商地点附近,也许可以选择与工厂地点相近的供应商。

尽管"启发式"一词有时被认为涉及比优化和模拟方法更复杂的技巧和严谨程度,但从结构的角度来看,启发式方法是非常复杂的。此外,启发式方法有时与复杂的优化模型结合使用,特别是当生成一个更模糊的,但可解的模型时。

4.5.4 供应链建模需要避免的缺陷

据 Paul Bender 所言,在设计和实施最优化的全球供应链时,需要避免一些常见的缺陷。在运用恰当的数学工具进行供应链网络设计时,预先认识到这一点将会有助于获取最大的价值。

- **短视** 除非用长期眼光对模型的各个方面进行设计、实施和使用,否则得到的就不是最优方案。
- **太少或太多的细节** 太少的细节可能会因为缺乏信息而难以执行结果;太多的细节则会产生不必要的复杂性,使得结果难以理解,更难以有效执行。
- **两维思考** 使用两维地图确实有助于提供对供应链问题的深入理解,但网络的几何构造可能会忽略需求的地理分布和成本。当距离过于遥远,尤其是在进行全球供应链分析时,地球的弧度可能会歪曲距离的计算结果,在这种情况下,需要进行调整。
- **使用"公开发布的"成本** 许多公开发布的成本一般是"标示"的价格,需要对其进行修正,以反映在买方和卖方就运输服务进行大量协商后得到的成果。
- **不准确或不完全的成本** 基于不准确信息进行的分析将会导致无效的结果;不准确的成本预测会导致非最优化的资源配置,一般会引起存在巨大缺陷的战略的形成。
- **变动的模型输入** 鉴于网络设计模型的许多相关输入普遍存在不确定性,必须进行敏感性分析,以了解关键模型输入的潜在大幅度波动。
- **使用错误的分析技术** 选择的技术和方法应该与期望达到的精确度一致,识别建模将要达到的目标是选择将要运用何种技术的重要前提。
- **缺乏适当的有力分析** 由于绝大多数或全部模型输出都会至少有一项不确定因素,因此,了解由于关键模型输入在实际中发生变动时所产生的后果非常重要;强大的分析能力能够确保选择性分析所得结果的可行性和有效性。

4.5.5 探索性建模方法的例子:坐标方格技术

虽然其他因素也很重要,运输服务的可得性和费用是一般选址决策所需考虑的因素。虽然运输本身就意味着巨大的成本,但决策制定者应该在考虑所有相关成本因素的基础上做出最后的决策,当然,同时也需要考虑所评价的网络方案在顾客服务方面的意义。

坐标方格技术是一种非常简单,但很出名的探索性方法,能帮助那些有多个市场和供应点的企业确定成本最小的设施地址。实际上,坐标方格试图确定一个固定设施(例如工厂或配送中心)的选址,它是在地理网络上移动进货原料和出货产品的最低成本中心。这一方法确定了移动原材料和产成品的低成本"重心"。

这一方法假设原材料来源和产成品的市场是固定的,同时企业知道它所消耗和销售的每一种产品的数量。然后,这一方法在包含原材料来源和产成品市场的区域添加坐标方格。坐标方格的零点与一个确切的地理位置相对应,该坐标方格的其他点亦是如此。由此,企业可以通过坐标识别每一种原材料的来源和市场。

图 4.6 就是企业供应源和市场环境的一个例子,它将决定在哪里设立工厂。给地图上的公司的供应来源和市场区域添加坐标系统,该企业从布法罗、孟菲斯和圣路易斯(分

别标为 S_1、S_2 和 S_3)购买原材料。新工厂将为5个市场服务：亚特兰大、波士顿、杰克逊维尔、费城和纽约(分别标为 M_1、M_2、M_3、M_4 和 M_5)。

来源	水平	垂直
布法罗(S_1)	700	1,125
孟菲斯(S_2)	250	600
圣路易斯(S_3)	225	825
市场		
亚特兰大(M_1)	600	500
波士顿(M_2)	1,050	1,200
杰克逊维尔(M_3)	800	300
费城(M_4)	925	975
纽约(M_5)	1,000	1,080

图4.6 原材料来源和市场的方格定位

该方法通过纵坐标和横坐标定义每一来源和市场地址。例如，杰克逊维尔市场(M_3)的横坐标为800，纵坐标为300。布法罗市场来源则位于横坐标700和纵坐标1 125处。

我们可以形象化地将这一方法的基本理念比做有重物的绳子，这些重物与企业在每个地方消耗的原材料和企业在每个地方销售的产成品的重量一致。这些绳子从平面上的孔穿过去，这些孔与来源和市场位置相对应。绳子的另外一端系在一起，重物各自对所打的结产生拉力。绳子打结的一端最后将会到达一个平衡点，这一平衡点将会成为质量中心或者是吨英里(ton-mile)中心。

我们可以采用数学方法来对这一概念进行计算，找到吨英里中心或者是质心。如下所示：

$$C = \frac{\sum_{1}^{m} d_i S_i + \sum_{1}^{n} D_i M_i}{\sum_{1}^{m} S_i + \sum_{1}^{n} M_i}$$

式中　C——质心或吨英里中心；
　　　D_i——从坐标上的零点到产成品 i 坐标方位的距离；
　　　d_i——从坐标上的零点到原材料 i 坐标方位的距离；
　　　M_i——在市场 i 上销售的产成品重量（数量）；
　　　S_i——在来源 i 处购买的原材料的重量（数量）。

如果原材料和产成品的运输费用是一样的，这一等式将会得出成本最低的位置。但是运输费用因产品而异，而吨英里中心等式又没有反映出在移动商品方面的成本差异。运输费用使得位置朝着具有较高费用的商品所在地移动。因此，产成品较高的费用将会拉着最低成本中心朝着产成品市场移动，从而减少了企业移动费用较高产品的距离。这将会增加运输费用较低的原材料的距离。

因此，我们必须在分析中加入不同产品的运输费用，如下式所示：

$$C = \frac{\sum_{1}^{m} r_i d_i S_i + \sum_{1}^{n} R_i M_i}{\sum_{1}^{m} r_i S_i + \sum_{1}^{n} R_i M_i}$$

式中
　　r_i——原材料费率/原材料 i 的距离单价。
　　R_i——产成品运输费率/产成品 i 的距离单价；
　　r_i 和 R_i 是每距离单位的运输费用，同时，我们假设它们与距离是线性相关的。这一假设不符合费用的递远递减原则（将在后面进行讨论），但它确实简化了分析。

1. 工厂选址案例

表 4.2 提供了一个工厂选址方案的相关数据以及使用电子表格获得的坐标方格技术的解决方案。原材料来源和市场的坐标与它们在图 4.6 中的坐标一致。为了简单起见，我们将假设只生产一种类型的产品，因此每种产成品的运输费用是相同的。

表 4.2　工厂选址方格技术分析案例

原料来源/市场	运费/吨-英里（美元）(A)	吨(B)	方格坐标 水平值	方格坐标 垂直值	计算 (A)·(B)·水平值	计算 (A)·(B)·垂直值
布法罗(S_1)	0.90	500	700	1 125	315 000	506 250
孟菲斯(S_2)	0.95	300	250	600	71 250	171 000
圣路易斯(S_3)	0.85	700	225	825	133 875	490 875
		1 500			520 125	1 168 125
亚特兰大(M_1)	1.50	225	600	500	202 500	168 750
波士顿(M_2)	1.50	150	1 050	1 200	236 250	270 000
杰克逊维尔(M_3)	1.50	250	800	300	300 000	112 500
费城(M_4)	1.50	175	925	975	242 813	255 938
纽约(M_5)	1.50	300	1 000	1 080	450 000	486 000
合计		1 100			1 431 563 水平值	1 293 188 垂直值

续表

原料来源/市场	运费/吨-英里（美元）(A)	吨(B)	方格坐标		计算	
			水平值	垂直值	(A)·(B)·水平值	(A)·(B)·垂直值
		分子：$\sum(r \cdot d \cdot S)=$			520 125	1 168 125
		$+\sum(R \cdot D \cdot M)=$			1 431 563	1 293 188
		合计			1 951 688	2 461 313
		分母：$\sum(r \cdot S)=$			1 330	1 330
		$+\sum(R \cdot M)=$			1 650	1 650
		合计			2 980	2 980
		方格中心			655	826

为确定坐标上的最低成本中心,我们必须计算两个坐标,一个是在横轴上移动商品,另一个是在纵轴上移动商品。我们将在每个方向上运用坐标方格法计算两个坐标值。

表4.2提供了这一案例的计算过程。靠右边的两列包含了坐标方格技术等式的计算。其中第一列是对水平分子的计算,或者说每种原材料来源和市场的费用乘以水平坐标再乘以吨数的总和。在表4.2底部的计算得出了坐标方格技术等式的分子和分母。

如表4.2所示,在这一例子中,工厂的最低成本中心对应的横轴是655,纵轴是826(对距离的衡量都是从零点开始的)。图4.6用"+"点表示最低成本中心。该工厂的最低成本是在俄亥俄的东南部或西弗吉尼亚的西北部,位于惠灵-匹兹堡地区。

前面的例子是坐标方格技术在工厂选址方面的应用,企业也可以用这种技术来解决仓储选址问题,并且遵循同样的程序,只是其中一个参数变成了原料来源而已。

2. 优势

坐标方格技术的优势在于它的简单性以及它提供选址问题起始点的能力。计算机的应用使这一技术更易于使用。企业可以从销售数据、购买记录和运输单证(托运单或运费账单)中得到所需的信息。对市场和来源地址进行更为准确的编码是有可能的,正如对费用-距离关系的量化进行修改那样,计算机可以轻易地进行这种改进。

坐标方格技术同时也提供了进行选址决策的起始点。我们在前面已经讨论过,运输成本不是唯一的选址决定因素。使用坐标方格技术可以把一些地区去掉,使得决策制定者能够将注意力放在具有物流优势的地区。例如,坐标方格技术可能会表明荷兰具有物流优势,可作为船运至西欧的配送点。这是选址决策过程中的一次巨大飞跃。因为之后的步骤有助于在目标区域选址。

3. 局限

决策制定者必须认识到坐标方格技术的局限。第一,它是一种静态方法,这种解决方法只在某一时点上是最优的。企业购买或销售数量的变化、运输费用的变化,或者是原材料或市场位置的变化都会改变最低成本点。第二,这一技术假设运输费用是线性的,但实际上,运输费用却不是与距离成比例增长的。第三,这一技术并未考虑最佳位置的地形状况。例如,所推荐的地址可能在湖中央。第四,它没有考虑恰当的移动方向,绝大多数移动沿着两点间的直线移动,而不是先"垂直"然后再"水平"。

4. 敏感性分析

在前面的段落中已经提到过，坐标方格技术是一种静态技术，计算出来的位置仅仅在分析的情境中是有效的。如果运输费用、市场和来源位置以及数量发生改变，最低成本位置也会发生改变。

敏感性分析使得决策制定者能够问"假如"（what if）这样的问题，同时衡量其对最低成本位置的影响。例如，决策制定者可以根据五年销售预测来考察最低成本位置，方法是将预计的市场销售量代入坐标方格技术等式中，从而确定最低成本中心。其他的"假如"（what if）情况包括加入新的市场或来源；减少的市场或来源；改变运输模式从而改变费率。

附录4A提供了表4.2中对网格方法问题进行的两项敏感性分析的详细内容和解释。第一个"假如"（what if）的情况：如果考虑从铁路转向卡车以服务杰克逊维尔（Jacksonville）市场的话；这一转换需要提高50%的利率。第二个"假如"（what if）敏感性分析考虑消除布法罗（Buffalo）的供应来源，并增加500吨，这是典型的公司从孟菲斯（Memphis）购买的数量。正如附录4A中进一步讨论的那样，我们可以从这些敏感性分析中得出结论，费率、产品数量和来源/市场位置确实会影响工厂成本最低的地点。

附录4A还讨论了网格方法如何适用于确定城市配送中心位置的任务。

4.5.6 运输术语

在进行网络设计分析时需要考虑的现实细节的例子有很多，这些都被称为运输术语。下文对其中的一些内容作了概述，但在本文后面关于运输专题的章节中将更进一步细致地讲解。

1. 递远递减费率

先前的讨论强调了运输因素在设施选址决定中的重要性。为了简化分析，假设运输成本是以每英里固定成本来表示的。然而，在现实中，随着里程数的增加，每英里的运输成本往往会下降，因此这需要纳入我们的建模方法中，以最好地反映费率结构的实际细节。这被称为"递远递减费率"原则，这是由于承运人能够将某些固定的运输成本，如装船、账单和装卸费用分摊到更多的英里上。

2. 总括费率

前面费率结构的一个明显例外是总括费率。总括费率不随距离增长，从始点到总括区域中的所有点，费用都保持不变。可能最常见的例子是区域费率，例如UPS使用的地理区域，而同一区域内任何点的价格是相同的。或者，有时承运人制定这种费率以确保某一特定地区的产品有竞争力的价格，从而确保对该产品及其运输的需求。这方面的一个例子是，从西海岸运送酒类产品到洛基山脉以东的任一点的费用都是相同的，这使得西海岸的酒类产品可以与进入东海岸的进口酒相竞争。

3. 商业区

一个具体的总括区域是商业区，这是对某一城市或市镇从运输角度所下的定义。它包括城市本身加上各个环绕地区。承运人向某一市镇或城市提出的商业区运费也适用于该商业区内的环绕区域。

商业区的选址效应在选址决策过程快要结束时,也就是在企业选择具体的位置时,才会显现出来。如果这一具体位置越过了城市商业区的界限,适用于该城市的费率将不适用于该位置。同时,商业区以外的地点也减少了承运人的可得性,尤其是汽车运送人的可得性,因为他们有规定的点对点的经营范围。

4. 自由贸易区

自由贸易区是一个指定的区域,公司可以在这里设立对外国商品免征或延期关税的业务。自由贸易区通过减少或消除对使用外国部件生产或组装成品的公司的不公平税收负担,提高了美国制造业的竞争力。以下是自由贸易区的一些优点:

- 商品可以不受限制地存放在对外贸易区内,并可免征所有关税和消费税。
- 商品可以在区域内打开、检查、组装、混合、清洗、标记或重新包装。
- 商品可在区内展示、取样或检查。
- 废物和损坏的商品可在区内销毁,以逃避关税。

另一个分析对外贸易区可以对公司形成帮助的例子是加利福尼亚长滩的 50 外贸区。这涉及一个电子公司,它每年以 200 美元的单位价值或 9.6% 的关税税率从亚洲进口 40 000 个电子容器。这个公司要求在转口到墨西哥之前对商品进行操作(例如,打开纸箱、进行质量控制检查,和重新装回纸箱)。最终出口的产品是出自免税区内的一个墨西哥保税加工出口工厂的所谓制造成品。公司在 50 对外贸易区中因节省税款而获利,每年可节省 768 000 美元。总体来说,在美国有超过 230 个自贸区项目以及接近 400 个分区。

虽然对外贸易区在大量参与全球商业的公司中非常普遍,比如索尼电子、戴姆勒-克莱斯勒、梅赛德斯-奔驰、JVC 美国、PetSmart、霍尼韦尔、苹果、伊士曼柯达、卡尔威高尔夫公司、布莱克和德克尔、卡特彼勒、通用电气等。

4.6 全渠道网络设计

4.6.1 导语

1886 年,理查德·西尔斯开始销售手表以增加他的日常收入。1896 年,西尔斯推出了第一个商品目录,并于 1925 年在芝加哥西区的一个目录中心开设了第一个零售点。这是零售商首次尝试为消费者提供多个商品的接入点。如今,传统的实体零售商正转向互联网,并为消费者提供购买其产品的另一种选择。然而,最近的一项研究发现,近三分之一的受访者表示,他们还没有做好处理全渠道零售的准备,只有 2% 的受访者认为自己在全渠道领域表现良好。其中的一个可能原因是,许多零售商在线和离线业务仍然维持着独立的分销网络。另一个原因可能是,与互联网或消费者的补给相比,分销网络的运作对于商店的补给是不同的。

不管是什么原因,必然的趋势是传统零售商对互联网零售的重视程度很高。亚马逊在改变传统商店经营的零售格局方面发挥了重要作用。事实上,亚马逊现在是美国第九大零售商。这是第一次有非资产零售商上榜。

物流在线

主题演讲：全渠道对供应链管理的影响

在这一年的主题演讲中，西尔斯的供应链领导者从他们独特的视角向与会者展示了全渠道的充分状态，并展示了他们对最佳实践和顶级战略管理人员的洞察力。

在主题演讲期间，这家老牌零售商的供应链高级副总裁比尔·哈钦森（Bill Hutchinson）和物流服务副总裁杰夫·斯塔雷切斯基（Jeff Starecheski）探讨了他们如何实施全方位渠道实现战略，以此改善整体客户体验。

斯塔雷切斯基说："今天管理一家企业与30年前完全不同。最深刻的区别在于人们必须应对的复杂程度。"例如，他指出，许多曾经在简单、自给自足的市场中运作的公司，现在面临着来自意想不到的参与者的竞争。

斯塔雷切斯基补充道："零售业现在不断地变化，并且不断地改变着快捷键。"他说："数字化的定制用户被赋予了他们指尖上的信息，而这些信息在几年前还不是他们所能获得的。"如今，顾客手中就有一家购物中心，他们可以用手指购物而不需要直接前往商场。

问题是，这家零售商如何在这个新的、全渠道的环境中区分自己的品牌？"人们为什么要在你的店里购物？"斯塔雷切斯基问，"会不会是购物体验、价格、所提供的服务、多种多样的款式、地点、各种选择，或这一切加起来才能吸引以数字为动力的消费者进入零售企业？"

根据哈钦森的说法，西尔斯通过一个简单的任务来解决这些问题和其他问题：在会员购物时，要为他们服务，让他们高兴，也要让他们参与进来。"客户掌权"，哈钦森说。他指出，西尔斯的一堆库存，让客户无论其在供应链中的位置如何，都可以获得库存，它的"始终在线"网络，以及零售商的最终一英里解决方案——一周6天或7天的同天交货——是该公司为满足新的、紧迫的消费者需求而制定的几项最重要的全方位策略。

展望未来，哈钦森表示，最聪明的零售供应链将是那些从传统的分层供应链转变为全方位供应链、投资相关技术平台以及投资人才的供应链。"这需要跨职能的技能和领导能力。"哈钦森说。

因此，为零售产品提供多个接入点的概念并不新鲜，新概念是全渠道零售，全渠道零售将被定义为"直接面向消费者（D2C）的商业模式，将在线、移动、电话、邮购、自助服务和物理零售机构等所有销售渠道都整合在一起，为消费者提供符合公司品牌主张的无缝购物体验，这个体验应和公司品牌的定位一致。"这个定义体现了三个要点。首先，全渠道战略必须与富姆的"走向市场"战略保持一致，该战略决定了消费者如何才能获得该公司的产品。其次，无论订单入口点如何，实现过程都必须集成化。换句话说，无论订单是在商店购买，还是通过网站购买，补充/执行过程都必须集成化，以提供快速和一致的交付。最后，对于消费者来说，无论订单在哪里或如何下，"方便购物"是一个优先事项。

如前面所讨论的那样，本章的下一节将对传统的分销渠道进行关于解决进入市场的策略的讨论。在此之后，将提供几个全渠道网络设计选项，其试图展示公司是如何集成其实现过程,以服务于商店和互联网订单。

4.6.2 分配的渠道

分销渠道由一个或多个组织或个人组成,这些组织或个人参与从生产点到最终消费点的货物、服务、信息和资金流动。分销渠道也可以被认为是这些流动所通过的物质结构和中介。这些渠道包括各种各样的中介公司,包括那些可以作为分销商、批发商、零售商、运输供应商和经纪人的中介公司。这些中间公司中的一些公司实际占有货物,有些公司拥有货物的所有权,而有些公司都有。因此,在设计分销渠道时,必须同时考虑物流渠道和营销渠道。

物流渠道是指产品从供应地流向需求地的方式。营销渠道是指管理必要的交易要素的手段(例如,客户订单、账单、应收账款)。零售营销和物流渠道的一个例子可见图4.7。

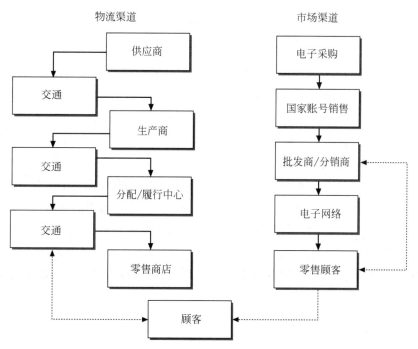

图 4.7 常见的零售物流和市场渠道

有效的渠道管理需要很好地掌握不同能够交付产品并带来良好收益的选择,物流渠道的四个基本功能是:(1)分类;(2)积累;(3)分配;(4)分类。渠道系统可分为直接或间接两类,并可进一步细分为传统营销系统(VMS)和垂直营销系统(VMS)。使用VMS,渠道中的组织之间存在某种程度的隐性或显性关系,渠道成员有相当多的机会来协调他们的活动。

以杂货行业为例,图4.8显示了负责向消费者提供产品的众多分销渠道。诚然,其中一些商品可能会相互竞争,但它们为消费者提供了大量的选择,包括在哪里和如何购买食品杂货。每个单独的渠道代表了一个从食品杂货店制造商到消费者的独特路径,必须为每个渠道制定一套有效的物流策略。

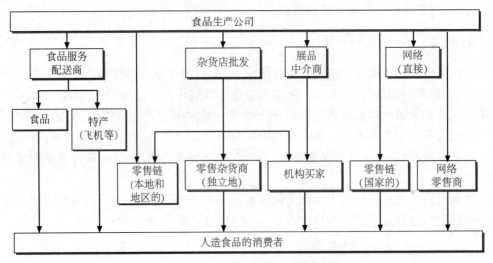

图 4.8 食品生产行业配送渠道例子

关于渠道结构的一个重要观察涉及固定成本与可变成本,以图 4.8 为例,假设食品制造商使用传统渠道将其产品送到零售商店。其中一个渠道将包括制造商、制造商的配送中心、零售商的配送中心和零售商的商店,这个渠道涉及大量的存在于配送中心和商店的固定成本。然而,运输形式的可变成本相对较低,因为大多数运输将在渠道成员之间进行。假设食品制造商决定直接向消费者开始互联网实现(这是图 4.8 中右边的第二个渠道)。虽然这个渠道的固定成本大大降低了(消除了对零售商的配送中心和商店的需求),但可变的运输成本会大幅增加。产生这种情况是因为两个渠道中的起始点(食品制造商)和最终目的地(消费者)是相同的,因此移动产品的距离大致相同。但货运量明显减少。保持恒定的距离,装运量越低,运输成本就越高。因此,渠道设计的经验法则是,假设的起点和终点不变,用于提供产品配送的中介机构越多,固定成本越高,可变成本越低,反之亦然。

4.6.3 客户满足模型

"全渠道"一词通常指通过零售商店和网站向消费者提供产品的零售商。在零售业,商店和消费者都被认为是顾客。因此,各种网络设计被用来满足他们的需求。这些网络可以是专门拥有的,也可以外包给第三方物流提供商。关于这些第三方提供者的讨论见第 12 章。这一节将简要讨论零售业中用于为商店和/或消费者提供服务的几种模式。图 4.9 显示了其中的几个网络,将为本节其余部分的讨论提供基础。

1. 集成实现

许多零售商今天以"实体店"和"网络店"两种方式存在于消费者面前,也就是说,零售商既有零售商店,也有消费者可以直接购买的互联网网站。一个例子是 Office Depot/Office Max,它有大量的零售店,也有网站——officedepot.com。集成实现是指零售商经营一个分销网络,为两个渠道提供服务。

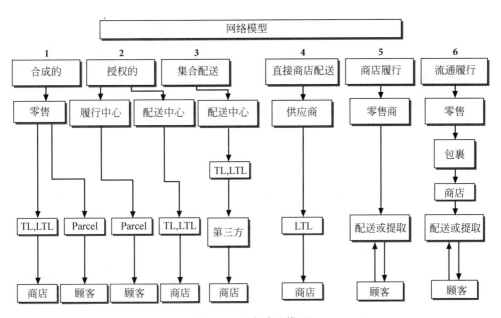

图 4.9 顾客满足模型

这个实现模型可以在图 4.10 中看到。这种模式下的典型的配送中心里,商店订单和消费者订单都需要接收、挑选、包装和运输。通常,向商店发送订单需要满载量(TL)、小于卡车负载(LTL)或联营分配移动(联营分配将在本节后面讨论)。对消费者的运输将使用包裹承运商(如 UPS、联邦快递或美国邮局),或者,在某些情况下,也会使用自行车或其他一些非传统的运输方式。这种模式的一个优点是启动成本低。如果零售商已经建立了一个处理商店订单的分销网络,然后决定开发一个网络代理,则现有的网络可以同时为两者提供服务。换句话说,不需要建立新的配送中心,这也将消除处理网络订单的重复库存的需要。这种模式的另一个优点是,由于业务的合并,工作人员的效率很高,现有的劳动力现在有机会通过固定成本的设施转移更多的数量。然而,这种模式有几个挑战。第一,订单配置将随着消费者互联网订单的增加而改变。虽然商店会使用箱和托盘采购,但消费者订单将要求以单件为单位的较小订购量。第二,产品可能不一定是可得的,虽然以内包装为单位的订购可能是商店的最低订购量,但消费者订单可能需要以单件为单位(每个)。第三,增加单件量(每个)的运输将需要一个"快速运输",如果物品破碎,配送中心又会增加很多工作量。以箱为单位的运输通常是非常有效的,因为可以采用自动化的形式,以输送机的形式快速地移动大量货物。单件运输则非常密集,无法移动大量的货物。最后,商店订单和互联网订单之间可能会发生冲突。并且,如果两个订单都想要相同的项目,而没有足够的库存来填充两者,哪个得到优先权?有些人会认为网络订单应该被填满,因为零售商已经收到了购买这些商品的钱。其他人可能会认为商店应该得到库存,因为它也是配送中心的客户,而且每一家商店都是一个独立的损益中心。因此,该模型具有一定的经济性,因为它可以利用现有的资源来满足两个渠道的需求。然而,它提出了一些必须解决的业务挑战。

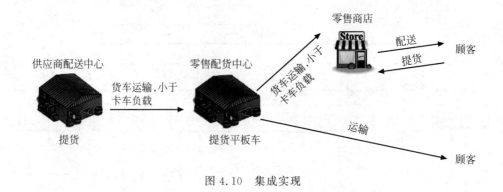

图 4.10 集成实现

2. 专用实现

这是零售商的另一种选择,它希望同时拥有一家商店和一家互联网专卖店,它被称为"专用实现",它实现了与集成实现相同的配送目标,但有两个独立的分销网络。采购、包装和运输在专用完成与综合履行中是一致的。因此,客户将不会看到这两个网络之间的订单是如何调整的。一个例子是沃尔玛,它的商店和互联网订单都有单独的网络,这个模型可以在图 4.11 中看到,拥有一个单独的商店配送和消费者配送的分销网络,消除了集成实现的大部分缺点。然而,现在零售商面临着重复的设施和重复的库存。这假设零售商通过两个渠道提供完全相同的产品。然而,许多零售商在其网站上提供的产品比它们在商店里提供的要多得多。这使得专用实现成为一种更合理的选择。然而,今天全渠道零售商的趋势是从专用实现转向集成实现。

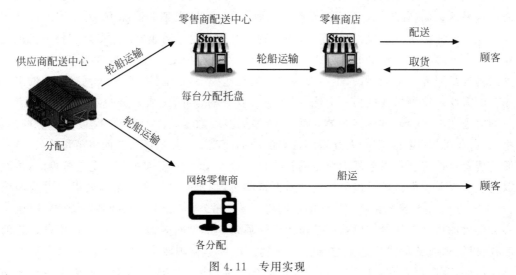

图 4.11 专用实现

3. 联营分配

虽然没有被认为是一种传统的全渠道实现模式,但联营分配却是零售商用来补充库存的一种常用方法。像沃尔玛(Walmart)和塔吉特(Target)这样数量庞大的零售商,通过联营分配,每天至少能向每家商店运送一卡车以上的商品。规模较小的零售商没有足够的数量或商店网络来利用这一效率,这就是联营分配可以被使用的场景,如图 4.12 所示。在这个模型中,到商店的典型的送货时间表不是每天,而是每隔一天,或者可能是星期一、星期三、星期五的日程安排。"联营"是一组商店,它们可能位于特定的州(宾夕法尼亚州)或地理区域(东北部)。零售商使用第三方物流公司或联营分销商进行商店送货。拖车是在零售商物流中心装载商品,所有商店在一个联营。通常情况下,这将是一辆卡车装载的多个 LTL 订单。拖车将被发送到联营分发地点,在那里商品将被集中放置,并通过商店在联营中分配。然后,联营运营商将在"顺滑运行"中将 LTL 订单发送到其所在地区的每个商店,其中商店 1 获得第一次交货,然后是商店 2,以此类推。联营配送为零售商提供了货运量的效率,以及允许商店定期接收 LTL 订单的有效性。

图 4.12 联营分配

物流在线

配送:怎样才能成为一个全渠道的直接供应商?

决定使用零售实现或电子商务分销不再是一个非此即彼的问题,由于需要灵活、快速和最长的正常运行时间,托运人正在转向新的技术和创新程序来处理托盘、箱子和单行模式的订单以完成这两种类型的订单。

在本课程中,St. Onge 公司副总裁兼首席执行官 Bryan Jensen 重点介绍了领先公司正在采取的战略、技术和最佳做法,以实现全方位分销。詹森在会议开始时解释说,有几种基本的网络类型和配置可以为零售、批发和直接面向消费者的客户提供服务,包括:

组合中心:服务于同一设施的商店、批发和在线客户。

专用中心:商店、批发和来自不同地点的在线客户。

商店分布:在线客户从商店得到服务。

混合:基于地理、库存单位(SKU)段(类型或速度)的上述策略的组合。

Jensen 解释了这三种配置,重点介绍了每种配置的工作原理,并展示了每种配置的优缺点。例如,单个实现中心具有最大的集中量,可以利用规模经济或技术投资,但它们通常会给客户带来更长的周期。虽然多个地点提供了周期较短的优势,但它们也为托运人提供了多个库存来管理。

撇开一个组织的物流中心是如何配置的,每个物流中心都必须配备平衡的订单入口和适当的仓库管理系统(WMS)。例如,如果该设施要发挥储存补给、批发和直接向消费者服务的功能,那么 WMS 必须能够同时支持渠道,并确保必要的库存可见性和定位。

詹森说:"这个系统必须了解多个地点的库存位置和不同地点的库存。""这增强了多行订购,单一 SKU 的多选择类型,并为渠道间的库存共享开辟了潜力。"

4. 直接商店配送

零售行业另一种常见的实现模式称为直接商店配送,或者 DSD。制造商直接将其产品交付给零售商的商店,超越零售商分销网络。如图 4.13 所示。这类实现的一个很好的例子是 Frito-Lay,一家生产产品并将其储存在其分销网络中的公司。在这个集中的配送网络中,货物首先向地区流动,在那里存储着 Frito-Lay 交付车辆,然后在一个小的地理区域进行直接的商店配送。车辆司机将补充零售商的货架,轮换库存,商品库存,并收集定价和在商店一级的插槽信息。该模型的一个主要优点是降低了配送网络中的风险。这是因为零售商不需要在分销中心存储 Frito-Lay 的库存。另一个主要优势是 Frito-Lay 对库存有直接的控制。而劣势是,这可能降低 Frito-Lay 产品的库存能见度,因为零售商没有"接触"这些产品。

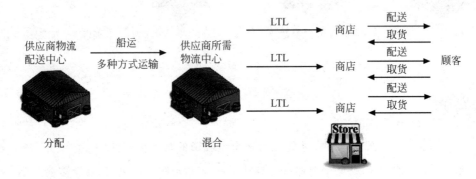

图 4.13 直接商店配送

这种类型的模式需要密切合作以及制造商和零售商之间的协议,这是因为:首先,并不是每一家零售商的供应商都能做到送货上门,从实际的角度来看,如果每一家商店的供应商每天都直接交货,那么一家商店的送货车辆和生产人员的数量将在商店造成压倒性的拥堵。其次,零售商和制造商需要商定在库存级别上共享信息的类型和时间,以便为零售商提供适当的库存可见性水平。最后,对于保质期短和/或需要新鲜的产品,DSD 的实现效果最好。因此,这种模式对于在一家零售店销售的有限数量的产品来说是有意义的。

5. 商店实现

一家既有实体店面又有互联网店的零售商,可以通过商店实现这个模型带来的许多机会。如图 4.14 所示,顺序是通过网站进行的。订单被送到最近的一家零售商店,在那里它被挑选并放在一边,等待顾客来取货或者商店来安排快递。这对大型电子产品十分适用(如等离子屏幕电视),诸如 BestBuy 等公司也在使用这一模式。第一,如果商品有库存,那么客户就有一个较短的前置时间。第二,零售商的启动成本很低,库存品就在离消费者很近的地方。第三,退货可以在零售商店完成。最后,商品在顾客单元都是易得的。

图 4.14　商店实现

这种类型的实现也有几个不利因素。第一,由于每个商店都要负责执行自己的订单,可能会缺少对订单的控制和一致性。第二,库存之间可能会发生冲突。商店为购物者持有库存,这些存货可以在冲动购买中转售,现在商店被要求将物品从货架上移除,以便网络定购,与此同时便可能导致货架上的缺货。一种缓解这种现象的方法是调整商店的利润,这样它也能从网上销售。第三,零售商必须对店内库存具有实时的洞察力,才能满足网上订单的需求。最后,商店缺乏足够的空间存储产品,工作台上的产品在商店的任何区域都会占用空间,这些空间本可以用来为商店带来额外的销售。

6. 流通实现

流通实现方法,如图 4.15 所示,非常类似于商店实现。两者之间的主要区别在于,在通过流通实现的过程中,产品在零售商的配送中心被挑选并包装,然后送到商店进行顾客的提货或送货。同样,这也是电子零售业中常用的一种方法。这种做法的另一个例子是沃尔玛的"站点到商店"选项。流通模型消除了商店可能意识到的商店销售和网上销售之间的库存冲突。当消费者提供接送服务时,零售商避免了"最后一英里"运输的成本。零售商在流通模型中也不需要商店里的库存,商品退货可以通过现有的商店网络来处理,就像在商店实现中一样。商店中用于取货的存储空间仍然是一个问题,虽然商店完全可以使一个产品在收到订单的同一天就可以用,但通过流程完成通常需要更长的时间,因为取货是在物流中心完成的,而且订单必须与另一个商店的补给商品一起运行。

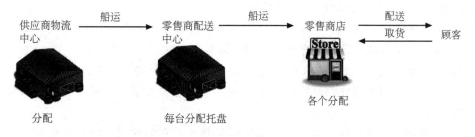

图 4.15　流通实现

总之,零售业提供了许多不同的实现模式,使产品落入消费者之手。每一种方法都有其优点和缺点。选择合适的模式将取决于成本考虑和市场影响。

小结

- 供应链网络设计决策对于企业整体、物流和流程具有巨大的战略重要性。由于制造、营销和采购日益全球化的趋势,这一决定变得越来越重要。
- 正式的、结构化的物流网络设计过程尤为可取。物流网络对成本和服务的潜在影响,决定了在遵循合理的设计过程方面付出巨大努力的必要性。
- 很多因素会影响物流网络的设计以及物流设施在此网络内的选址。
- 对物流网络设计进行分析的主要建模方法包括最优化、模拟和探索性模型。
- "坐标方格"方法在物流设施选址问题方面提供了一种令人满意的但不一定最优的解决方案。
- 运输的可得性和成本以多种独特方式影响选址决策。
- 在一个全方位的环境中,有许多网络模型可以用来为零售商店和互联网消费者服务。
- 在设计客户实现模型时,零售商关注的是产品到达客户的速度和产品的可用性(有效性)和提供服务的成本(效率)。
- 产品类型和订单的性质将影响客户实现模型设计。
- 每种类型的客户实现模型都有其优缺点,在决定使用哪种网络模型时必须考虑到权衡。

 ## 复习思考题

1. 企业物流网络的设计如何通过效果、效率和差异化影响为顾客创造价值的能力?
2. 物流网络设计过程中的步骤有哪些?在这些步骤中,哪些与为物流设施选定具体位置的任务最为相关?
3. 对引起企业分析供应链网络设计或重新考虑某一具体设施位置的因素进行讨论。
4. 为什么要由管理者团队而不是某一个人对大多数的选址决定进行分析?何种类型的团队对物流网络再设计的工作有帮助?
5. 主要的选址决定因素是什么?它们是如何影响选址决策的?
6. 地区和国家之间的选址有什么区别?以什么方法进行区别?
7. 对物流变量在选择安置工厂或仓库的决策中的角色进行讨论。
8. 在供应链网络设计和设施选址中应用的主要建模方法有哪些?每一种的长处和局限性是什么?
8. 对坐标方格技术进行描绘。它的目标是什么?它如何引导决策的确立?它的长处和局限性是什么?
9. 对坐标方格技术进行描绘。它的目标是什么?它如何引导决策的确立?它的长处和局限性是什么?
10. 使用坐标方格技术确定下面问题中的最低成本位置:

(a)

	TONS	RATE	GRID COORDINATES (H,V)
S_1	200	0.50	2,14
S_2	300	0.60	6,10
M_1	100	1.00	2,2
M_2	100	2.00	10,14
M_3	100	1.00	14,18
M_4	100	2.00	14,6

	Tons	Rate	Grid Coordinates (H,V)
S_1	200	0.50	2,14
S_2	300	0.60	6,10
M_1	100	1.00	2,2
M_2	100	2.00	10,14
M_3	100	1.00	14,18
M_4	100	2.00	14,6

(b)

CUSTOMER	TONS	GRID COORDINATES (H,V)
A	100	1,11
B	300	7,11
C	200	5,9
D	500	7,7
E	1 000	1,1

Customer	Tons	Grid Coordinates (H,V)
A	100	1,11
B	300	7,11
C	200	5,9
D	500	7,7
E	1 000	1,1

11. 解释递远递减费率、商业区、自由贸易区和在途特权是如何影响设施选址决策的。

12. 定义全渠道。其和一个典型的零售渠道有什么不同?

13. 比较营销渠道和物流渠道的概念。

14. 从图 4.9 中选择任意三个顾客实现模型,然后:

    a. 解释网络如何运行

    b. 识别优势

    c. 找出它的缺点

    d. 找出这种模式最有效的市场类型。

案例 4.1　强生公司

医疗保健消费品巨头强生公司(J&J)的欧洲业务,包括了在 7 个国家的 12 个配送中心。该公司的分析表明,这些设施最初很少或没有被统合。这些设施有着很高的运营成本(1 000 万美元以上),却维持着较低的运输成本(600 万美元以上)。这些配送中心的地理位置有助于满足欧洲客户特殊的需求和服务期待。自从强生逐渐精简和改善其供应链实践方式的远景,它以非常有趣的方式改进其在欧洲的生产和配送活动。

利用供应网络优化软件的最初结果是使配送中心的数量从 12 个减少到 2 个。虽然这种情况带来了向客户方位运输成本的增加,但却使整个系统成本减少了 700 万美元。鉴于维持可接受的高水平客户服务的战略重要性,同样重要的是将保持合理的客户服务水平的需求(比如为一些客户服务一天,为另一些服务两天)与网络最优化模型合并整合起来。此外,还需要考虑模型中的一些必要因素,如长期租赁的花费等。

随后,一个网络优化模型要在开发和利用的层面反映上述的讨论。最终结果包括了配送中心的数量从 12 个减少到 5 个,相应地设施成本也从 1 010 万美元降低到 390 万美元。尽管运送成本略有增长——从 660 万美元增长到 760 万美元,但整个网络却实现了系统总体节约将近 500 万美元。同时,正如上文所述,优化过的网络也能够满足客户服务的目标标准。

☑ **案例问题**

1. 什么因素有助于解释强生曾经在欧洲有过 12 个之多的配送中心?
2. 在这部分中讨论的物流/供应链网络设计的哪一个步骤是强生在欧洲所面临的最适用的?
3. 还有其他的因素在网络优化研究中可供参考吗?
4. 这个案例研究聚焦于从配送中心到客户所在地的运送。在供应方或入境直送方有什么因素与行为分析有关?

案例 4.2　Bigelow 商店

Bigelow 商店是位于佐治亚州亚特兰大的一家普通商品零售商。在美国东南部有 250 家商店和 3 个物流中心(DC),Bigelow 已经在非价格市场占据了重要的市场份额。Bigelow 提供日常用品以及"一次性"购买特价商品,该公司以特别折扣的价格向消费者宣传这些特价。Bigelow 还携带有保质期的食品,但不需要冷藏。由于市场的密度和商店的规模,Bigelow 每天都可以将其产品的满载量(TL)从其物流中心运到其商店。Bigelow 目前没有互联网存在。

随着市场在东南部的高度渗透,Bigelow 决定通过收购向东北和中西部扩张。它在宾夕法尼亚州收购了一家中等规模的零售商 Lions,专门经营普通商品、易腐食品和非易腐食品。Lions 目前在东北有 100 家商店和两个配送中心。它既利用直接向更靠近物流中心的大型商店发送 TL,又向较小、更远的商店集中分发 TL。Lions 有一个网上购物中心,消费者可以在网上订购杂货,然后在同一天在商店里取货。BigeLow 还收购了位于密歇根州的斯巴达商店。斯巴达是一个户外娱乐体育店,有 50 家商店和一个物流中心。它是一家全方位的零售商,从其单一的物流中心中挑选和配送商店和互联网订单。斯巴达利用 LTL 运输公司进行商店交货,小型包裹承运人用于互联网订单。Bigelow 公司的战略是发展这些被收购的公司,首先是在地区,然后是在全国范围内,然后以 Bigelow 的名义将它们合并。该公司还决定大举投资于互联网业务,成为一家全渠道的零售商。

✓ **案例问题**

1. 新的 Bigelow"网络"由不同的产品线、不同的地理位置和数量、不同的客户接触点(商店与互联网)组成。你会如何建议 Bigelow 的管理层着手实施他们的单一品牌、全渠道战略?

2. 您会实施什么样的客户实现网络来为不同地区的不同渠道服务?

3. 你认为 Bigelow 在一个网站上向所有消费者提供所有产品的挑战和机遇是什么?现时的配送中心网络是否支持这个策略?解释你的答案。

附录 4A 坐标法——城市库房地址的敏感性分析和应用

4A.1 坐标法——敏感性分析

表 4A.1 和表 4A.2 对于表 4.2 中存在的问题进行了敏感性分析。第一种"what if"情况考虑的是向杰克逊维尔市场提供的服务从铁路运输转向卡车运输,这一转变使得费用增加了 50%。表 4A.1 中的数据显示,费用增加使得低成本中心朝着杰克逊维尔移动了,即新地址的坐标为 664 和 795,或者说是在原地址(655,826)的东面和南面。因此,费用增加将会把低成本位置向出现增长情况的市场或供应来源拉动。

第二种"what if"敏感性分析考虑的是案例公司从布法罗这一供应源获取的原料减少 500 吨,同时在孟菲斯购买的数量增加相同数目的情况。表 4A.2 显示了这一来源改变所产生的影响。现在,孟菲斯供应了所有原先从布法罗购买的原料,新的低成本位置就朝着孟菲斯移动,或者说朝原先地址的南面和西面移动。同样,新市场或者是出现销售增长的市场会将低成本位置向其方向拉动。

我们可以从这些敏感性分析得出,费用、产品数量和来源/市场位置确实会影响一个工厂的最低成本位置。最低成本位置朝着出现费用或数量增长的市场或来源移动,同时偏离出现下降的市场或来源。引入新市场或来源将会拉动位置朝着新增市场或来源的方向移动。

4A.2 坐标法——在城市分配中心的应用

在将坐标方格技术应用到城市分配中心的选址时存在着一种特殊情况,这一独特情境即环境的单一性。它源于普遍适用的费用结构,这意味着即从来源到城市或商业区域的任何一点都引起发生同样的费用。因此，在一个城市商业区域的任何位置从使用的所有供应商获取物料会引起同样的进货运输成本，也就是说，在相同的城市移动供应物的成本不影响选址决策。

因为，进入仓库的供应物数量不会影响选址决策，在城市中的最低成本仓库位置考虑的是从仓库向顾客移动产成品的成本。我们对坐标方格技术等式修改如下：

$$C = \frac{\sum_{1}^{n} R_i D_i M_i}{\sum_{1}^{n} R_i M_i}$$

表 4A.1 费用改变对最低成本地址的影响

原料来源/市场	运费/吨-英里（美元）(A)	吨(B)	方格坐标		计算	
			水平值	垂直值	(A)·(B)·水平值	(A)·(B)·垂直值
布法罗(S_1)	0.90	500	700	1 125	315 000	506 250
孟菲斯(S_2)	0.95	300	250	600	71 250	171 000
圣路易斯(S_3)	0.85	700	225	825	133 875	490 875
		1 500			520 125	1 168 125
亚特兰大(M_1)	1.50	225	600	500	202 500	168 750
波士顿(M_2)	1.50	150	1 050	1 200	236 250	270 000
杰克逊维尔(M_3)	2.25	250	800	300	450 000	168 750
费城(M_4)	1.50	175	925	975	242 813	255 938
纽约(M_5)	1.50	300	1 000	1 080	450 000	486 000
合计		1 100			1 581 563	1 349 438
					水平值	垂直值
分子：$\sum (r \cdot d \cdot S) =$					520 125	1 168 125
$+ \sum (R \cdot D \cdot M) =$					1 581 563	1 349 438
合计					2 101 688	2 517 563
分母：$\sum (r \cdot S) =$					1 330	1 330
$+ \sum (R \cdot M) =$					1 838	1 838
合计					3 168	3 168
方格中心					664	795

如果我们假设在整个城市中配送(R)商品的成本是相同的，约去R，将吨-英里公式简化为如下形式：

$$C = \frac{\sum_{1}^{n} D_i M_i}{\sum_{1}^{n} M_i}$$

第4章 配送和全渠道网络设计

表 4A.2 供应源改变对最低成本地址的影响

原料来源/市场	运费/吨-英里（美元）(A)	吨(B)	方格坐标 水平值	方格坐标 垂直值	计算 (A)·(B)·水平值	计算 (A)·(B)·垂直值
布法罗(S_1)	0.90	0	700	1 125	0	0
孟菲斯(S_2)	0.95	800	250	600	190 000	456 000
圣路易斯(S_3)	0.85	700	225	825	133 875	490 875
		1 500			323 875	946 875
亚特兰大(M_1)	1.50	225	600	500	202 500	168 750
波士顿(M_2)	1.50	150	1 050	1 200	236 250	270 000
杰克逊维尔(M_3)	2.25	250	800	300	450 000	168 750
费城(M_4)	1.50	175	925	975	242 813	255 938
纽约(M_5)	1.50	300	1 000	1 080	450 000	486 000
合计		1 100			1 581 563	1 349 438
					水平值	垂直值
分子：$\sum(r \cdot d \cdot S) =$					323 875	946 875
$+ \sum(R \cdot D \cdot M) =$					1 581 563	1 349 438
合计					1 905 438	2 296 313
分母：$\sum(r \cdot S) =$					1 335	1 335
$+ \sum(R \cdot M) =$					1 838	1 838
合计					3 193	3 193
方格中心					597	719

与以前一样，这一修正后的坐标方格技术使得决策制定者将城市中的某些区域略去，从而将分析的重点放在靠近最低成本位置坐标附近的地区。为了确定仓库的具体位置，决策制定者必须考虑附近地区土地和设施的可得性、高速公路系统和高速公路入口的情况。

除了有益地涵盖供应链的基础之外，前四章还经常提到供应链管理的战略重要性及其在当今日益增长的全球环境中公共和私营组织的竞争成功中的作用。个人组织必须尽其所能满足和超越其客户和客户的需求，以及保证财务业绩的充分发挥，加强自身的市场定位。同样，对于这些个人组织来说，理解他们的整体成功取决于他们所参与的供应链的成功是至关重要的。因此，"供应链与其最弱环节一样强大"这句老话是长盛不衰的。

第5章强调了战略采购的重要性，以及在这一领域取得成功的关键步骤和考虑因素。具有重要意义的是，需要认识到公司的供应商基础对其整个供应链的运作具有重要的操作和战略意义。此外，考察了目前的采购趋势，包括电子商务环境这一重要视角。

第6章认识到运作在供应链中所起的战略作用。重点是转换过程的概念，以及与生产和其他不同类型的增值流程间的关系。其他细节侧重于装配和生产作业的设计、生产力和质量的衡量以及有能力的信息技术支持这些关键领域。

第7章考虑了对外对客户供应链需求的重要性，以及满足和为客户创造价值所需的能力。其中包括需要平衡供求,并调查影响每一个因素的因素。此外,关注的重点是预测和需求管理、点播信息的使用,以及销售和运营计划(S&OP)等基本的协作技术。本章最后介绍了有能力的订单履行过程的重要性和功能。

第 8 章阐述了客户服务和订单管理的概念,以及客户服务和订单管理在组织内部的关系和管理。从客户服务对买方和卖方的影响两个角度对客户服务的基本内容进行了识别和讨论。重点介绍了美国作业成本法(ABC),并介绍了计算库存成本的概念。还包括订单管理中的 MALOR 输出,如何衡量它们,以及它们对买卖双方的财务影响。本章最后讨论了服务恢复及其对组织的重要性。

第二部分

第5章 采购和服务

第6章 产品和服务的生产

第7章 需求管理

第8章 订单管理和客户服务

供应链管理：物流视角（第10版）
Supply Chain Management: A Logistics Perspective

第二部分

除了为供应链的基础内容提供一系列有用的讲解以外,前 4 章还经常提到供应链管理的战略重要性以及在日益全球化的环境中供应链管理在公共和私营组织的竞争优势的形成中起到的作用。组织去做任何能够满足甚至超越客户需求的工作并且确保其财务收入足够去发展和加强市场定位是十分必要的。此外,组织必须明白,它们整体的成功取决于其所参与的供应链的成功。因此,那句老话"整个(供应)链条的强韧与否,要看最弱的那一环"仍然盛行。

第二部分将重点介绍供应链管理的基本原理,其中包括 4 个必须管理的关键性流程,这些流程会对供应链的效率和效益以及组织本身产生有益影响。这些领域包括:材料和服务采购、具体业务(生产产品和服务)、需求管理以及订单管理和客户服务。

第 5 章强调了战略采购的重要性以及在这一领域取得成功的关键步骤和考虑因素,尤其重要的是要认识到从供应商基地到整体供应链运作的运营层面和战略层面的重要性。此外,本章还能帮助我们了解当前的采购趋势,包括在电子商务背景下与这一重要过程相关的有用观点。

第 6 章将介绍业务运作在供应链中所起到的战略作用,其重点放在了转换过程的概念以及它与生产活动和其他种类的增值活动的关系。本章更多的细节信息关注于装配和生产操作的设计、生产力和生产质量的测量,以及人们所能够利用到的信息技术是通过哪些方式来支持这些关键领域的。

第 7 章为我们阐述了出货物流系统需求以及满足或创造顾客需求的能力的重要性,这需要平衡供需关系并且调查影响各方的不同因素。此外,本章同样关注预测、需求管理、销售点信息以及销售和营运规划等基础协同技术的使用。本章最后介绍了一个完善的订单履行过程的功能和重要性。

第 8 章主要讲解了客户服务以及订单管理的概念,并进一步探讨了它们之间的关系以及组织对它们的管理。客户服务的基础要素一般是从它如何影响买卖双方的角度来进行讨论的。本章不仅特别强调了作业成本法的使用,还介绍了缺货成本的计算。除此之外,本章还将涉及订单管理的主要产出、计算方法以及它们对买卖双方的财务影响。本章所得出的一个结论是服务补救,这一概念对组织十分重要。

第 5 章

采购和服务

学习目标

通过阅读本章,你应该能够:
- 在整个供应链背景下,理解采购和战略采购的作用和特点。
- 考虑采购或采购过程中购买的项目和类型以及服务的重要性。
- 理解战略采购的程序。
- 识别有效管理采购活动的原则和方法。
- 理解公司与其供应商的高效关系的重要性,以及供应组织拥有特定认证和注册的价值。
- 理解相关到岸成本(TLC)的概念及其对采购过程的价值。
- 警惕电子采购的暂时性优势,以及各种不同的电子商务模型的角色。

供应链窗口

战略采购促进了创新与转型以及成本的节约

在供应管理协会(ISM)年度会议上最常听到的两个词是创新与转型,它们涵盖于战略采购和供应商关系管理之中。

当然,这是有道理的,因为供应链行业的每个人都希望在组织内提升自己的纪律性,更重要的是,谁不想将发布采购订单、安排运输或者安排生产运营相关的日常事务自动化呢?这样他们就可以领导部门的转型,或者在新产品或流程开发创新中发挥作用。

那么,现在情况如何?我们显然正在取得进展。《供应链管理评论》的最后两期中的文章详细介绍了Molson Coors啤酒酿造公司是如何将供应管理纳入其新产品开发流程,以及Raytheon公司是如何在其成为客户选择的过程中启动供应商咨询委员会的——该公司首先获得了供应商创新的机会。

与此同时,我们还有很长的路要走。哈克特集团的一位负责人,同时也是战略采购、转型和创新的支持者之一表示:"当你询问首席财务官什么才是关键之处的时候,他们的工作重点仍然是降低成本。"

因此,我们能够做到这一切吗?或者,让削减成本成为未来的主导?这是一个非常具有当代性的话题,在史泰博和哈克特集团的经理发表了关于供应商关系管理的报告之后,这个话题受到了显著关注。

一个来自 CPG 公司品类经理的有趣言论是,她经常被要求创新。"我不是很有创造力",她有点沮丧地说:"但当我们和供应商交流时,我们知道他们是专家,他们有符合我们业务需求的解决方案,所以我们需要学会去听他们的意见。"这引发了一场关于尝试去创新和削减成本这一挑战的大讨论,如果时间允许的话,这个讨论将会持续下去。

如果把战略采购做好了,它大致可以实现以下三个方面的转变:流程的转型、与供应商一同创新以及节约运输成本以达到节省某个产品或服务的总成本的效果。但似乎这个行业就像我们在制造、物流和分销方面做的那样,必须使高管们相信战略采购是具有一定价值的。

5.1 引言

物流和供应链经理们正寻找通过购买或采购业务创造更多价值的途径,无论这种压力来自挑剔的客户、全球采购带来的低成本竞争的出现,又或是来自供应链的复杂性,领导们也发现传统的一味强调低成本购买并不能节约成本。

因此,当组织要提高他们供应链的整体效率和效益时,购买、采购和战略采购等命题引起了广泛关注。下面给出的定义企图解释购买、采购和战略采购之间的相同点、不同点,以及它们之间的关系。在现实当中,这些概念有时在某种程度上可以互换使用。

- **购买**:其职能是负责管理组织的采购程序和标准。在业务设置上,这个事务活动包括了购买产品和服务,购买订单的部署和处理也有利于这一活动的进行。通常,这个活动存在于正式采购过程中。
- **采购**:本质上是指管理与组织对于采购商品和服务的需求相关的一个广泛的过程,这些商品和服务通常是整个组织和其供应链所需要的。例如产品或服务的获取、供应商选择、价格协商、合约管理、交易管理,以及供应商绩效管理等都属于采购过程。
- **战略采购**:实质上,战略采购过程比采购过程更加广泛和全面。它是一种可确保优先采购事项与供应链目标及整体目标保持一致的有用方式。另外,依靠有用的战略采购流程有助于实现供应链之间与组织其他领域的协调与协作。

根据回顾上述定义,将购买简单地看作为一种行为(虽然也很重要),而将采购和战略采购最好是看作为一个过程是很重要的。图 5.1 中展示了为什么说战略采购是个更加全面过程的五个例子:(1)购买能力的整合和利用——大量购买集中于少数几个供应商或少数购买交易;(2)相比于获取成本,更加强调价值;(3)更加有意义的供应商关系;(4)更加关注过程优化;(5)增强团队合作和专业化——适当地包含供应商和客户。

> 1. **购买能力的整合和利用**：如果在一个组织中每一个部门作出独立的采购决策，结果最终支出将高于通过协调后的采购支出。纵观一个组织所购买的所有东西，可以通过整合购买力来实现显著的节约，并且可以通过更少的总供应商来实现更大量的购买。
> 2. **价值的强调**：组织最常优先考虑以尽可能低的成本采购所需物品，在这样做的过程中，可能会错过获得更大价值的机会。例如，通过降低生命周期内的成本，购买复印机/传真/扫描机仅仅基于购置成本，实际上会忽略可能与打印碳粉、维修等有关的长期成本。
> 3. **更加有意义的供应商关系**：战略采购受益于与多种类型的供应商发展起来的良好的商业关系。根据考虑的采购类型发展真正的合作关系将会很有效率。
> 4. **关注过程优化**：战略采购超越关注有效采购实践的需求，并将注意力集中在与正在考虑的特定采购相关的业务流程上。此外，采购过程的重组和简化是战略采购的关键因素。
> 5. **增强团队合作与专业化**：团队概念是战略采购成功与否的关键。通过利用跨职能团队，可能还包括供应商和客户组织的代表，可以实现战略采购所带来的好处。

图 5.1 战略采购的特征

图 5.2 显示采购的战略演变过程。这个图表不仅强调了从传统/技巧采购到战略采购的发展趋势，并且最终强调了电子采购和采购与供应链的整合。不管使用什么术语来描述未来的状态，很明显，开发和加强采购和采购方法是一个高度优先事项，它们为组织、客户和供应商创造了额外的价值。波特在其价值链中指出了采购环节的战略重要性，因为采购过程中包括对新供应商的资格认证、采购不同类型规格的原材料和监督供应商绩效等活动。因此，采购是供应链成员之间的关键连接。

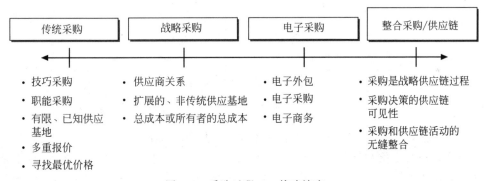

图 5.2 采购过程——战略演变

5.2 购买的产品服务的种类和重要性

显然，企业购买的产品和服务并不总是相同的。有些产品更重要些，需要在采购方面给予较多的关注。例如，一个电脑公司对芯片和办公用品（纸张、笔记本等）使用的采购战略、策略和资源都是不同的。很明显，芯片供应商对于电脑公司的重要性远大于办公用品。

被广泛使用的象限法使供应链管理人员能够评价购买的每一件产品和服务的重要性。这种象限法采用 2×2 的四象限矩阵，通过描述所采购产品的风险和价值来确定产品的相对重要性。用来描述重要性的标准是潜在的价值或利润以及风险或独特性。

价值标准主要是检验产品或服务增加最终产品利润以及增强企业在市场中维持其竞争优势的能力这些特点。例如,电脑芯片的运行速度比较快或者操作系统的界面更加友好都将会使电脑更受欢迎,从而对该电脑的需求量也会增加,进而增加了利润。换句话说,在电脑使用说明书上增加一个镀金曲别针可能不会增加电脑的销售额或者不会巩固该企业在市场上的竞争地位。

风险反应了失败的可能性,不被市场接受、交货误期或者原材料无货。曲别针缺货的风险对电脑公司来说不是什么重要风险。也就是说,如果无法用一个曲别针将几页纸别在一起,电脑公司的运营也不会受到影响。然而,如果没有电脑芯片,电脑就无法正常运行,市场就会做出负面的反应。因此对于电脑制造商而言,芯片产生的风险会比曲别针大。

图5.3描述了价值风险象限,并按照条目的重要性进行了分类。低风险、低价值的商品是一般商品;低风险、高价值的是大宗商品;高风险、低价值的产品和服务是特殊商品;那些高风险、高价值的产品和服务是关键商品。

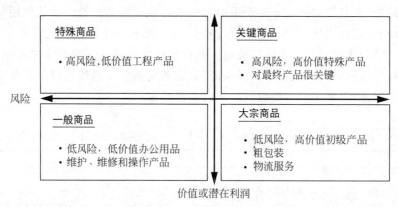

图5.3 商品的价值——风险矩阵

一般商品是低价值、低风险的产品和服务,这类产品和服务通常不会进入最终产品。办公用品,维护、维修和操作产品都是一般商品的例子。一般商品的管理费用和采购成本比产品的价格要重要,对一些一般商品来说,管理和加工成本可能超过产品或服务的总价。一般商品的战略性采购是使采购过程流水线化,以降低与采购该类商品有关的成本。例如,使用采购卡(公司信用卡)可以减少支票的数量和降低与支票支付、银行确认等有关的管理费用。

大宗商品指的是那些高价值、低风险的产品或服务。基本的生产原料(螺钉)、粗包装(外部的包装箱)以及运输服务都是这类商品的例子。这类商品提高了企业的利润且仅增加较低的风险,它们是企业产成品的主要成分,这使得它们的价值较高。风险低主要是因为这类产品很普遍,有较多的供应源。同时,由于这类商品的普通性,品牌几乎没有差别,价格则是一个重要的区别因素。大宗商品的运输费用和存货成本是需要考虑的主要成本要素,其相应的采购战略包括批量采购(降低价格)和采用即时系统(降低存货成本)。

特殊商品是高风险、低价值的产品和服务,例如工程产品、仅有有限供应商的零配件或有较长前置时间的产品或服务。企业客户不在乎或者不关心这类商品的差异性,但是这类商品对连续经营存在威胁并导致较高的采购成本。特殊商品的缺货会导致产品线停产,或者是围绕缺货商品而调整生产计划,这两种情况都会增加生产成本。选用优秀的供应商和绩优的运输公司将会减少缺货,但会增加采购成本。这类商品采购战略的重点是制定标准化程序以消除或者减少这种特殊性产品的独特性,从而将这类商品转变成大宗商品。

最后,**关键商品**是高价值、高风险的产品,这种产品使最终产品在市场上具有竞争优势。正如我们在前面的例子里所提到的,电脑芯片的运用可以使电脑具有区别于其他所有竞争者的独特的速度。这种独特的电脑芯片可以增加电脑对于用户的价值,其风险来自于用户的不满意及销售减少所带来的损失。在某种程度上,关键商品决定了用户使用产成品的最终成本。在这个例子中,产成品是电脑。关键商品的采购战略是通过采用新技术、单一化、密切同供应商联系以及价值增值的方式来增加产品的价值。关键商品的采购重点是对其进行革新,从而能够为产成品提供更大的市场价值。

前面关于象限方法的讨论强调了不同商品和服务采购的重要程度是不同的。同时建议供应链管理人员根据商品的价值和风险的不同采取不同的采购战略。对关键商品的采购应该比大宗商品的采购给予更多的资源及关注。例如,可能要让全职采购人员去采购关键商品(如电脑芯片),而让一般全职人员去采购大批量的大宗商品,例如办公用品。

图5.4有助于我们去理解可能发生的三种购买情况。第一种情况是大宗商品,它可代表一个组织的需要重大财务计划的长期投资。第二种情况是重复购买,这种重复购买要么是与过去相同的购买或一些变异。第三种情况是为持续运作公司所需的维护、修理和操作项目及其供应链活动。

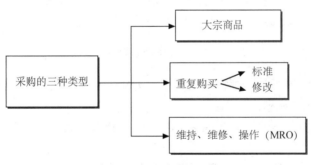

图5.4 购买行为的种类

5.3 战略采购方法

如前文指出,战略采购作为一个过程,相比采购广泛和全面许多。虽然已经有了很多的方法来描述战略采购这一过程。图5.5列出了"战略采购流程管理"(MSSP)的关键要素。采购过程先从形成一个战略计划开始,这个模型中提到的一些要素,每一个都对一个综合的战略采购管理过程有着重要的作用。下面提供该过程关键步骤更多的细节。

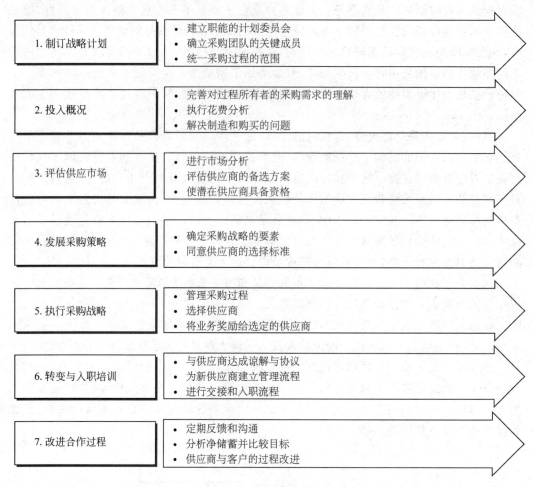

图 5.5　战略采购流程

为了帮助指导战略采购过程，识别出了五个核心原则，这些原则是达到期望价值水平的关键驱动力。这些原则是如下：

- 评估总价值——超于获取成本，强调所有者的总成本，以及供应商之间关系的价值。
- 开发个别采购策略——个人消费类型需要定制采购策略。
- 评估内部需求——要求和规范作为采购过程的一部分必须彻底评估和合理化。
- 关注供应商经济——在识别利用量、价格拆分或价格调整机制等购买技巧之前必须理解供应商经济。
- 驱动持续改进——战略采购计划应该成为采购或外包组织持续改进过程的一部分。

整体战略采购方法包括七个关键步骤。

步骤1：制订战略计划

启动 MSSP 流程的最有效方法是花时间制订流程本身的设计和实施的正式计划。

此处包括建立跨职能规划小组,以指导和监督整体战略采购流程,以及确定战略采购团队的主要成员。此外,应就 MSSP 流程的范围和设计达成共识,其中必须包括初步了解该计划的责任范围内的产品和服务类型。

步骤2:了解支出

一旦 MSSP 流程的方向和工作节奏变得更加完善,规划小组需要对所采购的产品和服务、服务目的以及这些购买行为所产生的财务影响等有基本的了解。这需要包括一个正式的"支出分析",旨在了解供应商、类别购买和内部用户的支出,并说明当前的采购方法和需要改进的部分。

这一步骤中包括需要更好地了解采购需求,特别是整个供应链和更广泛组织的流程所有者的需求和要求。一旦确定了这些需求,就必须用某种可测量的标准来表示要求的性质。标准可能非常简单。例如,复印机纸的标准可能是 8½ * 11 英寸大小以及特定重量的白纸——如果企业购买的是高技术产品,这种标准也可能非常复杂。采购专业人员利用这种标准与潜在供应商沟通用户需求。最后,决定自产还是购买对 MSSP 流程的方向来说很重要。然而如做出"自产"决策,买方企业也将会从外部供应商购买某些种类的材料,这一步骤如今变得非常重要,因为,为了聚焦于其核心业务,更多的企业采取外包。

此步骤的主要结果是更全面地理解 MSSP 流程的一些活动的范围和规模。这样做将会为当前或基本情况提供有意义的概况,并且战略采购一旦开始,就可以作为比较的基础。最终结果应包括对整体采购流程的改进建议和可能的财务效益。

步骤3:评估供应来源

这是战略采购过程的非常关键的步骤,因为该步骤涉及确认识别所有潜在供应商,并建立有用的机制,以便对替代供应来源进行有意义的比较。关于这一步骤的一些观点如下:

- 对供应来源的有用评估始于全面的市场分析。供应来源可以在完全竞争市场(许多供应商)、寡头市场(有少数几个供应商)或垄断市场(只有一个供应商)中运作。有关市场类型的信息有助于采购人员确定市场中的供应商数量、找到能力或依赖平衡点、选择对于有效的协商最有用的购买方法、竞争性招标等。有关市场类型的信息不总是显著的,因此有些调查可能有必要使用标准参考源,如穆迪(Moody's)或来自贸易协会的信息。

- 识别所有可能满足用户需求的供应商很重要——也包括买方企业先前没用过的供应商。再者,尤其在如今全球环境中,识别所有可能供应商具有挑战性,也有可能需要一些调查研究。如果该企业是小企业,它可能依靠更多的普通二手信息源,如当地购买指南、互联网搜索等。

- 当所有有能力的供应商已经被选出时,下一步是要判断选出可以达到用户需求的供应商池,这就涉及预选潜在的供应商。当采购的物品相对普遍且需求相对可预测时,这可能是一个相对简单的过程。相反,当需要的零件或材料可能需要定制生产,或者使用模式不是很能被预测时,就会更需要预选。

在这个步骤,我们也应该认识到复杂采购的简化以及只要有可能就对产品进行合理化改革的需要。另外,也应该关注发展具体的理解和分析定价,识别巩固购买能力和创造杠杆的机会，以及对供应商关系重新定义和其现代化发展，保证这些目标的达成将有助于提供一个全面并且有意义的供应市场评估。

步骤 4：最后确定采购战略

供应商选择开始之前，充分制定一个包含了所有的流程参数和应遵循步骤的采购战略是很重要的。图 5.6 展示了供应商组合的筛选过程，该过程包含战略采购过程（MSSP）的步骤 3-5。这一过程的关键与初始供应商的调查和筛选、信息的响应请求（RFI）、征询方案（RFP）、带有后续讨论的网站访问及供应商选择等相关。

图 5.6　供应商组合的筛选过程

- RFI 的目的在于确定供应商是否有能力和兴趣在采购过程中进一步被客户考虑，并且他们可以满足客户的业务需求。RFI 中要求的信息包括公司背景、财务稳定性、市场覆盖率、生产和分销设施、研发以及质量系统等。RFIs 一般关注买方企业感兴趣的或与其相关的非价格信息。
- RFP 根据买方企业想要采购的产品，以及其想要了解的潜在供应商关于他们如何响应请求等方面的细节问题提供特定信息。这种回应包含：所提供的特定产品和服务的真实信息以及价格信息。

战略采购过程需要公司的两种主要投资类型：时间和信息。购买过程中时间花费在所涉及的个人购买上；采购越复杂重要，花费的时间就越多，特别是针对新的购买。信息可以是内部的，也可以是外部的。内部信息收集有关用户的需求和采购对公司的影响，与采购投入相关的外部信息可以从供应链成员、潜在供应商和其他方面收集。采购越复杂、越重要，采购过程越需要有效的信息。为了充分满足用户的需求，及时确定所需的投资水平和信息是企业特有的过程。一旦确定了投资水平，战略采购过程就可以向前推进。

战略采购还应该包括供应商选择标准和对多个供应商的评估过程。选择标准应直接与正式战略采购进程要达到的既定目标直接相关。供应商选择标准的例子如图 5.7 所示，关于每个标准的一些附加意见如下：

质量。通常来说，质量是供应商选择中最重要的因素。在当今的商业环境中，质量的标准非常高，供应商对质量负有重大责任。随着时间的推移，已经开发了几种技术和方法，已解决过程可靠性、所取得的结果、持续改进等相关问题。购买组织需要密切关注以确保参与这些项目实际产生的结果是真实且有测量价值的，并且要保证利益和改进可以被记录在案。一些公认的方法如下：

- **全面质量管理**——为了回应日本竞争，在 W. 爱德华兹·戴明博士的指导下，全面质量管理发明于 20 世纪 80 年代，TQM 代表了一种战略，在这种战略中，整个组织都把重点放在对过程可变性和持续改进的审查上。这种方法在很大程度上依赖于统计过程控制系统的使用和员工的参与从而达到预期的结果。

- **六西格玛**——它在通过技术来解决问题和采用统计方法来改善过程方面与全面质量管理相同。但是全面质量管理强调全组织中的员工参与,而六西格玛法涉及解决重要问题的和教授其他企业员工的专家(被称为绿带和黑带)培训。
- **ISO 9000**——为统一质量标准,该项目被国际组织创立于 1987 年。该项目的目标是确保企业有适当的标准流程,它遵循:"记录你做的,做你记录的。"ISO 9000 涉及一个第三方注册项目(与美国保险商实验室一样——一个非常知名的独立的产品安全认证机构)认证企业遵循记录的流程。

质量	风险	品质
• 技术规格	• 交货期风险和不确定性	• 供应商态度和文化兼容性
• 化学和物理特征	• 潜在的供应商不确定性	• 供应商位置
• 设计	• 成本风险	• 包装
• 产品寿命	**能力**	• 返修能力
• 维修的便利性	• 生产能力	• 培训帮助
• 维持	• 技术能力	**可持续性**
• 依赖性	• 管理	• 对可持续性的承诺
可靠性	• 运营成本	• 将可持续性看作一个对效率和效益的增长具有潜力的驱动
• 及时交付	• 劳工关系	
• 过去绩效	**财务**	
• 确保和替换政策	• 产品价格	
	• 财务稳定性	

图 5.7 供应商选择标准概况

可靠性。时间效率和准时交货是关于可靠性最重要的因素。为了防止因为前置时间比预期长而导致生产线停产,避免因缺乏材料而无法获得成品,买方需要供应商持续、按时地交付以最终在市场上顺利完成客户的订单。当考虑对某些类型的供应品和原材料进行离岸替代时,涉及的距离越长,就越应注意可靠性因素。

风险。风险的类型有很多种,包括前面提到的服务可靠性。其他类型的可能包括供应不确定性、交货期不确定性和成本不确定性。包括的因素有所需零件和材料的可用性的变化、所需运输资源可用性的不确定性、自然灾害等。为了尽量减少风险暴露,供货商在选择过程中应该十分严肃地对待,以确定潜在风险的类型、可能性和潜在后果。

能力。包括潜在供应商的生产设备能力、技术能力、管理和组织能力以及操作控制能力。这些因素说明了供应商按时提供所需质量和数量的物料的能力。这种评价不仅包括供应商实际上能够向用户提供需要的产品的能力,而且包括供应商能够在较长的一段时间持续提供这种产品的能力。购买企业可能会通过供应商的劳资关系记录来考察该企业提供长期供应的能力。此外,供应商在信息技术方面的能力是非常重要的,因为他们需要管理自己的业务与客户之间的关系。

财务。除价格之外,采购企业还应考虑供应商的财务状况。财务不稳定的供应商可能会在长期、持续的供货过程中发生中断。为最终产品提供关键原材料的供应商可能会因宣布破产而中断采购方的生产。

品质。包括类型比较广泛,其中一些可能与文化兼容性、供应商态度、主要供应商设施的位置、包装功能、修理和退货服务以及其他如培训辅助设备的可用性有关。

可持续性。这个因素是最后但同等重要的。许多领先的供应链都必须要承诺可持续发展。鉴于企业和社会总体上都把与可持续发展相关的举措放在优先位置,供应链处于有利地位能够为这一领域的进展作出巨大贡献。

以上讨论的所有标准都很重要,或者在某一特定采购情况下会很重要。然而,对于采购人员来说产生争议最多的是价格或者说是成本,因此有必要进一步讨论这个标准。附录5A包含了与采购价格相关的补充观点与扩展讨论。

步骤5:执行采购战略

采购过程的管理始于对供应商的评估,从本质上讲,这一步开始于仍然遵循RFI和RFP过程的供应商评估,以及最终合约的生成。因为供应商的数量减少到那些能够满足用户的要求,现在可以确定哪些供应商(一个或多个)能最好地满足可协商的用户需求或期望。如果采购的物品(一个或几个)是相当简单的或标准的,以及对此有足够数量的潜在供应商的情况下,这个活动可以通过使用竞争性招标采购来完成。

显然,该步骤的最重要的部分是选择供应商(一个或多个供应商,取决于采购决策的目标)。供应商的选择不仅将决定买方企业和供应企业之间应存在的关系,也将决定这种关系机制如何构建和实施。

在竞争性投标或谈判过程中,每一个潜在供应商都应采用与图5.7所示类似的选择标准进行评估。这个过程提供了一种恰当且足够灵活的方法来衡量每一个因素的重要性,以补充过程中可能确定的任何其他相关因素。这个步骤的最后一个要素是将业务授予那些最符合全部标准的供应商。

步骤6:转变和过渡

该步骤的重要因素是合同协议的完成、计划转变过程以及收取或交付产品或服务。当供应商首次尝试满足用户需求时,这个活动将会发生。该过程的完成也开始产生用于战略采购下一个步骤的性能数据。

该过程的另一些有用的因素包括为新供应商创建和沟通管理流程;进行交接和入职流程。由于战略采购过程的严格性,有时这种入职和过渡的责任并没有得到应有的重视。然而经验表明,这一步是整个战略采购过程中最重要的一步。

步骤7:协同改进绩效

战略采购过程的非常重要的步骤是建立供应商和客户之间定期反馈和沟通的程序。一旦产品交付或服务完成,供应商绩效应该被评估,以决定他是否真正满足了客户需求。并且,这有助于确定供应商或客户为了整体关系的利益而需要改进的任何方面或方式。然后,有必要分析净节省,并与供应商的目标相结合,这将提供非常相关的财务信息,这些财务信息可用于评估战略采购过程对客户组织的整体好处。

有关战略采购流程的最后一个评论是在本章认定的所有的活动可能受到采购人员无法控制的一些影响。这些影响将决定每个活动完成效率。这包括组织中和组织之间的因素以及外部因素,如政府影响等。例如,市场需求或制造过程的变化可能要求重复在首次迭代完成之前识别的所有或有些活动。潜在供应商的财务失败也将产生问题和对重复活动的需要。

物流在线

Haworth 公司实现了 120 万美元的跨境储蓄

Haworth 是一家生产高架地板、活动墙、可调整照明、家具系统、座椅、储物柜和木箱产品的公司。根据北美自由贸易协会(NAFTIA)统计,这家价值 1.2 亿美元的荷兰密歇根公司在全球拥有 600 多家经销商,每年设计、制造和运输约 2 亿美元的商品——约占公司总体出口的 85%。

为了利用北美自由贸易协会的优势,Haworth 需要自动化从美国和加拿大出口优惠货物的过程。该流程需要从全球 1 000 多家供应商处购买超过 43 000 个采购零件的北美自由贸易协会认证数据。以前,这个流程外包给了第三方服务提供商,其中由北美自由贸易协会单独分析管理,结果手动上传到导出文档系统。纸质的北美自由贸易协会证书是为交易货物的零件创建的,并通过快递每天发送给 Haworth 的经纪人和客户。

虽然这个流程某种程度上起了作用,但事实证明它非常烦琐,而第三方只能获得 Haworth 16 000 多种出口产品的一半资格。当务之急很明显——Haworth 需要在整个公司的整个产品线上控制北美自由贸易协会的合规系统。

为解决这一问题,Haworth 实施了一个网页门户,用于自动征求和管理供应商的资格数据。该解决方案已集成到四个不同的内部遗留系统中,包括订单管理、仓库管理和两个制造 ERP 系统。因此,Haworth 能够集成这些系统并自动将数据提取到一个全球贸易数据库中。这是对 Haworth 的全面合规和对北美自由贸易协会认证流程的强化和自动化。

在新系统中,出口交易每天都会进行。系统根据新的客户订单数据插入部件,北美自由贸易协会地区的订单会进行相应的分析。票据被自动捕获,从而创建启动供应商选择过程的新纪录。此外,电子邮件会自动创建并发送给供应商,然后供应商可以通过应用程序的网页门户以电子方式进行响应。

结果令人印象深刻,Haworth 通过优先治疗节省了 120 万美元的关税和税款。此外,由于取消了外包成本和纸质、传真、快递等费用,公司每年可节省约 225 000 美元。

来源:改编自 John D. Schultz,"消除跨境复杂性",物流管理,2015 年 6 月,第 36—39 页。经许可使用。

5.4 供应商评估和供应商关系

许多成功的企业都已经认识到采购在供应链管理中扮演的重要角色,与供应商之间的关系是成功的采购战略中的重要部分。"好的供应商不长在树上"是一句经常被采购人员引用的格言。尽管战略采购有其复杂性,但只要有系统的过程可遵循,就可以有效地管理它。提升这方面效率和效力的一个重要因素就是建立成功的供应商关系。事实上,许多供应链管理人员都认为,当今的全球市场需要发展强大的供应商关系以创造和维持竞争优势。NCR 和摩托罗拉等公司甚至将供应商视为公司的合作伙伴或者利益相关者。

当供应商成为伙伴时,公司往往更依赖他们为产品设计、工程协助、质量控制等过程提供输入。

对供应商的评估应该定期并在正式的基础上进行。基本上,三个最重要的问题包括:(1)供应商是否成功地满足了客户需求?(2)这一关系的哪些要素,无论是战略上的还是战术上的,都可以从修改和改进中获益?(3)客户和供应商的投资是否产生了可衡量的利益,证明双方关系的时间和努力是合理的?如果过程不有效,其原因可以追溯到投资不足、没有执行适当的活动或在执行一项或多项活动时犯了错误。在任何情况下,当战略采购过程的有效性低于预期,必须确定原因并采取纠正措施,以确保未来的采购策略被证明是有效的。如果采购在适当的投资水平能赶上满足了用户的需求,采购过程可能被认为是有效的,可以作为未来采购的参考。

供应商关系的另外一个方面是采购有利于形成企业的竞争优势,无论这个优势是低成本、差别化,还是集中战略(波特的一般战略理论)。因此,采购管理方案一定要与企业试图在市场上达到的总体竞争优势相一致。例如,L Bands 公司认为其供应链能力是整个组织在市场上的关键区别。L Bands 在这方面被视为全球领导者,它们与所有类型的供应商的合作关系都致力于实现组织的总体目标。

5.5 总到岸成本

如图 5.8 显示,当更广泛地分析与总到岸成本(TLC)相关的因素,采购或获取成本只是冰山一角。该概念代表与生产和交付产品到最终需求点相关的所有成本总和。实际上,在这个观点中少数几个因素有助于供应商选择过程。这些因素中值的强调的成本有寿命周期成本、存货成本、战略采购成本、交易成本、质量成本、技术成本,以及管理成本。

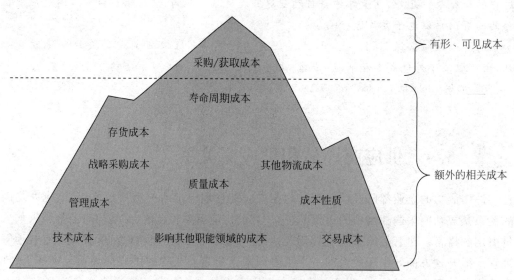

图 5.8　理解总到岸成本

图 5.9 显示除了所需产品的采购价格之外,考虑成本类型的重要性。有趣的是,产品价格在越南最低,而在欧洲最高,但是包括运输、海关、VAT 的采购成本欧洲最低,而越南最高。尽管这是一个相对直接的例子,它强调当试图做出一个经济有效的采购决策时,不局限于产品本身价格的重要性。

目标国——瑞士	原产国		
价格构成——欧洲的所有价格	中国	越南	欧洲
来自 3 个不同供应商的特定数量的一种产品的净购买价格	10 000	8 000	12 000
到瑞士的总运输成本——从中国/越南的海洋运费——欧洲之中的道路货运费	4 000	6 000	1 200
依交易协议的海关费	1 000	1 500	n.a.
VAT(瑞士 7.6%)根据商品价值	1 140	1 178	1 003
总到岸费	16 140	16 678	14 203

图 5.9 不同的采购选择进行成本比较

实际上,采购决策必须依赖于对个人采购决策相关的总体成本的了解。附录 5A,标题为"采购价格的特殊情况"包括与这些决策相关的各种细节,为这一重要主题提供了进一步的见解和观点。此外,本书在各个方面讨论了采购和与采购决策相关的各种其他考虑因素,尤其是第 2 章"供应链的全球维度"。

5.6 电子采购

显然,计算机和环球网已经在工商界创造了许多引人瞩目的变化。例如,研究产品和服务、查找零售渠道、点击鼠标购买产品和服务,所有的活动都可以方便地在家里实现。根据福里斯特研究所(Forrester Research)针对近五年电子商务的预测,2015 年美国的在线零售额将达到 3 340 亿美元;2019 年将达到 4 800 亿美元。在作出预测时,69%的美国在线人口经常在网上购买产品,其中服装、消费电子产品和计算机在美国创造了约三分之一的在线购物金额。

采购是较早使用电子商务的经营过程。最初,企业使用电子数据交换技术与其主要客户连接,处理采购订单、发送运货通知和划拨资金。但是,数据交换技术费用高,并且需要特殊的技术才能实现。而互联网在社会中的普及,解决了与 EDI 有关的投资和技术问题,从而打开了更多使用电子商务进行采购的大门。

出于讨论目的,电子采购是指使用电子功能实施与采购相关活动和流程。图 5.10 显示与电子采购相关的一些常见功能。

- **行业分析和供应商识别**：提供有关供应商所在行业的有价值的信息，促进为特定商品、地点、产品类型发展候选供应商。
- **分析工具**：供应商选择、投标、预算以及绩效管理分析。
- **RFI/RFQ/RFP 流程管理**：为准备、提交以及评估这些重复过程的电子支持。
- **需求和采购订单流程**：为采购订单和从中心资源（如在线产品目录）中选择物品提供所需自动化。
- **在线协商**：支持实时采购，比如，通过网上招标或反向拍卖。
- **合作工具**：支持在同一个组织内与其他职能部门和其他组织的合作采购，以及与供应商的互动和电子联系。
- **物流采购**：电子采购物流服务承担如运输、转发等责任。利用不断增加的工具和技术，比如，网上投标促进和改善物流采购流程效率。
- **项目管理能力**：标准化和改善与成本、质量和时间相关的问题。
- **知识管理**：提供与采购活动相关的过去、现在和将来信息的中心化、计算机化可用性。为参与电子采购的各方作为知识资源。
- **合同管理**：满足与合法合约或与供应商的协议相关的需求。

图 5.10　电子采购

应该采用哪一种解决方案

根据 Norek 和 Favre，任何一个与外部供应商有相当数量（大于 $5 000 万）的交易的实体应该对战略采购方案加以考虑。对该支出也应该进行分类（比如，钢板、承包商服务）以及根据支出排序，只有那些高支出的项目才作为战略采购方案的备选项（有大量开支的企业的重要项目数量也会增加）。对于小企业，一个托管方案（软件公司在他们的防火墙背后运作的软件）既不昂贵，又更容易管理。对于使用量较高的大企业，应该直接购买软件。

事务性的采购系统通常用于采购的技术层面，如需求和采购订单的创建，以及审批和支付流程，以节约时间和精力。每年进行 1 万美元以上采购交易的企业应该考虑事务性采购方案。没有考虑直接购买解决方案的、有少量交易的企业在 B2B 交易中，可以利用供应商网站，比如，办公用品或工作手套可以直接从供应商网站用购物卡订购。

数据管理和分析对于具有大量的零部件号和供应商信息的大中企业很有价值。它们尤其是对数据不能集中管理的有多地点和/或部门的企业很有用。通过数据标准化，企业能够发现不同部门和地点的共同供应商和项目，通过加总这些支出量能够获得折扣。

1. **优点**

图 5.11 列出了电子商务采购的优点。很显然的一个优点是降低了采购运营成本。书面工作的减少以及与文件处理、整理、保管相关的成本的降低，都是电子商务成本节约的主要方面。许多企业设立了无纸化经营的目标，但是目前很少有企业能达到这一目标。

• 优点	• 缺点
降低运营费用	网络安全
提高采购效率	买方和卖方之间缺乏面对面的接触
降低采购价格	相关技术问题

图 5.11　电子商务采购的优点和缺点

电子资金转账的运用使电子商务带来另一方面文书工作的减少。用电子方式支付供应商发票,减少了支票的制作、邮寄、整理和保存的成本。开设一张支票的费用大约从10美元到85美元不等,其中大部分属于应付账款的人事成本。经验表明,电子资金转账的成本远低于编写支票的成本,而且对于客户和供应商来说,总体体验都得到了极大的提高。

减少采购时间意味着提高了劳动生产率,因为采购人员在每份订单上花费的时间减少了,这就意味着他们在一定的时间内能够处理更多的订单。同样道理,使用电子商务系统的卖方能够提高客服代表的劳动生产率。购买者的许多问题可以被在线回答,因而节省了买卖双方的时间。

电子商务信息实时性的特点使销售者可以获得最新的需求信息,并据此调整其生产或者采购行为以满足当前的需求水平。这一实时信息同样可以使买方建立起一个控制体系,以根据需求调整购买的数量,并且监控所支付费用的情况。也就是说,卖方就能够监督订购、接收和持有的产品的数量并与需求的数量相比较,而且这些都是以即时方式进行的。同样地,电子商务信息实时性的特点也可以根据预算数量监督财务活动。

电子采购通过使用较少的资源完成既定水平的购买而提高了效率。点击一下鼠标,采购经理就可以在全世界范围内搜寻某一产品或服务的供应商。再点击一下鼠标,采购经理就可以通过电子搜索引擎查证相关的信息。所有的这些搜寻工作在办公室就可以完成,不需要打电话、调用人员或使用企业外部的资源。

电子商务提高效率的一个重要因素是增进了信息的交流。买方可以从供应商的企业那里获得诸如生产线、价格和产品等方面的信息。卖方也可以从买方那里得到有关设计图、技术规格和采购要求等方面的建议。同样,卖方可以通过沟通订单情况、对订单履行中因缺货或运输引起的任何延迟向买方提供事先通知来改善客户服务。正如前面所说的,电子商务使卖方能够获得实时性的信息以更准确地预测需求。

通过电子商务增进信息沟通有助于减少订货周期时间,其所有时间构成要素都减少了。发出订单的时间减少到几秒钟。买方在发出订单之前就知道卖方是否有自己所需要的产品。卖方随时监控市场的需求,并能更好地根据当前的需求调节生产,消除缺货状况。

通过减轻采购人员在处理订单方面的文书工作,如打印订单、向供应商邮寄订单、通过电话查询订单状况等,提高了采购人员的效率。采购经理现在可以腾出时间关注一些长期的战略性的采购问题,如商品的长期可得性、提高供应链效率、产品创新,等等。

由于买方可以从更多潜在供应商那里得到价格信息,从而可以降低实际的采购价格。众多的供应商为一桩生意竞相投标,买方就有可能得到现成的更低的采购价格。另外,采购经理能够在线考察不同供应商的产品或者服务的质量,很容易进行产品或者服务的比较。对采购条件的更多比较调查和潜在供应商数量的增加,导致价格更低。

2. 缺点

关于电子商务,尽管有一些已知的不足之处,但其中许多正在被中和或消除。对于利用互联网进行采购活动,最经常表达的关切是"网络安全",这指的是使用电子技术侵入各种类型的数据库和信息储存库的威胁越来越大。以网络攻击的形式导致个人信息的泄露(例如,信用卡号码、社交信息、银行交易,等等),或对制造业以及其他供应链活动的干扰,网络攻击成为了一个真正的威胁,并受到世界各地企业的极大关注。

其次是买卖双方之间缺乏面对面的沟通。通过电子商务系统进行的买卖行为减少了建立起紧密的供应商关系的可能性。这一点可以通过一致的努力发展和加强与供应商之间的个人沟通加以弥补。

再就是技术问题。更具体地说,就是在标准协议、系统的可靠性以及技术方面存在着不足。最后,就是在某种程度上人们不愿意把时间和资金用于学习新的技术上。一般来说,随着新兴或改进技术的发展,以及工商业界对电子商务应用的需求,这些问题在日益减少。

物流在线

运输采购——投标优化的创新方式

托运者在选择为他们提供货运专线服务的特定承运商时,目前的商业环境使得节约成本这一点变得非常重要。因此,改进的运输采购的专线布置的方法不断发展并成功实施。这些方法都以假设运输供应商有机会同时投标于多个专线、以及/或能预先确定装箱或专线组合,而成果将会得到重大改善。最早的投标战略只要求供应商承包单个专线的价格,然后托运者的任务是为每个单个专线选择最低价。相对于根据新技术做出的决策,这种传统的方法产生的成本一般都相当高。

这些改善的投标技术能给托运和承运双方带来双赢结果。托运者能够看到他们的托运运营的效率和效果的改善,以及通过大量业务集中于少数几个承运商来实现成本的节约。承运商通过承运能力的改善、车辆和驾驶员的战略性选择、持续改进,以及整体改善承运经营目标和托运者运输需要的匹配等方面得到提高。

许多商业供应商能够提供优化运输投标方面的行业领先技术,比如,CombineNet(www.combinenet.com)、Infor(www.infor.com)、JDA Software(www.jda.com)、Manhattan Associates(www.manh.com)、Oracle(www.oracle.com)和Sterling Commerce an IBM Company(www.sterlingcommerce.com)。

5.7 电子商务的类型

采购中应用的电子商务模式有四种基本类型:卖方系统、电子市场、买方系统和在线交易社区。通过下面的说明和实例说明它们的作用:

- 卖方系统:网站对个人或企业出售产品。例如Office Depot和OfficeMax(http://www.officedepot.com)、Staples(http://www.staples.com)、Xpedx(www.Xpedx.com)、Best Buy(www.bestbuy.com)、Wal-Mart(www.walmart.com)和CNET(www.cnet.com)。越来越多的卖方系统网站对买方提供登录功能,使得买方能够储存购买偏好、购买历史等信息,以作为将来的购买参考。

- 电子市场:一种买方经营的服务,且由市场供应商提供的若干电子目录组成。电子市场为买方提供了一站式采购服务,买方可以在一个网站对不同供应商提供的产品或者服务作出判断。这类网站包括,Expedia.com(www.expedia.com)、Plastics Network(http://www.plasticsnet.com)、ThomasNet(www.thomasnet.com)、Frooge(www.froogle.com)、Amazon(www.amazon.com)、eBay(www.ebay.com)和Hotwire(www.hotwire.com)。

- 买方系统:由买方控制的电子采购或电子商务,买方管理。买方预先确认可以进入系统的供应商,这些供应商所提供的产品和服务的价格事先已经经过协商。这一系统允许买方追踪与控制其采购支付行为,并可以撤销未经许可的采购。然而,由于要对大量的供应商目录清单进行维护和管理,买方系统的成本很高。买方系统通常为大型公司所用。Elemica是买方系统的一个有趣的例子,它是一个在贸易伙伴之间提供整合信息传递、应用和分析的供应链网络。
- 在线交易社区:在线交易社区由第三方的技术供应商支持,大量的买者和卖者在这个社区进行交易。在线交易社区和电子市场的不同之处在于电子市场主要提供供给信息,而在线交易社区允许买卖双方进行商业交易。

在线贸易公司可以视为电子拍卖。买方提出想要得到的产品类型、质量等,卖方给予答复。在价格下降型的拍卖中,买方给出一个接受潜在卖主竞价的最长期限。在给定期限的末尾,买方选择提供最低价格的卖主,必要的话将进行谈判,最终完成交易。在线贸易公司的例子包括:Travelocity(http://www.travelocity.com)、Priceline(www.priceline.com)、eBay(http://www.ebay.com)和National Transportation Exchange(http://www.nteinc.com)。

其他在线交易社区的例子有E2open(www.e2open.com),该公司专注于高科技和电子产品,以及AGENTics(www.agentics.com),一家全球零售公司。

Gartner将战略性采购应用程序套件定义为支持"上游"采购活动的一套相关的综合解决方案。主要由大公司使用,这些套件有四个主要组件:支出分析、电子采购、合同管理,以及供应基础(SBM)应用程序。此外,Gartner还使用魔力象限来评估这类技术供应商的优势和警告,该软件侧重于执行能力和所考虑的公司的愿景的完整性。

电子采购已经存在并将继续发展。它不会取代所有的采购活动,但会涉及一个公司的总体采购活动的80%,甚至更多。电子采购关注于订单的处理及为做出最佳决策而维持信息实时性方面的问题。采购人员关注于选择供应商、谈判价格、控制采购产品的质量和发展供应商关系。

 小结

- 采购和战略采购领域的专业化对于供应链管理的成功很重要。
- 不同的采购战略与所需产品和服务的潜在风险和价值或利益相关。并不是采购的所有商品都是同等重要的。使用风险和价值两个标准,根据采购的重要性,用四象限法可以把商品分为四类:一般商品、大宗商品、特殊商品和关键商品。一般商品具有低风险、低价值的特点;大宗商品具有低风险、高价值的特点;特殊商品具有高风险、低价值的特点;关键商品具有高风险、高价值的特点。
- 战略采购过程由七个步骤构成,包括:制订战略计划、了解投入概况、评估供应市场、确定采购战略、执行采购战略、转变和整合，以及改善合作流程绩效。
- 有效管理采购过程的关键因素包括：决定采购类型、决定必要的投资水平、完成采购流程，以及评估流程效率。
- 供应商选择和评估过程应该考虑的关键因素包括认证和注册证书，如 TQM、六西格玛和 ISO 9000。
- 理解总到岸成本的概念是整个采购过程中一个非常有价值的因素。
- 电子采购实践和技术有助于提高传统的购买流程的效率和效果。此外，一些电子商务模式已发展起来并得到广泛普及：卖方系统、电子市场、买方系统和在线交易社区系统。总体上，电子采购的优点包括低运营成本、改善效率和降低价格。

复习思考题

1. 描述并讨论购买、采购与战略采购之间的不同以及它们之间的关系。这些概念又是如何发展的？
2. 使用风险/价值评价方法，把汽车生产商所需要的下列商品按其重要性进行分类：发动机、轮胎、汽油、员工实时通信所需要的纸张、为公司专门设计的消声器、为分销商提供的铁轨车服务。并说明用来确定每一类别的基本原理。
3. 战略采购过程可以描述为购买商品和服务过程中的一系列活动。简要论述各种活动的过程。
4. 采购过程的效率最大化是组织的一个主要目标。为了确保采购过程效率最大化目标的实现应当采取什么措施？
5. 采购过程的关键环节是选择供应商。选择过程中通常采用的评价标准是什么？哪一项应当最优先考虑，为什么？
6. 采购总到岸成本由哪些部分组成？要求企业将所有这些部分考虑进去现实吗？
7. 讨论采购过程中使用电子采购的优点与缺点。
8. 介绍目前采购中使用的电子商务交易的不同类型，并指出各种类型的优缺点。

案例 5.1　鳄鱼公司

鳄鱼公司是一家 2012 年成立的鞋类设计、制造和经销公司。尽管该公司在全球开展业务，但其总部位于西班牙加利西亚的阿尔泰修，恰巧也是世界上最大的服装零售商 INIDEX 集团的连锁旗舰店 ZARA 所在的中心位置。Gators 是鳄鱼公司最畅销的品牌，它在市场上以时髦、多彩、轻便的品质领先，近年来得到了出乎意料的高市场需求。Gators 是由一种高弹性、空间时代的塑料材料制成的，它的成功也与每一对产品都有一体适用的矫形器来满足个人消费者的需求有关。鳄鱼公司申请了与制造矫形器有关的专利。这一产品创新的总体价值与可口可乐公司获得可口可乐超级秘密配方的方式相当。

鳄鱼公司供应链的起点是全球各地区的再投资消费者。人们可以在各种百货公司、机场亭、互联网和主要位于发达国家的部分的鳄鱼商店里买到 Gators。除了西班牙专有的制造设备外,Gators 还由中国深圳地区和巴西利亚的合同制造商生产。一般说来,单位制造成本在深圳和巴西利亚低一些,而西班牙则稍高一些。对应而言,西班牙制造的 Gators 的质量比其他地方要好得多。各自的制造设施为最接近的市场提供服务。

Gators 供应链的供应方面稍微复杂一些,因为它大部分成品投入都来自地区市场的供应商,但定制的矫形器是在美国宾夕法尼亚州的大学公园(UniversityPark,PA)生产的。这是因为矫形技术的开发者是宾夕法尼亚州立大学供应链、信息系统和鞋类技术系的教授。总的来说,鳄鱼公司与其供应商的关系可以从更好的协调和更及时、更全面的信息交流中获益。在这个案例研究发表的时候,鳄鱼公司正在设计一种信息技术来捕捉销售点的信息,以便进一步用于精简和调整供应链运作。此外,Gators 的销售呈现季节性变化,但在某种程度上,南半球的季节性销售补充了北半球的销售。

为了帮助解决鳄鱼面临的一些供应链问题,布莱森·王尔德最近被聘为新的供应链高级副总裁,莫莉·沃尔特斯被选为鳄鱼公司的第一任首席信息官。在顾问安娜·沃尔特斯的帮助下,这个小组集体花了一些时间参观公司的全球设施,并了解鳄鱼公司在 Gators 产品方面所面临的情况和问题。以下是该小组需要解决的一些问题。

☑ **案例问题:**

1. 根据你所知道的全球经营环境和鳄鱼公司的市场和供应源定位,你认为哪些重要的全球问题与战略采购领域有关?
2. 鳄鱼公司有关产品需求、长度、用于把产品从生产地运到目标国的运输服务成本波动等方面的不完美的预测将产生什么样的影响?为了缓解这些问题,应该做些什么?
3. 你认为战略采购流程的哪个因素是改进鳄鱼公司的首选因素?为什么?
4. 对你的有些合约制造商涉及生产非法产品与鳄鱼的品牌产品竞争的断言你会如何回应?

案例 5.2 环球公司

环球公司总部设在新加坡,是世界上最大的采购和物流公司之一。尽管该公司没有纺织厂、制造工具或物流相关的资产,但它的主要竞争优势是其分布在大约 40 个国家的 10,000 多家供应商网络,这使得该公司有可能在以更快、更低的成本生产服装方面具有核心竞争力。

在服装的采购、制造和分销方面,环球公司被认为是世界范围内的主要参与者之一。该公司目前有三种主要的产品市场,其竞争对手是:(1)专有品牌,仅通过一家独家零售商销售;(2)私人标签商品,包括属于个别零售商的内部品牌;(3)经营具有特许娱乐形象的产品的特许品牌。尽管近年来全球市场经历了巨大的经济波动,但环球公司一直保持着其作为最具影响力的全球供应链参与者之一的声誉。

环球公司首席执行官 Tony Tang 表示,企业在供应链上正在寻求在成本效益更高的领域扩大制造和采购业务,并有意义地考虑新市场领域的新商机。因此,世界各地的公司都指望能有环球公司这样的组织来管理许多关键的供应链流程,包括采购、制造和分销,也就不足为奇了。几个依赖环球公司服务的全球顶级服装店品牌包括 Unlimited Brands、

Zaragoza、Femme Fatale、H&B 和 Bobby Hilfinger。

尽管公司总部设在新加坡,但环球服务的主要市场在北美、西欧和中东。大多数采购和制造都以中国和印度为中心,但目前,对越南、泰国、菲律宾、印度尼西亚、土耳其和南非等其他国家来说,多样化是一个优先考虑的问题。

作为全球一体化供应链管理的领导者,它的公司理念是"帮助我们的客户了解他们的核心竞争力,并将其余的业务外包给全球一体化"。

☑ 案例问题

1. 假设你是一家领先的时装企业供应链高级副总裁,你觉得与环球公司建立业务关系对你的产品的采购、制造和分销有什么优点和缺点?

2. 在本章中讨论的战略采购方法的步骤中,与环球公司关系的考虑应在什么地方呢?

3. 既然与环球公司建立关系的逻辑目标应该是随着时间的推移为双方创造利益,你认为影响这种关系成败的一些关键的"外部"因素是什么?

附录 5A 采购价格的具体案例

我们从采购时确定采购价格的四个一般性来源开始。这虽说有些基础,但理解它们是很重要的。当我们从供应链的角度在采购过程中加入了采购总成本或价值分析时,有关价格的讨论就会变得更加复杂。在介绍完价格来源之后,我们将讨论采购总成本和价值。

5A.1 价格来源

采购管理者使用四个基本的程序来确定潜在供应商的价格:(1)商品市场;(2)价格表;(3)报价;(4)协商。商品市场因一些基本原材料而存在,如谷物、油、糖和自然资源(包括煤和木材)。在这些市场上,供给和需求的较量决定了所有可能的供应商将提供的价格。供给的减少或是需求的增加都会使这些原材料的价格升高;相反,供给的增加和需求的减少都会使原材料价格下降。

价格表是公开的价格,通常用于标准化的产品如汽油和办公用品。电子版或打印件的供应商产品目录,列出了他们能够提供的产品以及相应的价格。依据情形,买方会在所列价格的基础上享受一个数量折扣。例如,供应商会给小批量购买者10%的折扣(每月购买量少于1 000美元),给予大批量购买者35%的折扣(每月购买量多于10 000美元)。

采购者对标准商品和特殊商品会使用报价的方法。这个方法在引起供应商之间的竞争方面很有作用。这一过程从购买者向潜在的供应商发出报价邀请(Requests for quotes,RFQ)开始。一份报价邀请包括有关买方要求的所有必要信息和潜在供应商提出要约的方式。供应商会分析生产该产品可能发生的成本,考虑买方将要订购的数量、期限以及其他一些影响供应商收益的因素。最后,买方会将供应商的报价及说明书与其他供应商的进行比较。

当其他方法失败或不适用的时候,就可以采用第四种方法——协商。如果买方对战略联盟和建立长期伙伴关系比较感兴趣,协商会十分有效。这种方法可能会比较浪费时间,但是在价格和质量方面会得到很大的潜在利益。物流经理在购买产品或寻求运输服务时,越来越多地使用协商这种方法。

采购活动的目标是以"最优"的价格购买产品和服务,这个最优的价格对供应商来说或许并不一定是单位最低价格。从全球供应链的角度来看,尤其如此。在上述四种情况中,基本价格都需要在采购总成本下进行评价。

图5A.1概括描述了采购方法向供应链概念的扩展。在初级阶段,企业仅仅是在最低价格或最低成本的基础上来评价采购和物流职能的作用,没有着重考虑企业的总成本。在这种情况下,要降低总成本是很困难的,除非一个管理人员或者一个集团直接负责两个或者更多的相互衔接的部门,才有可能带来总成本的节约。当企业不再总是立足于最低的基本价格或单位价格,而是从供应链的角度去创造最高价值的时候,采购职能必然变得更加具有战略性。

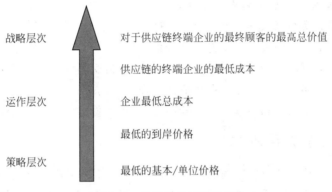

图5A.1 价格衡量方法的层次

为了使用户满意,所有影响成本并创造价值的成本和因素都可以归结到采购总成本上。正如图5A.1所示,成本和其他因素的衡量层级从原材料开始,经过生产、分销,到最终销售、选购,再到最终用户使用,这整个过程都是为了确定采购总成本和最高价值。

如图5A.2,对买方来讲,采购总价格并不仅仅是基本购买价格。以下的讨论将从基本成本开始,描述需要考虑的附加的直接成本和间接成本。

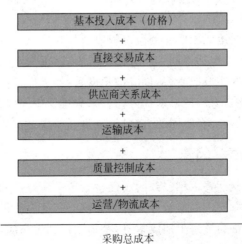

图5A.2 采购总价格

5A.2 传统的基本投入成本

这是企业支付的产品和物资的原始价格。它是企业通过投标、协商或询价方式得到的传统价格。这个价格很容易度量,而且长时间以来,它一直是衡量买方绩效的标志;但在供应链背景下,它仅仅是企业考虑和评价采购过程的一个因素。

5A.3 直接交易成本

这组成本是由采购商品而进行的检验、传达需求以及处理物资流等活动所形成的。具体包括检验存货需求、发出订货请求、准备并向供应商传送订单、接收回执、处理货运单据和接收关于存货投入的信息。内部电子邮件系统的出现使订货请求和定单传送过程实现了自动化,从而使活动更有效率。企业内部的用户使用电子方式将其需求传递给采购部门。电子数据交换和互联网将这一过程扩展到向外输出给供应商。

使用总体或是系统的契约式安排也会降低交易成本。这些方式包括用户向供应商直接定购、一对一固定单据以及用户的验收和检查。直接交易成本是不易察觉的日常费用,但是它们描绘出了那些不能为生产性增值活动提供帮助所花费的时间和努力。能够减少这些活动所需要的供应商和运输商,为采购企业提供了价值。

5A.4 供应关系成本

这是用于建立和保持与供应商之间关系的成本。它包括旅费、供应商培训、在购买和供应商订单录入操作之间建立计划和运作联系以及其他一些联系的费用,包括两个企业在交通、工程技术、产品研究和开发上的联系等。在传统的采购活动中,还包括评价和确认供应商品质以及供应商推荐方案。

5A.5 到岸成本

进货运输流包括两个关键成本元素:实际的运输成本和FOB销售条款。在进货活动中有四种不同的运输方式:供应商选择并雇佣承运商、供应商自有承运商、买方选择并雇佣承运商、买方自有承运商。

销售条款中定义了在运输中产品的所有权以及付款要求。运输条款中包含了大约十二条可能的条款,这些条款包括不同承运人的付款方式,损失和损毁索赔权。每一个条款都说明了每一个关联方的相应成本,从供应链角度看,能够以最低的总成本完成任务或拥有商品的成员,可以为整个供应链带来优势。在采购过程中一定要考虑销售和运输条款,因为受每一个条款的影响,会有不同的直接成本、责任及现金流的间接隐性成本。

5A.6 质量成本/因素

质量是商品与用户预期要求相一致的属性。它包括一致性的成本、不一致性、评价和最终使用成本。通常买方要求的质量标准总能与供应商所能提供的质量状况相一致。虽然极严格的产品技术规格会导致附加成本,但是却能得到更高质量的产品,从而又会降低总成本。

5A.7 运营/物流成本

这一组有四个关键的部分：
- 接收和准备成本，是发生在货物进货运输和通过生产或其他使之能够使用的过程之间的活动成本。这些成本包括卸货成本、检验成本、清点成本、分类成本、分级成本、移动成本、处置包装材料成本（皮带、条带、弹性压缩包装和托盘等），以及将货物移动到使用地点的成本。用叉车将货物直接送到生产线上的流线型系统就是有效的接收和准备过程的例子。一些先进的承运商为企业提供关于检验核审、装货顺序和最后的清点检查的信息，这样就可以减少或者消除接收程序。
- 批量成本直接影响空间要求、操作流程、单价和相关的现金流，这些都是重要的存货成本。
- 即使提供的产品仅表面上相似，生产成本也会受到供应商的影响。例如，制造高质量毛巾架的挤压塑料就是一个例子。该塑料是挤压管材，要通过吹进空气使它膨胀，然后套在金属或木制横杆上。最初的原材料质量、不同的生产过程和运输过程中的湿度都会导致两个供应商的产品对生产线产生显著的影响。使用一种原材料生产线可以在一小时之内完成 200 单位产品的装配，而另一种原材料可能会破裂或不能完全成型，这不但导致浪费 10％ 的塑料套管，而且会使生产线以较低的速度运行。因此，每一种材料都有不同的生产运行成本。
- 物流成本在供应链的上游和下游都很重要。这些成本因素受到产品规格、重量、体积和形状的影响，另外这些因素对运输、处理、储存和损坏成本等因素作用的结果也会对物流成本产生影响。采购的货物和包装材料也会直接影响随后的加工成本。

当产品沿供应链移动的时候，供应链上的所有企业都会增加产品的成本并可能增加产品的价值。企业通过降低总采购成本或增加产品的功能来增加产品价值。供应链上的每个企业都会有助这些因素，或都会因这些因素而遭受损失。问题的关键在于关注供应链的下游，通过认识产品的采购总成本，意识到采购过程在供应链的每一点都起到很重要的作用也是非常重要的。理想的情况是关注供应链末端的总价值。因此，分析应包括间接的财务成本（付款条件）、策略性的投入成本（供应商能力）和战略性业务因素（促使消费者购买产品的因素）。

第 6 章

Supply Chain Management: A Logistics Perspective

产品和服务的生产

学习目标

通过阅读本章,你应该能够:
- 论述供应链中战略增值活动的作用。
- 解释转化过程的概念及其在产品和服务生产中的应用。
- 了解生产运营过程中的权衡和挑战。
- 理解基本的生产战略和计划类型。
- 讨论产品制造的主要装配工艺和生产方法。
- 描述各种生产流程的布局。
- 解释生产率和质量指标对提高运营绩效的作用。
- 了解信息技术是如何提高产品和服务的生产效率的。

供应链窗口

建立生产足迹:大众之旅

建立新的生产设施并非易事。它需要大量的时间、金钱和土地。还需要政府的合作和激励措施。而且,必须与优质供应商和物流服务提供者建立供应链,以支持设施的库存需求。

位于田纳西州查塔努加的大众汽车工厂的发展凸显了在一个新的国家建立制造业务所需的努力。该公司宣布打算于 2008 年 7 月在 1 400 英亩的土地上建造查塔努加组装厂。该工厂建设耗时近 3 年,投资额达 10 亿美元,超过 2 400 名新员工在大众汽车学院接受了为期 3 周的培训,供应商选择完成,并雇佣了两条主要铁路为成品车辆提供铁路运输服务。

依赖于一种不同于许多汽车组装厂典型的"鱼骨"布局的"水母"式布局,这座 20 亿平方英尺的 Chat-tanooga 工厂的设计效率比现有设施高出 20%。子组件从单独的生产线流向车身车间,其亮点是两个巨大的机械式框架夹具来连接车身侧面,这代表了水母的身体,而子装配线则从车身流出。

车身车间里有383个先进的机器人,自动化水平约为17%,其中共有4 730个焊接点和292个焊接枪。油漆车间使用52台机器人,它们将汽车浸入油漆中而不是喷洒,这节省了时间、水和化学物质,从一辆车转换到另一辆车所需的时间和材料也大大减少了。它们的生产目标是每小时31辆车。

该工厂是世界上第一家获得美国绿色建筑委员会能源与环境设计领导力(LEED)绿色认证计划的白金认证的汽车制造工厂。主要功能包括使用矿物岩羊毛绝缘、LED照明、高反射白色屋顶材料和水电大坝,以减少能源消耗。利用收集到的雨水和低流量的固定装置进行节水。

第一辆大众帕萨特于2011年4月18日推出生产线,这是它们多年规划和开发的高潮。到2015年,该工厂已经建造了50万辆汽车。

然而,该公司并没有止步于一条生产线和一辆车上。大众汽车宣布将斥资9亿美元,在查塔努加工厂生产一款7座中型SUV。预计此次扩建将增加2 000个就业岗位,并将在2016年年底前开始组装。

6.1 引言

运营关注供应链中的"制造/建设"部分,集中精力进行产品和服务的生产来满足顾客的需要。生产涉及了满足客户需求而进行的从生产投入到产出的转换过程。例如,像联想或者苹果这样的生产商集成了一系列的组件(硬盘、主板、光驱等),完成了Y50Touch或MacBook Air的组装。此外,医院的急诊室拥有技术高超的医生和护士能够使一个伤员(输入)恢复到健康状态(输出)。

在这些转换过程的执行中,生产设施必须要与前面讨论过的供应链的各种职能进行交互。制造商和服务提供商需要介入其供应商提供的关键库存活动中去。联想和苹果需要运用软硬件来进行可用的电脑的组装和生产。医生和护士需要诊疗设备、药品供应商以及药学产品来诊断和治疗病人。因此,在供应管理、库存、输入运输和产品运营中有一些关键的环节。

此外,运营还会产生通过供应链网络分发的输出。没有实体商品的生产,对于笔记本电脑的需求很难得到满足。生产时间表必须与交货时间表和运输方法相协调,保证承诺库存能够有效获取。救护车和交货车辆可能会被用来运送治疗的病人和家庭护理设备到病人住处。因此,很容易理解为什么生产运作是供应链的一个部分,而不是独立运作的。所有的产品和服务购买、生产和交付活动需要同步进展以保证实现连续高效的产品和服务流。

这项工作不像物流观点中提到的大众的例子那么简单。为了保证竞争力,汽车公司以及所有的产品制造商必须连续不断地提高产品质量和客户反应水平并实现精益和高效的运营。

本章关注转化过程中服务和成本的问题,以及生产过程和其他供应链活动中的关键环节。我们将会讨论生产能力中的计划和发展问题,以及支持高效生产和服务运营的流程、度量和技术。通过本章的学习,你将了解生产策略和方法在创建满足客户需求所需的库存中所起的作用。

6.2 供应链管理中生产运营的作用

您会想到前面几章讨论的许多供应链和物流活动都涉及了运营活动,采购运营提供原料的获取来源,运输运营支持商品流,分发运营是订单流水线化等。总的来说,这些活动创造了可供使用的时间和空间。然而,商品制造和服务生产对供应链效率的潜在贡献经常被忽视,这是因为它们通常关注不同但重要的经济效用维度——形态效用(form utility)。所有用于产品和服务外观及构成改变的活动和流程(分组装备、生产线、服务请求执行)都是为了创造形态效用。其目标是使产品和服务对潜在和现实用户产生吸引力,这样需求才会产生。

当然,一个好的产品设计和形态效用非常重要,但是这并不能确保成功。形态效用驱动了基于供应链能力的需求(例如,时间和空间的效用)。当索尼(Sony)创造了像PlayStation4这样的产品,它们需要整合供应链来满足客户对游戏系统的需求,因此快速采购关键原料,配置用于集成组件的生产资源和能力,并把完工的产品以充足的数量交付给零售商来满足其需求都非常必要。否则,就会向竞争对手敞开了大门。

运行一个有效的生产运作来支持供应链或者被其支持需要大量的努力和协调。当组织争取竞争优势和处理其他问题时,有效设计和正确的执行流程,必须理解和制定供应链中的权衡,必须实现经济规模。想想苹果iPhone的成功,好的产品设计、采购——装配——分发同步进行、机智的营销都对这个成功的商业神话有很大贡献。如果没有迅速执行用于满足需求的"计划/购买/制造/运输"等供应链流程,苹果不太可能会取得如此巨大的声望。

带着生产和供应链管理之间打不开的结,我们深入探讨一下生产运作的细节问题。

6.2.1 生产加工的功能

生产过程功能性制造商、合同外包商和服务供应商都参与生产过程。不论他们是从事三明治生产、激光打印机还是银行储蓄,在由输入转换成输出的过程中,这些组织都需要从事一些相关联的活动。如图6.1所示,生产过程使用设施、设备、知识、劳动力和资本等资源支持生产转换。关键信息的反馈用来调整生产过程(例如,根据需求的转变,加快或减慢购买输入以及产品输出的速度),试图以生产同步化来更加接近需求。忽略这些反馈的信号将会导致滞销产品的多余库存和热卖产品的库存缺货。

虽然基础的输入——转换——输出原则适用于所有的生产过程,但没有两个组织是完全相同的,也没有两个组织的流程是完全一致的。例如,达美乐、麦当劳和赛百味都生产快餐,但是决定它们流程设计和装配方法的生产战略都有一些不同。赛百味和达美乐提供按订单组装(assemble to order)的生产方式,按订单组装是指当顾客下单以后,对各种组件(例如,事先切好的肉、奶酪和蔬菜)进行组装来满足需求。麦当劳则基于需求的预

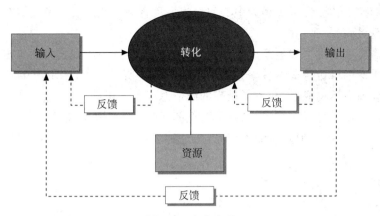

图 6.1 生产流程

测使用标准的生产组件进行产品生产。正如你所想的,按订单组装的方式比大规模生产导向(mass production oriented)以及按库存生产(make to stock)更加复杂,需要更强有力的劳动力,需要更长的加工时间。生产能力(能够生产多少)也会受到产品类型以及生产方法的影响。

加工的功能对于组织获取成功有着重要作用。不同于其他的竞争对手的加工过程,创造独特的产品和服务的能力能够创造竞争优势。例如,亚马逊通过开发不同于传统方法的零售和执行流程成为一个强大的网络商业集团。另外,比竞争对手更好的日常生产的能力能够带来更高的效率并降低组织的成本。西南航空公司是一个很好的案例,它与竞争对手一样为乘客提供相同的航空服务,但它的运营成本更低。只要输出的服务和质量满足顾客的期望,就能帮助组织实现其目标。

6.2.2 生产权衡

供应链从业人员需要理解的一个最重要问题就是生产经营与供应链其他职能和公司战略之间的权衡。所有的决策都是相互关联的并且会影响其他领域的成本、生产率和质量。后面的几段讨论一些常见的权衡。

数量品种(volume-variety)权衡是生产当中的一个基本问题。基于经济学的规模经济效应,较高的数量会降低每单位产出的成本。当具有化学生产设备或造纸设备,以及在生产流程的固定成本比较高的情况下,追求产品的数量是划算的。相比较而言,当生产流程可以生产一系列产品时就称之具有范围经济效应。为了满足不断变化的客户需求,生产高效少量的一系列产品时,灵活弹性非常重要。组织应该评估产品、流程和需求的特征来决定其对于种类和数量的相关需要。

当关于生产设施的决策制定时,效率和响应能力之间根本性权衡的决策就出现了。集中生产设施导致了运营成本和库存效率的提高,而区域性的生产设施使得公司更加接近顾客,因此它们更加具有响应能力。具有高能力的大型设备能提供一定的灵活性来响应高峰需求。相反,被更好使用的小型设备能更节约成本。最后,设施使用的操作方法会影响这种权衡。在单个产品类型上执行多个过程的以产品为中心的设施往往比专注于多个产品类型的几个功能的以过程为中心的设施更具有响应性。后一类设施在其有限的活动范围内效率更高。

我们也需要理解货物的生产过程和生产过程中所涉及的成本之间的权衡。按库存生产和按订单生产的供应链成本各不相同。正如图6.2所示,按订单生产由于较低的规模经济效应和较高的运输成本,导致了最高的制造总成本。相反,按库存生产流程由于较大的生产数量和较低的总制造成本,导致了较低的运输成本。从总制造成本角度来看,按库存生产具有较低的成本,但是我们不应忘记,这种生产方式是以牺牲客户服务、反应能力以及多样化为代价的。

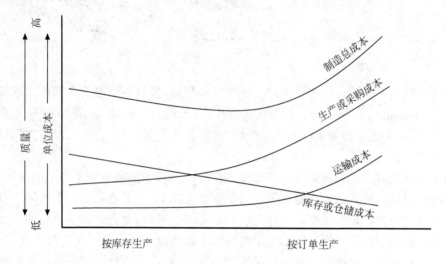

图6.2 制造总成本

另一个需要权衡的考虑是自己进行生产还是外包给供应商生产。不论公司选择哪种方式进行生产,相对于外包决策而言自制不但比较复杂,而且还会牺牲很多东西。从质量观点来看,内部生产直接可见而且容易控制。外包生产会带来更低的生产成本,利于公司集中资源于战略更加需要的方面。

在制定最终决策之前,组织需要理解和评估生产和购买产品的权衡和比较。一旦外包,供应商的质量和服务必须受到监控。一场备受瞩目的安全召回行动可能会对整个供应链造成严重破坏,比如一名供应商因安全气囊问题召回了3 400万辆汽车,11家汽车制造商和数以万计的客户都受到了质量问题的影响。

最后,传统的经验告诉我们生产运营不能生产所有人需要的所有产品,因此必须要作出权衡。也就是说,当设计和执行生产流程时,他们应该关注以下具有竞争性的维度:低成本,高质量(特征和可靠度),运输速度以及可靠度,处理需求变化的能力,或者提供多样化需求的灵活性。从逻辑上来说,一个操作不可能同时在六个竞争维度上都表现出色。

然而,世界级的组织能够在多个维度上提高性能,而不需要作出大量的绩效权衡或牺牲。宝洁是一个典型的案例。宝洁公司在高德纳供应链(Gartner)排名前25位的前5位,在2015年被授予供应链大师的称号。该公司在需求驱动的供应链管理、新兴市场的专业生产运营、关键投入、对冲上游业务和环境保护责任方面处于领先地位。

6.2.3 生产的挑战

认为生产是一个动态领域是相当不充分的说法。组织和供应链要实现其绩效目标,业务经理必须成功地管理这些不断变化的挑战和权衡。当前的挑战包括遵守更严格的法规和可追溯性要求、跟上产品创新的步伐、克服熟练劳动力短缺、控制工资和福利成本、管理环境问题、平衡生产能力和维护需求。长期利润的增长依赖于流程的创新和发展。

竞争压力是众多制造和服务提供商的一个主要挑战。伴随着供应链的全球化,从世界的任何地方获取资源都是可能的,公司需要持续地更新它们的生产能力和创新能力去应对竞争对手。美国的汽车工业就是一个典型的例子。不仅通用和福特需要同丰田的精益生产能力以及本田的高质量生产相竞争,美国制造企业还必须有效地应对低成本的生产商,如现代起亚。"不思进取的经营"会导致市场份额的进一步下降以及组织供应链的悲剧。

客户需求的选择以及不断变化的品位使得生产者越来越难以生存。对于很多产品而言,大规模生产和亨利·福特的客户定制模式已经不适用,在亨利·福特模式中,"只要是 T 型车,人们能接受任何颜色——只要有黑色"。当今满足个人特定需求期望的定制化生产已远远不同于用在标准化商品的集成生产方式,当今不断缩短的产品生命周期不再采用生产原有普通产品的生产方式。技术和服装类公司通过建设具有按订单组装和按订单生产能力的供应链,来增强它们的反应能力和产品优势。现在,你可以在耐克网站上设计属于自己的耐克鞋。

虽然越来越多人在使用迅速响应的小批量生产方式,但公司的管理人员仍然要求提高生产力和效率。他们希望业务经理能够采用既能提高财务效率,又能满足需求的运作模式。成功需要精益和适应能力,很多组织努力使自己从传统的生产方法和战略转向现代,这样就能够更好地平衡产品质量、流程灵活性、执行成本和完成速度。

当然,业务经理还面临着其他很多挑战。劳动生产率、供应链中活动的同步性、资本成本仅仅是一些我们需要克服的其他障碍。下一节讨论生产和服务运营所采用的计划方法和战略。考虑到这些困难的挑战和权衡问题,提前进行产品流程的准备将会提升组织未来的增长和收益。

6.3 运营战略和计划

生产运作需要多方的规划、准备和参与,才能对供应链的有效性作出积极的贡献。必须制定包含产品/服务特征、内部能力、客户期望和竞争问题的战略。通过这些策略,创建从长期到短期的生产计划,然后实施产品组装/服务交付过程。

6.3.1 生产战略

过去 35 年中,生产战略发生了重大的发展和转变。组织已经从预测导向的生产战略转向了需求导向的生产战略。公司现在运用精益、柔性或者适应性的战略模式,等待顾客把产品拉向市场,依赖更小库存存储。这些战略概念与传统的从 20 世纪早些年代到

1970年代居于统治地位的关注效率和大规模生产战略有显著不同。图6.3给出了生产战略的时间演进和描述。我们将详细地讨论每个关键战略。

	70年代	80年代	90年代	2000年以后	2010年以后
战略	批量生产	精益制造	柔性制造	适应性制造	灵活制造
市场差异	成本 保险库存	质量 减少浪费	可得性 平衡资源	快速 实时管理	传感器+分析
流程选择	按库存生产	按订单组装	按订单制造 按订单设计	混合	实时优化
资源流动	推式	拉式	拉式	拉式	拉式
绩效	生产量	成本管理	细分市场份额	客户满意度	无限灵活

图6.3 生产战略的发展

在大规模生产年代,业务战略关注效率和规模。大规模生产的战略选择是一个基于推式的系统,依赖于长期的预测进行生产计划和决策制定。如果全年的需求变化不大,这种方法的效果会很好。建立适用于稳定需求的生产流程就足够了,不需要另外的防止额外需求的存储能力,生产就可以实现最大化。

实际上,很少有公司的产品会面临完美的稳定需求,保持水平生产的相关机会一般很快会失去。通常公司需要处理需求的变动,这时,根据预测进行产品生产并储存,完工产品的库存以及生产的订货可以用来满足变化的需求。库存在需求低的季节增长,在需求高峰季节降低,如果生产在高需求季节满足不了需求,订货单就会开始积累,并在订单下降的时候逐渐被解决。

在关注现货供应、低成本和标准化商品的供应链中,框式战略是很合适的。妖怪牌能量(Monster Energy)饮料和万斯(Vans)鞋就是按库存生产的例子。只要交易方在合理的数量下寻求较低价格的产品,生产者就可以运用这种战略盈利。

推式战略也面临一些挑战,基于供应链单方预测的运营可能会限制生产方的反应能力,看不到最终消费者的需求,生产方将会减慢对市场变化的反应,结果可能会导致需求已经下降的产品甚至过时产品的继续生产,或者生产者不能识别变化的客户需求和停止市场需要的产品的生产。最终结果会导致失去机会,无法弥补成本或者失去利润。

基于供应链单方预测生产的其他问题是潜在的"牛鞭效应"的出现。在"牛鞭效应"中,需求从下游向上游,从零售商到分销商再到生产商传递的过程中,预测失误会被放大,需求的变化增加,生产者不得不生产更多来满足下游的订单。如果生产的产品不能被有效利用,包括过度负荷和过度闲置两种状态,将会导致低效率的资源利用。

到了20世纪80年代,强调需求环境的变化,以及批判基于推式的和大规模生产战略缺点的精益年代来到。精益生产是一系列集成化的活动,强调在生产过程中减少活动、原料使用、工作流程和完工产品的库存。目的是在快速处理和流动的系统中使物料及时地到达需要的地点。精益制造的一个基本原则是最小化所有类型的浪费,并且不带返工地生产出满足质量要求的产品。精益的哲学基于丰田生产系统(Toyata production system),丰田系统开发和重新设计生产流程,并去除掉过重的负担,平滑生产、消除浪费。表6.1描述了丰田生产系统中7种消除可以去除的浪费。

表6.1 TPS 7种致命的浪费

浪费	描述
过量生产	制造的部件比你能卖掉的多
延迟	等待加工、仓储等
运输	将部件输送到各个库存点的环节太多
过度加工	提供了比需求更多的"劳动"
库存	为卖不出去的部件投入金钱和仓储空间
移动	运输的部件要比最小需求多
生产缺损的部件	制造的部件不能"像样地"卖出,或者必须返工

精益生产依赖于以拉式为基础的系统来协调生产和分销以满足现实顾客的需求,而不是充满错误需求预测。在以拉式为基础的系统中生产者仅仅需要应对客户的需求。在订单到达之前或者购买行为之前,不需要进行任何行动。订货信号使得生产流程开始行动,迅速组装需要的组件(可能是为顾客量制的按订单组装的产品),并把产品传递到最终端的需求点。第14章讨论的技术工具(销售检测、EDI、互联网、自动识别)可为以拉式为基础的系统提供可视的需求。这利于采取快速的行动来降低顾客的订货周期。

在精益的以拉式为基础的系统中一个主要好处是减少浪费。制造商不需要基于需求预测去建立库存,也不需要了解客户订单。这将会减少过度生产、过度库存以及不必要的生产流程的问题。当供应链的所有环节都基于顾客需求来运作,牛鞭效应便会降低。这有利于降低系统的变化,缩短提前期。相比较推式系统,拉式系统还有提高资源管理能力和降低系统成本的好处。

一些计算机公司依赖于拉式系统生产笔记本电脑,这些公司不是努力去预测会有多少订单,而是在订单通过其网络或呼叫中心到达之前,一直处于等待状态。需要的零件能很快地从其供应商或第三方仓库处获得,并组装成顾客指定的型号,以顾客要求的方式进行供货。公司没有浪费精力去生产电脑并将其储存到仓库。具有相同产品特征(高价值、定制化和短生命周期)的组织也能从拉式战略中获利。

在拉式战略中有一些固有的挑战。在某些情况下,客户想立刻得到产品而不想等待(像牛奶和卫生纸等基本的必需品是很好的例子)。而且,按需求进行组装和按订单进行生产的产品运作很难获取规模经济效益。最后,在基于拉式的系统中缺乏技术能力使得在供应链中很难实现可视化和同步化。

虽然很多公司从大规模制造向精益制造流程转化中取得了显著的收益,但是这并不是完美的。行业专家指出要想获取进一步的显著进展,需要去克服一些精益生产的缺点。极小的库存储量、过度依赖于单一采购以及跨产品使用通用部件都将会增加因供应商质量问题而导致生产倒闭的风险,不断增长的技术性造成的产品问题也导致了生产的挑战。

20世纪90年代早期出现的柔性制造是为了应对本章前面提到的生产挑战,包括产品激增、更短的生命周期、更迅速的竞争对手以及更加老练的客户。这些战略的目的是为了在生产系统中实现某些柔性来有效地应对改变,不论这些改变是否能被预测到。

有一种反应能力称为机器柔性(machine flexibility)。在这个战略下,灵活的机器和设备配备了经过交叉训练的工人,这是为了提供生产不同类型产品的能力,也为了改变产品生产运作。在汽车行业,本田是一家柔性领先的企业,在其9条北美汽车装配线上生产16种本田和阿库拉车型。由于对全球生产资源的有效利用以及对当地制造业和就业稳定性的提高,这种柔性制造系统为本田提供了竞争优势。

另一种类型的反应能力(总共有8种)称为路线柔性(routing flexibility),它为经理人提供生产选择以及适应不断变化的需求的能力。简单来说,路线柔性使经理人在进行下一步运作之前,具有了在众多机器中进行选择的优势。这种能力对于克服机器故障是有价值的,这样就可以继续生产给定的产品,它还创造了通过生产设施中代替路线流动产品的机会。在这些情境下,系统具有了接受适应大规模变化的能力,例如在数量、储量和能力等方面。

柔性制造战略的一个基本的好处是能够利用生产资源(例如时间和努力)来支持不同的转变过程。它还可以利用强大的供应商、信息技术以及训练有素的临时工人,期望的结果是实现范围经济,在这种情况下,可以以低成本的方式生产各种小批量产品。其他的好处包括由于更高的自动化导致的生产力和质量的提高,以及劳动力成本的节约,还包括缩短了新产品的准备和安装时间。

虽然有这些好处,柔性战略并不完美。柔性战略最大的缺点就是成本高,公司发现购买多用途设备或可调整设备非常昂贵。柔性制造也是一个复杂的工作,系统可能难以理解,需要熟练的技术人员和有纪律、高水平的规划。

鉴于这些问题,很多组织对他们部分或者全部生产业务采取了外包策略。商业流程外包涉及向第三方出租任何内部的流程,包括薪酬、运输或者生产。合同制造商提供外包生产和集成服务,就像第三方物流企业提供分销、仓储和运输服务一样(见第12章)。把活动重新分配给其他国家的合同制造商通常被称为离岸外包(offshoring)。从20世纪90年代到21世纪初,中国一直是境外生产的默认地点。然而,不断上升的劳动力价格和生产成本促使制造商将目光投向别处。

外包的业务理由因情况而异,但其原因往往集中在成本和产能问题上。外包战略通常比柔性战略更能提供一个在较低的成本下的适应变化能力。其他进行外包的原因包括:

- 通过去除外围的资源来集中核心能力
- 缺乏内部资源
- 更加有效率或更有成效地完成工作

- 增加适应不断变化的业务和商业条件的柔性
- 通过可预测的成本来严格控制预算
- 降低对内部基础设施的持续投资
- 获得创新和思想领导

虽然外包已经被证明是一项有价值的战略并且其流行程度已大大提高,但重要的是对离岸外包的利弊进行全面分析,把产品转移到海外会增加运输成本、海关成本和其他隐性费用,随着生产在不同国家的多个设施之间展开,保持可视性和同步性变得更加困难。最后,组织可能会失去对质量、知识产权和客户关系的控制。

鉴于这些挑战,许多制造商正在追求在岸生产和近岸生产的概念。在岸外包寻求将生产返回本国,而近岸生产则专注于在附近或邻国的生产。很多不同的公司已经决定将生产带回美国以减少对远东供应商的依赖,北美和拉丁美洲都是本国生产战略比较受欢迎的地区。

物流在线

北美制造业复苏

北美制造商正在积极地开展近岸生产活动。原因很多,而且正变得越来越普遍。事实上,艾睿铂(AlixPartners)的一项调查显示,42%的高级管理人员已经采取措施或计划在未来三年内采取近岸制造业务。

为什么一家公司会经历铲除当前业务并将其跨越海洋的挑战呢?《今日制造业》的一篇文章指出,这些因素正在使北美成为生产商品的更具吸引力的地方:

- 中国的劳动力成本以两位数的速度飙升。
- 客户不再接受35~45天的运输时间。
- 政治不稳定和环境灾难——从阿拉伯之春到日本的地震和海啸——表明了亚洲供应链对外部因素的脆弱性。
- 严重的时区差异使得美国管理人员与其亚洲生产设施进行沟通变得非常困难。
- 监督质量控制的重要性。

《华尔街日报》还指出,美国可能早在2015年就与中国制造商处于同等成本水平。其他还包括保护知识产权、更好地响应客户的能力以及拥有更可预测的供应链的机会。

有一些高调的组织已经采取了这一战略。重点的例子有:

- 苹果已经将现有MacPro生产线的一部分转移到得克萨斯州。
- 卡特彼勒花了1.2亿美元在得克萨斯州维多利亚市的一家新工厂生产挖掘机。
- 陶氏化学公司开设了一家占地80万平方英尺的工厂,位于其缅因州米德兰的总部附近。该厂生产混合动力汽车和电动汽车电池。
- 惠而浦已将其搅拌机总部从中国迁至俄亥俄州,并已向田纳西州克利夫兰的一家新工厂投资1.2亿美元。

除了公司利益外,近岸生产还能给当地经济带来好处。陶氏化学估计,其化工厂每创造一个新工作岗位,供应商和相关企业就会再创造5个工作岗位。

制造商和技术供应商继续追求生产战略创新,最近的两项战略是适应性制造和智能制造。

通过优化使用现有资源,适应性制造进行灵活地开发,生产和交付产品。该战略利用精益制造原则、六西格玛最佳实践和来自工厂车间的实时可操作情报,摒弃了传统依赖标准提前期和长期预测,而采用需求驱动方法,供应方可以快速感知并响应客户需求,提高了生产柔性和需求履行速度。

为了实现适应性制造,制造商必须无缝地在企业系统和车间系统之间传递用于定义、调度和生产产品的指示。这些联系和实时信息对于感知供应链和制造异常并作出适当的反应是至关重要的。

智能制造或工业4.0在欧洲被称为建议使用机器人技术、网络数据收集和分析来提高性能。它使用传感器收集来自每个材料转换步骤的数据,以推动单元级别与批次级别的质量控制连续过程改进。积极的结果包括更好的劳动力、材料和能源效率,更好的设备维护和利用,以及更高的可靠性流程和产品。

要利用智能制造,必须至少具备三种能力,包括具备标准化信息的网络来协调和连接信息,用于理解信息的分析工具包以及采取行动的灵活自动化。智能制造计划将这些数字资料和其他输出并整合到更加严格的根本原因分析和纠错能力中。

每个现有的和新兴的战略都在当今的供应链中发挥作用,包括传统的大规模生产和基于推的战略。较新的制造策略不会完全取代旧的制造策略。相反,现在的目标是将传统战略的优势与创新战略的增强能力联系起来,以满足客户的要求。制造商必须制定适合所生产产品需求量、变化性以及制造商能力的战略性解决方案。产品和客户的范围越广,组织就越有可能运行利用多种策略的混合系统。

6.3.2 生产计划

在既定的战略或战略组合下,组织将会把注意力转向产品的计划方面。在计划流程中,业务经理为了不产生浪费,会持续不断地努力平衡投入、产能(资源)和产出。过多的投入和产出会产生不必要的库存,而过剩的产能会导致高于必要的生产成本。但单从另一方来看,投入的短缺会导致生产流程缺料进而导致产量的减少。产能短缺会导致机器和劳动力的过度使用,从而导致质量问题。

本节简单地讨论两种类型的计划:产能计划(capacity planning)和原料计划(materials planning)。涉及三种计划时限框架:长期、中期和短期。长期计划(long range plans)是为期一年及以上的时间,侧重于有关产能和总体生产计划的重大决策。中期计划(medium range plans)为期6~18月,设计就业水平和类似问题的战术决策。短期计划(short range plans)一般为几天到几周的长度不等,处理一些具体的问题和生产细节,包括生产的产品的数量、计划安排、排列顺序等。主要的计划活动如图6.4所示。

产能计划侧重于决定公司能够完成的合适的生产水平。产能(capacity)是一个组织在一段时间能够完成的最大的工作量。它能帮助公司判断变化的顾客需求能否被满足或者差异是否存在。能力和需求之间的差异会导致效率的低下,要么不能有效使用资源,要么不能履行客户需求。产能计划的目标就是减少这种矛盾。

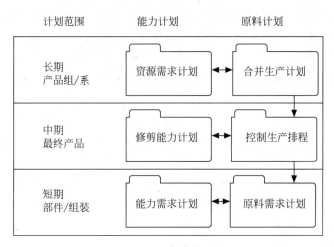

图 6.4 生产计划活动

资源需求计划(RRP)是一个长期的、宏观的计划工具。它能帮助业务经理判断累积的资源是否能够满足累积的生产计划。总的劳动时长和机器时长是这个计划的基本关注点。如果资源需求计划表明资源水平不足，产能就需要进行扩展，包括上新设施、新设备或者寻找新的资源合同商。否则累积的生产计划必须被修订，以使它适应现有的资源。

下一步就是去制订粗略产能计划(rough cut capability plan)来核对主生产进度表的可行性。中期的粗略产能计划参照主生产进度表，并把主生产进度表从生产计划转化为所需要的生产能力，并同每个生产时段可用产能进行比较。如果粗略能力计划同主生产进度表同步，则确定计划。如果不能同步，就可以通过加班、子合同、资源扩展或者路径柔性来调整产能，以满足生产的需要。或者，生产进度表也可以从另一个方向调整。

最后，产能需求计划(capacity requirements planning)用来核对物料需求计划的可行性。这个短期的产能计划技术详细地决定了用来完成生产需求的劳动力和设备资源的数量。即使粗略产能计划表明具有足够的能力来执行主生产进度表，产能需求计划也可能会表明在不同的特定时间段有能力不足的情况。

一般而言，资源计划关注未来的供应和需求，它包括管理销售预测、创造主进度表以及运行物料需求计划等。

总生产计划(aggregate production plan)是一个长期的物料计划，它把年度商业计划、营销计划和预测转化成一个工厂生产的所有产品的生产计划。预期需求用来设置设施的产出率、生产力规模、利用率和库存以及积压水平。总生产计划的规划期限是一年或者更长时间，总生产计划是一年一年地往前滚动，以便公司能持续地分析未来产能需求。总生产计划的目标是开发一个计划，运用企业拥有的生产设施生产足够的成品，以满足每阶段销售的目标。当然，总生产计划受制于生产能力的限制，受制于雇用劳动力的财务资源成本、机器建造和运营的成本、库存成本以及相关花销。

主生产进度表(master production schedule)是比总生产计划更加详细的中期计划。主生产进度表对总生产计划进行了分解，列出了在特定时间内生产的确切的最终项目。也就是说，主生产进度表定义了用来满足来自于顾客需求的产品数量，并且为计算需求

(生产、人员配置、库存等)提供了基线。它还作为物料需求计划的输入,该计划计算需要的成本和组装件。因此有效地执行主生产进度表能避免零部件短缺、昂贵的成本花销、紧急计划以及低效的资源分配。此外,主生产进度表能提供关于可用产品的重要信息,这些信息能帮助组织更有效地运用能力来应对顾客需求的变化,以便在特定的时间内完成并且交付。

物料需求计划(material requirement plan)是一个短期的物料计划,能把主生产进度表中最终的信息转化成一系列时间段的组件和部件需求。物料需求计划重点在于为依存需求来进行项目的安排和订单的执行,使得需求备件能及时制造并以恰当的数量提供。制定和接受这些依存需求产品的准备时间必须计入物料需求计划流程中。依存需求产品是最终产品的要素,包括原材料、组成部分和子部件,这些要素的库存依赖于最终产品的生产水平。例如,在一个制造摩托车的工厂,依存需求产品包括铝、轮胎、座位以及排气系统等。

提供关于物料需求计划的有效规划知识,需要以下的信息:
1. 独立需求信息——物料需求计划定义了最终产品和要素的需求。
2. 父元件关系(parent component relationship)——物料清单(BOM)包括列出组成最终产品的所有要素成分和元件,包括计划因素和提前期信息。物料清单有效地为制造最终产品提供了组建数量和装配顺序的"配方"。
3. 最终产品和所有部件的库存状态——关于净库存要求的信息(全部要求减去手头库存)。

所需部件的订单用来确保订单能被及时发布,以便确保高级别的零件能被按计划生产。

所有这些物料计划工具特别是物料需求计划(MRP)的最终目标,在于为运营决策者提供有用的信息。关于进度表的固定的产品信息、手头的库存、净需求以及订货发布都是有效执行装配操作和及时完成客户订单需要的。回想对于产能的理解是另一个关于生产的疑惑。你既需要有效的生产,也需要产能计划来保证一个组织的生产战略的成功。否则,将很难用最有效的低成本方式制造出来的具有质量保证的产品来满足顾客的需要。

6.4 生产执行决策

生产战略、计划的制订以及产品特征影响日常作业的执行方法。有效地选择装备流程能帮助组织管理其变化的需求,连续的需求模式需要不同的制造方法,这远不同于那些需求受竞争性产品增值的影响、短生命周期和波动需求的产品。组织必须建立设施规划和产品流,来很好地匹配需求的数量和产品的变化。而且,组织必须使用适当的包装来安全地处理和运输产品。本节将讨论这三个极大地影响日常生产性能的话题。

6.4.1 装配过程

在本章的前面,我们曾间接提到通过计划或者通过需求来进行生产。产品通过订货型生产(make-to-order)或备货型生产(make-to-stock)两种模式进行生产。订货型生产可以分成三类，分别是按订单组装（assemble to order）、按订货生产（build to order）以及按订单设计（engineer to order）。每一种装备流程都有适合的情形。具体的选择由当前商业环境、供应链管理变化的需求，以及标准产品和复杂产品的生产水平来决定。

备货型生产（make to stock）是一种传统的生产方法，最终产品在顾客的订单到达之前就已经完工。在这些大规模制造流程中，顾客的需求往往都是依赖于良好的库存来满足，产品订单通常导致库存的补充。这通常会使生产计划容易制订而且具有较低的成本效率，而且制造商能够以较短的提前期进行供货。准确的预测和库存控制是 MTS 的关键问题，而且完工产品的仓库是标准化的。

在这个提前生产的流程中，产品计划通过综合历史需求信息和销售预测信息来制订。这种流程适合于需求容易预测或者要求在需求季节到达之前预先生产的大批量生产。MTS 是流程制造的理想方法，对于化工、药品以及能源等日用产品非常适合。

按订单组装（assemble to order）在收到客户订单后才开始生产。成品通常是由普通部件和有限数量的配件组合成的，可供客户选择。单个部件通常是为了满足需求而储存的，但是成品直到客户订购他们想要的产品时才进行组装。

ATO 适合于需要重复加工的情形，在这种情形下大批量的最终产品（基于零部件的选择和组装）由常用的备件进行装配。汽车和计算机这些具有有限顾客选择的产品是自动化生产的很好案例。如同下面的案例，ATO 可以应用于广泛的产品。与 MTS 相比，这个生产流程的关键收益包括：能够很好降低库存水平、更好地适应不断变化的需求的能力、对组件（而非成品）的简化预测，以及更高的客户参与度。

物流在线

做你想做的

电子商务不仅限于在线销售商品的零售商，许多制造商抓住机会直接与消费者接触。这种直接参与一方面涉及基于个体消费者的期望生产定制或半定制的商品，之后，制造商为其制作定制产品并将其交付到其选择的地方。

今天，从巧克力到汽车的各种产品个人都可以在网上设计。包括：

Chocomize.corn——顾客可选择巧克力棒或心形，巧克力口味（深色、牛奶或白色），以及从 100 种不同选择中挑选最多五种配料。这些潜在的组合数量为 6 亿，并且可以扫描条形码订购并在四个工作日内发货。

Hem.com——客户使用四步流程设计自己的家具。定制货架包括确定货架单元的尺寸和配置，材料和颜色的选择以及货架厚度的选择。设计定价并生成估计的交货时间。

TeslaIMtors.com——客户前往设计工作室创建他们的个人模型汽车。客户选择电池尺寸，确定行驶范围，动力传动系统，油漆颜色，车轮和内饰颜色。他们还可以选择各种升级选项。该网站根据客户的设计对汽车进行定价，并提供估计的生产日期。

为什么公司会努力支持这些以客户为导向的产品呢？关于客户访问和收入增长的问题，Chocomize 的创始人 Eric Heinbockel 说："我们选择这个模式是因为我们认为大规模定制是许多行业的未来方向，这一切要归功于互联网的购买力。"

按订货制造(build to order)是把生产装备延迟到最终订单到达之后。最终产品通常是通过标准化和定制化设计的配件组装而成的，这些配件可以满足特定顾客的需要。这与高定制化水平和低生产数量的 ATO 生产有很大不同。BTO 被认为是生产独特装备产品的很好选择，例如私人飞机，飞机是一个标准模型，但客户可以指定航空电子设备和室内设计。BTO 还适合于保持库存来应对昂贵需求的情形。

BTO 的主要优点是其应对变化的能力以及按照特定的需要向顾客提供产品的能力。和 ATO 一样，BTO 也不要很多完工产品的库存，这表明运输成本和产品退出的成本都较低。另一方面，需求的波动会使 BTO 制造的能力利用发生很大波动，由于订单不是由预先准备好的库存来满足的，因此 BTO 建设成本比较高，提前期比较长。制造商还面临着决定在每个生产阶段保持多大生产能力进行 BTO 生产的困境，以及对每个备件提供多长提前期的烦恼。

按订单设计(engineer to order)适合量体裁衣式产品的制造，这些产品需要独特的生产工艺或者说具有显著的用户化特征。在这样的制造环境中，产品都没有完全一样的，每一个订单都需要仔细评估成本和制定价格。每一个顾客订单会导致特定的备件数量、物流清单和路线，复杂的生产会导致较长的提前期。备件和原料会储存，但是直到顾客的订单到达产品制造设计之前，这些备件都没有被装备成完工的产品。

ETO 通常也被称为项目制造(project manufacturing)，成功的 ETO 有赖于供应链各参与方的高效协作。顾客必须加入整个设计和生产流程当中。供应商雇用也是 ETO 生产的一个重要方面。被制造商需要的原料是独特的或者不经常被订购的。协同工作、设计、采购和供应能够压缩投入的提前期并有助于按时间表进行生产。ETO 生产包括资本性设备、工业机器以及航空和军事工业需要的复杂产品。表 6.2 总结了 ATO、BTO 和 ETO 的特点。

表 6.2 对比按订单生产(MTO)方案

	ATO	BTO	ETO
客户化的水平	有限	适中	总的
完成品成本	适中	高	非常高
订单履行速度	从天到周	从周到月	从月到年
例子	个人电脑	电脑服务器	巨型计算机
	汽车	私人飞机	核电厂

有些企业紧紧依赖于 MTO，其他则仅仅使用 MTS 策略。在需要生产各种各样大量产品的情况下，很多企业采用混合的方式，即有些产品采用备货型生产，有的使用订货型生产。

延迟差异化(delayed differentiation)是一个混合型战略，在这个战略中一般的产品都是备货型生产，随后满足顾客特定需求的差异化是通过组装和装备来实现的，因此，其制造流程有两个阶段：(1)MTS 阶段，一个或多个没有差异的生产平台和库存。(2)ATO 阶段，满足特定顾客需求的订单，进行生产差异化的产品。例如，像摩托罗拉这样的技术公司拥有 Moto X 的所有组件，但需要等待客户下订单，然后根据客户想要的外壳颜色、强调颜色、内存和雕刻喜好组装手机。

延迟差异化有几方面的好处。相对于纯粹的 BTO 生产,储存半成品缩短了订货周期。既然很多产品具有通用的零件,半成品的库存水平能够降低。另外,相对于保存相同数量的产品的库存成本,保存半成品的成本要相对较低。利用延迟差异化的需求信息还有一个好处是能把一般备件装备为独特的产成品。其他的来自于延迟差异的好处涉及生产流程中 MTS 各阶段的流程化、生产时间表的简化、排序以及原材料的采购。然而,由于对冗余或者较昂贵的备件的需求,应用延迟差异化还会带来额外的原料成本。

6.4.2 生产流程布局

生产活动如何开展的一个关键驱动因素就是设施布局(facility layout)。设施布局包括安排机器、存储面积以及其他工厂生产或装备设备需要的资源。布局受到组织采用的生产战略和装备流程的影响。类似于服务承诺、产品组合问题以及设备成本等,产品的特征(重量、形状和大小)和需求的特征(数量和速度)也是布局决策的重要因素。

明智和显然的布局选择通常需要彻底分析这些问题,工艺布局选择的目标是确保生产活动尽可能有效地执行。一个适当且成功的布局具有以下特征:

- 减少人员和原料使用的瓶颈
- 减少原料处理成本
- 减少人员危害
- 有效利用劳动力
- 鼓励士气并易于监督
- 高效地使用可用空间
- 柔性
- 设备协调能力和面对面交流

产品流程布局通常适用于从项目向连续生成流程的转化。根据产品标准和产品数量的要求,生产流程布局的应用范围见图 6.5 所示。此外,当你从项目开始向连续布局进展时,请注意以下特征:

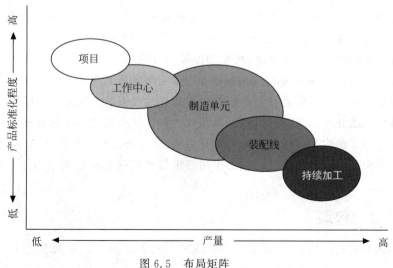

图 6.5 布局矩阵

- 劳动力技能要求的下降
- 原料需求变得更加清楚
- 高产能的使用在控制成本方面更加重要
- 生产柔性下降
- 适应快速变化的市场环境能力的消失

项目的布局(project layout)是一种位置固定的布局,产品在生产期间保持不变,原料和劳动力移向这个生产地点。例如,巡航舰装备的所有流程,从外壳的结构到牵引系统的安装,再到船上设施的安装,都是在码头上进行的。生产地点为支持性活动而设计,如原料分段运输、部件建造、专有设备的安装,还包括项目管理方面。类似的生产布局还可以用于房屋建设、公路建设及其他大型项目。

工作中心(workcenter)是一个关注于生产流程的布局,它将类似的设备或功能组合在一起,原料从一个部门移动到另一个部门,用来完成相似的活动和任务。例如,毛巾制造商会有各个不同部门专注于与纺织品有关的个别业务——纺纱、织布、染色、切割和缝纫。这样的布局带来了灵活性,使得设备和人工可以在需要的地方被使用,降低所需设备的投资并且学徒可以学习其中的技术。工作中心布局的缺点包括有原料处理和移动的成本、工作空闲时间、培训那些能够在不同区域移动的高技能劳动力的成本。

制造单元(manufacturing cell)是另一个关注生产流程的布局,它专注于生产流程要求相似的小范围产品的生产区域。建设制造单元包括四个方面:(1)识别具有相似流程路径的部件族。(2)基于部件族把机器分组成单元。(3)安排单元,最小化原料的移动。(4)在使用点设置大型的共享机器。贯彻实施后,建设制造单元就能提供较高的生产效率、减少浪费、降低库存水平、缩短生产周期以及提高客户反应时间,这种类型布局在纺织运作、电子生产、计算机芯片和汽车配件领域得到了广泛使用。

装配线(assembly line)是一个关注于产品的布局,机器和工人根据制造产品需要的运作流程进行生产。装配线经常用于大规模制造的产品,装配生产在工作间完成,并且通过原料处理设备连接在一起,一条装配线可以分散成多个线路,每条线都专门用于制造一个产品的不同组成配件,而这些线路彼此回合,逐渐减少,最终产品的时候只剩下一条线。成功的关键是控制,是装配线速度与员工技能和正在执行的装配过程的复杂性相匹配。装配线具有成本效益,会消除交叉流和返工,限定了流程中的工作量,并且缩短了生产时间。这种类型的布局适合于家电、汽车和视频游戏机等。

持续加工设施(continuous process facilities)与转配线相似,通过事先排好的工作站进行流水生产。主要不同点在于其自然状态是连续而不是离散的。持续加工设施广泛应用于大规模标准化产品,比如汽油、纸巾和软饮料。这些高度自动化和资产集约的设备需要不间断地效率最大化。这种布局也具有挑战性,设备比较大且固定,能应对需求变化的柔性受到了限制。而且由于公司倾向于在需求较低的阶段也进行连续不断的生产,因此完工产品的库存比较高。

6.4.3 包装

产品离开装配线后,从产品运营到物流的传递便开始了。包装在完工产品确保从工厂到分发中心再到顾客的顺利流转中，发挥着重要的作用。包装设计问题会影响劳动力和设备的效率。很好的设计包装利于提高处理和运输产品的效率，保证拥有的成本能在控制之中。适当的包装保护了生产出来的产品的完整性和质量。而且，定制化的包装能够提供给顾客他们所追求的另一水平上的差异化。生产运作和物流之间的关注于包装的连接有必要做一下简单讨论。

包装的设计影响组织使用空间和设备的能力，其设计必须提高生产设施和分销中心的空间使用效率。包装形状、硬度和材料全方位（横向和纵向空间）地影响着使用设施的能力。因此，使用具有足够硬度的正方形、矩形盒子或者容器来堆垛十分普遍。产品和包装的实际维度必须在工厂、分销中心、顾客交货地点所拥有的材料处理设备的掌控中。不合格的包装设计会导致以人工方式处理产品，这是昂贵并且有风险的。

一个关于包装的主要问题是与材料处理和运输相关的易处理性。操作简化对于生产经理十分重要，必须花费一定的劳动力进行好的包装。对于那些需要不费力气并且能快速处理产品的物流经理来说，这一点也是十分重要的。例如，从生产的角度来看，大包装可能是合乎需要的，但是当将产品转入和转出运输设备时，内容物的尺寸和重量就可能引起问题。此外，为了能很好地使用这些资产，包装的设计需要考虑到托盘和运输车辆的承载能力。如果不能很好地做到这些方面，就会导致"运输空气"而非产品，从而推高货物的成本。

另一个方面是保护包装中的产品。在一个生产设施当中，当物品在被移动时，需要足够的包装来保护物品，产品从传送带上掉下来或者撞到叉车上是两种经常会损害产品的情况，这都是需要在设计的过程中加以考虑的。当物流服务提供商进行产品运输时，保护非常重要，保护还意味着防止产品在运输和处理过程中因与其他物品接触、被水损坏、气温改变、偷盗以及震动等导致污染损坏。包装必须能够支撑堆叠在其上面的产品的重量，或者分摊包装物内部的重量以便于人工和自动化的物料处理。

随着顾客服务在供应链中的地位越来越重要，公司需要把包装和客户的物料处理设备整合在一起，一个能够与客户的创新设备相对接的专门包装有助于产品在供应链中的移动，降低了成本，加强了产品可用性，同时也提高了客户满意度。相反，不合适的包装与设备会导致低效率的接收和存储，还可能会增加产品毁坏的可能性。在这种情况下，客户服务的价值就会丧失。

最后，包装还在提供内容信息方面有着重要作用，信息的提供对于生产和物流人员日常职责也十分重要。可识别的包装和可再度使用的容器便于产品人员定位工作中心和装配线的产品需要。储存在分发中心的商品必须具有适当的识别度，以便于采摘者能够很容易并准确地进行定位并且提供给顾客。条形码、RFID 标签以及其他的自动识别工具能够被印在包装上，能使得产品信息更加容易接受。

要实现这些关键目标就必须找到合适的材料用于外包装和内部缓冲，使用经济、具有兼顾性的、可持续的材料是很重要的，木材或金属容器是很耐用的包装材料，但这些包装十分昂贵而且会增加产品的重量，因此它们正在被软包装材料——回收纸板、聚乙烯袋、由玉米淀粉和大豆制成的可生物降解缓冲材料所替代，这样做的目的是降低成本和浪费。

对于其他采用这些新包装材料和技术的制造商而言，关于减少、再利用、再循环等可持续性的教义并没有丢失。事实上。到 2018 年,全球可持续包装市场预计将达到 2440 亿美元。可持续包装计划被视为创新的源泉,公司通过能否吸引消费者的良心来被区分。

根据可持续包装联盟的定义,可持续包装应符合以下几个标准:

- 在整个生命周期中对个人和集体都是有益,安全和健康的。
- 符合性能和成本的市场标准。
- 使用可再生能源采购、制造、运输和回收。
- 优化可再生或再生源材料的使用。
- 使用清洁生产技术和最佳实践制造。
- 在整个生命周期中由健康材料制成。
- 为了优化材料和能源而设计。
- 在生物和/或工业剂量循环中有效回收和利用。

物流在线

发展更可持续的包装

在一个完美的世界里,所有包装都将被负责任地采购,并按照整个生命周期内有效、安全、符合性能和成本要求的市场标准设计,完全使用可以有效回收的可再生能源,为后代提供宝贵的资源。这就是可持续包装联盟(SPC)的愿景——一个真正的闭环系统,适用于所有包装材料,这些材料以经济可行的最高价值进行回收。

公司应如何促进包装领域的可持续发展呢?最常见的可持续包装趋势包括:

- 减少包装尺寸和重量
- 增加回收和废物利用
- 增加再生成分的使用
- 增加使用可再生资源
- 包装和物流效率的改进

实际例子有:

欧洲啤酒制造商嘉士伯(Carlsberg)最近与其全球供应商合作开发了一系列优化用于回收和再利用的包装。例如使用可回收塑料桶代替不锈钢桶。

食品制造商一直致力于使产品包装更小、更轻,并且使用更少的材料。亨氏推出重 10 盎司的番茄酱袋,降低了生产成本和消费者的成本。可口可乐和百事可乐减少了 16.9 盎司水瓶中含有的塑料量。

咖啡机每年销售超过 90 亿个 Keurig 咖啡包。因此,越来越需要将这些一次性容器回收。Biome Bioplastics 正在设计由植物材料和资源制成的符合国际堆肥标准的咖啡包。

纸张制造商 James Cropper 开发了一种方法,将可可豆皮用于未漂白的纤维素纤维,生产食品级纸张,每年用于巧克力生产的可可豆 350 万公吨,皮壳转换工作量将减少垃圾填埋场的使用。

6.5 生产指标

在本章的前后,我们讨论了生产运作的演化过程,从聚焦装配线、大规模生产流程到精益、柔性和可调整的制造导向,问题是很多组织持续地监控生产绩效,他们似乎是为了达到以尽可能低的劳动力成本来生产和储存产品的目标。这导致度量指标和关键绩效指标的使用,尽管这些并没有支持运营战略、组织目标和客户需求。因此,当建立组织生产指标时,避免以下错误非常重要:

- 使用太狭隘的 KPI——避免那些关注离散事件和孤立点作为整个流程成功指标的度量的使用,例如,详细研究劳动力成本并把它作为全部成本的替代。劳动力成本仅仅是全部成本的一个因素,它必须与其他有意义的数据相结合。
- 鼓励错误的成果——消除仅仅为了促进活动而非必需输出的测量,要警惕标准成本会计措施,它们或许会产生良好的直接劳动效率、高的机器利用率和连续生产,但它们还会导致不需要的库存和高的间接费用。
- 关注并非关键优先事项的问题——避免内部导向的关注点以及目光短浅的生产目标,这些与本组织的总体战略脱节。例如,一年一年来缩减生产成本的目标对于精益生产环境可能是不现实的。

因此,业务经理应该做的事情是保证他们用正确的方法衡量正确的事情。业务指标应该与公司目标相一致,这引导人们产生对组织整体成功很重要的行为和目标。他们应该保持度量程序的直截了当,每个团队或功能的度量数量限制在 5 个或 6 个以内,并将重点放在可以轻松编辑和更新的 KPI 上。个人活动的绩效指标应该作为制造和供应链绩效目标的关键投入来被衡量。重点是遵循影响组织底线的关于制造的"五个黄金指标":(1)总成本;(2)总周转时间;(3)交货绩效;(4)质量;(5)安全。

6.5.1 总成本

衡量总成本(total cost)的最有意义的方式是现金支出。所有花在制造上的钱需要汇总并与前一阶段进行比较,而不单单是形成软约束或计划,什么因素导致花在制造上的总资金数(包括销售、日常支出和管理花销)比前一阶段多或者少。成本需要排除掉任意分配以及主要资本投资支出,并调整应收账款和应付款的费用。这样就可以对制造业业绩进行评估,就像在交付材料和服务时付款一样,成品运往外部客户时将收取款项。

6.5.2 总周转时间

总周转时间(total cycle time)是制造绩效的一个指标,通过分析主要的采购部件并确定每个部件的处理总日数来计算。处理业务的总天数是工厂生产所有部件日数的加总,不分形式,唯一的例外是低成本的散装物品。处于原始购买状态的要素镶嵌于装备和部件组装中,以未完工的状态处在半成品的库存中,或者镶嵌于应该包含在总量里的完工产品中。

对于需要该组件的所有产品,可以用现有总天数除以每天的计划出货量。例如,如果工厂中有 5 000 种不同形式的组件,并且它分为两个最终产品,每个产品预计每天运送 100 个,则该组件的周转时间为 5 000/200＝25 天。工厂或工厂内单个价值流的总循环时间是具有最大循环时间的组件的循环时间。

6.5.3 交货绩效

交货绩效(delivery performance)是顾客要求发货的客户订单的百分比,其无法依据公司的政策或者运输承诺进行任意的修改,这是一个纯粹用于满足顾客需要的制造能力的指标。

6.5.4 质量

关于质量的定义,不同公司会有不同,但是从顾客的角度来看必须要关注质量。因此,客户退货或者保修索赔是该指标的良好基础,而不是汇总企业内部的质量指标(例如,次品率或者一次通过的产量)。重要的是要意识到,从某种程度上来说,内部指标只有在管理能够使成本最小化、提高流动性和追求顾客质量需要的信息时才重要。

6.5.5 安全

事件发生的频率、严重程度和成本这些标准化的度量对于检测者非常重要,其目标是持续改进(或者降低)。频率可以由事件发生的数量以及职业安全与保健管理总署记录的事件数量来计算。严重程度包括可能失去的工作天数或工作人员补偿性的支付天数。可以通过工伤成本来计算其财务影响,工伤成本也是制造成本的一个部分。

要获得最好的结果,这些生产成本、及时性、交付、质量和安全指标必须与公司目标相同步。在开始建立供应链指标之前,管理者必须确保他们充分理解关键的组织目标,一旦了解了这些,就可以把它们转化为特定的设施、流程、功能或者业务单元目标。世界级的制造商在持续不断地跟踪影响最终成功的过程性能因素来定义这些目标,他们致力于平衡地改进生产的五个"黄金指标"以及支持整个供应链的 KPIs(例如,订货和供货的周转时间、生产量、库存水平、运营费用和客户满意度)。

 ## 6.6 生产技术

伴随着生产运作越来越复杂,包括从更加广泛的多类型的供应商获取投入,生产小批量的商品,提供更大规模的输出等,需要技术支持设备保持最佳性能。第 14 章和其他章节中讨论的企业资源规划系统和供应链技术有助于提高企业运营效率并支持生产、材料使用、库存水平和供货的生产进度。然而,它们并不总是有效地将工厂与供应链联系起来,或确保业务得到积极的管理,为了创造灵活和适应性强的生产过程,并且能够实时响应不断变化的市场动态,其他工具也必须连接到这些系统。

所有行业的制造商都明白在不断扩展的制造产业和供应链网络中共享实时信息的重要性。提高制造可视度有助于组织改进其操作、与供应商同步进程,以及支持更好的客户服务。这些组织使用了新一代的制造执行系统(manufacturing execution systems)来连接 ERP 系统和供应链应用,确保运营能实时地被管理。MES 是一个位于工厂的用来检测和控制生产运作的系统。它实时跟踪所有的制造信息,接受来自机器人、机器监视器和员工的实时数据。

MES 的名字来源于它通过一个电子系统提供智能化过程控制的内在目的。目标是提供连续的有意义的指令流,最重要的是,这些指令要正确可靠地执行。有效的 MES 提供制造计划信息,支持日常操作的执行,并提供生产过程控制。MES 的主要功能包括:

- 资源配置和状态
- 运作排程
- 派送产品配件
- 文档控制
- 数据收集
- 劳动力管理
- 质量管理
- 流程管理
- 维护管理
- 异常管理
- 维护
- 产品跟踪及产品性能
- 绩效分析

MES 的功能如下:接受 ERP 系统的订单,然后智能地做出订单在哪里进行生产的决策。这些决策基于设施的能力、容量和价格。下一步,MES 为参与制造过程的各方发布制造产品最佳方法的说明。最后,通过 KPIs 和测量计实时跟踪生产性能的细节,派遣经理人或系统及时地对变化和问题作出反应。

虽然 MES 已经存在了很多年,这个软件系统的市场仍在以每年 12.6% 的速度增长。MarketsandMarkets 估计,到 2020 年,全球 MES 市场价值将达到 135.9 亿美元。表 6.3 强调了在 MES 推动下,企业将获得的短期和长期的利益。

表 6.3 生产执行系统随着时间的推移而受益

最初 3~12 个月的效率提高	未来 12~36 个月	36 个月或以上
效率提高	改进过程	加快新产品开发
降低成本	缩短周期/工作流程	降低间接人工成本
改进质量	降低库存持有成本	提高组织灵活性
		提高资产利用率

MES 的未来是怎样的呢?一个供应链解决方案提供商建议 MES 可以在工厂范围之外为组织做出战略贡献。只有在不久的将来实现以下改进时才会出现这种情况:

- MES 必须变得更加灵活,并且能够处理车间级别的产品和流程定制。
- MES 必须能够在全球工业领域内协调供应商。
- MES 必须优化资源和限制,使之远远超出制造工厂的四面墙,以推动更快的上市时间和更好的成本控制。
- MES需要扩展并支持跨越整个价值链的多站点、全球部署的生产计划、供应商协调以及合规性和质量管理计划。
- MES-Level数据必须支持提取能够推动整体业务绩效和盈利能力的指标。

 小结

这一章的核心概念是生产运作和物流之间相互依赖的关键联系。就像心脏和动脉需要一起协调工作把血液输送到你的全身系统一样,生产和物流必须与供应链的产品流相互配合。为了达到这样的目的,生产经理必须协调需求信息、投入和资源,并把它们转化成顾客需要的输出。这个转化过程越是迅速和具有柔性,用来改变条件和防止破坏的生产运作的反应越是灵敏。因此,这使得供应链更加具有活力和竞争力。

本章其他的观点包括:
- 生产运作包括所有的改变商品或服务构成的活动和流程,包括组成装配、产品组装以及服务要求的执行,并以此来满足某些目的创造效用。
- 需要做出关于生产的众多权衡:数量或种类、反应或效率、生产或外包、关注有限或者众多数目的竞争维度。
- 激烈的竞争、更加苛刻的客户、效率的无情压力以及适应性都是许多制造工业关键变化的驱动因素。
- 生产战略有了重大的发展和变化,组织从预测驱动的批量生产转变到需求驱动的精益、柔性和适应性强的智能制造方式。
- 能力计划和资源计划用于平衡输入、能力(资源)和产出,能够在不产生浪费的情况下使得客户需求被满足。
- 大多数制造商使用生产方法的组合来满足其产品的需求,包括按生产(make to stock)和按订单生产(make to order)。
- 在按订单生产方式中,企业需要平衡按订单组装(assemble to order)、按订货生产(build to order)、按订单设计(engineer to order)。
- 设施布局包括机器的安排、存储区域和其他工厂生产需要的资源或集成设施。
- 设施布局受到产品特征、生产战略和组织使用的集成流程的影响。
- 包装在把完工商品顺利地从工厂转到分销中心再到终端顾客的过程中起着重要的作用。
- 可持续性是包装选择中的一个重要考虑因素,公司现在都转向了可回收的外部和内部包装材料。
- 生产的KPIs必须与公司的目标、顾客的需求以及生产运作的全部绩效相一致。
- 相关产品的KPIs包括总成本、总周转时间、供货绩效、质量以及安全性。
- MES软件解决方案提高了组织管理生产运营的能力,使得组织对于破坏性、挑战性和充满变化的市场环境具有更好的响应。

复习思考题

1. 讨论供应链中生产运作的作用。提供例子说明有效/无效的生产运营如何影响供应链绩效。
2. 描述当今环境下生产经理面临的主要挑战。
3. 比较和对比基于推的生产战略与基于拉的生产战略。它们基本的能力、优势和劣势有哪些。
4. 外包是一个流行的供应链战略,讨论一个组织进行生产流程外包的支持和反对原因。
5. 讨论美国企业考虑近岸或者回流战略的原因。
6. 描述能力计划和原料计划的差异。
7. 讨论延迟差异化的概念,同时解释它为什么是产品装配的混合方法,适用于哪些类型的产品?
8. 使用商业和公司资源中心(http://academic.cengage.com/bcrc)和公司的站点,比较以下组织提供的供应链和合同制造商的服务:
   a. Flextronics (http://www.flextronics.com) and Ditan Corporation (http://www.ditan.com)
   b. Accupac (http://www.accupac.com) and IBA circuit (http://www.jabil.com)
   c. ModusLink (http://www.moduslink.com) and Cott Corporation (http://www.cott.com)
9. 识别和讨论以下每种主要产品的装配流程和设施布局。
   a. Coke Zero concentrate
   b. Harley-Davidson motorcycle
   c. Apple iPhone
10. 讨论包装如何影响制造和供应链运作。
11. 描述组织如何在使用包装时更加环保。
12. 描述好的产品指标的特征及公司应该检测的 KPIs 的类型。
13. 使用商业和公司资源中心(http://academic.cengage.com/bcrc)以及搜索引擎,识别两个 MES 方案提供商。描述这些工具承诺的能力以及对供应链的影响。

案例 6.1　哈德森吉他公司

Saul Hudson 正在空荡荡的建筑物周围走来走去,这座建筑很快就会成为他的吉他工厂。陪同他的是一名建筑师和最近聘请的制造业副总裁(VP)。

作为摇滚乐大师,Saul 已经为他的乐队制作了 20 多年的定制吉他。在那些艰苦的世界巡演中,Saul 推出了一系列电吉他。Saul 没有将生产外包给墨西哥或中国,而是决定聘请自己的团队制作吉他。

在参观建筑期间，Saul 和他的团队讨论了有关设施布局，生产方法和技术要求的想法。

"我们如何设置它是一个体积、品种和产品定价的函数，"副总裁指出，"我们可以去任何地方，从制作一把吉他的大师级工匠到自动化生产线，每天生产数百把吉他。"

"我们就是为了赚钱，所以我不能坐在这个巨大的空间里一次做一个，"Saul 回答道，"但是，我不想为大众市场生产价值 300 美元的吉他。我们想要一个伟大的产品，客户会将它看作是对优质吉他的投资，这种吉他将持续数十年。"

在随后的简短讨论中，Saul 分享了他以五种原色销售三种型号的愿景。它们将通过音乐商店出售。他还希望客户可以选择配置自己的声音包，并以更高的价格添加自定义绘画作业。这些半定制吉他将通过公司的网站销售。

"您还需要考虑生产的哪一部分将在内部完成，而不是外包。"建筑师指出，"这将影响我如何修改建筑。"

Saul 补充说："如果我们想做的对，我们需要在内部完成主要工作，切割吉他主体和颈部、绘画、组装和测试都要在这里完成。我们可以从可信赖的供应商那买到旋钮、千斤顶和其他组件。"

"嗯，来自多个供应商的零件，十五种不同组合的吉他加上半定制订单，以及严肃的制造活动，"副总裁回顾道，"我认为我们需要一些技术支持来保持一切协调。"

"这就是我雇你的原因——为了做出那些重要的决定，"Saul 回答说，"请记住，我们在这里提供的令人惊叹的吉他，将开启下一任国王基思·理查兹或那个名叫斯拉什的人的职业生涯。"

当他走向门口时，Saul 补充道："而且，别忘了我们需要获利，告诉我你将如何衡量我们的成功。"

问题：

1. 鉴于产品的描述和将发生在吉他工厂的工作，你认为哪些生产工艺布局可以考虑？请推荐一种并解释说明。

2. 吉他工厂应该使用哪些类型的软件来帮助管理计划和操作？它们能提供什么好处？

3. 副总裁应该如何评价工厂的业绩？讨论什么样的平衡度量指标才能够实现 Saul 的目标。

4. 在 Saul 吉他公司的成功中，包装将扮演什么样的角色？

案例 6.2　埃尔维斯高尔夫有限责任公司

埃尔维斯高尔夫有限责任公司(Elvis Golf Ltd.，EGL)生产 King 460cc 球杆，它价值 79 美元，是从一个更昂贵的高尔夫球杆知名品牌复制过来的。这个球杆在公司位于田纳西孟菲斯的小工厂里生产出来，然后运送给主要的运动产品零售商。EGL 一直靠批量生产战略来获得规模效益以及较高的生产率。配合这个战略实施的还有一个按库存生产(make-to-stock)流程，同时产品也按照预期需求生产。

在前三个季度公司接连经历了销售额的大幅下跌。因此,EGL 将其销售团队派往世界高尔夫展览会,主要是展示高尔夫产业的贸易。此行的目的是引起对 King 的关注,获取零售商的反馈,同时增加订单。销售团队设置了一个展厅,而且准备了大量供发放的读物。

从订单的角度来看,此行并不成功,但是销售团队从展览会的参与方那里获得了有价值的启示。在之后的会议中,EGL 的管理者分享了以下信息:

- 零售商对我们产品的新颖和价格较为满意,但是现在只有一种模型——右手持、43 英寸、10 度高、铁杆驱动器,手柄比较俗气,这些都限制了市场推广。
- 竞争者提供类似于 King 的半客户化的球杆,价格在 119 美元。选择包括左手球杆、三种不同的手柄、铁的或者石墨的杆、六种杆的长度或任意组合。
- 少部分零售商认为如果 EGL 提供可供选择的打包商品能够增加其销量——King、蓝色球杆套,以及印有 Elvis 的高尔夫球帽。

公司的 CEO 汤姆·帕克对这种客户化的视角很感兴趣。他喜欢较高的价格,同时相信这些加入部分的成本不会比现在的 King 更贵。他说"让我们现在就开始干吧"。

"但是,这将增加我们供应链和生产运作的复杂性。"制造副总裁牌特·布恩回应到。基于所有可能的球杆套、杆的类型、杆的长度和手柄类型,他认为公司将要生产 72 种不同的模型。"这将是一个噩梦,我们将不得不持有每个模型的成品库存,"他补充道,"而且请不要让我陷入包装问题这团乱麻中。蓝色的球杆套,这是多么俗气啊!"

"布恩先生,你需要更好地理解这一问题。"帕克说。他继续陈述 EGL 需要适应更加现代和柔性的制造战略。"我们需要响应我们的客户需求,提供半定制化的球杆对我来说听上去不错。"他补充道,"如果要求的太多,那么我会考虑外包我们的制造部分,而成为像耐克一样的运动品营销公司。"

"我需要你在一周内将你的生产计划放在我办公桌上。"帕克走出会议室的时候说道。

问题:

1. 考虑到生产战略,布恩应该坚持批量生产还是尝试别的方法?请解释说明。

2. 那种按库存生产的组装流程能不能满足帕克生产半客户化球杆的期望?还有哪些可供选择的装配方法?

3. 对于帕克提出的外包 King 生产环节的想法,你是怎么看的?

4. 针对帕克提出的生产计划,写一份简要的方案。讨论你所推荐的生产战略、装配流程等,以及你的方案的优势和劣势。

第 7 章

需求管理

学习目标

通过阅读本章,你应该能够:
- 理解客户出货物流系统至关重要。
- 作为企业物流供应链管理技能的一部分,有效的需求管理日益重要。
- 熟悉可能需要的预测类型,并理解贸易合伙人之间的协作如何帮助整个预测和需求管理过程。
- 了解销售与运营规划流程的基本原则。
- 明确订单履行过程中的关键步骤,并掌握在履行过程中可能会运用到的多种渠道结构。

供应链窗口

大 融 合

"融合"和"合作"这两个术语最近出现在关于改进物流和供应链管理流程,以及收集和同步可促进这些改进的数据的讨论中。

当我们讨论在端到端物流和供应链流程方面的合作时,我们会参考一些基本措施,例如与运营商的实时联系,与第三方物流协议共享长期计划,通过我们内部组织清晰地传达数据,以及通过与供应商的协作计划改进货运可视性和库存管理——但这只触及了表面。

实施这些措施可以降低运输率,改善对所有供应链利益相关者的服务和沟通。然而,我们的 2014 年专家小组表示,大多数物流和供应链运营都不是为了真正合作并实现这些优势而建立的。

实际上,顾能公司(Gartner)最近的一项调查发现,无法同步的端到端业务流程被认为是实现供应链目标的第二大障碍。正如顾能公司的 Dwight Klappich 在今年的圆桌会议所分享的,为了克服这一大障碍,供应链组织需要更好地协调和同步在仓储、运输和制造功能中的数据和活动——即"供应链执行融合"。

"看看大多数供应链组织传统的组织方式:它们被分解为各个单一职能,例如规划、采购、制造、仓储和运输,而这充其量只是松散的联系,"Klappich 说,"公司能够在应用程序之间来回传递数据,但通过应用仓筒协调端到端流程仍然难以实现。"

为了解决这个问题,Klappich 认为市场正朝着优化端到端流程的平台发展,这将在一段时间内发生,这包括将数据汇总到一个通用的分析系统,实现供应链应用之间更紧密的整合,以及通过系统之间的双向沟通实现活动的同步。

凯捷咨询(Capgemini)的 Belinda Griffin 将这一概念进一步发展。她用"供应链协作"一词概括技术发展的下一阶段。

"供应链协作是一个更广泛的概念,不仅包括供应链执行,还包括前瞻的规划和预测。"Griffi 说。例如,供应链执行过程的融合使得托运人、第三方物流企业和其他合作伙伴在装运的同时聚集在一起,以提高运输效率。"而供应链协作将超越这一点,并允许供应商了解在一个关键的未来发货窗口期间,他们将需要什么样的运力,由此可以制定缓解运力不足的策略。"

即使拥有全系列的供应链软件和触手可及的硬件,企业也很有可能仍然面临着重大的执行问题。因此,虽然分析师们所分享的概念看起来可能更具理论性而非实际性,但如何定义运营中的协作和融合的确是急需思考的问题。

7.1 导言

为了更好地为客户服务,许多企业重点强调所谓的面向客户的出货物流系统,也称为实体配送,其实质是能够增强企业客户服务能力的流程、系统和能力的组合。零售商沃尔玛、Target、亚马逊履行其客户订单的方式,都是出货物流的例子。出货物流在物流和供应链管理研究中一直是研究的重点,本章重点讨论与这一问题有关的主要内容。

相应的,面向运营的进货物流系统指的是前端的促进价值增值的活动,比如采购(详见第 5 章)、生产运营(详见第 6 章)以及装配。供应链中相应的其他术语有物料管理和实体供应。典型的例子是汽车零配件从供应商所在地到汽车装配厂的运送。尽管进货物流的许多原理在概念上类似于出货物流,但是我们必须知道它们之间存在一些显著的不同。因此,本书第 5 章将重点讨论进货物流系统,我们将其命名为材料采购与采购服务。

考虑到这个话题的复杂性,本章将较为全面地探讨这个话题。首先,我们将介绍需求管理,这对有效地管理客户出货系统较为重要;其次,将讨论预测;再次,将会介绍销售与运营规划流程;最后,将涉及最近关注的协同预测方法。

7.2 需求管理

根据 Blackwell and Blackwell 的观点,需求管理被认为是:"专注于估计和管理客户需求,并试图利用该信息来制定经营决策。"传统的供应链通常以生产或装配为起点,以将产品销售给消费者或企业采购者为终点。大部分焦点和关注点与产品流问题有关,这主要涉及技术、信息交换、存货周转率、运送速度和稳定性以及运输等问题。尽管如此,生产商(常常远离最终用户和消费市场)决定了销售什么、何时、何地销售以及销售多少。这似乎反映了生产和需求之间在消费上的分离,事实也确实是如此。因此,对需求管理的任何关注都将为整个供应链创造效益。

需求管理的本质是促进整条供应链的能力——尤其是通向客户的制造,以便在与产品流、服务流、信息流和资金流相关的活动上进行合作。所期望的最终结果是为最终用户和消费者创造更多价值。下面列出了有效需求管理有助于使有相同目标——即满足顾客需求和解决顾客问题——的渠道成员一体化的几种方式:

- 收集和分析有关消费者的问题以及他们未满足的需求的信息。
- 识别履行需求链所需要的职能伙伴。
- 将需要的职能交给能够执行效率最高的渠道成员。
- 与供应链其他成员共享关于客户和消费者、可获技术、物流挑战与机遇的信息。
- 开发能够解决客户问题的产品和服务。
- 开发并实施最好的物流、运输、分销的方法,并以合适的方式为消费者运送产品和提供服务。

当企业意识到需要改善需求管理时,就会应运而生很多问题。首先,各部门之间缺乏协调(例如,"功能孤岛"的存在),导致缺少需求信息以致没有相应的响应。其次,过多强调需求预测,不注重合作,以及不根据预测产生的战略与经营计划。最后,需求信息过多地用于策略和运营层面的目的,而不是用于战略目的。事实上,在许多情况下历史业绩并不能很好地推测未来,需求信息应当用来产生共同的、现实的、企业未来的远景预测。最重要的是应当了解可能的需求情况并规划它们与产品供应备选方案的关系。最终的结果将是更好地匹配需求,因为它与市场上所需产品的可用性相匹配。

图 7.1 描述了供需失调如何影响整个供应链的有效性。以个人电脑(PC)行业为例,这张图显示了产品生命周期内的生产、渠道订单和真正的终端用户需求。忽略了早期的采用者,终端用户对 PC 的需求在新产品发布时常处于最高状态,同时这也是可获得性最不稳定的时期。而随着新的竞争产品的出现,终端用户的需求开始逐渐减少,最终达到一个稳定的水平,在这个时期,产品(现在更容易获得)通常会被淘汰。

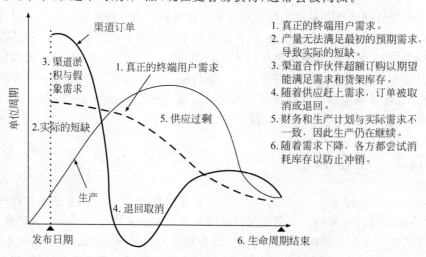

图 7-1 供需失调

更详细地解读图 7.1,可以发现在新品发布的第一阶段,当终端用户的需求达到顶峰,边际利润的机会最大的时候,PC 的装配商却无法提供足够的产品和服务来满足需求,从而造成了真实的产品短缺。同时,在此期间,分销商和经销商往往会"超额订购",进而产生了大量的"假象"需求。在下一个阶段,随着生产开始增加,装配商根据这种膨胀的订单发货,并以溢价预订销售。随着渠道库存开始增加,价格竞争和产品超额回报开始出现。这进一步抑制了对 PC 产品的需求,而 PC 装配商将会受到相当大的冲击。

在图 7.1 的最后阶段,随着终端用户的需求开始下降,市场情况显然转向供过于求。这在很大程度上是行业的规划过程和产业系统所导致的——它们主要是利用前一段时期的需求作为衡量标准而设计的。而由于前一个时期的大部分需求产生于之前所提到的"假象"需求,因此预测是不准确的。供需平衡的最终结果是大部分产品在利润下降的时期售出,从而减少了行业参与者创造价值的机会。雪上加霜的是,为了对冲供应的不稳定性,整个供应链都会持有大量库存。

Langabeer 认为,越来越多有说服力的证据表明了解和管理市场需求是企业成功的重要决定因素。除此之外,很少有企业成功地将需求管理和企业战略联系在一起,表 7.1 提供了如何战略性地运用需求数据来增强企业的成长力、资产组合、定位和投资的战略。正如该表所示,需求数据的有效应用能够帮助公司在许多重要的方面支配战略资源。

表 7.1 需求管理如何支持企业战略

战　　略	运用需求管理的例子
成长战略	• 对整个行业产量进行"假定方案"分析,来衡量特定的收购并购对市场占有率起什么样的杠杆作用 • 分析行业供给与需求来预测兼并重组后的产品价格体系和市场经济状况的变化 • 运用需求资料为被兼并公司建立人员配置模型
投资组合战略	• 管理当前投资组合中的成熟产品,使其成为生命周期中时间重叠最优化的产品 • 在产品生命周期基础上制定新产品开发或推广战略 • 权衡持续"现金流"的需求,风险组合,新产品需求 • 通过需求预测确保产品组合多样化
定位战略	• 根据需求与产品经济情况管理每个渠道的销售产品 • 根据需求在相应的物流中心管理产成品的定位以减少营运资金 • 确定每个渠道的供应能力
投资战略	• 根据对潜在产品和当前成熟产品的需求进行预测来管理资本投资、营销支出与研发预算 • 决定是否增加产能

7.3 平衡供应与需求

如前所述,需求管理的实质在于评估和管理客户需求,并将这些信息用于生产运营决策。然而,组织中的需求与供应很难做到平衡,很难实现零断货或零安全库存。有很多方法管理这种不平衡,但是在很多行业中一般常用的方法有四种。其中两个是价格和订货周期时间,这些称为外部平衡方法,其他两个为库存和生产柔性,这些称为内部平衡方法。

外部平衡方法试图改变客户的订单以平衡供应与需求之间的差异。戴尔公司发现这些方式是使需求符合供应相对有效的手段。例如,戴尔经常根据每件产品的需求和供应情况,更新网络上的价格和可得性。如果客户的需求超过了现有的供应,戴尔就会延长客户配送的订单周期。通过这种行为,就会产生如下两种状况:一是如果客户对订货周期时间延长无法接受,他或她可以从戴尔选择库存充足的其他品种;二是,如果客户能够接受订货周期的延长,戴尔就有机会等待下一次供应商的产品配送。如果出现某一品种客户的需求小于现有库存水准,网络上该品种的价格将会下调,预期该品种的需求将会增加。运用这两种方法,使戴尔能够以最小的安全库存来管理断货的情况。

内部平衡方法是利用组织内部的流程来管理供需差异。生产柔性能使企业迅速、有效地从一种产品的生产转向另一种产品的生产,这是精益生产的一个原则。由于能够通过生产计划的调整迅速应对变化的需求,使得企业能够在削减断货的可能性下实现最小的安全库存。这是生产转换成本与安全库存成本的权衡。库存也许是一种常用的、也是代价最大的管理供需不平衡的方法。许多企业根据包含安全库存在内的预测进行生产,以平滑需求和订货周期的波动,这使得企业品种生产转换的成本最小化,但与此同时会导致较高的库存。在这种状况下,随着生产转换成本的变化,断货成本通常也很高。

这四种方法在多数企业中并不是相互排斥的,有时会组合这些方法来管理安全库存和断货,其运用和实施的状况是由产品的性质和库存成本决定的。同样对方法运用产生影响的因素是企业客户需求的预测能力。下一节将探讨预测问题。

供应链在线

需求波动已成常态

全球商业咨询公司哈克特集团(The Hackett Group)的董事长兼首席执行官 Ted Fernandez 表示,在当下的商业环境下,太多的企业仍然保持着"谨慎乐观"。他认为,"大多数公司的标准普尔500指数在第一季度的表现超过了它们的预期。"但由于企业仍在为实现增长目标而苦苦挣扎,业绩指引好坏参半一直是一个问题。Fernandez 补充道,许多公司已经迅速转向生产力计划以实现盈利目标。这应该是美国经济继续好转的信号,但目前全球的形势仍然保持谨慎乐观。Fernandez 说,随着金融危机六周年的临近,寻找可持续的需求仍然比预期更具挑战性。"需求波动已经成为常态,企业明白它们需要快速调整的能力。"

 ## 7.4 传统预测

需求管理主要是指预测消费者或最终用户将要购买的产品数量、购买的时间以及客户购买的地点。尽管存在各种预测需求的统计技术,但是所有预测的共性是最终预测的结果都存在偏差。成功预测的关键是缩小实际需求和预测需求之间的误差。尽管这听起来很简单,但是市场中的很多因素会使得需求与预测发生偏离。然而,预测是必要的,因为它为营销和运营目标的确立以及制定执行战略奠定了基础。这些目标和战略的制定是通过销售与运营规划(S&OP)流程来实现的。在本章的后面一节中将会讨论这一问题。本节下面将集中介绍很多产业中运用的各种基本预测技术。

影响需求的因素

有两种需求类型:独立需求和依存需求。独立需求是对主要产品的需求,依存需求是直接受独立需求产品影响的。例如,对自行车的需求就可以叫做独立需求,这是一种客户直接需要的主要物品、产成品和商品。对自行车轮胎的需求可以称为依存需求,因为轮胎的需求量是受自行车需求量影响的。大多需求预测方法都是主要针对独立需求,例如,自行车生产商将会预测一定期间内自行车的需求,在知道需求水平的条件下,生产商就会知晓每辆自行车需要两个轮胎。这样的话,自行车生产商就没有必要预测轮胎的需求。换一种观点,轮胎生产企业需要预测轮胎的需求,因为这时轮胎是独立需求,然而轮胎生产企业不需要预测轮框,因为每个轮胎需求一个轮框。因此,在特定供应链中的每个组织会对独立需求和依存需求产品有不同的定义。然而,预测却常常是对独立需求的物品做出的估计。

通常,对独立需求物品的需求被称为基本需求,或者说,正常需求。然而,所有的需求都会有波动。其中一种类型的需求波动是由随机变异造成的。随机变异是无法预期的,这也是企业建立安全库存防止断货的原因。例如,飓风造成路易斯安那部分地区的损坏,这导致了该地区不可预计的大量建设供应需求。第二种需求波动是由趋势造成的。趋势是一个企业随着时间不断增加或减少的需求。在消费电子市场中,一些先进电子产品(如 iPod 和 DVD 播放器)是趋势向上的,而 VCR 是趋势下降的。第三种需求波动是由季节因素造成的,很多企业一年中会周期性地出现季节变动。例如,巧克力生产商会在一年中遇到几次季节波动,像情人节、复活节、万圣节等。最后,需求波动由正常的商业周期产生,这些因素往往受国家经济影响,比如经济出现增长、停滞或衰退。这一状况往往数年出现一次。几乎所有的企业都会遇到这些需求影响因素,从而使得预测变得非常困难。下一节简要地介绍预测误差,并讨论一些常用的预测方法,以及在企业预测中如何考虑这些需求波动。

7.5 预测误差

如前所述,几乎所有的预测都是错误的,有些预测高于需求,有些低于需求。管理预测过程就是使预测需求与实际需求之间的误差最小化,成功预测的关键就是要选择预测误差最小的方法。为了确定符合数据的预测方法,测量预测误差是必要的。

可以用四种方法测量预测误差。第一种称之为预测误差累积和(Cumulative sum of forecast errors,CFE),计算公式如式(7.1)。

$$\text{CFE} = \sum_n^{t-1} e_t \tag{7.1}$$

CFE 计算了数据的所有预测误差,同时考虑了负误差和正误差,这也就是表 7.2 到表 7.4 中的偏差,这测量了所有的预测误差。由于这种方法同时考虑了正负误差,尽管有些期间预测高于或低于实际需求,总体误差却很小。

第二种预测误差测量方法为均方误差（Mean squared error，MSE），计算公式如式(7.2)。

$$\text{MSE} = \frac{\sum E_t^2}{n} \tag{7.2}$$

该种方法将每期误差平方进行运算，因而正误差和负误差不能相互抵消。MSE 也给出了所有需求数据的每期平均误差项。

与 MSE 相关的第三种预测误差测量是：平均绝对偏差（mean absolute deviation，MAD），计算公式如式(7.3)。

$$\text{MAD} = \frac{\sum |E_t|}{n} \tag{7.3}$$

表 7.2 预测计算

期间	需求	预测		
		四期平均移动	四期加权平均移动	指数平滑
2014				
九月	8 299			
十月	11 619			
十一月	7 304			
十二月	5 976			
2015				
一月	10 210	8 300	7 204	10 500
二月	9 226	8 777	8 998	9 863
三月	9 717	8 179	8 839	9 790
四月	11 226	8 782	9 506	10 508
五月	9 718	10 095	10 573	10 113
六月	9 135	9 972	9 995	9 624
七月	10 702	9 949	9 594	10 163
八月	11 289	10 195	10 267	10 726
九月	10 210	10 211	10 770	10 468
十一月	12 179	10 726	10 692	11 382
十二月	11 683	11 095	11 544	11 533
总计	125 998			
x	10 500			

表 7.2 到表 7.4 也运用了该计算，将每个误差取绝对值，正负号取消，计算每期平均误差项。这种方法比较通用，因为该方法比较容易理解，并且能够正确地反映预测的精度。

预测误差测量的另一种方法是绝对平均误差百分比（mean absolute percent error，MAPE），MAPE 的计算公式如式(7.4)。

$$\text{MAPE} = \frac{\sum(|E_t|/D_t)100}{n} \tag{7.4}$$

最后，跟踪信号（Tracking Signal）也可以用来测量预测误差，它可以用来识别预测误差是否存在偏差，跟踪信号的计算公式如式(7.5)。

$$\text{跟踪信号} = \text{预计误差累积和}(\text{CFE})/\text{绝对平均偏差}(\text{MAD}) \tag{7.5}$$

下一节将研究三种常见的预测方法,以及为介绍每种方法生成的五种误差项。可以发现,当每个误差项越趋近于零,其预测的效果就越好。

7.6 预测方法

企业会通过许多不同的统计技术来进行预测。所有这些技术都要求精确的数据,并相信未来将重现过去的假设。然而,这样的要求通常都达不到,预测会产生误差。所以,一个成功预测的关键是,利用最适合数据性质的预测方法使预测误差最小化。本节将要简要讨论三种比较常用的预测方法:简单平均移动法、加权平均移动法和指数平滑法。这三种方法都将使用同样的历史数据来进行预测,以确定哪种技术最适合该组历史数据。

7.6.1 简单移动平均法

简单移动平均法也许是基本时间序列预测中最简单的方法。这种方法是基于近期的需求历史做的预测,并且消除了随机效应。简单移动平均法不考虑季节、趋势和商业周期的影响。这种方法只是简单地将预订周期的数据进行平均,并将该平均数作为下期的需求。每次计算出平均数后,老的需求数据就会剔除,将最新的需求数据纳入作为下次预测的基础。这种方法的缺陷是过去数据会被较快地遗忘,而优点是这种方法非常便捷并且容易使用。

表 7.2 是在 2014 年底和 2015 年全年历史需求上运用简单移动平均法作的预测例子。表 7.2 中第 2 列显示的是 2014 年底和 2015 年全年个月的历史需求,该例子运用了四期移动平均。为了预测 1 月份的需求,将 9 月份、10 月份、11 月份和 12 月份的需求加以平均,该计算公式如式(7.6)。

$$A_t = \frac{\text{最近 } n \text{ 期需求}}{n}$$
$$= D_t + D_{t-1} + D_{t-2} + \cdots + D_{t-n-1} \tag{7.6}$$

其中:

$D_t = t$ 期实际需求

$n =$ 平均的总期数

$A_t = t$ 期平均数

根据以上公式得到如下计算:

$$(8\,299 + 11\,619 + 7\,304 + 5\,976)/4 = 8\,300(\text{件})$$

2 月份的需求预测去除 12 月份的数据,加上 1 月份的数据,得到如下计算:

$$(11\,619 + 7\,304 + 5\,976 + 10\,210)/4 = 8\,777(\text{件})$$

不断重复以上步骤,直到得到所有预测值。四期移动平均值见表 7.2 中第 3 列。在利用了 2014 年和 2015 年的历史数据进行预测后,下一步是将此预测应用到 2016 年的未来需求。假设我们已经度过了 2016 年,表 7.3 第 2 列是 2016 年每月的实际需求;第 3 列是预测需求;第 4 列是预测误差即预测值与实际需求之间的差。预测结果的误差和为偏差。偏差衡量了预测与实际需求的吻合程度。正的偏差表示预测期内实际需求大于预测值,从而导致断货;负的偏差表示实际需求小于预测值,产生剩余库存。偏差项越接近于零,预测越好。在该例子中,偏差是+3 087件,说明预测小于实际需求3 087件;而每预测期偏差+257.25件(+3 087/12期),说明每个月小于实际需求257.25件。绝对偏差去掉了误差项中的正负号,衡量了整体预测的精度。越接近零,预测需求就越准确。表7.3第5列是绝对偏差,因此总绝对偏差是8 773件,平均绝对偏差是731.08件(8 773/12)。表7.3第6列是平方误差,为10 352 361,则均方误差为862 696.75(10 352 361/12)。表7.3第7列表示预测的绝对误差百分比,总数是89.15,则绝对平均误差百分比是7.43(89.15/12)。最后,表7.3计算出的跟踪信号是4.2。除了偏差,其他错误率的绝对值没有直观意义。然而,误差是用来比较哪种预测方法是最适合的。下一个方法将尝试改善预测精度。

表 7.3 简单移动平均法

(1) 期间	(2) D_t 需求	(3) F_t 预测	(4) E_t $D_t - F_t$ 误差	(5) $|D_t - F_t|$ 绝对误差	(6) e_t^2 平方误差	(7) $(|e_t| \div D_t) \times 100$ 绝对误差百分比
2016						
一月	9 700	8 300	+1 400	1 400	1 960 000	14.43
二月	8 765	8 777	−12	12	144	.136 9
三月	9 231	8 179	+1 052	1 052	1 106 704	11.40
四月	10 664	8 782	+1 882	1 882	3 541 924	17.65
五月	9 233	10 095	−862	862	743 044	9.34
六月	8 679	9 972	−1 293	1 293	1 671 849	14.90
七月	10 166	9 949	+217	217	47 089	2.13
八月	10 725	10 195	+530	530	280 900	4.94
九月	9 700	10 211	−511	511	261 121	5.27
十月	10 169	10 334	−165	165	27 225	1.62
十一月	11 570	10 726	+844	844	712 336	7.29
十二月	11 100	11 095	+5	5	25	.045
总计	119 702					
平均数	9 975.2					
偏差			+3 087			
平均偏差(CFE)			+257.25			
绝对偏差				8 773		
平均绝对偏差(MAD)				731.08		
平方误差					10 352 361	
均方误差					862 696.75	
绝对误差百分比						89.15
绝对平均误差百分比						7.43

7.6.2 加权移动平均法

在简单移动平均法中,之前的每个需求权重是一样的。加权移动平均法是对以往每期的需求赋予权重,越近期所占的权重越大。所有权重的总和为 1。加权移动平均法更加重视近期的需求,将之作为未来需求的预测因子。对表 7.2 中的数据使用加权移动平均法处理:假设最近一期的权重是 0.60;第二期是 0.20;第三期是 0.15;第四期是 0.05。下一个周期的平均值则按照式(7.7)计算。

$$A_t = 0.60 D_t + 0.20 D_{t-1} + 0.15 D_{t-2} + 0.05 D_{t-3} \tag{7.7}$$

表 7.2 中的第 4 列展示的是计算结果。1 月份的加权移动平均值可以按如下计算:
$(0.60 \times 5\,976) + (0.20 \times 7\,304) + (0.15 \times 11\,619) + (0.05 \times 8\,299) = 7\,204$(件)

由于需求和预测都不可能有小数值,因此这些预测都是以 0.05 为单位四舍五入。表 7.2 的第 4 列是预测。同样的,表 7.4 的第 4 列是计算误差,偏差(CFE,预测误差累积和)是 +1274 件,每预测期偏差 +106.5 件。其他的误差指标分别为:平均绝对偏差(MAD)是 886.2;均方误差(MSE)是 1 169 415.5;绝对平均误差百分比(MAPE)是 9.03;跟踪信号(Tracking Signal)是 1.44。虽然这一方法所得出的偏差和跟踪信号优于简单移动平均法,但其他三个误差指标却没有。这主要是由于加权移动平均法在计算过程中并没有对每个周期都假设相同的权重。然而,加权移动平均同样没有很好地预测需求,可能的原因有三点:一是分配给四期的权重可能没有精确地反映需求的状态;其次,用四期作预测可能不是适合的周期数;最后,加权移动平均技术并不适应于季节性波动。为了改进预测,可以应用另一种方法来处理历史需求数据。

表 7.4 加权平均移动法

(1) 期间	(2) D_t 需求	(3) F_t 预测	(4) E_t $D_t - F_t$ 误差	(5) $\lvert D_t - F_t \rvert$ 绝对误差	(6) e_t^2 平方误差	(7) $(\lvert e_t \rvert \div D_t) \times 100$ 绝对误差百分比
2016						
一月	9 700	7 204	+2 496	2 496	6 230 016	25.73
二月	8 765	8 998	−233	233	54 289	2.66
三月	9 231	8 839	+392	392	153 664	4.25
四月	10 664	9 506	+1 158	1 158	1 340 964	10.86
五月	9 233	10 573	−1 340	1 340	1 795 600	14.51
六月	8 679	9 995	−1 316	1 316	1 731 856	15.16
七月	10 166	9 594	+572	572	327 184	5.63
八月	10 725	10 267	+458	458	209 764	4.27
九月	9 700	10 770	−1 070	1070	1 144 900	11.03
十月	10 169	10 446	−277	277	76 729	2.72
十一月	11 570	10 692	+878	878	770 884	7.59
十二月	11 100	11 544	−444	444	197 136	4.00
总计	119 702					

续表

（1）期间	（2）D_t 需求	（3）F_t 预测	（4）E_t D_t-F_t 误差	（5）$\|D_t-F_t\|$ 绝对误差	（6）e_t^2 平方误差	（7）$(\|e_t\|\div D_t)\times 100$ 绝对误差百分比
平均数	9 975.2					
偏差			+1 274			
平均偏差（CFE）			+106.2			
绝对偏差				10 634		
平均绝对偏差（MAD）				886.2		
平方误差					14 032 986	
均方误差					1 169 415.5	
绝对误差百分比						108.41
绝对平均误差百分比						9.03

跟踪信号：CFE/MAD=+1 274/886.2=1.44

7.6.3 指数平滑法

指数平滑法是一种最常用的预测方法，因为这种方法简单，而且对数据要求较少。指数平滑需要三种类型的数据：往期需求平均数、最近需求数以及平滑系数。平滑系数必须在 0 到 1 间取值。系数越高说明最近期需求能较好地预测未来需求。运用式（7.8）计算预测：

$$A_t = \alpha(\text{本期需求}) + (1-\alpha)(\text{上期计算的预测值})$$
$$= \alpha D_t + (1-\alpha)A_{t-1} \tag{7.8}$$

运用表 7.2 中的数据，通过指数平滑法进行预测后，结果见表 7.2 第 5 列。假定前期的平均需求（方便起见用 12 期的平均值）为 10 500 件，平滑系数 α 为 0.5。对 1 月份的预测是前期的平均值（10 500 件），则 2 月份的预测计算如下：

预测值=（0.5×9 226）+（0.9×10 500）=9 863（件）

三月份的预测值同样如下计算：

预测值=（0.5×9 717）+（0.5×9 863）=9 790（件）

同样的，以 0.50 为单位四舍五入。表 7.5 展示了使用指数平滑法预测的表 7.2 中历史需求数据的结果。误差指标分别为：偏差（CFE，预测误差累积和）是 -5 554；平均绝对偏差（MAD）是 520.67；均方误差（MSE）是 403 033.5；绝对平均误差百分比（MAPE）是 5.52；跟踪信号（Tracking Signal）是 10.67。指数平滑预测要滞后实际需求。如果需求是相对平稳的，指数平滑法就会做出相对精确的预测。然而，当需求呈现季节性波动或长期趋势时，指数平滑法预测就是不精确的。

表 7.5 指数平滑法

(1) 期间	(2) D_t 需求	(3) F_t 预测	(4) E_t D_t-F_t 误差	(5) $\|D_t-F_t\|$ 绝对误差	(6) e_t^2 平方误差	(7) $(\|e_t\|\div D_t)\times 100$ 绝对误差百分比
2016						
一月	9 700	10 500	−800	800	640 000	8.25
二月	8 765	9 863	−1 098	1 098	1 205 604	12.53
三月	9 231	9 790	−559	559	312 481	6.06
四月	10 664	10 508	+156	156	24 336	1.46
五月	9 233	10 113	−880	880	774 400	9.53
六月	8 679	9 624	−945	945	893 025	10.89
七月	10 166	10 163	+3	3	9	0.029 5
八月	10 725	10 776	−1	1	1	0.009 32
九月	9 700	10 468	−768	768	589 824	7.92
十月	10 169	10 586	−417	417	173 889	4.10
十一月	11 570	11 382	+188	188	35 344	1.62
十二月	11 100	11 533	−433	433	187 489	3.90
总计	119 702					
平均数	9 975.2					
偏差			−5 554			
平均偏差 (CFE)			−462.83			
绝对偏差				6 248		
平均绝对偏差 (MAD)				520.67		
平方误差					4 836 402	
均方误差					403 033.5	
绝对误差百分比						66.30
绝对平均误差百分比						5.52

跟踪信号：CFE/MAD=5 554/520.67=−10.67
假设 $F_{一月}$=10 500
α=0.5

表 7-6 总结了三种不同预测方法的各项预测误差。虽然这三种预测方法都不够准确,但指数平滑法在平均绝对偏差(MAD)、均方误差(MSE)、绝对平均误差百分比(MAPE)三项指标上表现最好,加权移动平均法在偏差(CFE)和跟踪信号(Tracking Signal)两项指标上表现最好。因此,针对这组数据,指数平滑法最为适合。之所以使用多个误差指标来评估预测的精度,是因为,如果只以偏差(CFE)来评估预测精度,那么最优的方法无法被运用到对未来的预测上。

表 7.6　预测精度总结

	(1) 偏差(CFE)	(2) 平均绝对偏差 (MAD)	(3) 均方误差 (MSE)	(4) 绝对平均误差 百分比 (MAPE)	(5) 跟踪信号 (Tracking Signal)
简单平均移动法	+3 087	731.08	862 696.75	7.43	4.2
加权平均移动法	+1 274	886.2	1 169 415.5	9.03	1.44
指数平滑法	−5 554	520.67	403 033.5	5.52	−10.67

物流在线

实践的变化

尽管不愿接受,但在大多数情况下——认识库存管理的问题往往要比解决一个问题容易得多。然而,有些因素会导致仓库库存超出实际需求,这一点可以被研究并改变。

营销推动销售的挑战是近年来导致库存过剩的最大因素之一。你可能已经经历过这样一个可怕的"营销与物流"的场景,通常情况下物流或仓库经理说:"为什么我们要在有1 000个黄色玩具已经有六个月没有移动过的情况下,接收所有绿色玩具?"而市场经理说:"我们的调查显示我们需要绿色玩具增加我们的销量,并带动黄色玩具的销量。"

对于上述的这个情况,我们很容易感到困惑,而我们需要做的是共同讨论过高或过时的库存与营销活动对成本的影响。双方都在尝试高效地完成工作,但都需要理解这些决策对物流网络所产生的影响,包括库存水平和仓储绩效。

例如,如果额外的库存占用了85%~95%的存储空间,这可能对客户订单的发货产生负面影响。考虑一下这些问题:如果更多的库存导致必需的仓储空间扩张或卫星仓库的使用,成本是否有所保障?仓库的库存管理导致过时库存,使用不善的仓储空间是否能够释放?

在这些话题上,合作并帮助管理层理解营销决策带来的成本影响是十分重要的。一个去除上述情况中人的性格和情感所产生的影响的方式是进行基于库存和销售模拟模型的运营调查。这将为库存问题和相关成本与收益提供基于分析的解答。

这一节介绍了预测在数学统计上的发展。在下一节,销售与运营规划,将讨论企业应如何利用数学公式来调整以应对销售和运营的变化。

7.7　销售与运营规划

前一节介绍了企业需求预测的统计方法。历史上,很多企业在同一时段往往会对同一种产品采用多种的预测。制造商同时进行财务预测、生产预测、营销预测和分销预测的情况并不罕见。这种多形态预测的复杂性在于,多数情况下这些职能预测的结果并不一致。诸如营销可能做出生产或分销无法实施的高于需求的预测,财务可能做出高于营销能达到的预测。因此,企业需要达成所有职能内部一致的预测,并有效实施,而这种能达成一致预测的流程被称之为**销售与运营规划(S&OP)流程**。供应链研究中心的 S&OP 标杆协会(The S&OP Benchmarking Consortium)采用了 5 个步骤来实现预测的一致。图 7.2 展示了这一过程。

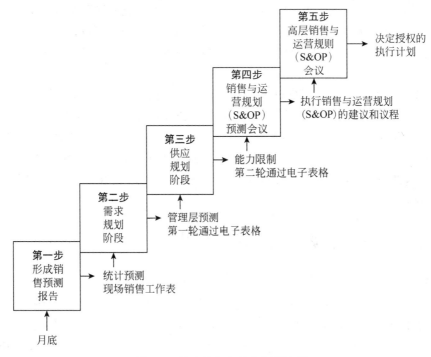

图 7.2　月度销售和运营规划流程

第一步要求对未来销售进行统计预测(形成销售预测报告),这可以通过前一节所探讨的一种或几种方法实现。

第二步(需求规划阶段)要求销售或营销部门审视预测,根据既定产品的促销、新产品引入或产品的淘汰进行调整,这种修正的预测要同时分解为产品数量和金额,因为运营部门关心的是产品数量,而财务部门关注的是金额。

第三步(供应规划阶段)要求运营部门(生产、仓储和运输)分析销售预测来决定已有的能力是否能满足预测的需求量,这不仅要求分析需求总量,而且也要分析这些数量要完成的时间点。例如,如果需求在预测期间是稳定的,产能也可能是足够的,然而,促销旺季可能产生需求的高涨,从而超过了已有能力。解决这种能力限制有两种可选的途径:一是缩短促销活动,使需求趋于平稳,但这样做可能会导致收入损失;二是通过内部投资更多的产能,或通过协议获取外部产能,以保障更多的生产,但这样做会产生额外的成本。同样的产能问题决策还涉及仓储空间和运载工具能力,同样,如果产能达不到需求可以有两种选择:缩减需求或者投资额外产能。这类产能决策在下一步中加以考虑。

第四步(S&OP预会议)涉及销售、营销、运营和财务等各个部门的人员。会议将审核第三步中出现的初预测和产能等问题,并做出一些努力来解决产能问题,实现供需平衡。也有一些可选的方案会提交给高层 S&OP 会议(第五步)决策,这些方案会涉及供需平衡中可能的销售损失和成本增加。销售预测同样要转化为金额,要看供需计划是否符合企业的财务计划。

最后,第五步(高层 S&OP 会议)要做出销售预测和产能问题的最终决策,所有的职能高层管理人员一起达成一致的预测,同时将其转化为企业的运营计划。会议中各个职能部门达成一致至关重要,往往会涉及收入与成本均衡的决策。一旦最终计划得以通过,就需要制定一个各部门的绩效矩阵,以保证行为与计划的一致性。例如,假定传统的生产绩效评价指标是看每磅花费多少成本,这就意味着每磅成本越低,生产部门的绩效就越高。然而,销售与运营(S&OP)规划要求生产部门投资额外的产能,这就会增加每磅的成本,使得生产绩效变差。尽管成本控制是相当重要的,生产却几乎无法控制成本的增加。这时就需要制定一个与计划一致的绩效衡量指标,如果生产部门在计划时间内生产规定的数量,这种新的生产绩效指标将会奖励它们。因此,合适的绩效指标应该能促进和奖励各个职能部门实现其业务计划。

7.8 协同规划、预测和补货

销售与运营规划(S&OP)描述的是企业内部如何制订计划并达成一致的预测,下一步将涉及供应链成员如何达成一致的预测。过去,企业曾采用众多方法试图整合供应链活动和流程以提高其生产效率和效果。这些方法包括快速响应(Quick Response,QR)、供应商管理库存(Vendor-managed Inventory,VMI)、连续补货计划(Continuous-replenishment Planning,CRP)和有效消费者响应(Efficient Consumer Response,ECR)等。尽管这些方法在整合供应链成员的补货上取得了一定的成功,但是都没有能达到预期的效果,因为它们缺乏对供应链成员之间合作计划的激励。

为了实现真正的供应链一体化,企业最新采用的措施之一是协同规划、预测和补货(Collaborative Planning,Forecasting and Replenishment,CPFR)。CPFR 已经被认为是企业规划、预测和补货的突破性业务模式。利用该方法,零售商、运输商、批发商和生产商能够利用可得的网络技术在整个合作过程中协调运营规划。运输商现在被包含在联合运输管理(Collaborative Transportation Management,CTM)这个概念中。简言之,CPFR 能使所有交易成员达成一致的预测,并将该预测转化为相应的执行计划,这改变了过去预测的方法,即每个交易者独自对其产品作出预测,而成员之间却互不相同。

CPFR 来自于 1995 年沃尔玛与其供应商 Warner-Lamber 公司(现在是强生公司的一部分)就其 Listerine™ 品牌产品的一项计划。除了使特定项目的存货合理化以及处理缺货事件外,这两家公司通过合作提高了预测的准确度,因此,它们能在所需的地点、时间拥有适当数量的存货。三个月的试验产生了显著结果,双方都取得了改进。这使得沃尔玛进一步与其他供应商一起通过协同规划和预测来管理库存。

如图 7.3 所示,CPFR 是一系列包括消费者、零售商和生产企业的商业流程。四个主要的流程是：(1)战略和规划；(2)需求供应管理；(3)执行；(4)分析。关于这个模型，有两点需要着重指出：一是它包括了商业伙伴间的合作和数据交换；二是它是连续、闭环的流程，它将反馈（分析）作为战略与规划的投入。

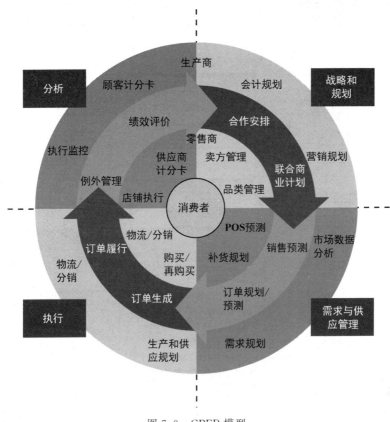

图 7.3　CPFR 模型

图 7.4 展示的是图 7.3 的流程是如何实施的。如图 7.4 所示，CPFR 强调了为了更好地管理供应链活动，消费者购买数据（或者销售点的数据收集）以及商业伙伴之间对于零售预测的共享的行为。基于这些数据，生产商分析满足预测需求的能力，如果能力与需求不匹配，零售商就需要与生产商协商达成相互一致的预测，从而产生可供执行的计划。CPFR 的优势在于提供一个单一的预测，使得交易伙伴能制定生产战略、补货战略和销售规划战略。

CPFR 行动始于商业伙伴之间营销计划的共享。一旦在特定产品的销售时机、计划销售额和承诺这几个方面上达成一致，企业就可以利用销售计划制定预测值，预测值包括按存货持有单位预测、每周预测和总量预测几种不同的方式。销售计划的时长可以是 13 周、26 周或 52 周。一般的预测对象是季节性商品或促销商品，这些商品大约占每类商品销售额的 15%。正常流通的商品或剩余产品的预测则采用统计方法。紧接着，预测被交易的任意一方输入到联网的系统中，并且任何一方都可以在既定的权限内修改预测值。

理论上讲，精确的 CPFR 预测能够直接转化为生产商的生产和补货计划，因为 CPFR 预测中同时包括了数量和时间。这使得生产商能够按单生产（基于要求的数量和时间），

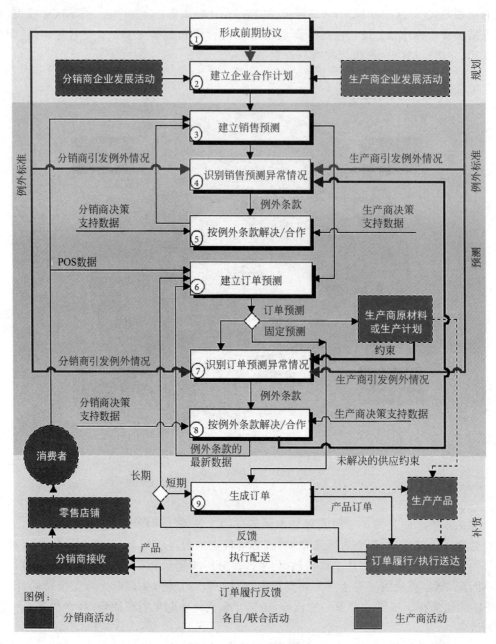

图 7.4 CPFR 业务模型

而不是按库存生产,从而为生产商降低库存,也防止了零售商出现断货情况。尽管 CPFR 不能完全实现按单生产的状态,但是它实现了供应链降低库存和防止断货的优势。West Marine 公司与供应商一起采用 CPFR 并且产生了可观的成果,将近 70% 的一级供应商将 West Marine 的订单直接导入生产计划系统中,在库率接近 96%,预测精度提升到 85%,及时配送度高于 80%。因此,这种合作性的行为为交易双方的服务和成本管理绩效带来了正向影响。

小结

- 面向客户的出货物流系统受到许多企业的极大关注；但是，即使是在今天的客户服务环境下，出货物流系统和进货物流系统也必须相互协调。
- 需求管理被视为是致力于"判断和管理客户需求"的活动并且带有利用这些信息制定经营决策的意图。
- 尽管在整个供应链中有许多种预测，但是对终端用户或消费者的主要需求预测仍然是最重要的。关键是，这种需求信息应当与供应链中的贸易伙伴共享，并成为共同决策的基础。
- 预测的方法有许多，每一种方法服务于不同的目的。在今天的产业界，S&OP流程得到了极大的关注，其目的是使企业按照相同的预测运营。
- S&OP流程是由销售、运营和财务共同参与的达成内部一致预测的连续闭环系统。
- CPFR是与供应链贸易伙伴协同制定并达成预测销售量一致的方法，它可以消除因供应链不确定而造成的库存。

 复习思考题

1. 出货物流系统与进货物流系统的异同点是什么？哪种类型的行业会更重视出货物流系统？哪种类型的行业会更重视进货物流系统？
2. 出货物流系统如何与客户需求直接相联系？
3. 需求管理如何帮助渠道成员实现一体化，如何帮助满足客户并解决客户问题？
4. 产品的供需不平衡会导致什么物流问题？有哪些方法能有效缓解这种不平衡？
5. 预测的基本类型有哪些？各自的优缺点是什么？
6. S&OP流程的基本要素是什么？营销、物流、财务和生产对各要素的贡献是什么？
7. 协同规划的关键要素是什么？它们对供应链有什么益处？
8. CPFR与S&OP流程的异同点是什么？

 案例7.1 你的轮胎公司

你的轮胎公司（TFY）成立于1987年，是一家专业的轮胎更换汽车维修店，坐落于宾夕法尼亚州的阿尔图纳。TFY因其新的总经理Ian Overbaugh努力的在过去几年中取得了极大成功。由于轮胎更换是TFY的主要业务（该公司还从事机油更换、小机械维修等业务），Ian惊讶于公司缺乏对于轮胎消耗的预测。她的高级维修师Skip Grenoble告诉她，他们原先一般根据上一年的销售储备这一年的产品，他率直地承认出现了好几次季节断货，客户跑到其他企业买轮胎的情况。

尽管有很多更换的轮胎有瑕疵或损坏，但大多数情况是车辆上安装的原始轮胎只是磨损。很多情况下，四个轮胎在同一时间安装。Ian决定弄清楚一年中每个月应储备多少轮胎。下列表格是去年每个月轮胎的使用情况。

月份	使用轮胎数
2014 年	
十月	9 797
十一月	11 134
十二月	10 687
2015 年	
一月	9 724
二月	8 786
三月	9 254
四月	10 691
五月	9 256
六月	8 700
七月	10 192
八月	10 751
九月	9 724
十月	10 193
十一月	11 599
十二月	11 130

✓ 案例问题

Ian 雇用你采用最合适的方法在基于给定数据的基础上预测 TFY 的需求：

1. 运用三个月数据的简单移动平均做预测。

2. 运用三期的加权移动平均做预测，采用 0.60、0.25 和 0.15 分别代表最近一期、最近第二期以及第三期的权重。

3. 运用指数平滑法做出预测，假定一期的预测值为 9 500，$\alpha = 0.40$。

4. 在根据上述数据做出预测后，通过与下表 2016 年的实际销售量情况比较，求出三种预测方法的误差值。

月份	使用轮胎数
2016 年	
一月	10 696
二月	9 665
三月	10 179
四月	11 760
五月	9 150
六月	9 571
七月	8 375
八月	11 826
九月	10 696
十月	11 212
十一月	9 750
十二月	9 380

5. 基于对 TFY 所做的 3 种预测方法,哪一种方法预测最好?为什么?运用了哪些预测误差?如何改进预测?

案例 7.2　玩乐时光股份有限公司(Playtime, Inc.)

玩乐时光(股份有限公司)是一家拥有 50 年经营历史的专为 12 岁以下儿童生产玩具的上市公司。虽然玩乐时光并没有占据玩具市场的主要份额,但它在过去五年中迅速增长,原因在于它与主要电影制片厂合作,推出电影主角的人偶以配合新的电影发行。

玩乐时光的执行委员会由市场(包括销售)、运营(制造)、供应链(采购、库存、仓储、和运输)以及财务副总裁组成,负责审批对下一年的最终预测。

根据上一年的销售额作为历史数据计算得出预测后,预测将会交由供应链团队与运营团队,判断现有产能是否能够满足新的交易增长量。如果产能充足,预测则会交由财务团队进行分析,以确定交易量是否能够满足投资者的需求。

供应链经理 Jim Thomas 与运营经理 Gail Jones 召开了一次会议来讨论第一版的预测结果。"我知道我们用去年的销售额来预测明年的销售情况,但这个预测让我担心,"Jim 说,"因为我们的合作伙伴中的一家主要电影制片厂,将于明年推出一部大片,我不确定这对我们的分销能力会造成怎样的影响。"Gail 同意他的观点,说:"我明白。根据这一版的预测,我们目前拥有足够的产能,但从制造的角度来看,交易量的激增将使我们陷入麻烦。"同时,Jim 和 Gail 也明白,如果预测的交易额不能满足投资者的需求,财务经理则会将预测退回市场部门并要求增加销量,直到实现财务目标。

这种预测过程导致了玩乐时光在供应链、运营和市场职能之间的脱节。这些职能部门的经理通常会根据他们认为的实际需求来制定自己的预测,而忽视投资者关注的财务情况。在过去几年中,制造能力问题(玩具具有极强的季节性)和库存问题给运营和供应链带来了一些问题。尽管玩乐时光一直能很好地处理这些问题,但因为新电影的发布会对玩具的需求产生不确定性,Jim 和 Gail 仍然对来年感到焦虑。

✓ 案例问题

1. 玩乐时光在目前的预测流程中出现的问题是什么?这样的预测流程对于营销、运营、供应链和财务职能,会产生怎样的正面或负面影响?

2. 利用本章讨论的 S&OP 流程,设计一个更有效率和效能的预测流程,以减轻在问题 1 中所指出的负面影响。

第 8 章

订单管理和客户服务

学习目标

通过阅读本章,你应该能够:

- 理解订单管理和客户服务之间的关系。
- 明白企业如何影响客户下订单,以及它们是如何处理客户订单的。
- 认识作业成本法(ABC,activity-based costing)在订单管理和客户服务中所起的关键作用。
- 识别 SCOR 模型的第一层次(分销存货)中的各种活动,以及它们对现金周期产生的作用。
- 了解客户服务的各种要素,以及它们如何影响买卖双方。
- 计算缺货成本。
- 理解订单管理的主要结果呈现,它们是如何被测量的,及其对于买卖双方的财务影响怎样计算。
- 熟悉服务补救的概念,以及它在当今的企业中如何实施。

供应链窗口

电子商务调查:绿色需求还是速度需求?

最近的一项调查发现,超过一半的电子商务消费者(54%)愿意为以可持续的方式、在线订购的交付的产品多支付至少 5%的价格,并且 76%的消费者会为气候友好的交通工具而至少多等待一天的时间。

这些是咨询公司 West Monroe Partners 根据"绿色需求"或"速度需求"的调查所发现的。调查显示,尽管消费者对绿色交付看起来很积极,但他们基本上没有意识到这种交付方式的存在。此外,零售商在电子商务交易过程中几乎不提供绿色运输选择。

在最近的一次采访中,West Monroe 的供应链总经理 Yves Leclerc 表示,调查的结果令人惊讶，这挑战了当天交付是电子商务一直以来追求的目标的假设。

"这将使我们相信，如果提供选择，消费者会支付溢价或等待更长时间，"Leclerc说，"今天的挑战是企业如何提供选择，以及可视化各种运输方法的碳排放的可见性。根据调查，如果存在这些选择，它们将推动消费者行为。"

Leclerc表示，之前的研究表明，挑选、包装并在隔天运输物品的碳排放量，是消费者开车到商店购买相同物品的碳排放的30倍。在配送设施内部，能够推迟订单履行的好处在于集中托运能够减少每次停靠的里程数。

"绿色或可持续运输不仅仅是五天到货与次日到货的转变，"Leclerc澄清道，"这是从消费者订单到交付物品的整个物流交易过程，包括包装、可回收集装箱、库存控制策略、集中托运、最后一公里方法，都融入绿色运输的概念。"

Leclerc进而表示，未来几年的监管影响可能会迫使企业追求更环保的物流，这可能包括用于最后一英里交付的电动或天然气动力汽车。

"我们现在知道消费者真正想要的运输方式，而不是假设他们想要隔天或当天发货，"Leclerc说，"我们现在可能面临着一场消费者、企业和立法者都在同一战地的完美'风暴'。我希望看到美国企业在绿色和可持续发展方面有更多的改进。"

此外，该调查还旨在了解不同人口统计数据（如年龄、收入、教育水平和地理位置）对价格容忍度的影响。有趣的是，年收入并不是消费者愿意为可持续交付支付更多费用的一个有影响力的因素。

事实上，每年收入超过10万美元的受访者接受气候友好型运输价格的可能性略低。"仅仅只因为消费者可能拥有更多的可支配收入，"他说，"他们未必会愿意参与为了可持续发展而支付更多。"

8.1 引言

第7章(需求管理)讨论了企业如何通过数据做出预测，并制订营销、生产、财务和物流计划。这些计划用于整合企业资源，并实现企业和市场目标。第8章将讨论订单管理和客户服务的概念，它们是执行计划的机制。订单管理定义了企业组织的基础架构并使之付诸实践。换句话说，企业接受订单的方式(电子或人工)、履行订单的方式(库存政策和仓库的数量与位置)以及配送订单的方式(方式选择及其对于运送次数的影响)都是由企业对于订单的管理决定的。本章包括订单管理的两个阶段：首先是**订单影响**，在这个阶段中企业会努力改变客户下订单的方式；其次是**订单执行**，这个阶段发生在企业接受订单之后。

客户服务是指与客户接触的一切活动，包括了企业和客户之间会对信息流、产品流和资金流产生影响的所有活动。客户服务可以被定义为一种**价值观**、一种**绩效指标**和一种**活动**。客户服务作为一种**价值观**，使得企业通过向客户提供优质服务从而实现客户满意的承诺。这种观点与许多企业对于价值管理的强调完全一致，即将其提升到企业的战略层面，并使其能够被高层管理者直观把握。客户服务作为一种**绩效指标**，通过具体的措施，如及时送达与订单完成率等，对绩效进行衡量。这些措施诠释了关于客户服务的三重定义，即在战略、战术和操作层面的含义。最后，客户服务作为一种**活动**，将客户服务看作一项企业满足客户订单需求的特殊任务。订单处理、发票、产品退回和赔偿处理均是客户服务的典型例子。

大多数企业会在订单处理过程中使用客户服务的这三种定义。图8.1体现了订单管理和客户服务之间的关系，如图所示，客户服务对于订单影响和订单执行均产生影响。图中的内容稍后会在本章中详细讨论。

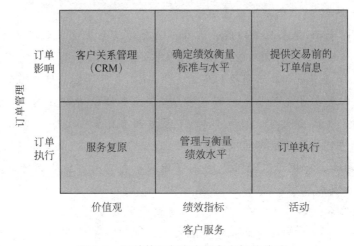

图 8.1　订单管理与客户服务之间的关系

8.2　订单影响——客户关系管理(CRM)

客户关系管理既是一门艺术，也是一门科学，它通过对客户的战略性定位，提高企业的盈利能力，改善企业与客户之间的关系。客户关系管理并不是一个全新的概念，它在银行业、信用卡、酒店以及航空旅行等服务业中已经被运用了许多年。航空业所采用的"飞行常客计划"(frequent-flier program)是客户关系管理的典型案例，它的目的在于实现细分客户，并基于飞行的里程数对公司的客户进行奖励。同样地，酒店业通过客户投宿的天数和在特定酒店的消费累计进行客户的细分。这两种客户关系管理战略都瞄准了服务成本很低但利润回报非常高的客户。通常情况下，商务旅行者在这两个行业都会获得"最佳"评级，因为他们有较多的飞行旅程和酒店住宿需求。

客户关系管理的概念在最近几年被广泛应用于 B2B 中。在过去，制造商和分销商主要从事对订单的执行，包括履行订单和配送等。如今，越来越多的制造商和分销商致力于影响客户下订单的方式。这种转变源于"不是所有的客户都能为企业产生同等的利润"的认识。客户订单的方式、数量、内容和时间都会对企业执行订单的成本产生影响。那些订单能够最大化企业物流网络效率的客户就是对于企业来说盈利能力最高的客户。通过客户管理,企业能够更好地对客户进行识别,并给予回报。

在 B2B 的环境下,实施客户关系管理有四个基本步骤:

8.2.1 第一步:基于盈利的客户细分

多数企业通过单一的标准将直接材料成本、人工成本和间接成本分配给客户,如在某一特定时期采购的一定数量的产品。然而,有些企业开始采用作业成本法(将在下一部分进行讨论),基于客户下订单的方式、数量、内容和时间产生的特定成本,更加精确地将产品分配给客户。通常来说,对每位客户运用**服务成本模型**(**cost-to-serve model**,**CTS**),就类似于为每位客户建立的损益表。

8.2.2 第二步:建立针对每个客户细分的成套产品/服务

这是客户管理过程中最具有挑战性的一步,它的目标是发现每个客户细分对于与本企业关系的价值诉求。决策通常是基于客户和销售代表的反馈产生的。其中的挑战就在于如何为每个客户细分"打包"一套具有附加值的产品或服务。有一种解决方法是为每个客户细分提供同样的产品或服务,但这些产品或服务的质量不一样。例如,表 8.1 展示了一种情况,即为每个客户细分所提供的产品或服务是不变的,但这些产品或服务的水平并不相同。在表中,细分类别 A 是盈利水平最高的,细分类别 C 是最低的。如表所示,细分类别 A 会得到最好的产品和服务,而其他两种细分类别的客户得到的产品和服务的水平都略差一些。这种"打包"假设了所有的客户细分都认为某些产品或服务是有价值的,这也是其缺点所在,而它的优点在于更便于企业管理。

表 8.1 假设的产品/服务的提供方式:第一种选择

产品/服务的提供	客户细分 A	客户细分 B	客户细分 C
产品质量(次品率%)	小于 1%	5%~10%	10%~15%
订单完成率	98%	92%	88%
生产周期	3 天	7 天	14 天
交货时间	在收到要求的一小时之内	在收到要求的当天之内	在收到要求的当周之内
付款方式	10 天内支付,给予 4% 的折扣;货到后 30 天内付清全款	10 天内支付,给予 3% 的折扣;货到后 30 天内付清全款	10 天内支付,给予 2% 的折扣;货到后 30 天内付清全款
客户服务支持	专业客服	普通客服	网站自助客服

对于客户管理过程的这一步还有另外一种解决方法,就是为不同的客户细分提供不同的服务。表 8.2 展示了另外一个例子,在表 8.2 中,每个细分得到的产品或服务都是不同的,细分类别 A 得到的最具差异。这种打包方式的依据就是不同的客户细分对不同的服务赋予不同的价值。这种方式的优点在于其能够满足不同细分的需要,而缺点在于企业管理起来较为困难。两种方法相较而言,第一种选择(即表 8.1)是更为常用的方法。

表 8.2　假设的产品/服务的提供方式：第二种选择

	客户细分 A
产品质量(次品率%)	小于 1%
订单完成率	98%
生产周期	3 天
交货时间	在收到需求的一小时之内
付款方式	10 天内支付，给予 4% 的折扣；货到后 30 天内付清全款
客户服务支持	专业客服
	客户细分 B
产品质量(次品率%)	5%～10%
信用留滞	48 小时以内
退货政策	交货后 10 天以内
	客户细分 C
订单完成率	88%
订单流程	网站

8.2.3　第三步：开发与执行最优水平

在第二步中，客户期待已经确定，这也决定了接下来第三步的内容。企业经过精心设计的流程来确定客户的需要并且设定了相关产品或服务目标，但常常在执行过程中辜负了客户的期望。其中一个原因就是很多企业忽视了流程再造对于实现这些目标的重要性。例如，表 8.1 中为细分类别 A 的客户提供的订单完成率也许是企业当前的库存政策不能实现的。因此，在给定的 98% 的订单完成率目标下，企业有必要重新考虑库存水平和位置因素。客户的期望越高，当这些期望得不到满足时他们的不满意程度也就越高。

8.2.4　第四步：绩效衡量与持续改进

客户关系管理的目标是在为不同细分类别的客户提供更好服务的同时提升本企业的盈利能力。当客户关系管理的项目得以实施，企业需要对其进行评估，考察：(1)不同细分类别的客户是否得到满足；(2)企业整体的盈利能力是否得到提高。请记住，客户关系管理的目的就在于识别那些通过订单就能够为企业带来最多利润且使企业付出最低成本的客户。因此，另一种评估客户关系管理项目的指标就是由于改变了订单方式而改变了所属细分的客户数量。客户关系管理的目的不在于评估客户，而是在最大化企业利润的同时满足客户需求。如果客户关系管理项目不能实现这些目标，企业需要对其进行重新评估和定位，使其与企业的绩效目标一致。

客户关系管理背后的意义非常简单：对客户和企业资源进行整合，以实现客户满意度和企业利润的同时提高。客户关系管理的执行面临着许多挑战，它的实施是一个过程，而非目标。客户关系管理是企业的一种战略行为，它需要对企业的资源分配、组织结构和市场认知进行调整。

以上部分为客户关系管理的概述,接下来的部分将深入探究如何对客户进行细分,主要包括作业成本法和客户盈利能力分析法。

8.2.5 作业成本法和客户盈利能力分析

传统的成本会计计算适合产出和分配是高度相关的情况。例如,仓库采用托盘方式进行产品的接收、存储、分拣和装运。假设不考虑产品和托盘的型号,则包含在每个托盘中的人工费、机器折旧和空间使用费等费用是一定的。因此,对于一定时期存储在仓库中的产品,基于一定的托盘数,包含了直接人工费用、直接机器折旧费和直接管理(空间)费用的成本总数可以平均分摊在每件产品中。

相反,当产出与分配不直接相关时,传统的成本会计方法的效率会降低。这种情况通常会出现在物流中。例如,假设上文提到的仓库需要开始分拣和装运,采用的方式有箱式、分包装式和托盘式。通过托盘分配的方式,产品将承担仓库中大部分直接成本。然而通过货箱或分包装进行分拣属于劳动密集型工序,使得仓储的成本更高。正因如此,传统的成本会计方法在最耗费成本和最节约成本的储运方式之间平均分摊,此时作业成本法(ABC)将更有利于效率的提高。作业成本法是"一种计算成本、作业、资源和成本对象的绩效的方法。资源被分配到作业中,而作业根据消耗情况被分配到成本对象中。成本作业计算法关注的是从成本到作业的因果关系。"通过作业成本计算法,上文讨论的仓储问题能够将成本更精确地分配到使用更多资源的作业中去。换句话说,根据作业成本法,分拣和装运分包装比分拣和装运托盘耗费更多。

图 8.2 显示了传统的成本会计方法和作业成本法的另一个不同之处。如图所示,传统会计将成本集中到部门的成本中心(如仓库中的人工成本被集中到仓库部门的成本中),再将特定的成本分配到产品中(如每托盘的人工费用)。作业成本法将资源集中到作业中(如分拣托盘所用的人工费用),识别成本动因(如分拣托盘和分拣分包装的人工成本),再将成本分配到产品、客户、市场和业务部门。作业成本法比传统会计方法更加精确地反映了执行作业的成本耗费。

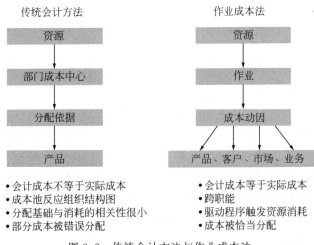

图 8.2　传统会计方法与作业成本法

下面举一个说明作业成本法更加有效的例子。假设客户产品分销中心(DC)采用托盘方式接收和存储产品,而采用托盘、分层、箱式和单品(独立的消费单元)方式进行分拣和装运。图8.3所示的是产品流。分销中心用托盘接收用于存储的产品和客户退回的产品(产品的退回是另外一个过程,这里将不予讨论)。中心接收了托盘之后将其存储起来直到产品分拣开始。客户既可以整托盘订购,也可以进行单品订购,同样装运也是相对应地整托盘进行或少量个别地进行。托盘存储之后,履行客户订单进行的分拣和装运要经过10个独立的步骤。直观看来,这种情况下最有效率的方式应该是整托盘分拣和整托盘装运,而效率最低的则是单品的分拣和装运。分层分拣意味着客户的订单数量刚好属于"层"的级别。"层"的量是托盘中每一层商品的箱数。"高度"是指一个托盘上产品的层数,分层分拣导致的后果就是一个"彩虹"式的托盘,因为上面是各层不同的产品。在箱式分拣中,货箱分拣后会被聚集在托盘中以便装运,或者会被直接进入传送系统,最终装入集装箱进行拖车运送。在单品分拣中,这些少量的产品会被集中在一个循环使用的装运箱中,这个箱子被送回传送系统,最终会用集装箱散装或者托盘承装。每一次分拣都可以看作是对单品进行装运。

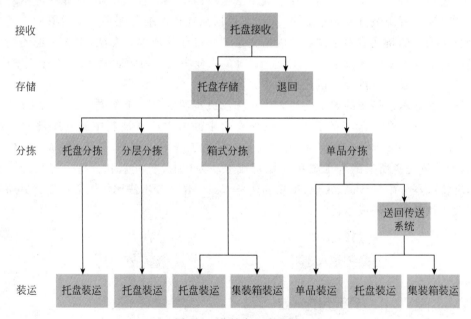

图8.3 分销中心流程图

定义完产品通过分销中心的各种方法之后,下一步是对承担分销中心中的空间和人工这两个主要成本的作业进行定义。各种占用空间的作业如表8.3所示,表中显示仓储占用了分销中心73%的管理费用。因此,需要更多仓储空间的产品将会分摊更多的直接管理费用(设备成本)。表8.4显示的是针对表8.3中的各项作业所需要的全时工作量(full-time equivalent employee,FTE)。分拣进入传送系统的货箱作业需要最多的全时工作量(FTE)(19.54)。

第 8 章 订单管理和客户服务

表 8.3 分销中心空间分配

作业	占建筑总面积的百分比（%）
存储	73.0
箱式分拣	10.0
接收	5.0
单品分拣	4.0
测试位置	3.0
暂存	3.0
退回	2.0
总计	100.0

表 8.4 分销中心人工分配

作业	全时工作量（FTEs）
接收	17.73
存储	6.90
箱式分拣	19.54
集装箱装运	6.90
测试区	6.90
单品分拣	6.90
送回传送系统	1.28
快递	1.28
托盘分拣	5.49
退回	9.71
总计	82.63

将这两张表中的成本分配和图 8.3 中的产品流相结合，得到各项作业的成本占用情况，见图 8.4。用"箱"作为分配单位，则以托盘进行接收、存储、分拣和装运的作业每箱占用成本最低；而托盘式接收和存储产品并进行单品的分拣和装运会导致每箱最高的成本。作业成本法也能够用于客户订货成本的决策以及影响客户下订单的方式。

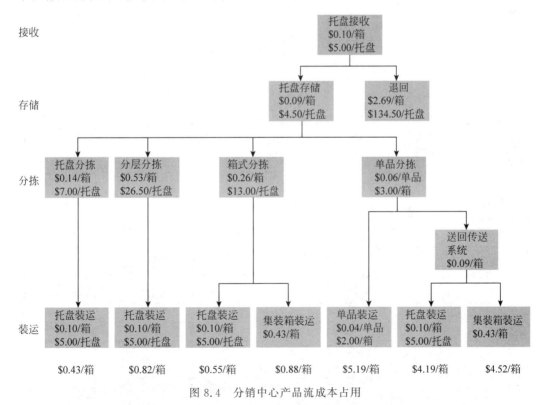

图 8.4 分销中心产品流成本占用

分销中心成本属于一种货主处理客户关系的重要成本。在传统的客户盈利能力分析中，销售毛利减去回扣和补贴（净销售利润），再减去已售产品成本，则得到最后的毛利润。

尽管这些数据能够为客户的盈利能力提供一定的参考,但它的不足之处在于服务客户的真实成本很难计算。表8.5展示了决定客户盈利能力的另一种方法,这是来自一家匿名公司的真实案例。这个例子囊括了其他由客户影响的成本动因,并显示了它们与企业的关系。请注意,分销中心的例子仅仅弥补了客户盈利能力公式中"运营"部分的成本。在这个例子中,仅仅采用毛利润作为客户盈利能力的指标并不足以解释客户服务产生的成本。毛利润下的每个明细科目与图8.4中的模型相对应。根据客户影响对企业成本产生的驱动作用,企业可以通过盈利能力对客户进行细分。

表8.5 客户盈利能力分析

客户损益表 客户 A 美国 损益总计合并

编号 123456	1997年实际损益	销售比率(%)	1998年第一季度	1998年第二季度	1998年第三季度	1998年第四季度	1998年实际损益	销售比率(%)
销售总额			$17 439 088	$15 488 645	$17 382 277	$16 632 060	$66 942 069	102.6
利润			78 383	60 150	66 828	143 225	348 587	100.5
现金折扣			348 782	309 773	347 646	332 641	1 338 841	102.1
净销售总额			$17 011 923	$15 118 722	$16 967 803	$16 156 194	$65 254 641	100.0
销售成本			$4 392 341	$3 686 569	$4 170 382	$3 959 373	$16 208 665	24.8
标准成本			$4 279 660	$3 615 837	$4 070 518	$3 830 855	$15 796 870	24.2
版税			$112 681	$70 732	$99 864	$128 518	$411 795	0.6
毛利率			$12 619 582	$11 432 153	$12 797 421	$12 196 820	$49 045 976	75.2
促销成本			$1 366 220	$1 476 337	$1 624 152	$2 210 575	$6 677 284	10.2
补贴			$299 893	$85 025	$110 627	$0	$495 544	0.8
直接折扣			$957 617	$885 877	$1 054 432	$1 115 520	$4 013 447	6.2
贸易促进基金			$108 710	$505 435	$459 093	$1 095 055	$2 168 293	3.3
货架			$0	$0	$0	$0	$0	0.0
其他			$0	$0	$0	$0	$0	0.0
广告			$0	$0	$0	$0	$0	0.0
市场调研			$0	$0	$0	$0	$0	0.0
其他变动费用			$576 922	$396 040	$464 740	$474 752	$1 912 454	2.9
支架费用			$373 099	$256 242	$300 028	$320 522	$1 249 892	1.9
运费			$203 822	$139 798	$164 712	$154 229	$662 562	1.0
直接利润贡献			$10 676 440	$9 559 776	$10 708 529	$9 511 494	$40 456 238	62.0
销售费用			$277 303	$288 458	$320 217	$377 591	$1 263 569	1.9
总部销售			$59 690	$59 690	$59 690	$59 690	$238 762	0.4
零售销售			$45 481	$45 481	$46 843	$75 246	$213 052	0.3
品类管理			$50 238	$50 238	$50 238	$50 238	$200 953	0.3
跨国交易			$121 893	$133 048	$163 446	$192 416	$610 802	0.9
运营			$192 555	$266 837	$269 382	$269 673	$998 447	1.5
仓储			$100 632	$145 456	$142 890	$153 564	$542 541	0.8
订购流程			$91 923	$121 381	$126 492	$116 109	$455 905	0.7

续表

客户损益表			客户 A 美国 损益总计合并					
编号 123456	1997年实际损益	销售比率(%)	1998年第一季度	1998年第二季度	1998年第三季度	1998年第四季度	1998年实际损益	销售比率(%)
营业利润			$10 206 582	$9 004 481	$10 118 929	$8 864 230	$38 194 223	58.5
贬值			$15 791	$4 701	$(820)	$18 433	$38 105	0.1
补贴储备			$310	$2 939	$7 792	$10 953		0.0
赔偿储备			$15 481	$2 688	$1 365	$6 641	$26 175	0.0
手续费			$0	$(926)	$(2 097)	$4 000	$977	0.0
调整后的营业利润			$10 190 791	$8 999 780	$10 119 749	$8 845 797	$38 156 118	58.5
脚注								
需要进一步调查的项目			$1 034	$2 223	$2 492	$9 125	$14 875	0.0
不义之财现金折扣的销账			$0	$809	$0	$30 213	$31 022	0.0

图 8.5 显示了根据盈利能力对客户进行细分的方法。纵轴衡量的是客户的净销售价值,横轴代表服务的成本。处于"保护"区域中的客户属于最具盈利能力的客户细分,他们在与企业相互作用的过程中能为企业提高成本使用的效率。"危险地带"区域中的客户属于盈利能力最低的客户,并且极有可能给公司造成损失。对于这类客户,企业有三种选择:(1)改变公司与客户相互作用的方式,从而使他们能够过渡到另一个区域中;(2)对这类客户收取实际产生的费用(极有可能使得客户终止与公司的合作,这对于多数公司来说不是一个可行的战略);(3)将客户转换到其他的分销渠道中(如,公司可以鼓励客户向分销商或者经销商下订单,而非直接向公司购买)。"建设"区域中的客户具有较低的服务成本和较低的净利润价值。对于这类客户的战略是保持服务利润,并不断提升净利润价值使其过渡到"保护"区域中去。最后,"成本工程师"区域中的客户具有较高的净利润价值和服务成本。对待这类客户的战略是为客户与企业的相互作用寻找更有效率的方式,包括鼓励客户进行分层订购,而不是整箱订购,这种订购方式的转变将缩减企业的运营成本,并使得客户向"保护"区域移动。

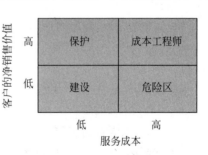

图 8.5 客户细分矩阵

将作业成本法、客户盈利能力分析和客户细分结合起来,以提升企业利润是越来越多的企业所采用的战略。这一战略有助于确定服务客户的真实成本,并帮助企业与客户良性互动,使其实现成本效率的最大化。将这三种工具与客户关系管理相结合,使得企业能够为不同细分类别的客户提供有差异的产品或服务,实现企业利润的最大化,同时也最大化客户满意程度。

这一部分讨论了企业如何影响客户下订单的方式。下一部分将要讨论企业在接收订单之后如何执行订单。

8.3 订单执行——订单管理和订单履行

订单管理系统是买卖双方用来交换各个产品订单信息的主要手段。有效的订单管理是提升运营效率和客户满意度的关键。如果企业能以及时、准确和统一的方式开展与订单管理相关的所有活动，则可以相应地协调企业其他相关领域的活动。此外，现有和潜在客户都对一致且可预测的订单周期长度和可接受的响应时间持积极态度。企业可以通过了解客户需求，设计出优于竞争对手的订单管理系统。

物流的运作需要及时准确的客户订单信息。因此，越来越多的企业将订单管理功能置于物流领域内。此举不管是从物流流程的角度来看，还是从整个组织的角度来看都是有益的。

8.3.1 现金订单和补货周期

提及面向客户的出货装运，**现金订单**（Order-to-Cash，OTC）这个词汇经常会被提及，二者之间的区别接下来将会简要讨论。而**补货周期**这个词汇在涉及获取额外库存，如材料的管理等领域中会更多地被提及。一般来说，一家企业的订货周期通常就是另一家企业的补货周期。接下来的部分，现金订单这个词将会出现。通常情况下，企业将订单管理看作从卖方接收订单到买方收到货物这一过程中所有活动，这被称作订货周期。现金订单周期则是在订货周期中所有活动基础之上加入基于发票的向卖方的资金回流。如今越来越多的企业开始接受现金订单的概念，它也更加准确地体现了订单管理过程的有效性。

图8.6是OTC周期的展示，这个图表也被称为供应链委员会的SCOR（Supply-Chain Operations Reference）模型中的第一层分销存货，这将是后续讨论的基础。这个过程不仅包括了向买方交付产品的前置时间，还包括了现金流回卖方的部分。现金订单周期共包括15个基本的活动，前7个（活动1—活动7）代表的是信息流，中间7个（活动8—活动14）代表的是产品流，最后一个（活动15）代表的是现金流。接下来每个活动将被详细解释。

活动1：处理询价与报价

这一步发生在客户提供订单之前，活动1表示的是，客户通过寻找企业提供的产品、报价和可得信息，作出是否订货的决定。作为供应商的企业应该能够在特定的地点，为客户提供及时准确并且实时更新的信息，这一步的关键在于信息的可得性。

活动2：接受、输入和确认订单

这一步当中包含订单的下达和接收，很多企业通过电子数据交换（electronic data inter-change，EDI）和互联网等技术手段来实现，并由客户服务代表（customer service representative，CSR）将客户的订单输入订单管理系统中。在这一步中对技术设备的运用能够显著降低订单和整个OTC周期中错误的发生。因此活动2属于"获取"订单，并为接下来处理订单的步骤做好准备。

第 8 章 订单管理和客户服务

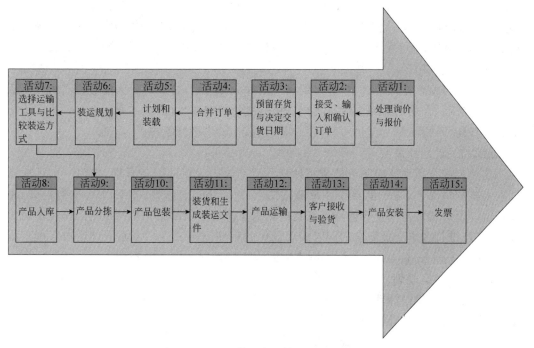

图 8.6 SCOR 模型中的第一层：分销存货

活动 3：预留存货与决定交货日期

这一步就是传统意义上的订单处理。在买卖双方的关系中，这属于关键性的一步，因为它为客户设定了一定的运送期望。一旦订单进入了卖方的订单管理系统，现行的存货水平就开始接受其是否能实现地点与数量匹配的检查。如果卖方的分销网络拥有合适的库存，则这些库存就会为订单保留，客户也会得到一个确定的交货日期。当卖方的存货能够满足订单时，交货日期的确定便基于**交付可行**（available to deliver，ATD）的概念，即卖方具有足够的存货，并能够确定交货日期。

有些时候，卖方并没有足够的存货，但它们清楚什么时候能够生产出来或什么时候供应商能够将其送到分销中心那里。在这种情况下，交货日期的确定是基于**承诺可行**（available to promise，ATP），即卖方即使没有实际拥有满足订单的产品，它们仍然能够承诺一个交货日期。不管处在哪种情况中，客户实际上没有必要知道交货日期的确定是基于"交付可行"，还是"承诺可行"的。实施承诺可行需要卖方和自身制造部门以及卖方和供应商制造部门及供应商分销中心的信息系统的协调一致。例如，假设客户从卖方那里订购了 40 箱 A 产品，而卖方目前库存中只有 20 箱，但制造部门在第二天能够制造出另外 20 箱来。卖方因此可以根据承诺可行提供确切的交货日期，因为在第二天它们就能够为订单提供 40 箱 A 产品。同样，如果卖方的供应商可以在当天下午送来剩下的 20 箱产品，他同样也能够根据承诺可行提供确切的交货日期。承诺可行成功实现的关键就在于上游的供应方（包括卖方自己的制造部门或供应商的部门）能够遵守剩下 20 箱准时送达的承诺。如果他们不能遵守这个承诺，那么卖方的订单履行或按时送达的行为也将无法实现。

一旦向客户确定了交货日期，这一步就会将订单传递给仓储管理系统（warehouse

management system，WMS)，为分拣活动排程,同时也会传送到财务系统以生成发票。因此这一步决定了卖方将与客户沟通并制定的订单执行计划,它的成功完成对于实现供应商的内部效率(如订单完成率和准时交货率)和客户的外部效率(客户满意度)十分关键。

活动 4：合并订单

这一步将检查客户的订单,并制定出拼箱和分拣计划,合并的行为能够提高卖方的成本效率。然而,合并的计划会使得客户订单的交货周期变长,因此需要综合上一步中确定的交货日期(不论是基于交付可行,还是基于承诺可行)进行考虑。

活动 5：计划和装载

这一步综合活动 4 中制订的拼箱计划和活动 3 中确定的交货日期,输出一个运输计划。大多数情况下,这一步需要涉及散货拼车(less-than-truckload，LTL)、小型包裹、中途停留以及运费协定同盟等操作。其目的是为了将订单指派给一个特定的运输或交通工具,以实现维持客户交货需求的同时实现最优的运输安排。许多企业通过运输管理系统(transportation management system，TMS)为交货计划确定装载安排。

活动 6：装运规划

这一步需要遵循活动 5 的结果,或与其同时进行。此时"装载工具"(通常是一种交通工具)会被安排到特定路线中。同样地,许多企业通过运输管理系统完成这一步的活动。

活动 7：选择运输工具和比较装运方式

这一步需要遵循活动 5 与活动 6 的结果,或与它们同时进行,即分派一个运输工具运送订单或订单集合需要的产品。它的内容来自于卖方的路线规划向导,这是运输管理系统的一部分。例如,卖方有 2 000 磅的货物需要从分销中心运送到 1 500 英里之外的目的地,送货窗口期为 2 天。路线规划向导会为其确定一个空运小型包裹的方式(如 UPS、联邦快递)。如果送货窗口期为 5 天,路线规划向导也许会建议采用散货拼车的方式(如 Yellow 或 Roadway,或者联邦快递陆运)。一旦运输工具确定下来,卖方会根据与这些运输提供方的协议事先确定装运的成本。此时,卖方需要考虑装运的规模(装载量)、目的地(路线)和交货日期(运送可行或承诺可行),从而确定合适的运输工具与运输成本。

活动 8：产品入库

如果是基于承诺可行向客户确定了交货日期,则这一步至关重要。在这一步中,分销中心接收产品,订单管理系统开始检查是否有其他未完成的订单也需要这种产品。如果有,则这些产品会和现有存货进行合并,并准备为完成的订单先行分拣。如果没有未完成的订单需要这种产品,则产品会直接存储,为分拣做准备。

活动 9：产品分拣

这一步需要根据活动 3、活动 4 和活动 5 制订的分销中心产品分拣计划进行操作。由于分销中心中有大量的订单分拣计划,因此这一步的分拣路线规划对于优化分拣效率和维持交货计划至关重要。

活动 10：产品包装

订单经过分拣后,必须进行包装。包装可以采取多种形式。首先,来自互联网订单的个人单品可以包装到特定的箱子中；其次,为订单挑选的箱子可以装入到多项目(彩虹)托盘中；最后,为订单挑选的箱子也可以装入在单件(直)托盘中。无论采用哪一种包装形式,该步骤为订单装载到运输工具进行交付做好了准备。

活动 11:装货和生成装运文件

基于活动 5 和活动 6 的结果,这一步开始对运输工具装载。有时候运输工具里订单的排序并无影响。例如,在一个满载的装运计划中,只有一个目的地和一笔订单,这个运输工具中的产品顺序显得无关痛痒。然而,如果一个运输工具存在散货拼车或中途提留的需求,同时有多个目的地和多笔订单,则顺序就至关重要了。在这种情况下,最前面的产品会最后运送,而最后面的产品是最先运送的,为了提升运输效率,满足交货需求,正确的装载顺序十分重要。

尽管有些企业会在这一步中对买方的信用进行检查,但信用检查的工作通常是在活动 2 中完成的。"能够支付"是多数企业对于客户的基本要求,也是订单执行的动机所在。

最后,这一步会生成装运的文件,这些文件会被提供给执行装运的运输方。文件中包含提货单、运费清单、运货单和对于境内运输方的载货明列及对于境外运输方的报关文件。当货物在法律意义上被转移给运输方,装运的过程就开始了。这一步也是卖方向买方提供官方发票的时候。

活动 12:产品运输

随着订单被正确装载并生成所有装运文件后,车辆开始从装载设施向客户移动。一些运输方将生成**电子数据交换(EDI)**信息,即**预先发货通知(advance ship notice,ASN)**,并将其发送给客户(企业与企业交易)以通知它们发货日期和发货内容。在企业与客户交易的环境中,托运人很多时候会向消费者发送电子邮件告知它们的订单已发货。

活动 13:客户接收与验货

当货物运送到客户所在地之后,接收方会决定被运送的货物究竟是否符合订单要求。这一验证的过程非常重要,如果货物无误,客户则将在这一时刻开始处理卖方的发票。如果货物不符合订单要求,买卖双方将商讨解决方案。这一步中也包含在传统订购周期中,因此卖方到这一步为止的所有活动的顺利程度决定了其能够收到为订单支付的货款的速度。

活动 14:产品安装

如果订单的内容包含了必须要在客户所在地为其提供安装服务,则这一步就是现金订单周期中安装发生的时候。例如,客户订购了一台装托盘机,要求卖方提供安装服务。成功的安装同样会影响资金向卖方回流的速度。

活动 15:发票

这一步是买卖双方现金订单周期的关键时刻,即买方对于卖方整个订购周期的表现感到满意,则会立即提供支付。现金流是供应链三个关键流:信息、产品和现金流中最后一项流程。

SCOR 模型的第一层,即整个现金订单周期囊括了订单管理和订单执行中的必要活动。其所耗费的绝对时间和现金订单周期的可靠度会对买卖双方产生重要影响,我们接下来将对其进行讨论。

8.3.2 现金订单周期长度和不稳定性

以往对于现金订单周期的兴趣一般集中在整个周期的长度上,现在人们的注意力越来越多地转移到整个过程的变动程度与一致性之上。产业实践表明,绝对的时间长度非常重要,但其变动程度更为重要,这背后的一个驱动因素就是安全库存。订单周期的长度会影响到客户的需求库存。这里采用"现金周期"是因为关注的重点在于将产品运送给买方,而不在于向卖方的资金回流。例如,假设订货周期(从下订单到订单接收)为10天,客户每天的生产消耗5个单位的产品,他们使用经济批量模型(EOQ,将在下一章中进行讨论)进行订购,则买方在剩余50个单位产品时就应开始下订单。如果卖方能将订货周期缩减为8天,则买方需要在剩余40个单位产品时开始下订单。这使得客户在提前期中减少了10单位的需求库存。

现在假设10天订货周期的变动范围是正负3天,即订货周期的长度为7~13天。如果买方不希望在生产过程中出现缺货,则他需要在65个单位库存(每天5个单位×13天)时下订单。因此,订货周期的变动程度为买方增加了15个单位的库存。图8.7说明了订单周期不同活动的变动程度如何影响库存。在"系统改造前",平均订单周期时间为13天,范围为4~22天。如果供应商要保证每次在13天内交付给买方,则在下订单时,买方需要有65个单位的需求库存(每天5个单位×13天)。如果它想要完全避免缺货

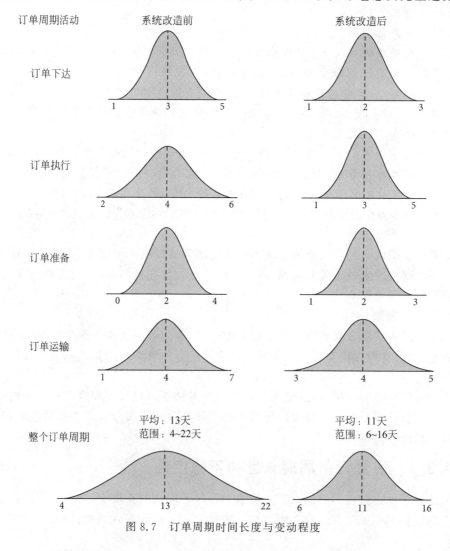

图 8.7 订单周期时间长度与变动程度

[每天5个单位×22天－(65个单位)],18天的变动程度(4~22天)要求买方保留45个单位的安全库存,则总库存为110个单位。在"系统改造后",如果供应商能够保证11天的订单周期时间(每天5个单位×11天),则买方可以在55个单位的安全库存时订购。如果它想要完全避免缺货[每天5个单位×16天－(55个单位)],10天(6~16天)的变动程度则只要求买方保持25个单位的安全库存。订单周期时间长度和变动的减少,使得需求库存减少了10个单位,而安全库存减少了25个单位。

第9章(存货管理)将详细介绍绝对时间和时间变动的内容。这里想要强调的是订单管理中的时间和变动程度不仅会影响客户的满意程度,也会影响他们的库存,由此订单管理带来的成本和服务水平是企业在市场中赢得竞争力的关键。

8.4 电子商务订单履行战略

这一部分的讨论必须涉及网络如何影响订货周期设计和管理的内容。多数企业开始运用互联网技术获取订单信息,并将其传送到后端系统对货物进行分拣、包装和装运。互联网现在还支持卖方快速收回资金,如图8.6所示,在SCOR模型的第一层中,卖方在所有活动的最后一步才收回了所有的现金。大多数企业所采用的传统的"买—造—卖"商业模型使得产品制造后在库存中等待订单的到来。显而易见,卖方企业订单管理过程占用的时间越长,收回现金的速度也就越慢。一个著名的例子就是戴尔(Dell)公司,它采用的是"卖—买—造"商业模型。戴尔公司大量的订单(包括个人消费者和公司)都是来自于其网站,一旦订单被接收并确认(出售),戴尔会在持有完成订单所需的配件之前对客户的信用卡或购物卡进行操作,使资金开始流动,也就是说戴尔在开始装配之前就占用了客户的资金。如果用图8.6所示的SCOR模型的第一层来解释,活动13从活动3之后就开始了。戴尔的负营运资金平衡为40天左右,换句话说,戴尔在向供应商支付零件款项约40天之前就接收了客户的现金。

在订单管理系统中引入互联网技术之后,企业能够在处理过程中节省更多时间,并且提升现金收回的速度。这两大优点对于企业的订单管理系统具有战略性的意义。

8.5 客户服务

客户服务事实上是物流供应链管理的驱动力,因此没有客户服务,关于对外物流系统的讨论将不完整。将正确的产品、在正确的时间、以正确的品质、无破损地送达正确的客户是承认客户服务重要性的物流系统的基本原则。

客户服务值得讨论的另外一个方面是消费者对性价比的意识和当今消费者的特殊需求,即强调时间并且他们的需求十分多变。他们对质量要求有很高的标准,不再必然忠于其一贯支持的品牌。事实上,他们想在预定的便利时间、以最好的价格、最好的服务水平得到想要的产品。例如沃尔玛和戴尔,这些企业通过采用能够实现速度、灵活性、定制化和可靠性的客户服务方法取得了成功。

8.5.1 物流和营销的相互联系

客户服务通常是物流和营销之间关键的连接。如果物流系统,特别是出货物流系统,不能正常运行,客户就不能如期收到订货,企业就会失去当前和未来的销售额。牢记,生产部门可以以适当成本生产出一个好产品,营销部门可以卖掉它;但是如果物流部门没有按承诺的时间和地点运送它,客户就会不满意。

图8.8描述了客户服务在营销和物流之间的传统作用。这种关系可以从营销组合中"地点"这一角度得以说明,营销组合常常随着渠道分销决策及其所提供的客户服务水平而变化。在本书中,在既定的服务水平下(多半由营销所决定),物流在减少各种物流活动总成本上发挥了稳定作用。

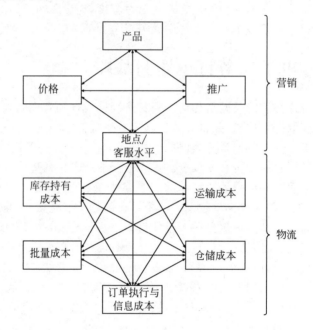

营销目标:通过将资源分配到营销组合来实现企业长期盈利最大化

物流目标:根据客户服务目标,最小化总成本,其中:
总成本=运输成本+仓储成本+订单执行与信息成本+批量成本+库存持有成本

图8.8 传统物流和营销的交叉

然而,正如第13章和本章中所述,物流在当今时代中对于客户服务水平和企业的财务状况具有更加动态的影响。因此,戴尔和沃尔玛都采用了物流和客户服务手段来降低价格,保证产品可得性和缩短客户的订货提前期。这两家企业以其动态物流系统影响财务状况而知名。

8.5.2 定义客户服务

任何试图定义"客户服务"的人很快都会发现解释这一模糊的术语的困难性。本章开头给出了客户服务的三种视角的定义:(1)作为价值观;(2)作为绩效指标;(3)作为活动。然而,客户服务需要被定义为与客户接触的一切活动。从营销的观点来看,企业所提供的产品有三个层次:(1)核心产品或服务,这是购买者真正要购买的部分;(2)有形产品,即实体产品或服务本身;(3)外延产品,客户所购买的有形产品或服务的附加价值,但同时也是产品整体价值的一部分。在本书中,我们认为物流客户服务是能够为购买者增加价值的外延产品的一部分。然而,产品和物流客户服务不只是限于卖方"接触"客户的成果。客户服务还包括企业与客户相互作用的方式以及向客户提供产品的信息,其中包括产品可得性、价格、交货日期、产品追踪、安装、售前支持和其他一些信息。由此看来,客户服务作为企业与客户相互影响的战略,包含的内容十分丰富。客户服务是一项活动、一套绩效指标、一种价值观、核心产品、有形产品和外延产品,客户服务还包含了企业与客户在信息流、产品流和现金流上的相互作用。

8.5.3 客户服务要素

客户服务是产生物流成本的重要原因。更好的供应商服务通常可以为客户带来经济效益。例如,供应商利用航空运输代替卡车运输可以降低客户存货。存货成本的降低是由于航空运输缩短了运输时间从而缩短了订货周期,但是航空运输的运输成本会高于卡车运输的运输成本。供应商的物流管理人员必须在客户想要的高水平服务和供应商能够从可能增加的销售量中扣除服务成本后所得到的收益之间进行权衡。

图 8.9 显示了服务水平和投资回报率之间的关系。服务中每一个水平的提高(如准时交货)都需要企业一定投资水平的提高。这种投资可以是更快更加可靠的运输,也可以是库存的增加。有一种假设是说服务每提高一个水平,企业从客户得到的收益也会有一定程度的提高。根据对成本和收益的定义,可以计算出投资回报率(return on investment,ROI)。图 8.9 说明了 ROI 增加的速度随着服务水平的提高而逐渐减慢。换句话说,随着服务水平的提高,提供服务的边际成本增加,因此边际收益的增速会减慢。在有些时候,服务成本的提高远远大于得到的收益,因此会出现负的投资回报率。这就是为什么对于企业来说,提供最高水平(100%)的服务是不切实际的。因此,企业必须学会在提供服务和成本中进行权衡。

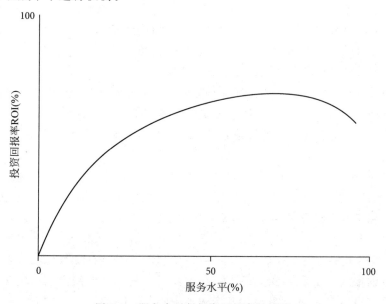

图 8.9 服务水平与投资回报率的关系

根据之前的讨论，企业的客户服务具有丰富的内涵。从物流的角度出发，客户服务具有四个独立的维度：时间、可靠性、信息沟通和便利性。下一个部分将同时研究这些要素如何影响买方和卖方企业的成本中心。

1. 时间

时间要素通常是指现金订货周期，特别是指从卖方角度考虑客户服务。而买方通常把时间要素称为前置时间，或补货时间。无论从哪个角度或者是用哪个术语，都有几个基本组成部分或变量在影响时间要素。

今天，成功的物流管理高度控制着前置时间的全部或绝大部分的基本组成要素，包括订单处理、订单准备和订单运送。通过有效管理这些活动，确保订货周期有合理的长度和稳定的持续时间，卖方企业改善了提供给买方的客户服务水平。务必牢记的是，无法持续或者过长的订货周期都会对客户的存货产生影响。

改进所有影响前置时间的要素的费用可能会很大，因此企业可能会对一个方面进行改进而让其他方面在现有的水平上保持。例如，企业对基于互联网的订货系统的投资可以减少订单接收和处理的时间，同时还能减少人工生成订单时出现错误的数量。企业所做的技术投资可以替代人工干预，减少不必要的费用。

确保既定的前置时间水平是物流管理的一个重要进步。我们可以看到它对效率的影响：既提高了买方客户效率（降低存货成本），同时提高了卖方物流系统的效率（生产效率改进）。但是就时间概念本身来说，没有可靠性就没有意义。

2. 可靠性

对一些客户来说，可靠性可能比前置时间更重要。如果前置时间固定，那么客户可以将存货水平降到最低。也就是说，客户百分之一百地确信如果前置时间是十天，企业可以根据十天的平均需求（习惯耗用）调整它的存货水平，而不需要安全库存来防止因前置时间波动而导致的缺货。

(1) 周期时间

前置时间的可靠性直接影响客户的存货水平和缺货成本。一个可靠的前置时间可以减少客户所面对的某些不确定性。能够向客户保证特定的前置时间水平（带一些容许偏差）的卖方，能够使其产品显著地区别于竞争者的产品。

图 8.10 用图表描述了整个前置时间的频率分布，时间计量单位为天。图表是双峰分布，它表示前置时间在 4 天或 12 天左右。客户通常在 4 天内收到卖方用存货供应的订货。卖方不能从现有存货供应的订单和客户必须订货的延迟订单通常需要大约 12 天的总订货周期。

前置时间不一致可能导致买方的缺货、延误和生产损失。卖方可能会因未履行承诺的交货日期而产生索赔，收入损失和因错过约定日期而加急运输的成本，这些可能的结果强化了买方和卖方之间可靠的订单周期时间的重要性。

(2) 安全运送

订单的安全送达是每一个物流系统的最终目标。正如前面所提到的，物流过程是整个售卖过程的重点。如果商品破损或丢失，客户就不能如期使用商品。包含破损商品的运送会加重客户的存货、生产和营销几个成本中心的工作。

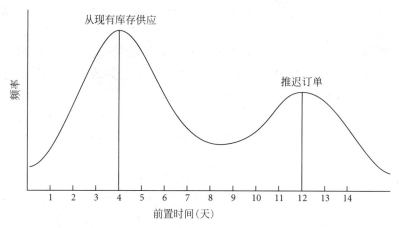

图 8.10 前置时间的频率分布

收到破损货物,卖方无法用于销售、生产或使用,可能会因放弃已确定的销售或生产而导致缺货成本增加。为了防止这些成本的出现,卖方必须提高存货水平。因此,这种状况对一个注重通过某些及时的方式消除或最小化存货的企业来讲是不可接受的。

（3）修改订单

最后,可靠性还包括订单的修改。急切等待急需商品到货的买方在接到货物时可能会发现卖方在履行订单时出现了错误。如果买方没有收到需要的商品,卖方就面临可能的销售损失、生产损失,甚至是客户满意度损失。如果买方不至于因气愤而向其他供应商订货的话,没有正确履行的订单将迫使客户重新订货。

3. 信息沟通

买卖双方之间存在三种信息沟通：交易前、交易中和交易后。交易前沟通包括现时产品可得性和交货日期的决定,这可以通过电子方式或人工方式进行沟通。不管用哪种方式,交易前沟通为客户提供了做出购买决策的必要信息。

交易中沟通既包括买卖双方交流的内容,也包括卖方内部交流的内容。卖方内部交流的内容包含将客户订单信息传递给卖方履行订单的部门,以及给负责从库存中进行分拣的部门。如果卖方发现库存不够满足订单,那么买卖双方交流的目的在于告知客户这种情况。另一种买卖双方交流的内容在于装运和配送的追踪。当客户需要知道订单是否按计划执行时,会联系企业提供相关信息。

最后,交易后沟通包括维修、装配和退回等内容。当产品到达后,客户可能会询问如何使用或装配。快速与准确地提供信息能够将企业与其他竞争者区分开来。客户可能会有退回部分或全部产品的需要,则退货的过程,特别是基于互联网的退货操作显得至关重要。同样地,满足客户轻松实现产品的退货也是使企业具有差异性的一个重要因素。

4. 便利性

便利性是物流服务水平必须具有灵活性的另一种说法。从物流运营的角度来看,有一个或几个适用于所有客户的标准服务水平是理想的；但其假设前提是,所有客户的物流要求都是同样的。事实并非如此。例如,一个客户可能要求卖方托盘化并用铁路运输运送所有的货物；另外一个客户则可能只要求用卡车运送,不需要托盘化；还有的客户可能要求特殊的交货时间。本质上，物流要求因包装、客户要求的运输方式、路径和交货时间的不同而不同。

我们可以将对物流服务水平便利性的需要归结为对不同客户采用不同的客户服务水平的结果。更确切地说，客户组之间的销售丧失成本是不同的。例如，购买企业30%产品的客户丧失的销售额要比购买企业产品不到0.01%的客户多。同时，销售区域的竞争程度也不同；竞争程度高的销售区域会比竞争程度低的销售区域要求更高的服务水平。企业投入市场的不同产品线的获利能力会限制企业提供的服务水平；也就是说，企业可能会为低利润的产品线提供较低的服务水平。

然而，物流管理人员必须将便利性因素囊括在正常的运营观念中。极端的情况下，满足客户的便利性需要将意味着为每一个客户制定特殊的服务水平政策。这种情况可能会造成无序运营；服务水平政策的过剩会妨碍物流管理人员最优化物流职能。服务水平政策需要确保灵活性，这是买方衡量与卖方"易做生意"的一个因素。然而，物流管理人员也应当将这种灵活性限制在易于识别的客户组，并且必须考虑盈利（增加的销售额、利润或减少的利润）与每一具体情况下独有的服务水平所带来的成本之间的权衡。

物流在线

及时交货至关重要

当前的消费者行为表明，大多数人更关心的是零售商按照消费者的喜好交付商品的程度，而不是通过社交媒体渠道进行订购。尽管围绕零售业需要将投资重点放在移动和社交媒体等新购物渠道上的炒作，与全球民意调查公司YouGov合作进行的GT Nexus在线调查讲述了一个不同的故事。美国、英国、德国和法国消费者的零售习惯、偏好和痛点表明，虽然有3%的受访者表示他们使用社交媒体渠道购买过商品，但消费者通常认为，不论是在线订购或店内订购(75%)，包含交付选项对他们很重要。对这些数字的进一步询问表明，消费者认为重要的是他们对交货时间的期望能够得到满足。

8.5.4 客户服务的绩效指标

制定合理、有效的客户服务方案必须考虑物流方面的客户服务的四个传统要素——时间、可靠性、便利性和信息沟通。客户服务的这些要素同时为建立物流客户服务水平的绩效标准提供了基本的原则。

企业已经将这四个要素扩展到物流的基本输出：产品可得性、订单周期时间、物流运营响应、物流系统信息和产品售后支持。传统上，企业根据卖方的观点制定了这五种产出的指标——例如，按时发货的订单和完成的订单。以图8.6为例，传统物流指标通常是在SCOR模型第一层的活动12完成之后进行绩效的衡量。

新供应链环境下要求更严格的客户服务的绩效标准。现在从客户的角度将该绩效标准描述如下：

- 及时收到的订单

- 完整收到的订单
- 收到的无破损订单
- 准确履行订单
- 准确托运订单

同样以图8.6为例，按照供应链的观点，绩效衡量发生在SCOR模型第一层的活动12之后。如果卖方仅仅关注装运前的客户服务，那么根据传统指标，就会存在买方不满意而卖方并不知道的情况，因为问题发生在运送过程中。此外，使用传统绩效指标的卖方可能无法评价问题的程度和幅度。使用供应链的方法（关注运送阶段的评价）不仅提供了评价的资料，而且（或更重要的是）能够在问题形成时就发出预警。例如，及时配送的标准是98%，而在某一个月降到了95%。通过调查会发现是承运人没有遵守规则，或者甚至是由于买方没有做好接收货物的准备而出现失误。

图8.11从另一个视角来分析供应链绩效指标。SCOR模型中的五个一级流程中的每一项都有多个维度的建议指标。图8.11包含图8.6所示的模型第一层的建议指标。注意到，"可靠性""响应性"和"敏捷性"是客户服务维度。换句话说，这三个维度衡量的是卖方服务对买方的影响；"成本"是内部关注的维度，并向卖方提供其为买方提供服务所花费的资源的指标。

流程类别：交付库存产品	流程编号：D1
流程类别定义	
交付库存产品是根据汇总的客户订单、需求和库存重新订购参数交付产品的过程。其目的是在客户订单到达时能够提供产品（以防止客户寻找其他卖方）。对于服务行业，这些是预先定义的以及现成的服务（例如标准培训）。"可配置"的产品或服务无法通过交付库存产品流程交付，因为可配置产品需要提供客户偏好或客户订单详细信息。	
绩效归属	衡量指标
供应链可靠性	产品订单执行
供应链响应性	订单执行周期 交付周期 当前物流订单周期
供应链灵活性	向上配送的灵活性 向上配送的适应性 向下配送的适应性 额外交付量 当前交付量
供应链成本	订单管理成本 订单管理人工成本 订单管理自动化成本 订单管理物业、厂房和设备成本 订单管理GRC和管理成本 执行成本 运输成本

图8.11 SCOP模型第一层衡量指标

供应链成本	关税和税收成本
	执行人工成本
	执行自动化成本
	执行物业、厂房和设备成本
	执行GRC、库存和管理成本
供应链资产管理	现金周转时间
	供应链固定资产回报率
	运营资本回报率
	供应库存天数——在制品
	供应库存天数——完成品

图 8.11 （续）

8.6 预期缺货成本

存货可得率主要用于降低缺货的可能性。一旦我们能够方便地计算缺货成本，就能够利用缺货概率来确定预期的缺货成本。然后通过比较预期缺货成本和客户服务增加的收益直接分析可供选择的客户服务水平。

本节我们讨论与产成品存货有关的缺货问题，而不是原材料或零配件的缺货问题。计算产成品的缺货成本通常比计算原材料的缺货成本要困难，主要原因就在于产成品的缺货可能会导致当前或将来客户收益的流失，而原材料的缺货可能导致生产的停滞。在决定库存水平时这两种缺货情况都必须要被考虑。

缺货是指客户想要的产成品的数量在客户需要的时间或地点不可得。当卖方不能用现有存货满足需求时，就会发生下列四种可能的情况之一，这四种结果按照卖方期望和成本影响从好到坏依次如下：(1)客户等待直到商品可得；(2)客户延迟订货；(3)卖方失去当前交易的收益；(4)卖方失去一个客户和这个客户带来的未来收益。从绝大多数企业观点来看，理论上讲，第一种情况(客户等待)没有成本，这种情况很可能发生在产品替代性非常低的情况下；第二种情况可能会增加企业的可变成本；第三种情况会导致买方取消部分或全部的订单，因此会影响企业的当前收益；第四种情况是最糟糕也是最难计算的，因为它会导致企业未来收益的丧失。

8.6.1 延迟订单

如前所述，当客户只收到订购的一部分产品时，就会发生延迟订单的现象，延迟订单是为了保证尚且无法提供的一部分产品库存。例如，客户订购了100单位的A产品，但卖方只有60单位可以发送给客户，这就产生了余下40单位A产品的延迟订单，当卖方持有这40单位A产品时，就会对其进行装运。在这个简单的例子中，对于买方来说并不存在重大的成本劣势。当确认延迟订单时，买方表示原意等待余下的产品到达。然而，如果相同的卖方总是出现延迟订单的情况，则买方可能要考虑更换卖方了。这个例子的假设是买方没有更换卖方。尽管买方在这种情况中没有或只付出很小的成本，卖方的可变成本会因此增加(第13章中将会具体介绍)。延迟订单使得卖方的订单管理系统中会出现二次订单文件,并需要分销中心再次生成一份分拣清单,由此也会产生一部分人工费用。例如,如果这 100 个单位的 A 产品能够满足订单,那么分拣设备只需要在同一地点执行一次任务,而出现延迟订单之后,分拣设备需要在同一地点执行两次任务,即先分拣 60 个单位,再分拣余下的 40 个单位。同样的,运输费用也会因此增加:最初 100 个单位 A 产品可能会享受标准的运输服务(如三天送达),而在延迟订单情况下,前 60 个单位的 A 产品能够保证标准运输服务,余下的 40 个单位 A 产品则需要昂贵的额外运输服务(如次日送达)。卖方订单每增加一部分可变成本,该订单带来的运营利润就会减少一部分。因此,卖方可以通过计算由延迟订单造成的可变成本,从而将其与防止延迟订单的行为而产生的费用(如存货的增加)进行比较。

8.6.2 销售丧失

大多数企业会发现,一部分客户可能会选择延迟订单,另一部分客户则会选择其他的供应商。这种决策多数是基于产品供应的可持续性做出的。有时候,如果订单要求的产品不能全部同时送达,则买方会选择终止订单,转而向其他的卖方订购。这种情况下,缺货导致了卖方销售损失。卖方的直接损失是缺货产品造成的收入损失或利润损失(取决于卖方如何计算销售损失的成本)。进而,卖方可以通过计算得出销售损失的成本。假设卖方通过利润损失来计算销售损失的成本,如果订单是 100 个单位 A 产品,税前利润是每单位 10 美元,如果客户只接受 60 个单位而取消了余下 40 个单位的订单,则销售损失就是 400 美元;如果客户取消了全部订单,则损失就是 1 000 美元。

如果企业因库存缺货而遭受销售损失,那么企业将不得不根据我们前面提到的产品线分配成本。企业应当分析不同存货水平下预期的缺货数量。卖方用利润(或收入)损失乘以预期销售的损失数量,并将该成本与持有安全存货的成本相比较。

8.6.3 客户损失

第三种因缺货可能发生的情况是失去客户;也就是说,客户永远转向了其他供应商。失去客户的供应商失去了未来的收益来源,而估计由缺货引起的客户损失是困难的。营销学者曾试图分析客户更换品牌的原因。这种分析通常使用管理科学技术以及更加定性的营销研究方法。然而由于需要估计客户将来可能要购买的产品数量,这种损失通常是最难估计的。

8.6.4 确定预期缺货成本

为了制定有关存货持有量的明智决策,企业必须确定如果发生缺货的预期成本,即如果缺货发生,那么企业将损失多少成本?

第一步是确定缺货可能带来的后果,包括延迟订单、销售损失和失去客户。第二步是计算每一种后果的费用或利润(收入)损失,然后计算单个缺货成本。为了便于讨论,假设:当缺货发生,70% 可能导致延迟订单,每个延迟订单需要的额外处理费用是 75 美元;20% 可能导致该产品的销售损失,这种损失相当于 400 美元的利润损失;10% 可能导致失去客户,或损失 20 000 美元。

总影响计算如下:

$$75\text{ 美元} \times 70\% = 52.50\text{ 美元}$$
$$400\text{ 美元} \times 20\% = 80.00\text{ 美元}$$
$$20\,000\text{ 美元} \times 10\% = 2\,000.00\text{ 美元}$$
$$\text{总和} = \text{每次缺货的预期成本} = 2\,132.50\text{ 美元}$$

既然2 132.50美元是企业通过防止缺货能够节省(或避免)的损失,因此只要持有额外存货的成本少于2 132.50美元,企业就应当持有额外存货来防止缺货。

企业可以利用这些数据评价两个或更多的物流系统方案。对每一种方案,企业需要估计可能的缺货数,并用预期的单个产品的缺货成本乘以这些数量。这是一种将缺货成本考虑进整个决策过程的方法。下一节将就此内容进行详细讲解。

8.7　订单管理对客户服务的影响

本章花了很多笔墨对订单管理和客户服务分别进行描述。然而正如本章开始时所述,二者是相互联系的。本节将介绍订单管理的五种主要活动对于客户服务的影响,它们是:产品可得性、订货周期、物流业务响应、物流系统信息和售后物流支持。每种活动都会对客户服务和客户满意程度产生影响,而每种活动的绩效都是由订单管理和物流系统决定的。人们不禁要问,在这五种活动中,哪种活动对于买卖双方来说是最重要的?答案是,它们都非常重要,因为它们是相互联系的。例如,产品可得性会影响订货周期,订货周期又会影响售后产品支持,物流系统信息则会影响物流业务响应。图8.12显示了各种活动是如何相互联系的,它们不能作为同一种活动来运作。卖方对于订单管理过程和物流系统同时进行管理能够更好地把握所有活动的绩效。如之前所述,实现所有活动是需要成本的,这些成本必须和卖方所能提供的、可接受的客户服务水平的收益进行比较。

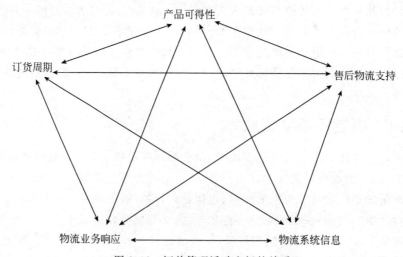

图8.12　订单管理活动之间的关系

8.7.1 产品可得性

如图8.12所示,产品可得性位于所有活动的顶端,虽然它不是最重要的活动,却是企业订单管理和物流系统中最基本的活动。原因在于,只要问一个简单的问题,就可以对它进行衡量:我在我想要的时间,得到了我想要的,并且数量正确的产品了吗?因此,产品可得性是对于物流和供应链绩效的终极衡量指标,它对买卖双方的库存都会产生影响。卖方通过更多的库存来保证产品可得性;买方也会持有更多的库存以防缺货发生,从而实现产品可得性。产品可得性还会影响买卖双方的收益和利润:如果卖方不能为买方提供产品可得性,则买方可能会取消订单,这会削减买方的收益;因为如果买方(比如说零售商)不能让自己的货架上有足够的商品,则最终消费者也没法进行购买。

关于衡量产品可得性非常重要的一点就是考虑其在供应链中所处的位置。举例说明,在花生制品市场上,消费者大多数是"不自觉"购买产品的,即他们并非最初就计划好去商店购买这些花生制品。当他们经过摆放着盐津休闲食品的货架想要去购买计划好的商品(如牛奶、鸡蛋、肉等)时,如果此时花生制品不能出现在货架上,则这笔购买行为就无法实现。因此,在这个例子中,产品可得性对于供应链中的所有成员都至关重要。假设生产花生的农民对加工厂实现90%天然花生的可得性,加工厂对分销中心实现90%打包花生的可得性,分销中心对零售中心实现90%箱装花生的可得性,零售中心对商店实现花生制品90%的可得性。也许对于供应链中每个部分来说,90%的可得性是合理的,然而这种累积的效应对于商品最终到达货架来说并非如此。假设所有数据服从正态分布,则实现商品摆上货架的可得性只有65.6%(0.9×0.9×0.9×0.9),即可能会有34.4%的可能导致销售的损失。因此,清楚地界定衡量供应链中哪一部分的产品可得性是非常必要的。

另一个关于产品可得性的重要方面是决定是否能实现所有产品相同水平的可得性。有些企业希望实现对所有产品百分之百的可得性,正如前面所讨论的,实现这一目标的成本是巨大的,因此也是不切实际的。关于实现产品可得性的水平可以通过考察持续性水平、相关的缺货成本以及对产品的需求程度来了解。如果产品的持续性水平很高,则它的缺货成本也会很高,存货必须达到能够维持高可得性的水平,反之亦然。如果对于产品的需求很低,存货水平可以适当降低以维持一定水平的可得性即可。重点在于并非所有的产品都需要对客户保持同等水平的可得性,卖方必须仔细考察产品或产品组合的市场需求状况。在不需要的情况下保持高库存水平会导致卖方的成本过高,并且对买方也几乎没有任何好处。

许多指标可以衡量产品可得性效果与效率,各行业中通常使用的四种指标是:项目完成率、行项完成率、订单完成率和完美订单率。项目完成率和行项完成率都可以看作是**内部指标**,它们用于衡量卖方通过存货满足订单中项目和产品线的效率;订单完成率和完美订单率可以看作是**外部指标**,它们用于衡量满足买方产品可得性的要求。一个"项目"可能是一箱产品,是一种子包装,或者订单中的一件"单品"。一个"行项"代表一个多重产品订单上一件独立的产品。项目完成率代表用存货中满足要求的项目完成订单的比率;行项完成率代表多重产品订单中每一行产品完成的比率;订单完成率代表订单被满足的比率；而完美订单率是指订单被完成、准时接收和准确托运的比率等（但完美订单的具体内容和项目数是由企业自行设定的）。通常说来，项目完成率要高于行项完成率，而行项完成率又高于订单完成率，最低的是完美订单率。

表8.6是一个假设的多重产品订单。每一行项是客户向卖方订购的不同产品。例如，行项A是洗衣剂，行项B是洗发香波等，整个订单包含了10个独立的行项共200个项目（每个项目可能是一箱产品）。在第一种情形中，卖方能够完成10个行项中的9个（从A到I），但第10个行项(J)没有办法满足，整个行项完成率是90%（9除以10），项目完成率是45%（90除以200），订单完成率和完美订单率都是0（因为订单还未完全完成）。在这里，行项完成率大于项目完成率大于订单完成率和完美订单率。在第二种情形中，行项A、行项D和行项J都完全完成了，而其他的行项都没有足够的库存。此时，行项完成率是30%（3除以10），项目完成率是65%（130除以200），订单完成率和完美订单率同样都是0。在这里，项目完成率大于行项完成率大于订单完成率和完美订单率。只要行项完成率和项目完成率低于100%，订单完成率和完美订单率就都是0。作为卖方的企业需要衡量项目完成率和行项完成率，从而决定库存政策以及对库存的哪一部分作出修正。同样地，卖方企业需要对订单完成率和完美订单率进行衡量，因为二者会直接影响客户的满意度和客户的运营状况。然而，提高完成率直接影响到卖方企业的库存。

表8.6 多重行项订单

行项	项目数量	第一种情形 完成项目数量	第二种情形 完成项目数量
A	10	10	10
B	10	10	0
C	10	10	0
D	10	10	10
E	10	10	0
F	10	10	0
G	10	10	0
H	10	10	0
I	10	10	0
J	110	0	110
总计	10	200	90	130

这种关系反映在图8.13中，随着完成率的上升，卖方的库存以递增的速度上升，这会导致卖方利润的边际递减。图8.13和图8.9以不同的方式反映了同样的关系。随着服务水平的上升（在这里是完成率），卖方的投资回报率逐渐下降，因为库存成本上升的速度快于收益上升的速度。因此，对完成率目标进行决策之前需要清楚理解成本和收益之间的关系。

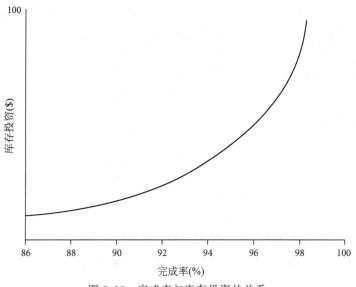

图 8.13 完成率与库存投资的关系

8.7.2 财务影响

第 13 章将会介绍完成率的财务影响的计算方法,而这里将举例从另一方面说明完成率对于卖方企业的财务影响。假设接收了如下订单:

- 平均每张订单 100 单位产品;
- 每年 25 000 张订单;
- 每单位产品税前利润 100 美元;
- 每张订单税前利润 10 000 美元;
- 每张订单发票扣除额 250 美元;
- 延迟订单比率为 70%;
- 每张订单出现延迟订单的费用:管理费用 25 美元;二次处理费 50 美元;二次配送费 100 美元;
- 取消未完成订单比率为 30%。

假设卖方现在的订单完成率为 80%,即意味着收到的订单 80% 可以完全完成。关于损失的现金流计算如下:

损失现金=(延迟订单数×每张订单延迟订单费用)+(取消订单数×损失的每张订单的税前利润)+(延迟订单数×每张订单发票扣除额)

损失现金=[(20%×25 000×70%)×175 美元]+[(20%×25 000×30%)× 10 000 美元]+ [(20%×25 000×70%)×250 美元]

=16 487 500 美元

假设卖方能将订单完成率提高到 85%,则新的损失的现金流则是:

损失现金=[(15%×25 000×70%)×175 美元]+[(15%×25 000×30%)× 10 000 美元]+[(15%×25 000×70%)×250 美元]

=12 365 625 美元

订单完成率5%的提升导致了损失现金金额减少了4 121 875美元,即使现金金额增加了25%。显而易见,提升订单完成率需要对库存进行一些投资,或者需要其他的技术支持。因此,通过订单完成率的提高实现投资回报率的改变,就需要一个战略利润计算模型。

接下来卖方需要决定订单完成率和存货成本之间的盈亏平衡点(图8.13)。假设上例中的缺货费用包含了所有的费用:延迟订单的费用为每订单175美元,取消订单的费用为10 000美元,每张订单发票扣除额为250美元。假设最低的服务水平(产品可得性)为50%,它需要500万美元的库存投资,同时假设卖方已经计算了不同服务水平的库存投资。如表8.7所示,从50%～99%的服务水平之间不同的现金损失(这里假设100%的服务水平长期内是不可能实现的),现金损失的计算使用的是前面的数据。图8.14显示的是不同服务水平对应的不同现金损失和库存投资的点。如图所示,盈亏平衡点大约处于83%服务水平和140万美元的库存投资,现金损失约为14 014 375美元。即卖方为提供客户服务进行的库存投资不应高于140万美元,如果过高,会导致收益的减少,即损失现金额的增加。这个简单的例子主要用于说明服务和成本之间的平衡,很显然,设定服务水平时也要考虑其他因素,理解每个服务水平及其相关的成本和收益是非常重要的。

表8.7 损失现金和库存投资

服务水平(%)	现金流损失	库存投资
50%	$41 218 750	$5 000 000
60	32 975 000	6 250 000
70	24 731 250	8 750 000
80	16 487 500	12 500 000
90	8 243 750	17 500 000
95	4 121 875	23 750 000
99	824 375	31 250 000

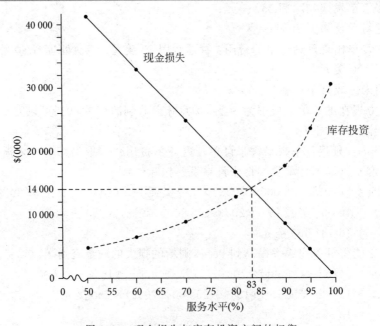

图8.14 现金损失与库存投资之间的权衡

8.7.3 订货周期

如前所述,订货周期就是指从客户订货开始到其接收货物之间的时间。订货周期的绝对时间和可靠程度会影响买卖双方的存货情况,最终会影响到买卖双方企业的收益和利润。通常来说,较短的订货周期使得卖方的库存较高,但买方的库存会降低,反之亦然。例如,假设一家电器零售商店在店里陈列了各种洗衣机的展品,但没有多余的库存可供分拣或运送。在正常的情况下,客户会选择一台机器,并向商店下订单,商店会向客户承诺一个送达日期。如果客户要求快速送达(如一天或两天),则商店需要在分销网络中准备充足的需求库存。但如果客户对送达日期并无严格要求,则零售商店并不需要在其分销网络中准备需求库存,而只需要依靠生产商来满足订单即可。事实上,只要订货提前期足够长,则生产商在能够满足零售店运送需求的情况下同样也不需要库存。此时,较短的订货周期会导致零售商的额外库存,反之亦然。理论上来看,也可以说订货周期并不是从供应链中拿走了库存,而是将库存从供应链中一个企业转移到另一个企业。

1. 指标

如前所述,订货周期,或者提前期,包含了从客户下订单到其最终接收货物之间的所有活动和时间。这一定义是从买方对于提前期的看法出发的,因为这段时间是以客户真正接收到所订货物为终结的。卖方对于提前期的看法是基于现金周期的,这一定义对于卖方来说就是在装运完成之后收到付款即标志着整个过程的结束。

此外,订货周期也可以被定义为用户等待时间(customer wait time, CWT)。这个术语使用范围非常广泛,它不仅包含订单周期,还包含了维修的时间。用户等待时间对于需要进行车辆维修的用户来说是一个非常重要的衡量指标,它指的是从车辆发生故障到维修完成并可以再次使用所经过的时间。图 8.15 是用户等待时间的示意图,它能够用于两种类型的车辆维修。首先,它被用来衡量按计划维修所需的时间,如换油;其次,它也能用来衡量非计划维修所需的时间,如车辆突然故障。图 8.15 的顶端显示的是外修过程,底端显示的是获得维修所需零件的订单周期(这也是 SCOR 模型的第一层)。因此,衡量主体的不同,衡量订单时间的方式也不同。

2. 财务影响

订单周期同样会影响买卖双方的财务状况,这要取决于企业在供应链中对存货的持有情况。库存成本会影响企业的资产负债表和损益表:在资产负债表中存货所有权反映为企业的资产和负债,在损益表中反映为库存持有的费用以及现金流的减少。接下来的讨论将着重于其对损益表的影响。订单周期会影响两种库存:需求或周期库存与安全库存。举例说明:下列数据表示,在当前的绩效水平上,买卖双方维持着稳定的关系,卖方企业提出了一个更短并且可靠程度更高的订单周期。

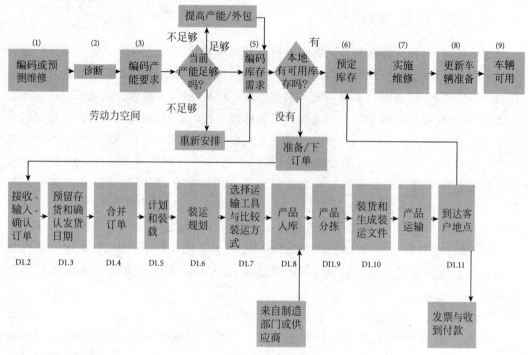

图 8.15 用户等待时间

	当前水平	计划水平
平均订单周期	10 天	5 天
订单周期标准差	3 天	1 天
每天的需求（单位）	1 377	1 377
服务水平	97.7%	97.7%

同时，本例假设卖方每单位产品的配送费用为 449 美元，存货持有成本率（下一章将详细讨论）为 28%。计划的订单时间不仅缩减了绝对时间（从 10 天到 5 天），同时提高了可靠程度（标准差从 3 天到 1 天）。对这两种存货成本减少的计算非常必要。

第一种计算是基于订单周期时间标准偏差的减少对安全库存的影响，公式如下：

安全库存 = {每天的需求 × [订单周期 + (Z × 订单周期标准差)]} − （每天的需求 × 订单周期）

公式前半部分是安全库存，用于满足需要的库存（每天的需求 × 订单周期）被包含在其中，而在后半部分被减去了。Z 值是由不同服务水平决定的。在这里，服务水平为 97.7%，则可以找出正态分布下概率为 97.7% 所对应的 Z 值。则目前服务水平下的订单周期中所需的安全库存为：

安全库存 = {1 377 × [10 + (2 × 3)]} − (1 377 × 10)
= (1 377 × 16) − 13 770 = 8 262 单位

这意味着卖方需要准备 8 262 单位的安全库存，能够避免 97.7% 出现缺货的可能。为了计算计划订单周期水平的安全库存，计算如下：

$$\text{计划安全库存} = \{1\,377 \times [5 + (2 \times 1)]\} - (1\,377 \times 5)$$
$$= (1\,377 \times 7) - 6\,885 = 2\,754 \text{ 单位}$$

这两种不同水平的订单周期带来的是 5 508 单位安全库存的减少。已经给出每单位的配送费用是 449 美元，存货持有成本率是 28%，则安全库存的净减少是：

$$\text{安全库存成本减少} = \text{减少的安全库存数} \times \text{每单位费用} \times \text{存货持有成本率}$$

计算结果如下：

$$\text{安全库存成本减少} = 5\,508 \times 449 \text{ 美元} \times 28\% = 692\,465.76 \text{ 美元}$$

这即是减少持有安全库存的实现的可变费用减少，因此会使存货持有者（在这里即是卖方）的现金流增加约 70 万美元。

第二种计算是基于减少订单周期的绝对时间，公式非常简单：

$$\text{减少的需求库存成本} = \text{绝对订单周期变动时长} \times \text{每天的需求} \times$$
$$\text{每单位产品费用} \times \text{存货持有成本率}$$

结果如下：

$$\text{减少的需求库存成本} = 5 \text{ 天} \times 1\,377 \text{ 单位} \times 449 \text{ 美元} \times 28\% = 865\,582.20 \text{ 美元}$$

将这两个减少的成本（在这里是节约的费用）相加，发现安全库存和需求库存成本的减少导致 1 558 047.96 美元现金流的增加。尽管这个例子非常简单，它说明了订单周期对于供应链库存和相关成本的动态影响。供应链中拥有库存的企业会受到这种财务的影响。

8.7.4 物流业务响应

物流业务响应（logistics operations responsiveness，LOR）反映的是卖方对于买方需求的响应程度。这种"响应"体现在两种形式上：首先，物流业务响应反映了卖方根据客户的独特需求定制其服务的程度；其次，物流业务响应表示卖方对于客户需求模式的变化反应的速度。不论哪种形式，物流响应能力的概念超越了基本的物流服务，并且包含了一些增值活动。然而，物流业务响应并没有一个能够适用于描述所有买卖双方关系的具体而广泛的定义。例如，A 客户可能将物流业务响应定义为卖方如何为店内配送定制出全方位的托盘陈列；而 B 客户可能将同一家卖方的物流业务响应定义为对于需求快速增长的反应能力。诸如此类，关于物流业务响应的指标将基于衡量内容和绩效水平而不断发展。

1. 指标

物流业务响应的指标通常超越了最基本的准时送货率和订单完成率指标，在 SCOR 模型第一层（如图 8.11）的灵活性部分能够找出一些物流业务响应指标的例子。它有三个指标：(1)向上游配送的灵活性；(2)向下游配送的适应性；(3)向上游配送的适应性。这三个指标体现了卖方如何使其配送能力适应需求波动很大的情况。关于生产的相应指标同样可以分成三个：(1)向上游的生产灵活性；(2)向下游的生产适应性；(3)向上游的生产适应性。

关于物流业务响应指标的另一个维度是卖方定制产品或包装的能力。在消费品包装（consumer-packaged good，CPG）行业，生产商通常会为产品提供特殊的包装，或使用联合包装。因此，用于强调定制化的指标通常以卖方向零售商店提供新包装所用的时间来衡量。物流业务响应指标强调的不仅是灵活性和适应性，同时还有产品或服务的定制化。

2. 财务影响

关于物流业务响应活动的财务影响的一个例子是宝洁公司（Procter&Gamble，P&G）第一次在日用品行业中实施"有效消费者反映"（efficient consumer response，ECR）时涉及的。宝洁公司开发了一系列提供给客户的增值活动，这些活动或服务旨在满足客户的独特需求。其中一个定制化产品即是自建的托盘。宝洁公司为客户组建了一种"彩虹"式（多重产品）托盘，可以在分销中心流通、交叉转运，以及直接送到零售商店，并直接送到需要填充的货架前。通过这种方式，可以节约客户的资金，而这需要宝洁公司做出投资。表8.8是宝洁公司通过交叉转运活动为客户所节省的费用的一个例子。如表所示，通过交叉转运活动可以为客户一次性节省21 747.50美元的费用。由此可见，物流响应活动对财务的影响是十分显著的。

表 8.8　物流业务相应的财务影响

宝洁公司交叉转运活动样本客户分析
基本服务：普通仓库配送
增值服务：交叉转运

计算变量	基本服务	增值服务	变化量
A：项目箱数	50 000	50 000	0
B：每日客户销售	$7 142.90	$7 142.90	0
C：主要仓储天数	20	11	9
D：外部仓库仓储天数	0	0	0
E：项目仓库库存箱数	50 000	50 000	0
F：每转运箱数	100	100	0
G：库存装运数＝E/F	500	500	0
H：收货后信用证付款天数	10	10	0
I：运输天数	2	2	0
J：应付库存持有天数＝C+D+I-H	12	3	9
购置成本			
净购置成本/箱	$50.00	$50.00	$0.00
×项目箱数	50 000	50 000	0
＝项目净购置成本	$2 500 000	$2 500 000	$0
主要仓储费用			
装卸费用/箱	$0.270	$0.120	$0.150
＋占用费用/箱	$0.300	$0.200	$0.100
＝总费用/箱	$0.570	$0.320	$0.250
×项目箱数	50 000	50 000	0
＝项目主要仓储费用	$28 500	$16 000	$12 500
仓除外费用	$0	$0	$0
库存利息			
项目仓储库存箱数	50 000	50 000	0
×净购置成本/箱	$50.00	$50.00	$0

续表

宝洁公司交叉转运活动样本客户分析			
×日利率	.0411%	.0411%	.0411%
×应付库存持有天数	12	3	9
=项目库存利息	$12 330	$3 082.50	$9 247.50
总计费用			
净购置成本	$2 500 000	$2 500 000	$0
+主要仓储费用	$28 500	$16 000	$12 500
+外部仓储费用	$0	$0	$0
+库存利息费用	$12 330	$3 082.50	$9 247.50
=项目总计节省费用	$2 540 830	$2 519 082.50	$21 747.50
以上所有数据均为假设。			

可宝洁公司在这之中又节省了什么呢？实际上，宝洁公司和客户共同决定了一个"再投资率"，即客户节约的费用对宝洁产品进行再投资的比率。这种再投资以两种方式进行：(1)购买公司更多的产品；(2)降低消费者购买宝洁产品的价格。例如，在交叉转运的例子中，再投资率是40%，宝洁公司组建托盘的成本是15 000美元，则客户用于购买宝洁公司产品的再投资额将是8 699美元，通过简单计算得出的投资回报率约为58%(8 699/15 000)。因此，客户节约费用的同时，宝洁公司也提升了收益。在这里，物流业务响应活动指的是卖方通过投资实现客户费用的节约，但买卖双方都从活动中受到了正向的财务影响。

8.7.5 物流系统信息

物流系统信息(logistics system information, LSI)对于物流和订单管理过程来说十分重要，它是提供高质量的产品可得性、订货周期、物流业务响应和售后物流支持的基础。及时和准确的信息能减少供应链中的企业的库存，提高其现金量。例如，通过销售点数据形成的准确预测能够减少安全库存，提高产品可得性与生产效率。今天的技术水平使数据的获取(条形码、射频识别标签等)与传递(射频、电子数据交换与互联网等)得以实现。企业所面临的挑战是它们如何使用这些数据来改善运营活动。

本章开头定义了三种订单管理过程中需要获取、共享和使用的信息，即交易前、交易中和交易后的信息。交易前信息包括了订单下达之前买卖双方所需要的一切信息；交易中信息包括执行订单所需的一切信息；交易后信息包括订货配送完成之后所需的一切信息。表8.9展示了运输过程中每一步所需要的信息，这三种信息都包含在其中。除此之外，信息的及时和准确也十分重要。交易前信息需要在交易中信息之前提供。从另一个角度理解这三种信息：交易前信息用于计划，交易中信息用于执行，而交易后信息用于评估。因次，物流系统信息对于订单管理和客户服务的成功实施至关重要。

表 8.9 运输过程管理所需的信息

运输活动	信息使用方		
	运输方	携带方	接收方
交易前	信息预测设备可用性	信息预测到货/发货时间	提前发货通知
交易中	运输状态	运输状态	运输状态
交易后	货运票据运输方绩效交货证明索赔信息	付款索赔信息	运输方绩效证明交货索赔信息

1. 指标

物流系统信息中的指标用于衡量作为决策和活动依据的信息是否及时和准确。例如,预测的准确性是基于过去的消费数据和对未来的推测数据的准确性之上的。另一个例子是库存的准确性,分销中心中库存准确性来自于及时而准确地从设备上获取消费数据。物流系统信息的另一个指标是信息整合度,用于衡量输入信息的质量或准确性。最后,许多企业还使用电子数据交换遵从程度来衡量贸易伙伴在进行信息共享时对电子数据交换标准的遵从程度。

2. 财务影响

根据前面的内容,物流系统信息并未被直接衡量,真正衡量的是企业如何使用物流系统信息。同样地,物流系统信息的财务影响也并非被直接衡量,而是通过其产生的结果进行衡量。以拥有遍布全球的供应商和客户的计算机生产商为例,装运配件到工厂和将产成品运送到分销中心都是通过空运,由于产成品价值很高,在处理发票之前需要向全球的客户提供交货证明。已往处理和交付交货的证明是人工的方式,包括向陆地承运人、空运公司和空运发运者提供证明,这个过程使现金订货周期平均时长为 50 天。因此,生产商开始考虑投资一套全球货运电子跟踪系统,系统使用条形码和电子数据记录交换装运状态,同时产生电子提前装运通知(advance shipment notice,ASN)和交货证明。使用新的系统,生产商将交货证明通过电子方式发送给客户,使现金订货周期减少 20 天。但这套系统的投资需要 100 万美元,因此生产商投资时需要考虑很多因素。

下面的例子分析如何通过相关数据信息减少现金订单周期。当然,所有数据均为编造的。假设在此期间每种运输的发票价值为 648 000 美元,生产商的资金成本率为 10%。对订货周期减少实现的现金增加额计算如下:

$$现金增加额 = 发票价值 \times (资金成本率/365) \times 订单周期变动天数$$

计算结果如下:

$$现金增加额 = 648\,000 \text{ 美元} \times (10\%/365) \times 20 \text{ 天} = 3\,550.68 \text{ 美元每订单}$$

在这三个月中,生产商对 344 张订单进行了装运,实现现金流总额增加 1 221 434 美元。由于生产商采用了新系统使交货通知的接收日期提前了 20 天,当客户收到交货通知之后开始处理发票,因此生产商能够以 10% 的资金成本率在 20 天中进行投资,会产生更多的现金。显然,新系统的投资回报率是令人满意的。尽管对物流系统信息进行衡量非常困难,对物流系统信息的使用进行衡量却比较轻松。

8.7.6 售后物流支持

多数企业较为关注外部的物流状况,即产品运送给客户。而对于有些企业来说,在运送完成之后对产品提供支持是其竞争优势所在。售后物流支持(postsale logistics support,PLS)有两种形式:第一,售后物流支持体现为对客户退回产品的管理。类似于 GENCO 等组织的核心竞争力,即是对供应商退回的产品进行管理,这种售后物流支持直到 20 世纪 90 年代才引起一些网站的重视。在网络热潮中,许多网站只有"前端",在计算机上提供了超凡的用户界面,但却没有"后端"即实体的配送设施,他们的目的在于接收订单,并将其传递给生产商或分销商,由他们进行运送。而这样的方式却没有考虑到如何处理退回的产品,这一点在 1999 年的圣诞季中表现得尤为明显。由于这些网站没有实体的零售店面或者分销设施,消费者很难退回不想要的产品,因此众多网站面临着巨大的灾难。亚马逊从一个只有"前端"的网站起家,迅速意识到实现产品退回是有力的竞争武器,因此今天的亚马逊拥有了自己的分销网络,不仅提供产品配送,还有效地支持了产品的退回。

售后物流的第二种形式是为产品的配送和安装提供支持。这对于如美国军事行业在内的重型设备行业来说非常关键。诸如卡特彼勒(Caterpillar)、纽荷兰(New Holland)和英格索兰(Ingersoll Rand)等公司的核心竞争力在于,通过保证设备的零部件的提供,实现设备工作时的正常运转。对于这类企业来说,只依靠设备的质量进行竞争非常困难。设备上的部件不能正常工作时,需要花费几千甚至上百万美元进行购买。正因如此,向客户保证备件及时准确的送达,是一种企业的竞争优势。

1. 指标

通常情况下,管理退货的售后物流支持是通过客户产品退回的容易程度来衡量的,对于卖方来说,类似于退回时间的指标对于客户并不重要。由于产品退回是因为客户对卖方的产品存在不满意的地方,因此使客户能够容易地将产品退回给卖方是非常重要的指标。例如,沃尔玛允许消费者将产品带回商店,送到客户服务台,即可无条件得到替换的产品。Craftsman 公司在西尔斯商店提供了百分之百的退款政策。Easton 运动网站支持客户收到一个替换的产品后(如棒球拍),将退回的产品用替换的产品包装打包,再通过联邦快递、UPS 和运敦豪等将产品寄送回 Easton 进行处理。所有这些企业都使客户的产品退回过程非常简单,这样也实现了竞争优势。

管理备件的售后物流支持的衡量指标与产品的衡量指标一致,如订单完成率、存货可得性、订单周期等。这些指标可以用来衡量一个生产商运送一台推土机的能力以及运送附带的水泵的能力。因此,用于衡量零部件的物流指标经常被向客户提供外部物流的行业使用。对客户来说,由于设备上配件的缺失会造成巨大的缺货成本,因此可得性和及时性是关键的衡量指标。

2. 财务影响

比较这两种售后物流服务形式,对零部件物流的财务影响进行计算相对简单,因此,在这部分将针对零部件物流的财务影响举例说明。假设重型设备的生产商知道产品的使用周期(从购买到再购买)是 5 年,即客户在 5 年之后将会更换设备上的配件。假设客户的更换决定是基于机器的质量和零部件的可得性做出的。生产商每台机器的平均收益是25 000美元,税前利润5 000美元。生产商对每台机器提供支持(部件或人力)的平均收益是2 000美元每年,税前利润为800美元。设生产商每年能卖出5 000台机器,当前零部件件支持的水平时70%,即配件可得性为70%的。当生产商需要再次购买时,他们了解如果配件不可得,客户不更换品牌的可能性是80%,更换品牌的可能性是20%。当配件不可得时,生产商每台机器每年的支出成本是1 000美元。对于零部件物流的成本计算公式如下:

$$服务成本 = 违约成本 + 销售丧失边际利润 + 不提供支持边际利润$$

在这个例子中,不履行订单,或者不能提供额外的配件的成本由两部分组成:(1)违约成本,或者说支出成本;(2)利润丧失成本。在70%的服务水平上,有1 500台机器的配件不可得(30%×5 000)。对于这些依旧选择从生产商那里再次购买的客户,生产商每年为每台机器支付的支出成本是1 000美元。对于更换品牌的客户,生产商会损失每台机器的税前利润(5 000美元)以及为其提供服务的利润(800美元)。在70%的服务水平上,生产商的服务成本计算如下:

$$\begin{aligned}服务成本(70\%服务水平) = &(80\% \times 1\,500 单位 \times 1\,000 美元 \times 5 年) + \\ &(20\% \times 1\,500 单位 \times 5\,000 美元) + \\ &(20\% \times 1\,500 单位 \times 800 美元 \times 5 年) \\ = &8\,700\,000 美元\end{aligned}$$

在这个服务水平上,生产商的支出成本是600万美元,损失的销售税前利润是150万美元,损失的不提供支持的税前利润是120万美元。

假设生产商将备件的可得性提高到85%,计算结果如下(此时只有750台机器不能实现配件的可得性):

$$\begin{aligned}服务成本(85\%服务水平) = &(80\% \times 750 单位 \times 1\,000 美元 \times 5 年) + \\ &(20\% \times 750 单位 \times 5\,000 美元) + \\ &(20\% \times 750 单位 \times 800 美元 \times 5 年) \\ = &4\,350\,000 美元\end{aligned}$$

因此,15%的零部件可得性的提高能够为生产商的税前现金流提高到4 350 000美元,或者说将现金流提高了50%。尽管这个例子非常简单,它显示了零部件的缺失就如同订单中产品的缺失一样,会对企业的现金流产生极大的影响。同样,生产商对于提高额外产品可得性的决策应基于现金流增加对投资回报率的影响来做出。

物流在线

售后服务:被遗忘的供应链

今天来自数字网络的客户对售后服务的要求与他们对所购买的产品和服务的要求一样重要。虽然客户对售后服务的期望越来越高,但调查发现,他们对客户服务感到非常失望和沮丧。

事实上,在埃森哲最近一项名为"全球消费者脉冲研究"(GCPR)计划的调查中,2/3

的受访者表示,在去年,他们因服务不佳而换掉了供应商。在这一群体中,超过80%的人认为违背承诺是其换掉供应商的原因。

在埃森哲进行的另一项调查中,43%的受访者表示,在过去的12个月中,至少有一家公司"违背了与服务相关的承诺"。其含义不言而喻:许多企业都没能提供今天客户所期望的更高的服务质量和支持。

GCPR调查的结果进一步显示,尽管呼叫中心是客户最常用于服务和支持的渠道,但只有约50%的呼叫者对呼叫中心的服务体验感到满意。反过来,企业在客户最关心的精确服务和支持领域方面做得不够。

为什么企业如此难以提供可以让这些客户满意的售后服务呢?一定程度上,这是历史遗留的缘故。服务业务往往遭受人手不足和投资不足的困扰,这通常被称为"被遗忘的供应链"。更重要的是,传统的服务和支持模式仍然在很大程度上依赖于人机界面(呼叫中心人员或现场技术人员)的可用性来响应客户的要求。这阻碍了规模的扩大和满足数字客户服务期望的能力。

传统的服务模式通常也与部门组织联系在一起,他们自己的规则与客户的日程安排和偏好之间几乎或根本没有关系。因此,前端客户服务组织和后端服务操作往往是孤立的服务功能,这严重影响了服务的执行。

一旦客户挂断呼叫中心的电话,许多公司就会失去对客户的追踪。绝大多数呼叫中心还采取一些措施或激励行为,以便尽快让客户挂断电话,例如平均处理时间,而这与客户问题的解决完全无关。

同样,家庭服务执行,资源规划(部件、人工)和现场执行(计划、调度、路径)几乎完全没有整合。技术人员经常在没有合适的部件时出现,无法修理特定设备,甚至完全错过预约窗口。

为了与数字客服保持同步,服务运营必须在其体系中建立与数字网络相关的速度和灵活性。这是企业提供良好的售后服务体验的唯一方式,这能够在客户心中留下印象并赢得忠诚度。

8.8 服务补救

不管企业如何计划来提供最好的服务,总是会存在错误。即使是在六西格玛的环境中,也不存在百分之百的服务水平。高绩效的企业今天已经意识到这一点并开始使用服务补救的概念。最主要的一点是,企业需要认识到错误存在的必然性,并为改正错误制定计划。尽管企业服务补救有多种实践方式,接下来还是要讨论一下其实施的依据。

本章主要内容在于**衡量劣质服务造成的成本**,比如不能完全履行订单或配送延迟对卖方导致的延迟订单、销售丧失和收益受损等结果。理解劣质服务为企业带来的成本至关重要,因为它决定了企业对资源的投资,如库存等。如果劣质服务不会造成成本上升,则额外的投资也就不需要了。当然,这通常是不可能的,许多企业由于不能满足客户期望而遭受了一定的经济损失。

关于服务补救的另一个方面是预测恢复的需要。在任何企业中，都会有较大概率出现运营环节的失误，它们需要被发现，并在发生之前对其制定修正计划。美国每天有众多因为航班延误或取消而滞留在机场的乘客，航空公司为这些问题制定的解决方案是提供改签或者在下一航班到来之前为乘客提供酒店的住宿。本章中现金订单的概念是通过SCOR模型的第一层进行叙述的，这一模型为企业发现服务失误、根据成本制定失误解决计划提供了很好的框架。

服务补救的另一个原则是要**快速行动**。客户等待解决的时间越长，其不满意程度会越高。快速解决问题的关键就在于企业明白问题可能存在的环节，并提出解决问题的计划。因此需要与客户就解决问题的方式和时间进行沟通。例如，如果卖方发现没有足够的库存满足客户订单，由于高额的潜在缺货成本，卖方需要为此制定相应的计划。在服务补救模型中，卖方迅速通知买方（通过电话或邮件）现有库存不足，但补充库存能够在特定天数之内，例如两天内，完成订单。通过这些活动，卖方得以快速发现问题并和买方就解决问题的方案进行了沟通。

最后，服务补救需要就发现问题与解决问题来满足客户的需要，并且**对员工进行培训和授权**。非常重要的是，这需要在对服务失误成本综合考虑之后行动。一线员工，如客户服务代表，需要清楚失误给整个企业带来的成本，他们需要被赋予解决问题的权利，以及对于失误出现导致客户满意度下降的问题的责任感。在失误出现时，不满意的客户需要等待问题通过企业层层的管理结构才讨论出的结果，这是最令人生气的事。当然，当某些失误过大，高层管理者也需要介入。否则，与客户直接接触的员工需要拥有自行快速并且恰当地解决服务失误的权力。

 ## 小结

- 订单管理与客户服务不是互相独立的，二者之间有直接和至关重要的关系。
- 订单管理中有两个相互联系的不同方面：影响客户订单的过程和执行客户订单的过程。
- 客户关系管理（CRM）今天被多数企业用于更好地理解客户的需要以及这些需要如何与企业的运营过程相结合。
- 多数企业采用作业成本法（ABC）制定客户盈利能力的有关方案，作为客户细分战略的参考。
- 订单管理，或者说订单执行，是市场中买卖双方相互作用的接口，并直接影响到企业的客户服务。
- 订单管理可以通过多种方式来衡量。通常来说，买方会采用订单周期和可靠程度作为衡量订单管理效力的指标，而卖方会采用现金订单周期作为指标。
- 客户服务被看作是卖方企业中物流和市场营销的交叉。
- 客户服务可以被定义为：（1）作为一项活动；（2）作为一系列绩效指标；（3）作为一种价值观。
- 客户服务的主要维度是时间、可靠性、信息沟通和便利性。

- 缺货成本可以通过延迟订单成本、销售丧失成本和/或消费者丧失的成本进行衡量。
- 订单管理的五种主要活动会影响客户服务、客户满意度和盈利能力,它们是:产品可得性、订单周期、物流业务响应、物流系统信息和售后物流支持。
- 多数企业开始使用服务补救的概念来帮助定义订单管理过程中的服务失误并及时准确地制订解决计划。

复习思考题

1. 解释订单管理和客户服务是如何联系的。
2. 描述订单管理的两种方法。它们是如何区别的?又是如何联系的?
3. 作业成本法在客户关系管理中扮演着怎样的角色?在客户细分中扮演怎样的角色?
4. 比较与区别现金订单周期与订单周期的概念。
5. 解释订单周期长度和不确定性对于买卖双方的影响。
6. 客户服务通常被看作是物流和市场营销之间的交叉。试讨论交叉的本质,以及将如何变动。
7. 企业对客户服务可能会有三个层次的划分。这三个层次分别是什么?每一个层次的重要性分别是什么?
8. 解释客户服务层次和提供不同服务层次的成本之间的关系。
9. 试讨论与物流有关的客户服务的四个要素的特点和重要性。
10. 有效的客户服务需要衡量标准。讨论用于客户服务的绩效标准的特征。
11. 当企业所需要的产品缺货时会发生什么情况?如何估计缺货成本。
12. 假设企业当前的物流服务水平下的订单完成率如下:

    当前订单完成率＝80%
    每年的订单数＝5 000
    延迟订单率＝70%
    取消订单率＝30%
    每张订单变成延迟订单的费用＝150 美元
    取消每张订单税前利润损失＝12 500 美元

    a. 在 80% 的服务水平上,卖方损失的现金流是多少?
    b. 如果卖方将服务水平提升到 92%,现金流增加多少?
    c. 如果卖方投资 200 万美元提升客户服务水平,则投资能够得到补偿吗?

案例 8.1 Telco 公司

Telco 公司是一家总部位于印第安纳州布卢明顿的工业产品生产制造企业,产品价值达 250 万美元。Telco 公司主要包括六个部分:发电机、涡轮机、工业空调、机床(台钻和镗床)、叉车和刹车装载机以及空气压缩机等,每个部分都有独立的销售人员、生产设施和物流网络。公司在全球的客户数量约 15 000 名,40% 的客户都至少购买过一个系列的产品。

在最近的一次工作会议上,首席财务官 Jean Beierlein 向其他理事会成员陈述了一个事实,即使收益在增长,税前利润仍在不断下降。"我们处在一个困境之中,收益增长使我们在股市中很吃得开,但我并不看好我们今年的股息,因为我们的营业利润从上一季度开始下滑。但我们的服务水平总是很高,而销售人员也总能实现收益目标。"

压缩机供应链的副总 Troy Landry 补充了他对困境的看法:"我可以告诉你问题出在哪里。我们总是为了那些本不值得我们提供出色服务的客户给出了超出物流预算的服务。销售部门总是为那些只能创造很少收益的客户提供我们很高的配送或特殊生产水平。其中一个客户就是 Byline 公司,他们每年只在我们这里消费 100 万美元,但我们的物流费用却占到了收益的 25%。相比之下,我们的平均客户物流费用只有收益的 11%,问题就在这里。"发电机的总经理 Tom Novack 开始发话:"请等一下,Troy Byline 是我们最重要的客户之一,他们每年为我们创造 15% 的收益,而物流费用只有 8%,我们必须使他们满意。"

Telco 新上任的总经理 Nick Martin 一直在听着大家的发言,他之前在一家全球农产品生产企业做了 15 年的首席运营官。这个问题对 Nick 来说并不新鲜,他在之前的公司也存在这样的情况,即不同的生产线服务于同样的客户,因此对所有的客户采取同样的战略并不是一个明智的选择。Nick 说道:"我之前也遇到过这样的问题。问题就在于我们对所有的客户都采取了同样的战略而没有想过他们实际上购买了好几种产品。在开会之前,我让 Jean 给了我一些关于客户的盈利能力的数据,结果非常惊人:33% 的客户为我们创造了 71% 的营业利润,还有 27% 的客户造成了约 1 亿美元的损失。很明显,我们有些客户比其他客户的盈利能力更强。我们要做的就是对客户进行战略细分,并为每个细分提供他们愿意支付的产品的服务。"

"请稍等",公司销售的副总 Chris Sills 说,"你这样做会使我们为有些客户的某些服务终止,那么谁来发布这个消息?那销售代表们的佣金怎么办?这在客户群中产生的反响将会很不好。"

假设你是一名客户关系管理的专家,Telco 公司目前向所有客户提供的服务内容包括产品质量、订单完成率、提前期、交货时间、付款条件和客户服务支持。你需要准备一个关于 Telco 公司应如何采取客户服务管理方式的报告,这些报告应包括:

✓ 案例问题

1. Telco 公司应如何对客户进行细分?即基于什么进行细分(如服务费用、盈利能力等)?
2. Telco 公司应为每个客户细分提供怎样的服务?
3. 需要终止和某些客户的合作并让他们选择其他的企业吗?
4. 怎样对细分中的客户介绍更改过的服务水平?应该通过销售人员吗?这项任务需要对所有的客户细分同时进行吗?
5. 公司的每个部分都有其独立的销售人员、生产设施和物流网络。因此,购买多个部分产品的客户需要向每个部分提交不同的订单、进行多次装运、并接受多次发票。Telco 公司是否应该对客户进行整合,而不是对产品进行整合?如果这样,具体应该怎样做?新的组织衡量指标是怎样的?

案例 8.2　Webers 责任有限公司

　　Webers 是一家全渠道零售商,在美国各地拥有 250 家分店和 6 家分销/执行中心。Webers 专门提供来自众多设计师和众多风格的男士和女士服装。以前,Webers 在服装行业的竞争相对较少,因此,他们更多地关注其生产力,而不是为其互联网客户提供服务。

　　在当前的订单管理流程下,消费者可以在 Webers 在线下单并收到订单的通知。然后,订单管理系统(OMS)将查看订单的库存可得性。如果库存不可得,消费者将收到延期交货的通知。如果库存可得,OMS 会将订单发送到仓库管理系统(WMS)以进行拣配,订单按收到订单的顺序挑选。一旦被选中,WMS 就会将订单发送到运输管理系统(TMS)以进行装运。一旦发货,消费者将收到发货日期通知。在此过程中,消费者在订购时无法选择交货时间。虽然这会对 Webers 客户服务产生负面影响,但它使得 Webers 提高了订单履行操作的效率。

　　面对来自竞争对手不断增加的压力,Webers 决定允许消费者选择交货时间,例如次日、两天等。这将对三个系统(OMS,WMS,TMS)的运营和以促进订单管理过程为目的的交换信息产生重大影响。消费者在订购时,会实时检查库存可用性。当消费者选择交付选项时,OMS 必须与 TMS 通信以确定何时需要将订单提交给履行中心的承运商以满足该交付窗口。然后,TMS 还需要与 WMS 通信以确定何时需要选择订单。

✓ **案例问题**

1. 参考图 8.15,从消费者下订单开始,到结束发货时结束,为"之前"和"之后"的订单管理流程创建流程图。
2. 从流程图中,确定订单管理流程发生重大变化的位置。
3. 参考图 8.11,为 Webers 开发一组新的指标来衡量新流程的绩效。

第三部分

第 9 章　供应链中的库存管理

第 10 章　配送——管理执行操作

第 11 章　运输——管理供应链的流动

供应链管理：物流视角（第 10 版）
Supply Chain Management: A Logistics Perspective

第三部分

本书的前两部分为产品在供应链中的流通奠定了基础,有凝聚力的供应链战略以及设计、采购、生产和需求管理使其获得订单成为可能。第三部分关注于通过跨链物流流程来完成这些订单。合适的库存、配送和运输管理流程满足了原材料、零部件和成品的需要。当按计划实施时,物流可以最大限度地提高客户满意度,同时最小化成本并实现快速的订单到现金的周期。

有效管理供应链中的库存是组织成功的关键因素之一,第 9 章全面介绍了这一重要过程。本章首先讨论库存对组织的经济和管理的重要性以及保持库存的原因。接下来,介绍了库存的主要类型、它们的成本以及与决策的关系。本章也将对主要库存管理方法进行深入的讲解,并且重点介绍经济定货量(EOQ)、及时生产(JIT)、物料需求计划(MRP)、配送需求计划(DRP)以及供货商管理库存系统(VMI)。最后,第 9 章将讲解库存的分类以及库存水平是如何随着存货点的变化而变化的。章节附录提供了关于基础的经济定货量方法的四种运算调整。

与库存的数量和地点有关的决策将影响到补货和仓储服务,第 10 章重点介绍了分销在满足整个供应链客户需求方面的重要性,本章首先介绍了其在一个全渠道日益明显发展的世界里的战略作用。此外,本章重点讨论了分销—运输—库存的权衡问题以及补货的策略和方法。接下来,重点介绍了主要的执行流程和支持功能以及用于评估性能的指标。最后,揭示了信息技术在提供准确、及时并且有效的执行中的作用。章节附录中对原材料处理目标、原则以及设备进行了初步的介绍。

在分销团队集合了客户订单后,这些订单必须被送到指定的地点。第 11 章讨论了为实现时间和位置上的便利,运输系统在连接地理上分离的供应链合作伙伴和设施中的作用。本章一开始阐述了运输在组织的供应链设计、战略规划和总成本管理中所承担的角色,其潜在的抑制作用也同样被揭示。本章主要介绍了不同运输方式的特点、成本以及相关能力。此外,本章还讨论了重要的运输规划和决策过程,以及运输执行和控制的关键方面。其他关注的问题还从运输方法的选择到运输绩效管理等方面。最后,第 11 章也介绍了用于支持运输规划、执行和分析的技术资源。章节附录提供了关于运输条例和运输成本的相关观点。

第 9 章

供应链中的库存管理

学习目标

通过阅读本章,你应该能够:

- 了解库存在经济中所扮演的角色及重要性。
- 列出保有库存的主要原因。
- 讨论库存管理的主要类别,各自的成本及其与库存决策之间的关系。
- 理解各种库存管理方法之间的基本差异。
- 理解采用经济订货批量法进行库存决策背后的基本原理及逻辑,并能够解决一些比较简单的问题。
- 理解以下可供选择的管理存货的方法:JIT、MRP、DRP 和 VMI。
- 解释库存产品如何进行分类。
- 了解库存是怎样随着储存点数量的减少或增加而发生变化的。
- 能识别其他一些有意义的基于时间的库存管理方法。
- 对基本的经济订货批量法进行必要的调整,使之能够适应一些特殊的应用情况。

供应链窗口

库存管理是"端到端"的概念

在运营层面,物流管理能力对于能否有效使用库存是极为重要的,其中包括订单管理、库存可见性、库存分配等方面。在按库存生产模型中,组织先收到顾客订单,之后进行库存分配,最后确保订单在约定期限之前交付到消费者手中。

但是,就算在战略规划层面进行的预测再缜密,库存还是有可能无法在正确的时间,以正确的数量交付到正确的地点。要想解决此类潜在问题,需要对在途库存和现有库存进行实时可见的监控。

举例来说,准确了解补货所在位置及预计到达时间能使得库存物品在到达的第一时间就与客户订单实现对接。另一方面,在运输途中,一个补货订单可能会由原始目的地分流到择优选择后的地点。

在分布式订单管理(DOM)中,一个订单可以由来自多个地点的库存完成,甚至有可能包括不同的配送中心、供应商、零售商。在科技支持下,DOM统筹整条供应链网络以决定如何通过多条渠道获取多方库存资源来最优地完成客户订单。

本章提及的库存管理方法是综合考虑可用库存在存储地点、成本和能力限制等情况下,如何做出最恰当的决定。这些方法同时能够帮助决策者根据客户细分进行库存分配,所以也能体现战略上的优先选择。

最后,对库存实时可见的监管和从多方多渠道完成订单可以有效减少供应链各个环节对于安全库存的需求。

9.1 引言

之前在第1章中曾经讨论过,供应链中高效的库存管理是任何组织成功的重要因素。库存作为资产负债表上的一项资产和损益表中的一项变动成本,因组织尝试不断提高资产管理和资本运作效率而变得更为重要。而第8章我们讨论的则是库存因直接影响客户服务水平而变得重要。因此,库存管理在许多公司中已经占据了战略上的重要位置。

库存同样会影响组织的投资回报率(ROI),这一点我们将在第13章的净价值回报中谈到。ROI在组织内外部都是一个重要的财务指标。减少库存通常可以在短期内可以提升ROI,因为它减少了资产并增加了营运资本,而增加库存通常有着相反的效果。重点是库存占用组织的资源并承担为组织创造收入的责任,因此有关库存的决策需要同时考虑成本和服务水平两方面的因素。

管理库存中遇到的最大挑战是平衡库存的供应与需求,这一点在第7章已经有所体现。换句话说,在理想状态下,一个组织希望自己拥有足够的库存以满足自己顾客的需求而不会因为缺货造成收入上的损失。然而,组织也不想有太多库存,因为库存会占用宝贵的营运资金。平衡供应与需求对组织来说是持续的挑战,然而却是在市场竞争中组织所必须掌握的。

这一章将全面展示供应链中的库存管理,重点讨论为何库存非常重要、库存成本的本质以及管理库存的多种方法。下面将展示的是库存在美国经济中起到的重要作用。

9.2 库存在美国经济中的作用

20世纪90年代美国经济能够快速发展并同时控制通胀,这反映了信息技术对经济以及对库存的影响。这种"用信息替代库存"的方法充分说明了库存在美国经济的作用。随着信息技术在21世纪初期不断进步,组织仍在不断实施各种计划以降低供应链中的库存。

积极管理库存的效果在表9.1中便有所体现。该表描述了自1996年到2014年库存占美国GDP的比值。正如我们所想的,库存水平及价值随着美国经济的增长而增加。然而，关键问题在于总体库存水平的增速是否和美国GDP的增速保持一致。显然，库存增速低于GDP增速是最好的，因为这表明美国经济能够利用更少的库存和营运资金产生更多的收益。

表 9.1 美国库存总量与GDP的关系

年份	商业库存价值（单位：10亿美元）	库存持有比率（百分比）	库存持有成本（单位：10亿美元）	名义GDP（单位：万亿美元）	库存占GDP百分比重	库存成本占GDP百分比重
1996	$1 240	24.4	303	7.41	4.1	16.3
1997	1 280	24.5	314	8.33	3.8	15.4
1998	1 317	24.4	321	8.79	3.7	15.0
1999	1 381	24.1	333	9.35	3.6	14.8
2000	1 478	25.3	374	9.95	3.8	14.9
2001	1 403	22.8	320	10.29	3.1	13.6
2002	1 451	20.7	300	10.64	2.8	13.6
2003	1 508	20.1	304	11.14	2.7	13.5
2004	1 650	20.4	337	11.87	2.8	13.9
2005	1 782	22.3	397	12.64	3.1	14.1
2006	1 859	24.0	446	13.40	3.3	13.9
2007	2 015	24.1	485	14.06	3.4	14.3
2008	1 962	21.4	419	14.37	2.9	13.7
2009	1 865	19.3	359	14.12	2.5	14.1
2010	2 064	19.2	396	14.66	2.7	14.1
2011	2 301	19.1	440	15.52	2.8	14.8
2012	2 392	19.1	457	16.16	2.8	14.8
2013	2 444	19.1	466	16.77	2.8	14.6
2014	2 496	19.1	476	17.42	2.7	14.3

表9.1显示在1996—2014年之间，名义GDP增长了135%，而商业库存的价值也增加了101.3%。然而，库存成本占GDP的比重从1996年的16.3%下降至2014年的14.3%。因此，即便库存的总价值增加了，但占GDP的比重下降了。这一下降的趋势表明美国经济能够利用更少的库存和营运资金产生更多的收益。尽管总体趋势是下降的，但每年的变动告诉我们组织仍然面对着不确定性。

解读此表的重点应放在总体趋势上。表中数据清晰地显示出库存商品价值和库存持有成本在GDP中的比重中降低，而这对于美国的经济以及商业组织是一个有利的指标。库存代表商业运行成本并计入产品及服务的价格。如果能在保证顾客服务水平的情况下降低库存成本，对于买卖双方都是有利的。

第2章已经探讨了物流中主要需要平衡的是运输成本和库存成本。运输越快速、越可靠（当然成本也越高），库存成本就会相应降低。与库存成本相似，运输成本占GDP的比重在20世纪90年代得到了下降。但是，现今燃料成本以及运输产业的能力限制使得运输成本急剧上升。尽管运输行业成本上升所带来的经济效应尚不明显，但是在这一新情况下运输成本与库存成本的取舍与平衡是否仍会保持不变是一个值得关注的话题。

9.3 库存在企业中的作用：保有库存的原因

如同前文所指出的那样，库存在组织中扮演双重的角色。库存会影响销售商品的成本和订单处理(客户服务水平)。表9.2报告了整个经济中的物流总成本，从中可以发现库存持有成本平均占到组织物流总成本的33%左右，而运输成本则占物流总成本的62.8%左右。

零售包装商品(CPG)企业与其分销渠道中的批发商与零售商所面临的特殊挑战是保持可接受的库存水平，因为预测需求十分困难并且消费者对产品可得性的期望值越来越高。这些因素在这些企业中因产品复杂性的增加而进一步放大。例如，如果好时公司预测Kisses™巧克力下年第一季度的总体需求为100万箱，它会将这一需求数量分解为SKU、包装、地理位置等。这将需要一定水平的安全库存。然而消费者的偏好变化很快，因此库存水平的确定是一大挑战。

表9.2 2014年物流总成本

	单位：10亿美元
持有成本——24960亿美元的全部商业库存	
利息费用	2
税务、作废费用、折旧费、保险	331
仓储费用	143
	小计 476
运输成本——汽车运输	
卡车——城际	486
卡车——本地	216
	小计 702
运输成本——其他运输方式	
铁路运输	80
水运(国际31,国内9)	40
管道运输	17
空运(国际12,国内16)	28
货运代理	40
	小计 205
发货相关成本	10
物流管理成本	56
	物流总成本 1449

为了说明这一挑战的成本方面，假定好时公司预期在第一季度每个月保有25万箱Kisses巧克力。如果每箱巧克力价值25美元，则库存的价值将为625万美元。如果库存的保管费用(这一概念将在后文中解释)为25%，则库存的保管费用为1 562 500美元。如果平均库存增至35万箱则会增加250万美元的成本。如果库存增加没有伴随着同等

或更高的收入增加，好时的税前利润将会降低。

前面已经谈到，管理库存对于许多组织来说都是成功的关键要素。许多组织已经回应了这一挑战（前面的宏观数据已经反映了这一点），并在保证恰当的顾客服务水平的前提下降低了库存水平。他们同时兼顾低水平库存（效率）与可接受的顾客服务水平（效果）的能力是基于这一章将要讨论的几个要素。理解为何组织一般情况下需要持有库存以及由此所产生的权衡与关系是一个不错的开始。

9.3.1 批量经济/经常库存

批量经济或经常库存的来源有三个方面：采购、生产和运输。这三者与规模经济紧密相关，因而造成不能马上使用或出售的库存（也就是说部分经常性的库存会在一段时间之内被使用或出售）。

采购方面，卖方经常会设定一个根据采购数量的价格表，换句话说，采购量越大，单位价格就会越低，反之亦然。这种采购折扣对于个人消费品来说也非常盛行。举例来说，在山姆会员店一次性购买12卷纸的价格比分开购买12卷纸的价格要低。当购买了大量的商品之后，经常性的库存就产生了，那些不会被立即消费掉的商品就会被储存起来。当组织购买原材料和供应品时，他们经常会得到数量上的价格折扣，尤其是在全球市场的环境中。这其中的权衡逻辑在前文中已经提到，就是要对比大量购买所得到的价格折扣与增加的持有库存成本。这是一个比较简单的分析，后文中将会对此方法进行介绍。尽管已经有分析这种权衡的模型，有时组织还是会仅仅看重价格上的节约而不顾增加的库存持有成本。

同样，运输也与价格折扣相关。运输公司通常也会为大量运输提供运费折扣。在汽车运输行业，一个普遍的例子是"以货卡车运输量进行运输"的每磅运输价格比"以小于货卡车运输量进行运输"的每磅运输价格要低。汽车承运人在运输满载的商品时在装货、操作和配送方面的成本较低，这一点反映在了较低的价格上。较大运量获得的折扣与较大订货量获得的折扣效果相同，都会产生经常性的库存，也同样需要权衡，即从大量运输中节约的成本能否抵消增加的库存持有成本。

必须注意的是，采购与运输是互补的。当组织购买大量原材料或供应品时，也可大量运输，从而获得运费方面的折扣。因此，组织经常能够在同一商品上同时得到两种折扣，使得大量购买更为有价值。但后面会讲到组织的挑战在于无法准确测量它们的库存持有成本。

第三种批量经济与生产有关。许多组织发现当它们长时间生产同一种产品后，生产的单位成本会显著下降。长时间生产同一种产品能够减少生产线上所生产产品的转换，但会增加经常性库存。组织的传统做法是以单位生产成本的降低作为长时间生产一种产品的借口，但并没有真正评估其所导致的库存持有成本，尤其对产成品来说库存持有成本是很高的。另外大量的产成品库存也会带来一个产品过时的问题。

大多数组织都有经常库存，即使它们不购买产品，也需要购买供应品。显然，只要做好关于持有库存的成本分析，经常性库存同样是有利的。

9.3.2 不确定性/安全库存

所有的组织都要面对不确定性。从需方或消费者角度看,有多少消费者会购买以及何时购买总是不确定的。需求预测(第 7 章中讨论过)是一个解决需求不确定性的方法,但是它从来不完全准确。从供方角度看,从它们的供应商处获得何种商品以及多长时间能够处理订单是具有不确定性的。运输服务提供者是否提供可靠的配送服务也是不确定性产生的原因之一。因此,不确定性带来的结果是相同的:组织会持有安全库存以防断货。安全库存和经常库存的挑战以及分析是不同的,安全库存比经常库存更复杂,因为安全库存是额外的库存。

如果生产线由于缺乏供应而停止生产或顾客没有得到配送的商品,问题就会产生。权衡分析是一种合适的方法,通过选择合适的工具可以评估风险并计算库存成本。另外,今天的组织采取了更为前摄性的行动,利用信息减少不确定性和安全库存。前面的章节中已经提到信息可以取代库存。信息革命确实已经发生,因为现在的科技已经可以让交易双方传输或接受及时准确的信息。在某些供应链中,信息共享方面的合作已经带来显著的效果,在减少库存的同时提升了服务水平。联合计划预测补货计划(CPFR)是这种方法的典型例子。已经成熟的条形码、RFID 标签、电子数据交互(EDI)、互联网(Internet)等技术使组织能够降低不确定性。然而,完全去除不确定性是不可能的,因此需要分析、计算成本与服务之间的权衡关系。

为组织设定安全库存水平既是艺术又是科学。正如预测一样,设定安全库存水平是假定了过去发生的事情在将来还会重现。如果这一假定是正确的,那么设定安全库存就是纯粹的科学。但是,未来很少和过去完全一样,此时设定安全库存就是一门艺术。另外,安全库存的水平和预测一样总是有误差的。然而统计方法可以展现设定安全库存水平科学的一面,这一点在本章的后面部分将会提及。

9.3.3 时间/在途库存以及半成品库存

运输过程(比如从供应商到生产厂家)与制造或组装复杂产品(比如汽车)中涉及时间,这意味着即使商品在运动中也会在相应时间内产生库存成本。时间越长,成本越高。

在途库存以及半成品库存(WIP)的时间应当用合适的权衡方式来衡量。众多的运输模型有不同的运输时间长度、运输时间的变化性和破损率。在不同运输模型中承运人收取的运费反映了服务水平的差异。例如,航空运输服务通常是最快和最可靠的,但是价格自然也比汽车运输、铁路运输和海运服务要高。然而,航空运输的在途库存也较小。举个例子来说,假定 ABC Power Tools 现在从其在欧洲的生产厂运输 40 英尺集装箱到加州一个客户的配送中心。目前 ABC 使用的是汽车运输、铁路运输与海运相结合的方式来完成这次运输。如果 ABC 用空运取代海运和铁路运输会对成本产生怎样的影响呢?图 9.1 总结了目前运输方式的组合,新的运输方式以及相应的成本数据。表 9.3 是对于目前运输模式相关成本的分析。库存价值用集装箱内的单位数量乘以生产成本再除以 365。库存价值是按年计算的。这样的话,每天库存的价值是用年价值除以 365 天。如表 9.3 所示,目前的运输方式组合需要花费 22 天从产地运抵目的地,库存价值为 13 531.54 美元,运费为 2 050 美元。表 9.4 是新提出的方式组合的成本分析,新的组合中用空运替代了原来的铁路运输和海运的部分。从表中可以看出,库存价值降低了 10 456.19 美元,但运费增加了 750 美元。新组合所带来的供应链运输时间的减少为 ABC 提供了好处。尽管这是一个简单的例子,它反映了减少在途时间对库存和运输成本带来的影响。这个例子中资金流的影响将会在介绍完库存持有成本之后论述。

ABC 现在从其在欧洲的生产厂运输 40 英尺集装箱到加州一个客户的配送中心
- 生产厂到欧洲港口:汽车运输
- 欧洲港口到美国港口(东海岸):海运
- 美国东部港口到铁路:汽车运输
- 美国东部到加州:铁路运输
- 加州铁路到顾客:汽车运输

假设 40 英尺集装箱能够存放 500 单位的 A 产品
- A 产品每单位生产成本为 449 美元

假设 ABC 在顾客购买处仍持有库存
假设 ABC 每年向该顾客运送 100 个集装箱
运输费用(每集装箱)
- 汽车运输:150 美元
- 水运:700 美元
- 铁路运输:900 美元
- 空运:2 500 美元

变换运输方式:用空运代替水运和铁路

图 9.1　ABC Power Tools 在途库存分析

表 9.3　ABC Power Tools 在途库存分析——当前

供应链环节	天数	库存价值	运输方式	货物成本
ABC 厂房到欧洲港口	1	$615.07	公路	$150.00
通过欧洲港口	2	1 230.14	—	—
欧洲港口到美国东岸港口	5	3 075.35	海运	700.00
通过美国港口	2	1 230.14	—	—
美国港口到铁路站	1	615.07	公路	150.00
美国东岸到加州	10	6 150.70	铁路	900.00
加州到顾客	1	615.07	公路	150.00
总计	22	$13 531.54		$2 050.00

表 9.4　ABC Power Tools 在途库存分析(预计)

供应链环节	天数	库存价值	运输方式	货物成本
ABC 厂房到欧洲机场	1	$615.07	公路	$150.00
通过欧洲机场	1	615.07	—	—
欧洲机场到美国加州机场	1	615.07	空运	2 500.00
通过加州机场	1	615.07	—	—
加州机场到顾客	1	615.07	公路	150.00
总计	5	$3 075.35		$2 800.00

最后,半成品库存(WIP)与制造有关。工厂中可能会堆积大量的库存,尤其是装配操作,如装配汽车、电脑等。在工厂中半成品库存的等待时间应仔细地根据排程技术和实际的制造、装配技术来计算。与上面的运输例子相似,如果科技上的投资减少了WIP的等待时间,对工厂会有积极的影响。当然,对于成本的权衡分析是必须的。

9.3.4 季节性库存

原材料的供应、产成品的需求都会遇到季节性问题。面对季节性问题的组织经常面临持有多少库存的挑战。处理农产品的组织是一个很好的供应季节性库存的例子。虽然生产原材料只在一年中某个时候才有,但是全年的需求是稳定的。因此,产成品经常需要长时间的储存直到它们被售出。也就是说,当有原材料时,需要将其转换成产成品。这一情况通常会带来高昂的储存成本和过期成本。另一种选择是储存原材料或预处理过的原材料,当有需求时再将其转换为产成品。

有时季节性还会影响运输,尤其是使用了国内水运的情况下。河流与湖泊在冬天会结冰,打断基础原材料的供给,因此组织在结冰之前会储存原材料避免生产中断。另一个季节性的例子是美国的建筑行业,因为季节性会影响平板拖车的使用。尽管在一年中全美许多地方都会有建筑工程,但是北部的州在冬季建筑量会减少。当春天来临时,建筑工程的数量会快速增加。春季建筑的顶峰时期对于平板拖车的需求量很高,因为需要平板拖车运送建筑材料。

许多组织还面临产品需求的季节性波动。在第7章的讨论中重点提到的好时就是这样一家企业。五个节日的需求构成了好时产品需求的绝大部分,包括情人节、复活节、返校日、万圣节和圣诞节。对于好时这样的企业来说,挑战是多方面的:满足大幅度波动的需求,使生产尽可能平稳并尽可能避免过量的库存。主要权衡的两方面是单位生产成本和库存成本。

9.3.5 预备库存

持有库存的第五个理由是组织为了异常的、会对组织的供应来源造成负面影响的事件做准备。这类事件的例子包括罢工、原材料或产成品价格显著上涨、政治动乱或气候造成的供应短缺等。在这种情况下,组织会持有库存从而"对冲"掉异常事件带来的风险。当然,同样需要分析评估风险、可能性以及库存成本。由于不确定性程度很高,这种分析的难度更大。然而,有一些分析方法能够降低分析的难度。

9.3.6 持有库存理由的总结

绝大多数组织都会出于各种原因持有一定的库存。在许多情况下,其他领域的成本节约也许不能抵减相应增加的库存成本。基本的原则是持有库存的决策应当使用权衡的分析框架来进行评价。除了刚才探讨的五种原因之外,还有其他持有库存的理由,比如为了保留供应商或员工。在需求量较低时,组织也许会继续从供应商那里购买以维持双方的关系和/或通过继续生产保留员工。这里权衡分析也是必要的。

如同前面已经讨论的,大多数组织中都有的几个职能领域对于决定究竟持有多少库存以及其他有关库存时间和位置的问题的决策有着既定的影响。下一部分将对一些职能领域对库存的限制进行介绍。

9.3.7 库存在其他职能领域中的重要作用

在第2章中已经谈到物流与组织其他职能领域如营销、制造之间是存在交互关系的。这种交互关系在库存领域更为明显。为了分析库存在物流系统中的重要性，必须要探讨与库存相关的其他职能领域。

1. 营销

营销的主要任务是识别、创造并帮助满足对于组织产品或服务的需求。在产品导向的环境中，控制水平的状态和库存的种类对于完成这一任务非常重要。因此，营销倾向于持有充足的甚至多余的库存以保证产品的可得性和顾客需求的满足。营销职能的这种持有库存的意愿同样也会受到新产品上市以及持续增长的市场目标所驱动。

2. 生产制造

在许多组织当中，生产运营的效率是通过制造单位产品或产出的效率来衡量的。这一情况意味着组织倾向于长时间地生产同一种产品并尽可能减少转换的次数从而优化其生产运营过程。这些长时间的流水线生产将会造成较高的库存水平和较低单位产品上分摊的人工与机器成本。整个产业会面临生产的季节性问题，因此生产优化的方式是在没有需求的时候就进行生产。这种季节性波动再加上生产排程的复杂性和产品线及品牌的扩张会造成大量的库存以降低生产成本。

3. 财务

库存会影响现金流量表和资产负债表。库存同时是资产负债表上的资产与负债，同时也对现金流表中的现金流产生影响。这样，财务上通常希望较低的库存以提升存货周转率，减少负债和资产，提升现金流。

之前的讨论强调为何组织中的其他职能非常看重库存。财务对于库存的目标显然与营销与生产制造的目标相冲突。而营销与生产对于库存的目标有时也会有些微的不同。生产环节所期望的长时间生产同一种商品可能会造成营销环节中需要的、可以满足客户需求的产品的短缺。比如，生产环节打算生产5 000件某商品，而营销则需要另外一种目前缺货的产品。

许多公司都使用正式的物流组织来解决库存目标的冲突。库存是物流中的重要决策，而物流经理是分析如何权衡物流职能乃至其他所有这里讨论过的职能内的库存的最佳位置。

合理的库存管理与控制会影响顾客、供应商以及组织的其他职能。尽管在物流系统中持有库存可能有很多优势，持有库存成本是一笔很大的开支。因此，在制定库存水平的决策时，组织需要评估成本与服务之间的权衡。

9.4 库存成本

库存成本重要的理由包括以下三个方面：第一，在许多组织中，库存成本是物流成本中很重要的一部分；第二，组织在各物流节点所保持的库存水平会影响组织为其顾客提供的服务水平；第三，成本的权衡决策经常基于并会最终影响库存持有成本。

接下来的部分会对物流经理在制定库存决策时应该考虑的成本进行最基础的介绍，主要的成本种类包括库存持有成本、订单成本、预期的缺货成本以及在途库存成本。

9.4.1 库存持有成本

库存持有成本指的是那些由库存静置或等待使用而造成的库存。从产成品库存的角度来说，库存持有成本包括制造与从厂家到配送中心等待订货所产生的成本。库存持有成本主要由四部分组成：资金成本、储存空间成本、库存服务成本以及库存风险成本。

1. 资金成本

资金成本有时也被称为利息成本或机会成本，这一类成本聚焦于库存所占用资金导致失去投资其他机会所产生的成本。比如，所有组织都从外部获取资金来支持运营。这些资金可能以股权（通过发行股票）的形式或债权（从银行贷款）的形式获得。不论是哪种情况，从外部获取的资金是有成本的。对于股权融资，成本就是分红；对债权融资，成本就是支付的利息，总之获取资金都是有成本的。如果组织决定使用这些钱购买原材料，建工厂并雇用劳动力来生产产成品并储存起来，则这些库存在等待出售时便承担着"借来的钱"所产生的成本。而且，组织还需要为库存所占用的资金支付分红或利息。而这些库存的机会成本是组织用投入在原材料、工厂和劳动力成本上的资金投资于其他项目可能已经获得的收益。

资金成本往往是库存持有成本中最大的部分。组织通常用价值 1 美元的库存中的百分比来表示库存的资金成本。比如，100 美元的产品，如果其的资金成本为 20%，则资金成本则为 20 美元（100×20%）。

在实践中，决定可接受的资金成本百分比不是一件容易的事。一种用于库存决策的资金成本计算方法是使用组织的必要报酬率，即组织在新的投资上最低的收益率。在这种情况下，组织制定库存决策的方法与其他投资决策如购买新设备、投放广告一样。另一种方法是采用组织的加权平均资本成本（WACC）。WACC 是组织所有外部资金来源的资金成本，包括股权融资和债券融资。这种方法反应了库存占用资金的直接自己成本。

采用的库存估价的方法对于准确确定资金成本非常重要，因而对决定总体库存持有成本来说也很关键。就像 Stock 和 Lambert 所说："资金的机会成本应当只用于投资于库存的资金……这是仓库中库存持有量直接产生的变动成本。"因此，实践中普遍接受的会计方法——将生产成本分摊到库存上——在库存决策制定过程中并不适用，因为增加或减少库存水平只会影响库存价值中的变动部分，而不会影响固定的分摊部分。所以，一般情况下只有直接材料成本、直接人工成本和直接工厂成本会被计入投资在库存上的资金。按照同一思路，包括从进货运输到配送中心成本都应当作为库存价值中的变动成本。

2. 储存空间成本

储存空间成本包括与产品入库相关的处理成本以及仓库成本，如租金、供暖和照明等。这些成本根据情况的不同变动很大。比如，组织经常从火车车厢上卸货并放在仓库外，而产成品却需要放置在有屋顶的、更为良好的储存环境中。

储存空间成本与库存水平高低有关。因此组织在估算储存空间成本时应当用变动成本而不是固定成本。这一点可以通过比较公共仓库和自有仓库的使用加以说明。当组织使用公共仓库,几乎所有处理和储存成本直接与库存水平相关,当组织使用自有仓库时,许多储存空间成本(比如仓库折旧)是固定的且并不与库存持有成本相关。然而,相反的例子是组织使用自有仓库但将所有成本基于活动分摊在产品上。这种情况下,每个产品在计算库存持有成本时都会分摊到一部分固定成本。

3. 库存服务成本

库存持有成本的另一个组成部分包括保险和税。由于产品的价值和种类的不同,产品丢失或损坏的风险可能会要求更高的投保费用。另外,许多州在库存价值上征收税款,有时是每月一征。高库存水平带来的高额税金对于库存选址非常重要。不同产品的保险和税金差别很大,组织在计算库存持有成本时必须考虑到这一点。

4. 库存风险成本

最后一种主要的库存持有成本反映了库存价值可能会由于组织不可控的原因而下降的可能性。例如,长期存放的产品可能会过期从而导致价值的减少。这种情况在电脑和电子行业很常见。另外,时装在销售季节过去之后价值也会下降。新鲜的水果和蔬菜在腐烂后或价格随时间下降后也会遇到相同的情况。制造出的产品也会面临同样的风险,虽然可能风险程度不一样。一盒早餐麦片有相对长的货架时间,在较长时间后价值下降的风险也较低。

任何库存风险的计算都应包括与过期、损坏、盗窃及其他储存风险相关的成本。储存产品受这些风险的影响程度会决定库存价值和持有成本。

5. 计算库存持有成本

计算持有某一特定产品在库存中的持有成本包括三个步骤。

第一,需要确定库存中每件产品的价值。每个组织都有事先决定的会计方法来确定库存价值以便计入资产负债表。确定库存持有成本的最为相关的价值衡量是出售产品的成本,或者产品消耗的直接人工、材料、经常费用加上将产品从生产厂家移动至配送中心进行储存的费用。

第二,决定各个产品的库存持有成本并将它们加总得到产品在库存储存过程中所耗费的总体库存成本。这里需要考虑两种成本:(1)变动成本,是指那些花出去的花费,比如配送中心的进货运费。(2)基于价值的成本,是指那些基于储存产品的总价值而决定的成本,比如税金。一般情况下,库存持有成本是以年为单位计算的。这里隐含的假定是产品会在仓库里储存一年的时间。这两种成本必须根据物品在仓库中储存的实际时间调整。在计算库存持有成本还有一点需要注意:必须根据组织自身的会计标准决定什么是"一次性计算"的成本,什么是"反复计算"的成本。这一点当产品在仓库中储存时间大于一年时尤为重要。

第三,将步骤二中计算出的总成本除以步骤一中确定的产品价值,从而得到该产品的年库存持有成本率。

6. 例子

假定 ABC Powel Tools 公司组装建筑行业的机械工具和手工工具。物品 1 是一种在厂家组装并运送至 ABC 公司配送中心储存等待订购的重型锯。表 9.5 总结了持有物品 1 一年的成本构成。在工厂组装物品 1 所发生的直接材料、人工及经常费用为 614.65 美元。将物品 1 移动到配送中心产生直接运输费用 32.35 美元。接收物品 1 并将其储存在仓库中所花费的人工成本为 22.00 美元。分摊在物品 1 上的储存空间费用为 28.8 美元/年。物品 1 的直接保险费用为 2 美元/年。利息、税、丢失、损坏以及过期费用是基于物品 1 的价值而确定的，分别为 61.47、6.15、23.97、6.15 美元。利息是假定与物品 1 的价值等同的资本投资其他项目所可能获得的收益产生的机会成本。因此，持有物品 1 的总体库存持有成本为 182.89 美元/年，或者 29.8% 物品 1 的价值。

表 9.5 ABC Power Tools 库存持有成本

成本类别	计算	每年成本
原料、劳动力、经费（如房租、电费等）		$614.65
国内货运至配送中心		$32.35
劳动力成本	$10 per unit received plus $1 per unit per month×2 months	$22.00
空间成本	$0.30/sq. ft./month×8 sq. ft.×12months	$28.80
保险	$2.00 per unit per year	$2.00
利息	10% @ $614.65	$61.47
税	$5 per $100 value @ 20%	$6.15
损坏费用	3.9% per year @ $614.65	$23.97
报废成本	1% per year @ $614.65	$6.15
总计库存持有成本		$182.89
库存持有成本占比	$182.89/$614.65	$29.8%

假设 ABC 公司通过一个传统的家装零售商（如 Lowe's 或者 Home Depot）销售物品 1，计算物品 1 的持有成本与之前的情况会略有不同，因为物品 1 不会在消费者购买之前一直都在仓库里储存一整年的时间。表 9.6 显示了持有或移动物品 1 的成本是如何计算的。这一情况暗含两个假设：(1)库存持有成本从 ABC 公司的配送中心开始产生；(2)所有基于价值的成本应根据供应链中各个节点的供应天数进行分摊。从第二行可以看到，物品 1 的生产成本在供应链的各个节点上并没有变化，但是累计的变动成本（第四行）和累计的基于价值成本（第七行）均发生了变化。这种情况之所以发生是因为每次物品 1 向供应链下游移动一次均会产生额外的成本。每次物品 1 移动并储存时，变动成本都会增加，这增加了物品 1 的价值（见第五行——消耗的成本）。因此，每当物品 1 在供应链中向消费者移动一次，基于价值的成本也会增加，因为物品 1 的价值有所增加。尽管这是一个简单的例子，但它向我们展示了当一件物品在供应链中经手的次数越多，累计经手的费用会急剧的增加。如表 9.6 所示，从配送中心到零售店，移动/储存物品 1 的成本增加了三倍之多。这一例子很好地反映了经手次数如何急剧地增加库存持有成本。

表 9.6 ABC Power Tools 送至顾客的物品的库存持有成本

类别	ABC厂房	ABC分配中心	零售配送中心	零售店
1. 供应天数	0	60	45	30
2. 直接生产成本	$614.65	$614.65	$614.65	$614.65
3. 可变成本				
a. 货物	$0	$32.35	$32.35	$32.35
b. 劳动力	0	12.00	11.50	11.00
c. 占地	0	4.80	3.60	2.40
d. 保险	0	0.33	0.25	0.17
4. 累计可变成本	$0	$49.48	$97.18	$143.10
5. 物品/总计价值（第2行＋第4行）	$614.65	$664.13	$711.83	$757.75
6. 基于价值（第5行）的成本				
a. 利息（每年10%）	$0	$11.07	$8.90	$6.31
b. 税费	0	6.64	7.12	7.58
c. 丢失及损坏	0	4.32	3.47	2.46
d. 报废	0	1.11	0.89	0.63
7. 累计基于价值的成本	$0	$23.14	$43.52	$60.50
8. 总成本（第4行＋第7行）	$0	$72.62	$140.70	$203.60
9. 库存持有成本占比（百分比）	0	11.8%	22.9%	33.1%

7. 持有成本的本质

有相似持有成本的物品，对于单位价值库存的持有成本的估计应当一致。然而，容易过期的产品，或需要各种服务以防止变质的产品则需要另外计算持有成本。用一年内持有成本占单位价值库存百分比的方式表示的持有成本可以反映平均库存价值的持有成本如何变化。表9.7表现了当ABC公司物品1在其配送中心的平均库存增加时，年持有成本也会增加，反之亦然。换句话说，持有成本是变动的，并与库存数量和库存价值直接相关。

表 9.7 ABC Power Tools 库存成本及库存持有成本

订单周期（周数）	每年订单数	平均库存 单位数	平均库存 价值	每年总计库存成本及库存持有成本
1	52	25	$15 366.25	$4 440.85
2	26	50	30 732.50	8 881.69
4	13	100	614 650.00	17 763.39
13	4	325	199 761.25	57 731.00
26	2	650	399 522.50	115 462.00
52	1	1 300	799 045.00	230 924.00

* 每周存货供应为 50 件

   平均存货 $= \dfrac{\text{初始库存} - \text{最终库存}}{2}$

** 每单位价值 614.65 美元

   持有成本 $= 28.9\%75$

9.4.2 订货成本/调整成本

第二类影响总体库存成本的是订货成本或调整成本。订货成本指的是提交一个订单的费用,但不包括所订产品本身的成本。而调整成本具体指改变或修正生产或组装流程所产生的成本。

1. 订货成本

与订货有关的成本可分为固定成本和可变成本两部分。固定成本指的是为了方便订货活动而设立的信息系统、设施和技术产生的费用。固定成本不随订货量的改变而改变。

也有一些成本随着订货量的改变而改变。产生这些成本的活动包括:(1)库存盘货;(2)准备并制定订单需求或采购订单;(3)准备并出具收货报告;(4)在订货之前检查并监督已有库存;(5)准备并支付货款。尽管这些活动中操作人员和流程所发挥的作用看似琐碎,但当我们考虑到制定和接受订单相关的所有活动时,它们就非常重要了。

2. 调整成本

生产调整成本相对订货成本来说更为明显。调整成本是指组织每次修改生产线或组装线生产不同存货时产生的成本。调整成本的固定部分包括调整生产线或组装线时使用生产设备所产生的成本,而可变部分包括修正或改变生产线或组装线时产生的人工成本。

3. 订货成本和调整成本的本质

将订货和调整成本区分为固定部分和可变部分是非常有必要的。就像在计算库存持有成本时应当强调变动部分一样,计算订货成本与调整成本时应当也强调变动部分。接下来即将谈到,对于变动部分的强调对制定有意义的库存战略非常关键。

当计算年度订货成本时,组织通常从单次订货或调整入手计算成本。相应的,每年的订货或调整次数与年度订货总成本正相关,与每次订货量或每次调整生产的数量负相关。表9.8显示了这一基本关系。从表9.8中可以看出,订货频率越高就会产生越多小批量的订单。由于小订单和大订单都会产生变动订货成本,年度订货总成本会直接随着订货次数的增加而增加。只要年度销售额和需求保持不变,年度订货总成本和调整总成本与每年订货次数和调整次数正相关,和单个订单大小及单个产品生产时间长度负相关。

表 9.8 电脑硬盘的订购频繁程度和订购成本

订购频繁程度(周数)	每年订购次数	总订购成本*(美元)
1	52	10 400
2	26	5 200
4	13	2 600
13	4	800
26	2	400
52	1	200

* 假设每次订购成本为200.75美元

4. 未来视角

尽管更准确全面的库存成本报告需要将订货/调整活动所产生的成本纳入计算范围，但是这些成本在未来应当会下降。考虑到订货管理和订单处理越来越自动化，收货活动越来越流畅，处理单个订单的成本必将大幅度下降。在使用 VMI 的组织中，制定订单这一概念不再重要，从而订货成本这一概念也不再重要了。

9.4.3 持有成本与订货成本

如表 9.9 所示，随着订货次数或单次订货量的变化，订货成本与持有成本呈反向变动。总成本也随着订单大小的变化而变化。经验证，随着订货批量的增加，刚开始订货成本的减少速度远快于持有成本的增加，因而总成本减少。也就是说，此时订货成本的边际递减超过持有成本的边际递增，因而增加订货批量是值得的（positive tradeoff）。随着订货批量增加到一定临界值时，两者之间的变动关系发生变化，总成本转而开始增加。此时，订货成本的边际递减慢于持有成本的边际增加，因而增加订货批量是不利的（negative tradeoff）。如图 9.2 所示。

表 9.9　库存和订购成本总结

订购周期（周数）	每年订购次数	平均存货（单位数）	总计每年订购成本	总订购成本的变化值	总计每年库存持有成本	总库存持有成本的变化值	总成本
1	52	50	$10 400		$1 250		$11 650
				－$5 200		$＋1 250	
2	26	100	5 200		2 500		7 700
				－2 600		＋2 500	
4	13	200	2 600		5 000		7 600
				－1 800		＋11 250	
13	4	650	800		16 250		17 050
				－400		＋16 250	
26	2	1 300	400		32 500		32 900
				－200		＋32 500	
52	1	2 600	200		65 000		65 200

* 假设销售量或使用量为每周 100 单位

$$\text{平均库存} = \frac{\text{初始库存} - \text{最终库存}}{2}$$

** 订购成本每次 200 美元

9.4.4 缺货成本预期

缺货成本是库存决策过程中必须考虑的重要成本因素，缺货成本是指因缺货导致需求不能被满足而造成的成本。当某产品因缺货而不能满足特定需求时，会产生多种影响：

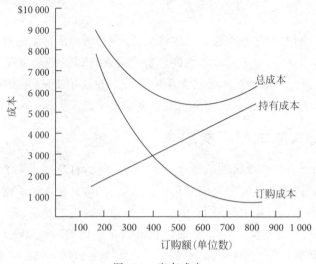

图 9.2 库存成本

第一种情况,如果顾客愿意等待并接受延期交货,那么缺货将导致运输过程中可变成本的增加,并可能因此产生一名不太满意的客户;第二种情况,缺货有可能导致该顾客决定购买竞争对手的同类产品,造成供应商直接的利润损失和收益损失;第三种情况,顾客可能转向永远购买竞争对手的产品,供应商因而损失了未来的收益。如果生产企业物资供应短缺,则可能导致工厂某生产线暂停,甚至工厂整体停工。

正是由于可能缺货结果的不确定性,导致缺货成本难以准确量化。为避免或最小化缺货情况的出现,组织大多会保有安全库存。然而,保有安全库存势必增加库存成本。因而需要管理者在安全库存持有成本和缺货成本之间进行权衡。为保证准确的库存水平就必须计算缺货成本,而实际操作中,由于缺货成本难以准确界定导致缺货成本难以计算,使得很多时候组织要在缺货成本未知的情况下决定库存水平。本书第 8 章举例详述了安全库存与缺货成本之间的权衡方法。

1. 安全库存

如前文所述,大多数组织都会保有安全库存,或者叫保险库存,最小化缺货情况出现的可能性。之所以会出现缺货现象,正是由于与之相关的需求和提前期两者都存有不确定性。针对这两种不确定性,本书将详细介绍其解决方案中的一种。

假设需求和提前期均围绕各自期望呈正态分布,可适用式(9.1)计算安全库存量。

$$\sigma_C = \sqrt{R\sigma_S^2 + S^2\sigma_R^2} \tag{9.1}$$

其中: σ_C = 用以满足可观测需求总量 68% 的安全库存量

R = 补货提前期的平均期望(天)

σ_R = 补货提前期的标准差(天)

S = 日需要量的平均期望(单位库存)

σ_S = 日需求量的标准差(单位库存)

现已知 ABC 电动工具公司对库存物品 1 的日需求如表 9.10 所示。

表 9.10 物品 1 的日均需求量

日期	需求量（单位数）	日期	需求量（单位数）
1	1 294	14	1 035
2	1 035	15	1 165
3	906	16	1 165
4	777	17	1 294
5	1 035	18	1 812
6	1 165	19	1 424
7	1 563	20	1 553
8	1 424	21	906
9	1 424	22	1 294
10	1 424	23	1 682
11	1 682	24	1 424
12	1 553	25	1 165
13	1 682		

平均每日需求量$(D)=1\,314.92\approx 1\,315$
每日需求量方差$(\sigma_D)=270.6\approx 271$

从表中数据可以计算出，公司对项目 1 的日平均需求量为 1 315 个单位，标准差为 271 个单位。ABC 电动工具公司补货提前期数据如表 9.11 所示，大于 7 天小于 13 天，计算可得平均补货提前期为 10 天，标准差为 1.63 天。根据以上数据，代入式(9.2)计算可计算该公司应保有的安全库存量。

$$\begin{aligned}\sigma_C &= \sqrt{R\sigma_D^2 + D^2\sigma_R^2} \\ &= \sqrt{(10)(271)^2 + (1\,315)^2 1.63^2} \\ &= \sqrt{734\,410 + 4\,594\,378} \\ &= 2\,308.42 \approx 2\,308\end{aligned} \quad (9.2)$$

表 9.11 物品 1 的补货提前期

补货提前(天数)	频率(f)	与平均补货周期之差(d)标准差	与平均补货周期之差的平方(d^2)方差	fd^2
7	1	−3	9	9
8	2	−2	4	8
9	3	−1	1	3
10	4	0	0	0
11	3	+1	1	3
12	2	+2	4	8
13	1	+3	9	9
$\bar{x}=10$	$n=16$			$\sum fd^2=40$

平均补货周期$(R)=10$ 天
补货提前期的标准差$(\sigma_R)=1.63$ 天

$$\sigma_R = \sqrt{\frac{\sum fd^2}{n-1}} = 1.63$$

在计算出安全库存的基础上,可以确定出与之相关的不同服务等级的安全库存级别,其结果见表9.12。图9.3为服务水平和安全库存之间的关系曲线。如前文所述,随着服务水平需求的不断增加,安全库存将加速增长,且无限趋近于100%的服务水平(趋近于直线$x=100\%$)。因此,对服务水平的需求越高(缺货概率越小),随之对库存服务水平的要求也就越高。第8章的案例中也在持有额外库存和控制缺货成本之间进行了权衡。

表 9.12 物品 1 的安全库存水平

服务水平(%)	标准差	安全库存量
84.1	1.0	2 308
90.3	1.3	3 000
94.5	1.6	3 693
97.7	2.0	4 616
98.9	2.3	5 308
99.5	2.6	6 001
99.9	3.0	6 924

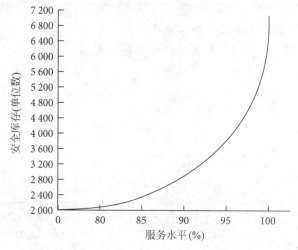

图 9.3 物品 1 的安全库存和服务水平

物流在线

RFID 是否做好准备再创新纪元?

在 iTRAK 技术帮助下,货箱上射频识别(RFID)标签的使用可以使产成品在经过 RFID 读写传送设备后快速入库。同样地,在集货区域,分拣后等待装运的托盘由升降机移动至读写器传送带,在这里货箱数据被自动捕获并与 iTRAK 系统中的订单数据进行交叉引用。

Kimble Chase 的产品成箱装运,但其中也有一部分体积更小的"内包装"。为了提高订单完成准确率,这些小型货物也需要进行追踪。有些订单要求在每个托盘上装运 1 000 多种不同的货箱或内包装。以前,核对出厂订单要依靠手动扫描或者在出厂托盘上重新包装,这不仅耗时且出错率高。使用 RFID 后,装货托盘经过射频识别,在数秒内就可以获得木箱和内包装货物数据,并与 iTRAK 中的订单数据对接。可见,配有 RFID 技术的 WMS 系统极大地提高了出货订单和分拣货箱成品的准确率。

RFID 的一大好处在于能够准确快速大量扫描货物,省去了将物品挑选到传送带并经过一个位置固定的扫描仪的过程。SATO 公司总裁 Nick Beedles 表示:"数据获取过程中触点越多,效率越低,出错和损坏的可能性也越大。"

Beedles 指出,RFID 技术的应用使得零售供应链中缺货情况减少;但在零售业,RFID 正在升级,以求提供更好的客户服务,扩大销量。例如,SATO 公司正在开发一个支持 RFID 的商店应用程序,该应用可以追踪到购物者正在试衣间试穿的商品。Beedles 解释道,这个应用程序实现了购买者和店员之间的交互。如果衣服的尺码和颜色不合适,购买者可以通过试衣间内的一块屏幕看到店内其他可选尺寸和颜色,选中后店员会将相应的衣服带到试衣间。消费者也能通过这个应用了解到其他配套配饰或服装,或是与试穿的款式相似的类型。

Beedles 表示,物品带有 RFID 标签且拥有阅读器设备的商店,将在此类应用的帮助下挖掘出很大潜力,创造价值。"将店内的所有服装配上标签,这是一个向上销售和交叉销售的过程,同时带来更好的客户服务体验,"Beedles 说,"零售商将有能力提供礼宾式购物体验。"

2. 失销成本

失销成本的概念已在本书第 8 章中做过详细的介绍,因此,在此仅作简单的回顾:失销成本的定义与安全库存水平及其相对应的库存持有成本的定义相类似,但仍有所区别。同样的,将失销成本定义为由原材料短缺造成的产品线停产成本也是不恰当的。例如,已知某生产线的生产效率为 1 000 件/小时,每件产品的税前利润为 100 美元,生产线每小时消耗的人力成本总额为 500 美元;如果该生产线因生产原料不足而停产 4 个小时,则对应的停产损失为 402 000 美元[(1 000 件/小时×100 美元/件×4 小时)+(500 美元/小时*4 小时)]。实际上,这一计算出来的数值是相对保守的,因其并没有考虑间接成本及生产线重启成本。尽管如此,这种计算方法仍然可以反映缺货造成的停产成本,并为原材料库存水平的决策提供依据。

9.4.5 在途库存持有成本

在途库存持有成本是另一种常被忽略的库存持有成本,与前文介绍的各种成本相比,在途库存持有成本不那么明显。然而,在某些情况下,在途库存持有成本是非常重要的成本项。这里强调的是,库存在运输过程中仍然是归某人、某组织所有的,因而必定会产生相应的持有成本。例如,当卖方以 FOB 目的交货方式进行产品销售时,在产品没有到达买方指定目的地时前,产品仍归卖方所有。从财务角度讲,产品在到达买方地址并被从运输工具上卸载下来前,仍归卖方所有。在国际贸易中,由于运输距离长、时间久,在途库存持有成本就变得非常重要了。

既然这一"在途"的产品在送抵买方前仍归卖方所有,那么卖方就需要考虑在库存持有成本中运货时间的影响。货运速度越快,交易就能越早完成,货运资金就能越快回笼。这就意味着,卖方在产品运输过程中,作为产品所有者的时间也就越短。然而,运输速度越快,意味着运输成本越高,这就需要卖方在运输成本和在途库存持有成本之间分析并权衡。附录9A对本部分进行了专题介绍。

在这里必须讨论的一个问题是:如何计算在途库存的持有成本,换言之就是,组织在计算在途库存持有成本时应该考虑哪些变量。前文中对这一问题的讨论主要集中在以下四点:资金成本、仓储空间成本、库存服务成本,以及库存风险成本。尽管这些库存成本分类同样适用于在途持有成本的计算,但在使用过程中是有区别的:

第一,产品存储在仓库中和在途运输中的资金成本基本上是相同的,也就是说,在途库存持有成本中的资金成本与库存持有成本中的资金成本是相同的。

第二,由于运输服务提供商收取的运输服务费中一般都包含了提供存放用的设备(空间)成本以及所需的装卸、操作成本,因此在在途库存持有成本的计算中不需要考虑仓储空间成本。

第三,在途库存服务成本中一般不包括税收,因此对保险部分需要区别分析。例如,一般情况下运输过程中责任条款是详细的,根据条款卖方可能不需要考虑额外的货运保险。然而,有些运输服务提供商只能为其所承运货物提供有限的责任条款项服务,这时就需要卖方考虑在途货物的额外的保险。这一情况在美国本土小包裹运输和国际海洋货运中需要特别注意。

第四,在途库存中的变质成本的影响是相对较小的,因其运输时间通常是较短的。同样的,在货运过程中库存正向下一个供应链节点转移,因而可假设在下一个节点对这批库存具有需求,也就是降低了这批库存卖不出去的可能性。因此,在途库存风险成本比库存持有成本中的风险成本要小。

综上,在途库存持有成本通常低于库存持有成本,如果需要进一步确定两者间的成本差距,就需要对各个成本项进行细致深入的考察。

9.5　管理库存的基本方法

历史上,管理库存包括两个基本问题:从供货商/或它们的工厂那里进行再订购的数量以及订购的时间。库存管理者可以通过简单的计算得出一个可行的方案。但是今天,问题涉及存货地点以及在特定的地点持有何种特定的物品,这些对于库存决策者的创造性和分析能力都是一个挑战。

现在,组织面临着日益扩展的产品线,进入市场的新产品,国际市场,高服务水平的要求以及不断削减成本的压力。这种动态的运营环境促使企业检视它们的库存和顾客服务方案以求找出平衡服务水平和成本的最佳方法。有许多方法可以用来识别并分析这一平衡,企业会从这些方法当中挑选最符合它们市场情况和公司目标的方法。

无论选择什么样的方法,库存决策都必须考虑与成本和客户服务要求有关的问题。图9.4揭示了库存和客户服务水平的一般关系,表明在库存上更大的投入可以带来更高水平的客户服务。虽然这种关系具有一定的合理性,但是今天人们总是优先考虑那些能够在降低库存投资的同时提高客户服务水平的物流解决方案。有一些因素使得这一目标成为可能:(1)反应更加灵敏的订单处理和订单管理系统。(2)增强的对于战略性的物流信息进行管理的能力。(3)更加强大和可靠的运输资源。(4)安置存货能力的提高,这样存货能够在需要的时间和地点获得。这样,企业就能从这些改进中获利从而扭转图 9.4 中的曲线,并展示如何用更少的、必要的库存实现更好的顾客服务水平。

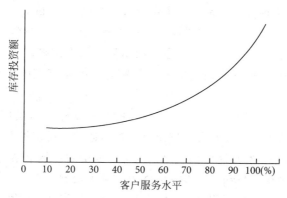

图 9.4　库存与服务水平之间的关系

9.5.1　各种库存管理方法间的重要差异

就现在可以利用的以及正在使用的各种库存管理方法而言,最重要的是认识到它们的区别。这些不同包括在库存管理中独立和从属的需求、拉动式与拉动式的比较,以及整个系统范围与单个设施解决方案的比较。

1. 从属和独立需求

当某种需求与其他物品的需求无关时,也就是说,不是其他库存物品的需求函数,这种需求就被定义为"独立"的。相反的,当一种物品的需求直接地或者间接地与另一种库存物品相关时,这种需求就被定义为"从属"的。例如,对于台式电脑的需求是独立的,而对于电脑芯片的需求是从属的。这种依赖关系可能是垂直的(例如,台式电脑需要芯片才能组装),或者是水平的(例如,台式电脑配送给最终客户时需要准备一本指导手册)。

所以,对于许多生产流程来说,对于大多数原材料、零配件和组件的需求依赖于对最终产品的需求。相反,许多被放进仓库且进行库存的最终消费品的需求,对于其他中间制成品的需求来说是独立的。

需要记住的重要一点是,在为独立需求的物品制定库存政策的时候,必须预测这种物品的需求。相反,这种预测对于从属需求的物品来说相关性较小,因为这些物品所需的数量完全取决于最终产品生产和组装的需求。对于具有从属需求的物品来说,所需的数量规划和接收时间完全取决于对最终产品的需求预测。

在我们将要讨论的库存管理方法中,方法准时制(Just-In-Time,JIT)、物料需求计划(Materials Requirement Planning,MRR)、MRP Ⅱ 一般来说适用于从属需求的物品。在此条件下,对某一个部件或者物品的需求一般都是由对最终产品的需求决定的,而分销资源计划(Distribution Resource Planning,DRP)通常包括了独立需求物品的运动情况以及状况。经济订货批量法(Economic Order Quautity, EOQ)和供应商管理库存方法可以同时应用于独立或从属的物品。

2. 拉式与推式的比较

不同库存管理方法之间的另一个重要区别是拉式与推式的不同。推式经常被称为"反应"的系统，依赖于客户在物流系统中拉动产品的需求。相反，"推式"或者说是预见性的方法，利用库存补货预先为未来的需求做准备。举例来说，Dell 公司在其组装电脑业务中一直使用拉式系统。Dell 公司几乎没有电脑成品的库存，当顾客下单之后 Dell 才开始进行组装。然而最近，Dell 公司也开始通过沃尔玛销售有限产品线中的产品。为了做到这一点，Dell 公司使用了推式方法为未来需求做准备，提前组装电脑存入仓库并送入沃尔玛零售店的物流系统中。

拉式系统的一个基本好处是它可以对需求的突然变化做出快速反应，因为其几乎不产生产成品库存。这一点在那些最后增值可以被推迟的产品来说尤为明显。作为一种选择，推式系统是根据某个有顺序的而且严格的主计划来满足整个系统范围的库存需求，因此其适应不断变化的需求量和需求偏好的能力受到了限制。

拉式系统通常基于短期预测，以便能够灵活地应对需求的变化。相反，推式系统采用长期预测，考虑了生产环节的规模效应但是会带来高水平的产成品库存。而这会带来拉式系统中不存在的产品货架时间问题。

JIT 方式从本质上来说是一种拉式系统，因为只有当公司现有的库存达到一定程度的时候才会订购更多的存货，这样就可以根据系统需要来拉动库存。MRP 方式是通过建立主生产计划来实现依时间段来进行库存计划和库存接收的方法。因为这种方法生成了组装或制造具体数量的产成品所需要的物料清单，所以 MRP 和 MRPⅡ 是以推动方式为基础。与此相似的是，在物流的出库或者是实体分拨方面，DRP 包括分配可用的存货以满足市场的需要，所以，它也是一个以推动为基础的战略。VMI 使用预设的再订货点、经济订货批量和手中所掌握的客户库存水平生成补货订单。因为客户自己不提交补货订单，VMI 可以视作一个推式系统。最后，经济订货批量的方式一般来说是以拉动为基础的方式，但是在现代的应用中也包含了推动的因素。这使得经济订货批量技术可以在必要的时候做出应变式的反应，所以也可以以预见性或者说是推动的方式对某种库存决策进行重新计划。事实上，今天许多被证明有效的基于经济订货批量的系统都包含了推动和拉动两种战略元素的混合方法。

3. 整个系统范围与单个设施的解决方案比较

库存管理的一个最终问题在于选中的解决方案是代表了整个系统范围的解决方案，还是只针对某一个特定的设施，例如个别仓库或者是物流中心。系统范围解决方案在物流系统中多个节点的基础上计划并执行库存决策。MRP 和 DRP 是典型的系统范围库存管理方法。两种方法在物流网络中多个运输和接受点之间计划库存输出与接收。另一方面，单个设施解决方法在单一的运输或接收点计划并执行运输与接收。EOQ 与 JIT 一般都被认为是单个设施决策。二者都从单个设施向某特定供应商下订单补货。一般情况下，MRP 和 DRP 用来计划整个物流系统的库存移动，而 EOQ 和 JIT 用来在单个设施层面执行这些计划。VMI 可以同时用来计划系统范围内的补货和在单个设施层面执行补货。

9.5.2 库存管理的基本方法和技术

在许多商业环境中,库存管理方法中影响库存决策的某些变量几乎占据主导地位。所以,辅助决策过程的模型经常是从实际进行抽象后代表了简化的实际情况。换句话来说,模型经常对现实世界进行简化的假设,是为了表现出现实情况。

模型的复杂性和准确性都是与模型作出的假设相关的。一般来说,模型的假设越多就越容易应用和理解。但是简单模型得出的结果往往不准确。模型的设计者或使用者必须在简单性和准确性之间做出平衡和决定。最好的建议是找到一个尽可能简单和直观的模型,但是做出的假定条件不能与现实偏离太多。

这一章余下的部分包含了当今库存管理者通用的几种(库存管理)方法和技术的深刻分析。这包括在确定和不确定的需求以及提前时间条件下的定量订购法(又经常被称为经济订货批量或 EOQ 方法)和定期订购法,如 JIT、MRP、DRP 和 VMI。

9.5.3 定量订购法(条件确定)

正如它的字面意思,定量订购法是指在每一次再订货的时候订购固定数量的产品。订购确切数量的产品取决于产品的成本和需求的特性,以及相关的存货持有和再订购成本。

应用这种方法的公司一般应该设定一个最小的库存水平,以便决定什么时候应该再订购固定批量的产品。一般称其为再订货点。当库存物品的数量达到了事先确定的水平,定量订购系统就会自动补充订货。在某种意义上,这个事先确定的订购水平引发了下一次订购行为。

有些时候公司称这种定量订购法为"双箱"系统。当第一个箱子中的货物空了,公司就下订单。第二个箱子里面的存货数量表明了公司在下一次的订货到来以前需要多少存货。这两个概念(扳机和箱子)意味着当手头的存货降低到事前确定的数量时,公司就应该再订货了。再次,订购的数量取决于产品的成本和需求,以及产品的持有和再订货成本。库存的订购水平(单位数量)取决于新订货所花费的时间,以及在此期间这种产品的需求情况或销售速度,例如每天或者每一周的销售量。例如,如果订货需要 10 天才能到货,并且公司每天销售 10 单位此产品,那么公司的再订货点就是 100 单位(10 天×10 单位/天)。

1. 存货循环

图 9.5 表明了定量订购模型。图中显示了三个存货循环或者周期。每个周期都是从 4 000 单位的货物开始,订购或生产固定的批量,并且在现有的库存降低到 1 500 单位的时候才重新订货。假设需求或者使用速度以及提前期时间长短是不变的,并且是事先已知的,那么每一个周期长度稳定在五周。这是在确定条件下使用定量订购模型的一个例子。

正像我们前面建议的,建立一个再订货点就提供了一个扳机(触发器)或者说是信号,提醒公司重新订购固定批量的货物。例如,大多数人对汽油购买量设定了再订货点。在旅途中,当量表显示你的油箱里面只剩下八分之一的汽油时,你就会停下来加油了。或者,人们会等到指示灯亮起,显示汽油供应已经达到最少量时才去加油。

商业库存状况将再订货点建立在提前期或者是补货周期基础上,也就是补充订货或是生产固定批量产品所花费的时间。不断进行监测,对于确定什么时候库存达到了再订

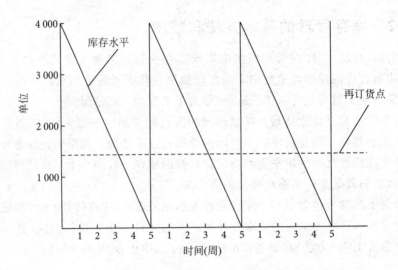

图 9.5 确定性条件下的定量订购模型

货点是非常必要的,这使得定量订购模型成为一个永久的库存模型。现在大多数的库存管理系统都可以自动根据实时的库存数据订货,从而使得这一原本极为耗时的方法更具可行性。

2. 简单的 EOQ 模型

以下是 EOQ 模型的基本假设:

(1) 持续的、不变的和已知的需求速率;

(2) 不变的和已知的补货或者提前期;

(3) 所有的需求都得以满足;

(4) 不变的价格或者成本,不随订购批量和时间的变化而变化(例如,采购价格或者运输成本);

(5) 没有在途存货;

(6) 只有一种库存物品或者物品之间不存在相互影响;

(7) 计划期限无限长;

(8) 不存在可用资本的限制。

前三个条件是紧密联系的且基本上意味着存在确定性。在每一个相关的时间周期内(每天、每周或者是每个月)的需求是已知的,并且使用速率是时间的线性函数。公司以一个恒定的速度使用或者消耗现有的库存,并且知道补充库存需要的时间。换一句话说,就是每次下订单到所订货物到货的提前期是不变的。这就意味着需求与生产或接收补充存货的时间都不会发生改变。所以,企业就没有必要考虑缺货情况,相应地,就是没必要考虑缺货成本和安全库存。

某些人认为,确定性的假设使得基本模型太过于简单化,因此,产量决策太不准确了。虽然在特定的情况下这种指责是正确的,但是有几个重要的原因使得应用简单模型还是具有合理性的。第一,在一些商业活动中,需求波动很小,以致为了达到额外的准确性而把模型弄得很复杂是不划算的。第二,一些刚开始开发库存管理模型的公司发现简单的

EOQ 模型对他们来说很方便并且很有必要,因为他们只有很少量的数据可用。有一些公司在复杂的模型中使用简单的数据得出的结论和使用简单的模型得出结论的准确度差不多。第三,简单的 EOQ 模型的结果在一定程度上对输入其中的变量的变化不是很敏感。这就是说,一些变量,例如需求、库存持有成本和订货费用的变化不会显著影响经济订货批量的计算结果。

第四个假设是关于固定的价格的,这基本上意味着对于大宗订货是没有价格折扣的,同时也意味着价格相对来说是稳定的。

没有在途存货的假设意味着企业是以含运费的价格进行采购的,以及采用 FOB 方式(买方支付运输费用)进行销售的。从入库方面看,这意味着物品的所有权是在买主拿到货物的时候才进行转移的。而从出库方面看,物品的所有权在产品离开工厂或者是港口的时候就转移了。在这样的假设下,公司对于转运途中的货物不负任何责任,也就是说,公司不用支付在途存货持有成本。

第六个假设是指简单模型在每次订货时只用于单一的物品订购。简单 EOQ 模型能够轻易地解决对单个的、独立的、只有一种价格的物品的需求。将更多物品纳入简单 EOQ 模型中会导致数学计算上的困难。

第七个假设和第八个假设通常情况下涉及物流领域之外的决策。计划周期无限长假定在简单模型中时间长度没有受到限制。而无限的资金意味着订货量不会受到财务方面的影响。

鉴于以上的假设,在简单的 EOQ 模型里我们只考虑基本的两种类型的成本:存货持有成本和订货或准备成本。这个简单模型的分析在这两种费用之间进行平衡。如果模型的重点放在库存的持有成本上面,而持有成本是直接受批量大小影响的,那么订货数量就应该尽可能的少(见图 9.6)。如果模型只考虑订货费用或准备成本,那么较大的订货量就会降低总成本(见图 9.7)。有关批量规模的决策是试图让总成本达到最小,也就是,持有成本加上订货或准备成本在这两种成本之间进行折中(见图 9.8)。

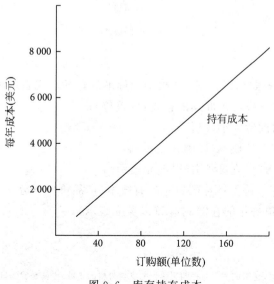

图 9.6　库存持有成本

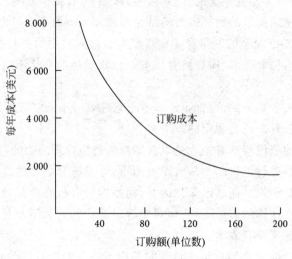

图 9.7 订购成本

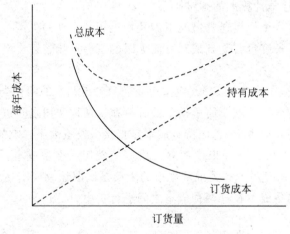

图 9.8 库存成本

3. 数学公式

应用以下的变量,我们可以将 EOQ 模型用标准的数学形式表示出来:

R——每年的需求量或者每周期的补货量(单位);

Q——每次订货的批量大小(单位);

A——每次订货或准备成本(以美元表示);

V——每单位存货的价值或费用(以美元表示);

W——按每单位存货价值计算的每年持有成本(产品价值百分比);

$S=VW$——每单位每年的仓储成本*(以美元表示);

T——时间(天);

---

* 当我们用 VW 取代 S 时,仓储成本变为每购买单位的支付价格的函数,也就是货物量。

TAC——每年总成本(以美元表示)。

鉴于先前的假设,我们可以将每年总成本表示为以下两个公式中的一个。

$$\text{TAC} = \frac{1}{2}QVW + A\frac{R}{Q} \tag{9.3}$$

或

$$\text{TAC} = \frac{1}{2}QS + A\frac{R}{Q} \tag{9.4}$$

第一个公式的等号右边表示的是存货的持有成本,它说明这些成本相当于在订货周期内的平均经济订货批量(1/2Q)乘以每单位存货价值(V)再乘以每单位的持有成本(W)。在图9.6中称为锯齿模型,这种等量关系表现得更加明显。标记为Q的垂直线表示的是在某一时间的订货量或者是生产数量,以及在每一个订货周期开始的时候手头的存货数量。在订货周期(t)内,公司以斜线表示的消耗速度使用了现有的存货。需求是已知并且是恒定的,公司在这一周期内以相同的速率使用存货。这一周期内现有的平均存货量影响它的持有成本。在需求恒定的条件下,现有的平均存货量仅仅是最初数量(Q)的一半。图9.9中的水平虚线代表了平均库存。这个逻辑很简单。假设Q是100,每天消耗10单位,那么这些库存可以用10天(t)。在这期间的中点,也就是5天之后,就会剩余50单位的存货,也就是Q的一半。另一种验证这一点的方法是假设一段时期内的平均库存等于期初库存减去期末库存再除以2。由于期初库存为100单位而期末库存为0单位,(100−0)/2就得到50单位的平均库存。

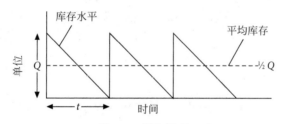

图9.9 锯齿模型

正如公式中表明的那样,仅仅知道平均库存单位数量是不够的,还有必要知道每单位不同产品的价值,还要知道根据公司的仓库作业不同以及产品不同而决定的持有成本百分数。Q的数量越大,库存的持有成本就越高。在前面我们已经介绍过这种关系,即增加的持有成本是随着更大库存批量或订货产生的。正如我们前面内容所表明的,更大的订货量将会持续更长的时间,也因此增加了持有成本。假设需求是恒定的,经济订货批量的增加将会带来平均库存的增加(见图9.10a和图9.10b)。

等式中的第二项表示的是订货成本或准备成本。我们再一次假设每一次的订货或准备成本是恒定不变的,所以,如果Q增加了,而每年的需求是恒定的,那么每年的订货次数就变少了。由此得出结论,更大的订货量将会降低每年订货成本。

虽然我们已经解释了持有成本和订货成本的一般性质,我们仍然要确定Q,即经济订货批量。正如我们前面提到的,这包括在持有成本和订货成本之间进行平衡。我们可以通过TAC函数对Q进行求导来确定Q的值,如同式(9.5)所示。

(a) 经济订货批量

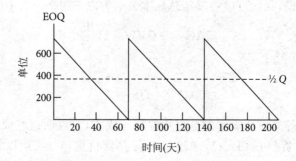

(b) 增长的经济订货批量

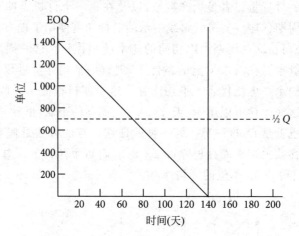

图 9.10 锯齿模型

$$\text{TAC} = \frac{1}{2}QVW + A\frac{R}{Q}$$

$$\frac{d(\text{TAC})}{dQ} = \frac{VW}{2} - \frac{AR}{Q^2}$$

(9.5)

令 d(TAC)/dQ 等于 0,求出 Q 为

$$Q^2 = \frac{2RA}{VW}$$

或

$$Q = \sqrt{\frac{2RA}{VW}}$$

或

$$Q = \sqrt{\frac{2RA}{S}}$$

以下的假设表示了式(9.5)在实际中的应用情况:

$V = 100$ 美元/单位

$W = 25\%$

$S = 25$ 美元/单位·年

$A = 200$ 美元/次

$R = 3\ 600$ 单位

为了求解 Q，计算过程如式(9.6)所示：

$$Q = \sqrt{\frac{2RA}{VW}} \qquad Q = \sqrt{\frac{2RA}{S}}$$
$$= \sqrt{\frac{2 \times 3\ 600 \times 200}{100 \times 25\%}} \qquad = \sqrt{\frac{2 \times 3\ 600 \times 200}{25}} \qquad (9.6)$$
$$= 240 \text{ 单位} \qquad = 240 \text{ 单位}$$

4. 分析

表 9.13 和图 9.11 表明了前述方法的平衡性和逻辑性。实例表明了当订货量 Q 从 100 单位变化到 500 单位时，存货持有成本、订货成本和总成本是如何变化的。

表 9.13 不同 EOQ 数量下的总成本

Q	订购成本(美元) AR/Q	持有成本(美元) $\frac{1}{2}QVW$	总成本(美元)
100	7 200	1 250	8 450
140	5 143	1 750	6 893
180	4 000	2 250	6 250
220	3 273	2 750	6 023
240	3 000	3 000	6 000
260	2 769	3 250	6 019
300	2 400	3 750	6 150
340	2 118	4 250	6 368
400	1 800	5 000	6 800
500	1 440	6 250	7 690

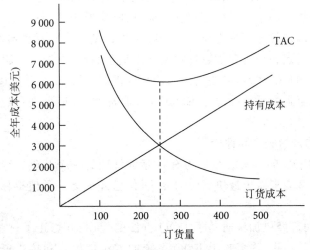

图 9.11 EOQ 实例图示

正如表9.13中所指出的,较低价值的订货量 Q 导致了高额订货成本,但如预料中的,持有成本比较低。当订货量 Q 从100个单位增加到240个单位时,因为每年的订货次数减少了,所以订货成本减少了,但更高的平均存货引起持有成本的增加。在240个单位之内,持有成本的增加量超过了订货成本的减少量,所以总成本上升了。

通过在总成本项中界定最优的订货量 Q,表9.13的信息表明订货量240个单位是最优的,图9.11也说明了这一点。然而,需要指出的是,位于EOQ价值为180—200和300—320之间的TAC曲线是相当平滑的。这意味着库存管理者能够在不怎么影响TAC的情况下,有效地改变EOQ。

5. 再订货点

先前的讨论表明了弄清楚何时订购与订购多少是同等必要的。"何时"通常称为再订货点(Reorder Point),取决于存货的水平,也就是库存单位的数量。在确定的假设下,一个公司仅需要维持足够量的在补货期(Replenishment Time)或提前期(Lead Time)内所使用的存货。因此,给定一个已知的提前期,用每日需求乘以提前期的时间长度,就能够确定再订货点。

补货期包含了几个部分的内容:订单传送(transmittal)、订货处理、订货准备和配送。所需的时间取决于许多因素,如买方到卖方传送订单的方式,卖方是否必须生产定制的产品或是能够从已生产的库存中满足订货要求,以及所采用的运输方式等。我们将在本章后面章节中讨论这些影响提前期的变量。

使用原先的例子,假定订货传送需要1天,订货处理和准备需要2天,配送需要5天,这造成了补货期或提前期总共是8天。假定每天的需求是10单位(3 600单位/360天),再订货点将是80单位(8天×10单位/天)。

6. 最低至最高方法的注释

一种广泛采用的从定量订购方法演变而来的方法是最低至最高存货管理方法(Min-Max Approach)。若使用传统的方法,存货会以微量增加的方式不明显地逐渐消耗,当存货恰好到达再订货点时,这种方法才允许公司着手进行补充订货。

最低至最高方法适用于这样的情况:需求也许(比原先预想的)大,而现有的存货数量在公司开始着手准备补充订货之前就可能降至再订货点。在这种情况下,最低至最高方法通过比较再订货点和现有存货数量的差异来增加订购的数量。实际上,这种技术明确了公司应该订购的最低数量,以便当公司接受订货的时候,现有存货达到预先确定的最高水平。虽然最低至最高系统方法与EOQ方法非常类似,但个别存货的订购数量将有所变化。

7. 对定量订购法的概括和评价

传统上,基于EOQ的方法已经成为有效存货管理的一个基础。定量订购方法虽然不是一种总能对顾客需求做出最快反应的方法,但已经成为一种值得称赞的且被广泛采用的技术。

最近,许多公司已经更加精通基于EOQ方法的应用,并修正了这些方法,使之融入了推式或拉式导向。结果,许多基于EOQ系统的方法把推式和拉式概念有效地结合起来。正如先前所指出的,推式或者说是预见性的(proactive)存货管理方法,在那些拥有更加庞大复杂的物流系统的公司中更是盛行。

基于EOQ方法的一个主要缺点是,与它适用于在一个物流网络中多个地点的存货决策相比较,它更符合于单个设施的存货决策的要求。当位于同一个物流系统中的平行点同时达到高峰需求的时候,EOQ方法也会遇到一些问题。例如,在大暴风雪来临之前,当许多消费者同时囤积食品的时候,这种方法就会出现问题。单单一个EOQ系统,只有在需求水平出现时才做出反应,这种对补充所需存货做出的反应速度太慢了。

在开始我们已声明过,简单的EOQ方法虽然其所需的假设的数量显得有些不现实,但是它仍然很有用,因为它在总体上说明了存货模型的逻辑性。实际上,公司能够通过调整简单的模型来处理更加复杂的情况。现在有超过200个变量在辅助各个领域内与存货相关的决策。附录7A涉及EOQ方法在4种特殊情况下的应用:(1)当公司必须考虑运输中的存货持有成本时;(2)当可以获得大宗运输折扣率(volume transportation rates)时;(3)当公司使用自有车辆;(4)当公司利用超量运输费率时。

通常,公司把基于EOQ的方法与独立需求相关联,而不是从属需求。然而,EOQ也同样可以应用于从属需求。EOQ方法涉及计算平均库存持有量以及库存、订货和在现有库存水平下预期的缺货之间的权衡。

9.5.4 定量订购法(不确定条件)

现在仍采用的假设中,再订货点的确定是以仓库中剩余的存货数量为基础的。我们假定使用率或销售率是相同的且不变的。在售完最后一单位特定的EOQ数量时,公司接受另一份订单或批量,因此不发生缺货成本(失销)。虽然假设这样确定的条件也许很有用,但这些条件并不代表大多数组织有这样的一般经营情况。

大多数公司无法在确定条件下运营,其原因是多方面的。首先,消费者经常零散的购买产品。许多物品的使用率随着天气、社会需要、心理需要以及一大堆其他因素而变化。结果,大多数物品的销售是逐日、逐星期或逐季地变化。

而且,许多因素都会影响提前期或补货期。例如,尽管承运商非常努力,但转运时间仍能影响以及改变提前期,特别是对于距离较长的情况。天气、高速公路和码头的堵塞、边境口岸的通关速度都会使转运时间充满不确定性。实际上,不管公司决定使用何种运输模式,或一种特定运输模式内的一家特定的运输公司,预期的转运时间的可靠性都是一个重要因素。

另一个会引起提前期或补货期变化的因素是订单处理和发送。尽管目前大量的订单都是通过电子的方式传输,仍然有许多订单通过邮寄方式发送,而邮寄订单会同样受到前面所提到的转运时间的影响。在订单处理过程中,诸如信用冻结和不可得库存会减慢整个系统的订单处理速度。

由于以上所有潜在因素都会影响需求的可靠性和提前期,库存模型需要根据不确定性进行调整。图9.12就是根据需求和提前期不确定性调整的固定订货量模型。该图与图9.5介绍的模型之间的主要区别有三方面:(1)图9.5中(影响持有库存水平的)需求是提前确定并恒定不变的。这就是为什么图9.5中持有库存线总是从期初EOQ的订货量逐渐减少至期末变为0的订货量,而图9.12中的库存线会上下波动,最高会超过EOQ

订货量,最低会低于 0,因为需求事先不确定且波动。(2)图 9.5 中的提前期(周期)确定并不变,为 5 周,因此是一个整齐的"锯形图"。当提前期不确定且波动时,提前期的变化会导致订单之间的时间间隔不相等,如图 9.12 所示。(3)图 9.5 中不会出现缺货情况,因为情况是确定的。而图 9.12 中需求与提前期的不确定性使得增加预防缺货的安全库存非常必要。安全库存的持有量是根据需求波动、提前期和顾客要求的服务水平确定的。

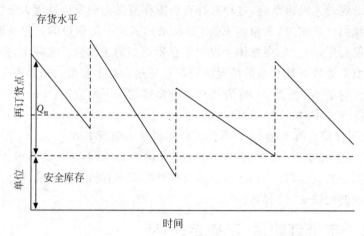

图 9.12　不确定条件下的定量订购模型

1. 再订货点的特别注释

正如前面指出的,在基本模型下的再订货点是使存货水平足以满足下次订货到达之前的存货需求。既然需求或使用量是不变的,提前期也同样不变,那么计算再订货点就很简单了。在不确定的情况下,考虑到安全库存,公司必须重新计算再订货点。实际上,如图 9.12 所描述的,再订货点是提前期内的平均每日需求加上安全库存。下面的讨论将解释再订货点的重新计算问题。

2. 需求的不确定性

仅处理一个造成不确定性的因素是最容易的。最好的和最常用的检查因素是销售率或使用率。当我们关注此变量时,下面关于 EOQ 模型的假设仍然适用:

1. 恒定不变和已知的补货期或提前期;
2. 与订购数量或时间无关的(比如,购买价格或运输成本)不变的价格或成本;
3. 没有在途存货;
4. 一项存货或项目间无相互作用;
5. 无限的计划周期;
6. 可用的资金无限制。

在讨论销售的不确定性中,物流管理者强调平衡安全库存的持有成本和缺货成本(失销)。

在有着确定再订货水平的固定批量模型中,将不确定性引入分析之中,最初会影响用以满足提前期内的销售需要的存货水平。回顾先前例子中所提到的,确定的条件得出了 240 单位数量的 EOQ 和 100 单位的再订货点。换句话说,存货周期开始于现有的 240 单位,再订货发生于存货达到100单位水平的时候。

当不确定的条件存在时,销售可能会发生变化,从240单位水平减少到100单位水平所用的时间也可能发生变化,这对存货问题来说并不是很重要。确定100单位是否就是在提前期或补货周期之前现有储备的最佳数量是很关键的。因此,需要提高再订货水平以保证安全库存。然而,在下一次订货到来之前,提高得太多将使手头留下太多存货,降得太少又会造成缺货。

使用以前所举的例子,假设公司的需求在提前期内变动幅度由100单位到160单位,平均为130单位。而且,假定需求是一个离散分布,以10单位批量变化,以及公司已经确定了这些需求水平的概率(见表9.14)。

表9.14 提前期内需求的概率分布

需求(单位)	概 率	需求(单位)	概 率
100	0.01	140	0.24
110	0.06	150	0.06
120	0.24	160	0.01
130	0.38		

实际上,公司必须考虑7个不同的再订货点,每一个都与表9.14中的可能需求水平相对应。使用这些再订货点,我们可以描绘出表9.15中的矩阵。

表9.15 在相应的各个订货点的提前期内存货不足或过量的可能单位量

实际需求	再订货点						
	100	110	120	130	140	150	160
100	0	10	20	30	40	50	60
110	−10	0	10	20	30	40	50
120	−20	−10	0	10	20	30	40
130	−30	−20	−10	0	10	20	30
140	−40	−30	−20	−10	0	10	20
150	−50	−40	−30	−20	−10	0	10
160	−60	−50	−40	−30	−20	−10	0

虽然表9.15显示了公司假设面临的许多可能的情况,但该表并没使用需求概率分布的信息。使用需求的概率分布将为公司提供7个可能的再订货点,用以确定在提前期内每个点的预期"不足"或"过量"的单位数。

我们假定顾客在需要一个单位的产品时公司没有现货,这将付出10美元/单位的缺货成本。即时销售和未来销售之间的利润损失就是一种机会成本。

我们用类似计算简单EOQ模型的持有成本的方法,计算与安全库存相关的存货持有成本。我们仍然假设每单位存货的价值是100美元,全年的存货持有成本百分比是25%。记住,百分比数值是在库存货的全年成本。因此,我们将25%乘以100美元得到25美元,这是每单位在库存货的全年成本。25美元和10美元的缺货成本形成了对照,这10美元的缺货成本是每个周期或订货周期的单位成本。因此,正如表9.14中指出的,将

10美元乘以每年循环或订货的次数就得出了以全年为基准的成本。

表9.16计算了通过将不足的或过量的单位数乘以与每一个需求水平相联系的概率而得到的预期的不足或过量的单位数。正如表9.4中较低部分指出的,我们可以在对角线下(不足)和对角线上(过量)增加订购数量,以弥补公司在7个可能的再订货点上预期的不足或过量。计算过程中所涉及的变量如下所示:

e——预期过量的单位数;

g——预期不足的单位数;

k——以美元表示的每单位缺货成本;

$G = gk$——预期的每个周期缺货成本;

$G\dfrac{R}{Q}$——预期的每年缺货成本;

eVW——预期的每年过量的存货持有成本。

表9.16 预期不足或过量的单位量

实际需求	概率	再订货点						
		100	110	120	130	140	150	160
100	0.01	0.0	0.1	0.2	0.3	0.4	0.5	0.6
110	0.06	−0.6	0.0	0.6	1.2	1.8	2.4	3.0
120	0.24	−4.8	−2.4	0.0	2.4	4.8	7.2	9.6
130	0.38	−11.4	−7.6	−3.8	0.0	3.8	7.6	11.4
140	0.24	−9.6	−7.2	−4.8	−2.4	0.0	2.4	4.8
150	0.06	−3.0	−2.4	−1.8	−1.2	−0.6	0.0	0.6
160	0.01	−0.6	−0.5	−0.4	−0.3	−0.2	−0.1	0.0

最低成本再订货点的计算

1. 预期的每个周期超过量(对角线上面的数值)		0.0	0.1	0.8	3.9	10.8	20.1	30.0	(e)
2. 预期的每年持有成本(美元)		0	2.50	20.00	97.50	270	502.50	750	(VW)
3. 预期的每个周期不足量(对角线下面的数值)		30.0	20.1	10.8	3.9	0.8	0.1	0.0	(g)
4. 预期的每个周期缺货成本(美元)		300	201	108	39	8	1	0	$(gk)=G$
5. 预期的每年缺货成本(美元)		4 500	3 015	1 620	585	120	15	0	$\left(G\dfrac{R}{Q}\right)$
6. 预期的每年总成本(2+5)(美元)		4 500	3 017.50	1 640	682.50	390	517.50	750	

在说明了表9.16中所演示的计算过程之后,我们可以确定7个再订货水平上每一个点的总成本。在这种情况下,最低的总成本对应于140单位的再订货点。虽然这个数目无法保证在任何特定周期内不会出现过量或不足存货的情况,但大致上它给出了最低的

预期每年总成本 390 美元。

注意到在表 9.16 第 5 项中使用的每年订货次数来自于先前提到的确定条件下的问题。那个数目是那个点上唯一可以利用的信息。现在我们可以扩展总成本模型，使之包括安全库存持有成本和缺货成本。扩展的公式如式(9.7)所示

$$\text{TAC} = \frac{1}{2}QVW + A\frac{R}{Q} + (eVW) + \left(G\frac{R}{Q}\right) \tag{9.7}$$

求得最低成本公式，如式(9.8)所示

$$\frac{\text{d}(TAC)}{\text{d}Q} = \left[\frac{1}{2}VW\right] - \left[\frac{R(A+G)}{Q^2}\right] \tag{9.8}$$

将上式赋零值，求得式(9.9)中的 Q

$$Q = \sqrt{\frac{2R(A+G)}{VW}} \tag{9.9}$$

使用扩展模型和已计算的 140 单位再订货点，我们可以确定一个新的 Q 值，如式(9.10)

$$Q = \sqrt{\frac{2 \times 3\,600 \times (200+8)}{100 \times 25\%}} = 245(近似值) \tag{9.10}$$

注意，在不确定条件下 Q 值现在是 245 单位。从技术上来看，这会改变表 9.16 中各个再订货点的预期缺货成本。然而，在这种情况下，这种改变可以忽略不计，而在其他情况下，重新计算是有必要的。解决不确定条件下问题的最优方法是定量订购 245 单位，以及公司在其库存达到 140 单位(经过计算的再订货点)水平时重新订购的数量。

最后，需要重新计算全年总成本，如式(9.11)

$$\begin{aligned}\text{TAC} &= \frac{1}{2}QVW + A\frac{R}{Q} + eVW + G\frac{R}{Q} \\ &= \left(\frac{1}{2} \times 242 \times 100 \times 25\%\right) + \left(200 \times \frac{3\,600}{242}\right) + (10.8 \times 100 \times 25\%) + \\ &\quad \left(8 \times \frac{3\,600}{242}\right) \\ &= 3\,025 + 2\,975 + 270 + 119 \\ &= 6\,389(美元)\end{aligned} \tag{9.11}$$

6 389 美元这个数值表明了，当我们把与销售相关的不确定条件引入模型中时，总成本发生的变化。引入其他的因素，如提前期变量，甚至会增加更多的成本。

3. 需求和提前期时间长短的不确定性

该部分考虑的是需求和提前期同时发生变化的概率。该部分内容是以前面的内容为基础的，是为了让这种存货方法更加现实一些。然而，正如预料中的，现在确定需要持有的安全库存比仅在需求变动时的情况要复杂得多(在需求和提前期不确定情况下安全库存的计算在此章开头已经涉及)。

正如前面所谈到的，关键问题是顾客在提前期内会需要多少产品。如果需求和提前期是不变的且事先已知，那么计算再订货点将会变得很容易(正如我们在讨论确定性情况下那样)。既然需求和提前期两者都发生变动，第一步就是要研究在提前期内需求的概率

分布。特别是,我们必须准确估计提前期内需求的均值和标准方差。

图 9.13 表明了正态分布的两个关键属性。这些概念在本章前面部分已经谈到,但是目前我们考虑的是不确定情况下的固定订货量模型,回顾一下还是很有必要的。第一,正态分布是对称的,它的均值(平均数)等于它的众数(最高点)。在正态分布曲线下大约 68.26% 的区域占据了离均值一个标准方差(1σ)距离的区间;95.44% 的区域占据了离均值两个标准方差(2σ)距离的区间;99.73% 的区域占据了离均值三个标准方差(3σ)距离的区间。第二,在正态分布中,众数等于平均数。

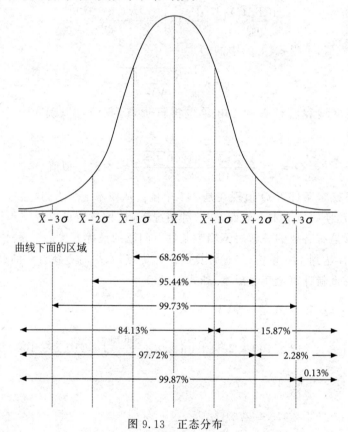

图 9.13　正态分布

在计算了提前期内需求的均值和标准方差之后,我们可以描述每一个特定再订货点的缺货概率。例如,假设图 9.13 代表了提前期内的需求分布。设定再订货点使之等于 $\overline{X}+1\sigma$,将得出 84.13% 的概率,以保证提前期需求不超出可以利用的存货总量。增加再订货点到 $\overline{X}+2\sigma$ 将使不会发生缺货的概率提高到 97.72%;再订货点在 $\overline{X}+3\sigma$ 将使得这种概率提高到 99.87%。注意在不确定的情况下,提高再订货点水平与增加安全库存保障有着相同的效果。公司必须最终找到一些方法来证明持有这些额外的存货是合理的。

借助本章之前的式(9.1),计算提前期需求的均值和标准方差,可以通过式(9.12)与式(9.13)计算。

$$\overline{X}=SR \tag{9.12}$$

$$\sigma = \sqrt{R(\sigma_S)^2 + S^2(\sigma_R)^2} \tag{9.13}$$

上述公式中的

$\overline{X}$——提前期内需求的均值(单位);

σ——提前期内需求的标准方差(单位);

R——提前期时间长短的均值(天);

σ_R——提前期时间长短的标准差(天);

S——每日需求的均值(单位);

σ_S——每日需求的标准差(单位)。

例如,如果每日需求的均值和标准方差分别是 20 和 4,提前期时间长短的均值和标准方差分别是 8 天和 2 天,我们计算提前期内需求的均值和标准方差的过程如式(9.14)所示:

$$\overline{X} = SR \tag{9.14}$$
$$= 20 \times 8$$
$$= 160$$
$$\sigma = \sqrt{R(\sigma_S)^2 + S^2(\sigma_R)^2}$$
$$= \sqrt{8 \times 4^2 + 20^2 \times 2^2}$$
$$= \sqrt{1728}$$
$$= 41.57 \text{ 或 } 42$$

使用先前我们建议的方法,将再订货点设定在 $\overline{X}+1\sigma$ 或 202 单位,这表明在提前期内需求不会超过可用存货的概率为 84.13%。换句话说,缺货的概率仅是 100%−84.13%,或者是 15.87%。当我们将再订货点设定在距离均值一个标准方差时,表 9.17 表明了这些数值和经过计算设定的在距离均值两个和三个标准方差时的再订货点的数值。在选择一个再订货点时,公司应该全面比较由于避免了缺货而带来的财务和顾客服务利益与持有额外安全库存成本之间的差异。

表 9.17 再订货点的选项以及缺货的概率

再订货点	不发生缺货的概率	发生缺货的概率
$\overline{X}+1\sigma=202$	84.13%	15.87%
$\overline{X}+2\sigma=244$	97.72%	2.28%
$\overline{X}+3\sigma=286$	99.87%	0.13%

9.5.5 定期订购法

第二种类型的基本方法是定期订购存货管理方法,也称为固定时期或固定检查时期法。实际上,这种技术是有关在固定的或规则的间隔期内订购存货,通常订购的数量取决于检查时现货和可用存货的多少。习惯上公司计算临近间隔期末的存货和以手头的数量为基础进行订货。

与基本的 EOQ 方法相比,定期模型并不需要密切监控存货水平,因此,监控并不昂贵。这一方法在库存需求相对稳定的情况下最为适用。如果将其应用于需求量不稳定，存货水平受时间影响较大的情况下，则可能迅速导致缺货。

如果需求和订货周期是不变的且事先是已知的，那么公司使用定期订购方法将周期性地再订购相同数量的存货。然而，如果需求和提前期两者之一发生改变，由于需求和提前期时间长短的变化，每一次订购的数量就会发生改变。例如，图 9.14 中每个时期开始是 4 000 单位以及在下一次订货来临之前销售 2 500 单位的公司，必须重新订购 2 500 单位以及加上它预计在提前期内销售的单位量，使得存货恢复到期望的 4 000 单位的初始水平。图 9.14 表明了某种情况，在这种情况中，从为期五周的周期到下一个周期，订购的总量不同。

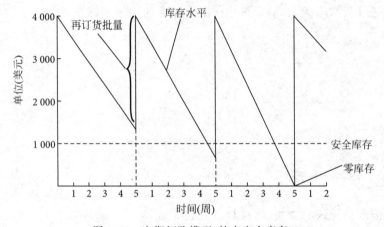

图 9.14　定期订购模型(持有安全库存)

与定量订购存货管理法一样，定期订购法结合了拉式和推式方法。这又一次表明，努力预测需求而不是通过简单对此而做出反应的公司是如何开发并融合了推式法的方法。

9.5.6　对 EOQ 存货管理方法的概括和评价

一些学者曾提出，事实上存在四种基本类型的 EOQ 存货模型：固定批量/固定间隔期、固定批量/不规则间隔期、不规则批量/固定间隔期和不规则批量/不规则间隔期。在确切知道需求和提前期时间长短的公司中，基本的 EOQ 或者是定期订购法都是公司确定存货的最好选择(都能得出相同的答案)。然而，如果是需求或者是提前期发生了变动，那么在方法的选择上必须考虑缺货的潜在影响。在涉及 A 类物品的情况下，固定批量/固定间隔期方法可能是最佳的。只有在具有约束性的情况下，公司才能证明使用不规则批量/不规则间隔期存货管理方法是有效的。

当需求和订货周期相对稳定时，以及当重大的变化和不确定性存在时，定量订购和定期订购方法已经被证明是有效的存货管理工具了。更重要的是，学习这些方法需要我们熟悉存货政策决策起着重要作用的内在物流均衡。

如今的商业环境中，正扩充开发超越基本订货批量和订货间隔期方法的公司，已经因为使用更新的概念如 JIT、MRP、MRP Ⅱ 和 DRP 而取得相当大的成功，这些概念将在这一章讨论。请记住，所有这些管理库存的技术的思想中都融合了某种基本 EOQ 模型。

9.6 其他存货管理方法

在供应链中存货水平的管理经常成为加强供应链管理的理论基础。对沿着供应链方向缩减存货水平的兴趣，表明了存货作为一种经营成本的重要性。在许多公司，存货是第一资产或第二资产。

因此，在许多情况下通过减少存货水平，公司可以缩减他们的业务成本及提高投资或资产的回报率。然而，应该注意的是，存货投资可以通过缩减其他领域的成本，如制造和运输业，或通过更好的顾客服务增加销售量，从而增加价值。因此，当做出存货决策时，需要有一种平衡的观点，要认识到在供应链中保持存货的隐性成本和潜在利益。

在这个部分，我们将分析几种与供应链管理有关系的存货控制方法：JIT，MRP和DRP。

物流在线

教育行业的分销商通过了库存管理考试

Asset Education公司是向教育行业提供专业产品的一名分销商，专门负责针对手工课程及租赁用品的货物装备、交付和管理。

由于公司经常收到由于丢失、损坏、发错货物等原因造成的退货订单，逆向物流和质量控制对于公司来说有至关重要的作用。在部署了一系列定制化的软件应用之后，公司能够对物品成件地，而非成套地进行库存管理。

该公司在匹兹堡南部拥有一个占地20 000平方英尺的仓库。在它的3 000个库存量单位中，存放着包括用于科学、技术、工程和数学课程的设备和消费品。这些库存单位又被分到至少100个不同的模块中，每个模块单元里有12个课程。

"因为我们不想让老师亲自去购买需要的物品，所以我们为老师提供了他们需要的所有东西，"Asset Education的常务董事Cynthia Pulkowski如是说，"但是如果物品丢失或损坏，那么老师们不得不去商店一趟，这样我们的目标并未达成。"

以前，系统假设一套货物被退回后所有组件完好无损。但在实际中货物无损的情况很少，所以很难对库存准确计数，通常是从一个模块借货来补充另一个模块。

"这是我们的噩梦，"物资保障中心主管Frank Arzenti说道，"这令我们感到十分挫败，因为我们本计划继续使用现有的WMS系统或者进行更新，但这个体系对于我们的需求来说，可能过于昂贵和庞大了。"

一款用户定制功能的应用程序（DMLogic）与现有系统合作，提供跟踪、管理、分拣、包装等物流服务。公司给这一应用程序带来了改变，在没有关停工厂的同时将所有库存加入系统中。

当订单落地后，指定货物会获得其所在模块的特定的牌照。一个人可以同时选中六个牌照，以取代原有的六个人分别选择各自对应的模块。去年，公司装配了约10 000份牌照，其中包含了共计360万单位数量的货物。

这一项目减少了货物所占空间,所以去年公司地租区域减少了10 000平方英尺,同时实现了存储地点由距离较远处向近处的转移。仓库经过改装后,存货形式不再以运货托盘为载体,而是直接存放组成零件,随之而来的结果是,在不需要扩大面积的情况下,1 000平方英尺的储存能力迅速发展到相当于4 000平方英尺的水平。

"将视角转移到每件物品的层面对于库存管理来说,是很大的进步,"Pulkowski说道,"最重要的一点在于,供应商在运营过程中,持续地服从安排。他们从不将可以直接使用的货物提供给我们。这也就是我们所要求的,而供应商们在过程中的每个环节都进行监控。"

9.6.1 准时制生产方法

也许讨论最广泛的存货管理方法是准时制生产,或者称JIT方法。在现今的商业环境中人们经常提及JIT制造流程、JIT存货或JIT配送系统。常识上短语"准时制"表明当公司需要存货的时候,它们应该可以获得,既不早也不迟。这部分将重点讨论带有真正的准时制系统特征的一些要素。

1. 准时制生产系统的定义和组成

大体上,准时制生产系统设计用于管理提前期和消除浪费。理想情况下,产品应该是当公司需要时才到达,无需忍受过迟或过早的配送。许多JIT系统高度优先考虑简短且一致的提前期。然而,在真正的JIT系统中,提前期的长度远不如提前期的稳定性重要。

准时制生产概念来自美国化的看板系统,是由丰田汽车公司开发的。看板(Kanban)指的是安装在日本工厂内运送少量所需部件与其他物料的手推车上的信息指示牌。每一块指示牌精确地记录着必需的补货数量和再供应活动发生的确切时间。

生产卡片(kan kards)确定和授权需要制造或生产的产品总量。请求看板(ban cards)授权从进料或供应操作中收回所需的物料。如果知道每日产出总量,那么这些活动就可以手工完成,而不需要计算机辅助。最后,Andon系统或信号灯系统,用于作为一种通知工厂人员存在问题的方法——黄色的信号灯表示小问题,红色的信号灯表示大问题。每一盏信号灯都可以被全体人员看到。用这种方式,当问题出现时,工人可能会被通知停止生产/制造流程。

经验表明,有效实施JIT理念能够显著地降低零件和物料存货、在产品和产成品。而且,看板和准时制生产概念很大程度上取决于制造的产品和部件的质量,也依靠合格的和精确的管理物料和实体配送的物流系统。

有四个主要的要素支持准时制生产概念:零库存、简短的提前期、小且频繁的补货批量,及高质量或零缺陷。JIT这种现代的配送、生产、库存和进度管理方法,是一种基于在公司需要物料的精确时间内配送确切数量物料的操作性概念,以做到库存成本最小化。JIT能够提高质量并减少浪费,也能完全改变公司实施物流活动的方式。在日本,JIT比库存管理系统内容使用得更加广泛。它包括全面的质量、销售合作伙伴关系和员工团队的文化。

JIT系统操作的方式非常类似于双箱(two-bin system)或再订货点系统。双箱系统用其中一个箱子满足部分需求,当这只箱子清空时(再次补货的促进因素),第二只箱子供应这部分需求。丰田公司已成功地运用了此系统,这主要归功于它的主生产作业计划(Master Production Schedule),其目的是以组装所有零件的顺序,为每一个产品和每一天规定进度。运用简短的生产流程来生产这些产品也能够满足对供应品和部件相对持续的需求。理论上,理想的批量大小(lot size)或订货量大小对基于JIT的系统来说,应是1个单位。很明显,这将鼓励公司缩减或消除(订货)准备成本和递增的订货成本。

通过贯彻执行极小的批量和非常短的提前期,准时制生产方法能够显著地缩减提前期。例如,当制造叉车时,丰田公司经历了时间为一个月的物料积累提前期,包括最终装配、局部装配、制造和购买。而美国叉车制造商的提前期一般是6~9个月。

2. JIT 与 EOQ 存货管理方法的比较

表 9.18 展示了 JIT 哲学不同于美国公司习惯上的存货管理法的关键点,也是我们在本部分要讨论的内容。

表 9.18 EOQ 与 JIT 对比

因素	EOQ	JIT
库存	资产	负债
安全库存	是	否
生产流程	长	短
转换成本	摊销	最低
批量	EOQ 经济订货量	一对一
排队时间	忽略	必要
提前期	宽容度大	缩短
质量监控	重点部分	全程
供应商/顾客	对抗关系	合作伙伴
供应来源	多元	单一
员工	指示	参与

第一,JIT 试图为买者和卖者消除过量的存货,一些人感觉 JIT 概念仅仅是强迫卖者持有买者以前拥有的存货。然而,成功的 JIT 运用将极大地减少双方的存货。

第二,JIT 系统通常与较短的生产流程相联系,它需要生产和制造活动不断地从一个产品转到下一个产品。JIT 减少了长时间生产单一产品带来的规模经济。同样,JIT 还会使生产转换成本增加(假定每次转换成本是固定的)。然而更短的单一产品生产时间可以降低产成品库存水平。因此,这里需要权衡的是转换成本和产成品库存水平。许多公司在减少转换成本方面非常成功,因此库存成本很低。

第三,在公司需要的时间和需要的地点运送物料和部件,JIT 使等待时间(Waiting Lines)最小化。例如,汽车制造商使用 JIT 方法,使运送的补充存货恰好运送到制造商需要零件用来制造成品的地方。

第四,JIT 概念使用简短且一致的提前期,以一种适时的方式满足对更多存货的需求。这就是为什么供应商倾向于将他们的工厂设施集中在计划使用 JIT 方法的制造设施周围。较短的提前期会减少订货处理周期库存,稳定的提前期可以减少安全库存。其中,稳定性相对来说更为重要,即较短的提前期并不如较稳定的提前期重要。

第五,基于JIT的系统依靠高质量的入库产品和部件,以及高质量的入库物流作业。依靠适时的JIT系统将制造和装配同步起来的事实,对于预测入库材料的接收更加强了对适时JIT的需求。对于可预测的入库物料的接收加强了对适时JIT的需要。

第六,JIT概念要求买者和卖者之间有一个强有力的相互承诺,强调质量和为双方谋求一个双赢的决策。JIT的成功必须让整个分销渠道(或供应链渠道)的存货最小化。如果公司仅仅是把存货推回给另一个渠道,JIT就不会成功。

3. 概括和评价JIT

JIT理念使得物流管理者能够减少单位成本和提高客户服务。那么我们仔细观察一下基于JIT的方法就能发现它们类似于基本的反应性系统,如经济订货批量和定量订购法,因为JIT是需求反应性的。

JIT与传统方法的不同之处在于,JIT承诺简短且一致的提前期及使存货达到最小化或消除存货。实际上,它更加信赖系统改良的反应性和灵活性,节约了下游存货的资金。理想情况下,JIT的使用有助于系统全面发挥作用。这样在整个物流系统中它的作用就不会依赖出于战略考虑储存在各个地点的存货了。

成功的JIT优先考虑高效、可靠的生产和制造过程。JIT系统要求能在所需的时间和地点运送零件和组件,这在很大程度上依赖于预计产成品需求的预测过程的精确性。而且,适时的JIT系统运行时要求高效和可靠的沟通和信息系统,以及高质稳定的运输服务。

9.6.2 物料需求计划

另一项目前备受瞩目的存货调度安排方法是物料需求计划或称MRP。约瑟夫·奥里奇(Joseph Orlicky)做了最初的普及推广,MRP专门处理那些取决于特定的最终产品需求的物料和部件问题。MRP的基本概念已经存在了许多年,只是最近才出现了计算机信息系统,使得公司能够充分受益并实施这种方法。

1. MRP系统的定义和操作

物料需求计划系统包括逻辑相关程序、决策规则以及把主生产作业计划转化为各个时间段的净存货需求的记录,计划包含所有实施这种进度安排所需要的部件信息。由于主生产作业计划、需求、存货状况的变化,或者是产品构造的变化,MRP系统重新计划了净需求和系统包括的范围。MRP系统通过计算每一个存货项目的净需求,为它们进行时间调整和确定合适的范围,以符合目标要求。

MRP系统的目标是:(1)确保满足计划生产和顾客配送要求的物料、部件和产品的可获得性;(2)尽可能保持最低的存货水平;(3)为制造活动、配送进度和购买活动制定计划。在这些做法中,MRP系统考虑了目前和计划所需零件和存货产品的批量,以及用于计划的时间。在执行以上活动时,MRP系统会考虑当前和计划的库存中零部件和产品的数量以及需要这些零部件和产品的时间。

MRP从确定客户需要多少最终产品和何时需要开始着手,然后根据计划的最终产品需求,MRP引发了部件需求。图9.15表明了MRP系统如何通过使用这些关键要素进行操作:

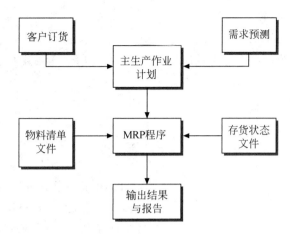

图 9.15　MRP 系统

- 主生产作业计划(Master Production Schedule, MPS)。它是基于实际的客户订单和需求预测,主生产作业计划驱动着整个 MRP 系统。MPS 详细描述了公司必须制造或装配的最终产品以及客户何时需要这些产品。换句话说,MPS 将提供各种 SKU 的详细计划和何时生产的信息。
- 物料清单文件(Bill of Materials File, BOM)。正如食谱详细说明,一个蛋糕所需要的原料一样,物料清单文件说明了制造或装配最终产品所需原材料、部件和组件的确切数量。除了把总需求确定为所需要的批量之外,BOM 也说明了各种投入物品必须何时到位。这个文件还能识别各种投入间的相互联系,以及它们在生产最终产品时的相对重要性。因此,如果有着不同提前期的几种部件需要组合成子单元,BOM 将说明这些关系。
- 存货状态文件(Inventory Status File, ISF)。这个文件记录存货状态,如此公司可以从总需求中扣除现有的数量,因此在任何时候都可以确定净需求。存货状态文件还包括像某种物品和提前期所需的安全库存这样的重要信息,ISF 在保持 MPS 和帮助使库存最小化中起着关键作用。
- MRP 程序。基于主生产作业计划说明的最终产品需要来自物料清单文件的信息,MRP 程序首先把最终产品的需求转化为对各个零件和其他物料的总需求。然后计算基于存货状态文件中信息的净需求,以及下达订单订购生产/装配过程必须投入的物料。订单对所需物料的具体批量和定时的需要做出反应。在后面的例子中我们将解释这些 MRP 活动程序。
- 输出结果和报告。在公司完成 MRP 程序之后,几种基本的输出结果和报告将会有助于管理者了解物流、制造和装配活动的情况。其中包含下列相关的记录和信息:(1)公司应该订购的批量和订购的时间;(2)任何加快或重新计划到期的或所需的批量产品的需要;(3)取消产品的需要;(4)MRP 系统状态。这些报告对控制 MRP 系统来说非常关键,在复杂的环境中每天对其检查以进行适当的修改和信息的提供。

2. MRP 系统的实例

为了更充分地理解 MRP,让我们来考虑一个装配煮蛋计时器的公司。假定根据主生产作业计划,公司想装配一个煮蛋计时器成品,在八周后运送给客户。MRP 应用过程如下所示。

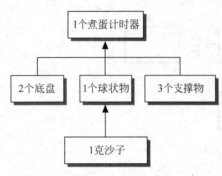

图 9.16　零件与产成品之间的关系：MRP 煮蛋计时器实例

图 9.16 表明了装配 1 个煮蛋计时器的物料清单。一个产成品包括 2 个底盘,1 个球状物,3 个支撑物和 1 克沙子。图 9.16 表明公司在装配煮蛋计时器之前必须加一克沙子到球状物中。

表 9.19 展示了煮蛋计时器实例中的存货状态文件,计算了总需求和现有存货数量的净需求,并标注了每一个部件的提前期。例如,采购支撑物和球状物所需要的提前期是一周,然而沙子需要四周,底盘需要五周。一旦所有的部件都准备齐全了,装配一个煮蛋计时器成品所需要的时间为一周。

表 9.19　存货状态文件：MRP 煮蛋计时器实例

产品	总需求	现有存货	净需求	提前期(周)
煮蛋计时器	1	0	1	1
底盘	2	0	2	5
支撑物	3	2	1	1
球状物	1	0	1	1
沙子	1	0	1	4

最后,图 9.17 是所有与订购和接收部件以及装配煮蛋计时器成品相关的活动的主生产作业计划。因为公司必须装配完煮蛋计时器并在八周后送到顾客手中,所以在第七周时应准备好适当的零件批量。图 9.17 的上半部分表明了这种需求。

从第七周对零件的需求开始呈逆向,图 9.17 的下半部分确定了订购和接收部件的战略。例如,对于需要五周提前期的两个底盘来说,公司必须在第二周订购。而对于只需要一周提前期的支撑物来说,公司应在第六周下达订单。最后,公司为了能够在第七周送货必须在第六周订购球状物,以及在第二周订购沙子为了在第六周能送到。

这个例子说明了基于 MRP 的方法与存货计划和库存控制之间是如何联系的。实际上,MRP 程序本身会执行图 9.17 中涉及的计算过程。一旦程序制订了主生产作业计划,报告将会以一种适合管理者使用的格式来描述这些信息。公司会按照它所描述的所需零件的批量和时间进行订购。

在实际的应用中,MRP 特别适合计划和控制定货以及接收大量在装配或制造过程中可能相互影响的零件和产品。除了像煮蛋计时器例子这样非常简单的问题之外,计算机化实际上是使用基于 MRP 应用所必须具备的条件。只有借助现代计算机系统的处理速度和控制能力,公司才能有效利用成本实现 MRP 内部运作。

煮蛋计时器(LT=1)	1	2	3	4	5	6	7	8
所需的批量								1
生产计划							1	

底盘(LT=5)	1	2	3	4	5	6	7	8
总需求							2	
现有存货	0	0	0	0	0	0	0	
计划入库							2	
计划下达订单		2						

支撑物(LT=1)	1	2	3	4	5	6	7	8
总需求							3	
现有存货	2	2	2	2	2	2		
计划入库							1	
计划下达订单						1		

球状物(LT=1)	1	2	3	4	5	6	7	8
总需求							1	
现有存货	0	0	0	0	0	0	0	
计划入库							1	
计划下达订单						1		

沙子(LT=4)	1	2	3	4	5	6	7	8
总需求						1		
现有存货	0	0	0	0	0			
计划入库						1		
计划下达订单		1						

图 9.17　主生产计划：MRP 煮蛋计时器实例

3. 对 MRP 系统的概括和评价

在确定了主生产作业计划之后，MRP 程序开发了以时间段划分的存货调度和存货接收的方法。因为它生成的是一份物料清单，以便装配或制造确定数量的产成品，所以 MRP 代表了一种"推式"方法。在很大程度上，这种方法促进了购买订单和生产订单的发展。通常，MRP 主要应用于对零件和物料的需求取决于一些明确的最终产品需求的情况。MRP 能够处理系统范围内的物料供应。

由于实际的需求对主生产作业计划的确定来说非常关键,那么 MRP 系统能够快速地对产成品的需求变动做出反应。虽然一些 JIT 的倡导者感到"拉式"方法比类似 MRP 这样的"推式"方法反应更加灵敏,但反过来有时也成立。MRP 系统还能够帮助公司达到其他 JIT 目标,如那些有关提前期管理和消除浪费等。简而言之,MRP 能够达到比使用基于 JIT 的方法更加广泛的目标,因为常有通过"拉式"概念做出的决策并不能反映 JIT 政策计划的未来事件。

大多数基于 MRP 系统的主要优点包括以下方面:

- 它们努力保持合理的安全库存水平以及最小化或尽可能地消除存货。
- 在发生不久,它们就能识别出过程问题和可能存在的供应链混乱问题,并采取必要的正确的行动。
- 生产作业计划是基于实际需求以及对最终产品的需求预测的。
- 它们协调公司物流系统中跨地点的物料订购。
- 它们更适用于批量的或间断性生产或装配流程。

基于 MRP 方法的缺点包括以下方面:

- 它们的应用是计算机密集型的,一旦系统投入运用,对其改变是很难的。
- 随着公司减少存货水平,或者借助更加协同的订购产品系统,在公司需要的时候产品以较小数量送达,这样订货和运输成本可能都会增加。
- 它们通常不如订货点法那样对短期需求波动具有敏感性,但也不像存货密集型(inventory intensive)那样。
- 它们经常会变得十分复杂,有时也不能确切地按设想的那样工作。

4. 关于 MRP Ⅱ 系统的注释

近年来,制造资源计划或者称 MRP Ⅱ,是比单单一个 MRP 内容更加广泛的工具,已经开始为人们所采用。虽然 MRP 在 MRP Ⅱ 中是一个关键步骤,但 MRPII 可以让公司整合财务计划和经营/物流活动。

MRPII 作为一种优秀的计划工具,它有助于描述正在实施的各个领域,如物流、制造、营销和财务领域内战略的可能结果。因此,它有助于公司进行"如果……怎么办?"的分析和在公司物流系统的各个点之间确定适当的产品运动方向和储存战略。

MRPII 是用来计划和管理所有的组织资源,以及对组织所有的计划职能部门来说,远超出存货甚至是生产控制的一种技术。它是一种整体论的计划技术,能够使公司所有的职能领域组成一个统一体。MRPII 最根本的好处包括:通过实现更少的产品短缺或者缺货情况来改善客户服务,更好的配送绩效,以及对需求变化反应灵敏程度。成功地实现 MRP Ⅱ 也有助于降低存货成本和生产线停工的频率,创造更高的计划灵活性。

9.6.3 分销资源计划

分销资源计划是一种广泛应用和潜在功能强大的出货物流系统的技术,有助于确定适当的存货水平。实际上,成功运用 DRP 的事例表明,公司可以改善客户服务(减少缺货情况),减少产成品存货的整体水平,减少运输成本,以及改善物流中心的经营情况。因为这些潜在的可能,毫无疑问,制造商会对实施 DRP 系统产生兴趣。

DRP 经常是和 MRP 系统一块使用的。MRP 试图管理入库存货并使其达到最小化,特别是在需要大量物品的地方,汽车工业就是一个例子。需要组合的各项物品以及用于装配产成品的各项物品经常有着不同的提前期。因此,MRP 是和主生产作业计划联系在一起的,主生产作业计划说明了每一天用于生产的物品和被生产的顺序。这种计划作为预测实际需要的零件和何时需要它们的基础。

DRP 的基本原理是更加精确的预测需求,挖掘需求信息以供制定生产计划之用。以这种方式,公司通过一起使用 MRP 和生产计划能够使入库存货达到最小化。出库(产成品)存货通过使用 DRP 达到最小化。

DRP 为每一个 SKU 开发了一个项目并需要:
- 每一个 SKU 的需求预测;
- SKU 目前的存货水平(balance on hand,BOH);
- 安全库存目标;
- 建议补货批量;
- 补货的提前期。

这种信息用于挖掘补货需求。成功的 DRP 系统的关键因素之一是 DRP 表格的绘制,包括各种元素,例如 SKU、预测、BOH、定期进货和计划订货,等等。表 9.20 说明了哥伦布物流中心的鸡肉面条汤的 DRP 表格。表格上仅显示了 9 周,但 DRP 表格通常会显示 52 周,并且是一个动态文件,当数据特别是需求变动的时候,将会出现持续的变化。尽管单张表格已经提供了有用的信息,但是复合表格能够发挥更大的优势。例如,综合所有的 SKU 表格中的从一个来源运送的物品,可以提供有关合并运送的可能性,以及希望订货何时送达仓库的有用信息。本质上,表格的合并有助于制定有效的生产计划和运送计划,正如图 9.18 中说明的一样。

表 9.20 鸡肉面条汤的 DRP 表(哥伦布物流中心——分销资源计划)

周	一月				二月				三月
	1	2	3	4	5	6	7	8	9
鸡肉面条汤	目前的 BOH=4314		Q=3 800		SS=1 956		LT=1		
预测	974	974	974	974	989	1 002	1 002	1 002	1 061
计划进货	0	0	3 800	0	0	0	3 800	0	0
BOH	3 340	2 366	5 192	4 218	3 229	2 227	5 025	4 023	2 962
计划订货	0	3 800	0	0	0	3 800	0	0	3 800
实际订货									

Q——批量 SS——安全库存 LT——提前期

在出货物流方面 DRP 系统与进货物流方面 MRP 的作用一样。这两个系统的结合点是生产设施,因为在那里物料的流动的最优化非常重要。DRP 是推式系统的一个典型例子,并可同时用于单个设施或系统范围的优化。DRP 成功的关键是配送中心提供准确的 SKU 需求预测。将 SKU 需求汇总并加上提前期和安全库存要求可以让生产环节确

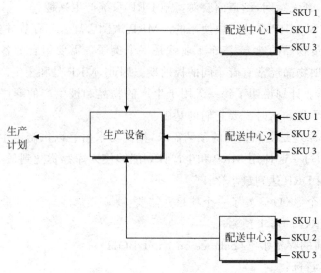

图 9.18 复合 DRP 表

定总体生产排程计划。一旦 MPS 确定，MRP 便可以协调物料进入生产设施的流动方式和时间安排，从而恰好能够满足配送中心的要求。因此，将 MRP 和 DRP 结合可以协调从原材料供应商到生产设施（生产产成品）再到配送中心整个过程的物料流动，从而满足顾客的需要。

9.6.4 供应商管理库存

到目前为止所探讨的库存管理技术通常都是用于管理单个组织内部物流网络的库存。JIT 和 MRP 管理生产设施进货物流方面的原材料和配件库存，而 DRP 管理的是生产设施与配送中心之间的产成品库存。一种相对较新的库存管理技术 VMI 则管理组织外部物流网络中的库存。换句话说，VMI 是用来管理组织在其下游配送中心里的库存。

VMI 的概念最早由沃尔玛提出，沃尔玛的供应商们可以管理他们在沃尔玛配送中心中的库存。这一概念的基础是供应商可以比沃尔玛更好地管理库存。这样，供应商承担了在顾客需要时总能确保其产品在沃尔玛配送中心的可得性。之后，VMI 被其他许多行业的许多组织采用。

VMI 这一概念的基本原则其实很简单。第一，供应商及其客户就在客户仓库内什么产品使用 VMI 的方式在管理上达成一致。第二，双方在这些产品的再订货点以及经济订货量上达成一致。第三，当这些产品从客户的配送中心配送出去的时候，客户会实时通知供应商所配送的 SKU 的数量。这一数量也被称为"拉"数据。当客户从仓库中"拉"出产品将其运输到商店或其他设施时，会通知供应商产品已经被"拉"出，供应商手中的库存因而减少。第四，供应商时刻监督客户配送中心的库存，当配送中心的库存达到事先约定好的再订货点时，供应商便生成一个补货订单，通知客户的配送中心即将送达产品的数量和送达时间，并将产品运送到配送中心完成补货。因此，客户无需下订单补货，通过实时信息的共享，供应商了解产品需求并将库存推送到客户那里。

VMI 一般用于独立需求的产品。然而，像 Dell 一样的组织也同意零部件供应商使用 VMI 管理他们在靠近 Dell 组装工厂附件第三方仓库中的库存。因此，VMI 可同时用于独立需求或从属需求的产品。

许多组织目前将 VMI 与 CPFR（第 7 章中已经讨论）结合起来使用以管理整个系统范围内的库存。如果你能回忆起来的话，CPFR 是一个允许供应商和客户共同决定系统范围内的产品需求的概念。由于 CPFR 用于制定系统范围的计划，组织需要一个能够在系统和单个设施层面执行这些计划的技术。这就是 VMI 发挥作用的地方。VMI 可以用来监督系统范围内的库存以及单个设施的库存，并使用这些数据帮助 CPFR 真正落到实处。

使用 VMI 管理库存不受哪个组织拥有库存的影响。使用 VMI 的供应商在将产品运输到客户的配送中心时一般会采用目的地交货（FOB destination）的方式。也就是说，供应商在运输途中拥有库存，但产品一旦被客户的配送中心接收，所有权马上转移至客户。因此，供应商管理库存，而客户则拥有库存所有权。一些客户正在探索一种被称作"几乎完全的寄销库存"在配送中心的使用。在这种情况下，供应商管理并拥有客户配送中心的库存直到库存被运走。在这一概念下，供应商会面临在保证足量库存以满足需求的同时使自己在配送中心的库存量最小化的挑战。

VMI 的主要优点之一是供应商获得了客户那里实时库存水平。这使得供应商有更多的时间对突然发生的波动做出反应，保证缺货不会发生。而 VMI 的缺点是供应商有时在月末会利用 VMI 将过量的库存推送到客户的配送中心以完成月度销售指标，造成客户持有多余的库存，增加客户的运营成本。

到目前为止，所有讨论的库存管理技术有一些细微的不同，也有一些相似之处。然而，这些技术都采用了某种形式的 EOQ 和再订货点技术。EOQ 和再订货点技术回答了"多少与何时"两个最基本的问题。JIT、MRP、DRP 和 VMI 都强调在恰当的时间运送恰当的数量。因此，所有这些技术都采用了某种形式的 EOQ 和再订货点技术。图 9.19 试图表示所有这些技术在物流网络中如何运用。在图中使用的是一个零售的物流网络。当一种库存技术管理的库存越接近真实需求点时，其预测就会越准确。今天，许多组织使用所有以上的库存管理技术管理其物流网络中的库存。

图 9.19　物流网络中的库存管理方法

所有以上的讨论聚焦于物流网络中原材料、零部件和产成品库存的管理。讨论中隐含的假设是所有产品都可以以任意数量储存，这一假设简化了技术的使用。但是组织所生产的所有产品的需求水平和提前期水平和不确定性并不相同。下一部分会讲解库存评估的概念，要求组织评估哪些产品是最重要的以及将它们储存在哪里才能满足需求。

9.7 库存分类

多条产品线以及对于库存的控制要求组织将精力放在更重要的库存产品上，并采用更为成熟有效的手段来管理库存。库存分类通常是有效库存管理的第一步。库存分类的方法有许多种，下面将要讨论的是最为基础和普及的一种。

9.7.1 ABC分析法

通用电气的 H. Ford Dicky 早在 1951 年首次提出：在库存管理中有必要对项目按其重要性进行等级排序。Ford 表明通用电气目前所用的库存分类方法主要依据项目的相对销售量、现金流、提前期或者缺货成本。而 Ford 提出了全新的库存分类方法，也就是现在所说的 ABC 分析法。ABC 分析法根据项目的相对影响或者相对价值将库存项目划分为三个不同等级，按其相对重要性依次为 A 类、B 类和 C 类。在该分析法中，评价标准的选择将直接影响库存项目的等级划分：使用库存项目的单位收益作为评价标准时，项目 1 划归 A 类；使用库存项目单位利润作为评价标准时，项目 1 划归 C 类。而库存分类标准的选择取决于组织目标。当然，在实际运用中可根据需要划分出更多的等级。

1. 帕累托定律/二八定律

帕累托定律是指将"不重要的多数"同"重要的少数"区分开的方法，而上述的 ABC 分析法正是在此定律基础之上发展而来的。在库存管理中，这就意味着数目相对较小的库存项目或库存单位有可能对组织产生巨大的影响。帕累托认为很多形势是由相对少数却重要的因素支配的，而这些支配因素的特征是不同的。帕累托定律也被称为二八定律，在实践中应用广泛。

例如，某组织在市场调研中发现其 80% 的收益来源于 20% 的客户；某学校发现其学生 80% 的学分来源于 20% 的课程；或者某项研究表明城市 80% 的犯罪事件是由少数的 20% 的人犯下的。尽管实际中的百分比是有所变动的，但是调整后的二八定律仍然适用。

2. 图例

图 9.20 所示为 ABC 分析法在库存管理中的应用。从图中可以看出产品线中 20% 的库存项目决定了组织 80% 的销售额。正是由于其对销售的重要影响，这 20% 的库存项目就是 ABC 分析法中的 A 类库存。而 B 类库存占据了产品线中 50% 的库存项目，却仅贡献了 15% 的销售额。排在最后的、最不重要的 C 类库存则是产品线中剩余的 30% 的库存项目，C 类库存的销售仅占总销售额的 5%。

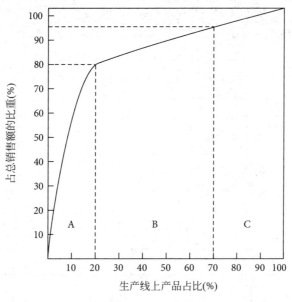

图 9.20 ABC 分析法

在 ABC 分析法的实际操作中有一种常见的错误：认为 B、C 类库存相较于 A 类库存是十分不重要的，进而，将大部分的、或者全部的管理注意力放在 A 类库存上。例如，一项决策保障了 A 类库存项目高水平的现货供给，而使得 B、C 类项目的库存供给很少或几乎为零。这是一种谬论，事实上并非如此：所有库存项目都或多或少地具有一定的重要性，应在合理的管理成本控制下（缺货成本/库存持有成本），制定相应的库存管理策略以保障产品供给。这就要求组织根据 ABC 分析法区别制定库存管理政策，确保 A 类库存项目可立即获取，或通过物流快递快速获取；B、C 类库存项目，尽管要在供应链上游可及时获取，也可保障该库存项目的及时获取。

此外，仍有部分原因使得 B、C 类库存项目的重要性不应被轻视：某些情况下，B、C 类库存项目是作为 A 类库存产品的补足，在 A 产品的销售过程中是必不可少的；或者，C 类库存项目是销售前景看好的新产品。

3. ABC 分类法的操作

ABC 分类法的操作相对简单。第一步，选择用以排序定级的评价标准，例如税收。第二步，根据选定的评价标准的重要性对库存项目进行降序排序，计算各项目的库存百分比及百分比累加。这一计算便于对库存项目进行 ABC 类的分组。

表 9.21 中展现的是以单条产品线上各库存项目的收益作为评价标准进行 ABC 库存分析的。表格第一栏划分了大橘子公司产品线的十个库存项目，第二、三栏分别对应该库存项目的年收益和占总年收益的百分比，第四、五栏分别对应该项目的收益累计百分比及项目数量累计百分比。从表中各栏可以清晰地看出多少百分比的库存项目贡献了多少百分比的收益。表格的最后一栏是以年收益为评价标准对十个项目进行 ABC 类的等级定级。

表 9.21　Big Orange Products, Inc. ABC 分析法

物品序号码	年销售额	占年销售总额的比重	累计销售额	物品量占比	分类
64R	$6 800	68.0%	68.0%	10.0%	A
89Q	1 200	12.0	80.0	20.0	A
68I	500	5.0	85.0	30.0	B
37S	400	4.0	89.0	40.0	B
12G	200	2.0	91.0	50.0	B
35B	200	2.0	93.0	60.0	B
61P	200	2.0	95.0	70.0	B
94L	200	2.0	97.0	80.0	C
11T	150	1.5	98.5	90.0	C
20G	150	1.5	100.0	100.0	C
	$10 000	100.0%			

ABC 分类法的操作的最后一步就是对库存进行分组定级。该步骤是整个操作过程中最困难的步骤，难以用简单技术替代。这是因为，尽管 ABC 分析法是由数据输入支持的，但最终的分类决策则需要决策者的主观判断。尽管已经检验了项目的排序，有时仍会受自然的、有重要影响的因素影响。除此以外，决策者还需要考虑其他变量的影响，例如，项目本身的重要性或者响应管理成本等。

ABC 分析法可使用不同的评价标准，适用于不同的情境。一个仓库经理有可能选用周转率作为标准进行库存分组；一个市场经理可能选用客户受益作为标准进行客户分组；一个销售经理可能选用收入总额作为评价标准进行销售代表分组。还有其他 ABC 分析法适用的分类方法在分组过程中使用多重评价标准，例如，单位项目利润和营业额的乘积。也就是说，项目可选用不同的分类方法，使用不同的评价标准，得出不同的分组结论。需要根据组织目标科学使用 ABC 分析法对项目进行分类。

9.7.2　象限模型

象限模型是另一种库存分类技术。象限模型以价值和风险作为评价标准，多用于制造业企业的原材料、配件、零部件库存分类，也可用于成品库存分类。价值是针对利润的，而风险是指缺货的负面影响。图 9.21 为象限模型的一种。当需要时，高风险高价值的库存项目(关键性项目 critical items)应重点管理以确保充足供应；低风险低价值的库存项目(一般性库存 generic items)则不需要过多关注。象限模型中的分类不仅影响库存政策，也会影响生产政策。例如，日常性库存(commodities group)具有低价值高风险的特点，可采用统一管理的方式，或者来单加工的方式。关键性库存通常采用高级别的安全库存管理，且一般提前生产以保障及时供应。象限模型将两种或两种以上的评价标准结合起来用以项目分组。基于该分组方法的决策过程，考虑了物流和生产两个方面。库存分类对于仓储决策的影响将在下一单元重点介绍。

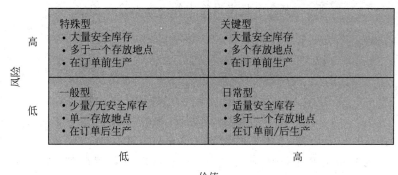

图 9.21　象限模型

9.7.3　多地点存货——平方根法则

在公司积极消除物流网络成本的过程中,公司正寻求新的减少存货水平而不会对客户服务造成不利影响的方法。为了缩减总体存货及其相关成本,目前流行的一种方法是将存货合并为更少的存储地点。因此,这种战略要求结合运输能力和信息资源,来观察现在公司所达到的客户服务水平,甚至可能再提高的情况。

通过这样的战略,平方根法则(Square Root Law,SRL)有助于确定存货可以缩减的程度。假定顾客总需求保持不变,SRL 评估当公司增加或减少存货地点时总体存货需要发生什么程度的改变。一般地,存货地点的数目越多,所需的保持客户服务水平的存货数量也就越多。相反地,当存货并入更少的存货地点时,总体存货水平就会降低。这些变化发生的程度通过应用平方根法则就可以明白。

平方根法则是,将来的许多设施中总体安全库存能够通过将现有设施中的存货总量乘以将来设施数量除以现有设施的数量的平方根:

$$X_2 = (X_1)(\sqrt{n_2/n_1}) \tag{9.15}$$

式(9.15)中　n_1——现有设施的数量;
　　　　　　n_2——将来设施的数量;
　　　　　　X_1——现有设施中的总存货;
　　　　　　X_2——将来设施中的总存货。

为了说明方便,让我们来考虑一个公司,目前要从设置在全美的总共 8 个设施配送 40 000 单位产品到顾客手中。物流中心设置在波士顿、芝加哥、旧金山、洛杉矶、达拉斯、奥兰多、夏洛特和巴尔的摩。公司正在评估是否能将经营机构合并为两个机构设施,一个在田纳西州的孟菲斯,另一个在内华达州的里诺/斯帕克斯。使用平方根法则,计算两个未来设施中存货总量:

　　　　　　$n_1 = 8$ 个现有设施
　　　　　　$n_2 = 2$ 个将来设施
　　　　　　$X_1 = $ 在 8 个现有设施中的 40 000 单位产品总量

因此,

X_2 = 在 2 个将来设施中的产品总量单位数
$= 40\,000 \times \sqrt{2/8}$
$= 40\,000 \times 0.5$
$= 20\,000$(单位)

基于这种分析结果,将来的两个设施将会承担 20 000 单位存货总量。如果公司把它们设计成相同大小,以及市场需求与地理区域内是相同的,那么每一个这样的物流中心将要承担库存总量的一半,或者具体来说是 10 000 单位。相反地,如果由于一些原因,公司考虑物流中心的数量由 8 个增加到 32 个,总存货需求也会翻一倍,从 40 000 单位变成 80 000 单位(运用公式可以检验这一点)。

基于来自现实公司的数据,表 9.22 表明在物流系统中特定数量的物流中心所包含的总平均存货单位量。例如,当存货地点由 1 个增加到 25 个时,存货的平均总量会从 3 885 单位增加到 19 245 单位,这与运用 SRL 得出的结果是一致的。表 9.22 也表明了随着系统中物流中心数量的增加,存货百分比也会发生变化。

表 9.22 平方根法则对物流存货的影响实例

仓库的数量 n	$\sqrt{n}$	总平均存货(单位数)	改变比例(%)
1	1.000 0	3 885	—
2	1.414 2	5 494	141
3	1.732 1	6 729	173
4	2.000 0	7 770	200
5	2.236 1	8 687	224
10	3.162 3	12 285	316
15	3.873 0	15 047	387
20	4.472 1	17 374	447
23	4.795 8	18 632	480
25	5.000 0	19 425	500

虽然我们对平方根法则只是简单描述了一下,但是该模型是以几个合理的假设为基础的:(1)在同一水平上存货地点间的存货转运并不是经常发生;(2)提前期不发生变动,因此存货的集中化不受波动供应不确定性的影响;(3)客户服务水平是通过存货的可获得性来加以衡量的,是不变的,与存货地点的数量无关;(4)每一个地点的需求是正态分布的。平方根法则表明当存货地点间的销售关联小到足以被忽略不计的时候,以及当每一个存货地点出现较小的销售变动的时候,通过合并设施来使总存货减少的潜在可能性会更大。

将平方根法则与 ABC 结合能够更深入地解释为什么存货总量随着存货地点数量减少而减少。在上面例子的情况下,假设 8 个物流中心存储了 A、B、C 三类货物以及它们对应的安全库存。将存货地点由 8 个减少到 2 个会产生如下两种结果:(1)安全库存不能达到充足数量,因为存货地点减少了;(2)组织可以通过合并库存和合并设施,来进一步减少库存。换句话说,安全存货和周转存货都可以通过合并库存和合并设施的方式来减少。总而言之，对于存货和设备来说，采用合并的方式能帮助组织极大地减少库存量。

 小结

- 作为经营活动一部分的库存，其水平持续降低。可能的因素包括更加专业的库存管理、信息系统的创新、运输服务市场中激烈的竞争、对于通过去除不增值的活动而降低成本的强调。
- 当产品线扩展以及 SKU 的数量增加时，库存的持有成本成为经营中的一个重要成本。
- 持有库存的主要原因有许多。库存的种类包括平时库存、半成品、在途库存、安全库存、季节性库存和预备库存。
- 库存成本的主要种类包括持有成本、订货/调整成本、预期缺货成本和在途库存。
- 库存持有成本具体包括资金成本、储存空间成本、库存服务成本和库存风险成本，并且以上成本都有精确的数学计算方法。
- 选择合适的存货模型或技术应该包括影响存货决策的关键性差异分析。这些差异是由以下问题确定的：(1) 对物品的需求是独立的还是从属的？(2) 分销系统是基于"推式"还是"拉式"方法？(3) 存货决策是应用于一个设施还是多个设施？
- 传统上，存货管理者关注提高效率的两个重要问题，也就是，从供应商那里再订多少货和/或从他们自己的工厂再订多少货，以及什么时候订货。
- 前面提到的两个问题可以使用 EOQ 模型来回答，平衡存货持有成本和（订货）准备成本或者订货成本，然后根据需求或使用率来计算再订货点。
- 有两种基本形式的 EOQ 模型——定量和定期模型。前者被广泛采用。本质上，对相关成本进行了分析(进行了平衡)，对最优批量也进行了决策。除非成本发生改变，这种再订货批量将保持固定，但订货的间隔期会随着需求的变化而变化。
- 基本的 EOQ 模型可以变动或调整去关注决策，受存货相关成本的影响，如果存在运费折扣，那么就会受到运输批量这个因素的影响。
- 在 20 世纪 70 年代，准时制（JIT）存货管理吸引了许多美国公司的注意，特别是汽车行业。其基本的目标是通过强调更小批量的频繁配送和与供应商或客户结成联盟，使存货水平达到最小化。要达到最好的效果，JIT 还应该包括质量管理。
- 物料需求计划（MRP）和分销资源计划（DRP）通常上是一起使用的。而且，主生产作业计划（MPS）是用来帮助平衡需求和存货供应的。DRP 用于物流系统的出货方面。各个 SKU 的需求预测开发出用以驱动 DRP 的模型。然后，MPS 时间表制定出满足计划的需求补货要求。MRP 进度开发出满足各种 MPS 计划的补货要求。这些模型经常用于复杂的变动提前期的环境中多个设施的存货决策。

- VMI 被企业用来管理客户配送中心中自己的存货。借助拉动数据，供应商监控库存水平并创建一个订单，将产品送到客户的配送中心，补充库存达到经济订货批量的水平。
- ABC 分析是一个提升库存管理效率的有效工具。另一个有效工具是象限分析。
- 当公司增加仓库的时候，经常提出的问题是："需要增加多少额外存货？"平方根法则是一项有助于回答这个问题的技术。

复习思考题

1. 解释为何在过去 20 年中，库存成本和库存水平相对 GDP 来说呈现下降趋势。这对经济发展有利吗？为什么？
2. 库存持有成本的主要组成部分是什么？当你在制定库存决策时，你如何衡量资金成本？
3. 如何计算某个特定产品的库存持有成本？在这个计算过程中，你认为应当如何衡量产品价值？
4. 请解释库存持有成本和订货成本之间的区别。
5. 为什么通常情况下决定产成品的失销成本要比决定原材料的失销成本困难？
6. 库存持有成本中的在途库存成本和闲置库存成本之间的区别是什么？
7. 独立性需求和从属性需求之间有何不同？为什么这个差异对存货管理者来说很重要？
8. 比较 EOQ 模型的定量型和定期型之间的不同点与相同点。在什么样因素的影响下，该用哪一种类型？
9. 为什么 JIT 存货控制方法在一些行业中流行？JIT 方法与 EOQ 存货管理方法的比较结果如何？JIT 应该被所有存货管理者采用吗？为什么要，或者为什么不要？
10. 解释 MRP、MPS 和 DRP 的本质特征。如何将它们相互结合在一起使用，以提供管理入库和出库存货的系统方法？
11. 使用 ABC 分析法对库存进行分类的好处是什么？在对库存分类时，有哪些不同类别的标准可以使用？
12. 平方根法则背后的原理是什么？当物流网络中仓库的数量发生改变时，库存是如何变化的？

案例 9.1　MAQ 公司

MAQ 公司是家用电器设备的主要生产者，由于目前该公司产品线急剧扩张，所以面临库存问题。MAQ 的总裁 Mary Semerod 决定开展一个项目用不同库存管理技术分析公司的库存要求。该项目的第一阶段包括用 ABC 分析 MAQ 公司的产品线（如下表所示）。Semerod 女士在选择合适标准进行分类和选定每一类型合适的分界点上遇到了困难。为了解决这一问题，Semerod 女士邀请一家物流咨询公司来开展库存分析。

销售数据(本年度)

产品	销售量(单位)	每单位价格(美元)	每单位利润(美元)
SR101	15 000	250	50.50
SR103	750	1 500	330.00
SR105	1 600	600	90.00
SR201	45	2 250	877.50
SR203	10	3 500	1 750.00
SR205	9 250	500	125.00
SR301	700	650	195.00
SR303	550	700	196.00
SR305	3 000	920	303.60
SR500	100	1 100	440.00

✓ **案例问题**

1. 如果你是这家咨询公司的员工,你如何构建你的分析方法?
2. 你会选择什么标准?
3. 分界点应该在哪里?请提供支持你决策的理由。

案例 9.2　BBE 棒球卡商店

位于宾夕法尼亚州刘易斯镇的棒球卡商店是一家向体育卡片零售商出售棒球卡的分销商。它的市场区域包括了宾夕法尼亚的大多数地区,如东部俄亥俄州和新泽西州。棒球卡是在威斯康星的尼纳制造的,目前通过汽车运输到刘易斯镇。肯尼·克雷格,物流副总裁,已要求他的员工对使用空运服务这个方案进行评估。

配送服务总监尼克,已收集了下列信息:

每年需求　6 000 套棒球卡
每套价值(价格)　96 美元
存货持有成本(每年)　30%
补充存货订购成本　75 美元
在途存货持有成本　18%
使用汽车的运输时间　4 天
使用汽车的周转时间　7 天
使用空运的运输时间　1 天
使用空运的周转时间　2 天
汽车运费　1.20 美元/百磅
空运运费　2.50 美元/百磅
单位重量　每套 50 磅

✓ **案例问题**

1. 以(库存)单位表示的 BBE 公司的经济订货批量(EOQ)是多少?用单位磅表示是多少?
2. EOQ 的总成本(不考虑相关运输成本)是多少?

3. 使用汽车运输的总成本是多少？
4. 使用空运的总成本是多少？
5. BBE公司应采用什么方案？

附录 9A EOQ 方法的特殊应用

9A.1 运输形式的选择决策调整，简单 EOQ 模型
——在途存货成本

第 1 章提到了在途存货成本和有关形式选择的运输决策之间平衡的可能性。这个讨论表明，越长的转运时间造成越高的存货成本。因为在运输的过程中，公司拥有货物的所有权，这样就产生了在途存货持有成本。实际上，在途存货的持有成本类似在库存货的持有成本。虽然在途存货和在库存货之间存在着不同，但基本上公司都对两种情况下的存货负责。总是有一些成本要附加在所持有的存货上，无论它们是存放在仓库中、工厂中，还是正被运送到另一个地点。因此，如果运输模式有着不同的转运时间和不同的运费（价格），而其他变量相同，我们就应该检查运输费用与转运时间相关的存货成本之间的平衡问题。运费很容易获得，然而计算在途存货的成本，就有必要修正基本的或简单的 EOQ 模型。

让我们回顾一下，简单的 EOQ 模型本质上仅考虑在订货或（订货）准备成本与在库存货相关的持有成本之间的平衡。如果要考虑不同的转运时间是如何影响运输及其成本的，公司必须放宽 EOQ 模型的基本假设，并且相应改造模型。

简单 EOQ 模型的一个假设是在途存货不计成本，因为公司是以运送价格为基础购买存货的或者是按照 FOB（船上交货方式，又称离岸价格）价出售给工厂的。如果情况发生变化，以至公司是基于 FOB 价购买存货的或以运送价格为基础出售商品的，那么就有必要考虑在途存货的持有成本。图 9A.1 描述了修正过的锯齿存货模型，较低的部分表示在途存货。

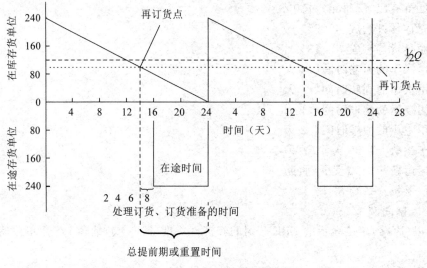

图 9A.1 修正的在途存货锯齿模型

1. 修正的锯齿模型

比较图 9A.1 的下面部分和描述了在库存货的上面部分,我们可以看出两个有关计算成本的区别。首先,存货只是在部分周期内才在运输途中。通常,运送存货的天数要少于前述的 EOQ 补货方法得出的存货在库的天数。第二,在途存货并未用完或卖出,但仓库存货也许用完或卖完了。

既然在途存货有这样两个显著的特点,在途存货的持有成本不同于仓库中的储存存货持有成本。我们可以用几种方式计算这种成本,如果已知每日的在途存货持有成本,我们可以将其乘以在途天数。我们可以通过将在途库存价值乘以每日机会成本来计算每日成本,然后将其乘以每年订货次数或每年周期次数,这将得出全年的在途存货成本。实际上,这类似于我们计算在库存货成本时所遵循的程序。

假设:

Y——在途存货的持有成本;
V——存货的价值/单位;
t——订货周期时间;
t_m——存货转运时间;
M——平均的在途存货单位数量。

计算 M 的过程如下:

$\dfrac{t_m}{t}$——每个循环周期在途存货时间百分比

因此,

$$M = \dfrac{t_m}{t} Q$$

我们可以重新写一下公式,如下所示:

$$t = 360 \dfrac{Q}{R}$$

$$M = \dfrac{(t_m Q)}{360} \dfrac{R}{Q}$$

$$M = \dfrac{t_m}{360} R$$

按照先前的假设,M 的两种计算方法得出了同样的结果。然而,计算 M 的第二个方程用得更经常一些,因为问题中给了变量。

既然我们已开发了一种计算平均在途单位量的方法,剩下的工作就是将这个数值乘以每单位的价值和在途货的全年持有成本的百分比。结果将是以美元表示的在途存货成本比上以美元表示的在库存货成本,即

$$\dfrac{t_m}{t} QVY$$

我们可以使用下面任何一种形式,写出新的总存货成本方程:

$$TAC = \dfrac{1}{2} QVW + A \dfrac{R}{Q} + \dfrac{t_m}{t} QVY$$

或

$$TAC = \frac{1}{2}QVW + A\frac{R}{Q} + \frac{t_m}{360}RVY$$

2. 形式选择的实例

我们可以使用前面的总成本公式,来衡量转运时间和运输成本之间的均衡。首先,我们回顾一下第 9 章中说明简单 EOQ 模型时所提供的信息:

R＝3 600 单位(全年需求)

A＝200 美元(一次订货或准备成本)

W＝25％(运输在库存货的成本)

V＝100 美元(每单位价值)

Q＝240 单位(保持不变)

现在假设公司正在选择两种运输方式(铁路或汽车)中的一种。下面的信息是已知的:

铁路:转运时间 8 天,每一担 3 美元

汽车:转运时间 6 天,每一担 4 美元

我们的下一个假设是无论哪一种方式,公司都将运输相同数量的存货,即 240 单位。如果每一个单位的重量是 100 磅,这就表示有 24 000 磅,或者 240 担。在途存货的持有成本(T)是 10％。给出上述变量,我们可以使用以前开发的公式检查这两个可选方案。

如果公司决定通过铁路运输,第一步是观察产品的总存货成本:

$$\text{总存货成本(铁路)} = \left(\frac{1}{2} \times 240 \times 100 \times 25\%\right) + \left(200 \times \frac{3\,600}{240}\right) +$$

$$\left(\frac{8}{24} \times 240 \times 100 \times 10\%\right)$$

$$= 3\,000 + 3\,000 + 800$$

$$= 6\,800(\text{美元})$$

如果我们把运输成本计入存货成本,总成本将是:

$$\text{总成本(铁路)} = 6\,800 + \left(3 \times 240 \times \frac{3\,600}{240}\right)$$

$$= 6\,800 + 10\,800$$

$$= 17\,600(\text{美元})$$

如果公司通过汽车运送物品,下一步将是确定总存货成本:

$$\text{总存货成本(汽车)} = \left(\frac{1}{2} \times 240 \times 100 \times 25\%\right) + \left(200 \times \frac{3\,600}{240}\right) +$$

$$\left(\frac{6}{24} \times 240 \times 100 \times 10\%\right)$$

$$= 3\,000 + 3\,000 + 600$$

$$= 6\,600(\text{美元})$$

再一次我们应该把运输成本计入存货成本:

$$总成本(汽车) = 6\,600 + \left(3 \times 240 \times \frac{3\,600}{240}\right)$$
$$= 6\,600 + 14\,400$$
$$= 21\,000 \text{ 美元(通过汽车运输)}$$

通过计算,铁路方案的成本更低,因此更可取。在结束这部分内容之前,我们应该严密地检查一下平衡问题。正如你所看到的,铁路方案存货成本较高,这是因为它的转运时间慢,但持有成本的节约抵消了这种成本。铁路运输带来的净效果是总体上的节约。

最后,我们应该注意,这部分所建议的程序是基于确定性条件的。如果转运时间发生变化,我们需要确定概率并用一种更复杂的方式去处理问题。

9A.2 根据大宗运费折扣率调整简单 EOQ 模型

先前讨论的基本 EOQ 模型并没有考虑与更大宗运输相联系的每担运费降低的可能性。例如,在先前例子中,假设公司确定 240 单位是合适的订购或生产批量。如果我们又假设每一单位重 100 磅,这就意味着运送 24 000 磅。如果运送 24 000 磅(240 担)运费是每担 3 美元,以及运送 40 000 磅的运费是每担 2 美元,我们就要弄清楚运送 400 单位(40 000 磅)而不是通常的 240 单位是否合算。

运货者规定运输的最小数量(重量),或者公布以一车皮载重量(铁路)和一卡车载重量计算的(汽车运输)大宗运费。因此,在存货状况下,对运输货物负责的决策者应该考虑较小运量的运费是如何影响总成本的,换句话说,除了考虑储存(持有)成本和订货或(订货)准备成本之外,决策者还应该考虑较低的运输成本是如何影响总成本的。

1. 成本关系

有时由基本模型建议的经济订货批量低于运量费率所需要达到的批量。我们可以调整模型,考虑下面这些与运送基本 EOQ 方法确定的批量更大的运量相关联的成本关系。

- 增加在库存货的存货持有成本。对于运量费率所需要达到的更大批量,意味着更大的平均存货($1/2Q$)和因此增加的存货持有成本。
- 减少订货或(订货)准备成本,更大批量将会减少订货次数以及订货安排与/或者订货准备的常规成本。
- 减少运输成本。更大批量将会减少每担运输货物的成本,因此降低了运输费用。
- 减少在途存货持有成本。整车皮载重量(CL)和整卡车载重量(TL)运输经常比零担车皮(LCL)或零担卡车(LTL)运输有更短的转运时间,更快的时间通常意味着在途存货更低的持有成本。

图 9A.2 表明了成本关系以及考虑了大宗运费折扣率(大宗运费与零担运费比较)。在允许公司使用大宗运费批量的地方,总成本函数中断了。因此,由于运费折扣或最初 EOQ 公式中折扣的存在,我们不能使用成本函数。相反地,我们必须使用敏感度分析或敏感度测试,以确定若是公司购买比基本 EOQ 数量更大的批量,全年成本是否会更低。注意,虽然图 9A.2 说明使用大宗运费会降低总成本,但未必是一种事实。例如,如果存货的货币价值非常高,那么增加的储存(持有)成本会抵消订货和运输成本的减少。

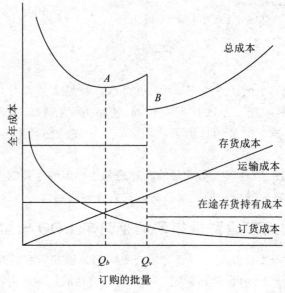

A——基本 EOQ（Q_b）的总成本
B——基于大宗运费折扣率的总成本

图 9A.2　考虑到大宗运费折扣率的 EOQ 成本

2. 用数学公式表示

虽然存在几种使用大宗运费折扣率的分析方法，但是一种实用的方法是计算和比较基于 EOQ 方法的全年总成本，以及基于大宗运费方法的全年总成本。在这种分析中我们将使用下面这些符号：

TAC——存货持有成本＋订货成本＋运输成本＋在途存货持有成本；
TAC_b——基本 EOQ 全年总成本；
TAC_v——采用大宗运费批量的全年总成本；
Q_b——基本 EOQ；
Q_v——大宗运费批量；
t_m——零担运输转运时间；
t_n——大宗运货转运时间；
H——小宗货物运费（高运费）；
L——大宗运费（低运费）。

计算每种全年总成本如下：

$$TAC_b = \frac{1}{2}Q_b VW + A\frac{R}{Q_b} + HQ_b\frac{R}{Q_b} + \frac{t_m}{t}Q_b VY$$

$$TAC_v = \frac{1}{2}Q_v VW + A\frac{R}{Q_v} + LQ_v\frac{R}{Q_v} + \frac{t_n}{t}Q_v VY$$

注意，$HQ_b\dfrac{R}{Q_b}$ 能够简写为 HR，$LQ_v\dfrac{R}{Q_v}$ 可以简写为 LR，所以我们可以简化这些方程如下：

$$TAC_b = \frac{1}{2}Q_b VW + A\frac{R}{Q_b} + HR + \frac{t_m}{t}Q_b VY$$

$$TAC_v = \frac{1}{2}Q_v VW + A\frac{R}{Q_v} + LR + \frac{t_n}{t}Q_v VY$$

3. 运费折扣的例子

基于前面问题的例子，我们在这部分中将说明运费折扣如何产生全年的成本节约。为了说明这个新例子，我们假设了下面的变量：

$H = 3.00$ 美元/担（假定每单位重量为 100 磅）

$L = 2.00$ 美元/担，最少 40 000 磅（每单位重 100 磅，这里是 400 单位或 400 担）

$t_n = 6$ 天（大宗货物转运的在途时间）

$Y = 10\%$（在途存货的持有成本）

$Q_v = 400$ 单位

$t_v = 40$ 天（对于 $Q = 400$ 单位的单个库存周期的长短）

从前面的问题中，我们知道：

$R = 3\,600$ 单位（3 600 担，全年销售额）

$A = 200$ 美元（订货成本或准备成本）

$V = 100$ 美元/担/单位（每单位价值）

$W = 25\%$

$Q_b = 240$ 单位（240 担或 240 000 磅）

$t_m = 8$ 天（LTL 转运的在途时间）

$t = 24$ 天（单个存货循环或周期的时间长短）

计算 TAC_b 和 TAC_v：

$$TAC_b = \left[\frac{1}{2} \times 240 \times 100 \times 25\%\right] + \left[200 \times \frac{3\,600}{240}\right] +$$

$$[3 \times 3\,600] + \left[\frac{8}{24} \times 240 \times 100 \times 10\%\right]$$

$$= 17\,600（美元）$$

$$TAC_v = \left[\frac{1}{2} \times 400 \times 100 \times 25\%\right] + \left[200 \times \frac{3\,600}{240}\right] +$$

$$[2 \times 3\,600] + \left[\frac{6}{40} \times 400 \times 100 \times 10\%\right]$$

$$= 14\,240（美元）$$

因为 TAC_b 超过 TAC_v 3 360 美元，所以最经济的方法是购买更大批量，即 400 担。订货、运输和在途存货持有成本的缩减，抵消了持有更大批量增加的成本。

我们可以修正这种分析，用来考虑以更大批量的方式购买所获得的潜在的大宗运量折扣。假定我们对方程作了较小的修改，在各种方案中计算和比较全年总成本的程序都可适用。

9A.3 根据自有车辆调整简单 EOQ 模型

许多使用自己车队或租赁卡车为自己运输的公司，无论一次运送多少货物都要估算一下每里或每趟的固定费用。换句话说,因为司机和燃油这样的经营费用并不随重量而显著变化,所以许多公司每趟都装载固定重量而不是以重量为基础来区别对待。因此,既然额外的重量并不产生额外的成本,我们自然会想:公司应该运送多少数量。

基本的 EOQ 模型能够处理这种问题,因为固定的每趟费用是可以与订货成本或(订货)准备成本比较的。因此,决策者必须平衡更少车次更大运量(所带来的)前景与持有更大平均存货量增加了成本(的现实结果)。

如果 T 代表每趟费用,我们可以写出如下公式:

$$TAC = \frac{1}{2}QVW + \frac{R}{Q}A + \frac{R}{Q}T_c$$

我们可以得到基本模型如下:

$$EOQ = \sqrt{\frac{2R(A+T_c)}{VW}}$$

从以前的例子中,我们每趟增加 100 美元费用:

$$EOQ = \sqrt{\frac{2 \times 3\,600 \times (200+100)}{100 \times 25\%}}$$

$$= \sqrt{\frac{2\,160\,000}{25}}$$

$$= \sqrt{86\,400}$$

$$= 293.94$$

EOQ 大小已经增加到 293.94 单位,这是因为多了与自有车辆成本相关的额外固定费用。

9A.4 根据超量运费调整简单 EOQ 模型

我们可以调整在第 9 章中讨论的基本存货分析结构以应用于超量运费。通过采用超量运费,承运人鼓励托运人托运更大的装载量。承运人为托运超过特定最小重量的装载量提供一个更低的运费。物流管理者必须决定公司是否应该使用超量运费,及如果是这样,每次运输公司应该托运的数量。

考虑下面的例子:CBL 铁路刚刚公布了一项新的物品超量运费,这是 XYZ 公司经常运输的物品。CBL 铁路目前的运费是 4 美元/担,起运最少 40 000 磅(400 担)。刚公布的超量运费是 3 美元/担,适用超过 40 000 磅直到 80 000 磅的运输重量。XYZ 公司物流管理者现在以 400 担批量运输,管理者想知道是否 XYZ 公司应该采用超量运费,以及如果是这样,公司每次应该运输多少批量。

XYZ 公司提供了下列数据:

$R = 3\,200\,000$ 磅(32 000 担,全年运输量)

$V = 200$ 美元(每担物品价值)

$W = $ 价值的 25%(存货持有成本/单位价值·年)

每一项物品重 100 磅。

XYZ 应该使用超量运费,只要每年的运输成本节约抵消与更重运输相联系的持有更大的存货而增加的成本。也就是,认识到超量运费的运输成本节约会增加 XYZ 的存货持有成本。最优的运输量发生在当全年净节约时是最大的,也就是,当全年运输成本节约减去全年增加的存货持有成本是最大的。

在开发节约和成本函数中,我们将使用以下符号:

S_r——在目前运费和新的超量运输之间的每担节约;

Q——以担表示的最优运输批量;

Q_m——以担表示的原有的最小运输批量。

每年的净节约等于每年的运输节约减去每年增加的存货持有成本,或者是 $N_y = S_r - C_y$

每年的运输节约等于每年的运输次数乘以每次运输的节约,或者是 $S_y = \dfrac{R}{Q} S_r (Q - Q_m)$

式中 R/Q 是每年运输次数,$Q - Q_m$ 是公司将以较低超量运费运送的重量,$S_r(Q-Q_m)$ 是每趟运送的运输节约。我们重新写一下 S_r 的方程,结果如下:

$$S_y = RS_r \left(1 - \dfrac{Q_m}{Q}\right)$$

全年增加的存货持有成本 C_y 等于发货人(运输方或卖方)和收货人(接收方或买方)增加的存货持有成本。既然卖方会将这些节约转化为一种价格折扣,以鼓励买方较大批量的购买,那么这里的计算就必须考虑收货人增加的存货,或者卖方也会发生这种成本(增加的存货持有成本)。例如,如果货物进入卖方的仓库或物流中心。

当我们计算增加的平均存货,即在采用较大运送批量的平均存货和采用较小(目前)运送批量的平均存货之间的差异时,计算公式如下:

$$\text{发货人增加的存货} = \dfrac{1}{2}Q - \dfrac{1}{2}Q_m$$

$$\text{收货人增加的存货} = \dfrac{1}{2}Q - \dfrac{1}{2}Q_m$$

$$\text{总共增加的存货} = 2\left(\dfrac{1}{2}Q - \dfrac{1}{2}Q_m\right) = Q - Q_m$$

$C_y = WV(Q - Q_m)$,其中 $V(Q - Q_m)$ 等于增加的存货的价值,W 等于每货币价值存货持有成本。表 9A.1 和图 9A.3 表明了这里阐明的节约和成本的关系。

表 9A.1 在采用激励运费情况下不同批量的全年节约、全年成本以及净节约值

Q	S_y	C_y	N_s
400	0	0	0
410	781	500	281
420	1 524	1 000	524
430	2 233	1 500	733
440	2 909	2 000	909
450	3 556	2 500	1 056
460	4 174	3 000	1 174
470	4 766	3 500	1 266
480	5 333	4 000	1 333

续表

Q	S_y	C_y	N_s
490	5 878	4 500	1 378
500	6 400	5 000	1 400
505	6 654	5 250	1 404
510	6 902	5 500	1 402
520	7 385	6 000	1 385
530	7 849	6 500	1 349
540	8 296	7 000	1 296
550	8 727	7 500	1 227
560	9 143	8 000	1 143
570	9 544	8 500	1 044
580	9 931	9 000	931
590	10 305	9 500	805
600	10 667	10 000	667
610	11 017	10 500	517
620	11 355	11 000	355

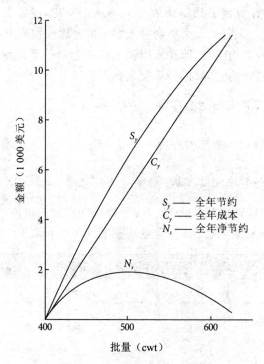

图 9A.3 激励费率情况下的净节约函数

使全年净节约达到最大的函数是：

$$N_s = S_y - C_y = RS_r\left(1 - \frac{Q_m}{Q}\right) - WV(Q - Q_m)$$

进行一阶求导，使它等于零，计算 Q 的结果如下：

$$\frac{d(N_s)}{dQ} = RS_r \frac{Q_m}{Q^2} - WV = 0$$

$$WV = RS_r \frac{Q_m}{Q^2}$$

$$Q^2 = \frac{RS_r Q_m}{WV}$$

$$Q = \sqrt{\frac{RS_r Q_m}{WV}}$$

现在,从这个例子提出的问题中提取数据,我们发现:

$$Q = \sqrt{\frac{3\,200 \times 1.00 \times 400}{0.25 \times 200}} = \sqrt{256\,000} = 506 \text{cwt}$$

结论是 XYZ 公司应该使用超量运费,应该每次运送 50 600 磅。

9A.5 小结

在这个附录中讨论了对基本 EOQ 方法的四种调整,都是与物流管理者的决策息息相关的,即运输形式的选择、大宗运费、自有车辆和超量运费。我们还可以包括其他调整,但是这四种调整在大多数情况下应该是足够用了。虽然这里讨论的调整方法都假定为确定性的条件,但其他调整也许要修正为不确定性的条件下的模型。

第 10 章

Supply Chain Management: A Logistics Perspective

配送——管理执行操作

学习目标

通过阅读本章,你应该能够:
- 探讨配送在供应链系统中扮演的战略性价值增值作用。
- 认识配送和其他供应链功能的抉择。
- 掌握配送计划决策的分析框架。
- 评估执行战略和配送方法。
- 描述配送中心运作的主要执行过程和支持功能。
- 使用生产力和质量标准分析执行绩效。
- 描述信息技术对配送运作的支持。
- 探讨物料处理装置的目标和原理以及装置的使用。

供应链窗口

配送的变化

20多年前,杰夫·贝佐斯辞去了在华尔街投资公司的工作,开始创业。他创立的这家公司,也就是现在的亚马逊,从根本上扰乱了零售业的秩序并且影响了在消费者渠道运送产品的运输战略。

在接下来的两个世纪,供应链的专家们不得不迅速迎合全渠道的商业倡议,满足日益上升的消费者期望。为了满足越来越多高要求的消费者,迎合他们想要随地都能购买、随地都能发货、随地都能退货的消费习惯,传统的配送中心和仓库已经转型成为更加灵活的执行设施。核心的执行力和特点包括以下几点:

市场反应速度——要提高订单的速度,组织机构不能仅仅局限于提高交通运输的速度。首先,企业要根据消费者寄送和收件的截止期限来选出优先配送的订单。比如,史泰博和沃尔格林这两家公司就利用仓库自动化和控制技术,能够以合适的顺序,快速、准确、高效地满足需求。

客户接近度——为了能够在合理的成本内更加接近消费者,就必须将设施建在临近主要市场的地方或者利用现有的仓库作为配送点。为了获得最大程度的客户接近度,从1997年到2014年底,亚马逊从两个配送中心发展为167个配送中心。

设施柔韧性——为了在多种订单种类中充分利用设施投资,企业和零售商配送中心的流程都应该能够处理多元订单。职业鲈钓商店和其他的零售商运用综合配送中心,娴熟地实现高容量,处理仓库的装货订单量和终端使用者的单个订单量。

仓库执行度——为了实现库存最优化和提高消费者服务,订单要从多个地点被满足。塔吉特、西尔斯等零售商利用他们的仓库作为迷你的执行中心,从现有的库存中为顾客挑选订单并且寄送到家。

库存精准度——为了确保在面向客户网站上的库存数量能够真实反映实际情况,配送中心和仓库一定要定期验证现有库存数量。梅西百货和BCBGMAXAZRIA等零售商采用了RFID技术来确保高项目精确度和快速的库存检索。

技术升级——遗留订单管理系统和仓库管理系统常常不能达到"从任何地方都能供货"的要求。沃尔玛和其他主要的零售商已经转向分布式订单管理子系统,从多种渠道中聚集订单,获得库存地址,并且决定最佳的配送中心、仓库和供应商位置来供货。

毫无疑问,全渠道的商业已经永久改变了配送中心和高管见解在组织中的重要性。高速、以技术为导向的活动枢纽满足了仓库和终端消费者的需求,取代了陈旧、过时的仓库设施。消费者们应该感谢贝佐斯先生和其他全渠道创新者们将配送中心和执行操作引入21世纪。

10.1 引言

21世纪配送致力于保持连续的产品流以最低的成本满足客户的需求。配送操作不仅仅是充当长期储存库的一种战略角色,而且还为供应链提供多种能力。无论是交叉为装配厂生产零件,支持制造商到零售商的补货,或是像供应链窗口中描述的满足全渠道需求,目标都是快速、精确、低成本地服务于供应链。

当速度成为一种本质要求,那么运行高效的配送设施和网络就是关键。在美国476亿美元的存货持有成本中,仓储和配送相关的费用就占了143亿美元,因此对供应链执行成本的关注成为一种主要需求。限制产品处理、巩固设施以及简化库存等诸如此类的成本削减机会必须被利用以使供应链更具竞争力。

本章主要涉及配送通过供应链满足客户需求的重要性,在本章我们将讨论配送能力的计划与开发,也包括有效满足需求的操作、流程和技术。通过本章,你将理解配送战略、设施和工具在有效管理存货和通过促进产品流通而创造客户价值方面所起到的作用。

10.2 配送操作在供应链管理中的作用

在理想状态,供应与需求应该是平衡的,有多少需求,就制造多少被需要的产品,并直接运送到要使用的地点。然而,这种目标对于大多数消费型产品是不可能实现的,因为生产和消费不能完美地结合，也因为单体运输太耗费成本，还因为从产品发源地到目的地之间大量活动的协调是非常复杂的。为了克服以上这些不利因素，必须在供应链中建立配送运营（配送中心、仓储、交叉货仓和零售商店）。

这些用于对存货进行处理、存储和加工的设施能够帮助供应链产生时间和地点效用。通过在生产和销售特定位置定点存储原材料、组件和成品，使货物在需要的任何时间和任何地点都能得到。这样，可以使交付周期变短，使产品更易获得，减少运送成本，促进配送运营的效果，提高配送运营的效率。在高度竞争市场，这些反应能力能够帮助供应链获取更有利的竞争地位。

加强客户服务并不是强调供应链配送运营的唯一理由，配送操作设施也能帮助组织战胜挑战，对别的流程产生支持作用，利用规模经济。这些作用有如下几点：

平衡供需——无论是服务于全年需求的季节性生产（例如玉米），还是迎合季节性需求的全年生产（例如节日包装纸），配送设施能够储备存货以缓冲供应和需求。

应对不确定性——配送设施能够以存货方式来避免预测失误、供应失败、需求变化带来的损失。

获得批量采购折扣——供应商常常对大批量采购提供激励措施，配送设施能够储存超出需求数量的货物，减少单位采购成本。

配合生产需求——如果制造商需要通过较长的生产周期降低成本，或者产品需要成熟或老化（例如白酒、奶酪），通过配送设施能在分销前存储产品。

实现全渠道的需求——对于当日达、次日达和二日达的配送服务，战略性地将配送设施设在离主要需求近的地方，那么就能以更加合理的成本提高客户接近度。

提高运输经济性——充分利用容器容量和大批量运送产品，其单位费用相对于运送"空气"或小批量运输都较低，配送设施能够用以储存可大量运送的存货以满足将来的需求。

10.2.1 配送设施功能

配送设施能够根据供应链要求提供大量服务。在传统的配送操作中，配送设施有以下四种主要功能：1. 聚集；2. 分类；3. 分配；4. 集合。

1. 聚集

该功能涉及从不同来源接收货物。配送中心作为一个聚集点，负责接收来自不同供应源的产品以及提供需要的产品转移、存储或加工服务。聚集功能允许组织把订单和生产执行流程的运输联合起来，正如图10.1所示，有了配送中心的聚集，需要计划和管理的运送大大减少了，同时通过更大量、更节省成本的运送也可以获得显著的运输成本节约。

2. 分类

该功能集中于把同类产品聚集在一起在配送设施上存储或转移给客户。在接收过程中，根据货物的关键属性（生产数量、库存单位（SKU）数量、包装规格、到期日等）进行分类，准备在设施中安全存放或者立即配送，正确的分类对于存货的有效管理和客户订单的

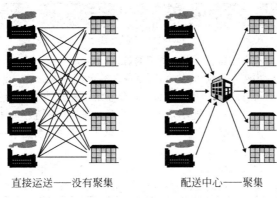

直接运送——没有聚集　　配送中心——聚集

图 10.1　配送中心的聚集作用

有效执行至关重要。例如,两种不同到期日的新鲜鸡肉混装在一个托盘上会导致不正确的存货周转和某些产品损失,同样,存货单位(SKU)的不正确分类可能会导致把错误的产品装船运输给客户。

3. 分配

该功能集中于把相应的存货与客户订单相匹配。订单与存货水平相对照后,根据客户要求的数量从存货中取出相应的单元。这种能力提升了面对多个客户的产品取出效率,并且允许他们采购需要的数量而不需过量采购。例如,配送中心可以按一箱或单个展示盒分配口香糖,而不是只按托盘分配(一托盘＝36 箱×12 展示盒×24 包＝10 368 包口香糖)。

4. 集合

该功能涉及对客户多个 SKU 订单的集合。正如图 10.2 所明示,配送设施提供产品混合能力,允许客户从单个存货位置快速订购一系列货物。这避免了多订单相关费用的增加以及从多个存货位置发货的不便利性。在公司受益于集合功能的同时,当个人购买食品时也能从集合或产品混合概念中获利。不用逛遍肉店、面包店、日用品店,我们只要去一趟百货商店就能买齐需要的商品,既节省时间,也节省交通成本。基于当前产业面临的拥挤、能力和燃油成本,产品混合作用是关键性的配送设施能力。

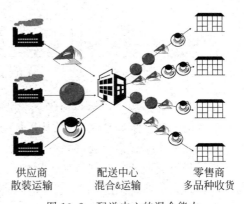

供应商　　　配送中心　　零售商
散装运输　　混合&运输　　多品种收货

图 10.2　配送中心的混合能力

以上四个功能对配送设施成功是关键性的,但也需要别的功能。在执行其基本功能和支持发展的供应链需求时,许多配送设施起到价值增值作用。大多数配送设施都不再被看作一个存储产品的地方,而是一个活动中心,有着灵活的空间和劳力设置,能够满足多种客户需要,范围从产品贴标到细微制造。如表 10.1 所示,价值增值活动能够帮助组织处理特别的客户需求,促进供应链效率,在竞争中使自己差异化。

表 10.1　配送操作的增值作用

装配服务	处理有限的产品装配比如店内展示。
存货管理和能见度	提供托运和供应商管理的盘存计划。
产品配套采购、捆绑销售	构建定制化的产品组合以满足特定客户的需要,如装配桌面电脑所需要的所有组件,以及为零售促销重新组合包装货物(采购礼品和多重包装货物)。
产品延期	执行特定延期活动(装配、定型、包装和贴标)直到客户下达订单。
产品排序	准备存货以在适时运送给生产设施,按装配所需要的准确顺序分拣、装货、运送。
质量控制	在产品配送给相应的客户前核定产品质量,状态,数量。
回收、修理和返回管理	提供与产品反向流动相关的服务,如检查、处置、翻新或贷款。

10.2.2　配送抉择

关于配送抉择,我们集中于配送操作的价值增值作用和功能。尽管许多组织兜售配送操作的重要性,但也有别的组织并不这样认为。他们认为配送设施是耗费成本的,而且阻碍了货物流动。这两种视角都是从现实出发的,需要供应链专业人士来确定如何更好地平衡客户服务和成本,而这种平衡要求对配送抉择的理解,如图 10.3 展示了配送的功能抉择。

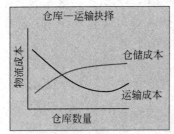
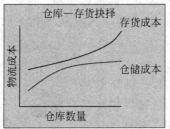
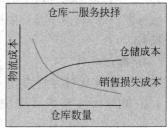

图 10.3　功能抉择

在配送和运输操作抉择时,有一个重要的交互作用必须考虑到。当一条供应链没有面向市场的配送系统或仓储(产品从工厂直接送到单个客户),运输成本会非常高。组织大体上将会从一个或多个仓储系统的建立中获益,以减少运输成本,为什么会这样?大量船运可以经由满载的卡车载体从工厂到配送设施长距离执行,而小量的装运则针对附近的客户执行。然而,当建立太多仓库时,就到达了总成本增加的拐点,为什么如此?运营如此多的设施,运营成本增长,运输费用也会增长(例如,内部的装运变成不满一卡车荷载,这样比满载要耗费得多)。

另一个要做的关键抉择是配送与库存。一般来说,配送中心和仓储中心越多,总的存货成本越高。当增加执行系统时,存货量总的来说也会增加,但是以下降的速率增加。由于每个配送设施都必须拥有额外安全库存,这种分散化库存的方式使组织无法采取风险汇合的战略。供应链领导者必须对这种交互作用警觉,定期在更少的存货还是更多的设施之间进行利弊权衡。

许多公司通常采取的执行战略都是利用正式的配送网络,以及为低周转率的项目保持一个集中设施。这种低周转率项目可能是维修零件、针对重要客户的关键项目或者高毛利产品。只保持一个集中库存，而不是在多个配送设施中设置库存可以节约存货成本，以抵消因长距离运送而增加的成本。

另一个重要抉择就是在配送操作和客户服务之间的抉择。供应链中如果有更多的配送设施可以更好地为客户服务，买方如果知道供方的配送中心可以采取日结日清的操作将感觉更便利。相反，如果配送设施距离其千里之遥则不会感觉到那么便利。决策制订者必须在更好的服务价值以及附加的设施运营成本和存货成本之间进行利弊权衡。

还需要抉择的事情是设施水平，即配送经理们可以控制的主要资源配备水平，包括空间、设备和人员。当供需不平衡时一定的空间允许存储一定的货物、仓储设备，包括从叉车到传送带的物料处理装置，可以支持产品在配送设施内有效地移动和存放。人员是最关键的配送资源，在针对不同安排的配送设施内起着多重作用，其能力可以通过培训而提升，当需求大幅度增加时，也可以快速增加人数。

要实现内部效率目标，必须认真在资源之间进行财务和绩效的权衡，主要的抉择和其中关系如下所述：

空间与设备：配送设施越繁杂，用于配送操作的空间越大。设施中需要的设备就越多。通过设施中垂直能力的发挥和产品流经设施速度的提升，合适的设备允许组织平衡空间的利用。

设备与人员：与自动物料处理装置和自动配送活动相关的设备使用越多，设施对人力的需求越少。相反地，手工操作设备越多，需要越多的人来执行配送活动。

人员与空间：设施内劳动力人数越多，设施规模和操作可能性越大，对于一个小型团队来说，运作一定规模的设施是困难的，除非对自动化的物料处理装置和流动控制有显著的利用。因此，雇佣和安排足够的劳动力以高效利用设施和服务于客户，是至关重要的。

配送目标也影响着对资源的要求。快速的订单循环周期或者增长的设施吞吐量要求更多的劳动力或物料处理装置，高安全库存要求更高的设施能力以处理附加的存货，由于自动化系统相比于人工操作不易出错，因此高订单精确性要求自动化设备的利用，最后，高增长的需求需要更多的空间、人员和/或设备。

相对于别的在配送过程中需要考虑的抉择，这些跨组织的、跨功能的抉择是最重要的。它们突出了对供应链伙伴中和组织间先进的计划、沟通和协作需要。而计划、沟通和协作的失败将导致无效的决策和资源的低利用率。

10.2.3 配送挑战

配送是供应链的动态部分，配送设施运作的每一天都带来新的挑战、附加的客户订单和对完美执行订单的期望。这些挑战主要有人力资源问题、需求波动和多样化的客户需求，配送中心的管理在处理这些相互影响的问题时必须是具有柔性和创新性的，如果处理不当将会导致高成本和组织的服务问题，也会导致供应链中断。

在大多数组织中，配送都是一项人员密集型活动。不幸的是，发现和培训高品质的配送中心操作人员变得越来越困难。从计时职位视角来看，配送中心的工作是件体力活，而且常常一星期七天全天轮班，工资与其他计时职位相比具有一定竞争力，但没有多少机会提薪。总之，所有这一切的结果就是这个产业所面临的持续的员工流动挑战，而美国老龄化的人口学趋势则加剧了这一问题。据美国人口普查局预测显示，美国达到退休年龄（65岁和65岁以上）的人数高速增长，其增长速度远超过需要替换他们的年龄组。人口老化的结果就是劳动力储备降低，就更难以找到合格的雇员。鉴于发现有能力的雇员、培训提高他们的生产力，并且留住他们需要更多的努力和更大的投入，一些组织开始转向配送中心自动化。自动化配送会在附录10A和在线之窗中进行探讨。

需求波动是另一个影响配送操作的供应链挑战。许多产品都具有季节性，在某些时期需求高些，而在别的某些时期需求低些。尽管由于人们为度假做准备，全年都会有对防晒露及其相关产品的需求，但春天和夏天比秋天和冬天需求高得多。因此处理这种产品的配送中心可能由于在销售季节来临前大量存货而使仓库空间吃紧，但在淡季仓库又几乎是空的。劳动力问题也会出现，例如，在旺季没有足够人力执行订单，但在其他时期又少有工作安排。在需求波动没有办法消除的情况下，要想在全年内有效利用空间和设备资源，并且留住劳动力是困难的。因此，有交替销售季节的产品或者有稳定全年需求的产品，可以用来平衡季节性产品对配送中心的要求，这是关键的。

前面提到的专业化配送设施所起的作用，随着其成功扩张是显著的，但也产生了一系列问题。随着客户对配送中心的认识超过现存设施，对配送中心附加能力和服务的要求也增加了。同时，精益化生产和供应链的趋势促使客户削减库存，他们期望供应商更快速地执行更小量的、更频繁的订单。总之，这些趋势对配送中心施加了大量压力以提高速度与服务，同时控制成本，其解决办法就是建立柔性执行流程，以处理不同区位客户的不同要求。

物流在线

配送中心自动化：解决劳动力的困境

配送经理在现如今的运营环境下面临巨大挑战。"订单的履行相较于过去变成了一个更加复杂的程序"，任职于威斯法利技术公司的斯塔奇先生在最近的一篇文章中说道："在如今高节奏的商业环境中，消费者要求更多，期待更高。消费者的订单更加频繁，订单中包含多种库存单位（SKUs），而且他们追求更加定制化的解决方案，延迟、错误或者低质量的产品已经被淘汰。"

伴随着这些挑战的是日益严重的劳动力短缺，滞销的SKUs的累积，订单的更短交付周期。依赖于人工挑选的传统处理方法已经不起作用。劳动力密集程度大，在配送中心之间需要大量的运送时间来快速满足需求。

配送中心自动化在欧洲已经被广泛应用，它可以弥补土地资源短缺，高昂的劳动力成本和劳动力短缺的问题。渐渐地，北美的公司在接收、存储、挑选和运输流程中，配置配送中心自动化。他们在自动化存储系统、检索系统（AS/RS）、自动化挑选系统、机器人码垛系统和传送带系统中投入大量的资本投资。

杂货店批发商和零售商很早就采用了自动化存储系统和检索系统（AS/RS）。制造商和全渠道的零售商都加入了自动化的流行趋势。比如,布法罗特瑞斯酒厂在AS/RS中投资了2 000万,在公司新的配送中心中占据了4 6574平方英尺。自动化存储和检索系统(AS/RS)有三个存储和检索的起重机,它们运作于五个存储跑道,用于存储六级高的货板。每小时系统中有165个货板在移动,每个起重机能引导并且输出55个放置了成品的货板。

这个资本投资的目的是减少劳动力的需求量,提高速度和节约成本。布法罗特瑞斯酒厂的董事长兼职首席执行官马克·布朗如是说:"我们期待能够更加高效地服务顾客,在未来进一步扩大生产力。"

10.3 配送计划与战略

理解配送在供应链中的作用是有效执行的基础,接着就是开发配送战略,配送战略要适宜于处理产品、客户要求以及可获得的内部专业技术和资源。要确保战略以合理的成本执行,且满足供应链需求,必须制订一系列相关配送计划。该计划过程在图10.4中指出,讨论如下。

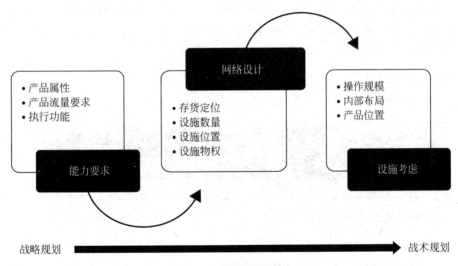

图 10.4 战略配送决策

10.3.1 能力要求

在制订配送战略时,首要考虑因素是产品,产品属性决定了配送流程的设计。当产品还在运输决策时,就应该考虑产品价值、使用年限、温度敏感性、报废、体积等诸如此类的因素。例如,原材料(煤和木材)常常户外存储,按生产设施的需要转运。而相同的配送流程却不适合于消费型产品(药品和苹果手机),消费型产品需要快速配送,屏蔽环境,防止偷窃和损坏。因此,使配送流程与产品匹配起来是关键的,可以保护产品的完整性,提升客户服务和满意度,对存货进行有效控制。

另一个对配送战略和网络结构有重大影响的因素是供应链的产品流需求。有两个选择:
(1) 从制造商到零售商品或者从零售商到消费者的直接货物运输;
(2) 从制造商通过配送设施到客户的货物移动。

直接货运操作,越过配送设施,在主要生产点(制造商的工厂或仓库)而不是中间拥有存货的配送设施执行零售商店的订单需求。相似地,网络零售商直接配送货物给终端消费者,而无需零售店面。直接货运避免了配送设施的构建与运营,减少系统中的存货,常常压缩订单循环时间。当客户订单量可以满载运输或产品具有不可贮存性时,直接货运是特别有效的。例如,因为面包和牛奶是大体积产品,因此最好把面包和牛奶直接运输到百货店而不是配送中心,这样可以加大产品在货架上的时间。

在负面效应上,运送小量货物给买方(降低运输效率)成本昂贵,同时有限的安全库存在需求激增时不能充足供货,此外,许多公司都没有能力执行集装箱和个体单元数量的订单。因此重要的是,在决定执行直接货运战略前,要考虑产品属性、需求体积和变动性以及其他相关因素。

通过周密计划的配送设施可以克服直接货运的弊端,这些设施包括传统的仓储、配送中心和直接转拨设施,可以为供应链提供附加能力。仓储和配送中心可以根据对客户订单的预期保存货物,为安全库存提供缓冲以防止变动,以及在运输和订单执行上有效处理小量订单。直接转拨可以给直接货运提供高速的替代选择,其不仅运输成本较低而且可以进行产品混合装运。图 10.5 就对直接转拨过程进行了分析。

图 10.5 直接转拨流程

当然，在选择是用直接货运仓储，还是配送设施之前，还必须进行存货、运输和服务的取舍。而最终的答案可能是采取混合的战略，以确保配送效率和提高客户满意度。许多公司，像沃尔玛和塔吉特，都采取多种配送方法以适应不同产品在体积、规格以及邻近供应商的不同需求。

要使供应链作用发挥出来，另一个关键的能力要求在本章的前一部分已经指出，即供应链需要的特定能力，可以促使网络设计战略和设施计划的形成。例如，如果有对聚集、分类、分配、集合功能的需要，可以采取以传统配送中心和仓储中心设施为中心的配送战略，以存储和混合货物。另一方面，如果有对诸如产品定制化或再包装的非传统增值作用的需要，则可以采取开发流程处理设施战略，即运营更像装配生产线的配送中心。

10.3.2　网络设计

理解供应链所需的配送能力需要在网络设计阶段开展大量推测性工作。如果你了解需要完成的活动类型、产品流量和客户期望，设计一个运行良好的网络就容易得多。战略计划的这个阶段涉及网络中库存定位测定，即确定配送设施的数量、位置和物权问题。

库存定位集中解决供应链中库存位置问题。集中化存储战略指的是在供应链原点或别的优势地点选择单个库存位置进行存储，产品就从这个中心存储点通过网络配送给客户。这种整合战略的好处就是更好地控制存货，由于其风险汇集作用，这种战略还能减少需求波动。尽管这种集中存储库只需要较少的安全库存，但它仍然能够支持库存的高效利用。

集中化库存的缺点就是离客户的距离较远，会延长交货时间，增加运输成本。尽管有这些缺点，但对于诸如处方药之类的高价值、低重量产品，其生产商常常依赖于一个战略性存储库。存货持有成本的降低，产品流的高度可视性，以及对订单填制过程、产品谱和召回事件的有效控制，可以抵消与次日和更长时间到达有关的运输成本。

另一个库存定位战略是把产品存放在多个面向客户的存储位置。区域性的、本地化的库存可以减少运送成本和订单周转时间。产品离需求点更近，能够更好地迎合客户需求。对于诸如洗衣粉、宠物食品和谷物之类的低成本、高体积的产品，这种分散化存储战略在低需求不确定性时能够起到良好的作用。

分散化存储战略也不是没有挑战。首先，要求更多存储产品的设施，会导致更高的处理成本、产品损失风险以及产品盗窃的潜在风险，更不用提运行这些设施的额外费用。此外，由于每个设施都要设置安全库存以应对本区域内的需求变化，因此平均库存水平会上升。为了克服这些问题，一些组织转向有较少库存点的更集中化配送系统。

哪一个库存定位战略最好？没有唯一的答案，许多组织两种战略都会用。例如，亚马逊对于畅销书采用分散化库存，对于一些滞销的绝版书则采用集中化库存。最终，战略的选择基于产品属性、客户期望与权力以及竞争者行动，而运输价格、存货持有成本以及别的供应链费用因素也影响着库存定位战略的选择。

第二和第三个网络设计问题主要是确定供应链中配送设施的数量和位置。库存定位战略决定着需要多少配送设施。集中化库存程度越高，配送产品所需要的设施数目越少。市场范围也影响着这方面的决策。针对区域市场的中小型公司常常只需要一个配送设施，而针对全国或全球市场的大型公司则需要考虑使用多个设施，每个设施有不同的配送作用。

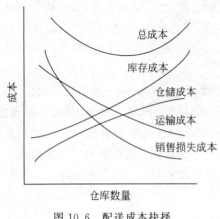

图 10.6　配送成本抉择

在确定供应链需要的设施数量时,涉及在成本及功能实现之间的权衡分析。图 10.6 向我们描述了物流系统中仓库数量的增加是如何对配送成本产生重要影响的。随着仓库数量的增加,运输成本和销售损失的成本下降,但同时库存成本和仓储成本却上升了。当获得最理想的仓库数量时,就能保证最低的总成本。但是当其他设施开始运行时,总成本开始上升。存货和仓储成本的增加会抵消运输和销售损失成本的降低。当然,总成本曲线以及它反映出的仓库数量波动而带来的成本变化的范围会随企业不同而不同。

运输成本:从出货的角度讲,提高仓库数量会使仓库距离客户和市场更近,从而同时降低运输距离和成本。

销售损失成本:增加设施数量,可以提高存货的可得性和订单完成比例。这样,很少有客户再去寻找替代产品或与其他供应商开展贸易,因此产品缺陷和销售损失下降。

库存成本:如前所述,由于企业增大了仓库点的数量,从而在供应链中提高了整体安全库存水平和存货持有成本。

仓储成本:大量的设施会增加管理和运营成本。每个仓储都需要自己的领导团队、员工、技术和管理空间,这些都会使成本上涨。

确定配送设施数量后,接着需要确定设施位置。一般概念(使用经验法则)上,需要高服务的产品要邻近市场,原材料组合的产品要邻近供应商。企业必须以尽可能最低的物流成本保证客户服务质量。分析配送中心计划实现的功能、供应的来源与数量、客户位置和需求模式以及相关执行成本可以比单纯使用经验法则更有效地进行位置选择。与其他仓储决策一样,企业必须从功能均衡以及网络设计模型和软件工具的角度考虑仓库的位置问题。第 4 章对设施位置选择进行了详细的讨论。

网络设计战略的最后一个问题就是设施物权决策,即决定使用公用和私有配送设施还是与第三方物流协议由其提供配送服务。在未确定设施作用、数量和位置前这个问题难以定义,也只有解决了这些问题,才较易理解要承担的任务范围,评估组织对配送需求的处理方式。基本上有三个选择:(1)自有设施;(2)公共设施;(3)契约设施。

自有配送中心是生产和拥有货物的组织组建的内部设施,这些设施的主要作用就是存储货物并分发到客户。拥有并运营这些设施使组织对订单执行过程和库存实施更紧密的控制,如果活动量足够大,也能获得规模经济。在规模经济的情况下,运送给客户的单位成本更低,零售商就能以更低价销售或获取更高毛利。自有设施是公司资产,有可能贬值,也有可能通过租借闲置空间给那些需要存储设施的公司带来收入。

为了使自有配送成本收益率更高,设施需要较高的产品吞吐量,还要有稳定的需求,设施应该位于或临近市场密度区。此外,组织必须有配送的专业知识、建立设施的资源和运营设施的愿望。如果这些特征都没有,公司就应该委托第三方物流服务供应商来处理配送和仓储事宜。

公共仓库：

公共仓库是一个传统的外部配送选择。公共仓库基于短期交易租用，把其存储空间租给需要的个人或公司。这些公司关注的特定货物有冷藏食品、家居商品和散装存储。

契约仓库：

契约仓库是以客户为导向的公共仓库，由外部公司提供物流服务。这些第三方物流供应商为满足客户特殊的产品需求会提供定制化的存储空间、劳动力和设备，以提供集合、准确的配送服务为目的。这些仓库是为满足高标准和专业处理要求，如药品、电子产品和贵重物品等的需要而设计的。契约仓库的定制化性质导致第三方物流公司与一小批高度重要的客户形成紧密的关系。

考虑使用这些外部配送服务的几个原因如下：首先，根据需要购买服务可以避免在自有配送设施上的资本投资。其次，与第三方物流的短期承诺可以保持配送网络的高度柔性化。如果需求转移到另一个地区，你不需要被长期租赁设施的所有权锁定，相反只需要在新市场简单租赁需要的容量就可以了。外包配送职责的另一个好处是你不需要涉及与拥有和运营设施有关的人员管理问题（雇佣、培训、报酬等）。根本上，由第三方物流专业公司运行的配送工作成为一个变动成本活动，而第三方物流公司常常有多个客户利用其投资和能力。

在自有配送方式和第三方物流配送方式之间进行抉择需要细致的计划与分析。基于财务观点，选择决策取决于产品在供应链中移动的数量。图10.7 显示了公共仓库和自有仓库的总成本支出结构，其中采购第三方物流服务只有变动成本，而自有仓库则是固定成本加较低的变动成本。当仓储吞吐量较低时，采购第三方物流服务的成本结构具有明显优势，但随着吞吐量的增加，这种优势最终被自有仓库成本结构取代。

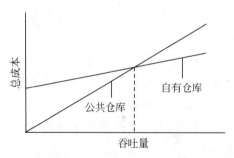

图 10.7 配送成本比较

当然，成本不是这个"自制还是购买"决策的唯一考虑因素，服务因素和需求属性也都必须加以分析，主要因素总结如下表 10.2。

表 10.2 影响物权决策的企业特征

企业特征	自 有	公 共
吞吐量	高	低
需求变化	稳定	波动
市场密度	高	低
特殊的物理控制要求	是	否
安全要求	高	低
顾客服务要求	高	低
多重用途需求	是	否

10.3.3 设施考虑

当组织选择把配送功能外包给第三方物流供应商，设施设计战略也相应被转移到该服务供应商。然而，当设施由自己拥有并运营时，就需要大量计划工作。组织必须确定配送网络中每个设施的规模、设施的内部布局和设施内产品位置。

在设施构建前，仔细评估状况、做出相应的决策是重要的。一旦设施构建完成，再想修改结构、布局和流程不仅代价昂贵而且会造成运营性混乱。

第一个要考虑的就是确定配送网络内每个设施的规模。此决策由网络设计中计划建立的设施作用、数量和位置驱动，一般来说，配送网络中设施数量越多，每个设施的规模越小，在此要注意没有设施有完全相同的规模、功能或布局。

每个设施都必须足够大以容纳将要在其中开展的配送活动。传统的仓储要求尽可能有效地利用每立方米存放空间，这意味着利用设施内的垂直和水平容纳能力。

仓库空间还必须与运输网络相对接，大多数进仓的货物在存储之前直接从拖车上卸下来运进仓库。一个区域需要用来收货和检验，也要在存储前汇集一些托盘的货物。出仓的货物在装车前则需要分类、汇集和加固。吞吐量的大小和频率是决定所需收发货区域大小的关键因素。

另外一个必需的空间是订单拣货和汇集空间。这些功能所需空间的大小取决于订单的数量和产品的属性，以及搬运物料的设备。这个区域的布局对有效运营和顾客服务有着至关重要的影响。

公司必须考虑另外三类空间。首先，需要一个区域处理返工和退货；其次，行政人员和职员一般需要办公空间。最后，休息室、更衣室、会议室、便利设施、存物柜、设备存放和维护以及其他活动需要空间。

对公司的产品进行需求预测，开启了决定仓库必需空间过程的第一步，具体过程如下：

(1) 开发需求预测。即在相关的销售区间（通常是30天）内按产品种类估计其相应的需求数量。然后公司需要决定每一种产品的订单数量，通常包括安全库存。

(2) 将产品数量换算成需要的立方尺，这需要把托盘包括在内，而且通常包含在相应区间内的10%~15%的增长许可度。这样，公司就有了对基本存储空间需求的一个估计。

(3) 公司必须加上过道占用的空间和别的执行活动（收货、装运、订单分拣、汇集等）所需要的空间。仓库一般将总体空间的三分之一用于非存储功能。

设施内要开展的一系列活动越广泛，精确地确定空间需求就越具有挑战性。很多公司通过计算机模拟空间决策。有效的软件包可以在确定空间需求时计算一大堆变量，而且可以帮助进行未来需求的预测。

设施规模确定后，就要考虑配送运营中操作布局的问题。企业做决策时必须考虑到通道空间、货架、物料处理设备，还有仓库内部的实体空间。表10.3显示了一般的内部布局设计原则。

表 10.3 设施布局设计的原则

原　则	优　点
利用一层设施	提供更多的单位美元投资可用空间，建筑成本比多层设施低
利用垂直容量	减少土地成本
减少过道空间	提供更多空间和处理能力
直接移动货物	避免回流和无效运动
部署仓库自动化解决方案	提高运作的效率和安全性，减少无效运动和劳动力需求
使用有效的存储计划	提高空间利用和加强产品保护

　　以这些一般性原则为指导，组织就可以设计配送设施的内部布局作为支持，从而及时、准确并有效地执行客户订单。在计划过程中我们必须谨记布局设计目标。充分利用设施的立体容量是最首要的。达到这一目标的存储区域设计的特征是采用有限通路但更大的存储分区。周转或吞吐量水平会影响存储分区的实际大小。比如，在实物配送仓库中，当周转很慢时，分区可以是又宽又深，这样存取活动有限，过道可以少些、窄些。周转率提高，需要过多的存取活动，这样存储分区就要小些，过道就要宽些。顾客对实物配送仓库的服务需求使得快速存取成为必要。

　　产品保护是另一个关键目标。仓库布局必须适合要处理的产品物理属性。例如，仓库空间利用应该把危险的物品，例如易爆、易燃、易氧化的物体与其他物体分开，以消除损坏的可能。此外，公司应该保护高价值产品，以防被盗。仓库应该对温度敏感型的产品进行合适的冷藏或加热。仓库人员应该避免将需要轻放和易碎的物品与其他物品叠放，以防引起损坏。

　　自动设备和物料处理设备的合理使用也是一个重要目标，这两者有很大的潜力来提高配送效率。详细的计划应该包括投资于自动化的对所有风险的考虑。这些风险包括因为技术的快速变化而引起的过时问题，市场波动和大规模投资的回报问题。机械化通常在以下情况下最有效：物品形状规则、容易搬运时；订单选择处于活动的中间状态时；产品以很小的波动大批量移动时。附录 10A 对物料处理原则和工具进行了详细探讨。

　　另一个目标是过程柔性化。设施设计不应该是持续不变的。当新的需求产生时，设施不应局限于原有设计，可以处理新的产品系列，提供增值服务。例如，当需求模式显著变更时，可重新调整的货架和多重功能的物料处理设备可以防止设施淘汰。这种能力使布局设计更动态化。

　　持续的改进是设施的极限目标。公司不应该做一次仓储决策后，就将它们视为理所当然的，应该在仓储运作中设立成本、订单处理效率和客户服务的目标和标准，并定期监控它们。如果测量显示未取得最优绩效，应该采取一定步骤提高生产率。配送绩效测量将在后续章节中讨论。

　　最后的设施考虑是产品在设施内的存货地点问题。在订单执行操作开始前，货物必须存放在设施里。地点筹划定义为以优化物料处理和空间效率为目的进行的产品存放位置筹划。地点筹划的主要目的是最小化，在某种程度上减少存货单元处理要穿越的距离和耗费的时间。由于距离上的穿越和其他无效任务占据配送劳动时间的 60%，因此这种减少是重要的。

存货安排通常使用的有三种标准：周转率(popularity)、单位规格和体积。周转率标准一般是将受欢迎的物品(给定时区内订购最多的单位)放在邻近运输区的地方,而将不太受欢迎的产品(订购比较少的)远离运输区。使用这种方法,订单拣货员穿越较短的距离就能拣出所订购的最常用产品,从而减少订单拣货所需的时间。

单位规格(Unit Size)标准建议将小型物品(单个立方尺寸)放在距离运输区较近的地方,而大型产品则放置在离运输区远的地方,这样就能有更多的产品可以放置在临近运输区的地方,从而可以减少订单拣货员穿越的距离以及订单拣货的时间。体积标准是单位规格的一种变形,根据这一原则,占立体空间少的产品(单个立体尺寸乘以存放产品数量)靠近运输区放置。此逻辑同样适用于单位规格的标准。

为什么要关注地点筹划的标准和战略？合理的产品存放地点筹划能够提高劳动生产率,为组织和它的客户带来其他利益。有效的产品存放地点筹划有以下好处：

1. 分拣生产率

无效运动时间常常占了分拣员日常活动的大部分时间,因此合理的产品存放地点筹划战略能够减少无效运动时间,从而减少分拣劳动力。

2. 方便补货

基于问题产品的标准测量(集装箱、托盘)单位按大小排列在拣货表面位置,能显著减少需要补给的劳动。

3. 平衡工作量

通过平衡多分拣区的活动,可以减少分拣区的拥挤,提高物料流动,减少对给定订单或批量订单的反应时间。

4. 负荷构建

为最大限度减少产品损失,重量型产品放在分拣路径的开始阶段,即易碎产品前面,产品也可以基于箱体尺寸来排放,以方便托盘上产品的叠放。

5. 准确性

隔离相似产品以最大限度减少分拣错误发生的机会。

6. 人体工程学

高周转率的产品放在"黄金区"以减少弯腰和够取活动,重型或巨型规格的产品放在分拣区较低的地方,或放在能够利用物料处理设备的隔离区。

7. 预合并

通过家庭组式的存储和分拣,减少下游的分类和合并活动,这在零售环境下特别重要,可以方便在商店的重新存储。

物流在线

高效环保的配送中心

随着来自监管者、客户、消费者对于减少碳排放和能量使用的压力的增加,企业一定要制定战略改善供应链。如果不这样做,一旦消费者拥有更加可持续的选择,企业就会面临失去顾客的风险。

组织已经对这一趋势作出了行动,在配送中心和仓库中加入了环保的元素。这些投资小到安装节能灯,大到追求设施零浪费的创举。以下是三个最新创举:

将垃圾转化为能量。美国最大的食品杂货连锁克罗格公司将食品垃圾转化为能量,为加利福尼亚康普顿市面积达 65 万平方英尺的配送中心提供能量。一个设施中的厌氧消化池在一年内能处理 55 000 多吨的食物垃圾,平均每天大约处理 150 吨,为配送中心提供 20% 的能量。这项创举每年能够减少 500 000 公里的卡车里程。卡车不再需要特地将食品垃圾拖运到垃圾填埋厂和垃圾能量转换站。卡车们从配送中心将食物运送到超市后可以将超市的食品垃圾运回配送中心填入厌氧消化池。

在大楼里保持低温。货运代理有限公司为冷冻食品供应链提供第三方物流服务。它在威兹比奇的配送中心是英国最大的冷冻存储设施。为了减少能维持零下 24 摄氏度的原料的使用,公司已经在关键节能性能上进行投资。一个特殊设计的地基,用厚的绝缘嵌板制作的外部包层和夹在低棚灯和高棚灯之间的隔热层能够防止冷气的泄漏。一个更大的体积表面积比率能够大大减少每托盘能量的消耗。总体上说,这个设施比由欧洲冷藏和物流联盟制定的最优标准还要少用 50% 的能量。

获得绿色建筑的领导力。麦当劳的主要供应商,黄金州食品公司开设了一个 158 000 平方英尺的配送中心,获得了能源与环境设计先锋奖(LEED)。之所以能获得这个黄金证书是因为它致力于创造一个环保可持续的配送中心。主要的设施特色包括:一个氨氧复叠制冷系统,它所使用的化学物质不会破坏臭氧层;用高效环保的氢能源电池取代铅酸电池供电的铲车;一个能改善空气质量,达到无尘环境的空气通风系统;用于浇灌设施自然景观的屋顶雨水收集系统。

尽管这些可持续的创新听起来消耗成本,但是取得的回报远大于成本和付出的努力。一个"绿色的配送中心"减少了配送中心运营过程中对环境的危害,保障了工人的安全,获得了消费者的尊重,并且降低了运营成本。所以企业可以在做到可持续发展的同时获得收益。

10.4 配送执行

配送战略和计划活动为日常运营奠定基础,这些活动促进了产品移动和存储、订单、客户价值增值服务的有效执行。这部分将集中讨论发生在配送中心、仓库和直接转拨设施中的工作流程。为了方便讨论,我们把该工作流程分为两部分:产品处理功能和支持功能。

10.4.1 产品处理功能

基本仓库运营包括产品的移动和储存。储存可能是最传统、最明显的仓储运营活动,但移动好像看起来有点无关轻重。然而,通过有效的短距离移动保持合适的产品流动是配送中非常重要的一方面。到达直接转拨或配送仓库的产品,可在那里进行迅速的转移,以执行客户订单,保持高存货周转率。因此,产成品存货的快速周带来致优良的客户服务和高存货周转率,从而减少存货持有成本,降低产品灭失、损坏和过时的风险,满足存储能力需求。

如图10.8所示,产品处理涉及五个主要过程:
(1) 收货,从运输网络接收产品进入仓库;
(2) 入库,把产品传输到仓库中的特定位置;
(3) 订单拣货,按照客户订单选择特定的产品组合或为生产选择原材料;
(4) 补货,把产品从存储位置移动到拣货区内;
(5) 运输,装载货物并运输给客户或到生产线上。所有这五种活动都是短距离的移动,而入库还涉及存放活动。

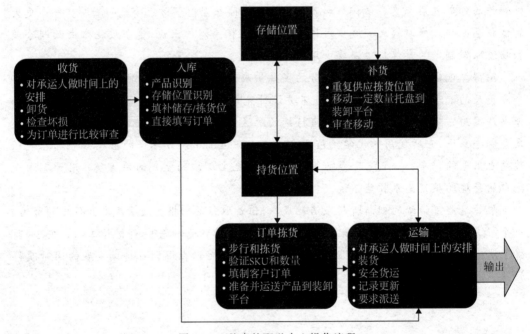

图10.8 基本的配送中心操作流程

在收货(receiving)过程,进货的承运人按期在特定时间运送货物以提高仓库的劳动生产率和卸货效率。产品从运输工具上移至收货装卸平台,在此过程中,收货人员检查货物,以确认所接收的产品与采购订单和装箱单一致,收到的货物数量准确无误且未发现任何损坏。在运输公司的收货单据上注明问题且签收收据。

一到装卸平台,货物存储单位(SKU)对货物进行分类,按正确的 TI-HI(TI 指存放在层隔上的箱体号码,HI 指存放在托盘上的层隔号码)叠放在托盘上,用收缩膜或胶带捆住。货物运送之前被贴上托盘标签,或者被运送到指定的仓库存放位置,或者在需要立即完成客户订单时被直接转运到发货装卸平台。

入库(put-away)是指将产品从接收装卸平台移动到仓库的存储区。铲车操作员检查托盘结构以确认数量和产品安全,确认托盘标签上注明的储存位置,铲起托盘,扫描托盘标签上的条形码,然后将产品移到合适的储存位置上(有时是分拣位置,如果是新产品或者有空位置),放到货架上。其中铲车操作员确认产品放在正确的位置这一步是关键的,因为很可能在大量托盘位置和相似外观的存储盒中迷失。该过程结束时,仓库的存货记录会被更新,能反映产品的接收及其在仓库中的位置,以方便客户订单的执行。

要想获得准确的、富有成效的货物流动需要如下两个关键要素:首先,收货人员必须受过良好培训,能够评估收进的货物,核对产品承运数量、销售文件和采购订单。如果做不到这些,会导致实际存货与系统记录的不统一,并最终导致订单执行问题。其次,需要协调收货和入库操作。大多数收货装卸平台地面能力有限,因此需要快速清理托盘以确保卸下其他运输货物的空间。有效协调的一种方式是使用交叉职能工作者,他们能够在收货人员和入库铲车操作员工作职责之间来回转换。另一种方式是使转换开始时间错开,收货流程早点开始,然后再开始入库工作。

订单拣货(order-picking)过程集中于货物的选择以执行客户订单。订单执行人员在设施内拣货货架之间来回活动,按要求的数量把拣货单(pick list)上注明的产品拣出。拣货单可能是纸质的清单,贴在箱体上;也可能是计算机显示或声控的拣货系统。一旦拣出,给物品贴标后,就放在传送系统上转移到装运区,或者在托盘或运货车上集合以派送给客户。如果是采用后者,订单执行人员就把那笔订单转移到出货暂存区域,准备装运。先用胶带、收缩膜或捆扎带把物品固定在托盘或运货车上,然后挂上一个装运标签。最后,完成的客户订单暂存在预派送区,等待装上合适的出货运送工具。

对多数组织来说,订单拣货都是一项劳动密集的、成本昂贵的配送活动,占据了配送中心总运营成本的一半以上。因此,如果需要以尽可能低的成本正确执行此项功能,对于经理们来说关注如何产生富有成效的、安全的、精确的订单拣货工作是非常重要的。表10.4显示了为提高分拣生产率而开展的大量实践工作。

表 10.4 订单拣货的最佳操作

原则	最佳操作
最小化运输时间	有序列的挑货模式和拣货单,订单执行者可以在设施内一次性完成拣货,避免原路返回。 使用批量挑选。订单执行者在单一通道中选择多种订单。 使用分区挑货。订单执行者在特定的区域内工作。
最大化挑选货物的时间	减少或取消文书工作,保证订单执行者在工作岗位。用声控或灯控拣货系统代替纸质订单。 将相似的货物放在一起,加快运货板的装载,减少订单返工,避免货物损坏。 准备好必须的工具和设备。

续表

原则	最佳操作
提高订单拣货的准确性	为订单执行者提供干净、明亮、宽阔的拣货区域。 用标签和标语牌明确标志拣货区域,要求远距离内都能一目了然。 在订单执行者前往下一个目的地前使用需要订单拣货位置和数量批准的系统。
使用原材料处理设备	使用旋转货架和自动化存储线路移动货物,减少搜索和运输时间。 使用输送线将货物从拣货区域运往运输区域,避免往返时间。 使用升降机和液压机来处理大型商品和大数量商品。这可以保证安全,减少拣货时间。
最小化闲置时间	基于活动剖面图部署存货,铺展能快速移动的货物,减少拥堵。 为订单拣货的执行设置时间标准。 在拣货区保持充足的存货水平,保证订单执行者在他们的通道内随时有货可取。

　　补货操作把产品从存货位置移动到指定拣货货架上,对于订单拣货起着重要的支持作用。这些存货位置对于订单执行人员是难以达到的,需要专业设备来检索这些产品。补货铲车操作员致力于保持每个拣货货架的充分供应。当某个拣货货架空了,订单执行人员就需要多走些路来获取要求的产品数量,由于在这些附加的路线上是劳动力密集的,可能会使运送链断裂或延误客户订单的派遣。因此把补货活动和订单拣货活动结合起来,来回转换需要的人员职责是至关重要的。

　　最后的移动产生于运输过程。当订单从拣货操作环节到达运输环节后,空的运输车就在出货平台开始装货。在别的操作中,当出货运输车到达出货平台,"动态的"装货程序就开始进行。货物从备货区移到装货平台,按要求统计、检测,再装到运输车中。之后,从发运人那里接收货物的托运人签发提单,显示货物已经收到,离开仓库。

　　尽管这项活动看起来更多与运输相关,但它却很大程度上影响着配送的成功。运输人员必须逐步采取步骤避免在途损耗,精确地把订单货物装进运输车,在派送截止时间内及时完成工作,他们还需要充分利用运输车空间以减少运输成本。这些工作付出共同促进了客户服务,提高了其他配送活动的成本效率。

10.4.2　支持功能

　　尽管产品处理功能是配送的主要活动,占据了配送设施内大量人力和成本,但大量行政和管理活动也保证着每日操作的成功执行。这些支持功能对上述关键流程进行跨供应链的协调,保护组织的库存投入,提高设施内的工作条件。主要的支持功能如下:(1)库存控制;(2)安全、维修、环境卫生;(3)安保;(4)绩效分析;(5)信息技术。

　　在配送操作中最具挑战性的活动是保持库存控制。随着产品每日流进和流出,关键是如何确保库存数据库精确地反映实际库存。库存控制专家和分析员为解决库存差异,寻找错放的产品,进行循环计数和质量审核,并调整库存。他们努力提高库存报表的可靠性,使顾客一下订单,订单执行人员就能提供正确数量的正确产品。在第9章进行了库存控制的其他讨论。

建立安全干净的工作环境不仅是一项管理责任,而且可以促进配送生产率的提高。安全保障功能集中于构建符合人体工程的健康的工作环境,以保障配送雇员的健康和福利。培训雇员掌握正确的提升技术,要求工业设备的培训和认证,建立潜在风险意识,这些举措都可以减少高成本工作事故的发生。设备的定期维修和故障问题的及时修复也提高了配送设施内的安全工作条件。最后,环境卫生功能集中于遵守规章标准和保持工作人员的士气。这三种功能也都有助于控制产品损失。

安保功能可以保护组织免受欺骗和偷窃,为了防止损失,大量技术用在配送设施上,诸如拖车密封、安全扣和监控处理区之类的实体工具,以减少存货损失。人员装备也可以有效防止盗窃,预先筛分潜在雇员,执行检查和审计,限制进出口等。最后,安保职员能够监控设施活动,发现问题。

管理团队的职责是评估和促进设施绩效,一些组织采用配送分析人员或软件针对配送流程的各个方面来测量生产力、质量、利用率和成本。如果不能用劳动标准和工作的准确度监控单个雇员的绩效,将会导致设施绩效和客户评价降低。配送测量将在下节进行讨论。

组织主要依赖信息技术来接收、填制和配送客户订单,因此需要一个由内外部技术专家组成的强大团队,以构建信息分享过程,加强存货和订单的可视性。前面曾经讨论过,及时、准确的信息在配送环境中非常关键。配送执行的特定软件工具在本章随后讨论。

这些支持功能共同加强了产品移动和存储,促进了设施的顺利运营和订单的完美执行。没有这些功能,要保护工作人员和产品免受大量挑战,保持准确的存货记录,了解设施的运营状况是困难的。总之,在一线管理者和劳动者的背后,如果没有专家团队的支持,设施运营会很快就陷入混乱之中。

 ## 10.5 配送度量

在配送中所执行的活动有一项有形的能被评估的结果,通过对配送关键绩效指标(KPI)的测量和分析,这些评估得以实现。客户利用配送关键绩效指标有目的地评价配送操作所提供的服务质量,管理通过关键绩效指标评估运营成本、公司的生产力和第三方物流的履行过程。关键绩效指标可以用来与过往历史,当前目标和行业基准相比较分析。

物流表现的多方面都可以通过客户服务和配送中心订单履行活动进行评估。挑战在于如何减少度量标准,使其在 KPI 中可管理,同时又反映供应链的配送需求。适当选择 KPI 标准可以帮助人员集中于重要的执行目标,评估配送流程优化的影响,保持配送与公司和供应链目标一致。

客户专注于满足服务质量要求的 KPI。当你从自己喜欢的网站下订单时,你的目标就很明确——从供应商那里在期望的时间内按所下订单的数量得到正确的产品。因此,面向客户的 KPI 必须瞄准配送过程的可信度,以提供准确、完全、及时的订单执行。当然,目标是满足客户以上三个期望,之后将被认为是一个完美的订单。表10.5揭示了最常见的服务质量指标是如何计算的。

表 10.5　配送服务质量度量的举例

测度	公式
单个订单完成率	运送货品总量/订购货品总量
整箱完成率	运送总箱数/订购总箱数
订单价值完成率	总运输价值/总订购价值
订单准确性	准确运输订单/总运输订单
文件准确性	准确发票数/总发票数
派件准时性	准时送达件数/总派件数
完美订单指数	完成订单百分比×未损坏百分比×账单正确百分比×准时派件百分比

订单准确度和订单完成度：订单准确性和订单完整性是影响满意度和保留率的重要服务质量度量。在配送中心选择并发运的产品与客户订单匹配后，订单才能被准确并完好地执行。这样做可以避免造成损失，比如客户退回不正确的货物，加快履行延期交货的产品以及配送中心的库存差异。因此，对这些度量的持续监控对发现和解决订单履行错误、货物短缺和产品超额等问题十分重要。

及时性：及时性是客户服务的关键部分。通常来讲，及时性被认为是运输问题，但是分配操作也对及时性的表现有所帮助。一个订单必须在发货截止日期前被分拣、准备和装运。如果这些过程没有及时完成，这个订单就不会按照计划如期发出，并且还不得不等着下一班运输卡车、轮船或者航班。与订单处理时间平均值和装运截止日期前完成订单百分比相关的 KPI 直接关系着订单履行速度的提高。

当然，目标是满足客户对所有 KPI 的期望，以支持完美的订单履行。配送中心通过为正确的客户订单选择合适数量的正确产品，在实现完美订单方面发挥着关键作用。跟单信用证还必须确保产品处于正确的状态（无损坏），订单在截止日期前分别满足发货要求。完美的执行可以避免客户失望、客户服务干预和配送中心返工以纠正订单。

公司还可以通过称为完美订单指数（POI）的指标来评估这些关键绩效指标的综合影响。完美订单指数是通过将四个关键绩效指标测量结果相乘而建立的：完整订单（100%填充率）、无损坏条件、文档准确性和准时发货。度量标准不是单独查看每个组件，而是强调错误订单的总体影响。

虽然服务质量是客户对执行过程满意的基础，但内部绩效也很重要。组织需要平衡客户期望和处理订单的成本。实现与货物价值相关的低完成成本，要通过对资产的有效利用和配送过程的有效执行获得。表 10.6 确定了一些常见的配送中心运营度量以及它们是如何计算的。

表 10.6　配送中心运营度量

测度	公式
单位配送成本	总配送成本/货物处理总量
配送成本率	总配送成本/货物销售总成本
容量利用率	库存使用量/库存总容量
设备利用率	总运营时间/可用时间
劳动生产率	处理的货箱总数/总劳动时间
配送效率	任务完成时间/允许标准时间

配送成本效率：考虑到美国仓储和配送相关成本在 2014 年达到 1 430 亿美元，因此配送成本效率是决定性的。无论配送功能在内部执行还是外包给 3PL 供应商，其总量级是真实的。总成本效率关注相对于目标或销售成本的总配送花费，物品层次的 KPI 关注的是单位配送费用（例如，每托盘、箱、订单成本），它是一种简单运算，即用总配送成本除以处理产品的单位数量。理解客户订单中处理每单位产品花费的额度，突出了配送对货物总成本的影响。这种 KPI 也提供了成本节约的基线。

资产利用率：资产利用率是自有配送设施的重要方面。组织投入大量金钱构建配送设施，配备物料处理设备和技术。如果设施处于半空置状态，公司就把时间和金钱浪费在利用不充分的资产上。利用 KPI 可以客观地评估配送中心管理者对资源的利用率。

资源生产力：资源生产力影响配送成本和操作能力，以在持续不断的基础上提升吞吐量。如果配送成本平均占一美元销售额的 10%，提高生产力将对损益表的底线产生显著影响。生产力被测量为实际产出与实际投入的比率，其中一个例子是每工作小时处理的单位数量，广泛用于生产力 KPI。生产力 KPI 和目标帮助配送经理们评估设施绩效，估计设施能够处理多少数量的产品，安排人工，这些易于测量的 KPI 也为必须解决的配送问题提供了早期警告信号。

资源效率：资源效率把配送活动完成时间与期望时间对比测量。通过把一项任务分解成可以用秒表计时的小活动，可以产生设计标准。效率被测量为任务完成实际需要的时间与任务允许的设计标准时间的比率，这种 KPI 能够用以评估单个雇员完成关键任务的能力和操作的总体效率，设计标准则可用以设置和沟通每个配送功能的客观效率标准。

对相关配送服务质量和运营 KPIs 持续的测量和预测能产生宝贵的洞察力。KPI 让组织用知识型的方法管理执行活动，在问题对供应链产生消极影响之前解决问题。KPI 精确找到了配送低效之处，并且制定战略降低供应链成本。最终，KPI 能够用来分析成本和服务的权衡问题，制定有关配送外包，执行过程监控和成本降低方面的决策。

10.6 配送技术

配送环境不仅依赖于有效的产品流，而且要求在配送设施内及跨供应链的及时准确的信息流。信息分享包括客户订单、库存水平、设施条件、设施位置、收货入库、劳动绩效等。事实上，在本章讨论的任何配送战略和配送过程如果相关信息足够的话都是易于计划、执行和评估的。幸运的是，配送经理们不再需要在纸上或其头脑里管理海量信息，有多种信息技术工具可以支持配送控制和决策。在本章最后一部分，将展示配送方面的主要技术。

10.6.1 仓库管理系统

仓库管理系统（Warehouse Management System，WMS）是一款用于管理执行过程的核心软件，一项可追溯到 1970 年的成熟技术，广泛应用于各种类型的配送运营。WMS 是一个软件控制系统，通过对信息的有效管理来提升产品的移动和存储，保证配送任务的完成。其目标是通过定向分拣、定向补给和定向入库来获取高水平控制、存货精确度和生产力。

WMS不仅是一个只能提供存储位置信息的简单数据库，相反，它是一个集成包，包括射频通讯、专用局域网计算机硬件和必须的应用软件。WMS详细的处理过程可能因软件不同而各异，然而，其基本逻辑一致，即采取商品、位置、数量、测量单位和订单信息的组合来确定应该存在哪，从哪里拣货，以什么顺序执行这些操作。

在主要功能基础上，WMS也能提供增值能力，支持一系列供应链活动。它包括如下特征：

劳务管理——把WMS与相关的劳动追踪模块连接起来，使组织能够基于工程时间标准分配工作，监控每个雇员的生产率，审计他们工作的质量。这些劳动报告功能支持绩效分析和激励计划的使用，还能鉴别雇员是否需要额外的培训。

自动化数据收集——强大的仓储管理系统使用自动识别工具精确地获得数据，提供商品在配送中心流动和自动化活动的可视画面。一旦收集到数据，它将会被传输到仓库管理系统用于决策推进、报表生成和绩效考评。下一部分和第14章会对自动识别技术进行进一步的阐述。

任务交互——该功能涉及混合不同的工作，比如入库和补给。在大型仓储中，基于WMS的任务交互在很大程度上减少了无效运动时间，不仅能提高劳动率，而且能减少叉车磨损，通过减少叉车燃料消耗节省能源成本。

执行柔性——一个强健的仓库管理系统能够支持多元化的订单类型，包括单个单位的全渠道订单和装箱，或者托盘货物的商业订单。它有助于货箱挑选配送，配送站的执行，支持小件组装和配套采购的运营，并且使多种订单挑选模式在配送中心中的运用成为可能。

系统集成——WMS与ERP系统、订单管理系统和运输管理系统的对接能够提供跨组织和供应链的充足信息流。这些系统的集成是下文在线之窗案例中的核心所在，它实现了精细化和同步化的管理。

物流在线

集成是仓储管理系统的关键词

仓库管理系统是用来管理配送中心，配送站或者执行中心运营的良好工具。问题在于这些设施并非独立运营的个体。配送设施在供应链中充当整合的节点，只有利用仓储管理系统连接其他供应链系统，才能尽可能高效并且快速准确地执行消费者订单。

为了实现这一目标，组织需要在各个职能间建立更加精细化、同步化的管理流程。也就是说，他们需要实现系统集成，即集成仓库管理系统（WMS）、运输管理系统（TMS）、订单配送管理系统（DOM）、订单管理系统（OMS）和相关的供应链软件。

供应链研究公司高德纳提出，只有当供应链管理的软件系统有了共同的技术架构——共享的界面、数据模型和业务逻辑，集成才有可能实现。在激烈的竞争环境下，当今领先的供应商已经能给仓库管理系统提供集成的可能性。

高德纳公司研究部副董事长德怀特先生表示，供应链集成能够让运输打破协同终端供应链流程方面的障碍，更好地在不同功能内同步它们的流程。通过消除存在于仓库、运输、采购、货场管理和全球运输活动中的功能性竖井,运输者可以优化之前竖井功能中没有与他人交流合作的活动。

全渠道的供应链需要支持从各个地方送到任何一个地方的运输战略,因此集成仓储管理系统和其他软件工具尤为重要。我们没有时间从不相干的系统中协调信息,我们必须短时间内完成这项任务。例如,一个零售商要能获得一个消费者的订单,确认存货地址(配送中心、仓库、供应商仓库),将存货运输给消费者并且实现交易,这项交易显示了需要将订单送达的选定地址。正如下图中所示,这就需要零售商的仓库管理系统(WMS)、运输管理系统(TMS)、订单管理系统(OMS)和订单配送管理系统(DOM)的同步运作。

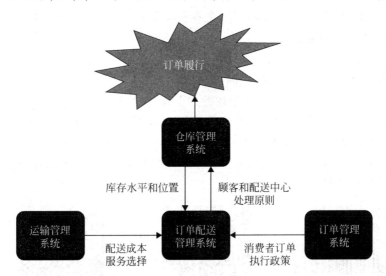

为了支持快速实行和传递全渠道贸易的需要,一个软件供应商一定要提供包含WMS、TMS、DOM等功能的供应链执行系统。每个软件模块里的功能一定要丰富。模块本身一定要高度协调,并且能支持多元的工作流程。供应商就是这样帮助组织打破功能性竖井,实现供应链集成和最优化。

一个先进的仓库管理系统具备绩效报告的能力,能够支持无纸传输信息流程,协调原材料处理设备,支持分类拣选系统,提升存货循环计数和容量管理。

利用之前列举的性能,有效地执行仓库管理系统能获得许多利益。存货精准度和订单挑选质量的提高将大大促进消费者服务。节省的劳动力和减少的运输时间能提高生产率。以正确的顺序快速地处理订单能减少订单周期。仓储管理系统给管理者提供了分析运营结果,落实假设情景计划,作出基于现状的决定的重要信息。另外,这些系统能通过最优化储存模式来实现空间利用的最大化。

鉴于这些优势,2015年物流管理杂志的一项调查结果也不足为奇了,调查结果显示85%的公司使用仓储管理系统。在2012年有76%的公司使用仓储管理系统。其中,41%运行旧的仓储管理系统(内部发展),40%特许仓储管理系统为企业资源计划的一部分,19%从提供最佳服务组合的供应商中获得软件的使用许可权。公司能够满足消费者的需求都归功于遗留的仓储管理体系和单项优势的解决方案。相比较来说,以企业资源计划为基础的仓储管理系统能和其他模块快速协调,支持直接配送的运行。

10.6.2 自动识别工具

自动识别（AUTO-ID）是一项帮助机器识别物体的技术，可以识别条形码、智能卡、还有语音识别、生物识别、射频识别（RFID）及其他。WMS利用AUTO-ID数据捕捉技术，如条形码扫描器、手持计算机、无线局域网（LANS）和RFID，以精确地搜集信息、监控产品流。一旦搜索到数据，一批同步流程和即时无线传播就在WMS中心数据库内完成，接着WMS数据库就会提供有用的货物数据报告。

条形码和RFID在配送中作为可选择的工具帮助快速追踪、定位和移动产品，针对消费者有近乎完美的准确率。条形码应用在零售产业配送中已经30多年了。条形码（Bar Code）是一系列平行的黑色和白色的条，有各种宽度，它们的顺序代表符号或数字。这个顺序是一种代码，扫描仪能把它们翻译成重要的信息，例如启运港、产品类型、产地和产品价格。条形码系统使用起来简单、准确、快速，而且能存储大量的信息。

基本的EAU/UPC条形码几乎印在世界上每一个消费品生产上。这8～13位一维（1d）条码用于在销售点扫描商品。其他类型的1d卡号，如128码条形码和GS1数据条，可以容纳更多的数字，从而扩展标签的信息功能。二维条码系统地用符号和形状表示数据。一个二维码和数据矩阵码可以容纳数千个字母数字字符，使条码能够存储大量的信息。图10.9提供了样本条形码类型。

UPC-A条形码　　　　GS1资料条码　　　　　　　GS1二维码
容量：12个数字　　　容量：74个数字，41个文字　容量：7089个数字，4296个文字

图10.9　条形码类别

RFID标签，包括硅片和天线，能够把数据传送到无线接收器，用于追踪从牛仔裤到汽车各种各样的货物。不像条形码，需要手工扫描和单个读取，RFID标签不需要设立读取区域。由于全渠道零售业的增长，人们对RFID的兴趣重新提高。RFID被视为提高库存准确性和可视性的优秀工具，支持基于商店的订单履行方法。

在配送环境下，当产品通过无线读取设备读取时，一秒钟之内就能自动读取数百个标签。RFID标签不仅能够比条形码更快速地读取，而且可以包容更多信息，因此它们能够更有效地召回货物。尽管很有前途，但RFID仍旧面临着关键的推广使用障碍（标签成本、读取区、隐私权等）。第14章提供了RFID的有关细节。

不断开发新的WMS和自动识别功能。在购买新工具之前，组织必须评估其配送技术需求。其目标是部署配送技术，帮助配送管理者做出更好的决策，实现最大吞吐量，并支持客户需求。有时，低成本的WMS和自动ID解决方案可以提供所需的功能而无须大量费用。

小结

配送经理们在供应链中起着决定性作用,应该关注产品流而不是存储。在保持可能的最低成本的同时准确快速地执行客户订单是配送经理们每日必须玩的平衡游戏,他们必须协调人员、过程、容量和技术以获取客户满意,迎合内部目标,为供应链提供增值服务。

为扩大供应链影响,管理配送系统需要大量的计划与协调,即执行战略与配送操作的执行、关键度量的分析、信息分享之间的协调。本章附加的概念主要如下:

- 配送运营包括存货处理、储存和处理活动,为供应链产生时间和地点效用。
- 一系列供应链挑战,包括平衡供需,避免不确定性影响,提高运输经济性。
- 传统配送设施执行的四个主要功能:聚集、分类、分配和集合。
- 配送运营可以发挥增值作用——装配、配套采购、产品延期、排序等——以完成其基本功能,支持发展的供应链需要。
- 在空间、设备和人员之间进行抉择——配送经理们可以获得的主要资源。
- 把配送过程与要处理的物品进行匹配是重要的,以保护产品完整性,提升客户服务与满意度,提供存货控制。
- 配送网络设计涉及到集中化还是分散化库存,设施数量和位置,以及设施物权问题。
- 有效的设施计划——操作规模、布局和产品布置——积极影响劳动生产力和反应时间。
- 配送执行涉及五个与产品处理和存储有关的主要流程:收货、入库、订单分拣、补给和装运。
- 执行支持功能提供关键流程之间和跨供应链的协调,以保护组织的存货投资,提高设施的工作条件。
- 配送 KPI 包括资产利用率、劳动生产力和成本效率比,还包括客户服务质量和完美订单执行的最终目标。
- WMS 软件解决方案通过对信息的有效管理和配送任务的完成促进了产品移动和存储操作。
- 条形码和射频识别是自动识别工具,有助于快速追踪、定位和移动产品——对消费者有近乎完美的准确率。

 复习思考题

1. 讨论供应链中配送的作用,提供配送操作是怎样正向和负向影响供应链绩效的例证。
2. 对比配送中心的四个主要功能:聚集、分类、分配、集合。
3. 讨论在配送和别的物流活动之间的主要抉择。
4. 描述配送经理们在当前环境中所面临的挑战。
5. 直接配送、配送中心、直接转拨的主要功能、优点、缺点分别是什么?
6. 契约仓库的使用在大型生产商中广受欢迎,为什么诸如 UNILEVER 这样的生产消费品的公司转向这种形式的配送。

7. 利用公司网站,对比以下 3PL 组织提供的配送服务。

A. EXEL 和 AMERICOLD 物流。

B. GENCO ATC 和 CATERPILLAR 物流服务。

8. 设计配送中心时,什么样的内部布局目标和地点筹划原则必须考虑,为什么?

9. 区分和描述五种主要的产品处理功能。

10. 配送中心的关键支持功能是什么?它们为什么重要?

11. 配送操作怎样监控 3PL 服务供应商提供的服务质量?用什么类型的度量测量私有配送操作?

12. 用互联网搜索引擎,识别三个 WMS 解决方案供应商。描述其工具的能力及对供应链的影响。

案例 10.1　Power Force 公司

电力公司(PFC)运营部的执行副总裁希莱姆感到心力交瘁。随着零售商改变了购买模式,电力工具的生产在 DIY 市场面临日益升高的执行成本的挑战。零售商们都想要小规模,更频繁地运输到更多数量的目的地。并且零售商对服务的期待也越来越高。他们要求先进的运输通知功能,给所有货物贴上射频识别(RFID)标签,提高存货的可视性。

今时不同往日,以前零售商都用卡车将电力工具运输到局部的分散的配送中心。现在他们要求小规模运输到多个配送中心,并且直接配送到商店。一些零售商要求公司直接将订单配送到消费者家中。这种直接交运的战略对公司来说是全新的,希莱姆担心这对于公司在路易斯维尔和肯塔基州的配送中心的发展是个瓶颈。这些新的要求伴随着更短的订单周期目标。

希莱姆觉得自己陷入了进退两难的境地,因为主要的家庭装修连锁店占了公司 80% 的销售额。尽管同意零售商的要求会提高成本,但是公司不能拒绝,如果拒绝会对营业额有很大的负面影响。

咨询了他的执行团队后,希莱姆总结出能够处理以上市场需要的三条合理方案:

方案一:升级现存的在肯塔基州的配送中心来处理多种订单类型和实现小规模运输。配置仓储自动化来提高订单执行的速度和效率。

方案二:扩展公司的执行网络。把内华达和新泽西州的局部配送中心加入现有的肯塔基州配送中心。监管运行流程,保证发往运输中心、商店、个体消费者的订单能够实现。

方案三:外包执行给第三方的物流公司,这样公司依然能把精力集中在质量生产、精确的需求计划和精益存货管理上。

希莱姆的下一步就是充分评估三个方案并且将最优方案告知公司的股东玛西亚·阿维斯。阿维斯将会问一些苛刻的问题,希莱姆一定要对自己提出的方案充满信心。

案例问题

1. 从消费者服务的角度比较和分析这三种方案。你认为哪种方案能够提供最优的服务,为什么?

2. 从成本的角度比较和分析这三种方案。你认为哪种方案能为公司提供最经济的解决方法？为什么？

3. 希莱姆需要分析哪种类型的功能和成本的权衡？

4. 哪种配送方法能为公司未来的成功提供最佳机会？为什么？

案例 10.2　TV Gadgetry 公司

TV Gadgetry(TVG)是一家利用午夜电视购物推销平价厨房用具和小型配件的经销商，它在配送中心运营方面正面临着严峻的挑战。与上个月相比，九月份的订单数量和关于服务质量的消费者投诉大大增加。随着配送中心大量的人员流动，公司人工挑选系统和纸质订单管理方法似乎影响到了绩效。

公司物流副总裁迪伦·拉金决定解决投诉的源头。他要求一个叫康纳·麦克戴维斯的实习生收集数据并且评估多种关键绩效指标(KPIs)。麦克戴维斯马上投入工作，获得了大量信息来评估订货完成率、完成准确率、发票准确率和派件准时率。他相信这些度量能够帮助他找到真正的问题并且作出改变。

他的努力产生了如下的数据：

履行数据	九月	八月
已处理客户订单数	50 000	40 000
订单数	300 000	200 000
订单发货数	287 333	192 507
正确的订单发货数	247 385	188 263
正确的客户发票	46 310	39 124
最后期限前准备好的订单	49 188	38 791
支付的总工时	2 000	1 500

感谢了麦克戴维斯后，拉金要求这个实习生做以下三件事：(a)计算相关的运输关键绩效指标(KPIs)；(b)将结果和公司的执行目标对比；(c)确定主要问题领域和可行的解决方案。

拉金对实习生说："抓紧干吧，我希望你将情况调查清楚在周一后汇报给我。"

案例问题：

1. 帮助麦克戴维斯计算 KPIs 包括如下几点：(a)单位完成率；(b)完成准确率；(c)文件准确率；(d)派件准时率；(e)生产率。

2. 比较你计算的 KPIs 和公司的目标，针对问题领域发表看法：

KPI	目标
单位完成率	95％
完成准确率	98％
文件准确率	99％
派件准时率	95％
生产率	135 件/工时

3. 在你的 KPI 计算结果基础上，对 TVG 来说完美的订单指数是什么？
4. TVG 管理应该针对你指出的问题采取怎样的处理措施？
5. 在采取物流管理后 TVG 能够获取怎样的好处？

附录 10A　物料处理

配送中心(DCs)、跨码头和其他流动设施面临着快速、准确、安全和经济地处理和订购的巨大压力。光靠体力劳动是不行的。试想一下，如果亚马逊在 24 小时的黄金日销售中尝试手工挑选和运送 3 440 万件商品。或者，如果联邦快递没有"矩阵"，一个有 300 英里传送带、分流器、扫描仪的分拣系统，以及每小时处理 50 万个包裹的技术。你将需要等待你的加急快件数周，而这在今天是不可能被接受的。

对速度和效率的需求使得组织必须使用物料搬运设备，自动化和技术来完成堆积、分拣、分配和分类的关键分配功能。该设备可用于提高上市速度并减少履行操作中的手工劳动。

一般来说，物料处理指系统中与物料的移动、存储、保护和控制相关的活动、设备和流程。在物流中，物料处理的核心是产品和材料在配送中心、工厂、直接转拨、运输中转或商店界限内的有效短距离移动。与客户导向的"七个正确"物流定义（第 2 章）相应，得出如下定义：

物料处理用正确的方法，在正确的时间，按正确的顺序和正确的定位，在正确的条件和正确的成本下将正确数量的正确物料送达正确的地点。

为了获得物料处理中的"七个正确"，需要经常使用专门设计的设备以完成产品的短途移动。合适地选择这些设备，能够提高收货、入库、补货、订单分拣和运输活动的劳动生产率，提高空间利用率并缩短订单周转时间。

10A.1　物料处理的目标和原则

物料处理的总目标是使各项操作更安全有效，为了在服务与成本、安全与生产率、容量与能力之间获得平衡，物流专业人员必须对物料处理的四个关键维度进行有效管理，即：运动、时间、数量和空间。

物料处理的运动方面包括货物在存储设施的转进和转出，及其在设施内的传递。物流专业人员必须选择对人工和设备进行合理组合以取得顺畅的产品流动。

物料处理的时间维度与为生产或者履行顾客订单的物品准备有关。把原材料送至生产所花费的时间越长，越有可能出现停工、高库存和存储空间需求增大的情况。同样，把成品送至运输区域所需的时间越长，订单周转所需的时间就越长，顾客服务的水平就越低。

数量问题阐述的是原材料和成品各自的使用率和交付率。人们设计物料处理系统，是为了保证将正确数量的产品运去满足生产和顾客的需要。

配送中心的空间问题指的是设施的容量限制。选择合适的物料处理设备和系统使组织可以有效利用水平和垂直空间。例如，高达叉车可以延伸出 25～30 英尺高，因而提高了对仓库垂直容纳能力的利用,图11A.1说明了仓库垂直空间的重要性。

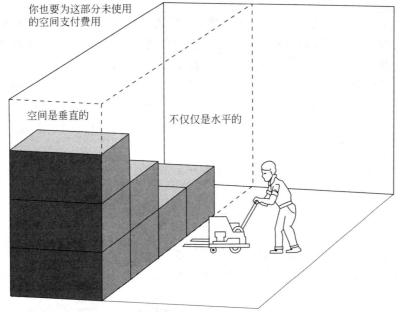

图10A.1　充分利用立体空间

在以上相关维度之间进行平衡要求物料处理的妥善计划和对于空间、设备和人员的组合进行仔细的分析。幸运的是,美国物料处理产业组织针对这些问题设立了一系列指南,这个指南就是物料处理的十大原则,表11A.1指出和总结了这些关键标准。物流专业人员在设计和管理配送中心操作时可以将其应用到日常工作。

表10A.1　物料搬运的十大原则
1. 计划原则:对所有的物料搬运和存储活动进行计划,以达到最大的整体运营效益
2. 标准化原则:在标准化搬运设备类型和型号的同时,对搬运方法实行标准化
3. 简单原则:通过减少、消除或者组合不必要的运动和(或)设备来简化搬运
4. 人体工程学原则:在设计物料处理任务和设备时考虑人力局限性以确保安全有效操作
5. 单位体积原则:提高单位货物的数量、体积或者重量,或者其流动速度
6. 空间利用原则:使建筑物的立体空间得到最优利用
7. 系统原则:尽可能将更多的搬运活动整合进一个实用的协同系统,这个系统包括卖主、接收、存储、生产、检验、包装、仓储、运送、运输和顾客
8. 自动化原则:实现包括生产、搬运和仓储职能的自动化
9. 环境原则:在设计或选择搬运设备和系统时考虑环境影响和能源消耗
10. 生命周期成本原则:仔细的经济分析,包括物料处理设备和系统的整个生产周期

所有这些原则都很重要而且相互关联。在21世纪,物料搬运能帮助公司在仓库投资上花费最小,削减费用,为供应链提供支持,也能帮助公司克服与老龄化有关的劳动力挑战。

10A.2　物料搬运设备

只要移动和处理需要,对成本权衡的结果是值得投资,公司就应该使用机械和自动化设备来搬运物料。美国物料处理产业最近通过对自动化的调查显示:大多数公司正在物料处理设备和自动化方面投入大量资金以提高配送设施绩效。

选择合适的设备是一项多方面任务。为了减少采购、维护和操作成本,物料搬运设备应该尽可能标准化,同时尽可能使用具有适应性的灵活设备以执行多种任务和应用。最后,设备应该尽可能减少对环境的影响,降低自重相对于有效负荷的比重,适合配送中心内货物流动。

物料处理教育学院协会把物料处理设备分成如下五种:运输设备、定位设备、单位负荷形成设备、存储设备、识别和控制设备。以上分类可能并不全面,但确实包括了配送中心常见设备。下面详细描述每种类别的设备,并附有举例。

1. 运输设备

运输设备在配送中心内把物料从一个地方移动到另一个地方。这类设备促进了设施内的产品流动,节约了劳工,减少了停留时间。图10A.2描述了不同类型的运输设备。

图10A.2　物料运输设备

叉车和别的工业卡车用以移动物料,移动过程中路径可以变换,对于移动的区域也没有限制。例如,工作人员可以用工业卡车卸下拖车上到达的货物,把产品从装卸平台移动到不同的存储区,把货物装上出货交通工具。手动叉车允许订单分拣员把订单物品直接叠放在托盘上,有效移动到后面的分拣位置。

自动导引车(Automatic Guided Vehicles,AGV)是连接接收、存储、生产和发货的机器。AGV 或者自由徜徉或者在固定轨道上移动,公司可以使用制定交通控制决策的计算机来追踪这些车辆。基本上来说,AGV 在仓库或生产工厂四周穿行,把各种物品送到特定程序指定的地方。因为这些 AGV 不需要司机,人工成本就降低了。

传送机用来在特定点之间的固定轨道上移动物料。当这些特定点之间有足够的移动量和移动频率时,使用传送机是有利的,可以保证投资回报。在使用之中有很多传送机类型,以完成无人工操作的移动。传送机分类主要有几种方式:单位负荷或散装负荷;高架传送机、地面传送机或地底传送机;重力或机械动力。各种各样的自动化分类传送机也缓解了劳动力需求。

起重机用于在限制性区域移动负载,在移动过程中路径可以变换。起重机比传送机更灵活,既能在垂直方向又能在水平方向移动货物,也能处理形状怪异的负载。当数量有限,且安装传送机不可行时,起重机才能发挥作用。

2. 定位设备

定位设备用于在一个地方处理物料,以保证物料在随后的处理、加工、运输或存储中处于正确的位置。不像运输设备,定位设备通常在单一的工作场所用来处理物料。例如,定位设备有升降台、转向台、倾斜台、机械手、卷扬机和工业机器人。图 11A.3 展示了不同类型的定位设备。

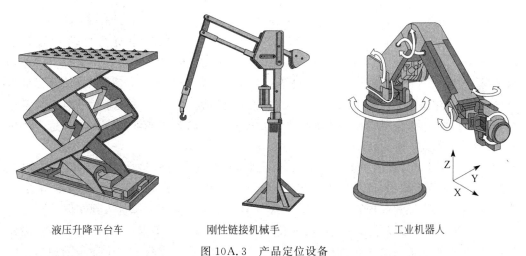

液压升降平台车　　　　　刚性链接机械手　　　　　工业机器人

图 10A.3　产品定位设备

在人工有限的情况下要通过移动、升举和定位货物来提高生产率,该设备是有益的。通过对重型产品减少令人厌烦的手工处理需要,此类设备还能保护质量、限制损失。最后,定位设备能够减少工作人员疲劳和受伤的潜在可能性。

3. 单元载荷形成设备

单元载荷形成设备限制物料使它们保持完整性,以便作为单元载荷存储和移动。托盘就是单元载荷形成设备中的一种,使配送中心能够使用诸如叉车之类的标准运输设备。

整个集装箱装的载荷同时进行处理,可以减少需要的移动路途,潜在地也可以减少处理成本以及装卸时间和损失。板条箱、袋子、箱子、薄衬纸和收缩膜也被用来形成单元载荷。图 10A.4 出示了单元载荷形成设备的常用例子。

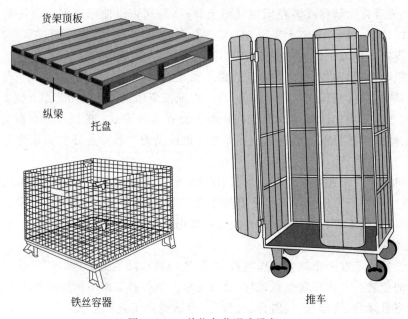

图 10A.4　单位负荷形成设备

4. 存储设备

存储设备允许公司一段时间内经济地持有物料。排架、小负荷自动仓储系统(Automated Storage and Retrieval Systems,AS/RS)、旋转货架、阁楼式货架都是智慧地利用配送中心水平和垂直空间的存储设备。存储容积赋予公司批量采购的机会,以获取数量折扣,应对预期的价格上涨,并且为需求猛增提供缓冲。当公司能够一次性采购整个集装箱数量的货物,也可以提高运输效率。合理安排存储系统能够提高订单分拣过程的速度、精确度和成本效益比。

存储设备可以分成两类:一类是拣货人到储位系统;另一类是储位到拣货人系统。在拣货人到储位系统中,订单拣货员必须进入到产品储存地点,其中包括储料箱棚架、标准的存储抽屉、货架和阁楼式货架。图 10A.5 显示了不同类型的拣货人到储位系统。

货架由横杆和用以承重的直立梁组成。产品托盘放在立梁上,一直存放到需要取出时,在配送中心通常使用的有多种方式,包括:选择式(单一或两个狭窄而长的通道)、流经式、途经式、穿越式、回推式和悬臂式。

阁楼式货架是双层的存储系统,它除了利用第一层存储空间之外,还利用位于第一层上面的第二层储料箱棚架、标准存储柜、流经式货架或者旋转货架。与用尽建筑面积空间相反,阁楼式货架加了第二层以更有效地利用仓库的立体容积,两层都可以进行订单分拣。通常使用钢铁栅栏隔离这两层,工人通过楼梯上去。阁楼式货架并不是建筑物实际结构的一部分,所以它的位置是灵活的。

第10章 配送——管理执行操作

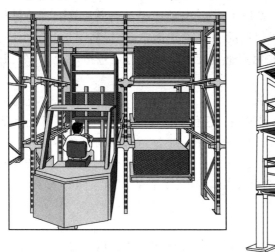
驱车流理架

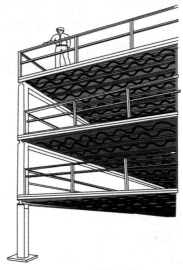
阁楼式货架

图 10A.5 拣货人到储位系统

在储位到拣货人系统中,拣货点通过自动化机器行进到拣货员面前。这些系统包括旋转货架和小负荷的自动化仓储系统,其初始投资要比拣货人到储位系统高得多,但是利用自动化仓储设备加快了订单拣货的作业,增强了库存控制并且提高了利润。储位到拣货人系统将行进时间最小化。图 10A.6 显示了不同类型的储位到拣货人系统。

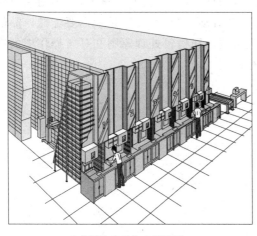
小负荷的自动化仓储系统

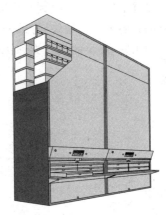
垂直旋转货架

图 10A.6 储位到拣货人系统

旋转货架(carousels)是与机械装置连通在一起的架子或储料箱,它能存储物品并能够旋转,以方便订单拣货。水平旋转货架是一系列相连的储料箱,它们围绕着一个垂直的轴旋转。计算机可以找到所需要的部位,之后旋转货架直到该部位停在订单拣货员的固定位置面前。自动化的系统试图减少等待时间并最大限度地将时间花在订单拣货上。使用水平旋转货架的行业包括航空、电子、制纸和制药业。

为了保持干净和卫生，垂直旋转货架的储料箱是封闭的，旋转货架围绕着一个水平的轴转动。垂直旋转货架以连续的提升原理来运作，将需要的物品旋转到订单拣货员的地点。这种垂直的存储方式削减了所使用的60%的地面空间，提高了拣货的生产力，相当于同容量货和架棚架的三倍。一些使用垂直旋转货架的行业包括电子、汽车、航天和计算机。

小负荷的自动化仓储系统（AS/RS）是技术最先进的订单拣货系统，它能有效利用存储空间，并使订单拣货的精确度达到最高。这种AS/RS机器在过道中既能水平又能垂直行进到存储位置，把物品存储容器运到或运出位于过道末端的订单拣货点。在订单拣货点，订单拣货员制定正确的拣货顺序。当订单拣货员拿到当前容器中的物品以后，AS/RS系统就按顺序去取第二个容器。AS/RS系统有效利用空间和人工，但是购买和安装这种系统非常昂贵。

5. 识别和控制设备

识别和控制设备搜集信息并进行信息交流，以协调设施内以及设施与供应商和客户之间的物料流动。自动化识别工具（条形码、磁条和射频识别标签）在不需要或很少需要人工干涉的情况下捕捉数据，这些工具在10章和14章已经讨论过。其他重要的控制工具包括便携式数据终端，以捕捉和存储信息，还有电子数据交换工具和供应链软件，以方便信息的传送。

10A.3 总结

物料处理对于配送中心和别的物流设施的有效运营非常重要，在本附录里讨论的设备和工具促进了货物从接收到装运的内部流动，成功的关键是根据要配送产品的类型和数量选择适合的设备。最终，有效的设备选择和物料处理原则在日常操作中的应用提高了容量的利用率、雇员的生产力和执行速度。

第 11 章

Supply Chain Management: A Logistics Perspective

运输——管理供应链的流动

学习目标

通过阅读本章,你应该能够:
- 解释运输在供应链中所扮演的角色。
- 讨论主要运输模式的服务和成本特征。
- 讨论在运输计划和执行过程中的关键活动。
- 解释当下用来提升供应链绩效的运输管理战略。
- 运用服务和成本矩阵来分析运输绩效。
- 描述信息技术如何支持运输计划和执行。

供应链窗口

一个交通运输业的"完美风暴"

如果库存是供应链的血液,那么运输就是跳动的心脏,它迸发出的动力让产品在系统内不停流动。有效的产品流动对于生产者、配送商、零售商来说,都是至关重要的。

尤其是零售商,它们在供应配送全球化浪潮中接受了很大的挑战,它们需要维持稳定的由全球供应商到零售中心、商店和顾客受众的货物流。这个货物流可能会因为交通拥堵、设备短缺、劳动力不足等问题受到影响。这三点在销售旺季,对于零售商来说,都是需要解决的问题。

在 2014 年,一场"完美风暴"席卷了整个运输行业。在美国太平洋沿岸的 29 个港口,许多月以来的劳工合同纠纷导致工作效率降低,同时还有几天罢工情况。这导致在 2014 年的假期,有很多物流工作没有完成,同时影响了销售。同时,由于司机和卡车数量下降,汽车运输行业的承载力也逐渐缩小。最终,联合运输模式也面临巨大的拥堵情况,因为很多零售商和发货商为了获得成本优势,不再选择公路运输。在 2014 年,在许多交通要道上,选择联合运输模式的数量几乎翻了一倍。

虽然在 2015 年 5 月,太平洋沿岸的货物滞留事件最终得到了解决,但是这场"完美风暴"带来的挑战仍旧存在。零售供应商担心它们的交通运力问题会随着时间不断恶化。它们认为港口劳工的问题还会在合同协商中不断出现，卡车司机短缺的应对方案少之又少，同时铁路基础设施要承担很大的物流压力。

零售商积极采取措施来解决交通运输方面的问题，而不是被动等待"完美风暴"的离开。这些能够被任何一个发货商所选择的策略包括：

- 重新规划货物路线——零售商选择将更多的进口货物经由大西洋沿岸和墨西哥湾运输，从而减少加州沿岸的堵塞情况。
- 提前发货——零售商提前运输更多夏末秋初销售旺季的货物。这样就能避免在销售旺季的交通拥堵情况，但是这需要零售商将库存持有时间延长。
- 选择科技发达的港口——如果零售商选择一些高度自动化运营的港口，那么就可以在一定程度上避免拥堵情况，同时降低劳工罢工对于货运的影响风险。
- 提供便于运输的货物——由于工作量大于负荷，承运商不愿意为需要花费较大精力的客户提供服务。零售商提供的货物应当便于运输，同时应当尽快周转设备从而减少承运商的等待时间。
- 做一个承运商喜爱的顾客——为了保证承运商的服务质量，零售商需要把服务质量而非价格作为第一衡量要素，在服务要求上达成一致，同时给承运商适当的报酬。

零售供应链管理者认为运输是一个动态的过程，总会有新的挑战不断出现。今天的创新战略，可能就是明天的基本运营方式。最好的零售商应当是那些会持续不断监控运输环境，调整自身流程从而适应大环境，同时有能力预见并规避风险的。

11.1　引言

运输是指人和物品在初始地与目的地之间的物理位移。作为个体，我们依靠运输来往于工作地点、学校和家，靠运输来获取我们所需的产品，以及增进我们与社会的联系。从商业的角度出发，运输系统把从地理意义上相互分离的经营伙伴和设备联系在一起，统一到公司的供应链之中。通过运用卡车、火车、飞机、轮船、管道，或者光纤等手段，运输促使了供应链中时间和空间的效用。

运输还对商业绩效有重大影响。在2014年，全美国超过9 070亿美元被花费在了货物运输上。这个数据代表了所有物流活动费用的近63％之多，远远超过了仓储费用、库存管理费用、下单费用以及其他活动的花费。所以，在供应链战略和流程管理中，运输成本必须作为重点考虑的内容。

本章的重点在于运输在物流和供应链管理中的角色。我们把焦点放在关键方法、战略、成本-效率决策以及物品在买卖双方之间的有效流通上。你将会了解到，对于运输业务的正确管理将会成为满足消费者需求并最终取得组织成功的关键。

11.2 运输在供应链管理中的作用

从概念上讲,供应链就是被距离和时间分离的一个组织的网络结构。运输链接使商品能在各节点之间移动,并在买卖双方之间架起桥梁互通有无。通过运输,组织能够将其供应链延伸至本地供应链能力范围外,远超市场需求。组织如果具有高效和正确的运输能力,就可以塑造全球的供应链,以此来撬动低成本资源的机会并凭借它在新的市场中竞争。

运输服务对于满足供应链中的需求至关重要。正如供应链窗口中所说,运输能力的缺乏会使系统库存滞留,导致供货不足,销量下降。像 H&M 这样的跨国快时尚服装零售商,必须在自己经济可承受范围内,选择有能力处理其高峰时期货物需求量的承运商。运输能力的短缺将会使 H&M 不能满足顾客需求,因为它所需的快时尚商品必须在流行期内到达门店。

运输效率增进了供应链的竞争力。从供应方来说,成本高效化的运输可以帮助企业接触到物美价廉的原材料和实现生产的规模经济。同样,低成本的运输增大了满足需求的机会。通过控制运输成本,整个产品的总到岸价格(产品的生产成本、运输成本,及其他相关执行成本之和)将会在多种市场上具有竞争力。例如,一家德国柏林的生产商可以以 20 美元的价格售出啤酒杯,另加 5 美元的订单执行和配送费用;这与国内一家普通的生产商以 26 美元的价格售出质量相近的啤酒杯相比,德国的公司在美国市场是有竞争力的。

不仅运输成本需要高效化,服务能力也必须匹配客户需求。采用廉价运输导致货物不能保质保量到达正确的地点,那么运输几乎不能起到任何作用。高质量、顾客导向的运输对企业的成功有着直接的影响。原因就在于它是把正确的产品,正确的数量,正确的条件,正确的地点,在正确的时间,用正确的费用送达正确的顾客手中。另外,运输可以创造供应链柔性。通过和送货人的合作,选择时间和服务类型,企业可以满足加急配送或标准的配送要求。

运输还在供应链设计、战略发展以及总体成本管理方面都起到了关键作用。

- 运输服务能力以及成本影响了供应链基础设施的建设数量和地理位置。例如,许多公司为了节约成本,都避免将配送设施建在佛罗里达。因为佛罗里达州的货运站太少,运送者要收取更高的费用来补偿空箱返回。
- 运输能力必须与公司目标一致。亚马逊扩大了周日运送服务以提高顾客满意度,这样一来,亚马逊需要更多有此能力的运输商。为了支持这一扩张战略,美国邮政服务公司已经在实时配送追踪科技上投入大笔资金,同时变更了员工日程,准备替换掉原有的老化的运输设备。
- 特意的平衡取舍需要在运输和相关活动之间进行,以此来最大化供应链效率。例如,如果频繁的、快速配送的费用不超过持有该库存的成本的话,那么零售商可以持有一个比较低的库存水平。类似地,制造商可以使用精益生产策略,使得每批次产量减小的同时,不造成额外的运输费用。

综上所述,良好的运输管理是一个公司有效管理供应链的基础。公司的领导层不能把运输看成"躲不开的麻烦",或者放在生产与营销之后再考虑。相反地,他们必须在发展企业计划、整合运输之前就考虑运输的问题,并且他们需要优化供应链成本,而不是仅仅最小化它。苹果和联合利华这类领头企业已经有了这样的导向。它们已经意识到:要想实现时间和空间的效用,必须通过高效的运输流程。

虽然运输可以为企业提供各种支持,但是想要实现它的作用却并不简单。现有不少障碍存在:供应链复杂性、供应链合作双方目标不一致、消费者需求改变以及信息不完整性。这些都会抑制运输和其他供应链活动的同步协调。多样的供应链趋势以及企业必须要考虑的外部因素使挑战进一步加剧。

离岸外包的增长,增加了运输的挑战。对国际供应链的越来越依赖,导致运输过程更贵,运送时间更长,供应链中断风险更大。作为应对,企业不得不提高库存水平,或是在市场附近寻找新的制造商。这种"内包策略"和"近岸策略"可以避免长距离运输带来的风险和昂贵的费用。

消费者个性化的需求以及要求无误差的配送都影响了运输的功能。配送的"小量但更加频繁"的变化趋势限制了企业的最佳经济装载量的发挥。缩短的订单周期使得企业的快速运输更加昂贵,并且加长了运营时间。同时,顾客对配送实时跟踪的期望要求企业更加的高科技化。为了不让顾客失望,企业必须与高质量的送货商进行合作,这些供货商必须能够以一个相对合理的成本提供货运能力、速度以及可持续性。

运输能力的限制,对于组织来说是另一项挑战。正如供应链窗口指出的,当运输需求超出我们的现有设施的能力时,运输瓶颈和延迟就出现了。在运输高峰期,港口设施必须处理海量的包裹;高速公路拥堵;送货商一味地追求订单,却不管是否有足够的卡车和司机以及基础设施来完成超量的订单。这些超过能力范围的行为结果是囤货率太高,发货延迟以及难以找到新的承运商。

不稳定的运输费用使得运输复杂性加大。载货量、货物量和燃料费用都会影响到运输商的要价。当货物量变大但运货能力基本不变时,运输服务很有可能涨价。相反地,当经济下滑或需求量变化时,货物量减少,承载力会有剩余,运输服务可能降价。我们同时要意识到,每个运输方式的变动不是一致的。打个比方,航空运输费用降低的同时,卡车运输费用可能会上涨。运输经理需要实时监控这些变化,如果运输费用有很大差距,就需要在不同模式之间做出调整。

运输行业同样也会受到政府的影响,因为政府的规定可以影响成本结构和服务能力。历来,政府的政策主要集中在对竞争和价格的限制。数十年来,这些规则限制了运货商进行差异化服务和独立定价的机会。1980年的经济大混乱以及海洋运输业在1998年的兴旺给了运输商极大的自由,使得运输商们可以按照服务、价格以及绩效来竞争。延伸的关于经济规则的讨论见附录11A。

相反的,政府限制在一些地区日趋严格,因为在这些领域,运输业是会影响人们的安全、生活的质量以及对于商贸的保护。

- 对公共交通的保护是最主要的安全条款。联邦和州政府法律都限制了运输工具的大小,以及货物和运输工具的重量,还有行驶速度。规定同时还要求确保商业机动车的安全运行。比如,CSA 提案旨在减少商业公路运输中的交通事故数量及伤亡数量。FMCSA(联邦汽车运输安全管理局)使用一种新的模型衡量运输安全性,能够评估高风险行为,并对其进行修正和处罚。同样,商业用途的汽车司机有工作时长(HOS)限制,这是为了尽可能减少疲劳驾驶司机的数量。司机们不能进行连续 14 小时以上的工作,工作结束后应当休息至少 10 小时。

- 很多环境保护的问题也被政府制定了政策规定。如何减少由交通运输造成的噪音污染、空气污染和水污染,一直是联邦和各州政府立法的重点。此外,政府机构创办各项活动,让运输企业参与,以增强其环境管理职责。"全国清洁柴油运动"和"SmartWay 认证"这两个志愿项目,通过让企业使用最洁净、最省油的方式运输货物,来帮助企业创造可持续供应链。
- 呈持续增长势头的恐怖主义对运输业的恶劣影响也越来越受到立法部门重视。在关口加强审查虽然能够提高安全性,但需要对货物进行更多样的检查、提出更多书面规定、延长海关放行时间。此外,诸如 C-TPAT(美国反恐认证)和 FAST(安全自由贸易)这类政府和行业间合作性质的提案旨在强化交通安全,并以此促进国际贸易。

当制定或修改法律时,立法者和政府机构应尽量减少对商贸造成的负面影响。承运商执行政府规定时产生的费用不能过于高昂,合法交易也不能因此受限。

最终,各种各样的外部因素使得运输过程很难满足供应链的要求。企业要持续地花费精力来克服这些障碍从而实现成本最优和顾客支持导向的战略。它们必须在战略上做出权衡,在可选方案中挑出最优解。

11.3 运输的方式

当运货需求量变大,供应链管理者可以在以下五种运输方式中进行选择:卡车、铁路、飞机、水运以及管道运输。另外,联合运输方式是指综合使用两种或两种以上的现有运输方式将货物从初始地运到目的地。

每种方式都有不同的经济和技术结构,每种方式都可以提供不同的服务内容。本章这一部分的内容给读者提供了一个概览,主要包括每种运输方式的服务特征、运货量、货物类型、成本结构、承运商类型、服务内容、设备的多样性以及行业目前的趋势。在以后的章节将会给出对服务能力、货运水平以及平衡取舍方面的对比分析。

整体来说,美国每年有价值近 17.4 万亿美元,重达 197 亿吨的货物要靠运输系统来运送。表 11.1 给出了每种运输方式的关键数据。如果以货物价值和运货量来评判,卡车运输是最佳选择。如果以吨/每英里为单位(这是一种产出衡量法,结合了重量和距离,或者以吨乘以运输公里数)来计算,结果的误差会变小。卡车运输更适合在当地或某区域内进行运输,而其他运输方式能在更远距离内,提供更大的运量。

如果以运费来看,全美的企业在 2014 年在运输服务业总共花费了 9 070 亿美元。卡车运输占总费用的比例超过 77%(7 020 亿美元),铁路运输占比 8.8%,水运占 4.4%,运输代理费用占 4.4%,空运占 3.1%,管道占 1.9%。综合货物价值、数量和花费来看,铁路、水运和管道对低价商品的运输更划算。卡车、联合运输、空运对贵重物品来说是高性价比的选择。

表 11.1 美国境内每种运输方式的关键数据

运输方式	物品价值	吨数（百万）	吨—英里（10亿）
公路	72.9%	70.2%	40.2%
铁路	3.6%	11.1%	26.4%
水运	1.3%	3.6%	8.2%
空运	2.2%	<1%	<1%
管道	4.8%	8.7%	15.0%
联合运输	11.5%	3.2%	8.4%
其他/未知	3.6%	3.1%	1.6%

11.3.1 机动车运输

机动车运载是美国本土供应链中使用最广泛的一种运输方式。一般企业运用卡车在本地、本区域及国内运输货物，小到那种小篷车，大到大型的拖拉机和拖车。美国发达的高速公路网给这种运输方式提供了便利。所以，卡车公司可以送达美国几乎所有的发出和接收站。这种送达能力，再加上行业的良好服务能力，使得卡车货运成为了贵重物品和需要快速配送物品的首选。

卡车运输行业的竞争很激烈，业内一共有 532 024 家州内承运商和州际的材料承运商。这些公司规模各异，小到只拥有一辆卡车，既是老板又是司机的个人企业，大到像 UPS 这样的跨国企业，身价 580 亿美元。UPS 在美国境内的卡车运输版块，可以调动 5 733 辆拖拉机和 19 880 辆拖车。

汽车运输业的经济结构使得这个行业内的企业数目众多。首先，没有明显的成本规模经济的门槛来限制小企业进入此行业，设备和许可证费用对大多数企业来说并不高。第二，大部分的费用是在运送过程发生时才会产生，所以汽车运输是一种可变成本高，固定成本低的成本结构。工资和收益、燃油费、维修费以及轮胎费是卡车公司的一般成本结构。第三，卡车公司一般不需要大量的昂贵的终端设备投资。美国政府对高速公路进行建设和维修，承运商在使用时交一定的税费、许可证费和使用费就行了。

大多数的汽车货运业务本质上都是在当地区域内完成的，范围不会超过 500 英里。汽车运送主要的货物一般有日用消费品、电子产品、电子机器、家具、纺织品、汽车零部件以及其他终端和半终端消费品。发货商依靠汽车运输业来运送这些物品，因为这些珍贵的物品通常要求快速的配送，并且在配送过程中要额外小心。

汽车运输业主要由市场上的受聘公司和公司私有的运输队组成。提供汽车运输服务的受聘公司为其他公司运输货物；私有运输部门主要运送公司自己的货物。受聘公司运送的货物占全美货运总量约 48%，私有运输部门占 42%，受聘和私有混合运输占 8%，剩余部分使用其他运输方式。受聘承运商的每单平均运输里程为 508 英里，私有运输里程为 58 英里。

下面列出了三种较普遍的受雇承运商：
- **整车承运商**（TL）通常处理重量超过 15 000 磅的大型运送订单，或者说需要占用整整一车空间的订单。整车承运商提供上门服务，他们上门装载货物，然后运送货物直达目的地，中间不在任何其他货运编组站停留。
- **零担承运商**（LTL）承接重量范围在 150 磅到 15 000 磅不等的订单。全国范围内的零担承运商都运用当地和地区的终端编组站来分类和加固货物发送，最终送到一个特定的市场。地区性的零担承运商只在一定的区域内运营。
- **小量承运商**处理重量不超过 150 磅的订单，运用一台车来配送多种货物和订单。他们运用和零担承运商相似的网络在全国范围内送货。UPS、FedEx 和 UPSP 是美国三家主要的小量承运商。

对承运商的这种分类方法在过去的几年已经变得模糊了。消费者倾向于选择能够提供多样服务的承运商。比如，FedEx 和 UPS 从小件物品运送商演变为服务覆盖各个重量级的汽车运输商。另外，区域散拼承运商也承接像整车运送商那样的单子，而整车运输商也会在运送过程中停留下来接受一些零单。

卡车运输业的灵活性需要依靠运送设备的多样性。在全国范围内，承运商现在可以使用长达 53 英尺的拖拉机，或者两节 28 英尺的连在一起的拖拉机。在少数州，受过特殊训练的卡车司机可以在特定的道路上开加长的、多节的机动车。图 11.1 展示了卡车运输业内运输方案的多样性。

图 11.1 汽车运输设备选择

虽然汽车运输是国内运输的主力，但是卡车运输同样适用于与邻国之间的运输——比如在美国与墨西哥、加拿大之间。在欧洲，使用汽车在各国之间运输十分常见，因为运输里程相对很短。汽车运输同样在联合运输模式中起到重要作用，因为它能将货物送达各机场、港口，或在各机场、港口接货。为了尽量减少书面工作和过海关导致的时间延迟，跨国卡车运输商经常运送保税货物——承运商在到货时封货，运输途中不卸货，直至到达最终目的地。

卡车运输业也面临着未来有可能萎缩的挑战：成本上涨、劳动力问题、竞争激烈。美国卡车运输协会预计，当前货运司机人数缺口为 48 000 人，到 2024 年这一数字会升至 175 000 人。尽管卡车运输企业通过征收燃油附加费以应对日益升高的能源成本，它们还是很难从不断增长的劳务费、保险费和维修费中获取额外利润。而且，不同运输方式之间的竞争仍然会非常激烈，一旦出现任何服务问题，追求近乎完美服务的消费者会选择其他更好的方式进行替代。

11.3.2 铁路运输

铁路运输量在美国货运量中占有很大的比重，每年要运送将近 22 亿吨的货物。结合运量和平均运送距离 805 英里两方面来看，铁路运输是以吨/每英里为单位计算的得分最高的一种运输方式。即使缺乏和整条供应链的直接连通，铁路运输也确实达到了这么高的水平。不过火车被诟病的是速度缓慢、不灵活以及持续性差。如果铁路运输业想要争夺高端贵重物品带来的高额利润，那么上述的这些问题就必须被解决。

尽管在美国，铁路有 575 条之多，但这个行业被七条一级铁路统治(长途承运铁路收入超过 4.6 亿)。这七条头等或一级铁路每年有 705 亿美元的营业额，并且每年处理 2 880 万的汽车货运和 1 280 万的联合拖车货运。这个行业内的四家公司被认为是行业领导者，它们分别是 BNSF 铁路公司、CSX 运输公司、Norfolk 南方铁路公司、太平洋联合铁路公司。这四家公司没有任何一家提供全国性服务，它们通过相互的协定来联合提供岸对岸的服务。

这种服务模式的经济结构很大程度上是为了弥补铁路承运商数量的不足。铁路行业需要大量的对终端设备的投资以及轨道的投资才能够运营，它所具有的巨大的运输能力使得这个行业成为成本递减的行业。随着产出增加，平均每单位的成本递减。所以，少量的铁路运营商集中在某一特定区域可以使运营商实现规模经济，这对社会也是有利的。

铁路运输主要用来运送长距离的原材料和廉价物品。主要包括煤炭、化学物品、农产品、矿物质、食品以及其他基本的物资。消费者通常会大量储备此类物资，所以会下大宗订单，以此来提高运输效率。铁路运输也运送贵重物品，主要有汽车以及其他依靠联合模式进口的终端产品。联合模式运输的数量所占比重相比传统模式增速更快。在 2014 年，联合模式运量增长了 10.6%，铁路运量增长了 4.8%。

铁路行业主要有以下两种承运方式：

- **长途承运商**提供主要市场以及主要市场内的消费者之间的运输。长途运输承运商运送集装箱、汽车装载货物和单位火车车厢数量的货物。上面提过的 7 个一级铁路线路都是长途承运商，它们提供跨地区和地区内的运输服务。
- **短途承运商**为当地的和地区内的单个消费者提供服务，还有国家一级铁路线路的服务。它们通常服务于小一点的市场，处理当地范围内的运输需求，还帮助处理不同线路之间的运送——长途承运商已经不能赚钱的线路。

铁路运输可以大量运载几乎任何形式的货物，固体的或者液体的，泥浆状的或者固态的，危险的或者无毒的。从三层的可以容纳 15 辆机动车的自动货架，再到可以容纳 20 000 加仑谷物糖浆的罐车，火车有各种各样的设备来运送顾客的物品。槽型车、有顶车以及联合模式的车厢，无盖火车和其他各种特殊的设备都可以在铁路公司、有轨列车出租公司或者私人老板那里租用到。

铁路设备主要以下三种方式投入使用：
- 运载多个顾客的各种设备和货物。这种混合的列车组合运送多条线路，途中视目的地和线路的不同会增加或者卸载掉目标货物。这种比较耗时的集装整合和分散车厢的做法叫做分级配送，运送过程很容易就会比预期多出一天的时间。
- 单元列车运送一整节车厢、一种货物（比如煤矿）、到达单一的目的地。单元列车只是用一种车厢，而且不会在中途进行分类处理的停留活动。单元列车在铁路网中有优先权。这些列车遵照事先的日程安排直达目的地。所以，它们可以提供与公路运输同样快速的服务，尤其在跨国运送情况下。
- 联合模式的列车是一种特殊的单元列车，它主要运载长途的集装箱和拖车货物。这些列车把货物从港口运送到主要的市场区域，然后再由货运公司运送到顾客手中。

铁路运输主要是一种国内的运输方式，虽然在跨国运输中它也能盈利。进行跨国铁路运输的障碍在于跨境点较少，且不同国家的铁路规格不同。

一个特殊的跨国铁路运输战略是大陆桥——将海运和铁路运输相结合。比如，一个集装箱从东京由轮船运送至西雅图，再由火车从西雅图运至纽约，最后又由轮船从纽约运送到鹿特丹。与全部采用水运相比，大陆桥策略可以减少至少一周的运送时间。

铁路运输业也面临很多挑战。受到单一铁路限制的运输者希望在费用上得到优惠。其他外部因素，例如不稳定的经济运行情况、恶劣天气，也都是影响铁路运输的潜在因素。此外，运力一直是受到关注的问题。火车运输公司通过改善基础设施、采购设备、增加雇员等方式来解决这一问题。

11.3.3 空运

历来，空运都被看作是一种昂贵的，只在紧急情况下才会使用的运输方式。电子商务的到来，全球供应链的增长以及降低库存和订单时间的要求等都在逐渐改变着以前对于空运的过时的看法，并增加了对空运的需求量。空运速度之快和其航程之频繁能够将全球运送时间从水运的 30 天之久，减少到 1~2 天。更加快速的配送意味着更低的库存持有成本、更小的缺货风险和更低标准的包装要求；而这些成本的减少能和高昂的空运费用相抵消。正如第 2 章所说，空运可以降低物流总成本。

空运是一种特殊的运输模式。从每吨运费来看，美国在 2014 年空运费用为 280 亿美元，其中有 120 亿美元是跨国货物。2015 年全球空运总收入预期为 630 亿美元，而且从货物价值来看，空运货物的价值占全球贸易总额的 35%。排名靠前的航空运输商如表 11.2 所示。

表 11.2 前十名航空货运商

航空运输商	货运量 （百万吨货物/公里）	航空运输商	货运量 （百万吨货物/公里）
联邦快递	16 072	法航荷航	9 817
阿联酋航空	11 326	大韩航空	8 254
UPS 航空	10 923	DHL 快递	7 850
汉莎航空	10 897	卢森堡航空	6 364
国泰航空	10 044	新加坡航空	6 151

空运成本结构主要由较高的可变成本和固定成本组成。像陆路运输与海运一样,空运不需要对基础设施进行很大的投资。政府会建设航站楼并提供空中交通管理。空运商只需要缴纳很少的起飞与着陆费用就可以使用。设备成本虽然非常高,但相对总成本来说还是很小的一部分。

空运一般用来运载少量的贵重且重量较轻的货物。主要货物包括电子产品、药品、易腐败海鲜和鲜花以及设计款服装。顾客愿意为这些物品支付很高的额外费用,因为这些产品的时间敏感度高,并且在运送过程中需要特别的保护。

空运主要分为两种类型:

- **混合型承运商**在同一次航行中,同时运送货物和乘客。随着需求增长,一些大型的国际运营商开始购买专门运输货物的设备,并提供按期的服务来应对国际商务的增长。在美国,Delta、联合航空以及美国航空公司是最主要的混合型运营商。
- **货运承运商**主要运送信件、包裹和货物。一些承运商通过高度合作的网络来进行每日按期服务,另外一些则主要针对紧急的,需要直达运送的或者包机服务的业务。承运商也可以按照运力来分类。
- **整合承运商**提供上门服务、按期提货和配送窗口,并通过辐射状交通网处理加急业务。因为这些企业能提供方便、快捷、高质量的服务,所以它们占据了美国大部分的当天到达和第二天到达配送业务,比如 FedEx 和 UPS。
- **非整合承运商**提供各个机场之间的按需求处理的空运服务。它们依靠顾客或者代送者把货物送到机场或者从机场提货。这些承运商的优势在于速度快、日期安排灵活以及当天运货。

航空承运商运用各种型号的飞机来运送本地的以及国际的业务。螺旋桨小飞机一般只能用来运送信件和小包裹。喷气式飞机——大型的波音 747-400(可运送 27 500 立方英尺,124 吨的货物)是用来运送大范围的本地和国际货物的。更大的飞机像 Anatov225 可以运送重达 220 吨,占地 45 900 立方英尺的货物。不论要什么样的运货量、配送范围和配送速度,航空运输似乎总能够满足要求。

航空运输业面临一些盈利方面的障碍。首先,需要使用空运的产品需求量下降,如笔记本电脑和盒装软件。其次,从空运向水运的转变,以及亚洲新铁路的修建,都在限制航空运输的增长。最后,在市场附近选择生产商的策略使得远距离跨国空运服务的需求减少。尽管有这么多障碍,支持航空运输的人们仍然认为跨国空运能够实现 1 000 亿美元的年收入。

11.3.4 水运

水运对于许多国家来说都是非常重要的运输手段,尤其是国际贸易。在美国,每年有价值 3 020 亿美元的货物通过水运来运输,按照吨/每英里计算,总计占 6.5%。水运行业的年营业额有 400 亿美元,其中 310 亿美元来自国际贸易,90 亿美元来自本土海岸、内陆河运以及湖区的水运业务。全球范围内,水运占据主导地位,几乎半数的国际货运和各级吨位的货运都是通过水运运送的。

在美国当地的水运行业,有 652 家水运承运商,它们拥有 8 918 艘船只和 31 081 艘驳船,输送量占全美总运输量的 2.2%。跨国船队的 50 000 艘商船中包括 16 800 艘散装货轮,11 651 艘油轮,10 381 艘普通货船以及 5 106 艘货柜船,拥有超过 2 000 万 TEU(标准箱)和 2.52 亿吨的运力。表 11.3 展示了全球主要的水运公司。

表 11.3　前十名水运公司		
水运商	运输的标准箱数	总船只数(自有+租用)
马士基海运	16 072	594
地中海航运	11 326	497
法国达飞海运	10 923	467
长荣海运	10 897	199
赫伯罗特	10 044	174
中远集装箱运输	9 817	164
中海集运	8 254	133
汉堡南美	7 850	137
韩进海运	6 364	104
商船三井	6 151	98

水运是一项可变成本高的业务。承运商不需要为其行使权缴纳费用,水上运输路径是天然形成的。对于政府部分,一般是口岸管理当局提供装载和卸载服务,仓储以及货物转移设施。承运商只在使用这些港口服务时才付费用。大型远洋运输船只需要大量的资本投入,不过由于船只的寿命较长,成本会由于长期大量的运输业务而分散平摊。

本土水运承运商与铁路运营商的竞争非常激烈,主要集中在低价值、高密度、大批量的货物的长途运输业务。与铁路运营商一样,水运承运商使顾客可以廉价地运送大量的原材料产品,比如:汽油、煤矿、铁矿石、化学物质、木材以及其他物体。但是,水运商可以运载非常多样的物体,从低价值的物品到进口汽车,任何你可以想象到的货物都能通过水运运输。许多进口到美国的消费品都是通过海运集装箱运往美国的。

主要有两种类型的承运商主导水运市场:
- **班轮服务商**雇佣各种各样的船只来航行固定的、定期的线路。这些公司通常为顾客提供个人的运送服务,包括集装箱、托盘还有其他的单位负荷。
- **协议服务商**为顾客提供顾客指定时期和航线的服务。协议顾客通常可以使用整个船只来运送大数目的货物。协议合同由船只所有者和航运经纪人协商制定。

协议水运服务与出租车服务相似,由顾客制定线路,进行定制化服务。而固定线路水运商则更像是定时定点的公交车服务,为顾客提供固定线路和标准化服务。第三类,也是不经常被人们选择的一种是私人航运。大公司可能会使用一些私人船队,从而加强对航运的控制,同时减少运送特殊商品的费用。

海运依靠各种各样的船只设备来运送从石油到电子产品的各种货物。最常使用的设备如下:
- **集装箱船**是非常重要的国际贸易工具。这些船只是设计来运载标准集装箱的,包括 TEU(20 英尺单位)集装箱和 FEU(40 英尺单位)集装箱船,小的只能装不超过 400 个集装箱,大的可以装载超过 18 000 TEU。

- **大批量承运商**运输低价值、大质量的货物,比如矿石、谷物、煤炭还有碎金属。这些船只有很大的舱门,所以装卸货物很便利。防水墙用来分离货物,所以每次可以运送至少两种的货物。
- **油轮**能够运载重量最大的货物,通常适用于协议服务。这些船只大小不同,从18 000吨油轮到现在的原油运输船,运载量可达500 000吨。油轮在建造结构上与货轮相似,只是舱门较小。新油轮都被要求双层加厚的皮壳来防止因碰撞泄漏而产生对环境的污染。
- **普通货船**通常按照协议提供服务,它们拥有很大的货物容纳仓以及处理设备来进行装卸。这些船只的自有设备齐全,可以使它们在缺乏设备的口岸自行卸货。这个能力非常重要,尤其是当目的地在欠发达地区时。
- **直上直下船**是另一种国际贸易运输类型。它通常是大的渡船,允许承运商的运载车直接开上船,然后把货物倾倒在目的处。大型的直上直下船可以运输2 000台以上的汽车或者拖车、集装箱、农田和建筑设备以及其他带轮的机动车辆。

国际海运商面临的主要挑战是激烈的竞争和财务问题。首先,由于大型轮船多用于服务业,集装箱船超载情况较多。这种情况在使用在岸和近岸策略时经常发生。其次,主要港口和转运点的堵塞会造成货物流通不畅。我们需要新技术和更完善的基础设施以减少此类堵塞。最后,不确定的水运可靠性也会给其他运输方式造成影响。虽然水运服务已经有了很大提升,但它还有很大的发展空间。

11.3.5 管道运输

管道运输是运输业隐藏的巨人,不为人知地占据着全美货运总量的5.6%。这是一种独特的运输方式,管道设备是固定的,货物通过它大量快速流通。管道可以保护物品不受污染,同时还有一定的仓储功能。按照每吨的运费来算,管道运输是最为经济的运输方式。

美国有世界上最大的管道网络——仅石油管道就比欧洲的长10倍。美国管道网由管道运营商和大型石油企业拥有,其中包括长达55 000英里的原油管道,95 000英里的成品油管道,19万英里的液态石油管道,以及240万英里的天然气管道。建立如此庞大的管道网目的在于,能够让原料和能源产品安全且高效地从远在阿拉斯加的油田运输到居民家中。

管道费用大多数是固定的,管道商必须自己建立管道,这是一笔不小的开支。可变成本相对较小,因为管道运输不需要人力来运营,也不用耗费燃油。当持续不断有货物经管道运输时,管道的规模经济性就体现出来了,管道的成本就可以由大批量的货物来分担。

运用管道来运送的货物主要有液体和气体,这些货物运用管道运输非常经济。比较常见的产品包括原油和石化燃料,主要运用于运输和采暖。广泛配送的气体产品包括采暖用以及制作丙烷用的天然气,还有建筑和工业用的干氨水。过去,人们曾试图把固体物体变成泥浆状用管道来运输,但是这个主意显然并没有水运或铁路好。

管道运输业主要包括出租和私人承运两类商家。出租商可以运用它们自己的系统同时运送不同的货物,靠一捆塞子来分离各个货物。私家承运商包括石油和天然气公司。

这些企业，像发电站还有化学工厂，通常会建设一个小型的管道系统来把燃料从一个公司运送到另一个公司。

石油系统主要有以下几种类型的管道：

- **聚集型管道**是非常小的管道，通常只有2～8英寸的直径，这些管道被积聚在一起运送离岸的或者在岸的石油进入干线。
- **主干线型**管道，直径约8～24英寸，主要用途为从出油地向精炼厂输送原油。这种网络包括著名的跨阿拉斯加管道系统。这条800英里长，48英寸直径的管道连接了阿拉斯加北部斜坡的普拉德霍湾和瓦尔迪兹（美国阿拉斯加州南部港市）。
- **精炼型货物管道**主要运送石化产品，像汽油、喷气发动机燃料、家用采暖石油，还有柴油。从提炼厂到遍布全国的大型的终端储藏罐。这些管道大小不一，从8到12英寸直径到32英寸直径的都有。

天然气管道运用相同类型的管道运送产品到终端市场。不同的是，家用和商用的天然气是运用当地的管道运达的。这些当地的管道，埋藏在几乎每一个城市的地下，在美国管道总量中占有相当大的一部分。

不断发展的石油产业正在给管道运输业带来挑战。在被开采的新油田附近，管道网的运量巨大，但是要建立新的管道需要很高的时间成本、昂贵的费用以及严格监察审核。管道运输的安全问题也在持续发酵。尽管比其他运输模式，管道模式拥有令人羡慕的安全记录：平均每百万英里只泄漏一加仑。管道使用年限和设备情况是我们需要关注的问题。任何的泄漏或意外事故都会造成火灾、环境污染或是给人的健康造成损害。

11.3.6 联合运输模式

以上的五种运输方式给了运输者很多的选择，但是还有一种运输方式可供选择。联合运输服务是指运用两个或以上的不同模式的承运商来运送货物的方式。变换模式看起来并不高效，也不省时，但是联合运输模式通过增进到达能力和联合服务克服了这个问题。联合运输的主要优点有：

- 连接独立模式以取得更强的到达能力。公路设施可以允许卡车行驶，但其他方式却不行，尤其是航空运输、水运和管道运输。同样，铁路运输可以与本土河流运输和国际海洋运输联合使用。
- 在不牺牲服务质量和到达能力的情况下实现整体成本效率。换句话说，联合模式可使供应链发挥多模式的内在潜力来降低成本和满足顾客需求。
- 联合运输模式促进全球贸易。海运的能力和效率配合上最后一环的卡车或公路运输可以使得大数量的货运在大洲之间以相对较低的成本实现。空运的速度可以使易腐烂的货物在国家间快速流动，而最终的配送可以用卡车实现。

尽管没有全球联合运输的数据报告，但有强有力的证据显示联合运输模式已经成长为非常重要的和大量使用的运输模式。在过去20年间，经过北美港口的集装箱数量至少翻了一番；从1995年的2 470万 TEU（标准箱）增长到了2014年的5 690万 TEU。本土的联合运输在过去20年也有了较大增长。例如，美国铁路系统在2014年就运送了1 350万个集装箱。

联合模式的增长大部分要归因于标准集装箱的发展,因为集装箱适用于多种运输方式。一个标准的集装箱看起来就像是没有底身的拖车车厢,可以起降、堆叠,也可以从一个运输工具运送到另一个运输工具中。集装箱有各种标准的尺寸,包括 10-、20-和 40-英尺的用来国际运输的海运集装箱,还有 40-、48-和 53-英尺的用在本土陆路运输和铁路运输的集装箱。还有一些特制的集装箱来存储特殊货物,比如对温度有特殊要求的货物、大批量干货以及其他独特的物品。

还有其他一些要素促成了联合运输模式的成长。包括用来追踪货物运送实时情况的信息系统,还有用来实现运输模式转换的连接联合模式终端。此外,新一代的海运船,有轨车以及卡车拖车都正在被设计制造出来,从而可以更大批量和更便捷地处理联合运输。

海运承运商一直在持续不断地发展建造大的集装箱船来处理国际联合运输交通,提升燃油效率,减少每单位集装箱的尾气排放率。巴拿马运河管理当局正处在一个预计八年,将花费 52.5 亿美元的船只处理扩展项目中。这个项目预计在 2016 年 4 月开放,可装载 12 000 只 TEU 的大船可以在运河上行驶。

铁路行业也承运联合模式的运输业务,比如运输拖车或集装箱,这种形式叫做背驼式服务或平板车托运拖车(TOFC)服务。这种业务由于后来的平板车托运集装箱业务(COFC)和双层托运服务发展而慢慢减少。这些方法允许铁路公司运送广泛种类的集装箱——从 10 英尺的海运集装箱到 53 英尺的本土货物集装箱——几乎可以连接各种形式的运输方式。双层的托运服务尤其高效。

联合运输服务的货物处理特征如下:

- **集装箱尺寸的货物**在始发站被装进储藏设备(一个集装箱或者托盘),然后一直在相同的设备上被运往目的地,中间不做任何转移。
- **转换装载货物**是指货物在运送时要在各种设备之间转移和调运多次。转换装载货物主要包含大批量的原材料,这些货物必须被搅匀、抽取、吊起或者从一个容器转移到另一个容器。

另一种看待联合运输方式选择的办法是根据服务的类型来分析。图 11.2 描述了最常用的联合运输模式,包括卡车—铁路,卡车—飞机,卡车—轮船。一些承运商拥有多种运输能力,使得它们可以高效经济地为顾客提供联合运输服务。多数情况下,承运商帮助顾客选择运用何种方式。毕竟,顾客并不关心以哪种方式运输,只要货物准时到达就行了。

一个反复出现的问题是拥堵现象。设备短缺、中转设备拥堵,还有劳动力问题都会造成运送延迟和供应链中断。海运商可以通过增加或者减少运力来满足不同的需求水平,但是中转港口却没有那么灵活,常常会发生货物阻塞。在高峰时刻,海运港口常艰难地使货物保持快速且持续流通。铁路行业的联合运输能力问题也反复出现。所以我们要发展港口自动化技术,扩大运输网络承载力,并购买设备,以优化联合运输模式。

下一种模式创新将会是什么?无人机和无人驾驶的卡车吸引了媒体的注意,它们可能会成为未来运输模式创新的选择。不过,还有另外一种运输方式是我们现在已经在使用的,那就是互联网。网络是一种虚拟运输模式,用来运输电子产品。物流在线进一步讨论了这个概念。

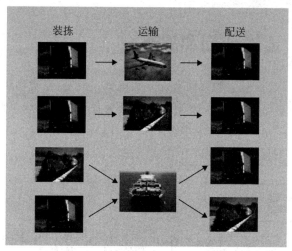

图 11.2　最常用的联合运输模式

物流在线

第六种运输方式

传统运输方式在实体货物运输中扮演着十分重要的角色。但是,对于电影、书籍、软件、音乐这类数码形式的产品来说,需要传输的就是数据而非实物。它们可以经由互联网被直接卖给消费者,并且网购数量在不断增长。在 2014 年,网络上下载音乐的销售额为 68.5 亿美元;与之对应的,CD 和黑胶唱片的销售额为 68.2 亿美元。同年,电子书的销售额达到了 56.9 亿美元;在 2018 年,预计销售额将达 86.9 亿美元。在 2015 年第三季度,网飞订阅用户数量达到了 6 900 万。

由于书籍、CD、DVD 和盒装软件使用汽车或者航空进行运输的比例大幅减少,电子形式的商品传输逐渐增多,有观点认为互联网应该被看作是第六种运输方式。Robert Walton 认为,互联网已经满足了作为一种运输方式的定义(有能力将产品从一处运往另一处)。同时这种运输方式能够节省时间、节省地点成本、减少运输费用。另外,这种模式并不需要汽油燃油,也不会产生噪音,更不会对交通造成堵塞。因此,这是一种可持续的运输方式,对于环境及社会没有不利影响。

至于运力,互联网也占据一定优势。只要消费者有高速的网络连接,那么他就有无数全球性的电子产品可供选择。近乎同时的运输、近乎零成本的传送,也是互联网的好处所在。这种运输模式最主要的缺陷就是能够在互联网上传送的商品种类比较少,而且带宽的问题会限制文件的传输大小。

虽然还面临着这些挑战,但是互联网的运营模式与传统方式相比,还是有一些优势。Walton 和其他人认为,互联网是运输方式中最快的一种,服务可靠性最高,产品可以即时输送,所以服务质量高,无时无刻都能够进行运输。唯一的缺点就是能够被互联网运输的货物种类受到限制。

基于这些优势,对于进行电子商务的买卖双方来说,使用互联网作为第六种运输方式都是一个明智的选择。

11.4 运输计划和战略

理解运输的模式选择对运输管理来说非常重要。但是,在货物运送之前,其他一些重要的问题要考虑好。供应链专家必须制定一系列整合的供应链决策使得运输计划和供应链战略匹配。这部分内容如图 11.3 所示。

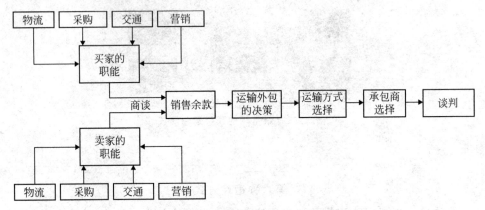

图 11.3　运输管理规划活动构架

11.4.1　运输的职能控制

最初的选择对于任何组织来说都是显而易见但又非常重要的——决定哪一个部门负责哪一部分的运输工作。不论何时你买东西,卖东西或者二者皆有,总得有人负责制定关键决策并管理整个流程。就算是一次简单的网购,你也要选择承运商(UPS、FedEx、U. S. Postal Service 等),服务类型(隔天到或第二个工作日到等),还有保险和对应的价格。如果你没有很好地制定这些决策,结果可能是卖家会做出不利于你的预算或者服务需求的行为。

在大多数企业中,运输决策都是由一个或多个部门负责:物流部门、采购部门还有营销部门。历来,运输都被分为两大部分的内容,向内运送购买的货物和向外运输要卖的货物。在这个架构内,采购部门控制向内运输的决策,而营销部门负责向外运输的决策。通常情况下,这样的决策架构不利于提高运输效率,也不利于提高服务质量。在最坏的情况下,这种分部门决策的方法会与供应商和顾客的利益冲突。

另一种策略是把运输决策的责任交给一个拥有供应链专业技能的单独部门。这个部门设法把内向和外向的运输协调起来,制定统一的目标,整合购买力并在供应链支持下购买高质量的服务。正向影响包括提高运力,提高物流可见性,强化对物流的控制,提升客户服务质量,同时更好地管理运输成本。

11.4.2　销售条款

买卖双方为了明确与配送和付款相关的定义,共同制定了销售条款。对于这些条款的谨慎选择能够决定买卖双方的责任边界。其中包括运输模式选择、运输费用协商、在途货物相关责任和其他关键定义。

FOB 买卖条款适用于国内交易，国际商会《国际贸易术语解释通则》(Incoterms)适用于国际间贸易。

1. 买卖条款

FOB(Free-On-Board)买卖条款明确说明了何时货物的所有权和名称在本土交易中从卖方向买方手中转移。一般在国内，如果条款是 FOB 始发点，那么所有权一般在始发地点(通常是港口或者卖方的配送中心)就发生交接。从始发以后，货物的所有权归买方，任何损失都由买方承担。如果条款是 FOB 目的地，那么所有权在买方的卸货地点发生转移。在运输过程中，卖方对货物负全责。

还有一个问题是谁来付运费。通常在 FOB 目的地条款下，卖方负责运费，而在 FOB 始发点条款下，买方负责运费。但是，如表 11.4 所示，一共有六种不同的付款选择。但是，也有例外发生。承运商可以要求预付费或者货物提取的方式要在 FOB 条款下明确规定。在卖方对承运商有更强的影响力的情况下，让卖方来与承运商讨价还价是比较明智的。上门提货方式通常在买方对承运商强势的情况下使用。

表 11.4 货物监控和交付条款

贸易术语及货物支付责任	谁负责在途货物	谁处理货物投诉	谁选择并支付承运商	谁最终承担货物费用	谁对承运商的选择权更大
FOB 起运港，运费到付	买家	买家	买家	买家	买家
FOB 起运港，运费预付	买家	买家	卖家	卖家	卖家
FOB 起运港，运费预付及退货运费	买家	买家	卖家	买家，卖家把货物费用记入发票	卖家
FOB 目的港，运费预付	卖家	卖家	卖家	卖家	卖家
FOB 目的港，运费到付	卖家	卖家	买家	卖家	买家
FOB 目的港，运费到付及退货运费	卖家	卖家	买家	卖家，买家从支付费用中提取货物费用	买家

2. 国际贸易术语

国际交易经常带来巨大的挑战，交易双方必须要理解这些条款对运输决策的影响。就算是非常简单直白的国际合约也涉及长距离、多种运输方式、物流中介、义务、关税、政府视察，还有重大的损毁和延误风险。所以，运输经理必须非常关注何时、何地货物的所有权会发生转移。

贸易术语促进了国家间高效的货物流通。正如国际商会描述的那样，贸易术语是被政府、立法部门还有实业界广泛使用的国际贸易准则。这些准则解决了在货物运输过程中的产权，以及各个利益相关方权利义务的问题。

这些条款帮助明确了如下几个问题：

- 在货物转移过程中谁来为货物的管控负责？

- 谁来决定承运商的选择、转换，谁来负责相关产品的物流？
- 由谁来承担各种费用——运费、保险、关税、税务，还有其他可能发生的费用？
- 谁来处理文件资料、问题解决方案和其他相关问题？

自从 1936 年以来，贸易术语已经被重新修订了很多次。最近的一次修订在 2010 年，旨在使贸易条款更加简洁。贸易术语的选择数量由 13 个下降为 11 个，其中 7 个适用于所有运输，而其他 4 个只适用于水路运输。除此之外，还有其他一些修改，2010 版贸易术语被清晰制定，从而可以适用于国际的和本土的运输活动。

这些选择范围包括买方在买方的地点开始承担所有责任，到卖方在整个运送过程中承担所有责任直至货物送达买方地点。这些贸易术语主要分为四组——第一组为"E 组"，指买方在货物离开时起全权负责；第二组"F 组"，指主要运输费用不由卖方承担；第三组"C 组"，指卖方承担主要的运输费用；第四组"D 组"，指卖方须承担把货物交至目的地所需的全部费用和风险。图 11.4 给出了买卖双方的在这 11 个条款中的不同角色。

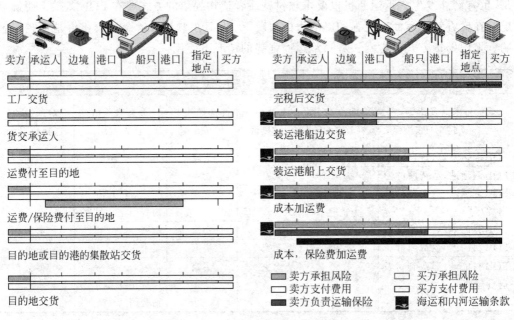

图 11.4　2010 年《国际贸易术语解释通则》

运用 FOB 贸易条款或者贸易术语可以使得企业更专业且省时地管理运输活动。使用 FOB 或贸易术语可以帮助你整合买方权利，实现降低成本，协调内外向的物流，巩固物流从而实现高效运输。同时也可以帮助你增强风险管控能力，提高物流可见性，同时增强设备承载量。因此，使用销售条款是一个很好的改善运输和供应链的战略选择。

11.4.3　运输外包的决策

需要进行 FOB 货物控制和采购的企业必须决定运输业务是自己经营还是租用其他公司的。企业必须选择是运用自有的运输部门，还是租用外部的运输服务公司。这样的决定要考虑很多因素，是很难的。接下来将会讨论这一部分内容。

自有运输部门的运量几乎占据了美国一半的货运费用和一大半的运输总距离。很多企业,像百事、沃尔玛和杜邦公司都运用自己的运输部门来运送终端产品。这些公司用自有运输部门是有各种经济的、顾客的和市场的原因的。已经证明,一个运作良好的运输部门可以使得公司在运输成本方面优于租用外部公司,同时在运输过程中还可以享有高度的灵活性和可控性。也会得到其他的一些无形的利益,比如促销,以及带有公司标识的卡车上路所起到的广告作用。许多公司已将它们的拖车打造成48~53英尺的移动广告牌。

另一方面,其他一些企业认为租用外部市场上的运输公司更划算。所有运输方式的承运商都具有专业化、灵活性以及可以为各种各样的顾客提供服务的能力。外部运输服务提供商也可以为顾客提供各种成本水平的、简化的私人运输选择。

通过租用运输公司,顾客就不用花费投资来建设自己的运输部门,也不用花时间来提升专业水平,更不用担心运输中存在的潜在风险(事故责任,监管服从,劳动力问题等)。所以,运输租用行业的市场是巨大的,每年美国有超过 8 670 亿美元用于租赁运输市场。

另一种自有运输选择是第三方物流(3PL),在第 12 章中讲过。第三方物流企业提供广泛种类的运输服务。指定车型及司机的合同车队就是这样一种第三方服务(例如 DHL 公司),还有整车承运商(例如 Werner 公司和 J. B. Hunt),在这样一种安排下,第三方服务公司作为企业的自有部门来提供服务,它们为企业提供管理团队,司机还有设备。

另一种服务是运输管理服务,这种服务是指第三方为企业提供运输计划和战术策略决策,形式管理职能,比如对货物账单进行审查,并协调供应链活动。

第三方也在跨国运输中提供帮助。以下三种跨国第三方为一些缺少跨国运输专业技能或授权的企业提供有价值的服务。

- 国际货运代理商(IFF),帮助进出口企业运输货物。许多国际货运代理商选择固定的服务区域、运输方式或市场。国际货运代理商经常被视为跨国货运的"旅行代理"。他们以有竞争力的价格,为顾客提供服务,其中包括选择最佳路线,选择交通方式,以及运输工具,从而满足客户需求。
- 无船承运商(NVOCC),帮助企业运输拼箱货物(LCL)。与 IFF 代理人身份不同的是,无船承运商是公共承运商。他们定期预定集装箱舱位,这使其比海上承运商有了价格优势。他们再将这些舱位以更小的数量卖给顾客。
- 报关行是由个人或由海关许可的公司,向进口商提供代理业务。报关行在入关手续方面是专家,能帮助避免清关陷阱以减少订单延误时间,从而降低成本。报关行提前准备必要的过关许可文件,安排关税交付事宜,同时缩短海关审查时间。

11.4.4 运输方式选择

一个重要的运输管理问题就是运输的选择,它将会影响货物在供应链中流动的速度和效率。如果一个公司已经决定了使用外部运输服务,那么它必须决定选择何种运输方式。几种运输方式的选择,主要是基于三个因素——运力、产品特性和运价。

所有方式提供的基本服务都是相同的,但是,重新审视一遍表 11.1 我们会发现,不同的模式是用来满足不同的顾客需求,以及应用于不同价值、吨位和距离的货物的,每种方式的特点和能力不同,所以可以满足不同的顾客需求。这些特点在表11.5中总结了出来。

表11.5 不同运输方式的比较

模式	优势	缺陷	主要角色	主要运输产品特点	运输产品示例
公路	• 可到达性 • 快速 灵活 • 客户服务质量高	• 运力有限 • 成本高	在当地或国内运输小件物品	• 价值高 • 最终产成品 • 容量小	• 食品 • 衣物 • 电子产品 • 家具
铁路	• 运量大 • 成本低	• 可到达性低 • 中断性 • 破损率高	国内长途大宗货物运输	• 价值低 • 原材料 • 容量大	• 煤炭 • 木材 • 农作物 • 化工产品
空运	• 速度快 • 货物保护措施完善 • 灵活	• 可到达性低 • 成本高 • 运量小	国内紧急配送或小宗货物跨国运输	• 价值高 • 最终产成品 • 容量小 • 对时间要求高	• 电脑 • 期刊 • 药品 • 电子商务产品
水运	• 运量大 • 成本低 • 跨国运输	• 速度慢 • 可到达性低	通过内河运输大宗货物 通过海运运输大宗货物	• 价值低 • 原材料 • 大宗商品 • 产品易以集装箱装配	• 原油 • 矿物 • 衣物 • 电子产品 • 玩具
管道	• 运输时储存 • 效率高 • 成本低	• 速度慢 • 管道网受限	在国内长途运输大量货物	• 价值低 • 流动性商品 • 对时间要求低	• 原油 • 石油 • 汽油 • 天然气

关于选择运输方式时哪种能力是最重要的相关研究已经进行了很多年。这些研究发现,在一般情况下,可到达性、转移时间、可靠性,还有产品安全是主要的决策因素。当然,成本也是一个非常关键的考虑因素。

1. 可到达性

可到达性决定了一种特定的方式能否满足运输要求。可到达性涉及一种特定方式能不能到达始发地点和目的地,还有能不能在特定线路上运送的问题。基础设施是否完善、运输网络是否完善、地理位置的局限性以及政府政策的管制都会影响可到达性。可到达性问题经常使得一种方式在最初的决策阶段就被刷掉。

- **可到达性优势**:汽车承运商因为其可以到达几乎所有地方而具有可到达性优势。对于国内运输来说,因为公路网络的四通八达,汽车承运商几乎比任何其他方式的承运商都具有可到达性优势。
- **可到达性劣势**:空运、铁路和水运。这些运输方式都因为基础设施的问题而面临可到达性劣势。顾客距离机场、铁路和水路较远,给这三种运输方式带来了局限性,但这可以用联合运输的方法来避免。这三种模式都主要提供长途服务,而汽车运输承运商提供远离铁路、机场或者港口的上门提取和配送活动。

2. 运输时间

运输时间非常关键,因为它会影响库存水平、缺货成本,还有顾客满意度。运输时间是指货物从事发地点运送到目的地的总时间,包括在始发地点取货的时间、终端处理时间、长途运输时间,还有最终配送到顾客手中的时间。转移时间受到运输方式的速度影响,还受到货物提取和配送能力的影响。

- **转移时间优势**:空运是最快速的长途运输方式,但是在货物提取和配送时,由于必须用卡车来处理,所以会失去一些速度。汽车承运商相对也很快,因为它可以比其他任何形式的运输方式都更直接地在始发地和目的地之间行驶。
- **运送时间劣势**:铁路、水路还有管道运输是最慢的,平均速度分别只有每小时 22 英里、5~9 英里每小时和 3~4 英里每小时。

3. 可靠性

可靠性是指某种运输方式在运输过程中的持续性水平。如果能够很清楚地预测货物的到达时间,那么预测库存水平、生产日程,还有制定安全库存水平就会变得更容易。可靠性是用运输过程中的数据的离散程度来衡量的。

可靠性被一系列要素影响,包括设备和劳动力充足与否、天气、交通状况、货物处理要求,停留在终端的数量,还有其他一些因素。国际上,可靠性受距离、港口拥挤情况、安全状况和跨边境次数的影响,尤其是当这两个国家之间没有积极主动的贸易协定的时候。

- **可靠性优势**:汽车运输和航空运输是最可靠的运输方式。许多承运商在这两种运输方式上都达到了 98% 或者以上的准时送货水平。
- **可靠性劣势**:水运和铁路运输相对来说是最不可靠的运输方式。根据历史经验,它们较慢,较有持续性,但是面临运力和拥堵的挑战时,它们会变得更不可靠。所以,顾客会尽可能减小他们对这两种运输方式的依赖。

4. 产品安全

安全问题对于实现顾客满意、成本控制和供应链效益都非常重要。从安全的角度来说,货物的状况在到达目的地时必须与其在始发站时保持一致。需要有适当的预先警觉,从而保护货物不受外部的偷盗、内部的偷窃,还有因为糟糕的货物处理技术或者驾驶技术,意外车祸所造成的损毁。大而结实的保护性包装常常用来保障产品安全。

- **安全优势**:空运和陆运承运商拥有最好的安全信誉。它们的设备提供了出色的驾驶水平和对货物的保护。快速的运输时间也会减小偷盗的机会和不幸事故的风险。
- **安全劣势**:铁路和水运面临巨大的安全隐患。货物在运输过程中会发生巨大的震动,这些震动来自货车车轮和铁轨摩擦,车身的摇晃,还有当速度超过每小时 10 英里时的货车震动。水运经常会在货物装卸时发生进水(侵蚀性的盐水、蒸汽等),剧烈碰撞(摇晃、颠簸、翻滚等)等事故。

5. 成本

运输成本是一个要重点考虑的要素,尤其是当要运输廉价物品时。运输成本包括把货物从始发地运往目的地的费用以及任何附属的、末端的额外服务费用。计算运费时一些要素需要考虑,包括运输的总重量,始发地和目的地之间的距离,产品的属性和价值,还有运输所要求的速度。关于运输成本制定的详细讨论将在附录11B中显示。

- **成本优势**：不同运输模式之间的成本差异很大。通常，管道、水运，还有铁路运输是比较便宜的运输方式。这些方式通常以各种价格运送大批量的产品通往长途距离的目的地，为顾客创造每"吨/英里"内最便宜的成本。但是，这些方式要牺牲一些速度。
- **成本劣势**：汽车运输和空运相比其他运输方式来说是比较昂贵的。平均来说，汽车运输比火车运输贵10倍，空运服务的成本又要比汽车贵两倍。虽然选择快速的方式需要多支付一些价格，但是快速的运输可以帮助企业保持较低的库存购入成本和持有成本，从而降低总成本。

知道了每一种运输方式的优缺点，很明显可以看出运输方式选择不是简单的事情。表11.6给出了各种方式能力的对比性总结。这些要素必须与成本要素、服务要素、供应链完成度联合起来考虑。

表11.6　各类运输方式得分对比

性能	运输方式				
	公路	空运	铁路	水运	管道
可到达性*	1	3	2	4	5
在途时间*	2	1	3	4	5
可靠性*	2	3	4	5	1
安全性*	3	2	4	5	1
成本**	4	5	3	2	1

* 1＝最好　5＝最差
** 1＝最低成本　5＝最高成本

不是所有产品都能任意使用某种运输方式。某些产品自身的属性，从物理、法律、安全性等角度来看，不适用于某些运输方式。产品型号包括重量、体积、密度以及形状也会极大地影响运输方式的选择。对于轻量和小型的产品来说，铁路和水运更加有吸引力，而大型的、长的产品（比如木材）比较适合铁路和水路运输。

耐久度是选择运输方式时的另一个关键考虑因素。易碎的物品必须选择有很高行驶质量的运输方式。对气温敏感的产品必须选择可以持续保温或者有冷藏能力的运输方式。易腐烂的产品需要选择时间最短的运输方式。空运和汽车运输所具有的超快的速度与货物的保护能力使得它们非常适合低耐久度、高时间敏感度的产品。

产品价值也是一个重要考虑因素。如果相对一个产品的价值，一个公司花费了太多的运输费用，那么这件产品的价格就不再具有竞争力。通常水运、铁路和管道运输最适合廉价产品，大批量的小商品，而卡车和空运的高昂成本更适合高端产品。理所当然的是，需要结合顾客服务要求，与供应链其他流程成本的抵消程度来考虑总的运输成本。因此最便宜的运输模式不一定就是最好的选择。

货运的特性——也不能被忽略。产品型号必须与货运方式的总重量和维度相匹配。始发地点、目的地点，还有特定的路线会影响运输方式的可到达性，所以必须考虑进去。最后，顾客服务能力必须与先前讨论过的运输能力相匹配。

最终，经过产品、成本、运输条件等方面的筛选后，能够选用的运输方式剩下两到三种。通常的运输方式选择战略主要集中在决定哪种运输方式最适合买方。这个涉及面很广的决策需要首先分析最适用性，还要在运输方式的运力、产品特征、供应链对服务和速度的要求，还有运输成本之间做出平衡取舍。若没有价格、基础设施、服务质量或者技术性的变动，决策并不需要频繁重复审定。

11.4.5 承运商选择

承运商选择是一个比较特殊的购买决策，通常会由有经验、有知识的专业人员制定。和运输方式决策一样，承运商选择也是基于各种货运的准则和承运商能力的基础上进行的：平均的运输时间、可靠性、设备齐全与否以及能力、地理覆盖范围、产品保护和运费。

运输方式和承运商选择的不同在于可选择项目的数目不同。运输方式的选择包括6个主要的选项，但是承运商选择可能有更少的或者其他的更多选项。例如，铁路运输，许多市场都只有一个承运商，选择是很少的，要么选择那个承运商，要么换其他的运输方式。另一种极端的方式是选择一个特定的市场，其中有数目庞大的承运商，这时就需要花费时间和精力来评选供应商的能力、服务质量和价格。

另一个不同点是决策的频率。承运商选择需要买方更多主动和频繁的参与。这种参与不是要为每一次运输选择新的承运商；这种参与是要买方对承运商保持警觉并管理承运商的绩效。运输过程中持续监管承运商的服务水平和货运费率是非常重要的，如果一个承运商的绩效下降，那就需要考虑选择新的承运商。

一种运输方式需要提供的服务类型会影响承运商的选择。直接服务提供即刻的点对点直接物流，而间接服务需要中间的或临时的停留，或者是把货物在设备之间转移。直接运输服务有速度和安全上的优势，因为直接服务在中途不会绕道。间接服务舍弃了速度优势，货物需额外的处理，但是有更低的成本优势，因为承运商在中途可以选择更有效的运输方式。

同一种方式下，大部分的承运商都能提供水平相当的服务，但是这些服务的水平可能由于承运公司的不同而变得非常不同。所以在选择承运商时，服务绩效是关键的决策因素。有关承运商选择的研究指出，准时提货和准时配送的可靠性、技术能力、承运商对紧急事件的反应、信息共享、货物损毁经历、承运商金融稳定性和总体的运送时间对于买方来说是最重要的选择标准。

承运商选择战略通常集中在选择有限数目的承运商提供的服务。集中运用少数的特定的承运商能够帮助企业整合购买开支来降低总费用水平，建立与服务供应商的关系，还可以让企业将注意力放在其他供应链问题上。同时，核心承运商战略能够帮助企业与核心承运商形成紧密的合作关系，核心承运商能够在满足要求、流程协作、服务优化等多方面与企业达成深度共识。并且，与各承运商的良好关系可以帮助企业获知承运商的不足之处。正如，物流在线部分所揭示的，这一战略的目的就是让企业有更多的选择权和话语权。

物流在线

如何吸引优质承运商

使用汽车运输和联合运输模式的顾客们面临着货物运输订单不能被完成的问题。卡车司机严重短缺，对于运输的限制越来越严格，运输设备短缺，交通拥堵问题严重，这些都导致了汽车运力的下降，同时也改变了发货商和承运商的议价能力。承运商面临着很多业务，超出他们的经营范围，因此承运商具有了选择权。他们可以选择不与难相处的发货商进行合作，也可以选择不接利润空间小的订单。简言之，承运商不再有设备空转期，却有了协定价格的权力。

在这种情况下，发货商如何保证他们的货物能够成功运输以实现供应链正常周转？现在的发货商中，流行说法有：做一个"被选择的发货商"和提供"司机友好型货物"。简单来说，这就意味着运营正常周转，货物运输通畅，得到承运商的信任并且会长期合作。在运营层面，有以下策略可以帮助发货商：

- 在运量要求上与承运商协作。精准预测所需设备及劳动力，从而更好地预测并安排最低成本路线、司机日程安排以及设备周转计划。
- 尽量减少特殊情况的发生，如取消运货订单、不能及时提出运输要求等。给承运商留下时间进行反应，找到合适的司机和运输设备。
- 简化财务方面的交易。使用支付工具以便货物支付流程实现自动化，恰当应用贸易支付条款，及时完成订单支付。
- 尽量缩短司机停留时间。接发货时间灵活可变，在司机到达时迅速处理货物，使用货盘进行快速装卸。简而言之，让司机把绝大部分时间用于运输而非停留。
- 为司机提供良好的环境。简化门禁审核身份的流程，改善物流模式，同时建立司机休息室。这样司机在货物处理时间，能够放松休息、完成文件工作或是喝上一杯咖啡。

将上述方法应用于实践，就能把一个需要费力讨好承运人的发货商变为一个优质承运人愿意与之合作的发货商。

11.4.6 运费谈判

在选择了合适的承运商之后，企业要和承运商达成服务协议。一些运输服务的购买者会要求最大限度地降低运输成本，他们为了在运费上得到最大优惠，不惜选择财务绩效差、长期活力弱的承运商。这种鼠目寸光的选择会导致当该承运商找到能带来更大利润的客户时，原有运输服务质量降低、运力受损。最初的购买者就需要重新选择运输服务提供商。

慢慢地，企业开始从分散的、基于公开费率折扣的运输采购转向集中地与某些承运商谈判，这种谈判主要是为了与承运商建立一个特定价格的、为企业量身定制的运输服务。关键的谈判项目包括设备齐全与否，账单的精确性，还有服务的成本。运输公司主要关注运输量的承诺，运输频率，始发地与目的地的结合，货物特征，还有相关的成本问题，这些为都会影响到它们在赚取利润的同时服务好买家。

当双方完成了满足共同意愿的谈判，就会签订一份合约。这样一来，买方只需要签一个合同并只为需要的服务提供费用，就可以获得卖方能力上的保障，并在一段时期内都享有有竞争力的价格。而承运商（卖方）获得了稳定的大批量订单，这样就可以放心地组织人力资源和设备来进行大规模生产，从而实现规模效益、降低成本。这样一来，我们就很容易理解为什么现如今有80%以上的商业运输都是在合约形式下运行的。

11.5　运输执行和控制

当运输需要在供应链之间流动时，运输计划和执行过程就成为最重要的环节。关于运输数量、线路和配送方法的决策必须要做出；货物的相关文件也要准备好；运输途中的问题也必须解决；服务质量也必须被监管。

11.5.1　运输准备

当运输服务需求因为顾客需求、补货信号或者日程安排命令引起时，运输活动就要开始启动了。所有的准备工作像确认正确的模式和承运商，安全能力还有控制运输工作等都将在准备阶段集中进行，并最终交付给承运商。确定了型号、服务类型，还有目的地，运输管理经理人员就要开始选择合适的承运商。一些用来减小运输成本和确保货运顺利实现的保护措施也是重要的决策因素。

为确保货运与承运商匹配的过程最有效，许多企业会给出一个企业运输的行程安排指导。这些文件明确指出了组织控制的内向、外向运输承运商。这个行程安排指导通常提供纸箱的说明、货运标签、保险、账单要求、运输前注意事项以及其他的一些相关信息。

一些行程安排指导只有一两页纸，叙述了一些简单的要求。例如，Hallmark's 行程指导非常易懂，防止了误读。它告诉卖主使用 FedEx 标准，并控制包裹的重量不超过200磅，20个箱子，每个箱子不超过130英寸。其他公司可能会提供更加详细的行程指导，分为不同的部分，包括内向、外向以及返运；地区线路信息；始发地——目的地表格和矩阵；还有相关货物要求。

行程安排指导背后的战略是通过运输来实现卓越供应链。行程指导同时也帮助企业对少数被选用的承运商进行集中控制，避免毁约行为。另一个目的是确保承运商可以拿到合同承诺的订单量，因为如果不能满足合同的承诺的话，就会造成高额的成本或者罚金。

在准备阶段，管理者有能力做出节约成本的决定。接下来的工作就是要协调货运配送，选择最佳运输路径，然后充分利用集装箱的运载力。许多不同的发往同一目的地的订单可以被整合为一个运输单。减小成本的关键就是让经理人优先知道关于货物运量、目的地、服务要求和提前期的信息，从而有效做出决策。

运输运营是最后一道保护产品完整性和价值的防御线。为了保证货物在运输过程中质和量都不会受损，必须要使用能够对其进行追踪记录的设备。就算是与熟悉可信任的承运商合作,也需要在装船之前,保证发票和相关文件都是正确的,包装也必须被仔细检查以确保里面的东西不会在途中有损坏,货物集装箱也必须检查以确保洁净、安全和防泄漏保护措施无误。在装载过程中,货物必须被恰当地堆叠,从而可以抗震、抗摇晃等,避免对货物质量造成影响。

11.5.2 货运文件

货物运输时随之而行的是详细描述订单细节的文件,这些文件描述了产品、目的地、所有权,还有更多内容。文件的类型和样式需要依靠始发地和目的地、货物特征、运输方式,以及承运商的信息来确定。直白地说,运输要求越复杂,那么就越需要更多的文件来保证物流的顺利。一批日用杂货从一家克罗格店的分拣中心运送到同一州内的另一家克罗格店只需要一张提单。然而,一批通过联合运输从中国到得克萨斯州的烟火,需要很多额外文件。

最常见的文件包括提单、运费清单、运输诉讼表格等。

提单是最重要的运输文件。它组织了运输活动,提供了所有承运商所需的信息,约定了合约中的各项条款,包括承运商对丢失和损坏的责任范围,它还可以作为货物的收据,在一些情况下可以当作所有权的凭证。图11.5给出了一个提单的经典样式,其中包含了货运文件中的几类核心的信息。

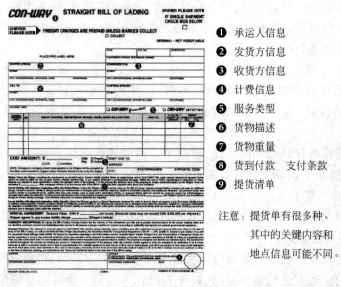

❶ 承运人信息
❷ 发货方信息
❸ 收货方信息
❹ 计费信息
❺ 服务类型
❻ 货物描述
❼ 货物重量
❽ 货到付款 支付条款
❾ 提货清单

注意:提货单有很多种。
其中的关键内容和
地点信息可能不同。

图11.5 提单示例

提单会因为运输类型的不同而不同。使用内陆型、海运、航空、联合运输提单中的哪一种,需要根据运输方式、贸易条款和运输具体细节来确定。同时,提单分为可转让和不可转让的。提单是承运人签发的,可以转让。但是一个直接的提单是不可转让的,承运人必须把货物径直送到指定的企业和目的地,之后才可以拿提单换到钱。一个订单型的提单是可以转让的,它主要作为货物所有权的凭证。货物的所有者有权把货物给予其他组织并可以重新制定运输线路和地点。

运费清单是承运商开出的关于费用的发票清单。运费清单列出了货运号、始发地和目的地、收货人、条款、总重量，还有总费用。运费清单和提单不同，运费清单表明了费用价格，而提单则表明了货运条款以及所有权。

运费清单中的总费用是基于买卖双方的谈判、货物型号，还有额外服务费用制定的。如果是预付费，那么承运商在提货时就会给出运费单；而如果是货到付费，那承运商就会在货物送到时再开出运费单。在大多数合约中，买方可以在承运商交货以后的一定天数内再付费，但是如果尽早付费的话通常可以获得折扣。

货运索赔申请表是买方在卖方出现差错给买方造成损失时用来获取金钱补偿的文件。发货人必须与承运商在一定时期内签写申请表。当出现明显的损坏，或者数目短缺时；还有货物开包以后才发现的，或者因为延迟而发生的经济性损失，都可以提出索赔申请。索赔申请可以通过照片取证，或者在收据上做记录，或者以损失货物的等额金钱凭证来证实。

索赔申请是用来补偿买方获得等额的货物损失补偿。如果发货人选择以低于货物实际价值的方式运输来换取低运费（比如将运费估计在商品总价之下），那么承运商的责任是有限的。承运人在以下一些不可控因素发生的情况下不负有责任：

- 自然灾害
- 军事袭击
- 政府没收
- 发货人没有充分打包好货物
- 极度易碎的，易腐烂的，或者类似的由于货物特性造成的

其他一些文件也要求实现供应链运送货物的高效。这包括商业发票，它可以证明出口商和进口商之间的交易，或者作为货物原产地证明。这些都被用于货物控制和进口国的责任评判。除了前面讨论过的运输文件，一些有用的，有时是必须的文件还有发货人的介绍信、靠岸接收证、载货单、危险物品说明表格，还有保险凭证。

基于文件的运输延迟和中断可以用精准性、及时性和关注细节的方法来避免。如果文件不齐全，或者不完善，内容含混不清的话，承运商和政府可能叫停物流运输。文件先于货物准备齐全是非常重要的，大多数承运商在收到齐全的文件之前是不会承运的。国际运输方面，美国"定制提前24小时船舶清单"规则要求承运商提前整整一天上交货物的全部信息到美国口岸管理局。运输服务的买方必须把这个要素考虑进他们的运输计划内并给予承运商完整的文件资料，不然就可能面临拒绝装载、错过航班，还有供应链中断的风险。

11.5.3 保持运输过程的可视化

当文件和货物都发给承运商以后，运输的管理过程并没有结束，进一步管理货物和运输过程中的关键事件是非常重要的。运输过程的可视化是这一管理活动非常重要的要素，它可以防止货物"跑出监控雷达范围"。可视化的目的是提供货运的实时位置和状态，使买方可以及时作出更好的满足消费者需求的决定。这些精确的、实时的数据使得企业能够迅速对将要发生的问题作出回应，并且作为一个整体而不是分散的职能部门来管理

供应链。

技术促进了管理产品在供应链中流动的能力。承运商用卫星追踪来实现可视化。设备运营商越来越多地装备了智能手机，连接卫星的车载电脑，还有平板电脑。这些都可以用来频繁地联系。市场领先的承运商，如 FedEx 和 UPS 提供广大的追踪功能，顾客通过互联网和智能手机就能免费使用这些功能。这些工具能够使承运商和顾客在问题出现的早期就主动地解决这些问题，避免问题变大造成供应链中断。如何解决此类供应链中可能出现的问题，将在第 14 章详细探讨。

11.5.4 运输指标

运输服务的质量是可感知的，大多数服务要求是可观测和定量的。这就使得企业可以通过运输矩阵或者关键绩效指标（KPIs）来监管承运商活动。运输 KPIs 是衡量承运商或自有运输部门绩效的客观指标，这与供应链的成功紧密相关。从多方获得的数据——比如从提单上得知的运输日期、运输成本，从收据中得知的到货日期，从收货方得知的货物损坏情况等，都可以作为 KPI 的考虑因素。这些指标也可以作为实现目标的标尺，或是和行业领先者作比较。

消费者关注 KPI 时也会注重运输服务质量。服务质量指的是在最快的时间做顾客期望的和要求的事情。"七个 R"概念中的三个 R 非常好地契合了服务质量 KPIs 的内容，它们是正确的时间——运送时间；正确的状态——货物保护；正确的成本——清单的精确性。表 11.7 展示了最常见的运输服务指标。同时，买方也要考虑服务质量的其他方面，比如反应速度、专业化程度和柔性。

表 11.7 常见的运输服务指标

指标	公式	目标值
准时交货率	准时交货次数/总运货次数	>95%
平均转运时间	转运时间之和/总运货次数	距目标差值小
损坏率	损坏的单位数量/运输的总单位数量	<1%
缺货率	缺少/被偷的单位数量/运输的总单位数量	1%
开单准确率	准确开单数/总单数	>99%
完美运输指数	准时交货率×无损坏率×开单准确率	>95%

精益供应链和 JIT 运营对于配送活动的持续性、及时性要求很高。许多研究都指出准时配送是最重要的、买方用来评价承运商的 KPI 指标。及时服务促进了安全库存水平的合理化，提供了可靠的补货保证，降低了供应链不确定性和可能产生的长鞭效应。

货物保护是服务质量的一个重要因素。只把货物快速送达目的地是远远不够的：还要保证货物安全和完整地到达。JIT 运营系统和持续地补充货源的零售配送系统是最容易受到供应链中断伤害的，因为它们没有库存来替换缺少的产品。

因为运输费用和服务要求是按照顾客的要求量身定制的，所以承运商有必要为每一个顾客提供正确的货运数据、费用结构，还有收费情况。不正确的数据输入或者合约会导致费用率过高估计、额外服务费用、不恰当的配送、线路错误、不正确的付款期限等一系列问题。

服务质量的终极 KPI 是完美配送，也就是完全没有缺陷的配送占总配送量的比率。运输服务的买方需要寻找高质量的承运商：准时、无损毁、精确、反应迅速以及较低成本。无缺陷运输减少了不必要的重复作业，还可以增进顾客满意度、减小管理介入、减小库存、提高供应链稳定性。

虽然服务质量对顾客满意度非常重要，但是运输服务效率也不能被忽视。运输活动是物流里最大的花费，所以组织需要从中获得最大价值。企业需要在服务要求和相关运费之间做出平衡。运输成本必须被控制在货物总费用里的小部分，不然企业就无法获得有竞争力的成本优势。运输效率 KPIs 帮助企业聚焦在这些目标上。

总体效率测量方法聚焦在总花费与目标或预算之间的对比。而单项的 KPIs 指标则聚焦在每单位的运输花费（如每磅、每个案例、每个买卖单位）。了解每一单位成本的结构可以凸显影响总成本的因素。这个 KPI 指标同样也提供了一个完善现有运输活动的参照线。

资产利用是一个非常重要的成本控制方面。运输设备利用率越高，运输过程中的单位成本越低。空箱情况必须尽可能减少，消费者最终将会为空箱付出代价，其中包括更高的费用，自然资源的浪费，还有高二氧化碳排放量。

效率相关的指标同样可以用来评价和提高承运商或者自有运输的绩效。劳动生产率指标用来确保设备运营商、货物处理商和其他的人员都在按照要求进行工作。装卸时间的最小化使得雇员和设备的周转时间提升，使二者都可以高效运作。高效运输带来的结果是更低的运输成本。

KPIs 的系统性的测量指标给运输带来了很多好处。KPIs 指标可以帮助企业采取主动的，以知识为基础的运输决策。运输 KPIs 指标可以及时监管服务质量以防止问题变得更严重。KPIs 还可以帮助企业挑出不合理的地方，继而提出应对供应链成本削减的战略。最后，KPIs 数据可以被用来进行成本和服务水平之间的平衡分析。这些知识可以用来更好地选择承运商和做决策。

11.5.5 监管服务质量

运输 KPIs 提供了有价值的衡量指标，但是并没有对某一承运商的运输质量给出较为详细的描述。在完成货物配送的基础上，经理人员还必须花时间来分析所有运输战略、计划还有决策的绩效。这项工作是通过持续地协作努力监管承运商绩效来实现的。监管的重点是确保合约中的承运商承诺被实现。

一种客观全面刻画供应商服务质量的战略是制作加权计分卡。运输管理的经理人员来确定权重，测量承运商绩效，并计算最终的加权得分与预先确定的分数比较。由此可产生一个绩效分，用它乘以权重分得出最终的分类分数。总的承运商分数就是把每一类的分数相加。

表 11.8 提供了一个公司的积分卡例子，它在评估阶段，在 500 分总分基础上得了 405 分。这张计分卡将用于与其他承运商的比较，同时这些得分会与承运商分享以获得反馈意见。以此来确定服务质量问题和改进机会。一些组织也可以运用得分的结果来制订未来的购买计划。

表 11.8 运输绩效计分卡

绩效评价范围	权重	承运商绩效	绩效得分标准	该绩效计分
准时交货率	35	96.7%	>98%=5 96.01—98%=4 94.01—96%=3 92.01—94%=2 >92%=0	140
丢失及损坏率	30	0.6%	<0.5%=5 0.5—1%=4 1—1.5%=3 1.5—2%=2 >2%=0	120
开单准确率	15	98.1	>99%=5 97—99%=3 95—96%=1 <95%=0	45
设备状况	5	可接受的	安全 & 清洁=5 条件差=0	25
客户服务	15	在客户服务调查中有极好的反馈	极好=5 良好=4 一般=3 尚可=2 不能接受=0	75
			总分	405

11.6 运输技术

运输的特性不断地变化,广泛的配送要求和选择使得环境变得对买卖双方都很复杂。如果要做出合适的、经济的决策,就必须考虑很多因素。幸运的是,电脑软件和信息技术工具可以帮助支持运输计划、执行以及绩效评价。

运输承运商依赖科技来协调客户的货物流。用于路线规划和装载计划的工具能够促进运输过程中装货、干线运输和运送选择最优化。同时,这类软件可以快速管理司机,实现运送过程可视化,提高合法性。对于手续费的解决方案可以帮助货物快速匹配到可用承载空间,并很好地管理交易的财务流程。其他工具可以解决运输路线中的其他问题,比如定价策略、文件准备等。总之,对于各类工具的综合使用可以帮助承运商提高关键维度上的竞争力,同时提供了管理动态运输网络所需要的移动性。

运输服务的买方同样需要科技来帮助他们在运输流程中,保持可视化监管货物。就像老话说的,"知识就是力量"。运输部门的经理需要了解他们的货物在哪里,货物状况如何,以及货物何时会到达。科技能够提供这些信息,同时也能提供规划及评估运输流程的方案。正如"物流在线"中所说,许多承运商都会购买可视化技术,从而完善货物运输设备和信息传递工具。

运输服务的买方和运输经理均衡使用很多工具和技术从而实现供应链物流的成功。自有运输在货物装载计划、运费定价、招标等方面提供了优秀借鉴。一体化的供应链工具与全球贸易管理软件系统有相似之处，比如用于合同和定价的运输管理工具、承运商选择和预定、书面文件的准备、货物审查等。其中，最具综合性的物流管理软件是运输管理系统（TMS），用于计划、完善和执行运输运营。

物流在线

货物可视化方案

对于发货商来说最重要的要求之一就是需要知道他们的货物在哪里。可视化方案能够帮助这些企业在运输过程中，实时监控货物的位置和状态。下面这些方案中，有一些已经经过实际操作检验了，还有一些是最新的。

其中一个方案是，通过承运商实现监控（这在本章的前述内容中被讨论过）。他们可以通过使用全球卫星定位系统进行追踪，在运输设备上配备电脑系统和移动通讯设备从而获取货物信息。对于这种方法的一个质疑就是它们仍旧需要人为操控，比如传送设备需要键盘输入，或是出现特殊情况时要通过电话沟通。准确性和及时性不能得到保障。

第二个方案就是使用货运管控软件来帮助企业监控和管理其承运商、物流服务提供商以及供应商。如果企业不想自营物流，可以使用第三方物流，他们在管控系统方面有专业优势。最为理想的结果是，使用这一方案后能够节省5%～10%的运输费用，同时优化流程、降低风险。

另一个方法是直接在运输设备中加入可视化技术。现代重工集团和埃森哲联合研发了应用于运输的数字技术设计方案。通过使用船身自带的感应器，运营者可以实时监控船的位置、周边环境和设备运行情况。如果使用了船身提供的实时数据，那么就能以此为基础，进行更为高效的运输决策。

不论使用哪一种方案，对于在途货物的可视性优化都是高效供应链的一个重要环节。如果不能实现可视化监管，那么管理者并不能得到及时信息，也就不能做出全面而且迅速的反应决策。

11.6.1 运输管理系统

Garter将TMS定义为一种信息软件，用于计划货物运输，计算各种模式下的货运价格和购买价格。这个简单的定义已经抓住了TMS的本质，TMS就像一个融壶，被用来帮助经理人管理运输的各个方面，从基本的装载到复杂的运输网络优化。

TMS的计划功能可以帮助买方和经理人制定预先的关键决策。如果没有技术支持，这些人员不可能充分地评价成千上万的潜在的航线、方式、承运商、服务和价格。TMS工具允许组织在几分钟之内就能排列组合出最佳运输选项，而这本需要花上好几个小时甚至好几天的大量的人工。另外，运输计划工具可以和订单管理系统、仓储管理系统、供应链计划系统联系起来，来获得及时的、更加全面的信息。有了这些信息，就可以做出更好的供应链决策和取舍。重要的 TMS 计划程序包括：

- **行程安排和日程安排**——适当的配送线路计划对顾客满意度、供应链绩效和组织成功都有重要影响。TMS 软件运用数学方法和优化日常事务的方法来评价最佳线路。典型的 TMS 输出包括一个详细的线路安排、成本分析，还有线路图。
- **装载计划**——安全有效的配送准备工作可以用 TMS 装载优化软件来完成。这些程序帮助运输经理建造一个数据库，包括包装维度、装载要求，还有设备能力。TMS 软件能优化出产品应如何放在托板上，或者放置在集装箱内。这种优化程序的结果是减少货物损毁以及更有效地利用货物空间。

TMS 执行工具帮助运输经理简化一些运输活动。多样的 TMS 可以自动化处理重复的活动，以此来减小人工成本，提高精确率。其他的工具可以把详细的货运信息发布到一个共享的网页上，从而促进货运可视化水平和提高运输控制能力。有三种主要的执行工具：

- **装载投标**——企业可能有很多被认可的承运商可以选择，但是，他们的费用率却由于始发地和目的地的差异而不同。相比主观地选择承运商，一个 TMS 数据库就可以决定哪些承运商符合条件，然后把标书投给最好的承运商。投标决策依据线路指导要求，成本、时间还有要求的服务能力来制定。所以，合约的履行性提升了，运输成本和服务也优化了。
- **状态跟踪**——维持运输的可视化是一项很耗时的任务。运输途中的过程可以用 TMS 联合卫星和其他可视化工具来监管。当实行卫星追踪时，TMS 系统监控着运输途中货物的地点及状态。如果订单时间延迟或截单或偏离路线了，这类错误会迅速引起人们注意，从而采取措施进行调整。"物流在线"讨论了可视性工具对于在途运输控制的重要作用。
- **约定行程**——为了避免设备拥挤、延误和运营低效，企业使用 TMS 来自动化处理行程安排功能。TMS 提供了实时可视化功能，可以使行程安排更简单和精确。许多系统都支持互联网连接，承运商可以在特定的码头安排提货和配送时间。

TMS 分析工具给组织提供了对于承运商绩效、顾客服务和运输成本的评价。TMS 帮助组织集合和利用广大的运输数据，这有利于衡量 KPI 和评估绩效。两个非常有用的分析软件如下：

- **绩效监管**——TMS 工具可以自动处理数据收集、KPIs 测量和定期报告。这些报告可以提供整体的绩效信息，还可以提供局部运输环节的信息。这些工具给经理人提供了未来决策所需的及时的、客观的信息。
- **运输账单审查**——付给承运商的钱必须能反映合约和服务的内容。为了保证既不低估，也不高估服务，许多企业利用 TMS 软件来协调发票和合约。这些工具把不及时的、有时还不太准确的人工过程自动化了。

TMS 的广泛的计划、执行和分析能力将会使它的市场需求迅速增大。业内专家预计，至 2019 年，全球 TMS 市场将以每年 7% 的速度持续增长。这一估计的基础是，成本不高、易于存储的云解决方案将会在短期内产生很高的回报，货物成本降低 10%～15%，同时 TMS 系统适用于各种运输方式。

技术的挑战总是在不断变化和延伸。虽然 TMS 已经是非常领先的技术工具，但是很快就会过时。所以，这一节讲的最重要的概念应该是运输活动中的信息技术的重要性，而不单是一个 TMS。简单地说，技术帮助我们更好地处理关于运输模式、承运商选择、线路、包装、装载还有其他很多活动所涉及的大量的数据和选择。这些决策都会带来更好的顾客服务，更严格的成本控制，还有更大的供应链竞争优势。

小结

- 运输是一个动态活动和一个重要的供应链环节。它是供应链里物流成本的最大组成部分，而且直接影响了物流完成的速度和服务质量。通过提供本土的和国际的供应链参与者之间的物理联系，运输促进了时间和空间效用的创造。
- 管理运输流程以使它对供应链的影响最大化，需要相当的运输选择、计划、决策制定、分析技能以及信息共享能力等知识。
- 运输是供应链的一个关键环节，必须被包含进供应链战略发展、网络设计以及整体成本控制管理活动中。
- 许多的障碍——国际供应链扩张、成本上升、有限的能力，还有政府规定——都必须被克服，从而使运输和供应链的其他活动同步。
- 实现供应链需求可以通过五种运输方式（公路运输、铁路运输、空运、水运、管道运输），或者联合运输模式来完成。
- 多种计划活动先于承运商选择和运输方式选择发生：企业内部谁来负责运输职能的管理，什么样的条款和支付手段将会被使用，货物如何被运输，这些都必须从供应链的战略视角来决定。
- 运输方式选择是基于每种方式或者联合方式相应的优势来决定的，涉及可到达性、运输时间、可靠性、安全性、成本，还有货物的特性。
- 承运商选择主要聚焦在需要服务的类型、地理覆盖面、服务水平，以及承运商愿不愿意对价格做出让步等。
- 大多数的商业货运都是在协商合约费率下进行的，这些合约来自买卖双方就一定量的定制服务达成一致价格意向的谈判。
- 运输路线指导帮助企业确保服务合约的内部履行，并维持对运输投标决策的中央管控。
- 货运文件提供了货物的详细信息，以确保供应链中物流的顺畅。
- 企业必须在货物转交给承运商以后继续对运输进行管理，这种管理通过维持运输过程的可视化和监管承运商绩效来完成。
- 许多指标可以用来评价运输服务质量，涉及承运商及时性、货物保护、准确性以及完美配送。服务效率测量聚焦在消费熟练度、资产利用率，以及劳动生产率。
- 运输管理同时需要广泛运用信息技术，这些技术可以有效支持计划、执行和运输过程分析。

复习思考题

1. 讨论运输在供应链中的角色。给出一些关于运输积极或者消极影响供应链的例子。
2. 描述运输管理人员在现存环境下面临的主要挑战。
3. 每一种运输方式的主要能力、优势、劣势是什么?
4. 运用经济网站、公司官网还有搜索引擎,为当地的或者国际的运输公司撰写一个基础的总结报告(主要服务、年销售额、目前股票价格和近期新闻),分别从以下标准行业分类系统编码选一个公司来写:

   A. SIC 4011——铁路长途运营
   B. SIC 4213——卡车,除去当地
   C. SIC 4512——航空加急服务
   D. SIC 4412——深海国外货运

5. 讨论影响承运商选择和运输方式选择的主要因素。
6. 互联网是否应该被认作第六种运输方式?请说明理由。
7. 确认和讨论对以下产品适用的运输方式:

   A. 苹果 iPhone
   B. Under Armour 跑鞋
   C. 有机蔬果
   D. 压缩木材

8. 运用公司网站,对比一下运输公司提供的服务:

   A. J.B. Hunt (http://www.jbhunt.com) and New Penn (http://www.newpenn.com)
   B. FedEx (http://www.fedex.com) and Polar Air Cargo Worldwide, Inc. (http://www.polaraircargo.com)
   C. Maersk Line (http://www.maerskline.com) and Wallenius Wilhelmsen Logistics (http://www.2wglobal.com)
   D. Canadian National Railway Company (http://www.cn.ca) and Alaska Railroad (http://www.akrr.com)

9. 描述货运文件的用途和价值,讨论以下文件的作用:提单、运费清单,还有运输诉讼表格。
10. 经理人如何监管服务质量?哪种类型的矩阵会被使用?
11. 信息技术在运输的计划管理、执行和分析中起到什么作用?

 # 案例 11.1　Vibrant Video 公司

Vibrant Video(V)是一家家庭影院系统的生产商。这家公司在俄勒冈州的波特兰组装超高清投影仪,之后在线上和电子产品专卖店进行销售。Vibrant Video 旗舰产品以 4 995 美元的价格出售,同时捆绑销售一些外部供应商生产的配套的高保真音频组件。

由于受到环太平洋区域供应商和承运商的挑战,Vibrant Video 公司决定选择在波特兰附近的供应商。扬声器将由一家墨西哥蒂华纳的电子产品企业提供,接收器将从新罕布什尔州的曼彻斯特的一家语音实验室购买。

购买合同按照以下规则签订:扬声器的供应商在运费到付的前提下,提供给 Vibrant Video 两种基于 FOB 目的地的运输选择,运费到付;接收器的供应商只接受货物交到客户指定的目的港,运费到付。接下来,Vibrant Video 的运输主管面对的问题是,如何评估不同产品对应的运输选择并作出决定?

相关信息如下表所示:

	扬 声 器	接 收 器
产地	墨西哥蒂华纳	俄勒冈州波特兰
购买价格	每套 175 美元	每套 225 美元
重量	28 磅	5 磅
体积(长×宽×高)	38×18×18	18×8×4
特性	坚固、体积大、不易损坏	小巧、不抗震、易被偷
货物条款	FOB 目的港、运费到付及退货运费	FOB 起运港、运费到付
选项 1	每周卡车零担配送 200 单位 每次运送成本 2 485 美元	每周地面配送 200 单位 每次运送成本 2 169 美元
选项 2	每月两次卡车配送 400 单位 每次运送成本 2 946 美元	每周两次空运 100 单位 每次运送成本 2 411 美元

✓ **案例问题**

1. Vibrant Video 在 FOB 贸易条款下需要承担的责任、运输控制和成本有哪些?
2. 扬声器的各项选择所对应的单位运费、单位到岸成本是多少?
3. 你会建议扬声器的运输使用哪种选择?
4. 接收器的各项选择所对应的单位运费、单位到岸成本是多少?
5. 你会建议接收器的运输使用哪种选择?
6. 在进行运输决策时,还需要考虑哪些供应链相关问题及费用?

案例 11.2 鲍勃的 BBQ

鲍勃的 BBQ 是一家户外烤箱制造厂商,主要通过三个承运商把得克萨斯州的产品运往在美国和加拿大的业务推广零售商。公司的所有者鲍勃·弗雷姆想要评价这三个承运商的绩效,并收集三个月期限内的数据制作了一个矩阵。如下:

绩效评价范围	联合运输	最佳路线运输	指定承运人
准时到货率	99.5%	98.7%	98.2%
损坏率	0.9%	1.6%	0.4%
顾客满意度	4.6	4.2	3.9
开单准确率	99.3%	99.6%	98.2%
货物被拒率	1.3%	2.1%	0.9%

鲍勃让他的运输部经理制作一份积分卡来帮助他对比这三家承运商,得到下表:

绩效评价范围	权重	评价等级	期望分数	实际分数
准时到货率	30	>98.5%=5	150	
		96.01—98.5%=4		
		93—96%=2		
		<93%=0		
损坏率	30	<0.5%=5	150	
		0.5—1%=4		
		1.01—2%=2		
		>2%=0		
顾客满意度	20	>4.5=5	100	
		4.01—4.5=4		
		3—4=2		
		<3=0		
开单准确率	10	>99%=5	50	
		97.01—99%=4		
		95—97%=2		
		<95%=0		
货物被拒率	10	<1%=5	50	
		1%—2%=4		
		2.01—3%=2		
		>3%=0		
		总分	500	

✓ **案例问题**

1. 计算每一个承运商的绩效得分。
2. 你建议哪一个承运商可以刷掉?为什么?
3. 如果鲍勃想要保留这三个承运商,那么每一个承运商应该在哪些方面有所提升?

附录11A 运输行业的联邦规则

运输业的联邦规则自从《商业规则法令》1887年被通过后,实行至今。但是这项法规执行的当年就给发货人和承运商都造成了混乱。内陆运输主要靠铁路,承运商通常收取很高的费用并对小型发货人实施价格歧视。对运输行业的管控成了美国经济增长的重点,根本上来说,随着社会需求不断扩展,需要配套服务与之相适应。

最初的管控政策大体集中在经济事项上,主要为了确保竞争公平和价格公平。在21世纪初,政策的努力方向变成了保卫国家安全,提升公共安全,还有保护环境。表11A.1展示了为了从多方面监管运输行业,政府所采取的立法措施(也有一些解除管制措施)。

表 11A.1　主要交通运输限制规定年表

日期	法案	限制规定内容
初始阶段		
1887	规范商业行为条例	监管铁路并建立州际商务委员会，运费必须合理、禁止歧视
1903	埃尔金斯法案	禁止回扣，提出运费声明
1906	赫伯恩法案	规定运费上限，管控运费
1910	曼埃尔金斯法案	批发人有权选择运输线路
1912	巴拿马运河法案	禁止铁路拥有水运承运商
积极阶段		
1920	1920 年运输法案	确立运费定价法规，可以共享集散点 开始重新制定法规
1933	紧急运输法	对铁路运输进行财政救济
联合模式阶段		
1935	公路承运人法	联邦政府对公路运输实行与铁路相似的管制
1938	民用航空法	联邦政府对空运商的管制，制定 CAB
1940	运输法	联邦政府对水上承运商的管制，发布全国性运输政策
1942	货运代理法	联邦政府对货运代理人的管制
1948	里德-布尔温克尔法案	在合议定价中建立垄断豁免权
1958	交通运输法案	减少保护性定价，为铁路运输提供财政救济
1966	运输部法案	建立美国交通部
1970	铁路乘客服务法案	建立美国国家铁路客运公司
1973	地区性铁路重组法案	建立联合铁路公司
放宽限制阶段		
1976	铁路振兴和管理改革法	运费自由化　ICC 有铁路运输豁免权　放弃和合并控制开始
1977	空运管制解除法	放宽航空管制，废除 CAB
1980	公路承运人法	放宽准入限制，允许协定运费
1980	斯塔格斯铁路法	允许铁路协商合约，运费灵活化，规定运费上限
1984	航运改革法	海运关税和合约灵活化
1993	议付利率法	公路承运商可以选择低价运费
1994	卡车行业监管改革法案	降低公路运输的个人关税，ICC 放松交通管制
1994	联邦航空局再授权法	指定州的州内卡车运输放松管制
1995	终止 ICC 法案	废除 ICC 建立 STB，放宽对卡车运输的绝大部分经济管制
1996	航海保护条例	成立项目组帮助美国商船队
1998	航运改革法	放宽对货运合约的管制，修改合约制定要求
1998	面向 21 世纪运输	投入 2160 亿美元用于维持和保护陆地运输
2001	航空暨运输安全法	建立交通运输安全管理局
2002	国土安全法	把海岸护卫和 TSA 移至国土安全局下
2010	遵守安全和责任法	创立计分系统以促进汽车运输提高安全性
2012	服务时长规定	卡车司机每天工作时长上限 11 小时 强制规定卡车司机休息时间

11A.1 经济法规

对运输业的经济法规的需求源自运输业对美国整体经济的重要性。运输是商业经济活动的基础——使物品从供应充足的地方运送至供应不足的地方。运输活动使得全体公民都获益；所以，政府应该为运输业提供像其他公共基础行业一样的服务，比如立法保护和国家安全保护。

但是，传统上，私人企业部门已经提供了货物运输。由于发货人愿意花钱，运输公司会承诺各种各样的运输服务；这样的资源配置方法要比政策性的分配高效很多。但是又由于市场配置并不是完美的，可能会出现垄断，所以政府要对行业进行管控，维持和强制市场结构的运作，以使得资源配置符合公众的利益。

除了对运输行业经济管制的要求，这次的政策循环完成了一个整体的循环，大部分1887年至1973年制定的法规都被修订或者删除了。现有的运输业的联邦经济法规特别少，而市场的强制力主要来自于政府对竞争性市场结构的管控。有时也会有要求政府重新修改管制规定的声音出现。比如，铁路运输商在管制下只有一项服务可供选择，于是他们认为政府对运输业的管制对他们实质上是费用过高的。至今，想要对这类问题进行管制的立法规定尚未成功。

对运输业的联邦经济规则的许可开始于1978年的对航空业规则的解除。这项法令通过剔除大多数经济法规有效地把航空工业还原为了一个自由竞争市场。铁路承运法令和汽车承运商法令在1980年紧接着制定出台。这两项法令剔除了大多数铁路和卡车行业的经济规则。1984年的运输法令通过了海洋运输委员会对美国国外商务的反垄断豁免权。这些委员会有权制定价格并且管控运输业的运力。

在20世纪90年代，出台了其他削弱联邦对运输业控制力的政策。1995年的ICC终端法案的执行剔除了州际商务委员会，减少或者剔除了大部分对于汽车和水运承运商的经济规定。1998年的海洋运输重新修订法案使得国际海洋运输进入现代化，同时有了更大的自由。

现有的联邦法规对于运输业的规定如下：

- **汽车承运商**——除了家用产品和不在同一大陆的交易（如美国大陆与阿拉斯加之间）之外，所有费率水平和关税方面的管制都被剔除了。普通承运商概念被剔除了，但是承运商需要对货物损毁负责。所有承运商都可以和发货人订立合同。反垄断豁免法案被通过，赋予承运商进行整体定价的权利（比如联合出版货物分类），而承运商必须为发货人提供关税表（包含费用和规则）。实质上，在这类运输方式下已经很少有联邦经济控制存在。
- **铁路**——理论上，铁路经济管制仍然存在。STB对铁路运费、规则，还有线路、服务、设施和兼并都有管辖权。普通承运商必须使用铁路为所有发货人提供服务；不允许对个人、地域或货物进行价格歧视；收费必须合理；对货物损毁必须承担责任。对于铁路关税和合约不作要求。铁路运输变成了监管最为严格的运输方式，然而在几种铁路运输上却存在完全的管制解禁，比如货物联合运输。
- **空运**——在1977年，对航空运输的经济管制解除；由市场决定价格和服务。但是联邦政府依旧在安全方面有管制规定。这类安全规定能够控制某一机场起飞和降落的航班数,间接决定了空运商的服务水平以及一个空运商是否有能力为某一个机场提供服务(登陆位置的可用性)。
- 海运——1984年的运输法案首次解除了对于海洋运输行业的管制,删去了联邦海事委员会(FMC)对费用率和行会一致(海事会议是指承运商聚集一处设定一个共同的价格)意见的许可证明要求。这项法案延伸了反垄断豁免,允许行业成员独立签订合约,但是必须同时签订FMC的公共宣传合约。1998年运输法案的修订大幅削弱了管理当局对于行业成员与顾客按合约提供服务的控制。OSRA同样也修改了关税表的填写要求,其中合约费率将不被公开。这些修订大大减弱了海事委员会的权力。
- 货运代理人和经纪人——这两种运输业务形式都被要求注册STB,经纪人必须拿出10,000美元作为抵押来确保承运商可以拿到报酬。但是,联邦政府并没有对费率和这两种中介提供的服务做出经济管制。货运代理其实是承运商的一种,他们对货物的损坏负有责任。而经纪人则不是承运商,所以不对货物损毁承担责任。

11A.2 安全法规

非经济法规主要集中在运输安全、可持续性、促进发展和研究领域。1966年成立的美国交通部(DOT)旨在确保运输系统快速、安全、高效、通达、便利,从而为国家获取利益并为美国人民生活谋福利。DOT目前被分为11个管理局,都向秘书处汇报。每一个管理局的主要职责如下:
- 联邦高速公路管理局(FHWA)重点管理汽车运输行业。FHWA主要组织美国高速公路、桥梁和隧道的建设、维修以及持续运营。FHWA也会进行一些研究,从而为各州和当地代理商提供技术支持,以提高运输安全性、流动性和活力。同时,FHWA也鼓励技术创新。
- 联邦客车安全管理署(FMCSA)成立的目的是减少商业汽车运输过程中的事故和伤亡。FMCSA的作用是通过严格监管商业运输,提高汽车运输安全性;重点管理高风险运输和商业性质的汽车运输司机;提高安全信息系统和商业汽车运输的科技水平;优化商业汽车运输设备和运营标准;提高安全意识。

FMCSA出台的交通安全管制措施同时也给交通运输行业带来了挑战,其中包括:对于长时间服务的时长限制,这减少了卡车司机的每日工作时间。对于休息时间的限制规定持续受到质疑和挑战。FMCSA首创了CSA管理条例,旨在提高大型卡车和公交车的安全性,最终减少商业运输的事故、车祸、伤亡。但是对于如何鉴定运输的安全性,FMCSA的打分体系也受到了外界的质疑。数据获取不一致、对于小型承运人不公平的衡量、安全得分与发生交通事故次数并不显著关系等问题处于热议之中。作为回应,CSA条例得到了修订。
- 联邦航空管理局(FAA)的目标是提供全世界最安全、最高效的空运系统。FAA的主要职责是管控空运安全、促进商务航空运输业发展、监管空中环境。FAA出台并执行一系列限制规定,将对于生产、运营、保留飞机的标准降到最低,运营航空领域和设施,管理空中交通,同时进行安全性研究和发展活动。
- 联邦铁路管理局(FRA)的使命是在现在和将来,为美国创造一个安全、可信赖、高效的铁路客流、物流网络。这个使命将通过发行、实施和增强安全管控、在全国范围内有选择性地投资铁路通道,研发创新科技来实现。
- 海运管理局(MARAD)负责促进和运营美国商业海事活动,组建能力强的、整齐的美国商务船队,高效地维持国内航线商务活动,促进跨国航运,并有能力在战时或紧急状态下将商用船队变为军事部队。MARAD 同时需要确保美国船只建造和维修工作正常进行,港口高效周转,与水运对接的联合运输和陆地运输模式高效运营,并且保存一定航运实力以便国家紧急情况下使用。

其他关注安全的管理局包括:管道以及危险物品安全管理局(PHMSA)、联邦交通管理局(FTA)、美国国家运输安全委员会(NTSB)。环境保护局(EPA)对于实现运输行业可持续发展起到重要作用。

11A.3 小结

法规是运输过程的一个动态组成部分,总是在变化。虽然我们现在处于有限的经济法规之中,但是政府会主动发展运输政策和法规来解决安全、国防和环境方面的挑战;满足社会需求;并适应技术变化。这些法规的出发点都是积极的,但是却对成本、时间和供应链内产品流动的难易程度都有重大影响。所以,运输经理人必须保持敏感,并把现有的和将来可能出台的法案考虑进他们的计划过程。

附录 11B 运输费用的基础

如果所有承运商都以吨/英里为标准进行运输的话,那么运费的制定会很简单。但是,承运商并不是这么做的。当决定成本时,承运商和顾客要考虑很多因素。美国拥有 33 000 个主要发货点,不计其数的货物,不同的货物有不同的特性,各种各样的型号,还有特殊的服务要求,可想而知定价是非常复杂的事情。

运费制定已经成为了一项复杂的社会活动。顾客已经意识到需要让承运商赚取合理的利润,否则就不能与承运商进行长期合作。这一部分主要讨论了运输费用影响因素的发展历程,为了确保对买卖双方来说,运输费用都是合理和公平的,以下的一些要素必须要考虑进去:

(1) 服务的成本和价值,当承运商为不同种类商品提供不同类型服务时,运费也就不同;

(2) 出发地和目的地之间的距离;

(3) 货物的重量;

(4) 运输货物的特征;

(5) 要求的服务水平。

11B.1 服务成本

以服务成本为基础来制定运费,主要从供应方定价来考虑。供应方对于服务要求的支付成本是运费的价格底线,也就是说,供应成本决定了最低限度的定价,运费限制因素如图 11B.1 所示。

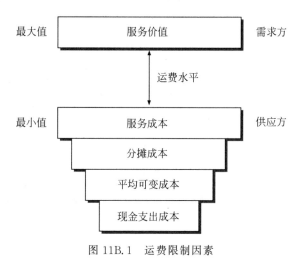

图 11B.1　运费限制因素

接下来使用什么作为成本基础仍然是个问题。承运商会使用平均总成本(分摊成本)、平均可变成本以及现金支出成本(边际成本)。本质上,这个问题为费用下限设置了基础:承运商会用分摊成本作为上限,而用现金支出成本作为下限。

常用成本和综合成本同样也存在增加了使用成本的问题。当承运商生产多种单位的产品时,会有常用和综合成本;承运商不能直接把这些成本分摊到某一个特定的发货人或顾客。综合成本是一种特殊的常用成本,当生产一种产品时不可避免地生产出了另一种产品,那么综合成本就产生了。例如,把货物从 A 运到 B,不可避免地产生了返回时的成本。承运商如何分配常用成本和综合成本决定了成本基础,继而决定了成本,最终决定了运费。

11B.2 服务价值

按服务价值定价主要考虑的是服务的需求方。我们也许可以将服务价值定义为交通运输需要承担的价值。这个定价基础考虑的是要运输这些货物,交通运输需要承担什么。例如,在图 11B.2 中,承运商运送货物 A 到地点 B 可以收取的最高运费为每单位 0.5 美元。如果承运商收取比这个更高的运费,那么产品 A 的价格在 B 的市场上就不具有竞争力。所以,服务价值决定了费用的上限。

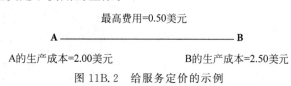

图 11B.2　给服务定价的示例

通常,运费根据运输产品的差异而不同。不同产品需要的运输成本不同——这一理论可以解释为什么运费因产品不同而不同,但是其中的影响因素还包括提供的运输服务的价值也是不同的。对于高价值的产品,运输费用只不过是总价格的很小的一部分。在表11B.1中,我们可以看到,在同一距离和重量的情况下,钻石的运费比煤矿的高出100倍还多,但是运费只占到钻石销售价格总量的1%,而煤矿就占到25%之多。所以,高价值物品可以接受较高的运费,承运商会根据这个规律来定价——这是根据需求方进行定价的一个特殊应用。

表 11B.1 运费和商品价值

	煤	钻石
每吨生产价值*	$30.00	$10 000 000.00
每吨运输费用*	10.00	1 000.00
总价格	$40.00	$10 001 000.00
运费占销售价格的百分比	25%	0.01%

* 估计值

11B.3 距离

运费往往根据距离的不同而不同。通常来说,距离越远,成本越高,运费也就越高。但是,一些运费并不是精确地按照距离来决定的,一个例子就是总体费用或者叫地区费用。

总体费用不会随距离的上升和增加;在某一个承运商指定的区域内,费用都是一样的,邮票的费用就是一个最好的地区性运费的例子。不论你往哪里寄一封信件,邮票的费用都是一样的。在货运业,承运商划定特殊地区,比如城市的商业区,一个特定的州,一个地区,或者一些州。在每一种情况下,运费都是相同的,这大大简化了定价过程。UPS,FedEx,还有其他的小承运商都使用这种定价方法,而不是为每个地区都单独定价,从而简化定价流程。

虽然距离增长运费就增长,但是这两者并不是按比例增长的,它们的增长关系是一种递减的态势,这就是运费逐渐趋于平缓的原则。如图11B.3,当距离增长时,运费也上涨,但是两者并不是线性关系。增长关系递减是因为承运商可以通过大量的运输距离把终端成本分摊(货物处理,文书费用,账单费用),这些终端成本不随距离的变化而变化;运输距离增长,每单位的终端成本就会下降。图11B.3中的截距点就是终端成本。

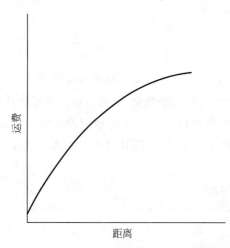

图 11B.3 运费逐渐趋于平缓

11B.4　运输重量

承运商按照货物重量来定价(货物重量被等分100份,叫作重量单位或cwt),价格由货物总重量和每一重量单位的运费决定。每一cwt的费用与运输量有关:承运商对满载的运输收取低费用,而对不满载的运输收取高一点的费用。其实,承运商对数量大的运输给予一定的折扣,这是因为一些基本的成本,比如文件准备、提货,还有配送成本都可以通过大量的货物分摊掉。

铁路运输中,对于运量的折扣有定义:满载(CL)和不满载(LCL);汽车运输中,定义为满载(TL)和不满载(LTL)。CL和TL代表大量、低价的运费;而LCL和LTL则代表不满载的相对较高的运费。

一个值得注意的例外是,运费和运量的关系在某种情况下不适用:不论运输量是多少,运费都与运量无关。不论一个公司想要运输多少货物,每cwt的运费都一样,也就是说,不存在运量大的优惠。

11B.5　货物的特征

另一种定价的方式是根据产品的种类定价。如果一个承运商必须要运用不同寻常的程序来保护货物,或者使用特殊的设备来处理货物,那么运输的费用就会增加。货运的价格必须能够反映附加服务的成本,以使得承运商维持盈利。所以,当决定运费时,承运商会考虑货物的密度、装载度、处理的难易程度,或者可靠性等问题。

货物密度反映了重量和体积的关系。如果承运商只按照重量来定价,那么廉价的、轻量的产品(比如薯片)就会比压缩的、重型的产品(比如罐头)的运费更便宜,尽管前者可能会占用更大的空间。

为了调整密度的问题,承运商对低密度的产品每cwt收取较高的价格。例如,空运商和美国的小包裹承运商通常会对比货物的真实重量和长、宽、高的维度重量(包裹长度乘以宽度乘以高度再除以166),然后用这两者来计算运费。这避免了低密度的货物占据大量空间,却收取很低的运费的情况发生。

装载度是指产品如何影响容器空间的利用率。一些产品很容易装载(比如打包好的笔记本电脑),而且不会浪费很多容器空间;而另一些产品则很难填满容器(比如自行车),迫使承运商"装载空气"。这些会浪费空间的产品通常会被收取更高的费用。

货物处理的难易度是另一个定价考虑因素。一种货物需要越复杂的处理,运费越贵。货物处理包括重新打包,普通的零担对接,特殊劳动力的需求,对特殊设备的需求等。逻辑上,需要特殊处理的货物都要收取更高的费用,因为承运商需要为多提供的服务支付更多成本费用。

承运商在决定运费时必须要审视它们可能需要承担的债务。货物丢失、损毁或者被盗的可能性越大,那么承运商的风险就越高。所以,承运商对贵重的物品(比如器械)和易碎的物品(比如灯泡)收取更高的费用,来弥补运输这些货物可能发生的风险。较为结实的物品(比如木头、板材)会被收取较少的费用,原因就在于它们不易被偷或者损毁。

企业也都在为简化基于产品特征的定价问题而作出努力,它们开发了产品分类系统,把具有相似特征的产品归为一类,避免了对不同种类货物分别进行评估。例如,汽车运输业长期都依靠国家汽运分类(NMFC)作为定价的工具,这一工具为州际间的、一州之内的和国际的商务提供比较。NMFC组织按照本文以前讨论过的物品的四个特征,把物品分为18种。所有这些特征一起组成了物品的"可运输性"。

虽然NMFC提供了一些定价的便利,但是仍然有大量复杂的事情需要管理,造成这点的主要原因在于承运商广泛应用的折扣策略。为了减小复杂性,一些业内的专家提出建立一个以密度为基础的定价系统来解决问题。其他一些专家建议使用全种类货物运费(FAK)使同一级别的货物定价相同,这样既能节省时间,又能参考NMFC的差别定价方法。

11B.6 服务水平

另一个影响定价的重要因素是买方对服务的要求。对快速和省时的运输要求正在各种运输方式下剧增。当顾客要求比平常快速的运输时,承运商也必须打破常规程序来满足这些要求。这些措施可能包括在拖车装满之前就发车,附加一个运营人员和一台设备,选择特殊线路,或者其他一些情况。任何一种情况都可能降低承运商的效率并带来额外的成本。所以,顾客会被收取额外的费用来抵消这些附加的成本。

FedEx(和其他很多承运商)为不同的服务水平提供多样选择,并差别定价。假定把一个15磅重的箱子从亚特兰大运到华盛顿,FedEx目前暂无折扣方案,其定价如下:

- 157.00美元——最先隔夜交货服务,8点前送达;
- 125.89美元——优先隔夜交货服务,10:30前送达;
- 121.78美元——标准隔夜交货服务,下午3点前送达;
- 52.32美元——两天交货服务,在第二个工作日10:30之前送达;
- 46.01美元——两天交货服务,在第二个工作日结束前送达;
- 39.34美元——平价快递,在第三个工作日结束前送达。

像这个例子反映的,几个小时时间的不同,就会造成运费的极大不同。货运的买方需要客观地根据自己对于快速服务的需求强烈程度来决定是否要为其支付额外费用。

11B.7 小结

这个附录提供了一个运输定价的简单思路。它给出了应该被考虑进定价的关键因素——服务的成本和价格、运输距离和货物数额、货物特征,以及服务水平。除了这些必须要考虑的因素之外,还有其他因素也要视情况考虑进去。更多更详细的关于这些附加因素,不同运输模式下的费用问题,以及运费的不同种类(报值费率、延迟费用以及奖励费用)的讨论可以参考运输物流的教材。

第四部分

第12章　供应链联盟

第13章　供应链绩效衡量与财务分析

第14章　供应链技术——管理信息流

第15章　供应链中的战略挑战与变革

供应链管理：物流视角（第10版）
Supply Chain Management: A Logistics Perspective

第四部分

本书的前三部分重点关注供应链管理的基本原理,以及交叉链物流流程的关键要素,如库存、分销和运输。希望此时您已经对供应链管理的作用和重要性以及对影响供应链实现其目标的能力的众多因素、力量和现实有所了解。此外,对整个供应链流程(如采购、运营、需求管理、订单管理和客户服务)的关键要素的理解,可显著提高您对供应链概念的理解。

第四部分重点关注几个关键挑战,这些挑战对于当今商业环境中任何供应链的成功运作都至关重要。尽管这些挑战具有重大的历史意义,但它们正在迅速变化,并具有重大的当代意义。

第12章讨论了供应链管理中的一些关键关系类型,并强调了人员、流程和技术一致性的重要性,以确保这些关系是成功的。包括一个过程模型,它提供了一个循序渐进的过程来帮助发展和维持良好的关系。本章的总体内容包括组织内部以及供应商和客户之间的一致性需求。最后,提供了使用外包物流服务的相关信息,以及有效使用基于资产的物流服务提供商以及第三方物流和第四方物流来帮助实现供应链目标的一些指导。

第13章提供了对供应链绩效和财务分析的理解,以及有效实现与每个内容相关的各种目标的方法。讨论了包括良好绩效指标的特征,以及用于衡量供应链成本、服务、利润和收入的各种方法。损益表和资产负债表也非常有用,战略利润模型的使用为供应链的财务方面提供了额外的、有价值的观点。这些类型的分析还有助于理解和量化供应链服务失败的可能影响。最后的主题还包括利用电子表格软件功能来分析供应链决策的财务影响。

第14章重点介绍当今供应链管理中最重要的两个领域,即信息流管理和技术的使用。考虑到现有的新技术和分析方法的爆炸性增长,必须制定一项使用现有技术的战略计划,以支持供应链的开发、运作和评估。虽然在历史上,供应链在将物理产品从A点移动到B点过程中所起的作用被一直关注,但现在显然需要适当的技术来支持这些行动的最佳规划和执行。本章最后对影响技术选择和实施的关键问题进行了评论,并讨论了日益影响供应链的技术创新。

第15章确定了供应链的几个关键挑战和变革领域。本章首先重新回顾了供应链管理的几个关键原则,这些原则随着时间的推移保持其相关性。这些内容更新了我们对这些原则在当今供应链中所发挥的关键作用的理解,并提供了商业组织目前如何利用这些原则来提升其供应链的示例。本章讨论的关键领域包括:供应链分析、全通道、可持续性、逆向流动、3D打印、供应链中的人才管理。本章和正文本身总结了一些高水平的要点结论,这些要点有望提醒我们供应链管理的重要性,确定并实施新的有效方法来规划、管理和评估供应链的增长需求。

第 12 章

供应链联盟

学习目标

通过阅读本章,你应该能够:
- 了解供应链联盟的概念及重要性。
- 了解供应链关系的类型及重要性。
- 描述一个过程模型,使它有助于成功供应链关系的开发和维系。
- 认识到"协作"型供应链的重要性。
- 了解物流外包服务对于供应链的重要性,选择第三方/第四方物流服务的价值。
- 识别不同供应链选择不同程度的外包服务及其好处。
- 讨论以信息技术为基础的服务对第三方物流和顾客的作用。
- 了解顾客对第三方物流的满意程度及需要改进的地方。
- 理解物流外包服务将来可能的趋势。

供应链窗口

为什么战略联盟如此困难?

在今天高速发展的、以客户为中心的商业环境中,卓越的供应链绩效是企业保持竞争力的必备能力。全球企业之间的竞争愈发激烈,价值链变革导致了供应链功能的变革。目前商业领导者更为关注他们能从供应链中获得什么,尤其是竞争优势。

这些变革让供应链管理者开始关注整条价值链,同时这也让供应链成为企业高层经常关心的话题,供应链管理者希望能够从传统的成本和运营资本中寻找新的契机。那些供应链管理仅仅包含物流和仓储管理的日子已经过去了。当前更为重要的是,如何能把最为适合的流程落地执行,同时如何在管理层面快速对不断的变化进行反应。

联盟的过程看起来很简单,但是每个企业的总体方向不同,执行的目标就不同,而这对于供应链是否能够成功至关重要。在最好的情况下,供应链通过创建愿景和目标,帮助企业获得竞争优势,而不仅仅是对外部环境作出反应。

举个例子来说,亚马逊不断更新着零售行业的定义,同时塑造了顾客的新期望。亚马逊最初是图书和电子产品零售商,但是它不断扩大业务范围,并维系老顾客。随着亚马逊被人们不断使用,这种免费运输、第二天送达、低价和多样选择的购物形式已经成为顾客在线上和线下渠道的内在期待。其实,如果我们要仔细研究变革对于竞争优势的驱动作用,我们先要明白亚马逊获得成功并不仅仅因为它革新了网购体验,更在于它从供应链、实施流程多方面都完成了革新。

如果供应链上采用联盟战略的企业更容易获得成功,那么为什么并没有很多企业实行这一战略呢?其中一个原因就是供应链管理人员并不完全熟悉公司的战略方向,他们过于注重日常活动,而忘记了考虑全局性问题。要想在这一方面取得进步,首先了解通过改进供应链与整体企业目标和战略的一致性可以获得哪些挑战和业务利益是很重要的。比如,如果一个企业把"顾客"放在战略关注的首要地位,当它的客户服务水平出现问题时,对于顾客订单的整合管理流程就是它开始变革的很好的着手点。

要想进行成功的战略联盟,就要让人力、流程、科技等有效资源都参与到这一过程中。同时还要有执行、理解、定制、选取竞争优势的能力。我们也要通过数据分析进行决策,同样地,这也会驱动企业的变革并获得竞争优势。

12.1 引言

成功的供应链管理的一个显著特征就是能够在人员、流程、科技之间实现"联盟",这对于供应链的规划和运营方面是必不可少的。本质上,联盟是指能够强化供应链目标达成的一系列具有共同性的功用和目的。以下三类是常见的供应链管理中的联盟形式:

- 供应链和组织战略。组织要想成功,就要使自己和供应链整体的战略、计划、功用具有一致性。有时我们会说"意见一致",完成这一目标有利于供应链整体目标的实现。
- 供应与需求。原则上,供需关系能够帮助企业了解产品和服务将在何时何地提供给顾客,同时减少浪费,避免低效。
- 供应链和贸易伙伴。跳出组织的边界来看,在组织、供应商、顾客之间形成的同盟关系也十分重要。这一同盟的紧密程度将关系到供应链效果和效率的实现程度。

正如本书中所说,许多组织都十分注重与供应链上的合作伙伴保持紧密关系,其中不但包括供应商、顾客之间,同时包括各种不同类型的物流供应商。考虑到供应链管理的一个重要目的就是实现参与企业之间的协同合作,开发供应链上的"关系"就显得尤为重要。同时,"协作"被看作形成联盟的战略之一,这一战略对于有效维持关系有重要意义。

本章首先重点关注几种不同类型的供应链关系,并研究如何成功地发展和维持这些关系;之后,深入研究协作流程是如何在维系良好关系中发挥作用的;最后,我们会学习第三方物流行业的重要性及其创造价值的方式。最近几年,第三方物流行业得到了极大发展,被认为是一种有价值的物流服务供应源。所以,研究第三方物流如何与组织目标协同是十分必要的。

正如 Robert V. Delaney 在其报告中所说,关系将会推动物流行业的未来。在对目前电子商务不断上升及电子市场和电子交易的发展进行评论时,他说:"我们认识和感受到新技术本身及其释放出来的能量,但是,在我们疯狂拓展空间的过程中,所涉及的仍然是关系。"这一信息不仅抓住了开发物流关系的重要性,而且暗示了塑造关系的能力是未来成功的前提。同时,这一精髓在著名管理专家 Rosabeth Moss Kanter 的观点中也能找到,他认为,"身为一名好伙伴,已经成为一项关键的企业资产,在全球经济中,得到良好开发和维系富有成效的协作的能力给予了企业极大的帮助。"

12.1.1 参与程度

如图 12.1 所示,关系类型的范围从供应商向战略联盟延伸。在更为传统的"垂直"关系中,供应商仅仅表现为一项产品或服务的卖方,它们与买方或购买者没有或几乎没有合作。从本质上来说,拥有供应商的关系是"交易型"的,它与供应商相关的各方"保持距离"(也就是说距离很远)。

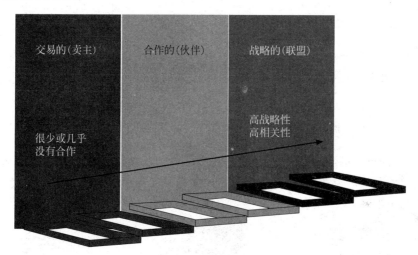

图 12.1 关系透视

虽然这种形式的关系反映出各方之间相对较低或者并不存在的参与度,但确实存在着一些类型的交易需要进行这种选择。例如,标准产品或服务的一次性甚至多次购买,显示出采用"保持距离"的关系非常合适。

战略联盟这种关系则表现为两家以上商业组织进行合作,自发地调整其商业目标和活动,以利于达成长期成果和目标。根据定义,战略联盟在本质上是战略性的,就参与组织而言,战略联盟是高度关系型的。这种类型的关系可以通过减少不确定性、增加沟通、提高忠诚度和建立共同远景、促进全球业绩的改善来使参与各方获益。与此同时,这种类型的关系面临的挑战包括参与组织需要投入大量资源、巨大的机会成本和高昂的转移成本。

伙伴关系更为倾向战略联盟这一端,它是一种定制化的商业关系。通过这种关系,所有各方比单一企业更有可能达到目标。伙伴关系经常被描述为"协作式的",这将在稍后进行深入讨论。

注意,在图 12.1 中所描述的各种情况中,不包含一个企业拥有另一个企业所有权(例如,垂直一体化)或创建合资企业的问题。合资企业是一个独立的法律实体,它反映了两个以上企业的共同合作。上面描述的各种情况都是伙伴关系或战略联盟以外的选择,它们反映出更大的参与度。考虑到它们代表着法律上不同的所有权形式,因此这里不对它们进行详细讨论。

不管属于何种类型,各种关系在很多方面都表现出差异。这些差异具体如下:
- 持续时间。
- 义务。
- 期望。
- 相互作用/沟通。
- 合作。
- 计划。
- 目标。
- 绩效分析。
- 收益和投入。

通常而言,大部分企业认为它们与其供应链合作伙伴之间建立的关系还有很大的改进空间,本章内容旨在帮助理解公司应采取什么样的方式来改进及增强其与供应链伙伴成员关系的质量。

12.1.2 成功开发和推行供应链关系管理的模型

图 12.2 列出了一个构建和维系供应链关系过程模型所包含的步骤。为了便于演示,我们假定模型是从制造商出发,它考虑的是同物流服务供应商(如运输组织、仓储业者等)建立关系的可能性。

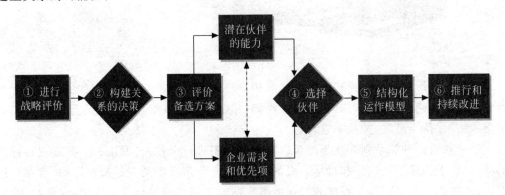

图 12.2 构建物流关系的过程模型

1. 步骤一:进行战略评价

第一阶段包括了供应商完全了解其物流和供应链,以及引导其运作的总体战略。从本质上来说,这部分包含物流审查行为。该审查对企业的物流和供应链行为进行透视,同时发掘大量的信息,这在考虑构建供应链关系的机会出现时会提供大量帮助。通过进行

审查,可以得到的信息包括下面这些类型:
- 总的业务目标,包括企业、部门和物流等几个方面。
- 需要评价,包括顾客、供应商和大的物流供应商。
- 战略环境要素和行业趋势的识别和分析。
- 目前物流网络的状况和组织在相应供应链中的定位。
- 基准或用于进行物流成本和关键绩效衡量的目标和数值。
- 目前和期望的物流绩效指标(数量和质量两个方面)之间"差距"的识别。

考虑到绝大多数物流和供应链关系决策的重要性和全部过程的潜在复杂性,在开始时了解每个方面需要的时间都是非常值得的。

2. 步骤二:构建关系的决策

根据制造企业想要建立的关系类型,这一步骤包含的决策内容可能会略有差异。当决定使用外部物流供应商(如货车运输企业、快递物流供应商、第三方物流供应商)时,首先要考虑的问题是该供应商是否能够满足需要。要作出该决策,我们推荐的方法是对该制造企业可能具有核心竞争力的领域进行仔细评估。如图12.3所示,一个企业如果想在某一给定领域具有核心竞争力,它需要具有专业技能、战略适应性和投资能力,缺乏其中任何一个或多个则意味着该服务采用外部供应商较为合适。

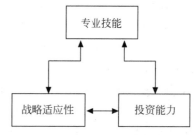

图12.3 拥有核心竞争力的必要条件

如果关系决策中包含了渠道伙伴(如供应商或顾客),决策就不需要太过关注是否应该建立关系,而应该关注何种类型的关系更为有效。但无论哪一种情况,何种类型的关系最为恰当都是一个需要回答并非常重要的问题。

Lambert,Emmelhainz 和 Gardner 都曾经就如何决定伙伴关系是否应该得到运用和应该考虑何种类型的伙伴关系进行过大量研究。他们的伙伴关系模型纳入了关系"驱动因素"和"促进因素"的识别。这一模型指出,要使关系具有较大的成功可能性,必须有正确的驱动因素和促进因素。

驱动因素被定义为"建立伙伴关系的驱使原因"。为了使这种关系能够获得成功,模型的原理是所有各方"必须相信它们将在一个或多个领域取得巨大利益,而这种利益不通过伙伴关系是无法获得的"。驱动因素是能够引入竞争优势的战略要素,它可以帮助企业建立恰当类型的业务关系。虽然还有其他要素值得考虑,但最先应该考虑的是下列要素:

- 资产/成本效率。
- 顾客服务。
- 营销优势。
- 收益稳定性/成长性。

促进因素被定义为"企业环境中促进伙伴关系成长和发展的支持性要素"。也就是说,它们是那种存在就能够保证关系获得成功的因素。主要的促进因素包括以下几个:

- 企业适应性。

- 管理哲学和技巧。
- 伙伴关系构建承诺的相关性。
- 在规模、财务能力等关键要素上的平衡。

此外,还有一些其他的要素被确认为成功关系的关键。这些要素包括排外性、共同的竞争者、物理相近、此前与该伙伴或另一伙伴协作的历史和共同拥有的具有较高价值的最终用户。

3. 步骤三:评价备选方案

虽然没有描述细节,但 Lambert 和其同事还是提出了一个方法用以衡量和比较我们所讨论过的驱动因素和促进因素。然后,他们提出了一种方法论,通过这种方法论,处在各个显著水平上的驱动因素和促进因素便可以反映出所要采用的最为合适的关系类型。如果看上去既不存在驱动因素,也不存在促进因素,那么最好建立交易型的关系,或者说保持实质上的"距离"。而当关系的所有各方都具有同样的驱动因素,同时也有促进因素存在时,结构化的、正式的关系就得到了保证。

在应用伙伴关系构建过程之外,通过与每一潜在伙伴的能力进行比较来对制造企业的需要和优先事项进行全面评估,这非常重要。这一任务不仅应该得到判断性衡量等有效的支持,而且应得到同最有可能的潜在伙伴进行个人访问与讨论的结论的支持。

物流的经理人员和管理者一般都会积极地介入建立物流与供应链关系的决策中,而其他的企业管理人员参与整个选择过程通常会很有好处。例如,营销、财务、制造、人力资源和信息系统的代表经常具有一些有助于讨论和分析的有价值的观点。因此,在建立伙伴关系和选择伙伴的决策中,保证整个公司范围内广泛的人员参与和投入非常重要。

4. 步骤 4 选择伙伴

这一步与顾客有着至关重要的关系,因此对物流或供应链伙伴的选择决策应该在对最有可能的候选者背景进行详细考虑的情况下做出。同时,高度建议对最终候选者的了解和相互沟通采用职业化的方式私下进行。

正如步骤 3 中所指出的,一些经理人员在关系构建过程中很可能扮演着关键角色。虽然如此,最终的选择决策得到一致同意还是非常重要的,它在很大程度上能够起到"收买人心"的效果,取得参与人士的认同。考虑到物流或供应链关系构建决策的战略重要性,保证每个人对所做决策有着一致认识和对所选择的企业有着一致的期望是至关重要的。

5. 步骤 5 结构化运作模型

关系结构指的是将用于构建和维系关系的行为、过程和优先事项。Lambert 及其同事指出,这些构成部分"使得关系具有操作性,同时帮助管理人员获取建立伙伴关系的利益"。运作模型的构成部分可以包括以下部分:

- 计划。
- 联合运作控制。
- 沟通。
- 风险/回报共享。
- 信任和承诺。

- 合同类型。
- 关系涉及范围。
- 财务投资。

6. 步骤6 推行和持续改进

在建立关系的决策作出和关系的结构性元素得以确认后,意识到关系过程中最具挑战性的一步刚刚开始非常重要。新关系的复杂程度存在差异,因此总的推行过程可能相对较短,也可能会持续很长一段时间。例如,环境中存在巨大变化,制造企业的物流和供应链网络需要进行改造,那么整个推行过程就会耗时更久。在一个变化较为缓和的环境中,成功推行的时间则会缩短。

最后,关系的成功取决于参与企业进行持续和突破性改进的能力。如图12.4所示,在持续改进过程中,有一系列步骤需要考虑。此外,应将改进方向努力引到进行突破性或"范式转变"类型改进的方向上去,这对于增强关系的功能和参与组织的市场地位至关重要。

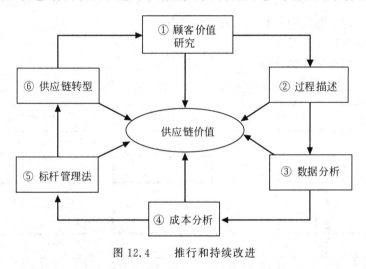

图12.4 推行和持续改进

12.1.3 协作型关系的需要

目前,当参与各方进行协作时,供应链关系最为有效。协作可以视为一种"商业行为,鼓励各个企业为了全体利益共享信息和资源"。根据迈克尔·哈默的说法,协作使得企业"在运营中同其他企业相结合,从而共同取得它们无法单独取得的良好绩效"。他还说,互联网使得供应链参与者之间很容易进行交易,以及访问彼此的信息,此时,协作成为一种事实。虽然当我们想到协作时,想到的都是人们在一起工作的场景,但是实际上这一概念可以延伸到人、流程、科技多个领域。

这种方法可以创造出一种互相促进的商业环境。在这种环境中,各个部分相加后的效果会比总体更优。对于大多数企业而言,特别是那些提供类似或竞争产品或服务的企业,不是自然而然就能够产生的。以物流为例,消费者产品制造商有时就会费很多力气保证其产品从工厂运出后能与不同竞争企业的产品一起进入顾客的配送中心。虽然这种实践不具有确定的逻辑性,但参与各方协作和共享资源的意愿的确能够创造出极高的物流效率。由于竞争产品从配送中心运到零售店后，零售商经常把它们混在一起，此时的协作也变得富有意义。当组织拒绝协作时，真正的损失可能会超过潜在的收益。

很简单，当公司之间一起为了共同的利益而进行合作时，"协作"就发生了。很难想象物流或者供应链服务的改进仅由一家企业即可完成，因而有效的关系就显得很有必要。协作远非不清楚的伙伴关系的描述或者联合的利益，而是它们之间可以基于运营而进行协调，从而有着比单个企业更好的绩效表现。协作可以创造出一种互相促进的商业环境，在这种环境中，各个部分相加后的效果会比总体更优。协作是一种商业实践，具体操作时需要注意以下几项：

- 所涉及伙伴之间在协作时要有易于理解的明确的目标。
- 信任和奉献精神。
- 组织和睦相处、及时沟通。
- 平等分享利润和损失。
- 伙伴所创造的共同利益大于各单体之和。
- 持续不断地主动提升。
- 有引导协作的战略计划。

如图12.5，以下描述了三种重要的协作类型：垂直的、水平的、全方位的。

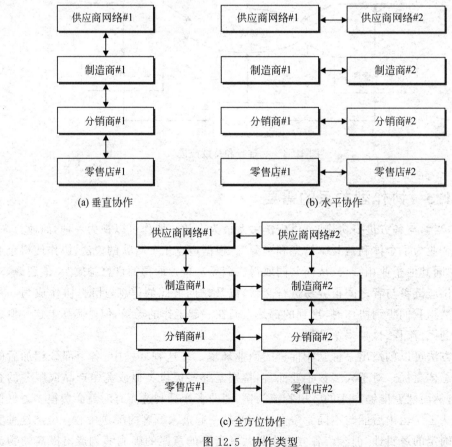

图12.5 协作类型

1. 垂直协作

指在供应链中与垂直的供应商或者顾客进行合作,就像传统供应链中企业间联系——零售商、分销商、生产商及零部件供应商的关系一样。供应商和顾客之间的交易可以自动调节,从而显著地提高效率。企业可以共享计划及提供共同的可见性,从而使伙伴改变行为。典型的垂直协作的例子是协作计划、预测、补货系统(CPFR),销售和运营计划(S&OP),集成业务计划(IBP)。通过直接分享销售预测、销售网点信息等关键内容,这些方法都有可能帮助买卖双方更好地安排需求和供应。

在本章的下一节中,提供物流外包服务的供应商也是供应链中重要的参与者。通常来说,这些企业能够帮助供应链上的企业之间形成关系,所以其与垂直协作的概念也有紧密联系。

2. 水平协作

指买方企业之间或者供应商之间,甚至竞争者之间的一种合作关系。本质上,在物流或供应链流程中平行的,或者协同运营的企业之间通过这种协作进行商业安排。一个水平的关系可能会被认为是两家或多家供应商企业之间以信任、合作、风险共享、共同投资为基础,达成服务协议的关系,最终为了达成共同目标。每一家企业都应该在自己擅长的专业领域出力,同时与供应链上的其他企业提供的服务相整合。一个行业中的典型例子就是两个或更多的供应商进行合作,从而提高整个供应链的效率和效益。其他例子也包括一家运输企业与一家负责仓储的企业合作,为同一个客户提供服务;或是一家第三方物流企业与负责科研软件的公司进行合作。这些企业在物流过程中,享有同级的、平等的关系,从而联合协作以准确、高效地完成供应链客户的需求。

3. 全方位协作

指水平和垂直协作之间的一种动态联合。只有通过充分的协作,效率才能得以巨大的提高。通过全方位协作,链上所有成员均能获益。这种共担风险、共享收益的"协同至上"的方式有利于协作的成功。

在现实中,成功的协作需要克服很多障碍,例如,不愿变革、企业之间目标相互矛盾、目标和KPIs不稳定、缺乏信任、不愿共享信息、缺少管理层支持等。另外,成功的供应链协作能够带来的好处有:聚焦于供应链核心竞争力、知识和信息共享、更好地反映客户需求、建立比较优势以及更有效更紧密的关系。

延伸物流组织并超越公司界限的一种方法是,通过使用第三方物流供应商或签订物流服务合同。接下来将提供一些背景信息,用以定义这种物流供应商及所应包含的服务。

12.2 第三方物流——行业概况

虽然对于第三方物流(3PL)有很多不同的定义,但是大体来说,这个词是指代表客户,为他们提供或替他们管理物流服务的企业。在过去的二三十年间,企业为了不再自己进行物流运营,会选择其他的物流服务提供商,所以第三方物流行业得到了快速发展,其对于供应链的整合能力和反应能力也在不断提升。虽然企业也想自己在内部进行专门的物流管理,但是日益壮大的全球第三方物流提供商为它们提供了另一项选择。

第三方物流的变革正在进行中,许多企业也逐渐关注如何优化与供应商之间的物流管理服务,从而更有效地与供应商协作,同时更好地服务客户,提高物流及供应链的效益和效率。

物流在线

协同配送能够帮助企业实现战略目标

在 2015 年 4 月发布的 *Inbound Logistics* 这篇文章中,作者 Lisa Terry 对于"协同配送"这一话题进行了深入探讨,她认为协同配送能够实现资产效用最大化、降低运输成本、提高顾客满意度。通过提高在运输领域的运营效率,协同配送的方式还能有效减轻司机短缺问题带来的负面影响。文章中有多个例子说明了如何通过协同配送优化供应链,选取的几个范例如下:

- 著名饮料企业 Ocean Spray 过去一直把产品从位于新泽西州的博登敦的配送中心,运送到相距 1 000 多英里的位于佛罗里达州的雷克兰的配送中心。它的竞争对手 Tropicana 用有冷藏功能的车厢运送货物,从附近的 CSX 运到新泽西。Wheels Clipper,伊利诺伊州伍德里奇市的一家第三方物流提供商,提议使用联合运输模式,在从新泽西到佛罗里达这段路程中,让 Ocean Spray 使用 Tropicana 的空车厢进行运输。
- 得克萨斯州的达拉斯的一家第三方物流企业 Transplace 将两名从前并不相关、在同一条运输线路上有着截然相反的问题的顾客进行了匹配。Dal-Tile 是一家瓷砖和石料供应商,它们运送的货物经常超重;Whirlpool,一家电器制造商,它们送的货物经常装不满卡车。每家企业都只能发挥五分之一的运输能力。Dal-Tile 和其他企业联合,进行协同配送,现在这些合作伙伴还包括 Convermex,一家塑料餐具生产商;还有 Werner Ladder,一家铝制和玻璃纤维梯子生产商——在流程和资源成本方面的净回报率一直保持在 20%~30% 之间。
- 好时和费列罗既是竞争关系,又共享仓储、运输和配送设备,在北美联合形成了一条供应链。它们的目标是,通过减少运输工具的数量,提高供应链效率,强化供应链竞争力,减少二氧化碳排放量,降低能源消耗。
- Tupperware 和 P&G 在欧洲区的经营都选择比利时作为产地,将货物大量运往希腊——Tupperware 采用拖车运输,经常装不满拖车;P&G 采用联合运输模式,常常超重。通过联合运输模式对两家企业需要运输的货物进行合并,货物装载率从 55% 提升到了 85%,并在运输总车费上节省了 17%。

正如这些例子所展示的,参与协同配送的企业有时可能来自不同行业,但是通常运输不同种类的货物、服务对象是不同的客户。CPG 或汽车零件供应商经常能实现协同配送,因为它们有共同收货人。有时,同一个母公司下的不同部门会聚集在一起实现协同。在少数情况下,协同伙伴是直接竞争对手。

12.2.1 第三方物流的定义

从本质上讲,第三方物流企业可以定义为执行某一企业全部或部分物流职能的外部供应商。这一定义扩大了第三方物流的范围,将运输、仓储、配送和财务等服务的供应商都包含了进来。"真正的"第三方物流还存在着共有的特征,我们将在后面对此进行讨论。此定义包含了多种物流行为,所有这些行为都得到了"整合",或者说统一管理,它们提供物流/供应链问题的"解决方案"。

根据企业和其在行业中的地位,合同物流(Contract Logistics)和外包(Outsourcing)有时用来替换第三方物流。一些行业的经理人员努力对这些词汇进行区分,可以肯定的是,这些词汇指的都是外部物流服务供应商的应用。除了合同物流的含义中包含某种形式的合同或正式协议,本书不认为它们之间在定义上存在独特区分。虽然大多数使用第三方物流都会与对方签订合同来明确合同条款,但是还是有一部分企业不会与物流供应商签订正式合同。

虽然第三方物流是一个日常用语,但是其中包括很多种不同类型的买卖双方物流活动参与者,从第一方物流到第五方物流。

- 第一方物流(1PL)——供应链上的产品发货方或接管方;
- 第二方物流(2PL)——以资产为基础的物流提供方,提供供应链上货物的实体运输服务。许多这类运输方式都在 11 章中有详细叙述;
- 第三方物流(3PL)——作为客户的委托人,提供物流服务或管理物流;
- 第四方物流(4PL)——提供更大范围的服务,从而帮助整条供应链的运营;
- 第五方物流(5PL)——整合第三方物流服务,达到较大规模,从而在物流服务提供商面前有更强的协商能力。

图 12.6 展示了供应链范围内,发货商和接管商可以选择的不同类型服务。这个阶梯以"内包"为基础,在这一层级,发货商和接管商自己组织物流。之后,随着战略参与程度升高,出现了 3PL、4PL、"剥离"物流等更多选择。以下详细信息可能会帮助理解:

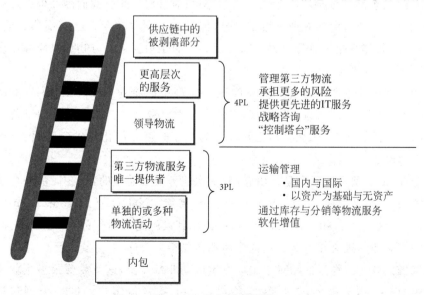

图 12.6 外包进阶阶梯

- 第三方物流(3PL)——物流服务的提供者或供应链上物流服务的管理者。第三方物流企业通常提供运输、仓储、分拣管理、过关手续费、过关清点、合同签订、货运代理等服务。通常这类企业不是以资产为基础的,这也就意味着这些企业提供的服务来自其他资产型供应商,比如卡车公司、仓储公司等。第三方物流供应商通常负责一种或多种类型的物流服务,也有可能是整条供应链物流服务的唯一提供者(指管理所有客户和客户所需的物流服务)。
- 第四方物流(4PL)——这类供应商不但为客户提供一个范围更为广泛的服务,而且相比于第三方物流,它们在战略层面有更多的参与。实质上,一家第四方物流企业是负责"集成并管理来自自身和其他企业的各种资源、能力、技术,从而提供更为全面综合的供应链解决方案"。正如图12.6中所示,一些第四方物流企业提供的增值服务包括整合第三方物流服务,承担第三方物流的风险,提供更为先进的 IT 服务,战略咨询,以及作为"指挥塔台"全面地观察整条供应链。
- 供应链中被"剥离"的部分(Spin-off)——是最近的一种创新,指一家企业将自身的某一项业务剥离或转卖给其他企业,从而提高核心竞争力。这类创新的例子有 Tommy Hilfiger 和 Liz Claiborne 将自己的供应版块卖给了香港的利丰集团。利丰集团是一家全球性的整合资源和组织生产的企业,有很多企业正将自己的部分业务转卖给利丰,来提高整体能力,提升供应链绩效。

12.2.2 第三方物流供应商的类型

虽然做第三方物流的行业细分的供应商并没有明显的劣势,但是第三方物流的一个显著趋势就是提供的物流和供应链服务越来越全面化、综合化。第三方物流企业包含的类型有运输型、仓储/配送型、代理人型、财务型和信息型。此前我们已经根据历史发展趋势,对于第三方物流行业的企业进行了划分,但是这一划分在今天已经不那么适用,因为许多第三方企业都在超越自身边界不断发展。下面是根据第三方物流供应商本质上如何形成进行的一系列划分。

- 运输型——包含在运输型供应商这一类型中的企业有 FedEx 物流、UPS 物流、DHL 物流、Ryder、施耐德物流,它们中的大多数是大型运输企业的子公司和主要部门。虽然 XPO 物流公司已经成长为一家高度专门化的供应链服务企业,但是它也属于这一种类。
- 仓储/配送型——通常是指由仓储、配送业务发展而来的,现在提供综合性供应链解决方案的企业,如 CEVA 物流、DS 物流、Exel/DHL、Geodis、Penske 物流、Saddle Creek 公司。经验表明,这些依靠其设施进行运作的企业发现它们向整合物流服务的过渡并没有运输供应商那样复杂。
- 代理人型——物流活动对于全球商贸流动非常重要,这就需要很多企业从资产型企业购买运输服务,之后转卖给供应链上的其他客户。这一类型包括 C. H. Robinson、DHL、DSV、Hub、Kuehne & Nagel 集团。

- **财务型**——这些企业提供的服务包括运费支付与审计,成本计算与控制,用于监督、预约、跟踪和管理存货的物流管理工具。这一类型的第三方物流供应商包括 Tranzact 科技公司、CTSI、Cass 信息系统。
- **信息型**——近年针对运输和物流服务的信息型、B2B 和电子市场已经出现了极大增长。因为这些资源有效地向那些需要购买运输和物流服务的企业提供了另外的选择,可以认为它们是一种新型的、创造性的第三方供应商。例如,Transplace 公司专注通过定制化服务方案和高科技,满足顾客需求,提供高效先进的第三方物流服务。
- **子公司**——第三方物流主要是由大型运输或生产制造企业的子公司和主要部门发展来的。其中包括 Neovia、IBM 全球商业服务、Odyssey 物流。虽然企业内部的运输部门有可能发展成为独立的第三方物流企业,但是真正实现的寥寥无几。

12.2.3 第三方物流市场及其范围

全球市场和国际贸易还需要继续发展,这直接导致了对于物流和供应链服务的需求增大。表 12.1 是摘录于 AA 公司统计的 2013—2014 年间不同地区第三方物流行业的收入以及和前两年相比的增长率,和 2006—2014 年的复合增长率。CAGR 提供的数据显示,亚太和北美地区年增长率在 10% 左右,北美地区年增长率为 4.3%,欧洲的增长率更小。通过观察 2013—2014 年全球第三方物流行业收入,尤其是和前两年的数据相比较,我们可以发现北美、欧洲和亚太地区有显著增长,但是南美却下降了 6.7%。除了南美最近的特殊情况之外,其他地区的行业增长率都和经济发展相一致。

表 12.1 2013—2014 年 3PL 收入增长

地区	2013 年全球 3PL 收入（10 亿美元）	2014 年全球 3PL 收入（10 亿美元）	2013 年—较 2014 年增长率	2012 年—较 2013 年增长率	2011 年—较 2012 年增长率	2006—2014 年的复合增长率
北美	$177.3	$187.6	+5.8%	+2.9%	+6.7%	+4.3%
欧洲	158.1	174.4	+10.3%	+.01%	−2.6%	+0.7%
亚太	255.6	269.6	+5.5%	+5.3%	+23.6%	+10.2%
南美	44.9	41.9	−6.7%	+3.0%	+12.4%	+8.1%
其他地区	69.0	77.2	+11.9%	−.01%	+6.4%	
合计	$704.9	$750.7	+6.5%	+2.7%	+9.9%	

图 12.7 展示的是近 20 年来美国第三方物流行业的年收入额。收入总额由 2000 年的 566 亿美元增长到了 2014 年的 1572 亿美元,大约相当于 2000 年的三倍。这一数字在 2018 年达到 1958 亿美元。有趣的是,虽然这些年来收入额呈增长态势,但是在 2009 年由于经济衰退,收入额不增反降。

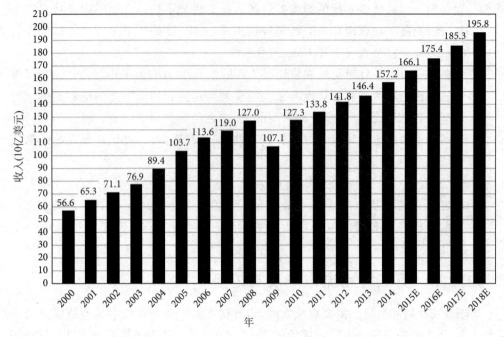

图 12.7　2000—2018 年美国 3PL 年收入

12.3　第三方物流调查研究——行业详细情况

　　John Langley Jr. 博士和 Capgemini Ernst & Young 及 Ryder System 公司在持续进行一项名为"第三方物流研究：顾客视角"的大型调查研究。2016 年第 12 期的《第三方物流研究》从第三方服务的顾客和用户的视角对全球第三方物流行业进行了深入全面的分析。这一研究为研究第三方物流行业的情况提供了信息来源，同时他们也会关注到对于用户和提供者都很重要的特殊问题。

　　调查收集第三方物流行业信息的方法主要有：

- 通过网络调查第三方物流行业的使用者和供应者。调查主要是面向发货公司在物流或供应链组织方面进行管理或领导活动的员工，和第三方物流企业中负责执行的员工。这些顾客调查遍布很多领先行业。
- 采访一些参与采购、使用或供应过程的第三方物流服务的专家，以及咨询同行业的其他专家，还有其他同样对这一领域感兴趣的有独到知识见解的人。这些采访可能是以电话或会面的形式进行，它们是很有价值的信息来源。
- 在指定城市组织第三方物流行业的使用者召开研讨会。

12.3.1　物流外包活动的特征

　　图 12.8 描述的是 2016 年全球不同地区具体外包的物流服务活动。基于这一数据，我们可以看出，最常外包的物流服务是那些操作性的、交易性的及可重复性的。最常外包

的物流服务包括国内运输(80%)、仓储(66%)、国际运输(60%)、货运代理(48%),过关业务(45%)。这表明,那些不常外包的服务通常是与顾客相关的,涉及信息技术的使用,本质上也更具有战略意义。

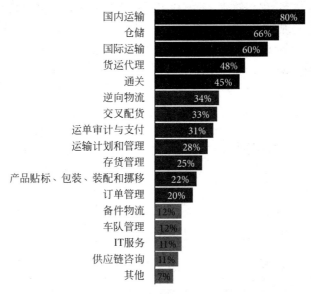

图12.8 物流外包服务

顾客对第三方物流的体验这个战略问题应该从所提供服务的广度和深度进行准确定位。在近年的研究中发现,第三方物流使用者有非常赞同"第三方供应商应该提供一系列范围广泛的综合性服务"的,也有赞同"第三方物流只能提供有限的物流服务"的。这意味着客户方面对单一来源的解决方案或提供一体化物流的"领导型物流管理者"这两类服务都有需求偏好。

1. 第三方物流使用模式和第三方物流服务

根据2016年第20期年度第三方物流报告,第三方物流的使用者将50%的物流费用用于外包。在2015年这个数字还是36%,在2014年是44%。物流总费用包括运输、配送、仓储和其他增值服务。

2. 使用第三方物流的好处

2016年的第三方物流研究报告显示,70%的第三方物流使用者和85%的第三方物流提供者都声称使用第三方物流能够降低物流总成本。不但如此,75%的第三方物流使用者和88%的第三方物流提供者都表示第三方物流是提高物流效率的创新方法。

关于第三方物流企业和发货人之间的关系,有一个"结盟"的概念,它们需要在目标、角色职责和很多战略运营问题上达成一致。第三方物流企业和客户之间的公开度、透明度、高效沟通日益重要,双方都需要一定的效率、灵活性、柔性来适应当前和未来商业上的诸多挑战。

同时,"利益共享"和"协作"对于第三方物流和发货商来说,都是维持关系过程中的有效方法。2016年第三方物流研究显示46%的第三方物流使用者和81%的第三方物流提供者都同意与其他企业合作,甚至与竞争对手合作,来降低物流成本,同时优化服务。

12.3.2 信息技术的战略角色

在第三方物流的年度研究报告中,第三方物流使用者和提供者都被问到"要想在你的行业中成功地服务顾客,哪些技术、系统和工具是必须掌握的?"这个问题通常会带来很多既有趣又有深度的发现,今年也不例外。

总体来说,第三方物流所需要的最常用的技术是那些具有更多执行和交易能力的。比如,仓库管理系统(WMS)、物流运输管理系统(TMS)、可视化、电子数据交换(EDI)、使用网络传输和更新相关订单信息。实质上,这些科技和之前提到的物流服务能够实现配套。表 12.2 总结了其中一些常见的信息技术。

表 12.2 3PL 公司常见的信息技术

承运商	供应商
1. 运输管理(执行)	1. 电子数据交换
2. 电子数据交换	2. 运输管理(执行)
3. 运输管理(计划)	3. 客户订单管理
4. 库存/分销管理能力	4. 运输管理(计划)
5. 可视化(订单、装运、库存等)	5. 可视化(订单、装运、库存等)
6. 利用网络进行订货、订单追踪、库存管理	6. 利用网络进行订货、订单追踪、库存管理

物流在线

技术协作有利于增进第三方和顾客之间的关系

1996 年的《哈佛商业评论》中有一篇文章表示,平衡计分卡在协调个体、团队、部门目标方面可以起到很大帮助作用。虽然这一方法在实际应用中成功了,但是现在的供应链更为复杂了,联盟也更为困难。所以,供应链参与者之间协作的情况越来越多,比如发货人、承运人、仓储人之间的协作。为了进一步促进他们的合作,一种新型的基于云的协作技术正在被投入使用。

"明确和不断优化内部流程是获得成功的要素,尤其是与客户相关的流程",Sunland 物流的执行副总裁 Elijah Ray 说道,"就像 W. Edwards Deming 说的那样,能够衡量是管理的前提。"Ray 作为精益六西格玛管理黑带获得者和美国质量协会认证的质量管理培训师,也十分认同这个观点。"Sunland 致力于和顾客共同进行流程整合,顾客永远是流程中的优先考虑要素。"

Bill Fisher 是 Gap、Diptyque 和 Lanetix 的董事会成员,他说:"通过使用基于云的成本方案,成本降低到了之前从未有过的水平,发货人也能和物流供应商更紧密地合作,从而实现他们的共同目的、计划,团队之间也能达到联盟的效果。"

其实很多类似 Sunland 物流这样的供应链创新者都在使用基于云的计分卡,其中包括从客户服务水平角度出发,对于个人和团队 KPI 的考量。他们在电脑、智能手机等设备上安装仪表盘,为客户提供来自专家的建议。Elijah Ray 表示他们内部的领英软件可以帮助他们找到与顾客合作的最佳人选,这样顾客的个性化问题都能得到相关方面专家的解答。

　　Bill Fisher 对于供应链初创者大加赞赏,"在供应链上实现了零售商和生产商的联盟是最成功的——将物流服务提供商和承运商联合起来——这个一体化计划需要灵活的、基于云数据的协作应用程序支持。"

　　图 12.9 重点关注"信息技术差距",即每年第三方物流企业认为"信息技术能力对于第三方来说是必需技能"、顾客认为他们"对于第三方提供的信息技术服务感到满意"的百分比之差。虽然信息技术差距逐步缩小,但是很显然很多发货人并没有通过第三方将所有信息技术都进行实际运用。导致这个信息技术差距的原因还包括发货方对于信息技术的需求是复杂的,他们自身的技术水平就需要得到提升。并且顾客和供应商的关系、和供应链流程的关系也会对技术的应用产生影响。这一关系的动态变化会影响到第三方物流和客户在信息技术方面的合作。

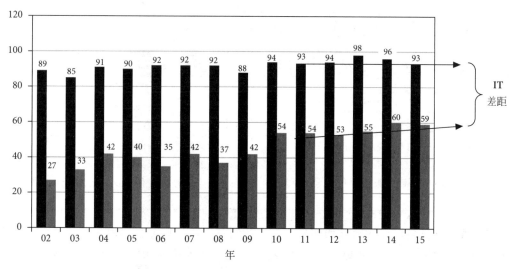

■ 3PL所必需的IT技能(%)
■ 顾客对3PL技能的满意度(%)

图 12.9　信息技术的差距

12.3.3　管理和关系问题

　　今天,第三方物流行业对构建和维系成功关系能力的需求变得非常紧迫。虽然第三方物流的供应者和使用者都在不断提高它们的能力,以创建更具成效、更具效率和更令人满意的业务关系,但媒体上还是报道着失败关系的例子。那么,这里有一个非常重要的问题——我们做些什么才能在此领域有所改善呢?

　　早年前有关第三方物流研究有一个非常有意思的发现,即物流领域的主要管理者最清楚是否需要第三方物流服务。虽然有证据表明主席、CEO 或财务总监在很多时候都认识到了对该种服务的需要,但来自其他领域(如制造、人力资源、营销和信息系统)的主管们也认识到了这种需求（只是程度低了一些而已）。当我们关注第三方物流关系的执行情况时，很明显，信息系统的主管正越来越多地投入其中。考虑到信息技术在今天许多物流和供应链流程中的关键作用，这也就不令人惊奇了。

一个很有意义的话题是，对企业来说，选择第三方物流服务商进行合作所考虑的重要因素有哪些。基于最近的年度第三方物流调研显示，两项较流行的选择因素是3PL服务的价格及运营服务的质量。除此之外，其他重要的因素还包括地理上的可得性、对提升服务水平的预期能力、价值增加的物流服务的可得性安排及相应的信息技术。

当然，成功的3PL关系可以为3PL企业及其客户建立合适的角色及责任体系。近年来的研究认为，"混合型"管理结构是管理第三方物流关系的有效途径，尽管有时候运用第三方物流也就是简单地将"所有物流活动转交给"外包供应商。这实质上反映了客户企业期望在运作过程中拥有足够的权力，以保证对绩效情况进行考察或建立"信任"关系。虽然绝大多数客户企业对于物流领域职能战略上的制定及方向上的设定保持着（恰当的）控制力，运营管理的混合型方式仍然是应对成功管理第三方物流与客户关系挑战的革新性方法。表12.3描述的是3PL提供商及其顾客之间的一些相互期望。

表12.3　第三方物流服务提供商（3PL）与顾客之间的相互期望

顾客对3PL的期望	3PL对顾客的期望
• 更高水平的服务及执行	• 共赢，与公司长期的关系
• 信任、开放以及信息共享	• 信任、开放以及信息共享
• 解决方案的创新以及关系的重新开发	• 合理地安排资源
• 进行执行层次的支持（帮助）	• 清楚地定义服务水平
• 与顾客战略相一致的服务提供以及深入的产业知识	• 基于信用的责任以及完全公平的价格

最后一个重要问题是顾客如何看待它们的第三方物流服务提供商。近三分之二的人认为3PL提供的是运营、策略层面的服务，三分之一的人认为3PL提供的是战略性、一体化的服务。尽管我们有理由认为战略性、一体化的合作关系优于前一种关系或比前一种关系更进一步，而事实上最好的关系发生在物流及供应链需求能被满足的客户与企业之间。现实中的确有一些非常好的关系是战略性、一体化的，但也有一些关系是运营、策略层面的，这也是与顾客的需求相一致的。

12.3.4　顾客价值体系

通常，研究中的第三方物流使用者认为它们的外包措施是成功的。事实上，80%～90%的使用者会给他们的第三方物流服务评级为"极其"到"一定程度上"的成功。

基于第三方物流使用者的视角，他们在某些方面鼓励第三方物流提供商抓住机会进行提升，其中包括：

- 实现对于服务水平的承诺。
- 削减成本。
- 避免在关系建立后，价格上升，但成本也随之上涨的情况。

- 关系建立之初有效的引导和激活。
- 建立有意义及可信任的合作关系。
- 信息技术能力。
- 全球化能力。
- 战略管理或者以知识为基础的技能。

总的来说,它表明一旦关系建立,则需要满足服务水平和成本目标,以及避免(对顾客来说)不必要的价格上升。当然,一些第三方物流企业还需要改进其战略管理、技术,以及以知识为基础的技能。这也表明顾客的预期没有得到满足。

12.3.5 物流战略视角及第三方物流的作用

在过去 10~15 年中,一个显著的成就是明确了物流外包模式的有效性,特别是第三方物流服务提供商的作用。展望未来,我们已然发现人们对于第四方物流的接受程度正日益提升,就像当前人们在 3PL 服务上的花费在增长一样。当然,应对顾客对物流及供应链需求的动态变化,外包的商业方案也需要相应地逐步精深化。

为了总结物流外包服务作为供应链关系的一个关键要素的讨论,表 12.4 识别了一些趋势,用以指导未来 3PL 部门的发展。不管这些趋势如何快速地变成现实,物流外包都可能是未来物流和供应链管理成功的中心及关键所在。

表 12.4 第三方物流供应商未来的发展趋势

• 持续地扩张、重组和强化第三方物流产业	• 信息技术能力逐渐成为更好的区分器
• 对于全球市场及所需服务的扩大	• 致力于更新、加强、改进第三方物流服务提供商与顾客的关系
• 持续扩大供应链所能提供的服务产品,注重商业流程的外包	• 强调关系的重新开发、建立持续改进的机制以及注重解决方案的创新
• 两级关系模型(战略性的和策略性的)	
• 逐步增加第三方和第四方物流提供商进行战略性服务的范围	

小结

- 企业间有很多种联盟形式,它们对于供应链管理的成功都有至关重要的作用。
- 就参与程度而言,公司间的关系所跨越的范围从交易型延伸到关系型,采取的形式有供应者、合作伙伴和战略联盟。
- 开发和推行成功的关系有六个步骤。这六个步骤对于供应链关系的构建和成功至关重要。
- 协作关系无论是垂直的还是水平的,对于达成长期的供应链目标来说都是非常有用的。垂直关系的一个例子是买卖双方之间,水平关系的一个例子是消费者可以选择的互补性产品的不同供应商之间。
- 第三方物流可以定义为"执行某一企业全部或部分物流职能的外部供应商"。理想的情况是,供应商提供多种物流服务,并且在管理和交付过程中对它们进行集成。
- 对于第四方物流提供商的需求日益增长,因为它们可以提供广泛的整合供应链服务。
- 第三方物流服务提供商可以分为运输型、仓储/配送型、代理人型、财务型和信息型。
- 用户体验表明,第三方物流在很多领域得到应用,最为流行的是运输、仓储、过关清点手续、货运代理。
- 不使用第三方物流的企业有很多原因,但使用第三方物流的企业在决定使用时却常常存在相同的原因。
- 顾客在信息技术方面对第三方物流供应商有着巨大的需求,同时它们也认为第三方物流把这种需求放在了优先位置。
- 虽然大多数顾客对现存的第三方物流服务表示满意,但仍有很多要求改善的建议。
- 顾客通常对第三方物流的战略性应用有着很高的期望,同时也认为第三方物流是供应链成功的关键。

复习思考题

1. 如何区分联盟、关系和协作?
2. 供应链关系的基本类型是什么?它们之间有哪些不同之处?
3. 如何对供应者、合作伙伴和战略联盟进行区分?这些类型应当在哪种情况下使用?
4. 如何才能构建自己的"核心竞争力"?请举例说明。
5. 描述成功构建和推行供应链关系的过程模型所包含的步骤。你认为哪一(些)步骤是最重要的?
6. 成功的供应链关系最常见的"驱动因素"和"促进因素"有哪些?
7. 供应链组织间合作是什么意思?具体有哪些合作的类型?
8. 有哪些基本类型的第三方企业?哪些类型最为流行?
9. 第四方物流提供商会提供什么类型的服务?
10. 较多进行外包的物流活动有哪些?哪些较少进行外包?
11. 为什么有些企业选择不使用第三方物流企业的服务?
12. 客户/顾客在哪些方面依靠第三方物流的参与获得信息技术服务?
13. 客户/顾客对第三方物流服务的满意程度如何?评价和选择第三方物流的决定因素中,成本、绩效和价值创造的相对重要性如何?
14. 客户/顾客在何种程度上以战略眼光看待第三方物流供应商?有何证据证明这将在未来发生改变?预计将会发生何种改变?

案例 12.1　Quik Chips 公司

　　Quik Chips 公司成立于 2012 年,是由五家相互竞争的半导体芯片生产商合资组成的,芯片主要用于智能手机和平板电脑。QC 提供很多电子商务服务来满足客户日益增长的对于昂贵芯片的需求。虽然对于半导体芯片生产商来说,与竞争对手进行联盟这一策略还比较新颖,但是 QC 却为消费者提供了供应链服务。

移动技术的变革升级。几年来对于智能手机和平板技术的需求越来越大,市场对于能够运行多种应用程序的芯片,能够支持用户界面、短信编辑、游戏、GPS 和高度交互程序运行的芯片都有很大需求。这使得很多公司都在这一业务领域进行生产,尤其集中在一些特定的地区,比如亚洲、南美、东欧。生产商们考虑到市场对于更为昂贵、更复杂的芯片技术的需求,开始对供应商提出快速配送的要求,而不再对芯片保留大量安全库存。

QC 公司的竞争力。QC 为生产商提供三种增值服务:(1)网站运营;(2)供应链;(3)物流。QC 自身并不拥有、计划、生产或投保库存,也并不直接把移动设备卖给生产商。这些生产商给 QC 下达指示告诉它何时、何地进行操作,之后 QC 提供一站式服务,确保客户在正确的时间和地点收到货物。虽然 QC 的经理办公室在新加坡,但是它在中国深圳、巴西圣保罗、捷克的布拉格都有配送中心。

QC 同时为其生产商提供电子商务服务,通过网站运营将交易数据以标准化格式从顾客方传到生产方。对于数据传输设置的"路径"使其他成员以及生产商高效运营。

组织和会员制。QC 提供上述服务并不是为了盈利。其他芯片生产商经过申请、缴纳会员费并使用 QC 的服务之后,就可以成为合资企业中的一员。所有成员都可以使用QC 的全部服务,并根据 QC 投入的运营成本衡量费用。

√ 案例问题

1. QC 中的成员企业的价值组成要素有哪些?QC 所服务的移动技术生产商的价值组成要素有哪些?
2. QC 中的成员企业节省成本的来源有哪些?
3. 要想获得合作成功,移动技术生产企业需要如何与 QC 协同合作?

案例 12.2　HQ Depot 公司

对于 HQ Depot 公司来说,6、7、8 月存在许多挑战。8、9 月的开学季带来巨大的市场需求,这家以芝加哥为基点的零售商必须增加产品量以适应需求。HQ Depot 是一家全渠道零售商,主要经营电脑、打印机、笔记本之类的办公用品和学习用品。HQ Depot 的大部分货物从一些新兴市场进口,比如中国、印度、越南、菲律宾、墨西哥。

考虑到 HQ Depot 现在所处的市场在价格方面竞争十分激烈,大部分进口产品都由集装箱船运到美国西海岸的港口,然后通过联合运输模式和卡车运到芝加哥、亨德森、格林维尔。通常情况下,这些货物通过卡车和快递服务从配送中心交付到顾客手中。

HQ Depot 在企业内部对运输进行管理,但是企业希望把重点放在培育核心竞争力,即"保持在办公用品和学习用品的行业领先地位"。HQ Depot 相对物流运输实施集中化管理。仔细研究企业在物流和运输领域的绩效数据,我们可以发现,转运时间、服务可靠性、顾客交付等方面的数据离散程度很大。所以要想更好地统一并管控运营流程,就需要保持物流方面的稳定性。

另外,HQ Depot 给门店和用户市场订立了提升服务的目标,这对物流方面有了更高的要求。根据 HQ Depot 的物流分析，企业正在研究还需要多长时间和多少成本才能建立这样一个运输网络，实现运输能力的提升。作为这一流程中的关键要素，HQ Depot 被建议采用第三方物流，设计并运营一个运输系统，更好地管理配送中心与门店和网购顾客之间的运输。

此外，HQ Depot 还想要扩大市场范围，这也需要扩大物流网络。物流总管表示，企业正在研究还需要多长时间和多少成本才能建立这样一个运输网络，实现运输能力的提升。所以，使用第三方物流的建议确实需要被认真考虑。

✓ **案例问题**

1. 支持 HQ Depot 使用第三方物流这一想法的基础是什么？你是否同意其针对第三方物流重要性所提出的原因？

2. 基于对 HQ Depot 和其业务需求的了解，你认为何种类型的第三方物流企业在关系方面具有最大的潜在价值？

3. 当 HQ Depot 开始分析同第三方物流供应商建立关系的可行性时，你会建议它考虑哪些步骤？

4. 当选择过程完成之后，你觉得哪种关系最为合适？（这些关系是供应者、合作伙伴、战略联盟，或者是其他选择。）

第 13 章

供应链绩效衡量与财务分析

学习目标

通过阅读本章,你应该能够:
- 了解供应链绩效衡量的范围和重要性。
- 解释良好的绩效衡量所具有的特征。
- 成本、服务、利润和收益衡量的各种方法。
- 理解企业财务损益表和资产负债表。
- 描述供应链战略对企业损益表、资产负债表、盈利能力和资产收益率的影响。
- 理解并应用战略盈利模型。
- 分析失败的供应链服务对企业的财务影响。
- 利用计算机电子表格软件程序来分析供应链决策对财务方面的影响。

供应链窗口

网上图书销售公司 CLGN

CLGN(CLGN Book Distributors.com)公司是一家全新的电子商务企业,于 2001 年创办,主要销售和分销大学课本。在刚刚起步的几年里,作为一家基于互联网的企业,公司一直受到许多常规性技术问题的困扰。然而,其网络销售课本的概念和形象却深入人心,并广为流行,对大学生的影响尤为突出。一旦在网上获得教学指定课本的有关销售信息,学生们都可以打开电脑进行网上订购,而舍弃在校园内书店东奔西走地寻找的麻烦。

CLGN 最初的定位是为全美的学校和学生提供低价的教学课本和学习指导材料。CLGN 销售的教科书一般要比当地书店销售的教材便宜 15%,其他材料和补充用书的价格也会低 20%左右。即使加上运费成本之后,公司产品的价格也比当地的一般书店销售的课本便宜 10%左右,其他材料和补充用书也平均便宜 15%左右。如此低廉的价格优势和便利的网上订购直接带来的效益是,公司每年的销售额以翻番的幅度迅速增长。

从 2002 年开始,CLGN 公司首次出现盈利,良好的发展态势一直保持到了 2007 年。

事实上，公司2007年的销售额为1.5亿美元，净收入为1050万美元。这样说来，公司7%的利润率高于同类企业（B2C类的企业）。但问题在于，与前几年相比，净利润占销售额的百分比或销售利润率这一销售指标已经出现了下降趋势。例如，2005年的净利润率为10.3%，而2006年的净利润率为9.1%左右。这样的利润曲线走势很快就引起了公司高层和CLGN股东们的广泛关注。

2015年，公司的业绩和财务数据公布之后，公司的首席执行官爱德·巴蒂召开了执行委员会会议，与会的人员包括营销副总裁、财务副总裁、信息系统副总裁和供应链管理副总裁。会上，他们首先回顾了2015年财务报表，然后又讨论了造成利润率下降的潜在可能性。最后，会议给每一位副总裁都布置了任务，要求他们在自己所负责管理的辖区和范围内，审视和考察应该有所改进的运营流程和内容，在保持顾客期望服务水平的前提下，努力降低企业的运营成本。

因为公司供应链成本增加的速度超过其他领域的变化，所以大家的注意力被吸引到了这一方面。巴蒂先生也指出，在过去的几年中，他不停地收到来自于顾客的抱怨，这些愤怒的顾客都在反映商品配送方面的问题，比较常见的是不按时送货和订单履行不当（包括产品错误和不全）。供应链管理副总裁劳瑞·富施博女士解释，她已经意识到这些问题，也正在着手解决订单履行和运费降低两个重点问题。她提出将制订一个计划从原来强调准时、完整发运转变为完美订单的测度（订单的及时、完整的接收及准确的文件）。

参加完执行委员会会议之后，富施博女士在第一时间召集了所有的运营管理部门负责人开会讨论，主题为回顾和总结过去的经验得失，考虑全新的替代方案。她要求供应链管理分析师特莱西·夏隆准备测度供应链流程的财务数据；要求库存管理负责人夏蓉·考克斯检查订单履行情况，并根据问题找出可替代的解决方案；最后，要求配送部门负责人苏·佩德姆重点分析配送成本增加和配送周期变长的问题。

在召开这次运营管理部门负责人会议之前，劳瑞·富施博女士就已经从特莱西·夏隆那里得到了2015年公司的财务报表，如下所示：

CLGN 2015年度损益表 （单位：美元）	
销售收入	150 000 000
销货成本	80 000 000
毛利润	70 000 000
运输成本	6 000 000
库存费用	1 500 000
存货持有成本	3 000 000
其他运营成本	30 000 000
总运营成本	40 500 000
息税前利润	29 500 000
利息费用	12 000 000
所得税	7 000 000
净利润	10 500 000

CLGN 2015年度资产负债表 （单位：美元）	
资产	
现金	15 000 000
应收账款	30 000 000
存货	10 000 000
流动资产	55 000 000
固定资产	90 000 000
资产合计	145 000 000
负债及股东权益	
流动负债	65 000 000
长期负债	35 000 000
负债合计	100 000 000
股东权益	45 000 000
负债及股东权益合计	145 000 000

夏隆女士发现，报表中反映存货运输成本已经占到每年平均存货成本的30%左右，公司的所得税率为40%左右。她估计，2015年的订单数达到150万份（再考虑到1.5亿美元的销售额，可以算出平均每一订单为100美元左右）。她还估计出，因为运输交付这一服务问题引起的销售流失达到总销售额的10%左右，因为订单履行不当这一服务问题引起的销售流失占总销售额的20%左右。而每一次流失的订单所带来的成本就得分摊在所有订单的利润中，每一订单的销售流失成本为46.67美元（7 000万美元的毛利润除以150万份订单）。

夏蓉·考克斯研究后得出这样的结论：每一个服务问题，不论是由订单履行还是由交付问题所造成，都导致10美元的收入减少（用以平息顾客的抱怨）和重新处理所带来的20美元成本增加（重新配送货物）。当前，CLGN公司订单的履行率为97%左右。订单履行失败的主要原因在于仓库工人的能力有限，缺乏相应的培训。在如今的经济环境中，获得和雇用经验丰富的仓库技师和工人已经是非常困难的事情，现实中大多数仓库工人几乎都没有高中毕业证。而另一个问题主要集中在缺乏明确的规章制度以规范拣货流程，以及计算机所产生的拣货差错。最后，每年至少花费100 000美元，对上述相关人员进行不间断的培训。

苏·佩德姆认为运输成本的增加主要因为35%以上的居民区配送是由CLGN公司自己的承运商负责完成，它们提供了一种标准化的物流服务（配送的周期为3～5天）。而其他货运承运商的成本与之相当，甚至更高。苏·佩德姆研究后得出一个降低运输成本的替代性方案，即转为使用美国邮政服务公司，但缺点是配送时间延长。由于在仓库的订单处理时间过长，加上地面包裹运输时间较长，目前CLGN公司按时配送的比率仅仅是95%左右。如果改用宅急送服务，CLGN公司的按时配送比率将肯定达到96%以上，但是要增加10%的配送成本。

得到上述的研究数据和结论后，劳瑞·富施博女士正在与她的运营经理们一起考虑如何在下一次的执行委员会上阐述他们的解决方案。而她本人也明确表示，无论采取什么措施和方法，都必须在财务上是有利的，能够为CLGN公司的股东们带来最大的利润和效益。

13.1　引言

CLGN网上图书销售公司的案例说明任何组织都需要衡量供应链绩效，并且将这种绩效与财务绩效的影响结合起来。如今很多企业已经意识到绩效衡量是管理业务、达到预期目标的重要手段。它们都想做"正确的事情"（效果）及"把事情做好"（效率）。然而，仅仅有这两个目标是不够的，企业需要有一种特定的绩效衡量体系，以使企业能够判断这些目标是否能够实现。

本章的目的是：(1)介绍供应链绩效体系的维度；(2)探讨供应链绩效体系如何制定；(3)介绍一些区分供应链绩效体系的方法；(4)运用定量的工具展示这种绩效体系如何与企业的财务绩效相结合。

13.2 绩效衡量标准的维度

在探讨供应链绩效体系之前,解答以下两个问题是非常重要的。首先,测度与衡量之间有什么区别?传统意义上讲,测度是对某一活动或流程定量化结果的一种表现。如今,更多运用的是衡量,而非测度。它们的区别在哪儿呢?测度不需要计算,其维度较为简单。以供应链为例,它可以反映为库存单位及延后订单的金额。而衡量需要复杂的计算或者测量的结合,它往往表现为一种比率,如供应链管理中的库存供应天数、库存周转及单位库存单元的销售金额等。指数是将两个或者多个衡量结合在一起构成一个简单的指标。通常指数用来在流程中追踪趋势,如供应链中的完美订单。

其次,一种良好的衡量体系的特征是什么?图 13.1 是个完美的框架,可以用来确定一个好的衡量的特征。确定一个衡量是否适合预计的使用目的需要考虑诸多因素。图 13.1 中的对 10 种特征的简短讨论是展开后续章节的基础。

一个好的衡量	描述
• 它是否可量化	• 测量值可以表示为一个客观值
• 是否容易理解	• 该测量值可以一目了然地传达它所度量的内容以及它如何派生出来的
• 它是否可导致恰当的行为	• 该衡量标准是平衡的,以奖励生产行为并阻止玩游戏
• 它是否可视化	• 测量的效果对所有参与测量的指标都显而易见
• 它是否被定义且相互理解	• 所有关键过程参与者(内部和外部)已定义和/或同意该措施
• 衡量体系是否涵盖了投入和产出	• 该测量值将测量过程中所有方面的因素都整合到一起
• 它是否衡量了重要方面	• 该测量值聚焦于对管理流程中具有实际价值的关键绩效指标
• 它是否是多维的	• 该测量值正确地均衡了利用率、生产率、绩效并显示权衡
• 衡量过程是否具有经济性	• 测量的收益大于收集和分析的成本
• 它是否能促进信任	• 测量证实了各方的参与

图 13.1 好的衡量的特征

有关衡量体系的第一个问题是"它是否可以量化"?并不是所有的衡量体系都是可以量化的,所以在测度流程和职能的产出时经常需要提及这个问题。量化的绩效衡量体系非常适合于将产品和人员配置到某个类别(如优秀、较好、差)。量化的衡量体系需要量化的数据。例如,一个运输承运商如果每一百次误送一次可以评为"优秀"。

有关衡量体系的第二个问题是"是否容易理解"?这个问题与第五个特征直接相关,即"它是否可以定义并且相互理解?"经验表明,当人们能参与定义和计算过程时,他就能理解衡量体系。例如,供应链中一个常用的衡量标准是及时配送,然而这个指标也是一个容易被错误理解的指标。这种理解的不一致经常发生在运输商和客户之间,或者在营销和运输之间。研究表明,如果受衡量体系影响的所有参与者都能参与到体系的定义和计算过程中,这种指标就容易得到相互理解。

衡量体系的第三个问题是"它是否可以导致恰当的行为"?管理的一个基本原则是绩效衡量能促进行为的发生。一个良好的衡量体系能很好地杜绝不恰当的行为。例如,如果一位仓库管理者接受衡量的标准是立体空间利用情况,他将会把仓库装得满满的,这就会降低存货周转次数,造成存货成本增加,产生产品积压。

衡量体系的第四个问题是"它是否可视"?一个好的衡量体系应该能够让使用者容易使用。衡量体系可以分为"反应型"和"预防型"两种。一些企业提出经营系统中的衡量体系能够为员工看见并运用,员工需要找出这种工具,这种衡量体系可以称为是"反应型"的;然而,一些领先企业会推动使用者制定衡量标准,从而能够及时做出反应,这种被称为"预防型"的。这两类体系虽然都要求容易运用,但是预防型衡量体系更适应于快速行动者,因为员工不需要看见它们。

第五个问题是"衡量体系是否涵盖了投入和产出"?流程衡量体系(如及时配送)需要将原因和结果等因素整合到计算和评价过程中。例如,及时配送率的降低有可能是因为延迟分拣、运输所造成,或者是生产中断所导致。因此,产出必须与投入相联系。

第六个问题是"它是否衡量了重要方面"?供应链运作每天产生大量的交易数据,很多时候,企业运用大量的可利用数据测度活动或流程,然而仅仅运用可得数据进行测度衡量并不代表这种测度衡量是重要的。在某种状况下,一些重要的衡量很难获得数据。例如,及时配送的数据既需要从承运商获取,也需要从接收方获取,将这两方面有关配送及时性、正确性等指标进行适配是一个很麻烦的过程。因此,应该首先决定什么是重要的,然而再去收集数据,而不是先看哪些数据可得,然而再来衡量。

有关好的衡量体系的第七个问题是"它是否是多维的"?尽管一个衡量标准可能不是多维的,但是企业的衡量体系一定是多维的,这就是为什么要运用计分卡及关键绩效指标的原因。很多企业运用了一系列的战略矩阵管理供应链,这些矩阵在管理供应链的过程中,均衡地反映了生产率、利用率及绩效。

第八个问题是"衡量过程是否具有经济性"?换言之,是否从衡量中获得了收益,而不是仅仅产生成本?在很多情况下,人们要花费大量的时间和精力收集数据进行测度,而从这种行为中获得的收益甚小。第一次运用衡量体系时,容易产生这种情况,然而,随着时间的发展,衡量体系的运用将会产生经济性。

一个好的衡量体系最后也许是最重要的一个问题是"它是否能促进信任"?如果没有达到这一点和其他九点,衡量体系就难以产生效果。相反,如果前面的九个特征实现了,就容易产生信任。

一个良好的衡量体系需要衡量现有的和潜在的供应链绩效。需要指出的是,绩效衡量随时而变也是很重要的,不仅仅是衡量水平要变(如85%),也包括单个衡量标准要变(如订单发运准时率)。在第一个例子中,标准可以变为90%,因为新过程或新技术的引入使得企业可以长期超越原先85%的水平。全面质量管理的支持者们教育我们把重点放在持续改进上,因此我们对绩效的期望应该是与时俱进的。

前面指出的衡量标准的变化同样重要。在物流中,订单准时发运和订单完整发运是绩效衡量体系中最常用的指标,这些可以认为是"内部"的测度标准,因为它们强调的是运输企业的绩效。但是,随着客户服务越来越得到关注,衡量体系转变成"订单及时配送"和"订单完全交付"指标,这些都是外部衡量体系,因为它们衡量的是客户的感受。内部和外部标准都是供应链绩效测度的均衡方法。图13.2展示的是2015年Aberdeen公司对运输业者所做的关于供应商绩效测度体系的结果。从图中可以看出,及时配送再次成为衡量供应商服务绩效的最常用指标。

特性	2014排名	2015排名
1. 及时配送——客户	1	1
2. 订单间循环时间(小时)——客户	2	2
3. (货物)停靠到入库的周期时间(小时)——入站操作	4	4
4. 总订单周期时间——客户	3	3
5. 订单拣选准确度(按订单百分比)——质量	5	5
6. 使用的平均仓库容量——容量	8	9
7. 每个仓库使用的容量——容量	9	12
8. 延期交货占订单的百分比——客户	11	—
9. 缺货占总生产线的百分比——客户	—	—
10. 供应商订单无损百分比——入站操作	7	8
11. 每小时挑选和装运的清单——出站操作	6	6
12. 每小时收到和收起的线路——入站操作	10	11

图 13.2　2015 年最常用的 12 种衡量标准

图 13.3 进一步说明了这些绩效衡量标准的重要性是如何扩展开来的。清楚地表明，自 20 世纪 60 年代和 70 年代开始，人们的期望已经变高了，同时在每一个 10 年中都可以找出获得更好绩效的驱动因素。而每一个新的 10 年都是建立在过去 10 年进步的基础之上的。

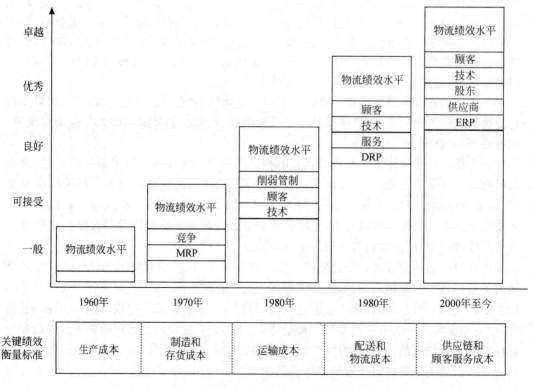

图 13.3　提高绩效水平

有一个问题可能会被提及,即对绩效衡量的关注是否是最近的事情。答案是否定的。从第 2 章我们可以看出,实体分销和物流概念的发展是基于系统的理论,它强调的是总体成本的分析、总体成本是衡量效率的标准、推动实体分销管理的合理化,之后总体成本最小又成为物流管理方法的重要手段。

对总体成本最小的关注需要当系统的某一成分或要素发生改变时(如将商品运输从铁路运输转变为公路运输,或者在分销网络中增加物流中心时),测度成本与收益的均衡关系。长期以来成本被认为是决定效率的最重要的绩效指标,如今同样如此。然而,成本已经从原来的职能成本演化成供应链成本,这就意味着相关的成本测度已逐渐从原来的企业内部测度转向整个供应链多个企业的综合成本测度。

需要注意的是,成功的供应链绩效衡量有赖于一个适合的衡量体系,从而能够完整地反映整个供应链流程。供应链衡量体系需要明确它能反映哪些重要方面,一个良好、全面的供应链绩效衡量体系对于一个企业管理业务、识别利润和市场增长的机会是至关重要的。

13.3 开发供应链绩效体系

新技术的实施(如 ERP 系统)及不断变革的商业环境促使很多企业重新审视供应链绩效衡量体系。另外一个促使企业重新审视供应链绩效衡量体系的因素是,企业试图将供应链管理从"成本"中心转为"投资"中心。换句话说,企业如何在供应链流程中确定投资?这将在本章后面的内容中加以讨论。本节将讨论如何成功地开发供应链绩效衡量体系。

第一,供应链绩效衡量体系的开发应该是团队努力的结果。成功实施供应链绩效衡量体系需要在企业内部建立一个涵盖受绩效影响的各个部门的团队。因为在这个阶段需要识别绩效指标和定义,所以在所有影响领域中达成一个恰当的标准和定义是至关重要的。这种一致性能促进衡量体系的成功实施,使企业合理地管理业务。

第二,在开发衡量体系的过程中,必要的时候需要囊括客户和供应商。因为客户能感知到体系的效果,而供应商也积极地参与到了指标的实施中,所以成功地落实衡量体系就需要它们的参与。

第三,开发层次化、结构化的绩效衡量体系。很多企业都有少数的关键绩效指标(KPI)或者战略决策高层可视的"管理执行表格",与每个战略关键绩效指标相连的是策略和运作绩效体系。在这种结构化体系中,运营单位的绩效指标直接与企业战略绩效相连。

第四,确定绩效实现的"主体",将要完成的绩效目标与个体或部门的绩效评价相结合。这样做就能推动绩效目标的实现,将绩效指标用于业务管理中。

第五,建立一个流程,消除在绩效体系开发和实施过程中产生的冲突。一个真正的流程绩效体系往往要求企业内的职能部门能优化其绩效,从而推动整个组织目标的实现。然而,这就可能导致职能绩效之间的冲突。例如,准时配送的实现可能会使运输费用增加,导致较高的运输成本。因此,需要建立问题解决的流程,以使运输管理者意识到,即时配送的实现不会因为过高的运输成本而对绩效产生负面影响。

第六,供应链绩效衡量体系必须与企业的战略相吻合。如果整个企业的战略是基于服务客户这种效果上,而供应链绩效衡量体系强调的是低成本或效率,那么它就可能与企业预期的成效相抵触。

第七,高层管理者支持供应链衡量体系程序的发展。成功的衡量程序花费的比预期的多,需要更长的时间去实施,影响组织内部和外部的许多方面。衡量程序成功的发展和实行离不开高层管理者支持。

物流在线

建立海洋联盟关键绩效指标

全球航运论坛正在寻求一个易于管理并且严密的关键绩效指标检测体系,满足客户所要求的服务水平,让海洋航运联盟获得切实的利益:减少成本、降低海洋竞争率、提高运输服务。全球航运论坛的秘书长,克里斯·威尔士最近提出运输联盟者们应该更多地接触消费者,展示在运输服务质量和创新方面明显的进步。威尔士声称:"运输联盟应该针对关键的贸易路线进行检测、测量,并且用基准问题测试他们的表现,以此来显示联盟绩效有所提高,让传递给监管者和消费者的信息更加透明化,这些都是联盟服务改进后的优势。"

13.4 绩效衡量的类别

人们可以使用很多种方法对绩效衡量指标进行分类。图 13.4 是分类方式中的一种。它们可以在审视物流和供应链绩效方面提供有用的途径。这四个类别是时间、质量、成本和支持性标准。

时间	成本
按时交货/收货	成品库存周转率
订单周期时间	应收账款周转天数
订单周期时间变化	服务成本
反应时间	现金周转期
预计/计划周期时间	总流动成本
质量	• 进货成本
整体客户满意度	• 运输成本
加工精度	• 库存持有成本
完美的订单履行	• 材料搬运成本
• 准时交货	其余成本
• 完成订单	• 信息系统
• 准确的产品选择	• 行政
• 无损坏	产能过剩成本
• 准确的发票	亏空成本
预报准确率	**其他/支持性标准**
计划精度	标准的例外
• 预算和经营计划	• 最小订单量
进度表执行	• 更改订单时间安排
	信息的可用性

图 13.4 测量类别

时间传统上被认为是物流绩效的重要指标,尤其是在测度效果时更是如此。图13.4列举了五种广泛用于衡量时间的测度。这些衡量标准紧紧抓住了时间的两个要素——活动所耗费的时间和可靠性或变异性。例如,订单周期时间有可能是10天加减4天,或者10天加减2天。这两种情况的绝对周期是一致的,但是变异却不同,这种变异就会对供应链中的安全库存产生影响。因此,绩效衡量的关键点是需要同时测量绝对时间和变异。

在图13.4中,第二个类别是成本,它是效率的衡量标准。绝大多数公司都很关注成本,因为它对于在市场上竞争、获取适当的利润和充分的资产或投资收益的能力非常重要。很多成本衡量标准与物流和供应链管理相关,它们都对企业非常重要。

图13.4所列举的一些成本标准非常直接和明显。例如,交付总成本或装货成本将会对在市场上必须索取的价格有直接的影响。交付总成本涉及多个方面,包括货物、运输、存货和物资搬运的成本。存货周转和应收账款天数却不那么明显。存货周转反映企业持有库存的天数,它直接影响库存持有成本。应收账款天数影响顾客服务水平,对订单完成率产生影响。现金流量周期在企业中正受到越来越多的关注,因为它衡量的是现金流。企业为了增强其财务可靠性,希望将现金尽可能快地收回来。

质量是第三种衡量标准,也是一种普遍应用的标准。质量类别中的很多维度对于物流供应链管理都是非常重要的。完善订单的概念就是一个很好的例子,它强调的是客户服务,因为它同时测量了多个指标,只有这些指标都实现了,才能得到良好的绩效。第四类指标是一些支持性的标准,如标准例外情况的许可等。

另一个日益受到关注的衡量体系是由供应链协会提出的供应链运作与参考模型(Supply Chain Operations and Reference,SCOR)。表13.1是用于衡量流程D1,即库存品配送绩效的范例。该表运用了5类绩效指标来衡量流程D1的绩效:可靠性、及时反应、柔性、成本和资产。(1)可靠性指的是供应链运作中,将正确的产品,在正确的时间,以正确的状态和包装、正确的数量、正确的文件,送达正确的地点和正确的客户。(2)及时反应是指通过供应链将产品传递给客户的速度。(3)柔性是供应链响应市场变化获得或维持竞争力的敏捷性。(4)成本指的是与供应链运作相关的成本。(5)资产管理是一个组织管理资产满足需求的有效性,包括管理固定资产和流动资金等全部资产。表13.2是同一类别下衡量D1.3活动的指标,即库存持有与配送日期的确定。另一种观点(见图13.5)认为,物流供应链管理绩效衡量体系应当包括物流运作成本、物流服务指标、交易成本和收益,以及渠道满意度。

	表13.1 SCOR指标	
绩效性质	性能属性定义	D1指标
可靠性	供应链运作中,将正确的产品,在正确的时间,以正确的状态和包装、正确的数量、正确的文件,送达正确的地点和正确的客户	交货执行情况 订单满足率 产品订单履行
及时反应	通过供应链将产品传递给客户的速度	订单完成前置时间
柔性	供应链响应市场变化获得或维持竞争力的敏捷性	供应链反应时间 生产柔性

续表

绩效性质	性能属性定义	D1 指标
成本	与供应链运作相关的成本	产品销售成本 供应链管理总成本 额外生产力 保修/退货处理成本
资产	一个组织管理资产满足需求的有效性,包括管理固定资产和流动资金等全部资产	现金周转期 库存供应天数 资金

表 13.2　SCOR 模型:流程 D1 指标

流程类别:库存产品配送	流程号:D1

流程类别定义

根据汇总的消费者订单/需求和库存再订货需求采购或制造的产品交付过程。交付库存产品的目的是在客户订单到达时提供产品(以防止客户从其他地方寻找产品)。对于服务行业,这些是预先定义的现成服务(例如标准培训)。"可配置"的产品或服务不能通过库存产品流程交付,因为可配置产品需要客户参考或客户订单详细信息。

绩效特性	指标
可靠性	完美订单履行
及时反应	订单履行周期时间
柔性	供应链的灵活性 上游供应链适应性 下游供应链适应性 风险总体价值
成本	服务总成本
资产	现金流量周期 供应链固定资产回报 营运资金回报率

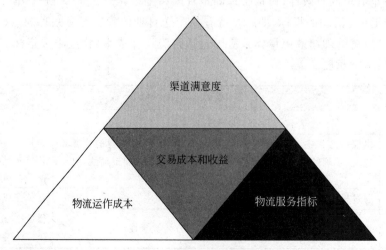

图 13.5　物流量化金字塔

在物流运作成本方面,一个很好的例子是运输成本。通过均衡分析低运输服务(较慢、可靠性较差)及高运输服务(更快、更可靠),企业应当计算运输总成本及库存成本。快速、更可靠的运输服务将导致较高的运输成本和较低的库存成本,这样将加速企业的现金流。

物流服务体现为 5 类指标,这些指标如表 13.3 所示。产品可得性是经常使用的物流指标,因为它能很好地反映供应链绩效,对客户库存要求、订单实现率及销售方收入产生影响。

表 13.3 影响顾客服务的物流产出的指标
• 产品可得性 • 订单完成周期 • 物流运营的响应性 • 物流系统信息 • 邮售物流支持

订单周期时间(Order Cycle Time,OCT)是另一个重要的物流服务指标。OCT 能够影响产品可得性、客户库存及销售商的现金流和理论。一旦客户的订单周期时间得以确定,企业就能很好地度量服务失效,其中一种测度是每百次运输的延迟配送数。从收入和现金流的角度看,企业能否计算延迟配送对收入、利润和现金流具有重要影响。

表 13.3 中的所有产出都能用做衡量服务绩效的指标。如前面指出的那样,服务产出指标反映了提供给客户的服务质量,这对于维持并期望增加收入和现金流非常重要。

交易成本和收益涉及物流增值。换言之,服务与价格的关系是什么?客户对服务质量的期望是什么?从销售方价值增值的角度看,企业有如下三个选择:

- 以平均价格向客户提供较高的服务。
- 以较低价格提供客户服务。
- 以较低价格提供较高服务。

所有这些选择都会使客户在单位支付货币上获得更多的服务。

交易成本和收益的另一个着眼点是销售方的成本如何影响客户的利润,以及服务对客户的收益产生什么样的影响。如果销售方的物流服务成本能使客户从销售方的产品中获得更多的利润,客户就会从销售方购买更多的产品。例如,制造商将每单位产品配送到店的费用比其他竞争者便宜 25 美分,如果零售店销售价格保持不变,购买方单位产品就能多获利 25 美分。同样,制造商的物流服务水准也会对零售商的收益产生影响。例如,前一个例子中的制造商如果相对于其他竞争对手 90% 的库存水准而实现了 98% 的库存水准,那么如此高的库存水准会使得买方因为具有较高的产品可得性而获得更多的收益。因此,交易成本和收益的衡量说明企业需要重视物流成本与服务对供应链利润和收益的影响。

图 13.5 中所列示的最后一个体系是渠道满意度,它指的是物流成本和服务是如何被渠道成员所认同的。这方面的研究相对有限,大多数的研究侧重于供应链成员是如何度量供应商的物流成本和服务的。一些领先企业已经开始识别客户满意度对收益和市场份额的影响。

总而言之,在过去几年中,很多企业都在试图开发恰当的衡量体系,以测度物流服务对企业财务绩效和客户所产生的影响。然而,正如我们探讨的那样,还有很多方面需要进一步完善。下一节将要介绍供应链与财务之间的关联,这对于本书后面的内容将是有益的。

13.5 供应链和财务的联系

正如"物流窗口"中所说的那样,CLGN 公司正集中精力关注供应链流程,希望从中找到改善财务状况的方法。CLGN公司认识到供应链绩效将影响顾客满意度和未来的公司收益,另外供应链流程的效率也将影响履行顾客订单的成本和将货物运送给顾客的费用。上述两个方面都将直接影响产品到达顾客时的总到货成本。

具体来讲,供应链流程将直接决定产品从厂家到最终消费者的全过程。相应的资源将被用来完成上述的流程,也正是这些资源部分地决定了产品在顾客所在地可得性的成本。这一到货成本会影响购买者的决定。

提供供应链服务的成本不仅影响着产品的适销程度(通过到货成本或商品价格来体现),还直接决定着企业的盈利能力。例如,在既定的商品价格、既定的销售规模和既定的服务水平下,提供供应链服务的成本越高,企业的利润肯定就越低;相反,提供供应链服务的成本越低,则企业的利润就越高。

试图改变供应链流程的方法和内容必须是最优化选择,因为这太关键了。管理层有义务密切关注供选择的供应链方案,保证入选的方案在完成企业利润最大化的目标时是最优的。有的备选方案可以降低成本,但同时也减少了销售额和利润。相反情况下,增加销售额的同时也增加了成本,客观上还是减少了利润。企业的决策制定者通过执行备选组合、系统途径,以及改变销售和成本的关系来使企业的利润最优。

供应链管理包含原材料控制、过程控制和产成品存货控制。有关存货的财务应用主要是决定因存货而占用的必要资本是多少。在大多数的企业中,资金的使用都是有限制的和有周期的,大量的资本需要投资于更加重要和更加关键的地方,其资金的占用量也是巨大的。例如,新机器、新设备的投资,设备的更新和现代化等。企业较高的存货水平导致较多的资金占用和一定程度的资本浪费,从而引起其他项目的资金不足和匮乏。

企业之间在资金需求和筹集额外资本方面的竞争日益加剧。以按时配送、供应商库存管理为例的供应链技术革新就是在想方设法地降低库存水平,并竭尽全力地减少因存货而占用的资本,努力提高资金在其他更有投资意义的项目上的使用价值。

我们在前面的章节中提到过,企业所提供供应链服务的水平将直接作用于顾客满意度。长期坚持优质、及时的配送服务必然导致很高的顾客满意度和忠诚度。但是,企业必须考虑提高供应链服务水平的成本和由此带来的销售增加之间的比例情况,以及其盈利能力的变化状况。

最后,我们来谈谈效率的问题。供应链效率决定着顾客订单的处理时间。订单处理时间又影响着从收到订单直至收到顾客付款这一全过程的周期长短,即所谓的订单—收款周期。在顾客的订单处理完毕并进行货物发送后,紧接着就将发票邮寄给顾客。如果销售的时限为30天,那么销售商能在30天内收到货款吗?别忘了还有订单处理耗费的几天时间!所以,订单处理时间越长,则由销售后收到货款的时间(即订单收款周期)也越长。若订单收款周期变长,应收账款也就增加,则投资于"卖"产成品存货的资本也就越多。也就是说,积压在已售出货物回款上的资金(称为"售卖"产成品存货)在增加。

 ## 13.6 销售收入与成本节约之间的关系

本书的内容主要关注供应链效率和降低成本两个方面。在追求流程高效和成本节约时,应该注意到当前一般更高层次的管理目标是锁定在提高企业的销售和利润上。供应链管理和高层次管理之间的这种表面矛盾完全可以解决,其实增加销售和降低成本在效果上是一致的。这两种管理在目的上和行为上都可以统一,如将高效和成本降低通过增加销售和利润的根本目标来实现。附录13A包含一些常用财务条款的定义。

将成本节约的观点过渡为增加销售的观点,实质是将高层管理的目标理解为供应链成本绩效的改善。为说明上述道理,我们用如下等式来加以解释:

$$利润 = 销售额 - 成本$$

又因为

$$成本 = X\% \times 销售额$$

然后

$$利润 = 销售额 - X\% \times 销售额 = 销售额 \times (1 - X\%)$$

又因为

$$(1 - X\%) = 利润率$$

那么

$$销售额 = 利润 / 利润率$$

我们假设所有的剩余条件不变,则供应链成本的节约将直接导致利润的增加,数额的大小就是节省的成本数额。如果供应链成本减少所导致的利润增加的数额是一定的,那么等效的、由销售额增加而带来的利润增加则意义大不一样。为了达到这一定数额的利润增加,销售额所应达到的增加额将十分可观。例如,如果成本除以销售额的比例为90%,则相应的利润率就是销售额的10%,那么一项100美元的成本节约,其等效的销售额可能增加为1 000美元。

$$销售额 = 节约成本(利润) / 利润率$$
$$销售额 = 100 \text{美元} / 0.1 = 1 000 \text{美元}$$

表13.4表示的是"物流窗口"中CLGN公司财务报表中的数据,我们可以从中得到数额不等的供应链节约成本所对应的等效销售额。表中显示CLGN公司的利润率为7%左右。当利润率给定后,可以算出200 000美元的供应链节约成本相当于2 857 143美元,也就是1.9%的销售额增加。同样的道理,数额达到50万美元和100万美元的供应链节约成本与7 142 857美元(4.76%的销售额增加)和14 285 714美元(9.52%的销售额增加)的销售额的效果是一致的。

表13.4 与供应链节约成本等效的销售额 单位:美元

	CLGN 2007年		与供应链节约成本等效的销售额		
	(1 000美元)	%	200 000美元	500 000美元	1 000 000美元
销售额	150 000	100.0	2 857 143*	7 142 857**	14 285 714†
总成本	139 500	93.0	2 657 143	6 642 857	13 285 714
净利润	10 500	7.0	200 000	500 000	1 000 000

* 200 000美元节约成本÷0.07利润率
** 500 000美元节约成本÷0.07利润率
† 1 000 000美元节约成本÷0.07利润率

企业拥有越低的利润率,在供应链节约成本一定的情况下,为了达到既定的利润增加,等效的销售增额就要越大。表 13.5 表明在供应链节约成本一定和利润率不同的情况下,等效销售增额的变化情况。对于 10 000 美元的供应链节约成本,在利润率为 1% 时,等效销售增额为 1 000 000 美元;而在利润率为 20% 时,等效销售增额为 50 000 美元。可见企业的利润率较低时,供应链节约成本对销售收入的影响更大。

表 13.5 不同利润率情况下的等效销售额　　　单位:美元

利润率	20%	10%	5%	1%
销售额	50 000	100 000	200 000	1 000 000
总成本	40 000	90 000	190 000	990 000
成本节省/利润	10 000	10 000	10 000	10 000

接下来将讨论供应链战略的财务应用。我们将对"物流窗口"中 CLGN 图书销售公司的报表进行分析。

13.7　供应链对财务的影响

企业一个重要的财务目标就是创造令人满意的股东收益率。事实上,丰厚的利润才是广大投资人持有股票的根本目的,所以公司经济效益的好坏直接决定着投资人投资本公司股票的保有量和时间。假如某一公司的投资回报率太低,股民和投资人将会从公司中撤除投资。相反,较高的投资收益率将增强股东持有公司股票的信心。

当分析投资人的收益率时,应该考虑股票持有人的净投资和净投资价值。假如有两家公司,公司 A 的利润为 100 万美元,公司 B 的利润为 1 亿美元。从表面看来,我们都认为公司 B 的利润更加丰厚一些。但是,假如公司 A 的净投资价值为 1 000 万美元,而公司 B 的净投资价值为 100 亿美元,这时对股票持有人来说,公司 A 的净价值回报率为 10%(100 万/1 000 万),而公司 B 为 1%(1 亿/100 亿)。

一家公司的财务状况和表现也通过利润与相关资产的对比来进行分析,即所谓的资产收益率(ROA)。现实生活中,企业的资产收益率是一个公认的财务状况指数,用于同行业企业之间和相近行业企业之间相互比较管理水平和衡量公司业绩。而企业的权益收益率和资产收益率都决定于公司的整个盈利能力的大小。

供应链过程管理是决定公司盈利能力的一个十分重要的因素。供应链流程的效率和产出越高,则企业的赢利能力就越强。相反,若供应链流程的效率和产出越低,则企业的供应链运营成本就越高,赢利能力也就越差。

图 13.6 表现的就是供应链管理与资产收益率之间的财务关系。供应链服务的效果影响着企业的销售水平,供应链流程的效率则决定了企业的成本总和。如同我们前面所说的那样,收入减去成本等于利润,这是决定资产收益率的主要因素。

一个组织供应链的库存水准决定着用于库存的资产量或资金。订单处理的时间和信息传输时间决定着企业从销售到收款的周期长短,所以它们也影响着应收账款和现金资产。最后,有关仓库多少和大小的供应链决策将直接影响着固定资产。

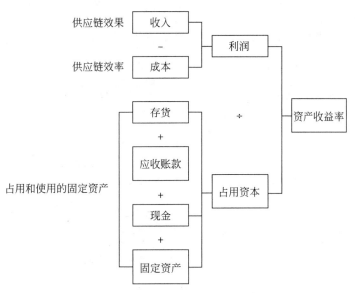

图 13.6　供应链影响资产收益率

图 13.6 表明资产收益率的计算是用利润除以占用资本或资金(利润/占用资本)。前文中也提到过,在占用资本水平既定时,利润额越高,则企业的资产收益率就越高。相反,若利润额越小,则企业的资产收益率就越低。

供应链服务和成本影响的另一个表现如图 13.7 所示。一个企业的现金和应收账款受供应链时间(订单周期时间/订单现金周期)、供应链可靠性(订单完成率和及时配送率)及信息准确率(票据正确率)的影响。所有这些供应链服务在向客户起运配送和支付时就已经决定了。一个企业的库存投资由企业所要求的服务水准和缺货率所决定。资产、厂房和设备投资受企业是否只有拥有仓储和运输工具的决策的影响。外包活动(如仓储和运输的决策)会影响到现有的负债水平(应付)。最后,有关库存和基础设施的投资决策会影响到企业的负债和资产水平。

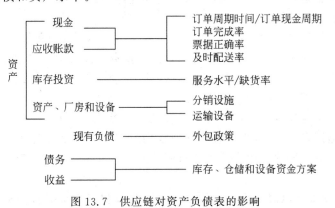

图 13.7　供应链对资产负债表的影响

供应链战略对资产收益率产生作用的领域在图 13.8 中都得到了总结。供应链经理的决策内容包括渠道结构管理、库存管理、订单管理和运输管理。这些管理都将对企业的资产占用水平和赢利水平产生深远的影响。

图 13.8 供应链决策和资产收益率

渠道结构管理的内容包括外部资源的利用、渠道库存最小化、提高信息价值和高效的渠道结构。通过利用外部资源的供应链流程和工艺,企业可以降低自身的供应链成本(外部资源指其他公司拥有更加丰富的供应链专业知识和更高的供应链效率),降低资产投入(利用外部资源,包括其他企业的设备和更加高效的库存管理经验),提高销售收入(获得显著提高和持续不断的供应链服务)。通过供应链服务的改进,企业能减少供应链资本投入,增加销售收入,最终全面提高资产收益率。

渠道库存的最小化带来的直接结果就是资金减少。信息系统效率的提高和更新换代能够随时提供有关库存水平、生产进度和当前销售水平下购买力方面的信息。无缝式的渠道结构设计通过减少不必要的中介过程(如绕过分销商而直接与终端销售商进行业务交易),可以减少渠道各环节的存货,降低运输和仓库等渠道成本。库存的全面减少也将直接导致资产收益率的增加。

库存管理决策通过减少库存量(基本库存量、绝对或多余量)和最优化库存地点(关系到销售和使用的合作企业),减少存货资产方面的投资。该决策要求做好销售方面和存货水平的数据分析,并考虑所在地域的因素,这都受益于当前信息系统的建设。

高效的订单管理不仅减少了供应链的成本,而且增加了收益,这将会带来更高的资产回报率。减少缺货意味着有充足的存货来满足消费者需要;订单执行率最优化意味着订单执行周期的缩短,这可以减少应收账款回收的时间。订单处理时间和消费者付款期限的缩短可以减少应付账款和用来募集应付账款的资本成本。上述所有减少的时间都能提高资产收益率。

最后,减少交通运输时间和有效传输时间对收益和存货水平有积极的影响。通过提供持续、时间较短的运输,卖家可以降低买家存货和缺货成本,从而在市场上实现产品差异化。这种差异化能够增加收益和潜在的利润。模块最优化实现了低成本运输并且增加的其他成本不会高于运输节约的成本。运输管理决策提供了一个增加收益,降低存货和成本,提高资产收益率的机会。

物流在线

在管理运输服务关系中的投资回报率

ARC顾问组供应链主管班克尔先生觉得衡量管理运输服务(MTS)关系的回报对于运输者至关重要。

在管理运输服务(MTS)中,运输者与第三方合作,让第三方为他制订运输计划。班克尔解释道:"也就是说,公司不再让内部人员计划执行运输路线,而是让由MTS雇佣的第三方代表运输者完成工作。"

尽管关于物流服务提供商(LSP)及其与顾客关系的研究有很多,但是对于具体的LSP服务,例如仓储、货运代理、管理运输服务这方面的研究寥寥无几。最近的一项研究联合物流管理的附属研究部门"无与伦比的研究小组"(PRG)解决了这一问题。

"我们的目标是通过研究ROI和MTS部署,来制定一种能将调查对象分类的原则,划分出最好和最差的表现,然后再研究表现最好的调查对象与其他人的不同之处。这使得MTS关系中的托运人能够规范他们的表现。"

班克尔有许多提供第三方服务的公司,但提到托运人的需求时,他说:"这很简单,所有托运人追求的都是高质量的服务。他并不在意其中涉及多少参与者。"

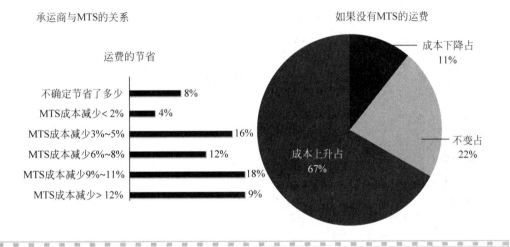

13.8 财务报告

有两个财务表格非常重要,即损益表和资产负债表。下面我们以"物流窗口"中CLGN图书销售公司的财务数据加以说明。表13.6为CLGN公司的损益表,表13.7为该公司的资产负债表。两份财务报表都是通过电子表格展示的,"符号"一栏为相应项目的标识和公式。

表 13.6　CLGN 图书销售公司 2015 年度损益表　　单位：1 000 美元

	符　号		
销售收入	S		150 000
销货成本	CGS		80 000
毛利	GM＝S－CGS		70 000
运输成本	TC	6 000	
仓库成本	WC	1 500	
存货成本	IC＝IN·W	3 000	
其他运营成本	OOC	30 000	
运营成本总计	TOC＝TC＋WC＋IC＋OOC		40 500
息税前利润	EBIT＝GM－TOC		29 500
利息	INT		12 000
所得税	TX＝(EBIT－INT)×0.4		7 000
净利润	NI		10 500

表 13.7　CLGN 图书销售公司资产负债表（2015 年 12 月 31 日）　　单位：1 000 美元

	符　号	
资产		
现金	CA	15 000
应收账款	AR	30 000
存货	IN	10 000
流动资产合计	TCA＝CA＋AR＋IN	55 000
净固定资产	FA	90 000
资产合计	TA＝FA＋TCA	145 000
负债及股东权益		
流动负债	CL	65 000
长期负债	LTD	35 000
负债合计	TD＝CL＋LTD	100 000
股东权益	SE	45 000
负债及股东权益合计	TLE＝TD＋SE	145 000

CLGN 公司的损益表显示其净利润（NI）为 1 050 万美元，销售收入（S）为 1.5 亿美元，利润率为 7％左右，毛利（GM）是在销售收入（S）中减去销货成本（CGS）。息税前利润（EBIT）是从毛利中扣除运营成本总计（TOC）得到的。净收益（NI）是从息税前利润中减去利息成本（INT）和所得税（TX）而得到的。供应链成本包括运输成本（TC）、仓库成本（WC）、存货成本（IC）。其中，库存成本等于平均库存（IN）乘以库存成本比率（W）。

表 13.7 则显示了 CLGN 公司的资产负债状况，通过运营 1.45 亿美元的资产产生了 1.5 亿美元的销售收入。资产合计（TA）包含 1 500 万美元的现金（CA）、3 000 万美元的应收账款（AR）、1 000 万美元的存货（IN）和 9 000 万美元的净固定资产（FA）。所有的资

产总和等于负债和股东权益的和。它们是 1 亿美元的负债合计(TD)和 4 500 万美元的股东权益。其中,总负债包括 6 500 万美元的流动负债(CL)和 3 500 万美元的长期负债(LTD)。

13.9　供应链决策的财务影响

基于表 13.6 和表 13.7 所给出的财务数据,我们能够分析劳瑞·富施博用于提高企业盈利能力的供应链改进方案的科学性和有效性。改革供应链的基本备选方案都是关于减少运输成本、仓库成本和存货成本的。供应链管理能够带来巨大的财务影响和显著的利润提高。为了在供应链领域达到上述目标,我们将举出下面三种情况的例子进行分析:运输成本减少 10% 以后、仓库成本减少 10% 以后和存货成本减少 10% 以后的财务状况和变化。

表 13.8 表示的是在运输成本降低 10% 以后,财务方面的变化和影响。首先,2010 年 CLGN 公司的净利润为 1 050 万美元,销售收入为 1.5 亿美元,则可以得出 7.0% 的利润率。公司为此而投入的资产为 1.45 亿美元,可以算出公司 7.24% 的资产收益率。2015 年的存货周转率为 8.0% 左右,运输成本达到总销售额的 4.0% 左右,仓库成本达到总销售额的 1.0% 左右,存货成本达到总销售额的 2.0% 左右。

表 13.8　运输成本降低 10% 后的财务影响　　　　单位:1 000 美元

	符　　号	CLGN 2015 年	运输成本减少 10%
销售收入	S	150 000	150 000
销货成本	CGS	80 000	80 000
毛利	GM=S−CGS	70 000	70 000
运输成本	TC	6 000	5 400
仓库成本	WC	1 500	1 500
存货成本	IC=IN·W	3 000	3 000
其他运营成本	OOC	30 000	30 000
运营成本总计	TOC	40 500	39 900
息税前收入	EBIT	29 500	30 100
利息	INT	12 000	12 000
所得税	TX	7 000	7 240
净利润	NI	10 500	10 860
相关资产			
存货	IN	10 000	10 000
应收账款	AR	30 000	30 000
现金	CA	15 000	15 000
固定资产	FA	90 000	90 000
资产总计	TA	145 000	145 000

续表

	符 号	CLGN 2015 年	运输成本减少 10%
比率分析			
利润率	NI/S	7.00%	7.24%
资产收益率	NI/TA	7.24%	7.49%
存货周转/年	CGS/IN	8.00%	8.00%
运输成本占销售收入比率	TC/S	4.00%	3.60%
仓库成本占销售收入比率	WC/S	1.00%	1.00%
库存成本占销售收入比率	IC/S	2.00%	2.00%

如果 CLGN 公司能够成功地在原有基础上将运输成本降低 10% 左右,那么公司的净利润会增加 360 000 美元,达到 10 860 000 美元;公司的利润率将增加为 7.24% 左右,资产收益率也将从 7.24% 增长到 7.49% 左右;运输成本占总销售额的比率将从 4.0% 降低为 3.6%;而仓库成本和库存成本占总销售额的比率还维持不变(假设运输成本的改变并不引起仓库成本和库存成本的增加或减少)。

对表 13.9 和表 13.10 的分析与表 13.8 类似,只不过情况分别为仓库成本降低 10% 和库存成本减少 10%。每一种假设都和 2015 年 CLGN 公司的实际财务收支情况进行对比。当仓库成本降低 10% 的时候,我们认为运输成本和存货成本维持 2015 年原有水平,进而分析变化情况。不用多说,这两种情况下,公司的利润、利润率和资产收益率都会相应地得到提高。

表 13.9 仓库成本降低 10% 后的财务影响 单位:1 000 美元

	符 号	CLGN 2015 年	仓库成本减少 10%
销售收入	S	$150 000	$150 000
销货成本	CGS	80 000	80 000
毛利	GM=S−CGS	$70 000	$70 000
运输成本	TC	$6 000	$6 000
仓库成本	WC	1 500	1 350
存货成本	IC=IN·W	3 000	3 000
其他运营成本	OOC	30 000	30 000
运营成本总计	TOC	$40 500	$40 350
息税前收入	EBIT	$29 500	$29 650
利息	INT	$12 000	$12 000
所得税	TX	7 000	7 060
净利润	NI	$10 500	$10 590
相关资产			
存货	IN	$10 000	$10 000
应收账款	AR	30 000	30 000
现金	CA	15 000	15 000
固定资产	FA	90 000	90 000
资产总计	TA	$145 000	$145 000

续表

	符 号	CLGN 2015 年	仓库成本减少 10%
比率分析			
利润率	NI/S	7.00%	7.06%
资产收益率	NI/TA	7.24%	7.30%
存货周转/年	CGS/IN	8.00%	8.00%
运输成本占销售收入比率	TC/S	4.00%	4.00%
仓库成本占销售收入比率	WC/S	1.00%	0.90%
库存成本占销售收入比率	IC/S	2.00%	2.00%

对表 13.8、表 13.10 的分析为我们提供了必要的数据，说明供应链的改进方案极大地提高了公司的盈利水平。表 13.11 则对这几种供应链战略备选方案的财务影响进行了对比说明。

表 13.10 存货成本降低 10% 后的财务影响　　单位：1 000 美元

	符 号	CLGN 2015 年	平均存货减少 10%
销售收入	S	$150 000	$150 000
销货成本	CGS	80 000	80 000
毛利	GM=S−CGS	$70 000	$70 000
运输成本	TC	$6 000	$6 000
仓库成本	WC	1 500	1 500
存货成本	IC=IN·W	3 000	2 700
其他运营成本	OOC	30 000	30 000
运营成本总计	TOC	$40 500	$40 200
息税前收入	EBIT	$29 500	$29 800
利息	INT	$12 000	$12 000
所得税	TX	7 000	7 120
净利润	NI	$10 500	$10 680
相关资产			
存货	IN	$10 000	$9 000
应收账款	AR	30 000	30 000
现金	CA	15 000	15 000
固定资产	FA	90 000	90 000
资产总计	TA	$145 000	$144 000
比率分析			
利润率	NI/S	7.00%	7.12%
资产收益率	NI/TA	7.24%	7.42%
存货周转/年	CGS/IN	8.00%	8.89%
运输成本占销售收入比率	TC/S	4.00%	4.00%
仓库成本占销售收入比率	WC/S	1.00%	1.00%
库存成本占销售收入比率	IC/S	2.00%	1.80%

从表 13.11 中我们可以很明显地看出利润率增长的变化,其中以减少运输成本的供应链备选方案的效果最显著。不难分析,运输成本占销售收入的比率大于其他两项,为 4.00%,而仓储成本和存货成本分别为 1.0% 和 2.0%。正因为它们占销售收入的比率各不相同,所以劳瑞·富施博才需要谨慎地考虑将有限的资源和努力重点投入供应链管理的领域中去。

表 13.11 供应链备选战略对比

分析比率	CLGN 2015 年	运输成本减少 10%	仓库成本减少 10%	库存成本减少 10%
利润率	7.00%	7.24%	7.06%	7.12%
资产收益率	7.24%	7.49%	7.30%	7.42%
存货周转/年	8	8	8	8.89
运输成本占销售收入比率	4.00%	3.60%	4.00%	4.00%
仓库成本占销售收入比率	1.00%	1.00%	0.90%	1.00%
库存成本占销售收入比率	2.00%	2.00%	2.00%	1.80%

公司资产收益率最显著的增加也是由运输成本的降低引起的。但是,由存货减少所引起的资产收益率的提高也达到了 7.42%,接近最大值 7.49%。由存货减少而引起的财务利润的变化是双方面的:一方面降低了存货持有成本;另一方面也引起资产的减少。年度存货周转率变快,同时战略存货量也降低,这就要求 CLGN 公司利用更少的资本投入存货,进而更有效地在其他领域投入更多的资本。所以,减少存货的战略对资产收益率的提高有着双重的作用——既增加了利润额,又降低了占用资本。

进行类似财务分析的另一种方法就是战略盈利模型。战略盈利模型同我们先前所做的电子表格分析一样,都要进行财务计算。图 13.9 包含的战略盈利模型是运用 CLGN 公司 2015 年的报表加上 10% 的运输成本减少而进行对比说明的。

战略盈利模型显示出与表 13.8 同样的计算结果。在战略盈利模型中,我们增加了两个分析比率:资产周转率和净资产。资产周转率是销售收入和资产总和的比值,说明的是公司使用资产而进行销售活动的效果。而净资产显示的是股东报酬和股东在公司权益之间的关系。两种情况下的资产周转率都是 103%,但是净资产则由 23.33%(10 500 美元/45 000 美元)增加到 24.13%(10 860 美元/45 000 美元),原因就是 2015 年运输成本的降低。

先前的分析和结论都是建立在备选方案的回报基础之上,实际工作中,我们还需要考虑每一种方案的客观风险。前面的分析没有考虑与实现职能成本削减所需增加成本相关的风险和与实现削减所需额外资本相关的风险,以及与这种变化同时产生的服务影响。例如,为实现运输成本的削减,CLGN 可能必须转向一种较为缓慢的运输模式,这可能会对顾客满意度产生负面影响,从而导致销售额的下降。或者说,仓储成本的削减可能需要在自动物料搬运设备上花费 500 000 美元,这增加了投入的资产,从而降低了资产收益率。

第 13 章 供应链绩效衡量与财务分析

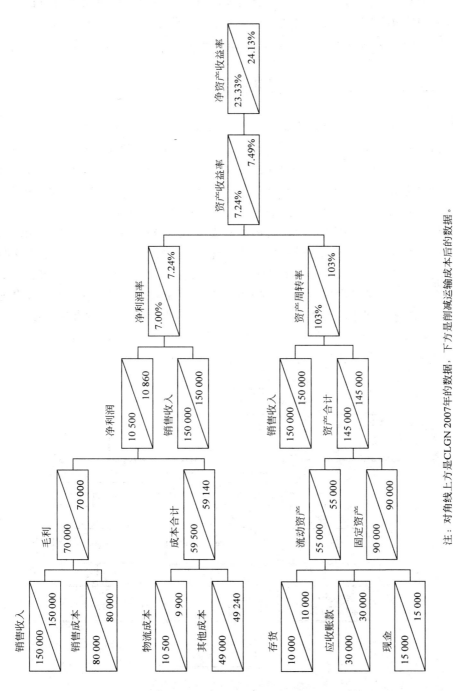

图 13.9 2007 年 CLGN 公司降低运输成本的战略盈利模型

注：对角线上方是 CLGN 2007 年的数据，下方是削减运输成本后的数据。

显然，上述内容也应该进行必要的财务分析。为了重新设计仓库流程而追加的成本，或者为了购进材料和设备而附加的固定资产投资，都属于进行财务分析的范畴。

拥有上述财务分析的结果，CLGN 公司就能够科学地对供应链决策进行前瞻性研究，比较哪一种更能提高企业的盈利能力，同时还能降低经营风险。下一节的内容，我们将对 CLGN 公司的供应链服务问题进行系统的财务应用分析。

13.10 供应链服务的财务影响

正像在"物流窗口"中所提到的那样，CLGN 图书销售公司已经开始重视按时配送和订单履行情况方面的问题，并着手研究和解决服务问题方面的课题。95%的按时配送比率意味着 CLGN 公司 95%的订单按照承诺被及时送到顾客的手上。同样，97%的订单正确执行比率也说明 97%的订单被正确执行。总的来看，公司现行的供应链服务中有 5%的订单未能按照承诺及时交付，同时有 3%的订单未能被正确地履行。

上述供应链服务问题将会增加纠正错误的成本，也将损失部分销售收入。图 13.10 就是针对服务问题的成本所做的研究和探讨。当供应链服务问题发生后，经历服务问题的顾客中有部分人将会要求及时纠正错误，而有的人则干脆就拒绝了订单。被拒绝的订单则意味着销售收入的损失（拒绝订单数乘以平均每订单收入），必须从原有的销售总收入中减去。而对于被纠正的订单来说，顾客会要求一定的费用，算是对带来不便的补偿。最终，销售商不得不花费再次处理成本（被纠正的订单加上拒绝订单之和乘以每件订单的二次处理成本），用于纠正错误的订单，如二次运输和运回商品等。

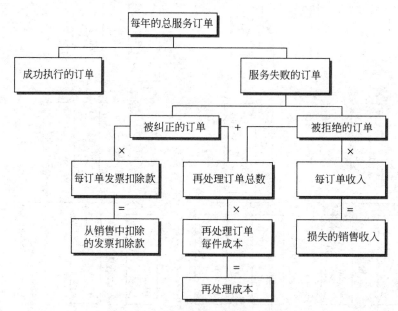

图 13.10　供应链服务执行失败图解

参照"物流窗口"中 CLGN 公司按时交付和订单履行的相关数据，我们分析供应链服务水平提高后的财务影响（见表 13.12 和表 13.13）。每年的订单总数为 150 万份，平均

表 13.12 提高准时交付率的财务影响

单位：美元

	符号	95%的按时送货率	96%的按时送货率	输入数据	95%	96%
年度订单总数	AO	1 500 000	1 500 000	%CF=订单总数	95%	96%
正确执行的订单	OFC=AO·%CF	1 425 000	1 440 000	SP=每订单收入	1 500 000	1 500 000
错误执行的订单	SF=AO−OFC	75 000	60 000	CG=每订单货物成本	100	100
损失的订单	LS=SF·LSR	7 500	6 000	RCO=每订单再处理成本	53.33	53.33
被纠正的订单	RO=SF−LS	67 500	54 000	IDR=发票扣除率	10%	10%
净销售订单	NOS=AO−LS	1 492 500	1 494 000		20	20
销售收入	S=SP·AO	150 000 000	150 000 000		10	10
发票扣除款	ID=IDR·RO	675 000	540 000	运输成本	6 000 000	6 600 000
损失的销售收入	LSR=LS·SP	750 000	600 000	仓库成本	1 500 000	1 500 000
净销售收入	NS=S−ID−LSR	148 575 000	148 860 000	利息成本	3 000 000	3 000 000
销货成本	CGS=CG·(NOS)	79 595 025	79 675 020	其他运营成本	30 000 000	30 000 000
毛利	GM=NS−CGS	68 979 975	69 184 980	存货	10 000 000	10 000 000
再处理成本	RC=RCO·SF	1 500 000	1 200 000	现金	15 000 000	15 000 000
运输成本	TC	6 000 000	6 600 000	应收账款	30 000 000	30 000 000
仓库成本	WC	1 500 000	1 500 000	固定资产	90 000 000	90 000 000
存货成本	IC=IN·W	3 000 000	3 000 000	W=存货比率	30%	30%
其他运营成本	OOC	30 000 000	30 000 000			
运营成本总计	TOC	42 000 000	42 300 000			
税息前收入	EBIT=GM−TOC	26 979 975	26 884 980			
利息	INT	3 000 000	3 000 000			
所得税	TX	9 591 990	9 553 992			
净利润	NI=EBIT−INT−TX	14 387 985	14 330 988			
利润增幅1%			56 997			

表 13.13 提高订单履行率的财务影响

单位：美元

	符号	97%的按时送货率	98%的按时送货率	输入数据	97%	98%
年度订单总数	AO	1 500 000	1 500 000	%CF	97%	98%
正确执行的订单	OFC=AO·%CF	1 455 000	1 470 000	订单总数	1 500 000	1 500 000
错误执行的订单	SF=AO−OFC	45 000	30 000	SP=每订单收入	100	100
损失的订单	LS=SF·LSR	9 000	6 000	CG=每订单货物成本	53.33	53.33
被纠正的订单	RO=SF−LS	36 000	24 000	销售损失比例	20%	20%
净销售订单	NOS=AO−LS	1 491 000	1 494 000	RCO=每订单再处理成本	20	20
销售收入	S=SP·AO	150 000 000	150 000 000	IDR=发票扣除款	10	10
发票扣除款	ID=IDR·RO	360 000	240 000	运输成本	6 000 000	6 000 000
损失的销售收入	LSR=LS·SP	900 000	600 000	仓库成本	1 500 000	1 600 000
净销售收入	NS=S−ID−LSR	148 740 000	149 160 000	利息成本	3 000 000	3 000 000
销货成本	CGS=CG·(NOS)	79 515 030	79 675 020	其他运营成本	30 000 000	30 000 000
毛利	GM=NS−CGS	69 224 970	69 484 980	存货	10 000 000	10 000 000
再处理成本	RC=RCO·SF	900 000	600 000	现金	6 000 000	6 000 000
运输成本	TC	6 000 000	6 000 000	应收账款	15 000 000	15 000 000
仓库成本	WC	1 500 000	1 600 000	固定资产	30 000 000	30 000 000
存货成本	IC=IN·W	3 000 000	3 000 000	W=存货比率	30%	30%
其他运营成本	OOC	30 000 000	30 000 000			
运营成本总计	TOC	41 400 000	41 200 000			
息税前收入	EBIT=GM−TOC	27 824 970	28 284 980			
利息	INT	3 000 000	3 000 000			
所得税[40%·(EBIT−UBT)]	TX	9 929 988	10 113 992			
净利润	NI=EBIT−INT−TX	14 894 982	15 170 988			
利润增幅 1%			276 006			

每份订单的销售收入为 100 美元,商品成本为 53.33 美元。销售流失率占错误及时配送服务的 10%,占失败的订单履行服务的 20% 左右。每件被纠正订单和被拒绝订单的再处理成本为 20 美元,每件被纠正订单的发票扣除款为 10 美元。其他的资产和成本情况都按照原案例的数据。剩余相关信息请参照表 13.12 和表 13.13。

观察表 13.12 后发现,电子表格的前半部分的分析集中在服务问题的订单数、销售损失的订单数、纠正的订单数、净销售订单数等方面的数字上(第二栏提供的符号是帮助读者分析财务表格的)。当按时交付比率为 95% 的时候,1 425 000 件订单被及时送货(0.95×1 500 000 总订单数),75 000 件订单未能及时送货(服务问题)。在这 75 000 件订单中,有 7 500(10%)个顾客放弃了订单,所以 CLGN 公司也就损失了这部分的销售收入,即 750 000 美元(100 美元/每单×7 500 订单)。再处理的成本为 1 500 000 美元[20 美元/每单×75 000 件订单(纠正订单+拒绝订单)],而发票扣除款为 675 000 美元(10 美元/每单×67 5000 件纠正订单)。

在例子中,1% 的及时配送比率(从 95% 到 96%)直接导致净利润减少 56 997 美元。提高及时配送效率后,发票扣除款为 235 000 美元,再处理成本降低 300 000 美元,总成本节约 535 000 美元。但是,为实现 535 000 美元的成本节约,公司的运输成本增加了 10%,即运输成本为 600 000 美元。所以,一旦改变战略而采用所谓的两天到达的配送服务系统,甚至净利润减少了 56 997 美元,CLGN 公司当然不会考虑这种战略选择。

下面,我们再看看表 13.13 的情况。公司如果花费 100 000 美元成本为仓库工人进行业务培训,那么订单的执行比率将从 97% 提高到 98%,并带来 276 006 美元的净利润的增加。其综合的成本节约 420 000 美元(再处理成本 300 000 美元和发票扣除款 120 000 美元)远大于附加的 100 000 美元的培训费。

对于上述两个选择——提高及时配送比率和提高订单履行率,毫无疑问,CLGN 公司将被建议采纳后一种改革战略。

上面两个备选方案的战略赢利模型在图 13.11 和图 13.12 中得到了说明。公司的利润率、资产收益率和权益收益率在提高订单履行比率的例子中都好于在提高按时配送比率的例子中。因为当订单履行率从 97% 提高到 98% 时,公司的权益收益率从 31.10% 提高到 33.71%,利润率从 10.01% 提高到 10.17%,资产收益率从 10.27% 提高到 10.46% 左右。

供应链管理的财务目标就是增加股东的收益,并参照净收益这一底线和最终的权益收益率不断调整可供选择的行动措施,努力实现财务目标。

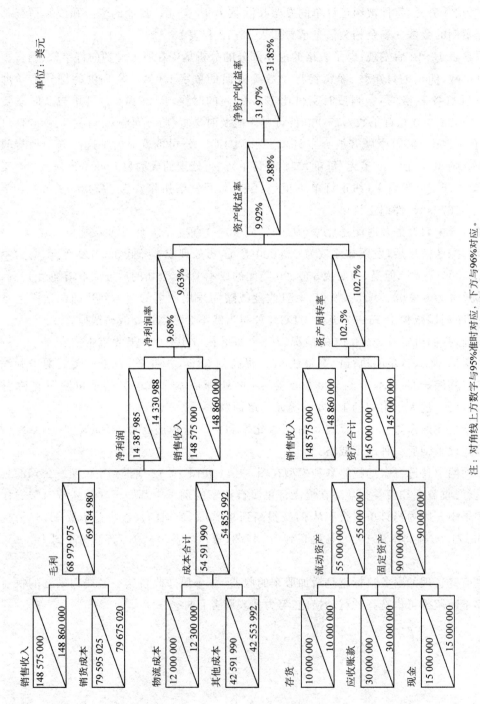

图 13.11 提高按时送货率后的战略盈利模型

注：对角线上方数字与95%准时对应，下方与96%对应。

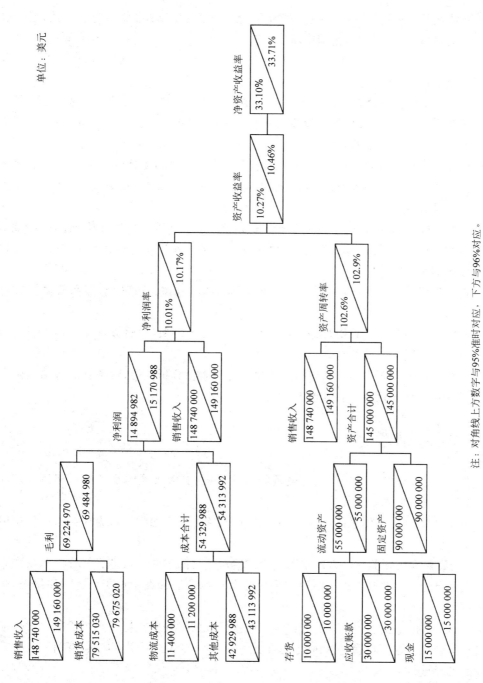

注：对角线上方数字与95%准时对应，下方与96%对应。

图13.12 提高订单履行率后的战略盈利模型

小结

- 物流系统,特别是供应链系统的绩效衡量是必需的,但是非常具有挑战性,因为这种衡量体系非常复杂,范围广泛。
- 一个很好的绩效衡量体系需要融合一些特征,即定量化、容易理解、涉及人员投入和经济产出。
- 开发好的物流供应链绩效衡量体系需要考虑如下原则:与公司战略相一致、聚焦于客户需求、仔细选择指标及指标的优先顺序、强调流程、运用均衡的方法,以及运用技术改善衡量的效率。
- 绩效衡量体系有四个重要的类别:时间、质量、成本和支持性标准。另一个物流供应链绩效衡量的分类是:物流运作成本、物流服务指标、交易成本和收益,以及渠道满意度。
- 同供应链节约成本等效的销售增长是通过节约成本除以公司利润率而计算出来的。
- 通过渠道结构管理、库存管理、订单管理和运输管理等方面的决策,供应链管理直接影响着资产收益率。
- 选择供应链决策的备选方案时,企业需要参考净收益、资产收益率和权益报酬率的财务应用的可能性。
- 战略盈利模型显示着销售、成本、资产和权益之间的关系,财务管理的各个因素都可能导致财务方面的重大改变。
- 供应链服务问题将导致销售损失和再处理成本。分析认为,财务管理对加速供应链服务的现代化进程有着重大的意义。

 ## 复习思考题

1. "对物流管理者的绩效衡量是最近的事情,以前更多关注的是其他管理活动。"你是否同意这种观点?请加以说明。

2. 在开发绩效衡量体系的过程中,员工应该发挥什么样的作用?为什么这一作用很重要?

3. "衡量标准必须关注顾客需求和期望。"请对这一陈述的含义进行解释。为何顾客对绩效衡量更加重要?是否顾客应该在供应链衡量标准的开发中扮演角色?如果是,是什么角色?

4. 一般认为,企业在开发恰当的供应链衡量标准的过程中经历了几个阶段。对供应链衡量标准开发的这些过程进行讨论,选出这一过程中你认为对企业最具挑战性的阶段,并对你的选择进行解释。

5. 使用计算机电子表格程序,构建一套供应链财务模型,并计算利润率、资产收益率、存货周转率和作为部分收入支出的运输成本、库存和存货成本。(单位:美元)

销售收入=200 000 000;运输成本=12 000 000;

仓储成本=3 000 000；存货持有成本=30%；

销货成本=90 000 000；其他运营成本=50 000 000；

平均存货=10 000 000；应收账款=30 000 000；

现金=15 000 000；净固定资产=90 000 000；

利息=10 000 000；所得税=40%×(税前利润－利息)；

流动负债=65 000 000；长期负债=35 000 000；

股东权益=45 000 000。

6. 使用供应链财务模型求解"问题5"，计算出利润率、资产收益率、存货周转率、运输成本、仓储成本和存货成本。

  A. 运输成本增加20%；

  B. 仓储成本增加5%；

  C. 平均存货增加10%；

  D. 仓储利用外部资源，净固定资产减少20%，存货减少15%，仓库成本等于0，运输成本减少5%，利用外部资源提供的成本为2 500 000美元。

7. 开发战略模型描述"问题5"和"问题6"的解决方案。

8. 构建财务模型计算以下情况的二次配送/再次处理成本，以及销售损失、发票回扣(税)成本和净收益。

  a. 按时配送率从90%到95%，运输成本增加5%；

  b. 订单履行率从96%到92%，运营成本保持不变。

销售价格/订单=150美元；毛利润/订单=35美元；

销售流失比率：准时配送失败为15%；订单履行问题为20%；

每年订单数=200 000美元；再处理成本=125美元；收入减少/服务问题=150美元；运输成本=1 000 000美元；平均库存=1 000 000美元；

利息成本=1 500 000美元；存货持有成本比率=25%；仓库成本=750 000美元；其他运营成本=500 000美元；现金=3 000 000美元；应收账款=4 000 000美元；固定资产=30 000 000美元；税收=40%。

案例13.1 WD公司

  Wash&Dry(WD)是一家小型制造公司，它在2015年的年收益达到了1 000万。这家公司位于Bellefonte, PA，它生产各种各样的洗衣皂和香皂，同时大批量生产包括餐巾纸、纸巾在内的纸质货品。它所提供的独特品质的货物让它从2010年年收益仅有100万的创业公司成长为今天的规模。WD公司的商品是完全可持续发展的并且在市场上的标价要高于它的竞争者。它的货物同时销售给大型商场和个体零售商。

  WD在两家位于Bellefonte的工厂中制造商品：一家致力于生产肥皂，另外一家生产纸质商品。成品从这两家工厂运出，送往位于Harrisburg的配送中心。在配送中心，混合的肥皂和纸巾被送往零售运输中心，然后这些货物会被分类，并与其他商品一起送往零售商店。

作为一个相对规模较小的公司，WD 的关键绩效指标体系并不成熟。在工厂中，关键绩效指标被设置为"我们今天是否完成了今天应该完成的任务"；在配送中心，关键绩效指标为"我们今天是否运输了应该完成的运输量"。尽管这两条关键绩效指标在过去可以发挥作用，但是公司的成长和来自零售商的压力让公司不得不考虑制定一个更加详细的关键绩效指标。

✓ **案例问题**

1. 如果你受聘为该公司的顾问来完善关键绩效指标，你会怎么评估哪些关键绩效应该被测量？大体上说，关键绩效指标应该涉及服务和成本的哪些领域？请确保涵盖内部和消费者的关键绩效指标。
2. 你将会推荐怎样的关键绩效指标来测量生产设备？为什么？
3. 怎样的关键绩效指标可以用于配送中心？为什么？
4. 你将如何测量关键绩效指标对收益和利润的影响？

案例 13.2　Paper2Go.com 公司

史塔克从未想过他将通过互联网销售纸制品。然而，Paper2Go.com 公司在五年时间里取得了 7 500 万美元的收益。该公司专门从供应商那里为顾客输送尿布、纸巾、面巾纸等纸制品。因为这些货品的收益都很低，史塔克知道他需要控制成本并且达到较高的服务水平。

Paper2Go.com 每年收到 50 万美元的订单，每份订单的平均收益为 150 美元，每份订单的平均利润为 90 美元，现在的订单完成率为 92%。史塔克估计在那些错误或破损的订单中，15% 的消费者会取消订单，85% 的消费者会接受重新邮寄准确完好的物品的方案。这种重复处理的成本为每件订单 15 美元并且只适用于重复邮寄的订单。为了留住消费者，公司将再处理的订单发票价值减少 30 美元。

包括出库和入库，公司需要支付 250 万美元的交通运输费。平均每年的仓库成本是 195 万美元。在年均利率为 12% 的情况下，公司负债为 4 000 万美元。其他的运营成本为 100 万美元，并且维持 10 万美元的现金流入。

本公司的平均库存成本为 670 万美元。这个库存水平对于一次性满足消费者订单是必要的。库存持有成本占平均库存价值的 30%。应收账款为每年 35 万美元。公司拥有三家仓库，这三家厂库价值 8 570 万美元。公司的净值为 4 500 万美元。

史塔克觉得 92% 的订单完成率在市场上是不能接受的，因为流失的顾客和二次处理的订单对利润都有负面影响。他决定投资 100 万美元在仓库中安装一个新的存储定位系统，这样可以增加 10% 的库存量，并且通过联络新的运输者增加准时送达的订单。这项运输的升级将会增加 10% 的运输成本。史塔克希望这些改变能够将订单完成率提高到 98%。公司现在面临的税率为 35%。

✓ **案例问题**

假如你是该公司物流分析师，请完成以下问题：

a. 计算订单满足率从 92% 增加到 98% 的经济影响。
b. 基于旧的系统和调整过的新系统制定两个战略性利润模型。

附录13A 财务词汇

应收账款 已经销售给顾客的产品的收益总和,属于流动资产。

资产负债表 在金融年度末期,一个公司所拥有资产的状况。

现金周期时间 由存货售出到收到现金支付款的时间。

现金流量表 表示企业财务活动中现金变动状况,以及所得税、利息、折旧和摊销的销售收入。

销货成本 将货物销售给顾客的过程中所花费的全部费用。

销售流失成本 短期内由于脱销而放弃的利润。

流动资产 现金及其他可以在短期内变现的资产总和。

流动负债 在一定的较短时期内的偿还义务。

流动比率 用流动负债除以流动资产的数值,表示公司用容易变现的资产偿还短期债务的能力。

负债权益比率 用所有者权益除以长期负债的数值。

息税前收入 销售收入减去销货成本和运营成本的数值。

每股盈余 净收入除以平均股数的数值。

毛利 销售收入减去销货成本的数值。

损益表 收入和开支的总数,说明特定的会计时段的净收益状况。

存货持有成本 保存存货的年度开支,用平均库存周期的价值乘以库存积压成本比率。

存货持有成本比率 一美元存货一年的保管费用,以比率的形式表示,包括资金成本、风险、服务内容和仓库空间。

存货周转次数 销货成本除以平均存货数的数值。

流动比率 流动负债除以运营现金的数值。该比率用以衡量现金支付短期负债的能力。

净收益(净亏损) 一段时期内,总收入和总支出的结果。用销售收入减去销货成本、营业成本、利息和所得税。

营业支出 销货成本、折旧、利息和收入所得税之外的其他支出。

营业比率 用于营业的收入的比率,用营业收入除以营业支出计算。

订单—现金周期 从收到顾客订货指令到收到货款的时间。

利润率 净收入除以销售收入的数值。

资产收益率 净收入除以总资产的数值。

权益收益率 净收入除以平均股票权益的数值。

股东权益 公司全部资产和公司所有资产的不同之处;股票设立初期,由股东进行的投资加上以往所有的还没有被分配的盈利构成;从公司成立初期股东所做的投资中减去负债来计算。

营运资本 流动资产减去流动负债的数值。营运资本用于开展业务,将产品和服务转化为现金。

第 14 章

供应链技术——管理信息流

学习目标

通过阅读本章,你应该能够:
- 理解信息对供应链管理的重要性。
- 解释供应链中的信息需求。
- 理解整合供应链信息系统的功能。
- 描述并区分供应链解决方案的基本类型。
- 讨论技术选择及实施过程中的关键问题。
- 注意到影响供应链管理的技术革新。

供应链窗口

基于信息的全渠道零售

全渠道零售的快速发展给零售商带来了巨大的服务挑战。零售商必须在正确的时间,正确的地点,以可接受的价格为顾客提供所需的产品。即使现在店内没有该产品,零售商也最好能在第二天送到顾客手中,否则他们就可能转向亚马逊——毕竟亚马逊会免费将他们所购的商品送达。

那么在这种无缝链接式的零售环境下,零售商就需要一个高度敏捷且由技术驱动的供应链。无论顾客是亲自到店,还是通过手机、平板、电脑或自助服务机远程购买,该供应链都必须能够满足购买需求。零售商也必须能够在其供应网络中提供多种设施以满足客户订单需求,比如店铺、自动售货机、分销中心(DC)、第三方履行中心或制造商仓库。

为符合全渠道零售这种随处可购买、随处可完成订单的特点,快速和精确的数据流就至关重要。零售商必须有能力为客户在线提供库存水平、库存位置、配送选择、订单周期、总订单成本,以及订单跟踪情况。总之,零售商和他们的供应链合作伙伴必须建立一个高度整合的信息系统,以支持客户参与、提升销售额、维持老客户和增加利润额。

在这个无缝链接的零售环境中发展和成功需要些什么呢?在凯捷集团和美国统一代

码委员会所做的一项近期调查中,得出了成功的四个关键要素:

库存可视性——信息系统必须支持库存识别、跟踪与控制。诸如射频识别RFID标签之类的自动化产品识别工具,可以使零售商快速定位和检索用于满足商店和分销中心订单的库存,从而提升库存准确性。

产品信息——关键产品信息和图像必须是标准化的、准确的,并且可以在整个供应链中被检索。这有助于跨供应链的协作,也能更快地使产品进入线上市场。

客户分析——领先的零售商正在使用预测分析技术来深入了解客户行为。反之,这些零售商也能够基于丰富的信息资源,创造个性化购物体验。

执行策略——零售商必须通过执行中心、商店和供应商为客户展示灵活强大的订单执行能力。分布式订单管理(DOM)软件能够让零售商追踪订单,并根据库存可得性、成本、运输时间和客户要求确定最佳执行地点。

零售商及其供应链合作伙伴所面临的挑战就是建立一个包含这四个要素的强大的供应链信息系统。该系统的重要元素包括分布式订单管理(DOM),用于协调库存管理和订单履行的仓库管理系统(WMS),和用于加强集中控制能力、提供由端到端的全渠道执行流程可视性的运输管理系统(TMS)。当然,投资将是十分必要的。许多零售商正在追求基于云的技术工具,以实现在可控成本下各流程的加速。

14.1 引言

知识对供应链成功至关重要。信息、原料和资金必须在供应链中顺畅地流动,以确保其主要职能的计划、执行和评估。例如,百思买集团就需要获取关于GoPro相机需求情况的及时准确的信息,从而更好地管理库存,订购更多的产品。而GoPro也可以通过分析百思买的订单信息来购买零部件,安排更多的生产。如果供应链中的每个组织在没有这些销售信息的情况下运行,那么要想让合适的零件和模型以正确的数量在供应链中恰当地流动是非常困难的。缺少热销产品及相机库存的堆积将是这种贫乏信息流的结果。

幸运的是,供应链信息技术可以缓解这些问题。正确应用这些工具,就能够加速制造商、零售商和物流服务供应商之间及时又划算的信息共享,促进贯穿本书的重点——供应链流程的有效执行,满足客户的需求。正如供应链窗口所示,这些技术能力在高风险的全渠道零售业中尤为重要。

认识到了这些工具的潜在价值,许多企业已经投资了大量资金来有效地收集、分析和利用这些供应链信息。高德纳咨询公司估计,供应链管理和采购软件的销售总额在2014年达到了99亿美元。这意味着在SAP和曼哈特软件公司两位数高收益的带领下,供应链管理和采购软件销售总额的年增长率达到了10.8%。

随着供应链逐渐国际化、复杂化及数据导向化,信息技术必须快速发展。企业需要依靠现代化工具来获取、分析和使用实时的信息。而为了通过这些技术创造价值,运输和物流企业的管理者们尤其注重移动能力、数据分析和网络安全。他们意识到要推动企业的竞争优势，对数字技术的投资就必须慎重，并且企业要明确成功投资的衡量标准。

本章的重点是信息和技术在供应链中的作用。且旨在强调推动供应链成功的关键信息问题和工具。本章共分为五个部分，分别介绍下面的主题：信息需求、系统能力、供应链管理软件、供应链技术实施和供应链技术创新。读者将会了解到有效的信息流管理技术对同步供应链过程的重要性，它能够满足顾客需求并创造响应型供应链。

 ## 14.2　信息需求

据说信息是商业的生命线，指引着有效的决策和行动。在整个供应链中，商店库存补货决策需要基于销售点数据，运输公司的选择需要基于送货服务目标，生产计划也要靠预测来驱动。从根本上说，信息连接了扩展型供应链，使管理者了解到供应链活动中其他地方供应商和顾客所在地的情况。这种需求、顾客订单、运输状况、库存水平和生产进度的可见性为管理者提供了做出有效评估和开发恰当反应所需的知识。

图14.1展示了能够支持管理者进行有效决策的供应链信息要求的三个原则。首先，系统中的信息必须符合质量标准，以支持基于事实的决策。其次，信息必须随时在组织内部和组织之间流动。最后，信息必须支持多种类型的供应链决策。

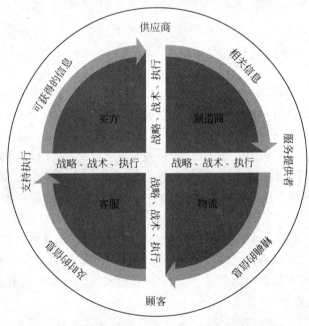

图14.1　供应链信息原则

如果没有满足这三个要求，管理者将失去他们对于库存、需求、供应商及顾客所在地情况的精准定位。此时管理者只能依赖经验和内部信号进行决策，而非整体供应链知识。这可能导致决策盲点，合作机会也将丢失。

14.2.1 符合质量标准

信息质量是供应链中知识流动的一个重要特征。信息的价值胜过数量,管理者必须确保他们决策时所使用的信息是正确的。事实上,物流的 7R 的定义也适用于信息——将正确的信息在正确的时间和地点,以正确的数量和形式,以及正确的成本传送给正确的合作伙伴。将其中的任何一个"正确"改成"错误",供应链管理者所获信息的价值就会下降。

为了确保这种价值,可反馈的知识随时都可以在供应链中流动,信息必须满足多种关键特征。这些特征中最主要的是准确性、可获得性、相关性、及时性和可传递性。此外可用性、可靠性和价值也同样重要。

1. 准确性

信息必须是描述事实的。准确无误的真实供应链图景有助于提升管理者的逻辑决策准确性。反之,信息失真会导致库存不足、运输延迟、政府惩罚及顾客不满。例如,主要的零售商依靠它们收款台前的收银员准确地扫描每个售出产品的条码,因为这种扫描可以驱动补给。如果收银员把顾客购买的四种不同口味的苏打饮料用其中的一瓶扫了 4 次,那么店铺库存就失去了准确性,从而最后会补给错误的产品。

2. 可获得性

信息对于有正当需求的供应链管理者来说必须是可以得到的,不管他们在哪里或谁是他们的雇主。例如,Kenco 的供应链管理者需要得到 Whirlpool 店铺的进货需求信息,以安排设备的运送和安装。得到所需信息是困难的,因为供应链数据经常分散在不同信息系统的多个地方,这些信息系统又归外部组织所有,共享信息的企业之间必须建立相互信任的关系。

3. 相关性

供应链管理者必须拥有相关的信息,以做出决策。他们必须避免无关的对决策制定没有用的数据,因为这些数据可能会掩盖真正重要的信息,浪费决策制定者的时间并分散他们的注意力。当丰田的一个催货员登录联邦快递网站来追踪他们的一种重要货物的运输状况时,他并不想了解联邦快递那天处理的每一批丰田的货物,他只想快速判断所需了解的这批货物的状态并做出相应反应。

4. 及时性

为了保持相关性,信息必须有效,并且必须在合理的时间框架内不断更新。高度同步的供应链信息系统中的即时数据使得管理者能够监控供应链情况,迅速采取纠正措施,从而避免问题升级。比如,如果能快速发现某电缆调节器模型的质量问题,通信公司就能及时补给一个新模型。那个有质量问题的模型也就不会被安装在顾客家中,从而避免了冲突和顾客投诉。

5. 可传递性

信息也需要在供应链的各个地点和信息系统间快速传递,以实现其可获得性和及时性。基于纸质文件的供应链不能满足这些要求。因此,信息必须以电子形式存在,这样就可以通过供应链信息技术来随时传递和转换。幸运的是,互联网和云计算平台的出现让信息传递变得相对容易、便宜和安全了,不过企业也必须采取预防措施以确保敏感数据的安全性。

6. 可用性

只有在能够推动有效决策的情况下,信息才有用。企业必须做出一定的前期努力以明确信息需求,获得适当数据。这将有效避免时间和金钱的浪费,防止企业去捕获那些于供应链决策者无益的无关数据。此外,只有能够被无缝共享,并且能够无遗漏地从一种形式被翻译成另一种形式,信息才是可用的。

7. 可靠性

报告和交易数据集中包含的信息必须来源于组织内部可靠的权威性的资源,或是可信任的供应链合作伙伴。所提供的数据必须准确、未被改变且较为完整,才能按照预期被使用。当提供不完整或估计的数据时,需要对缺失的数据或猜想作出明确的解释,以便供应链管理者对他们的分析做出相应的调整。

8. 价值

实现这七个质量标准既不容易,也要花费成本。获取和传播优质供应链数据所需的硬件和软件都相当昂贵。最近的一项研究表明,用于获取供应链软件许可、整合软件和培训软件操作人员上的平均费用要超过 50 万美元。因此供应链管理人员必须确保拟议的信息技术投资能够真正增强企业知识并产生切实的绩效效益。

14.2.2 支持多方向的信息流

多个利益相关者都参与到供应链的计划和决策之中,这就需要供应链中有多方向的信息流。内部信息的共享促进了跨职能协作,也有助于组织范围内的绩效优化。例如,只有在销售、运营、财务和物流专家都提供相关见解的情况下,销售和运营计划(S&OP)才能够取得成功。否则将导致职能板块分割,规划缺乏远见,以及错失最佳绩效。

信息也必须在企业和其供应链合作伙伴间无缝流动。信息的自由流动将促进综合决策和流程的同步化。例如,及时准确的客户需求信息需要源源不断地提供给制造商和供应商,他们才能有效地推进上游生产或实施购买决策。而有关供应商能力、生产计划和库存情况的信息共享也将促进下游流程的协调和有效执行。

物流服务提供商也必须处在上游及下游客户需求的信息圈之中。这些信息有助于服务提供商整合人力和设备资源,以满足库存需求和实施配送计划。而如果不与这些合作伙伴沟通就可能导致订单完成时间的延迟和客户的不满。

此外,支持型机构也必须接收和发送关键信息。比如,金融机构需要参与到有关支付和交易的信息流中,政府机构需要就贸易数据和法规遵从性进行持续地沟通。如果没有与这些组织正确建立信息流,企业就可能要承担一定的财务损失。

14.2.3 提供决策支持

随着供应链管理在组织中发挥更重要和更明显的作用,企业对信息的需求也大大增加。供应链中各个层面的管理者都需要不同类型的信息,以在他们的角色中脱颖而出。不论是在战略决策、战术规划、路径选择,还是在执行和交易处理中,这种智慧都是必不可少的。

战略决策的重点是制订与组织愿景和战略保持一致的长期供应链计划。其中所需的信息通常是非结构化的，并且可能因项目而异。例如，为了实施战略性网络设计项目，企业必须从各种来源中捕获供给、需求和运营成本数据。而对比之下，一个新产品的开发决策则需要设计、生产力和供应商能力信息。这些数据将被用于评估战略上的各种选择，或结合决策支持工具进行假设分析。

战术规划注重跨组织间的联系和供应链活动间的协调。其中所需的信息必须随时可用，支持计划流程，并且格式灵活，以便供应链参与者修改并运用到他们的系统中。例如，销售和运营计划需要有关需求模式、促销计划、供应能力、库存和其他相关数据的信息共享，以创建统一的运营计划。

路线选择则利用操作层面的信息进行基于规则的决策。这些信息需要标准化，以便信息系统生成合适的解决方案。例如，一个自动运输路线指南就要根据产品的始发地、目的地、产品特征、重量和尺寸，以及服务水平要求，来推荐适当的运输模式和运输工具。决策者可以根据需要检查和调整这些推荐方案。

执行和交易处理需要运用来自供应链数据库中的基本信息、客户档案、库存记录和相关来源，以满足客户订单。正如本章节前面提到的，这些信息必须准确、随时可获取，并且可用。只有这样，它们才能够被及时、自动地处理。例如，为保证订单履行的高效快速，一个多渠道订单应当被获取，相应库存应当被预留，履行订单的流程也应当在无人为干预的情况下进行。

总之，供应链中的信息必须满足这三个要求，才能推动高效、有效的管理决策。供应链中的重要利益相关者必须随时能获得高质量的信息，以便采取适当的短期、中期和长期行动，创造卓越供应链。

14.3　系统能力

供应链信息系统的重要性如今已受到许多龙头企业的认可。苹果、亚马逊、宝洁，以及高德纳等其他企业都在追求终端需求模式的可见性、上游供应商的数字同步，以及带传感器的物流控制塔的使用，以降低企业风险。这些能力对于控制供应链成本以及推动企业收入增长都是至关重要的。

要在这个层面上竞争，公司必须在三个方面取得成功。首先，系统必须促进供应链中计划、采购、制造运输和退货等流程的出色表现。接下来，必须建立一个整合集成技术、技术人员和稳健过程的衔接网络。最后，必须确认和降低共同风险以最大化技术投资回报。

14.3.1　使流程卓越成为可能

随着供应链逐渐变得更加复杂，企业需要技术来帮助它们茁壮成长。管理全球关系、与物流服务提供商合作，以及为全渠道消费者提供服务都需要先进的信息系统功能。也就是说，信息系统必须支持跨链的可见性、敏捷性、速度、同步性、适应性、细分和优化。如果正确地利用这些供应链流程促进因素的话，它们将帮助企业在收入增长和盈利指标上实现比竞争对手更高水平的表现。

1. 跨链可见性

管理者需要控制关键的供应链活动。拥有供应链最新数据是管理者进行有效决策和对问题快速反应的先决条件。可见性工具使管理者能够快速接触到全球供应链信息,生成供应链警报,支持例外管理,并促进贸易伙伴协作。最终,更大的可见性使得流程变差减少,从而实现绩效优化和供应链成本控制。

2. 敏捷性

在瞬息万变的市场情境下,供应链管理者必须快速校准计划,应对供需波动。而在不断变化的条件下,敏捷供应链具有在不断变化的条件下提供与竞争者一致或比他们更有优势的成本、质量和客户服务的能力及和灵活性。设计得当的信息系统具有强大的决策支持分析功能,可以对各种场景进行建模。这有助于管理者更好地理解波动性并作出适当反应。

3. 速度

整个供应链的产品流动速度必须与客户期望保持一致。而对速度的这些要求取决于:通常紧急补给和新产品的引进需要比现有产品的正常补充速度更快。因此对企业来说,相应地调整速度的能力是必不可少的。这就需要建立一个有能力的系统,来捕获订单周期时间要求、顺序订单,并确定最佳运输方式,以确保在客户的最后期限前完成订单。

4. 同步性

多组织供应链的目标是作为一个单一的实体发挥作用,生产和分配为满足客户需求所需的库存。通过同步数据、资源和过程,供应链合作伙伴可以随着时间的推移协调供应和需求。而技术可以促进合作伙伴之间的实时信息共享,从而驱动一致的洞察力和协作决策。比如库存优化软件、劳动力管理应用程序和先进的需求管理工具就已被证明可以改善供需平衡。

5. 适应性

企业必须战略性地将供应链的设计能力与不断变化的环境相适应。它们可以充分利用人口趋势、政治转变、新兴经济体和其他新的机会,并依此改变其供应链运作模式。这就需要一个由强大的技术支持的、灵活的、地理上分散的网络,以分析各种选择并适当地分配网络能力。通过将供应链技术与销售和营销系统联系起来,在生产能力有限的情况下,公司也可以感知并响应实时市场需求,甚至形成需求。

6. 市场细分

企业必须动态地调整其需求和供应响应能力,以优化每个客户部门的净盈利能力。如果对每个细分区域提供差异化的服务水平,企业就能够增加销售和降低成本。因为这避免了"一刀切"的策略——对重要客户服务不到位,也造成不必要的成本。而技术可以帮助企业定义物流上的细分区块,了解为它们服务的成本,并区分服务执行的优先级,以便重要客户得到恰当的关注。

7. 优化

为了实现供应链的最高绩效,企业必须权衡各种因素,有效地配置资源,并做出可能的最佳决策。供应链优化技术使用数学建模工具快速地分析各种选择,以找到有助于所有供应链利益相关者成功的解决方案。这些工具可用于研究网络设计选择,确定适当的库存水平,形成路线决策等。其目标是最大限度地使运营成本最小化。

这七个供应链过程促成因素绝非全面或静态的。首先,信息系统必须支持与供应链创新、绩效分析和改进、风险管理和盈利能力相关的活动。其次,这些促成技术必须随着时间的推移而发展,以适应新的竞争挑战和不断变化的客户需求。而明智的供应链管理者将定期审查这些促成因素,并根据需要修改它们。

14.3.2 链接网络的要素

将这七个流程促成因素付诸实践并产生价值并非易事。只为一个流程购买软件就期望从根本上改善供应链是不现实的,企业应当投资整个供应链信息系统(SCIS),以提供内部流程之间和外部合作伙伴之间的关键知识链接和信息流自动化。供应链信息系统使公司能够简化其供应链流程,并为管理层提供有关生产、储存和运输的更准确的信息。

但值得注意的是,这并不能保证立即取得成功。许多供应链信息系统实施后产生的初步结果并不是很好。塔吉特公司在向加拿大扩张失败后产生的 54 亿美元亏损,部分要归因于供应链信息系统问题。一位业内专家指出,由于塔吉特公司的电脑辅助订购系统故障,导致商店货架空荡荡,而仓库库存却爆满。

当企业特意花费时间,用集成的方式将技术与人员和流程适当连接时,供应链信息系统计划将更加顺利,也将增加更大的价值。技术必须贯穿整个供应链,人员需要适应供应链信息系统的全部能力,同时,流程也需要更新,以利用供应链信息系统生成的信息。图 14.2 表示这些重要的人员—流程—技术联系。

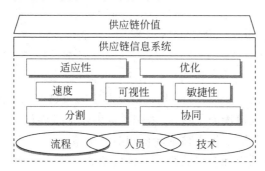

图 14.2 供应链信息的联系

正确链接的技术使管理者接触到数据,以便做出明智的供应链决策。与手动或部分集成的系统相比,精心制作和正确链接的网络可以通过自动捕获工具来支持数据收集和同步。使用互联网或电子数据交换(EDI)平台,在各设备和各公司之间链接供应链信息系统,就能以低成本在合作企业之间实现信息的快速共享。

在有了功能强大、链接良好的供应链信息系统,以及精确、标准化且随时可用的数据之后,重点就该转向网络中的人员因素了。负责实施和整合技术的人员需要必要的技能,以及足够的人力和财力资源来完成工作。此外,日常使用供应链信息系统的人员必须进行适当的培训以能够正确地使用工具。同时,让人员适应供应链信息系统,并帮助他们理解为什么采用这些工具将提高他们的接受程度,并对供应链绩效产生积极影响。

在建立了技术基础，操作人员也理解了供应链信息系统能力之后，必须对现有的供应链流程进行审查。不这样做的风险在于：低效、过时或不必要的过程将被自动执行，导致企业对供应链信息系统的投资只带来很少的回报。必要时，必须更新操作程序，并建立一个针对供应链的生产率、准确性、及时性和成本的新目标。这样做将有助于供应链管理者充分利用供应链信息系统的流程提高能力。

强大的技术、训练有素的操作人员和改进后的流程相结合，创造出一个稳健的运营环境。正确使用供应链信息系统，管理人员将处于恰当的位置，从而有效地规划和执行供应链流程，做出明智的决策，并快速响应潜在的问题。一个全面的供应链信息系统还将生成记分卡和仪表板，管理人员可以使用它们来持续地监控、分析和改进绩效。

14.3.3 减轻已知风险

虽然信息技术在提高供应链能力和组织竞争力方面有很大前景，但是并不能保证成功。供应链的管理者必须仔细评估他们的技术选择，并避开与系统使用或升级相关的陷阱。

"解决方案"这一术语突出了一个基本风险。假设供应链技术很容易解决或修复有缺陷的供应链是不现实的。因为技术本身并不能使考虑不周的过程变得高效，或有效地利用劣质数据。因此管理者必须避免购买那些大肆宣传的"解决方案"，而应在采用技术之前先解决他们的流程问题，并且牢记技术—流程支持的真正角色。

薄弱的技术—流程一致性是迈向成功的另一个障碍。软件可能由不了解供应链流程或需求的高管和技术专家选择。这可能导致不恰当的解决方案，使企业无法实现既定目标。为了降低这种风险，供应链管理者必须参与到技术选择过程中。他们应当确保工具能满足需求、支持协作，并提供供应链所有关键方面的可视性。

技术缺口对组织来说也可能是一个重大问题。通常，"局部解决方案"解决了供应链中的一个问题，但没有解决与此相关的其他问题或流程。此外，软件可能以零散的方式购买和部署，导致技术是拼凑而成的，而不是一个无缝的信息网络。为了减少这些缺口，组织应该创建稳定的、企业范围的平台，并采用集成的供应链软件套件。这将改善供应链流程和参与者之间的数据流，以促进精确分析和明智决策。

与供应商、服务提供商和客户的跨链系统集成是一些企业的绊脚石。物流服务提供商的首席信息官将自身与客户信息技术整合视为他们最大的一个挑战。在客户方面，供应链网络的复杂性和实现供应链的可见性是其最大的挑战。为了克服这些整合方面的困境，贸易伙伴需要将他们的计算机系统连接起来并将供应链转变为利益关系网络。

糟糕的规划和技术实施前的准备也存在问题。有些组织没有制定变更管理计划。这增加了实施延迟、连接丢失和供应链中断的风险。其他一些组织则未能解决文化变革、用户接受度和培训这些重要问题。这些人为问题被认为是购买了供应链技术却未能实现理想的投资回报(ROI)的主要原因。正确的方式应该是遵循分阶段的、符合逻辑的方法来采用新技术，并为技术安装、集成和培训准备充足的预算。

正如这些缓解风险的策略所示，我们是可以克服系统风险的。许多组织都成功地部署了供应链信息系统以加强成本控制、提升可视性和促进服务改进。对于供应链领导者来说，关键是要将技术实现视为一个业务改进项目。而且，他们必须积极地参与到新工具的规划、购买和实施当中,而不是将责任和控制权委托给 IT 团队、顾问或软件供应商。

我们应该认识到,开发出具有像高德纳供应链 25 强公司那样强大能力的信息系统应该是一项长期工程。即使已经建立了一流的供应链信息系统,如何促进流程卓越,如何连接人员、流程和技术多个网络,以及如何减轻技术风险也将是巨大的挑战。要选择、实施和维护一个支持卓越供应链的质量体系,就需要大量的时间、财力和最高管理层的努力。

14.4 供应链管理软件

一个有能力的供应链信息系统的基本要素是帮助管理者安排、分析和处理相关数据的软件应用程序。供应链软件市场包括几乎能处理供应链中发生的每一个活动的技术。无论公司需要制订销售和运营计划,分析设备迁移选择,还是保持库存的可见性,相关的软件都是可用的。

供应链软件应用利用了供应链信息系统的计算能力和通信能力,以帮助管理者做出及时、适当的决策。主要的供应链管理软件类别包括计划、执行、事件管理和商业智能(BI)。图 14.3 用拼图格式展示了这些类别,以强调每个软件类别之间的联系和信息共享的重要性。

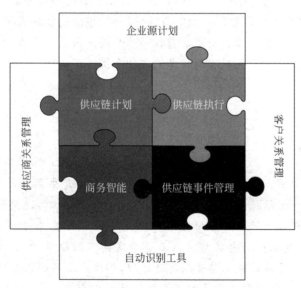

图 14.3 供应链软件类别

认识到从这四个类别选择和使用软件的协调方式是必要的。采用一种综合的方法来使用供应链管理软件将有助于提升运营效率、客户价值和公司盈利能力。

14.4.1 供应链计划

供应链计划应用软件及其配套设施帮助组织评估原料、库存和服务的需求,使组织可以制定有效的实施计划和时间表。这些计划工具能够帮助管理者在一些影响供应链过程发展的问题上获得更准确、更详细的洞察力。而其所制定的解决方案则通过使用复杂的算法、优化技术和探索法，使企业在规定的计划范围内实现供应链目标。

供应链管理计划应用程序帮助组织从自主规划活动转向同步规划流程，使用实时数据进行跨部门、供应商和顾客的协作。这就有助于处理一系列长期的计划（周、月、年），或处理像战略网络设计、需求预测以及表14.1中所强调的其他应用这样的重要问题。这些广泛的能力是至关重要的，因为供应链规划可能相当复杂。

表 14.1 供应链其他应用

可获得的/胜任	库存计划
销售和运营	生产计划
协同、预测和补充	供应商管理库存
活动规划	分销计划
需求规划	战略设计
供应规划	库存优化战略
生产计划	

今天，供应链管理者需要理解全渠道需求，再细化水平需求进行预测，并管理跨多个供应链的资源。而通过一个强大的供应链计划软件组，这些需求就有可能被很好地满足。这个集成的软件组位于交易系统的顶部，以提供计划和分析假设方案。

当表14.1中列出的应用程序以集成方式使用时，供应链管理人员可以查看、分析、模拟和细分基本数据。他们可以更清楚地看到一些有助决策和促使成功的可用选择。以下"物流在线"窗口展示了一个关于规划软件的成功案例。

物流在线

规划软件驱动预测精度

当一家公司销售像纸制品这样体积庞大、成本低廉的商品时，必须平衡整个供应链的产品可用性和库存费用。短缺会导致销售损失，而过剩会产生额外的库存持有成本。这就是金佰利公司——舒洁纸巾、科顿内尔厕纸和好奇纸尿裤的制造商所面临的问题。

为了提高在正确地点的库存可用性，金佰利公司运用了需求分析和计划系统以提高预测准确性。以前，企业用历史销售来预测并确定商店的运货量，但事实证明这是无效的。该公司需要将销售点的数据整合到其计划中，以生成准确的需求驱动预测。

为解决这一问题，金佰利公司采用了泰拉科技的需求感应解决方案来改进预测。每天，来自三个主要零售商的销售信息被载入泰拉科技解决方案中，然后该解决方案重新校准每个零售商的发货预测。该软件还评估来自零售商的其他信息，例如，促销计划、开放订单和遗留需求—计划预测，以生成新的出货预测。金佰利公司就使用这些预测来指导内部部署决策和战术规划。

该方法取得了巨大的成功。金佰利公司的预测准确率提高了15%～25%。这减少了企业所需的为防止预测误差所设的安全库存的数量。最终，该公司在不降低客户服务质量的前提下，从其美国库存网络中减少了1 000万美元的库存。

14.4.2 供应链执行

由供应链计划系统生成的建议和决策由供应链执行软件来执行。该软件有助于提高满足客户需求所需的日常操作任务的预期效果。

由于其快速的投资回报和对供应链绩效的积极影响,执行工具的使用非常广泛。2014年,供应链执行工具的购买额达到36.6亿美元。而随着公司淘汰过时的系统,追求跨链协作、全渠道订单履行能力和运输效率,供应链执行工具的预计投资还会增长。

公司运用各种执行软件来实施其战略并管理物流、信息流和资金流。这些工具的有效集成促进了数据共享,提升了跨链可见性。使用最广泛的执行软件包括前面章节中讨论的仓库管理系统和运输管理系统。不过,随着企业不断寻求综合性的订单履行能力,常用执行软件已经越来越多了。表14.2列出了一些执行软件所提供的各种供应链功能。

表14.2 供应链应用软件的功能

库存管理系统	运输管理系统
库存管理	模式和运输公司选择
劳动力管理	路线计划和优化
订单处理	调度和排程
场地/码头管理	运费审计和支付
退货管理	绩效分析
订单管理	全球贸易管理
销售订单输入	贸易合规
价格和信用核查	全球物流
库存分配	全球订单管理
发票生成	全球贸易财务管理
分销订单管理	生产执行系统
订单签收	在制品管理

执行系统在复杂的供应链中尤为重要。瑞玛仕工业集团的工程产品在六个垂直行业中都处于全球领先地位,其供应链遍布19个国家的60个工厂。通过使用运输管理系统来集中货运的支出与控制,瑞玛仕工业集团已经能够利用其运量来降低费率并提高准时性。如今该公司已将运费从占销售额的7.2%降至销售额的4.8%。

14.4.3 供应链事件管理

供应链事件管理工具通过供应链中的多种渠道收集现实的数据,并把它们转化为能为公司管理者提供清晰的供应链运作情况的信息。该软件允许公司自动监控日常发生的供应链事件。发生问题或异常时,管理员会收到实时通知,以便采取纠正措施。这可以避免或缓解诸如零件短缺、卡车故障和网络中断等问题,从而节省时间和金钱。

随着供应链地理范围的扩大和公司数目的增多,该工具掌握活动的能力将超出人的能力。因此,供应链事件管理工具提供了在发生重大问题之前进行检测、评估和适应不断变化的情境所需的跨链可见性。工作流程规则可以内置在事件管理系统中,以发起主动或被动的自动响应。

虽然事件管理解决方案曾经是独立的应用程序,但它们正被整合到其他应用程序中。如今在全球贸易管理、仓库管理、运输管理和制造执行系统中都能找到监控功能。这将有助于规划和执行形成闭环,以实现端到端活动的同步。例如,一些大型企业极大地改善了它们的全球连通性和事件监测能力,现在拥有的集装箱数量,以及远洋运输能力是小型企业组织的三倍。

14.4.4 商务智能

虽然执行软件能够提取数据和生成报告,但管理人员仍须解释报告并确定需要改进的方面。相比之下,商务智能工具可自动完成分析工作,并用更易于理解的可视化格式来呈现结果。供应链管理人员可以随时获得相关信息,以便做出明智的规划和决策。

除了数据收集和分析能力外,商务智能软件还支持自我服务报告、目标绩效评分卡、仪表盘的发展,以及对于事件管理活动的监控。这些工具可以在技术部门不参与的情况下,获得更好地提取隐藏于多种供应链信息系统中的数据的途径,从而提高决策制定者的知识,并支持供应链中的合作。

新兴商务智能提供的数据远远超越了过去的描述性信息。这些"大数据"功能更具动态性,允许管理人员进行诊断、预测和规范性分析,以实现更高价值。据高德纳称,高级分析是商务智能和分析软件市场中增长最快的部分,在2013年超过了10亿美元。这些商务智能工具能够支持卓越的决策能力。

商务智能软件的用户友好性和潜在的收益提高了工具的采用率。在正确使用商务智能的情况下,它可以帮助企业使用根本原因分析法来理解问题。相应地,更强有力的决策则可以带来竞争优势。商务智能机会领域包括就复杂的全球运营提出有价值的见解,提供更精细的支出可见性,改善销售与运营规划流程和需求预测,以及解决物流瓶颈。

强大的商务智能计划带来了实实在在的好处。根据安本公司的一项研究,领先的商务智能软件用户已经将每单位的落地成本降低了0.5%,将缺货水平降低了7.5%,并使交付给客户的准时全额订单增加到95.4%。

14.4.5 促进工具

供应链计划、执行、事件管理和商务智能工具远比从前用于捕获和管理供应链数据的Excel电子表格先进。尽管如此,最新的工具也不能真正独立,因为它们需要其他来源的数据,并且管理者必须使供应链决策与组织目标和流程保持一致。这里简要讨论了在供应链过程、组织和外部利益相关者之间提供关键链接的系统和应用程序。总的来说,它们共同构成了供应链的整体视图。

1. 企业资源计划

企业资源计划(ERP)系统将内部和外部系统整合到一个跨企业的统一解决方案中。ERP系统包括支持业务功能和流程的软件、用于托管和执行软件应用程序的计算硬件,以及用于在信息系统间和信息系统内部进行数据交换的后端网络体系结构。一个集中和共享的数据库系统能够链接业务流程,使得信息只需被输入一次就可供所有用户使用。

虽然ERP系统可能相当昂贵且难以实施，但它还是得到了广泛的应用。其主要吸引力在于它能够跨业务流程更新和共享准确信息。ERP链接过程通常包括会计和财务、计划、设计、人力资源、采购、生产、库存/原材料管理、订单处理等。其主要优势包括流程自动化、节省技术成本、销售、库存和应收账款可见性、流程标准化以及监管合规。

随着时间的推移，传统的供应链技术与ERP系统的分隔已经逐渐消失。首先，由于供应链工具需要共享存储在ERP系统中的信息，二者的边界正逐渐变得模糊。其次，主要的ERP系统供应商也提供可以快速链接到ERP系统的供应链软件。尽管这些ERP供应商版本的WMS、TMS和其他工具可能不如同类型的最佳供应链软件一样强大，但它们确实具有一站式解决方案的优点，并提供了减少安装时间和工作量的通用结构。

2. 供应商关系管理

供应商关系管理（SRM）是一种受控且系统化的方法，用于管理组织中商品和服务的采购活动。SRM旨在通过为组织建立共同的参考框架来改善与供应商的沟通。SRM软件则通过促进设计协作、采购决策、谈判和购买流程来支持这些工作。同时，SRM软件还可帮助组织在合同的整个生命周期内评估供应商风险、绩效和合规性。

SRM和相关软件的目标是整合流程，简化交易并改善信息流，从而降低成本并改善顾客获得的最终产品。有效的SRM软件与强大的采购流程的有效结合将使我们能够以最优惠的价格持续获得所需的库存。而跨供应商关系生命周期、跨业务部门和跨职能部门的信息互动将以系统的、集成的方式被实施和控制。此外，企业还将利用供应商的资产、专业知识和能力来获得最大的竞争优势。

3. 客户关系管理

客户关系管理（CRM）侧重于企业在整个关系生命周期中用于管理和分析客户交互和数据的实践、策略和技术。CRM软件将客户信息整合到数据库中，以便业务用户可以更轻松地访问和管理它。该系统是管理供应链中销售者和购买者之间众多联系的重要神经中枢。它有助于实现信息的共享性和可访问性。

CRM软件的目标是改善与客户的业务关系，防止客户流失并推动销售增长。而这每个目标都需要企业去更多地了解客户需要、行为和需求模式，以便增强彼此之间的联系。虽然CRM似乎更像是一种营销工具，但供应链管理者也可以使用这些信息。这些信息可以使管理者获得更好的客户洞察力，从而提高需求的可见性，明确库存需求并推动服务改进。

4. 自动识别

就其本身而言，本章讨论的供应链软件对管理者来说几乎没有价值。软件必须接收恒定的高质量数据流（及时、准确、相关等），以最大限度地提高投资回报率。数据采集也需要自动化，以支持及时决策。

幸运的是，供应链管理人员可以部署各种自动识别（auto-ID）和数据捕获技术，以收集准确的数据，以便分析、筛选和执行关键流程。这些技术包括条形码标签、射频识别（RFID）标签、光学字符识别标签以及相关的硬件和软件。它们共同识别对象，收集相关信息，并将数据直接提供给供应链信息系统。

当条形码广泛用于零售商店以进行库存跟踪和销售点活动时，射频识别则在零售分销和订单履行流程中越来越受到重视。射频识别需要利用标签和扫描器。标签具有存储和处理信息的微芯片以及接收和发送信号的天线。扫描器向标签发出信号，标签以适当的信息进行响应。然后，扫描器将结果发送给供应链信息系统。

自动识别工具可提高产品在供应链中的可见性和对产品的控制力。自动数据收集还提高了捕获速度、精度和成本效率。这有助于货物跟踪和产品追溯、供应链事件管理，以及库存补充。自动识别功能还为"物流在线"窗中强调的全渠道履行提供了有价值的支持。

物流在线

射频识别技术支持全渠道成功

随着零售商不断增加客户预定和购买产品方式的选择，库存准确性也越来越重要。尤其是在线下单-实体店取货的模式。当零售商的网站显示某店铺有可用库存且客户下单时，产品必须在仓库中且易于查找。否则，在客户来提取产品时，就会发现订单还未完成或无法完成。这将导致顾客不满和销售损失。

为了避免这种令人尴尬的局面，零售商正在转向射频识别技术。这种自动识别工具能够实现超过95%的库存准确性，这与使用传统库存管理技术产生的效果相比进步显著。它还有助于零售员快速定位商店或库房内的库存，那么错放或隐藏的库存也就不再造成缺货的假象。这使得商品的可用性提高了2%～20%。

包括沃尔玛、塔吉特、麦德龙和梅西百货在内的主要零售商都在增加库存中的商品级标签。因此，射频识别技术的支出从2013年的5.41亿美元增加到2014年的7.38亿美元。而随着越来越多的零售商使用射频识别技术来提高库存可视性、准确性和可用性，此消费趋势也将持续。

14.5 供应链技术的实施

就像前面部分所说，一系列的软件工具支持供应链的计划、执行及控制。公司在这些技术上花上亿美元就是为了使它们的供应链更具生产性、更有效。但是，投资并不一定能保证成功。系统整合的复杂性和对于培训的要求将花费大量金钱（通常是软件成本的两倍）和时间（一般超过六个月），只有这些问题解决后，才能获得软件的功能。因此，技术投资想要获得正向回报是比较具有挑战的。

在合理的时间框架内解决这些问题并利用供应链技术功能的关键是决策制定。供应链管理者在技术选择上不能仓促决策。他们必须花时间去研究各种各样的相关技术问题，并在供应链特定要求的基础上作出决策。如果管理者有效地评估它的特定需要，了解软件应用和交付选择，并在作出购买决策前解决技术问题，那么他就有可能获得12～18个月的回报。

14.5.1 需要评估

选择和执行软件最重要的一步是了解技术将要支持的供应链。技术购买者常常不理解所涉及的过程或将软件应用于过时的流程。这导致与供应链真实需求不匹配，无法联系利益相关者，和/或太过集中而不能支持供应链的可见性。

要避免以上问题，组织必须从正确地诊断自己的情况开始。他们的需求评估必须解决有效的业务流程、适当的技术和供应链性能之间的联系。他们应该根据其合作伙伴的需求来衡量他们的供应链流程能力。如果当前的能力被认为是不够的，则必须在技术评估之前进行改进。

从亚马逊到 ZARA，这些公司已经在各自的行业中获得了竞争优势，因为它们通过技术来支持创新供应链的实践。它们把供应链软件看作流程进步的保证，而不是快速匹配的方法。这最终形成了对技术真实的期望、更有效的执行及更多的供应链软件投资回报。

14.5.2 软件选择

供应链管理者在选择软件时面临多种选择。首先，他们必须判断哪种类型——计划、执行、事件管理或商务智能——的软件适合既定的流程或情况。此外，供应链管理者必须决定商业软件与内部解决方案相比其优势有哪些，在单个供应商套件和来自多个供应商的应用程序之间进行选择，并考虑许可和按需购买问题，以及其他一些问题。

1. 发展替代

软件可以由组织内部开发，也可以从外部供应商处购买。沃尔玛和亚马逊都有信息技术部门来构建一些内部供应链应用程序。许多第三方物流公司也是在公司内部开发软件。虽然这需要大量的资源和开发时间，但这些工具都是为特定行业和供应链流程量身定制的。它们可以实现顾客定制化及灵活性，而这是购买成品所不能提供的。

大多数组织由于成本、能力和优先级不够等原因而不承担开发任务。它们依靠外部软件供应商来开发和实施供应链技术。这些工具可以有效地支持那些不是过于独特或复杂的供应链。因为它们比内部实现更快，且具有通用性，还可有部分定制的功能，所以使用外部供应商的开发工具是大多数组织的最佳选择。

2. 解决方案套件

如果一个组织选择购买软件而不是内部开发，那么它要决定购买哪种类型的软件及怎样购买。一种选择是从每类软件领先的供应商那里分别购买软件，通常称为"品类最优"（单项优势）方案。另一种选择是从单个供应商购买集成软件套件，如图 14.4 所示。折中的做法则是从一个提供整套供应链软件的供应商处购买主要应用软件，从具有单项优势的公司购买其他一些工具。

每种策略都有其优点。由于兼容性和联结性问题较少，单一供应商套件与不同供应商提供的各种工具相比，所需的开发时间和成本更少。而且由于整个过程只涉及一个供应商，减少了复杂性和所需的协调工作。同时单一供应商套件也只需要较少的培训时间，因为用户只需要掌握一套整合要求。但是，某些整套供应链软件并不包含那些单项优势软

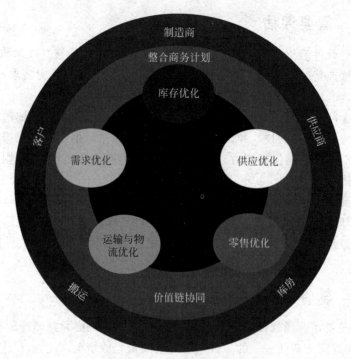

图 14.4 供应链套件

件中的高级功能和行业特定性能。不过它们也可以根据单个公司的供应链问题进行定制。

供应链软件购买者在进行选择时所面临的挑战是需要了解执行问题、组织的特定需求、先进的能力及不断变化的卖方市场。

3. 购买选择

以前供应链软件购买者只有一种选择——从软件供应商那里获得期权许可软件,并将其安装在自己的客户端——服务器系统上。这是一种有效的方法,因为其能执行大多数供应链流程所需的大量计算活动。这种方式的不足在于高投资和与传统许可使用之间的复杂部署,购买者要先付钱、管理使用问题、处理软件升级、修理和维护成本等。

互联网和云计算改变了购买格局。供应链软件购买者可以使用未永久安装在公司网络上的应用程序。在软件即服务(SaaS)分发模型中,应用程序由供应商或服务提供商托管,并通过网络提供给客户。一个 SaaS 形式是托管软件管理,其中技术提供商通过网络为客户提供商用软件。另一个 SaaS 形式是按需软件。在这种模式中,提供商通过基于网络的授权获取,向客户提供一种专门可以做 SaaS 分发的软件的单个副本。

由于通过 SaaS 这种方式提供了更多的供应链工具,所以 SaaS 越来越受欢迎。可快速实施、低资本要求、可扩展性强、简单的基于网络的访问,以及简化的软件升级方式都是部署此模型的原因。但是,潜在的模型采用者还必须审查 SaaS 的潜在问题。他们必须对公司敏感数据的安全性进行评估。同时,主机站点的服务中断问题、监管合规问题和应用程序性能管理问题也值得关注。

14.5.3 实施问题

考察软件时,供应链管理者往往关注其功能性,但是他们还必须考虑与软件运行有关的技术问题。否则,如果软件难以安装,不能连接到其他工具用以支持可见性和事件管理,或者在日常使用中不灵活,则有用的软件会被束之高阁。因此,在选择一种合适的或者最佳的供应链软件之前,必须事先努力评估实施该软件的挑战。培训、文化改变、系统通用性和数据同步性之前已经被提及。这里,我们主要讨论另外两种 SCIS 执行中的技术问题。

1. 数据标准化

考虑到软件供应商、专有工具和原有系统的多样性,在供应链中协调和共享数据可能会是一个巨大的挑战。就像不同的语言、方言和字母系统会阻碍人们的交流一样,由于 SCIS 中系统和程序语言的多样性,将数据以有效和有用的方式放到一起也会很难。

虽然可以翻译不一致的数据,但我们可以使用另一种方法——使用标准化格式来增强跨链交流。正如英语是全球商业中的标准语言,电子数据交换(EDI)和可扩展标记语言(Extensible Markup Language,XML)则是计算机间的"标准语言",数据标准化的关键因素,它们可以实现高效、准确的计算机到计算机的业务数据交换。

EDI 提供组织间和计算机间结构化信息的交换,这些信息的格式是高度标准化的、机器可处理的。EDI 允许大量信息快速交换、减少错误,并且降低每次交易的成本,这使得供应链伙伴工作更有效率和效果。然而 EDI 也有缺陷。当 EDI 交易跨越不同的增值网络时,实施可能很复杂并且会产生交易费用。

XML 是一种基于国际标准的健全、逻辑上可证实的文本格式,同时具有人类可读性和机器可读性。它提供一种灵活的方式,以创造结构化、通用的信息格式,而且通过国际互联网、内联网和其他网络分享格式和数据。XML 可以用来定义复杂的文件和数据结构,如发货单、存货记录、装运记录及其他的供应链信息。

采购具有数据标准化功能的软件将确保信息具有正确格式,能够在 SCIS 中快速传输。这将有助于买家避免昂贵、耗时的翻译工作,并提高 SCIS 的协同工作能力。供应链也会获得更强的可视性和交流能力。

2. 应用程序整合

另一个重要问题是软件应用程序的无缝整合。这在一个独立的成套供应链软件中是容易做到的,但是供应链伙伴却经常依赖不同的供应商、应用程序或软件版本。而应用程序的种类越多,互联和信息共享的问题就越有挑战性。

在过去,人们就做了大量的努力,用来提高应用程序的整合性,加强供应链的信息同步性。应用程序编程接口(API)是一组需求集,用于管理一个应用程序如何与另一个应用程序通信。它通过共享程序的一些内部功能,可以构建兼容的应用程序并轻松共享数据。服务导向架构(SOA)也促进了软件的整合。SOA 解释了两个计算机实体是怎样以某种方式相互作用的,即一种实体可以以另一种实体的名义运作的方式。

供应链技术的购买者在追求改善了的 SCIS 连接时,还要明白应用程序整合的挑战。他们必须评估和比较整合方法,然后选择那些既提供弹性以满足未来的功能需求,又最适合现在的需要的整合方法。

最后,这些标准化和整合问题似乎最不可能使技术实现计划流产。通常,当我们忽视那些明显的问题,困难就会出现。因此,供应链管理者必须努力指导流程并为可能出现的问题做好计划。他们最好遵循这10条通向成功的黄金法则:

(1) 保护高级管理的承诺。
(2) 切记这并不只是一个信息技术问题。
(3) 根据企业目标来调整方案。
(4) 理解软件的性能。
(5) 谨慎地选择伙伴。
(6) 遵循已被证明的执行方法。
(7) 采用逐步进行的方法来增加价值所得。
(8) 做好改变企业流程的准备。
(9) 通知最终的使用者并让他们参与其中。
(10) 根据关键绩效指标来测量成功。

14.6 供应链技术创新

如果供应链管理(SCM)中有一个常量,则必须进行持续更改。这看起来像是自相矛盾,但该准则正在不断发展以支持全渠道创新、全球网络重组和客户服务增强。为了取得成功,供应链管理者必须有效地利用当前的和新兴的技术。鉴于这种情况,到2019年,供应链软件的支出预计将达到163亿美元也就不足为奇了。

虽然大部分支出将用于现有技术,但一些新颖的应用软件正在供应链管理(SCM)中获得关注。行业专家指出,三项技术创新对供应链管理(SCM)有着重大的推动作用。接下来对这三项技术进行简短的讨论,并以此总结本章。

14.6.1 物联网

我们生活在一个高度互联的智能手机和移动计算机的世界。但是,大多数人都没有注意到另一种水平上的互联。带有传感器、开关和网络连接的连接设备已经超过世界人口,而且仍在加速增长。物联网包括苹果手表、Fitbit跟踪器和其他可穿戴设备、家庭自动化系统、电子收费通行证以及人们每天使用的其他设备。

许多物联网的商业机器、设备和机械已经投入使用了。高德纳保守地估计,到2020年,将有超过260亿个被连接的设备。高德纳指出,物联网的发展趋势将影响供应链的运作方式。因此,它到底是一种创新性的还是"破坏性"的技术,值得我们的关注。

该技术将使供应链管理人员能够使用物联网设备和传感器智能地连接人员、流程、数据和物品。这种更深层次的智能将用于协调、同步和自动化供应链活动。物联网如何提升供应链性能的例子包括:

- 正确调整库存水平——使用传感器监控燃料箱中的库存水平。当库存几乎耗尽时发出补货请求。

- 修改储存条件——监控容器和设施的气候条件。调整温度和湿度水平,以避免食品和药品的腐败。
- 提高运输途中的可见性——跟踪货物在运输过程中的状态。向司机发送新的路线以避开拥挤的道路。
- 校准工厂机械——捕获设备性能数据。远程调整机器设置或派遣维修工人进行维修。

未来的物联网创新可能从根本上改变供应链为最终用户服务的方式。连接到冰箱或计算机打印机的传感器完全可以跟踪你的产品使用情况并自动补充牛奶、鸡蛋和墨盒。你将永远不会遇到缺货的情况,而零售商也将真正地以需求-响应的方式运营。

要充分发挥物联网的潜力,必须先解决许多安全问题。信息的数字化和通过互联网的传输将引发数据盗窃风险,物理基础设施有可能被远程篡改,并且我们还必须保护消费者隐私免受数据泄露。为避免这些问题,物联网用户必须识别风险并采取有意义的措施来缓解这些风险。这包括减少由物联网设备收集的数据量,部署包括防火墙、入侵检测系统和杀毒工具在内的分层安全系统,划分网络,以及允许人们根据需要选择退出物联网。

虽然这些问题显示了真实的风险,但企业并没有回避物联网。根据最近的一项调查,近 65% 的参与者已经部署或正在部署物联网。供应链管理软件对物联网技术的应用能显著提高有效性和效率,并进一步将具有前瞻性思维的企业与其竞争对手区分开。

14.6.2 移动连接

移动技术并不是供应链管理的新领域。事实上,自从高通公司的 OmniTracs 引入移动双向卫星信息服务用于车队管理以来,它已经使用了将近 40 年。后来随着 GPS 技术、自动标识、无线连接、平板电脑和智能手机的引入和进步,供应链流程又变得更好了。移动连接后的供应链有三大优势:可视性的提高、资产控制和灵活性。

虽然移动连接正在增长,但尚未达到市场的饱和点。随着移动技术问题逐渐解决,它很有可能被更广泛地使用。硬件和通信的价格已经下降,移动技术的可靠性已经大大提高,并且具有真实 ROI 的逻辑解决方案正在开发中。

移动连接在运输领域至关重要,因为货运公司必须努力实现服务最大化和成本最小化的竞争目标。他们需要与地理位置分散的司机、设备和货物保持持续联系。因此需要增强地理信息系统数据、实时的交通数据和预测的交通数据,以有效地规划路线,确定调度时间并为运输中的货物重新规划路线。这些功能将帮助货运公司准确预测到达时间、降低运输成本、减少能源消耗。

仓库运营长期以来依靠叉车和手持设备上的射频识别终端来指导员工活动。然而,传统的劳动力管理系统是基于电脑 PC 的,并且与办公室中的管理者联系在一起。因此管理者就需要长时间待在办公室里指导生产。根据最近的一项调查指出,为了获得运营洞察力并指导员工,管理者应当在仓库里花更多的时间。这就使管理者处于矛盾地位。不过所幸,移动工具的出现解决了这个问题。无论管理者身在何处,移动工具和解决方案都将为他们管理人员提供对关键生产力,工作负载管理和异常数据的访问权限。这些功能将使管理人员能够脱离办公室,有更多的时间与员工直接互动并提高生产量。

根据普华永道全球首席执行官的调查,移动性也是制造业的技术重点。具有前瞻性思维的制造商正在将移动功能集成到他们的质量系统中。这允许实时监测供应商的可追溯性、质量、不一致性及其纠正措施。同时,配置、价格和报价系统到定价和库存系统的移动集成也使得销售人员能够快速给出客户定价和交货日期。此外,移动设备上的可访问仪表板将允许管理者监视生产工作流性能。这些举措的目标是使制造商对客户更加敏感,并使智能制造成为生产运营中的新常态。

14.6.3 功能自动化

自动化长期以来一直是制造工厂的一部分,传送带在工作站和处理焊接、喷漆及其他精密任务的机器之间移动产品。随着企业大规模开放用于部署自动化存储、处理和分配技术的数据通道,而非选择使用增加手工人力,仓库自动化也拥有了巨大的吸引力。于是,这大大地提高了全渠道零售的两个基本要素——订单履行速度和准确性,企业也无需再面对缺勤问题。

相反,运输仍然是一项劳动密集型活动,尤其是卡车运输业。于是,发展用于支持无人驾驶车辆的连接技术就十分必要。与物联网设备和软件移动连接相比,这可能听起来有些牵强,但戴姆勒、谷歌和小松等公司正在花费大量资源开发自动驾驶汽车。

戴姆勒公司的"未来卡车2025"使用其"高速公路宇航员"系统进行导航,该系统由一系列摄像头和雷达传感器实现,它能够不断将其位置发送给其他驾驶员和交通控制中心。不过在城市街道上行驶时,该程序需要将一位驾驶员置于车辆中才能完成城市街道上的驾驶。然而,它在很大程度上依赖于高速公路驾驶的操作系统,就像飞机在正常飞行操作期间的自动驾驶系统一样。

无人驾驶车辆的好处是多方面的。首先,由于使用了大量的传感器,并且消除了作为碰撞因素的驾驶员疲劳问题,卡车安全运行的前景非常广阔。其次,驱动系统被设计为在最大燃料效率下运行并能够减少尾气排放。最后,这项技术也许能够解决卡车司机长期短缺的问题。但这是一个长期的愿景,因为需要更多的测试和概念证明来获得监管机构和公众对真正无人驾驶车辆的认可。

毫无疑问,前面所描述的创新有可能将供应链管理提升到新的性能水平。要跟上不断变化的技术前景,唯一的办法就是不断监测行业发展。表14.3提供了一个网站列表,可帮助你及时了解供应链技术的创新和问题。

表14.3 供应链网站列表

来源	网站
阿伯丁	www.aberdeen.com
DC Velocity	www.dcvelocity.com/channels/technology/
运输之眼	www.eft.com/technology
加特纳	www.gartner.com
物流视角	logisticsviewpoints.com
供应链24/7	www.supplychain247.com/topic/category/technology
供应链摘要	www.scdigest.com

小结

信息对于供应链的成功很关键,而且信息必须在供应链伙伴间自由流动。没有精确、及时的信息,供应链管理者要做出关于购买、生产和材料分发的有效决定是相当难的。为了对知识连接提供便利、促进供应链的清晰度,许多组织都大量投资于计算机硬件、SCIS 的支持性技术。它们意识到,供应链中的实时信息和动态应对环境变化的能力对于组织的成功很关键。产业领导者正利用供应链信息技术创建调整供应链的能力和在各自市场中坚固的竞争优势。

考虑到 SCIS 能力的持续演进,为了支持卓越的供应链而利用信息技术是一项持续的挑战。供应链管理者必须认识到信息的重要作用、了解每种供应链软件、明智地选择方案、解决关键的应用挑战,以便从信息技术中获得最大的利润。本章的主要概念包括:

- 为了使供应链管理者利用信息,信息必须高质量、随时可在组织间流动,并支持各种决策类型。
- 领先的组织善于利用供应链技术来提高可见性、敏捷性、速度、同步性、优化性以及其他相关功能。
- 一个设计得很好的 SCIS 框架将人、过程和技术以一种提供可行性信息和推动决策的方式连接起来。
- 明智的供应链管理人员应当了解 SCIS 应用中涉及的风险,并在新工具的规划、购买和实施中发挥积极作用。
- 供应链软件大致分为四类:预测相关活动的计划工具、管理日常程序的执行系统、监督供应链流的事件管理工具,以及帮助组织分析绩效的商业智能应用程序。
- ERP、SRM 和 CRM 系统能够提供有价值的数据和平台,将供应链流程与组织和外部利益相关者联系起来。
- 为了最大限度地提高 SCIS 投资的成功率,管理人员必须有效地评估 SCM 要求、了解软件选项并解决技术问题。
- 技术领域在不断变化,管理者必须评估像物联网、移动性和自动化等创新因素将如何推动供应链的进步。

 复习思考题

1. 讨论供应链中信息的作用,以及信息怎样支持供应链计划和执行。
2. 描述信息质量的构成要素,以及这些要素如何影响供应链决策。
3. 供应链技术产生的主要能力是什么?怎样才能使供应链变得卓越?
4. 描述供应链信息系统是如何实现流程卓越和连接基本要素的?
5. 回顾供应链管理者用来缓解 SCIS 实施风险的方法。
6. 辨别供应链管理软件的四种主要分类方法,并且讨论它们的主要功能。

7. 使用公司网站,对下面的组织形成一个内容概括(提供的供应链软件的类型、年度销售和目前的新闻):
   a. SAP(http://www.sap.com)
   b. 曼哈顿联盟(http://www.manh.com)
   c. Logility(http://www.logility.com)
8. 公司资源计划系统在供应链管理中的作用是什么?
9. 讨论最佳组合软件对供应链匹配的相对优势。
10. 为什么公司选择使用按需随选软件而不是特许的软件?
11. 当准备购买和应用 SCIS 的部件时,管理者必须应对什么问题?
12. 物联网创新、移动连接和自动化将如何推动供应链的变革?

案例 14.1　充气帐篷的创新

　　三年前,两名大学室友,帕特·凯利和杰夫·施佩尔在一场足球比赛后回到了他们的后场场地,却发现了令人不安的情况。在比赛期间发生了短暂的雷暴,雷暴扭曲了他们的帐篷并且使帐篷无法修复。他们在前几个星期凑齐了一些现金买了这个帐篷。而现在却打了水漂。

　　沮丧之下,帕特设计了一个帐篷,取消了金属框架,因为金属框架似乎一直是帐篷的失败之处。他的原型帐篷由充气管支撑,可以用一个小型电池驱动的泵迅速充气。杰夫制订了营销计划,两人参加了校园新产品创新竞赛。

　　他们的团队赢得了 50 000 美元,并将其投入到一个名为"Inflate-a-Dome"(IDI)的项目中。他们聘请了一位朋友建立了一个网站,购买了建造 50 个充气帐篷所需的材料,并开始营业。通过社交媒体和网络广告,IDI 开始进行销售,并很快实现了可持续发展的业务。一些目录零售商愿意在他们的出版物中介绍充气拱顶帐篷,于是 IDI 的销售额增加了。

　　为了更好地管理业务,帕特和杰夫聘请了一位供应链管理专业的朋友。维克·卡泰拉迅速评估了形势,并决定为了增长,IDI 需要更好地控制库存、生产和运输。随后维克找了一些基于 Excel 的免费软件,并使 IDI 的供应链得到了更好的发展。目录零售商可以通过网络、电子邮件和电话传递订单,IDI 则能够创建基本的生产计划、计划材料需求并支持订单履行。并且通过小型包裹承运商的在线链接,IDI 可以轻松安排取件并跟踪运输中的货物。在 IDI 中的生活变得越来越简单。

　　公司以可控制的速度增长着,然而一切就在某晚改变了。在 IDI 所有者不知情的情况下,一位好莱坞明星在其好友的婚礼招待会上使用了 10 个 Inflate-a-Dome 帐篷。天气突然变得十分恶劣,但帐篷却没有出现任何问题,也正是这些帐篷使这场婚礼如期举行。这个故事被媒体报道不久后,全国早间节目就去采访了。

　　此后不久,从体育用品零售商、全国大学体育协会许可小组,到亚马逊网站都开始咨询这个帐篷的信息。销量即将爆发,帕特和杰夫都十分激动。

　　但是,维克非常担心库存种类会随着帐篷的新颜色和大学标志的装饰而大幅增加。

第14章 供应链技术——管理信息流 451

此外,订单大小和运输将不再是1~4个单位,而是50~500个单位。他感觉到他们简单的供应链信息系统将不再能满足需求。是时候构建一个可以支持大客户的真正的供应链信息系统了。现在也该与帕特和杰夫进行技术战略规划会议了。

> **案例问题**
> 1. 随着客户群不断增长和变得更加多样化,IDI供应链的信息需求将如何变化?
> 2. 根据其预期的销量增长和库存品种变化,IDI需要哪些供应链能力?
> 3. 在筹备战略规划会议时,维克应该考虑哪些技术风险?
> 4. 由于资金有限,维克应该推荐哪种SCM软件?为什么?

案例 14.2　Grand Reproductions Inc.

Grand Reproductions Inc.(GRI)是一家基于流行视频游戏和角色的授权产品制造商。这家总部位于西雅图的公司在中国成都的郊外生产收藏品、玩具和其他新奇产品。它们大部分被卖给美国和拉丁美洲的小型零售商。

由于在热门电视节目中及时投放产品,GRI产品逐渐受到人们关注。该公司的首席执行官丹尼·盖奇特刚刚接到Giga Mart的电话,说要为即将到来的假期生产GRI系列产品。电话进行得很顺利,直到Giga Mart执行官询问了GRI的供应链技术平台和订单履行系统。丹尼几乎不知道这个人在说些什么,并给出了一些模棱两可的回答。

事情的真相是GRI没有正式的供应链信息系统。该公司有考虑使用互联网,但订单管理仍主要以纸质为主。从预测、库存控制到订单履行和开具客户发票,所有工作都是在预印表格上手工完成的,这些信息随后将被输入到Excel电子表格中。

Giga Mart执行官感觉到该公司缺乏先进技术,于是答复道:"我们真的希望今年推出您的产品,但我们确实有针对订单、销售点数据和发票的数字传输的特定标准。如果您无法与我们的供应链信息系统进行有效互动,那么我们将无法与Grand Reproductions开展业务。"随后就结束了通话。

> **案例问题**
> 1. 要获得必要的技术能力,GRI应该通过许可软件模式还是通过软件即服务模式购买访问权限?请解释。
> 2. GRI需要哪些类型的软件来支持Giga Mart业务?需要哪些特性和功能?
> 3. 在GRI从手工方法向基于技术的信息管理转变的过程中,互联网可以扮演什么角色?
> 4. GRI可能面临哪些类型的技术实施挑战?

第 15 章

供应链中的战略挑战与变革

> **学习目标**
>
> 通过阅读本章,你应该能够:
> - 理解供应链现在的和未来的挑战与机遇。
> - 确定供应链成功的几个关键原则,这些原则随着时间的推移而保持其相关性。
> - 对供应链分析及其如何改进供应链规划、决策和执行有基本的了解。
> - 认识到将供应链分析应用于大数据可能带来的丰富信息和洞察力。
> - 了解零售商在全渠道环境下的关键成功策略。
> - 认识到与组织及其供应链相关的可持续性的必要性,并制定有效的优先事项和方法来实现可持续性。
> - 评估逆向流在供应链中的作用和重要性,并区分价值流和废物流。
> - 熟悉 3D 打印的概念和功能。这一新兴技术也称"增材制造",将对供应链管理产生重大影响。
> - 了解供应链专业人员不断变化的角色以及他们发展相关技能的过程。
> - 对供应链管理的概念具有广泛而深刻的理解,并理解它如何成为组织及其贸易伙伴成功的关键因素。

供应链窗口

从现在起,为未来调整你的供应链

供应链从业者无论是在长期还是短期内,都善于识别和适应现实世界的变化。举两个例子:一家公司正在准备其供应链过程,以应对尚未存在的产品的预期大卖;由于新的"运送不耐烦"现象,许多物流和供应链从业者正在努力实现顾客对及时发货的需求。

长期例子:《Inbound Logistics》杂志最近采访了 IBC 先进合金公司,一家总部位于加拿大哥伦比亚省温哥华的稀有金属制造商和分销商。该公司专门生产铍和铜合金,以制造航天和国防工业所需的产品,这些产品将用来建造科幻小说中描述的未来将出现的东西。

鉴于IBC处于供应链上游的地位,它将指引我们物联网引起的变革的方向。值得注意的是,电子产品和电路板制造商正在锁定稀有金属供应商并精简供应链运营以应对某些改变,而这些改变在数年内是不会实现的。那为什么还要这么做呢?因为人们期望物联网会引起对电路板需求的爆炸式增长——毕竟电路板能够将科幻小说变成现实。但电路板这种能使得机器互相对话的工具需要由复杂芯片组构成,而这些芯片组的制造需耗费大量的稀有金属资源。这就要求全球性的交付速度以获取更多的稀有金属资源。

IBC意识到世界正在改变,并且正在采取措施将这种变化融入其供应链运营中。因此世界变化的速度会立刻影响到对未来的供应链规划。

调整供应链以适应世界变化的短期例子是最近出现的消费者"运送不耐烦"的现象。作为一名消费者,有多少次,即使运费更高,你也选择在一家配送速度快的店铺网上购物?当一个电子零售商没有达到你的送货期望时,你是否会感到不满意?如今,许多企业都表现出同样的消费行为,而且似乎也不考虑即时交货的地理限制。得从东方采购?我不管,我现在就需要它。向中国销售?他们也不管,总之他们现在就想要。

消费者对速度的期望渗入商业交易中并影响供应链运作。供应链实践者已经熟练地利用就近采购、全渠道和快速等解决方案来适应这种变化。

没有停止的创新,也没有基于世界变化的新的客户需求。作为一名供应链实践者,应该花点时间去展望未来,想象一下这种变化会把你的业务带向何方,并做好相应的计划。未来在你了解它之前就将存在。改变供应链的速度,才能跟上世界变化的速度。

15.1 引言

本章的主要目的是为本书内容提供一个顶层结构或总结,希望这能给读者提供一个机会来反思过去及目前在供应链管理方面的进展和成就,并思考有助于塑造和指导供应链未来的关键因素和问题。为帮助实现这一目标,本章侧重于两方面内容:

- 研究供应链管理的七个关键原则,这些原则已被证明具有持久的价值。我们把重点放在更新对这些原则的理解上,以便使之与今天的供应链问题和挑战保持一致,并提供这些原则在行动中的一些有用的例子。
- 讨论对供应链的未来增长、发展和转型具有重要意义的几个领域。这些领域包括:(1)供应链分析和大数据;(2)全渠道;(3)可持续性;(4)三维制造;(5)人才。

15.2 供应链管理的原则

当我们观察某学科或研究领域的发展历程时,很容易发现有许多可以被认为是"经典的"或"开创性的"论文和文章。在供应链学科中,这些经典的文章之一是"供应链管理的七个原则",由David L. Anderson、Frank E. Britt和Donavon J. Favre撰写,发表在《供应链管理评论》(SCMR)的第一期。SCMR编辑弗兰克·奎恩(Frank Quinn)表示,这是该出版物发行十年历史上最受欢迎的文章,它为供应链管理的卓越表现提供了一个清晰而令人信服的案例。此外,Quinn 先生还补充说,这篇文章中提到的观点在 10 年后依然异常新颖。

本节的目的是再次确认供应链管理的这七项原则,提供每项原则的解释/定义,并提出供应链管理领域的一些实例,以证实这些原则将在今后继续保持其相关性。

图 15.1 列出了在《供应链管理评论》第一期文章中讨论的七项供应链管理原则,此外,图 15.1 还提供了对七个原则中每一个原则的审视,以及每一个原则被期望的对收入增长、资产利用、成本缩减的贡献。

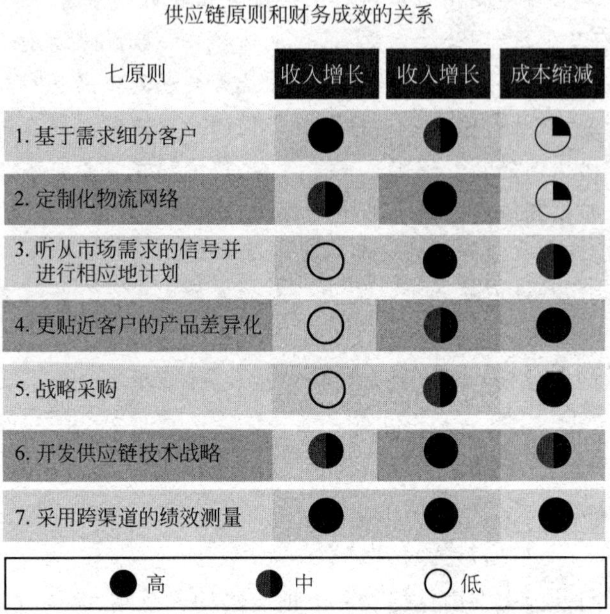

供应链原则和财务成效的关系

七原则	收入增长	收入增长	成本缩减
1. 基于需求细分客户	●	●	◐
2. 定制化物流网络	●	●	◐
3. 听从市场需求的信号并进行相应地计划	○	●	●
4. 更贴近客户的产品差异化	○	●	●
5. 战略采购	●	●	●
6. 开发供应链技术战略	●	●	●
7. 采用跨渠道的绩效测量	●	●	●

● 高 ● 中 ○ 低

图 15.1　供应链管理的原则和财务成效

15.2.1　原则 1:基于需求细分客户

这条原则本质上是建议从基于产业、产品或交易渠道的传统的客户细分方法转到基于物流和供应链需求的细分客户方法。例如,服务需求、履行优先顺序、服务频率、所需的信息技术支持等。而且,确保供应链服务与客户的需求及供应商组织的财务目标保持一致也很重要。

据作者所述,一个"成功的"食品生产商将供应商管理的库存积极地推销给所有的细分客户,并最终提高了销量。可惜的是,随后基于活动的分析发现在运作边际基础上,每一细分市场在每一单生意中失掉了 9 美分。

在早期,戴尔发展了其直接面对消费者的商业模式,标志着计算机产业和供应链管理领域的重大变化。然而,最近,该公司已将其供应链转变为多渠道、分段的模式,为消费者、企业客户、分销商和零售商提供不同政策。这一转变使戴尔节省了 15 亿美元的运营成本,并帮助戴尔跻身高德纳 25 大供应链排行榜的第二位。

15.2.2　原则2：定制化物流网络

以前，很多企业为了满足所有客户的平均服务需求，或者说为了满足单一客户细分市场苛刻的需求而设计了物流和供应链能力。现在，这一原则要求开发响应单个客户细分市场的供应链方法。这些方法倾向于具有更大的复杂性和灵活性，而且要求包含实时的决策支持工具。

这一原则的当代例子是制定和执行全渠道供应链战略。例如，除了需要战略方法以管理与店面销售和互联网销售有关的供应链能力之外，管理一系列可能提供给客户的供应链能力（例如，交货时间、取货或交货地点等）也很重要。为了同步响应在这两种渠道中销售所需的一些供应链元素，解决方案可能涉及定制化物流和供应链网络。有关全渠道分销策略的更多细节将在本章后面的一节中介绍。

15.2.3　原则3：听从市场需求的信号并进行相应地计划

尽管传统的预测方法仍然与供应链的规划和发展能力密切相关，但有用的需求预测规划过程也依赖于市场信号，如销售点信息。而且，需求战略需要同时了解客户和供应商，这种合作方法有助于保持这样的目标，即确保供应链活动和流程直接响应市场当前发生的情况。

这一原则是S&OP（销售和运营规划）、IBP（集成业务规划）和IBM（集成业务管理）等现代流程的关键组成部分。后两种方法将S&OP原则扩展到供应链、产品和客户需求、客户需求和战略规划等方面。其结果是一个单一的、无缝的管理过程，它根据市场需求信号制订计划。

15.2.4　原则4：更贴近顾客的产品差异化

成功实施这一原则有助于通过减少缺货来改善客户服务，同时也消除了供应链中的存货持有成本。通过把产品差异化推迟到最近可能的时刻，也通过获得更多对周转时间的理解和控制，会正向地影响供应链的效率和效益。

说明这一原则的一个传统例子是储存在明亮处的罐头蔬菜，即罐头上的标签只有在确定罐头将运往某个特定的零售商时才贴上。由于生产罐装蔬菜的公司通常为一系列客户提供服务，推迟贴标签基本上使生产商能够提供接近客户的差异化产品。这种做法的好处包括减少库存和降低库存持有成本，更好地满足个别客户的需求，以及减少营运资本的需求。

一个更新的例子是由消费者订购的"定制"设计运动鞋，或"跑鞋"。从本质上讲，这将客户定位为产品开发和购买过程中的另一个设计师。因此，成功的鞋类零售商（或互联网零售商）的核心竞争力是让客户自己定制自己的鞋类，以满足他们的个人需求和喜好。从更广泛的意义上讲，这个例子也说明了能够生产和交付已订购的定制产品的能力在市场上的价值。这极大地强调了供应链对这整个过程提供支持的能力，以及供应链通过提供更接近客户的差异化产品来创造竞争优势的能力。

15.2.5 原则5：战略采购

随着时间的推移，客户应该期望他们被要求支付的价格会在某种程度上反映其供应商所承担的成本水平。这表明，作为一项良好的商业实践，客户应该拥有一些与其购买的产品和服务的成本有关的、基于事实的知识。拥有这些知识的价值在于，客户将能够更好地与那些试图通过向客户提高价格来弥补上涨成本的供应商打交道。优秀的供应链关系要求客户和供应商以一种创新的、积极的方式一起工作来满足整个供应链的目标。这可能包括短期的竞标、加入长期的合同和战略供应商关系、外包，甚至纵向整合。

更广泛地说，与传统的购买和采购相比，我们需要一个对整体供应链而言具有更大战略价值的流程。这就激发了目前对于"战略采购"的兴趣。正如第5章详细讨论的那样，战略采购过程可以极大地促进供应链功能的改善。

沃尔玛（Walmart）就是一个很好的例子，它参与了战略性采购，从有能力的供应商那里找到最优价格的产品。作为一种持续的实践，沃尔玛与大多数供应商建立了战略伙伴关系，为他们提供了长期采购和大批量采购的潜力，以换取尽可能低的价格。此外，沃尔玛还与供应商建立了沟通和关系网络，以通过减少库存来改善物流。同时，这对简化整个供应链管理实践也起到了极大的帮助作用。这些做法的一个主要结果是，这个由全球供应商、仓库和零售店组成的网络被描述成几乎像是仅一家公司在运营。

另一个当代的例子是总部位于香港的利丰有限公司，它是一个面向各种消费品品牌、零售商、超市、专卖店、目录销售和电子商务网站的全球供应链管理者。利丰代表许多客户从事产品设计和开发、采购和物流，它的客户包括汤米·希尔菲格（Tommy Hilfiger）、DKNY Jeans、Hudson's Bay、Calvin Klein、Target和沃尔玛。

15.2.6 原则6：开发供应链技术战略

这里首先要用企业范围的系统替代非柔性的、整合不好的交易系统。交易系统获得大量的难以模仿和应用的数据，但这种方法并不使用交易系统，而是将可得的数据转化成能操作的智慧，从而促进现实中的运作。

这一原则的一个有趣的例子是 RDC（快速部署中心）战略，这是家得宝的"直销"分销模式的核心特征之一。供应商并不将产品直接运往家得宝商店，而是首先将其交付给公司网络中的18个RDC之一。因此从本质上讲，每个RDC都是家得宝供应链中的一个大容量、交叉码头式的设施。为了促进这一总体战略，家得宝将其所有仓库管理和堆场管理技术集中在一个单一供应商身上，这与制定有能力的全供应链技术战略的目标是一致的。

但在制定管理全球供应链的战略时，与这一原则有关的一个重大挑战变得显而易见。家得宝的供应链是真正的全球供应链，因为它们适用于众多行业垂直领域的组织。因此开发和利用全供应链技术的能力将是这些全球供应链取得全面成功的关键因素。

15.2.7 原则7：采用跨渠道的绩效测量

我们做得怎么样？当供应链中的单个企业问这个问题的时候，应该在包含客户和供应商的整个供应链的背景下作出回答。虽然对单个组织来说满足企业的目标是很重要的，但是供应链目标的实现对单个参与者的长期成功来说也是必要的。那么，对于这些企业围绕共同的目标工作也是必要的,即通过理解每一方为供应链带来什么,以及展示如何权衡互补资产和技能,发挥供应链最大的优势。

第四方物流(4PL)概念的日益流行加强了对于跨渠道(即供应链跨越)绩效测量的需求。人们从第四方物流中可能获得许多能力,但其中"控制塔"的能力可以直接运用于本原则,即采用跨渠道的绩效测量的原则。在此背景下第四方物流专注于为供应商及下游的客户和消费者提供供应链透明度和可见性。显然,这使得企业能够作出分析,从而有助于确定是否满足了跨渠道的绩效测量。

显然,在移动技术和云技术的开发和使用方面的进步对更好地理解"最前端的供应商与最终的客户和消费者"之间的关系作出了重大贡献。

15.2.8 供应链管理七大原则的更新

作为对评论"这篇文章中的观点10年后依然异常新颖"的回应,第一作者David L. Anderson写到为了决定是否同意,他回过头来重读了这篇文章。他的评价列在如下几点中:

1. 这七个原则基本经受住了时间的考验

虽然会包括一些围绕全球供应链风险的想法,增加一部分关于内部采购/外包战略,更新案例研究,以及深化对采购战略的讨论,但是我始终相信通过采用这些原则作为供应链战略的基础,企业就不会跑偏。

2. 在供应链战略的实施方面,我们还有很长的一段路要走

这些原则依然新颖的事实说明很多企业并没有在原则背后的战略实施中做到最好。

3. 技术和数据将是驱动前进的主要变革力量

在我们写这篇文章的时候,条码技术(UPC)、无线射频识别(RFID)和全球定位系统(GPS)相关的数据还没有出现。在未来的几十年,"实时"供应链数据可得性的增加,以及使我们能够将数据应用在管理和执行供应链上的工具将会是区分供应链管理中的赢家和失败者的关键因素。

现在,我们距离这篇经典文章的最初发表已经过去了将近10年,很明显,这七条原则仍然与有效管理供应链方面的当代挑战高度相关。

15.3 供应链分析和大数据

第14章提供了有关供应链技术和信息流管理的有价值的观点。关键问题之一是理解供应链中的信息需求和供应链信息系统的能力。还应理解某些特定类型的技术,这些技术能够改进与供应链计划、执行和控制相关的过程。正如上一章的图14.3中所强调的,供应链软件的主要类别包括:企业资源规划;客户关系管理;供应商关系管理;以及自动识别工具。

当代最感兴趣的一个主题是供应链分析,以及它是如何能显著地提高我们理解和解决供应链问题的能力的。理解供应链分析的核心是要认识到,当今许多组织的最高优先事项之一是实现从数据到信息,再从信息到理解的巨大飞跃。下面是这三个术语的简要定义,旨在提供对它们的含义的初步认识。

- 数据——需要处理的无序的资料（例如，财务期末的库存水平）。
- 信息——在给定情境下被收集、处理、组织和结构化的数据[例如，用 SKU（库存量单位）来衡量平均库存水平或库存水平]。
- 理解——在特定业务情境下被检查和研究的信息（例如，库存水平与整体经济状况的联系，天气模式等）。

从本质上讲，供应链分析以这些概念为基础，并被运筹学与管理学研究协会（INFORMS）视为"将数据转化为洞察力以制定更好决策的科学过程"。另一种观点来自高德纳（Gartner），即"在一个特定的功能过程中分析利用数据，以获得可操作的特定情境洞察力"。正如所预料的那样，拥有简单的数据和资料，再加上复杂的数据分析，就能对供应链决策做出很大贡献。然而，正如埃森哲（Accenture）的研究所表明的，与此密切相关的其他因素还包括直觉、个人经验以及与他人的协商。所以，这强调了我们也需要领会"供应链决策的艺术性和科学性"。

物流在线

不断变化的供应链环境

近年来，一些预测表明，更多的制造业将离开亚洲回到美国。这是由于中国和各种新兴市场工资上涨、长途货物运输成本高等因素。因此，一个合乎逻辑的问题是，哪些产业最有可能迁移回美国？部分答案来自最近的一项研究结果，该研究得出的结论是，计算机和电子、机械、金属制品、电气设备、塑料和橡胶等资本密集型行业很可能会先于其他行业迁移回国。而另一个发现是，像服装这样的劳动密集型产业最有可能留在海外。

但在产业转移回归美国的趋势背后还有其他因素没有像劳动力和资本成本那样得到关注。首先是机器人的使用越来越多。当制造商依靠机器人而不是人工来做重复性任务时，工厂的位置变得不那么重要了。而且在亚洲运行机器人的成本和美国的一样高。此外，机器人一天工作 24 小时，一周工作 7 天，不休息，也不需要各种类型的员工福利。值得注意的是，据报道，大型电子产品制造商富士康（Foxconn）在其中国工厂已经开始用机器人代替部分员工了。

增材制造（即 3D 打印）的出现是促进产业转移的另一个因素。在增材制造中，一种特殊的打印机遵循计算机设计，分层应用塑料或金属制作三维产品。这种技术使得制造商能够根据消费者的要求生产高价值、独一无二的产品，因此它非常适合国内生产。而低价值的商品型的产品，如衣服、花园软管，将继续在海外生产。

一些制造业重返美国表明未来的供应链可能不会像过去几十年那样广泛和遥远，但这并不意味着全球供应链的终结。原因之一是，发展中国家消费者支出的快速增长正在刺激对产品的需求。这将鼓励制造商在中国、印度等国家或新兴市场的邻近地区维持工厂，以满足这一需求。

在不远的将来，我们可以看到三个主要的供应链区域的发展：它们分别是欧洲、亚洲和美洲。虽然更多的制造业将毫无疑问地回归美国以及其他离岸外包已成为常态的发达国家，但供应链将在未来一段时间内继续建立全球联系。

15.3.1 供应链分析成熟度模型

有许多方法可为供应链分析建造成熟度模型,图 15.2 是其中一种,它有助于展示与供应链分析相关的各个阶段及其复杂性和强大性水平。

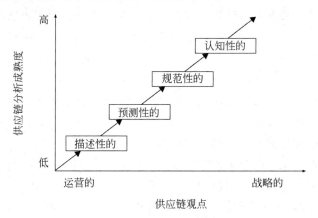

图 15.2 供应链分析成熟度模型

1. 描述性的

此级别包含可用数据,以回答一系列问题。比如,发生了哪些供应链活动、流程或事件?它们发生在哪儿?是何时发生的?这可以采用收集日常数据的形式,例如,库存水平,或者可以为解决特定问题进行临时数据收集。通常,获得描述性数据是实现与竞争情报相关的更强大的供应链过程的基础。

物流、供应链活动及供应链流程的实施可以产生大量的描述性数据。下面列出了此类数据的来源示例:

- 移动设备
- 远程信息处理——无线
- 电子车载录像机(EOBR),也被称为电子记录设备(ELD)
- 预测和销售点信息
- ERP 系统
- RFID 标签和条形码
- 智能传感器
- 其他来源

从本质上讲,描述性分析有助于提供有关活动或流程功能的基本信息,并为更高级和更强大的分析类型提供了一个有力的起点。

2. 预测性的

预测阶段侧重于诸如:可能发生什么事情?可能的趋势是什么?以及如果某些事件发生会产生怎样的后果?这样的问题,因此调查水平迈出了重要的一步。回答诸如此类的问题将涉及对可用和相关数据的正式分析,而其中大部分数据最初可能是为了描述目的而收集的。此外,可能还需要额外的数据收集和分析,以确保可能作出的预测是有用和有效的。

3. 规范性的

当问题转移到应该做什么时,就表明需要使用规范分析。例如,当面临决定如何配置大规模供应链网络的挑战时,就必须使用能够规定需要做什么的工具和流程。正如本书第4章所讨论的,这可能表明需要应用优化技术来确定当前问题陈述的最佳解决方案。

以上挑战中的一部分是弄清楚如何将预测结果从之前的预测级别转换为期望的规范级别。当有必要解决可能在未来的计划范围内表现出显著变化的因素、事件和情况时,这一挑战将变得更加复杂。

4. 认知性的

提出这个级别的有用定义比前三个级别更具挑战性。这是因为认知级别通常将社会背景和意义引入分析过程,而且需要非常高水平的数学和统计能力。因此,有时认知分析的结果包括"使人晕眩"的见解,这些见解可能难以理解。

认知方法的特点是可以解决含糊不清和不确定的问题,以及解决数据经常变化或数据发生冲突的问题。认知系统的四个要求包括:

- 有适应能力的——随着信息变化,系统的自适应学习能力。
- 交互式的——对于那些正在进行分析的人来说,使用起来非常容易;可能涉及云功能。
- 迭代的和状态性的——识别能够增强分析的额外数据需求和相关问题。
- 依托于情境的——涉及各种各样的输入和信息来源。

15.3.2 分析资源

表15.1列出了可用于各种复杂程度的供应链分析的示例分析资源。虽然可以解决供应链问题的软件和技术的类型和品牌实在太多,无法一一提及,但其中一些被广泛使用的软件和技术包括IBM公司的统计产品与服务解决方案(IBM-SPSS)、统计分析系统(SAS)和Microsoft-Revolution Analytics(R)。

表15.1 分析资源示例

分析水平	分析资源
描述级	标准的和临时的报告
	供应链合作伙伴的数据
	警报和通知
	查询/深入查询
预测级	预测
	启发式分析
	模仿
	统计分析
	预测建模
规范级	随机优化
	远景规划
认知级	IBM沃森分析

此外，IBM Watson Analytics 是一个认知系统，可以帮助理解数据，从中学习，并通过它进行推理。该系统具有学习能力，例如，它既能识别传统数据集模式，又能识别非结构化数据集模式。这意味着尽管大多数分析技术帮助回答问题和解决预先确定的问题，该系统的认知能力却可以帮助人们超越已知的局限。

15.3.3 大数据和供应链

供应链管理中最令人兴奋和讨论最多的趋势之一就是大数据，以及其进一步深入了解供应链问题和解决方案的潜力。大数据可以被认为是积累、组织和分析大量数据，以识别模式、趋势和其他感兴趣的信息的过程。大数据的主要目标是帮助组织更好地理解数据中的信息，并将注意力集中在那些能够帮助做出明智供应链决策的最相关的因素上。虽然一些研究人员将大数据与非结构化或半结构化数据的使用联系在一起，但也有一些研究人员将交易和其他结构化类型的数据包括在大数据应用程序中。

通常，可以使用之前讨论过的供应链分析中的示例技术和方法来分析大数据。因此，将分析应用于大数据有助于实现描述性、预测性、规范性和认知性分析的目标。

1. 大数据的功能性与战略性使用

供应链功能活动，如可视性、运输管理以及仓库和配送中心管理等可生成大量数据。因此，通过使用大数据和适当的数据分析系统和工具，管理人员看到了供应链巨大的改进潜力，也就不足为奇了。此外，管理人员将更具战略性的而且基于 IT 的流程，如供应链规划、网络建模和优化，视为利用大数据的大好机会领域。这些都是加强和改进供应链运作和规划的各种潜在途径。

2. 供应链示例

以下示例展示了大数据和有效分析的使用如何能帮助改进供应链实践。

- 联邦快递在高价值商品中使用主动传感器，发送遥测数据，跟踪包裹的运行速度和状况。对这些数据进行分析有可能大大减少供应链反应时间，以避免发货延迟。这样就可以提供有关货运状态的实时信息，并根据需要不时地重新安排货物的运输。有趣的是，联邦快递的创始人弗雷德·史密斯（Fred Smith）有句名言："包裹的信息和包裹本身一样重要。"
- 联邦快递还使用分析来积极监控社交网络和视频源，以更积极主动的方式识别客户服务问题。联邦快递已建立协作空间，客户可通过该空间共享联邦快递与客户、合作伙伴和供应商提供的信息。
- 耐克公司创建了一个数据库，其中详细介绍了供应链从采购到制造和零售的各个环节。分析该数据库有助于识别供应链中的薄弱环节——生产弱势，不公平的劳动力使用和糟糕的商业决策。因此，耐克能够在整个供应链中获得很好的可见性，并因此意识到可能需要关注的当前和潜在情况。
- 波士顿咨询集团提出了有关在两个大型消费品公司合并前的预合并计划中使用大数据的见解。为了更好地模拟公司分销网络的合并，地理分析的使用将地理位置数据分层后放入要交付的数据上，使得企业能够可视化订单密度和识别重叠区域；而车辆路线选择软件还可以对几十个路线迭代进行快速场景测试，并为每辆卡车开发单独的路线。这个分析的结果揭示了在司机已经完成了他们指定的里程数之后,典型路线上有多达三个小时运输能力的浪费。预计这两个网络在全国范围内合并和合理化将节省大量资金。此外,地理分析还提供了一些见解,有助于在通常比较困难的"合并——整合"阶段内,使两个组织建立一致性。

15.4 全渠道

回顾过去,1999 年的假日购物旺季显得尤为突出,因为互联网购物的出现使消费者有了新的购物体验。亚马逊等新的"电子零售商"和玩具反斗城等老牌零售商都建立了网站,允许消费者在网上或商店购买礼物。对于这种新的购物体验,人们对其取得成功的期望很高,因为分析师和投资者估计,网上购物将为这些网站带来可观的收入。不过,这种方式虽然有一些成功案例,却也有失败的。许多电子零售商没有库存,依靠批发商或制造商提供产品,也没有建立配送网络。这限制了他们承诺并按时交付所订购产品的能力。许多零售商将他们的商店和互联网网站作为两个独立的分销网络来经营,这两个网络具有专用设施和独立的库存。这也使得其商店和网上的存货无法共享,于是无法保证如期交货。虽然这些零售商经营不止一个渠道,但在 1999 年并不存在像今天所界定的"全渠道"的概念。

今天,全渠道概念可以被定义为"任何时间、任何地点、任何方式、任何设备"。这里指的是,消费者可以选择在哪购买,何时购买,以及如何从经销商那里购买。无论消费者访问商店购买商品,还是使用智能手机在网站上下订单,全渠道零售商都能够根据消费者的偏好接受、履行和交付订单。虽然从技术上讲,亚马逊并不是一家全渠道零售商,但它对全渠道概念的发展产生了巨大影响。即使消费者不能在亚马逊商店购买商品,他们也可以向亚马逊订购食品杂货(亚马逊生鲜,Amazon Fresh)或非易腐物品,并在同一天,甚至在两个小时的时间窗口内收到货物(Amazon Flex,是一款应用,人们可以通过它进行注册,申请送货,在一两个小时内送达)。这种类型的履行和配送网络推动着传统零售商前进,使其利用商店和分销网络来提供与亚马逊相同的服务。这种处理来自任何地方、任何时间、任何设备的消费者订单的能力大大影响了零售商能否提供卓越的客户服务的能力。

15.4.1 成功策略

第 4 章介绍了零售和全渠道运营中使用的一些物流/履行网络。第 8 章明确了订单管理如何影响产品可用性、订单周期时间、物流操作响应性、物流系统信息和售后物流支持。而物理网络和基本的客户服务仍然是全渠道环境下不可或缺的需求。本节将简要讨论零售商需要实施的 6 种策略,以便在全渠道零售中获得竞争优势。

1. 客户视角

不管是商店还是网上购物,零售商都需要意识到,每一个消费者,都有两个渠道可以购买商品。以前,许多零售商会根据消费者购买商品的位置来识别消费者。这分裂了消费者信息和不同产品的供应。在今天的全渠道环境中,成功的零售商关注的是消费者和其购买的东西,而不是在哪里购买。这样,零售商就可以为消费者提供个性化的产品,提供在浏览网站时将什么商品添加到购物车的建议,或者对消费者在商店中购买的商品进行折扣。这使零售商有机会对商店和网站的产品分配作出更好的决定,并将消费者购买商品产生的影响反映到库存所在的渠道。该策略不仅提高了消费者的产品可用性,还增加了零售商的收入并减少库存。

2. 短期预测

在全渠道环境下准确预测需求是零售业成功的关键。不断增加的产品种类,加上随着地理和季节变化的消费者需求,使得短期预测成为保证商店或网站上产品可用性的必要条件。一个零售商尤其需要根据地理区域生成2~3天的短期需求预测,以确定其履约中心的现有库存是否能够满足短期需求。如果不能,将在履行中心之间重新对库存进行分配,以便订单的完成。长期预测(一年)可以帮助零售商规划产能和库存决策,短期预测则能让零售商满足市场的当前需求。产生这些短期预测需要零售商具有"客户视角",了解消费者购买什么,以及他们从哪里购买,何时购买。

3. 无缝衔接的订单输入和订单管理

成功的零售商明白他们的环境是"一个消费者/一个订单",不管消费者是在商店还是网上购物。他们还明白订单可以通过商店购买生成,也能通过个人计算机、智能手机或任何其他类型的个人设备生成。这要求零售商必须具有可以容纳来自各种来源(订单输入)的订单的系统,并通过单个订单管理门户渠道来管理它们,以确定产品可用性、履约中心的订单拣选计划和交货承诺。允许消费者有多个订单输入点为他们提供订购时间和方式上的便利,这将有助于零售商增加"顾客份额"(指一个企业为某一顾客所提供的产品和服务在该顾客同类产品和服务消费总支出中所占的百分比),并降低运营成本。

4. 库存视角

对于全渠道零售商来说,关键问题不在于库存在网络中所处的位置,而在于它是否可以满足订单的需求,而不管订单的来源。传统上,拥有网站的零售商有两套库存——一套用来满足商店订单,一套用来满足网上订单。如果通过其网站订购的商品目前无法在网上库存中获得,但可在商店库存中获得,则订单也无法被满足,因为两个库存被认为是独立的。如今,订单中的商品都来自最接近订货点的库存,这既能满足订单的服务要求,又能为零售商创造最高的效率。如果商店需要的商品在履约中心库存中无法获得,则可以从另一家商店调送过来。如果一项网上订单所需的商品无法在履约中心获得并运送给消费者,这个产品也可以从离需求点最近的商店中获得并直接派送给消费者。该策略要求零售商在其所有库存点——履约中心和商店都能获得实时库存状态。虽然获取实时状态对履约中心来说通常不是问题,但它可能会给商店位置的选择带来一些挑战,这将在本节末尾讨论。该策略还需要改变会计程序以适应履约中心和商店的收入以及成本分配。如果网上订单的商品是从商店库存中获得并运送的,那么商店就会失去该次销售收入。在这种情况下,一些零售商就将该次销售收入的一定百分比归功于商店以解决这个问题。总之,为了向客户提供可用性、一致性、便利性和速度,采取库存视角策略是必要的。

5. 灵活的履行网络

第4章介绍了当今零售业中使用的各种形式的履行网络。在全渠道环境中,这些网络必须是灵活的——具有多个维度。首先,灵活性意味着允许客户决定送货方案,它们可能给予零售店几天甚至只有两个小时的时间来准备货物,而且零售商必须如方案所说的那样提供服务。这意味着零售商需要能够从当地商店以及履约中心获得货源来满足消费者订单。其次,灵活性意味着能够"向上"和"向下"满足季节模式。西尔斯(Sears)开发了猎豹网络,允许它根据需求的数量和位置从其订单履行网络中添加或删除商店。它将在高峰需求期间从其履行中心获取互联网订单,直到它们的数量多到无法处理或无法满足客户要求的交付时间。当这种情况发生时,Sears将动用线下商店网络来履行部分订单。当需求减少时,Sears又使线下商店离线,它们就不再处理互联网订单。最后,灵活性意味着无论在哪里进行购买,都能够通过履行中心网络或商店网络处理退货。这为消费者增加了很大的便利性,但是要求零售商进行系统集成。

6. 更改商店运营方式

全渠道环境下的店铺运营与传统的零售模式截然不同。商店级别的库存可见性对于作出交货承诺至关重要。这需要在店里建立新的规范水平来扫描仓库里收到的所有物品。它还要求商店能够将仓库里可用库存的销售点数据与货架上可用库存的销售点数据进行整合,以保证产品的可用性。商店设计还必须适应订单拣选和包装操作的需要,以及适应保存物品以等待客户或送货服务员来提取的需要。在当今环境中,商店运营必须复制许多传统上由履约中心执行的操作,同时还需要成为具有适当产品分类和销售策略的零售店,以促进消费者的购物便利性。

15.4.2 全渠道的未来

自1999年假日购物旺季以来,零售业在聚焦和运营上都取得了显著进步。这种进步在很大程度上是通过使用订单输入和订单履行技术来实现的。个人设备、智能手机和RFID标签技术已经彻底改变了消费者和零售商的交互方式。零售商对"大数据"和数据仓库的使用也使消费者获得个性化的购物体验。十年后全渠道零售业会是什么样子呢?谁也说不准,但这取决于技术改进将如何促进这方面的发展。如果亚马逊的无人机网络技术在商业上可行,那么它将为家庭送货方式带来巨大变革;自适应建模或3-D打印可以让消费者方便地在家中"打印"商品,虽然该技术尚未充分发展到能够实现这一目标。不管技术对全渠道零售业的影响如何,未来肯定会延续过去的策略,即把产品带给消费者(送货上门),而不是让消费者来购买产品(商店购物)。成功的全渠道零售商需要关注便利性、速度一致性、分类以及信息,以满足消费者日益增长的产品和服务需求。一个最终结果是将继续开发新技术以帮助管理全渠道供应链。

15.5 可持续性

可持续性继续成为美国和全球各种利益相关者的重要组成部分。本书的前两个版本都曾指出,人们越来越意识到并越来越关注可持续性问题,以及各种组织和机构在解决这些问题时面临的挑战。虽然可能存在一定程度的普遍共识,即应当实施可持续方式来解决大量相关问题,但这样做通常需要进行必要的变革,而变革产生的效果往往是有利也有弊。换句话说,有些方面会受益,而有些方面却会遭受损失。以化石燃料,尤其是煤炭为例。如果我们限制开采用于发电的煤炭,可能会降低污染水平,但随着煤炭价格上涨,电力成本可能会增加,同时也会增加煤炭生产州的失业率。所以在制定适当的政府政策时,需要权衡这些问题。

如上所述,实现可持续发展的目标具有挑战性,而值得注意的是,在这个时候,最好的方法可能是将可持续性发展视为需要时间和精力来改进的漫漫旅程。同样值得指出的是,在过去的几十年中可持续发展已经取得了很大的进展。曾几何时,一些组织认为可持续发展的行为和实践意味着成本的增加,这些成本要么通过减少所获利润来抵消,要么通过提高商品价格从而转嫁给客户来承担,或者二者兼之。此外,一些人认为这意味着效率的降低,从而使组织在全球范围内处于竞争劣势。

15.5.1 利益与挑战

在当前的经济环境下,尤其是当可持续性实践不再被狭隘地看作是简单的回收和处置时,越来越多的组织承认:存在收入机会来抵消可持续实践所耗费的成本。例如,一些组织已经认识到它们的商品包装方法不利于实现可持续性的目标,并作出了有利于环境的改变,提高了供应链的效率。一个众所周知的例子是宝洁和沃尔玛做出的改变。它们在双方同意的情况下,通过减少产品的含水量,使其更加浓缩,来减小用于盛装液体洗涤剂的塑料容器的尺寸。当然,消费者必须被告知,较小容量的洗衣液也能带来相同的使用效果和使用次数。一旦完成以上改变,就能显著降低包装和运输成本,提高仓库和货架空间的利用效率。这个例子就展示了成本和可持续性的双赢。为了实现整体环境可持续发展的利益,减少不必要的包装已成为各种零售组织和制造商日益增长的做法。同时,在供应链实践方面还有其他一些改变,如车辆路线规划、增加负载规模、供应商采购等,这些做法既降低了成本,也减少了环境污染。

组织面临的挑战之一是可持续性的多维性。在最基本的层面上,可持续性要求公司考虑和管理其供应链对所在自然环境和社会环境的影响。后者意味着对社会责任的承诺,但由于它通常对组织来说最具挑战性,就有可能被忽略。例如,一些发展中国家供应商使用"血汗工厂"劳动力的情况就可能很难被查明。此外,当地企业家和经理有时也会提出这样的观点:即使可能被归类为血汗工厂,这对雇员总体来说也是有益的,因为他们没有其他的就业机会。"一流"公司确实试图综合管理和控制自然、社会和环境问题,但这仍具有挑战性,尤其是在对待人权问题和产品寿命影响方面。而正是在这一点上,只要每个人对企业最佳做法的内容保持一致和赞同,客户和企业的协作努力就能发挥重大作用。如果该协作方法承认可持续发展是一条需要不断努力的道路的话,这种方法就尤其正确。改进可持续性还需要人员、过程和技术之间的正确平衡。随着供应链复杂性的增加,人们越来越需要改进技术来推动创新、降低成本和增强客户服务。

可以通过许多不同的途径来实现改进可持续性的承诺,包括减少包装、替代运输方式(铁路 VS 卡车)、最小化运输里程、最大化运输规模等,所有这些都可以通过降低成本来增加利润。而其他可持续性做法,如只分配和使用公平贸易产品或确保供应商工厂的人道工作条件,就可能由于成本增加而遇到组织上的阻力。正如一些人所指出的,成本往往会驱动行为。不过,当公司能够获得客户购买支持(协作)时,就可以在市场上获得为可持续性所做努力带来的竞争优势。然而,应当指出的是,在一些地区,人们对这种努力的财务可行性仍然持怀疑态度。

15.5.2 社会和环境责任

H&M服装公司百年来一直活跃于社会责任领域,它努力使可持续发展成为一个成功的营销平台,并因此而闻名。它们努力消除用于原材料、生产洗涤材料和染整材料的有毒化学品。它们还积极减少用水,使用可持续的棉花材料、回收材料,消除滥用劳动力和不公平对待劳动力的行为,并减少能源消耗。它们的努力是一项艰巨的任务,因为它们需要管理供应链中大量的小供应商。然而,即使H&M作为这些领域的领导者,也对于在供应链中加强可持续性意识、提高可持续性效率方面做出了很大努力,它们也会对这些努力感到沮丧。

可持续发展的另一个重要领域是认识到供应链中的气候风险。例如,减排是许多组织的目标,但结果却是好坏参半。一些人指责监管机构缺乏果断的行动,而科学证据又并不总是明确地引导组织努力进行改进。一些企业在这类投资上的失败给可持续实践的总体动力带来了负面影响。虽然成功的例子越来越多,但一些组织中仍然缺乏动力,甚至存在阻力。

克服组织阻力的一种成功方法是实现供应链中的协作。在供应商、生产商、客户、物流服务提供商等整个供应链参与者间建立"伙伴关系"能够带来强大的"伙伴关系"力量,这有助于为所有人的利益做出积极的改变,实现各方的互利,而集体方式也往往能够产生更多的创新,并为加强合作提供压力。当今消费者获取产品信息的机会也成为社交媒体改变和改进的重要驱动力。消费者之间实时共享评估和信息是促使许多变化发生(包括可持续性实践)的有力武器。无论是关于组织的可持续性还是组织的种族主义,组织实践的信息和透明度都是不可低估的推动力。

15.5.3 降低风险

供应链可持续性的一个不可忽视的重要方面是其对降低风险的影响。一些供应链专家持有一种十分强烈的感觉,即降低风险是可持续性计划的最佳推动力。高效和有效的供应链的最大风险之一是与环境污染相关的气候变化。从旱灾、野火到飓风和洪水,与天气有关的灾害日益增多,引起了企业、政府机构和公众的注意。而与此类事件相关的人类屠杀、苦难和破坏已有充分记载。那么巴西、中国和印度等国家的供应链就可能因为它们的可持续性问题而变得更加脆弱。如前所述,这些国家对于不断增多的供应链十分重要,而这些供应链是所有合作伙伴的关注点。

15.5.4 可持续性的"R"们

在此一般性讨论中,还应提及逆向物流系统和闭环物流或供应链系统。反向和闭环系统都是以积极的方式影响可持续性的重要策略。在这一点上,需要考虑所谓的可持续性的4"R":再利用、再制造、修复和再循环。表15.2提供了每一个R的简要描述。

表 15.2　可持续性途径

可持续性途径	描述
再利用	再利用通常需要分解,这是一种将产品分离成组成部分、组件、子组件或其他零部件的系统方法。部件组或零件组可以在清洗、检查和修理之后重新组装以便再使用,或者单个部件可以被重新使用。
再制造	再制造本质上意味着一种产品或部件返回市场时"像新的一样好"。汽车零件、轮胎和电子产品经常被重新制造。
修复	修复通常意味着将旧产品恢复到工作状态,但不"像新的一样好"。
再循环	再循环一般指的是材料的二次利用。它通常包括玻璃瓶、罐、报纸、瓦楞材料、轮胎等。

必须指出,与过去一样,如今的可持续性战略也是从商业或经济的角度进行设计的,而非从公共关系的角度。毕竟全球的竞争环境要求供应链中的组织与政府支持进行基础广泛的协作。可持续性是一个复杂的问题,将继续具有挑战性。

消费者和工业废物的再循环已经变得非常普遍,并且材料正在以各种创造性的形式被再利用。通常回收会产生一种全新的产品,例如,汽车轮胎被制成门垫和地板材料。在这一点上,将详细讨论逆向物流系统,因为它们已成为企业和政府组织在可持续性上所做努力的重要组成部分。

15.5.5　逆向流

第 1 章介绍了一个基本的或简单的供应链。对这一供应链的描述表明,有四个重要的流程需要管理:材料、信息、财务和需求。物料通常在供应链中从原材料源流向最终消费者,并在此过程中增加产品的价值。逆向流则可能由于各种原因使物料通过供应链返回。因此,包括逆向物流系统、产品回收系统、产品退货网络、企业退货管理等在内的许多术语已被用来表明退货数量和其重要性的增长,以及高效和有效地对其进行管理的必要性。

在本节关于逆向流的开始部分,有几点意见是很重要的。供应链中的正向流通常受到最多的关注,因为它对客户服务、收入和现金流都很重要。而逆向流则通常被视为必要的"罪恶力量",或者充其量是一个成本中心,需要不断地监督来控制和减少。

传统上,逆向流被认为无法为客户增加价值,也无法为制造商或生产商增加收入。换句话说,退货被视为"废物流",而不是潜在的价值流。本章的目标之一就是将反向产品流作为公司或组织的潜在价值流来进行研究。应当指出,互联网销售大大促进了逆向流的增加。这是为什么呢?信息和金融(现金)也是逆向物流和闭环供应链的重要方面。第 1 章和其他章节指出,信息就是力量。良好的信息有助于提高效率和有效性,因为它促进了供应链的流通,减少了不确定性。不幸的是,信息系统和技术的力量在逆向流中没有得到足够的重视。如果组织要从管理逆向流中获得所有的好处,那么来自逆向流的现金或价值也需要成为它们的重点,这就需要更积极主动的管理来为公司获得这样的利益。

另一个意见是全球供应链为逆向流提供了挑战和机遇。主要出于环境原因,一些欧洲国家在通过所谓的绿色法律方面非常积极,这意味着在这些国家做生意的公司必须了解这些规章和政策。绿色法律通常要求逆向流动,例如返回包装材料。而一些欠发达国家则在这些领域非常宽容,这可能会给在这些国家做生意的公司带来道德问题。因此,各国间的差异和全球供应链的复杂性要求对与全球逆向流有关的问题进行关键的评估和分析。

一些人认为,物流和供应链逆向流是一种相对较新的现象。事实上,逆向流多年来一直是物流和供应链的一部分。消费品公司和运输公司总是处理损坏的产品,这些产品往往需要某种程度的回报。例如,许多仓库都有一个部门,负责重新包装只有部分损坏的商品;运输公司则处理那些不愿接受损坏产品的客户,并对受损产品的价值承担赔偿责任。而为了弥补损失的收入,运输公司通常会试图将这些产品出售给回收经营者,以便最终转售。从历史上看,客户需要先为空瓶支付定金,饮料瓶装商才会为空瓶灌装饮料。之后空瓶子又从零售商退回给饮料瓶装商;许多航空公司和其他大型设备的运转都需要修理和回收引擎,这些修理就需要反向物流来将引擎带回到进行维修的集中地点。

根据一些专家的说法,出售的很大部分商品都可能被退回。没有人有确切的衡量标准,而且比例会因行业而异,但据估计,在某些行业,退货率可能从低至3%到高至50%不等。AMR Research估计,美国零售商因退货损失了总销售额的3%~5%,这约占物流成本的4.5%。在消费电子产业中,平均退货率估计为8.5%,在服装业为19.4%。以下是其他一些行业的退货率:零售,30%;耐用品(电视、冰箱等),约4%;图书业,10%到20%;音乐和娱乐,10%到20%。

在零售层面(大部分退货来源),互联网回报大约是柜台销售回报的两倍。似乎可以肯定的是,随着互联网销售相对于传统销售不断增长,退货的数量将增加;另一个增加的原因是一些大型零售商的客户服务政策,这些政策使得接受退货变得非常容易(例如,"无理由退货""没有必要的收据""没有时间限制"等),接着问题又转移到产品制造商身上,制造商必须接受退货,并通常要从发票中扣除原价,以致毫无收益;如前所述,为保护垃圾填埋场,许多城镇的消费者回收计划也有所增加;此外,技术产品的高过时率也促成了逆向物流的增长。

根据前面列出的原因,"为什么供应链中的逆向流有所增加"这个问题就不难理解了,当然这也使我们能够理解目前可持续行动面临的挑战和机会。我们还可以列出其他逆向流的例子或类型,但上面列出的例子应该已经足以验证它们的重要性和规模。与闭环系统一样,供应链逆向流的这种增长和重要性也值得进一步关注。这两个主题将在本章附录中讨论。

15.6　3D 打印

任何关于供应链管理创新的当代书籍中,3D打印技术的发明和使用肯定都是重要的一部分。3D打印也称为增材制造(即将塑料、陶瓷或金属粉末等材料结合起来,根据三维模型数据制作物体的过程。通常是层层进行,直至生成三维产品)。3D打印不仅在促进供应链过程和活动方面具有非凡的潜力,也极有可能成为供应链中"改变游戏规则"的一项创新。因此,它代表了一种真正具有颠覆性的技术,可以对供应链管理产生巨大的战略影响。

最初3D打印技术被广泛地应用于生成产品原型设计,而现在正越来越多地被应用于成品。该技术因其众多优势而得到认可:从设计到生产的快速转变;利用专用工具低成本地生产小批量产品;对复杂产品结构的设计灵活性;以及实现产品定制的能力。因此,对于劳动力成本高、随着定制而增加价值、需要对新产品进行复杂加工和/或小批量生产的产品,3D打印将是传统制造技术的一种极具优势的替代方案。

15.6.1 3D打印的深入探讨

尽管这些技术极具优势且发展迅速,但3D打印机器及其维护和材料的高成本在某种程度上阻碍了其更广泛的应用。3D打印的机器成本及维护成本从不到1 000美元到数百万美元不等,具体取决于所使用的工艺。而且用于3D打印的材料成本也很高。在宾夕法尼亚州供应链领导者论坛的一次会议上,高管们举了些例子:3D聚合物的价格可能是注入建模材料的53~104倍,而3D金属的价格可能是传统材料的7~15倍。价格差异的部分原因是3D材料有更高的纯度和成分标准,并且3D打印比传统材料加工方式需要更多步骤。目前,虽然对3D打印材料的总体需求仍然相对较低,但许多潜在的有用材料还未被标准化,可从多个竞争供应商处获得。进一步促成材料价格高涨的是3D打印机制造商,它们可以控制哪些是"被认证过的"可用于其设备的材料,从而防止客户从自己选择的供应商那里直接采购材料,并给第三方材料供应商制造进入壁垒。

从短期上看,宾夕法尼亚州供应链领导者论坛的参与者们认为3D打印对于依据特定规模制造的原型、具有较长交付周期的低需求量部件,以及库存的管理是有利的(因为数字化的库存可以在本地按需打印)。他们推测,随着相关技术的改进,机器和材料成本的下降,以及公司更好地理解这些技术在供应链流程中的适用位置,3D打印的应用将更加广泛。

从长远来看,高管们认为3D打印技术可能在"开源协作"中发挥关键作用。直到最近,开源产品设计仍落后于开源软件开发项目。后者拥有成熟的、广泛使用的开源设计工具,以及最小的复制和分配软件代码的成本。随着3D打印技术的进步,越来越多的公司正在积极探索物理产品领域的开源协作。在这个环境下,物理产品的数字设计或蓝图文件可以在越来越多的"开源社区"公司和个人之间共享。然后可以使用3D打印机快速开发原型,并且可以实现设计后的不断改进。

15.6.2 3D打印的说明举例

例如,可以使用其他方法来组合部件并产生更多的内部效益。通用航空公司就是一个例子,它已经从传统的制造方法转向使用3D打印来制造喷气式发动机的喷油嘴。鉴于通用航空集团预计每年需要制造超过45 000个相同的设计,人们可能会以为它将采用更传统的制造方法。然而,该集团选择了3D打印的方法,因为它使燃料喷嘴不再需要由20个单独铸造的部件组装而成,而是直接打印成一个整体。通用电气预计其制造成本将因此减少75%。

为配件服务行业提供便利的供应链可能会受到3D打印的显著影响。如果将3D打印设备置于方便的位置,需要更换部件的人就只需要从商业来源下载部件的电子设计,然后如愿打印该部件。对于过时的零件，可以对它们进行3D扫描，以便在需要的时间和地点使用。显然，这种能力将大大改变我们管理库存的方式。

展望未来，一旦3D打印的成本适宜，消费者就有可能在家中直接生产一些家用产品。这类产品的例子可能包括用于家庭装修的管道用品、支架和固定装置，以及诸如智能手机外壳等消费品。这将对物流行业产生重大影响，因为相关的产品流将从消费品本身转移到3D打印技术和制造过程中使用的原材料上。

物流在线

Maersk公司使用3D打印技术在船上打印船舶备件

2014年4月，美国海军透露，他们已经在一艘船上安装了3D打印机。这个消息是意料之中的，因为3D打印技术是美国海军以及美国军方一直感兴趣的技术。尽管在当时，海军只是测试这种机器，并在船舶在港口时为船员提供培训机制，但这种技术肯定最终会在实际军事行动中被用在船上。

海军不是唯一一个在船上使用3D打印机的团体。事实上，世界上最大的集装箱运输公司之一，总部位于丹麦哥本哈根的Maersk公司，正把3D打印作为制造集装箱船备件的一种方式。该公司目前拥有500多艘集装箱船只，过去110年来一直在全球范围内运输货物。在撰写本文时，Maersk透露，他们已在船上安装了3D打印机。尽管目前这些打印机能够使用ABS(ABS塑料是丙烯腈(A)、丁二烯(B)、苯乙烯(S)三种单体的三元共聚物)热塑性塑料进行打印，但该公司正在研究一种基于粉末的金属激光烧结机，并希望能在未来使用它。

当位于海上的集装箱船上的部件破裂时，快速为该船提供更换的部件当然不容易且不便宜。当你在海洋上运输数以百万计的产品时，时间就等于金钱，因此3D打印似乎是完美的解决方案。从本质上讲，只需要给位于哥本哈根的Maersk工程师打一个电话，并令其将简单的STL文件(蓝图)发送到该船上的计算机上，然后在几个小时内将需要更换的部件打印出来并安装在船上就可以了。

当然，热塑性塑料是目前Maersk船舶上唯一能够用于印刷的材料，这就限制了可以制造的零件类型。然而，在未来几年内，更先进的激光、金属烧结打印机很可能会登上所有主要的集装箱运输公司的轮船。随着价格的下跌和技术的进步，人们将很难忽视这些机器所拥有的效用。

15.6.3 3D打印对供应链和物流的战略性影响

虽然3D打印还处于早期发展阶段，但很明显，这种新兴技术最终可能会对供应链管理产生巨大影响。下面的列表列出了许多关键的供应链概念，并提供了一些关于通过使用3D打印功能，这些概念将如何被改变或增强的想法。此列表并不全面，但是说明了3D打印的一些"改变游戏规则"的影响。

- **需求驱动**。产品可在任何需要的时间和地点被打印出来。这样可以提高对需求的响应性，提升满足需求的及时性。
- **定制化/市场细分**。根据成本和产品需求，一部分产品可以通过传统方式制造，其他产品则可以通过使用 3D 打印制造。
- **适应性和灵活性**。适应性和灵活性可通过简单地修改用于 3D 打印的电子可用细节来被显著增强。
- **产品类型范围**。更容易对产品的变化进行打印（例如，尺寸、颜色等）。
- **库存**。正如我们所知道的，3D 打印会改变库存管理。它将显著降低在供应链中的战略位置上持有成品、零件和原材料库存的需求。
- **运输**。重点将转向 3D 打印过程中要使用的材料的可用性，其次是将 3D 打印产品的"最后一英里"移动到客户或消费者的位置。正如我们所知，它将极大地改变运输成本和运输需求。
- **维修和更换零件**。通过从在线 3D 打印库下载零件设计，然后根据需要对零件进行 3D 打印，就可以获得所需零件。
- **全球化**。对全球采购、制造和分销有重大影响。将大大改变我们对离岸、近岸等策略的想法。
- **分散的供应链**。3D 打印更贴近市场和客户，无须过多的安全库存成本。
- **小批量处理能力**。将大大改变规模经济与制造业和供应链决策相联系的方式。按订单生产的 3D 打印生产将对传统制造商、批发商、零售商间的关系产生重大影响。
- **持续性**。减少逆向物流的浪费和需求；降低碳足迹。
- **工作流、价值链和过程**。总的来说，这些因素将需要被重新考虑，以利用广泛的 3D 打印能力。需要对供应链网络进行重大修改和精简。
- **总到岸成本**。随着传统供应链的成本类型（如运输、仓储、库存、制造、缺货等）的变化，总到岸成本的计算程序和数目将发生巨大变化。

15.7 供应链管理中人才管理需求的日益增长

对供应链管理的未来发展的预测往往侧重于技术进步和工艺创新。此外，组织还需要具有适当技能的合适人员来担任供应链领导角色。随着公司高层认识到强大的集成供应链管理能力对推动业务成功的价值，这些角色的数量正在且仍将继续扩大。这些高层开始将供应链领导者提升到战略角色，并投资供应链管理能力以创造竞争优势。

虽然供应链专业人士的前景一片光明，尤其是通过专业行业协会资格认证的供应链管理高级人才，如：注册国际供应链经理（CISCM）、供应链专业人士（CPSM）等，但组织仍面临未来人才的供不应求。许多研究都强调，可晋升的 SCM 人才的缺乏是成功的潜在障碍。具有适当的供应链技能、综合管理能力和相关行业知识的合格候选人短缺。除非企业采取措施积极管理和加强人才供应链，否则这个问题将一直持续。

供应链人才管理是一项多方面、动态、富有挑战性的活动。对此没有速效对策或简单的解决方案。组织需要采取长期的人才管理战略，战略应涉及重大规划和投资承诺。人才获取、开发和晋升战略的有效执行开发将最大限度地发挥公司供应链团队的未来能力，提高人才留存率,并为领导角色培养具有高潜力的员工。

招聘新员工补充内部人才库,是建设高素质供应链管理团队的关键第一步。雇用有适当技能和文化背景的人才不仅能满足目前的人员需求,而且还为今后的留用和晋升奠定了基础。这些技能不仅限于供应链专业知识。随着供应链管理在企业战略中越来越根深蒂固,以及供应链管理责任范围的不断扩大,更广泛的一般管理技能也将至关重要。未来的供应链领导者需要是批判性思考者和问题解决者,他们应当有能力洞察全局、开发综合解决方案、建立应急计划并探讨企业发展愿景。

为了找到这些具有广泛技能的供应链专业人员,组织将需要使用积极的招聘技术。在竞争日益激烈的招聘环境中,简单地在线发布招聘信息并等待最佳候选人出现是很难有成效的。相反,领先的组织将通过高效的个人联系方法积极寻找供应链管理候选人。他们将与顶尖大学建立招聘关系,利用员工推荐,并通过领英和其他网站创建在线社区,以促进与候选人的互动。

培养人才是建设一支高素质的供应链管理队伍的关键第二步。有才能的人必须能够迅速适应,不断接受训练并被部署到合适岗位,以满足组织的供应链要求。此外,积极主动的职业发展项目,加上富有挑战性的任务,将有助于降低人才离职的风险。因此,供应链领导者需要将未来的雇员融入组织的文化中,并为当前的团队成员提供扩展其能力的机会。

为了满足对供应链人才日益增长的需求,组织将需要建立更强大、更全面的发展项目,包括有效的入职培训、持续培训和个人指导。一个正式的指导项目将帮助新雇佣的专业人员通过学习曲线来适应陌生的角色、工作环境以及组织政策。强大的发展文化将鼓励员工积极追求技能提升和专业发展。此外,供应链管理人才管道上的供应链—人力资源协作将识别高潜力的个人,并为他们的发展创建定制化的路线图。

培养高层次供应链人才是团队建设第三步。一个组织最不想做的就是大量投资于人才,结果却有很高的离职率。将职业指导和具有挑战性的任务积极组合起来,就能扩展员工的能力并促进供应链专业人员的留职。这对于提高人才储备数量、创造有助于未来成功的供应链制度至关重要。

为避免人才流失,组织必须通过合理的职业路径、留人策略和继任计划提供有吸引力的供应链管理晋升机会。由于提供明确的供应链管理职业路径的组织相对较少,因此迫切需要帮助员工计划和管理他们的职业发展;主动的留人策略着重关注角色清晰性、财务激励以及高管的绩效反馈,从而创造积极的企业文化和员工的满足感;而且,采用继任规划框架将有助于组织系统地确定高潜力供应链管理人才,并培养这些人以适应未来的角色。

毫无疑问,一个组织未来的成功将取决于它是否有能力避免供应链管理人才的短缺问题。这个问题的解决方案是采用包含三个步骤的人才管理过程,而该过程将获得、开发和提升人才融为一体。这样做将建立具有广泛技能的人才库,为领导下一代供应链做好准备。

图15.3突出显示了可能考虑人才管理必要性的更广泛的情境。除了招募合适的人才,维持高水平的业务绩效也需要组织不断适应和改变,以应对当今动荡、复杂和模糊的市场动态。当组织能够将其员工战略和商业战略联系起来时,就能获得最终的竞争优势。

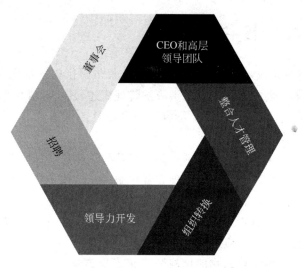

图15.3 连接员工战略与商业战略的有效人才管理

物流在线

雇主品牌建设在行动

在家得宝(Home Depot),吸引供应链人才的需求正在增加。家得宝不仅在劳动力库存低的市场上争夺人才,还缩减了正在使用的第三方物流合作伙伴的数量,将许多供应链职责转移到了公司内部。

该公司全球人才招聘主管埃里克·谢林(Eric Shelling)表示:为了吸引和留住员工,家得宝正专注于其庞大的雇主品牌(Employer Brand),在大学校园招聘员工,并强调培训。家得宝认为每一个客户都是潜在的员工,并且该公司有一个雇主品牌团队,负责塑造公司的雇主形象,并制作广告向非员工群体宣传。该品牌形象已持续推广到公司所有的外展服务中。

吸引员工可能是一个挑战,尤其是在许多家得宝仓库所在的农村地区。"这些地区的人才库本就更小,因此当这些地区有员工离职时,招聘和培训就更难了。"谢林说,"公司品牌战略的一个关键部分就是善待员工,支付具有竞争力的工资,并确保员工'拥有尽可能好的生活'。"对于新员工,家得宝参与校园招聘,并且据谢林所言,公司发现求职者对供应链中的职位越来越感兴趣,这些职位通常能吸引50~60名学生。

家得宝雇主品牌的一部分内容是公司内部对于培养敏捷劳动力的重视,同时他们有一个深入的人才管理项目,注重培训和留住领导者,使他们为下一个角色做好准备。"我们竭尽所能地为每一位被录用的员工服务,以确保我们能够发展和吸引人才,并且不会失去我们所拥有的人才。"谢林说,"在我们的零售和供应链领导中,90%的职务都由内部员工担任。"

15.8 本书主要思想

希望本书能够从物流功能和流程的角度为您提供对供应链管理的深刻理解。

- **第一部分——供应链基础**——供应链管理概述，其全球规模以及物流在供应链中的作用。此外，强调如何设计供应链使之更具传统意义，以及如何在更复杂的全渠道背景下设计供应链。
- **第二部分——供应链基本原则**——从覆盖与战略采购和服务相关的细节开始，接着强调运营、需求管理、订单管理和客户服务。这些主题的顺序与材料—生产（增值过程）—客户和消费者这整个过程的结构有关。
- **第三部分——跨链物流流程**——这里重点介绍了对供应链管理的成功至关重要的三种流程。包括供应链库存管理、分销和运输。
- **第四部分——供应链面临的挑战和未来发展方向**——本书的结尾部分可能属于"最后但同样重要"的部分。这里的重点是有助于显著提升供应链管理中"管理"部分的战略问题。包括供应链调整（使之同时与组织内部及外部供应链合作伙伴的目标相一致）、绩效度量、财务分析和供应链技术。这里提到供应链的战略挑战与变革，不仅是为了给本书提供一个合理自然的结尾，还旨在强调供应链中一些具有挑战性和创新性的方面。当读者继续追求本书之外的供应链管理知识并试图理解时，这些内容应当对他们有所帮助。

最后，作者希望强调一些高层次的重点。总的来说，它们表明供应链管理对所有类型的组织都至关重要。感谢您对本书15个章节所给予的关注和参与，我们祝愿您在未来的工作中一切顺利，尤其是与供应链管理相关的工作。

- 卓越的供应链管理能够成为确定组织底线和顶线的有效途径，并有助于将市场中的企业与其竞争对手区分开来。
- 为了履行他们的责任，参与供应链的人通常要花更多的时间与组织中的其他人进行互动，而不仅仅是本部门同事间的互动（也就是说，要实现和超越供应链目标，就需要在供应商和客户中的其他流程领域进行定期和有效的协调）。
- 供应链受到各种各样的外部和内部因素的影响。当下和未来的经济、社会/政治以及环境趋势的变化往往会对供应链的规划和运作产生放大化的影响。
- 技术对未来供应链管理的重要性怎么强调都不为过。尽管供应链中有许多活动和流程涉及物理产品的运输和有形资产的使用，有效利用技术来管理信息流仍将成为成功供应链的关键特征。
- 虽然供应链管理通常是根据其使命、目标和流程来定义的，但从更广泛的意义上讲，它实际上表示用一种创新且非常有力的态度来看待组织以及组织如何与供应商合作、为客户服务。
- 供应链管理的整合原则也可以被看作是整个组织及其业务伙伴的管理和领导行为所处的新背景。
- 虽然我们通常认为各种组织是相互竞争的，但如果不与其供应商和客户网络有效

- 合作,这些组织都无法实现其目标和目的。因此,供应链相互竞争的环境不仅是一个有趣的想法,而且实际上每天都在竞争领域上演。
- 在取得长远成功所必需的关键能力中,供应链必须具有定期改变和重新创造的能力。而理想情况下,供应链变革不应该只是简单地对当前和未来的趋势作出响应,而应该对可能影响组织及其供应链的未来环境进行预测。

小结

- 发表在《供应链管理评论》上的"供应链管理七大原则"是一篇永远不会过时的文章,它为关键的供应链问题和与未来相关的优先事项提供了有用的视角。
- 供应链产生了大量的数据,通过使用供应链分析,这些数据可以转化为信息和洞察力。将供应链分析应用于大数据能够为我们提供关于供应链的一些判断,否则我们很难识别出有用信息。
- 传统零售商要想在全渠道环境下竞争,必须做出改变并采取新的策略才能取得成功。这些策略从对客户的新认知开始,并以如何执行订单输入及订单履行(配送)结束。
- 在21世纪,可持续发展对私营部门和营利组织来说已经成为愈发重要的目标。最初,各组织关注可持续性是因为它们受到政治和公众压力,并认识到其社会责任的重要性。
- 可持续性是一个具有挑战性和复杂性的问题,因为人们对这一主题的看法多种多样。但一些供应链专业人员认为,在广泛的功能基础上(包括可持续性的入站功能、生产和运营功能以及出站或分配功能)考虑可持续性是有益的。
- 对逆向或退货项目益处的分析取决于与此类项目相关的真实成本,以及其与实际收益间的比较。
- 3D打印技术正在迅速发展,对供应链管理影响显著。这种新兴技术也称为增材制造,将对供应链的设计、配置和功能,以及各种供应链形成的总体价值观产生持久影响。
- 供应链专业人员的岗位大大增加,造成了人才短缺。对于未能管理好其人才供应链的组织而言,这一挑战可能一直持续至未来。
- 组织需要采取积极主动的供应链人才管理过程,以获得、发展和留住关键人才,使他们晋升至领导者角色。
- 总的来说,本书重点关注供应链管理的基础、基本原理、流程、挑战和未来方向。希望这将为更深入地研究和检验供应链管理原则提供坚实的基础。

复习思考题

1. 供应链管理的七原则现在被保持到什么程度?从它们第一次被提出以来,发生了哪些主要变化?

2. 你认为供应链管理的七个原则中哪一个对未来供应链的成功最关键？

3. 列举供应链成熟度模型中每个关键阶段（即描述性、预测性、规范性和认知性）可能解决的供应链问题的例子。

4. 利用互联网，找出 2~3 家传统零售商采用了在全渠道环境中取得成功所需的五大战略中的一个或多个。它们是如何实施这一战略的？这一战略的结果是什么？

5. 为什么可持续发展对组织来说是一个复杂且具有挑战性的问题？它们应该如何从供应链的角度应对这些挑战？

6. 区分逆向物流的价值流和废物流。分别给出一个例子。

7. 全球化对逆向物流提出了哪些特殊的挑战和机遇？你认为最大的挑战和最大的机遇是什么？为什么？

8. 除了本章讨论的 3D 打印对供应链的影响之外，举出 2~3 个你认为本能够被提及的其他影响因素。

9. 供应链专业人员的角色是如何演变的？为了在这一角色上取得成功，未来管理者需要什么样的技能？

10. 组织可以采取什么策略和步骤来应对供应链管理人才短缺的问题？

案例 15.1　Snoopze's P. O. PLUS

最初……

Snoopze's 是一家家族零售连锁店，在过去 40 年中发展迅速。最初的商店于 1975 年由鲍勃·斯诺普（Bob Snoop）在宾夕法尼亚州的奥尔德福特创立。鲍勃起初开了一个服务站，进行汽油销售和小型汽车维修，同时也像许多其他类似的场所一样卖香烟和糖果。后来，在当地水管工杰克·卡森（Jack Carson）的建议下，鲍勃开始出售咖啡和甜甜圈（由杰克的妻子烘焙）。这产生了协同效应，因为许多顾客早上会在上班途中停下来，既购买咖啡/甜甜圈又购买汽油，从而成功增加了鲍勃的销售收入。于是，鲍勃决定停止汽车维修，专注于销售自助汽油和其他"带走即食"的食品、饮料和便利物品。这一商业模式取得了成功，鲍勃又趁势购买了其他几个服务站，这些服务站分布在通往主要工作圈和商业圈的道路上。在运营最初的十年里，鲍勃的两个兄弟，连同几个儿子和侄子都加入了鲍勃的组织。然而，Snoopze's 业务的成功导致邻近地区的竞争对手争相模仿，他们开展了许多类似业务。于是鲍勃和他的兄弟——史蒂夫和乔决定改变和增强商业模式，并试图解释他们最初成功的原因。

全速前进……

鲍勃的两个侄子是宾夕法尼亚州中部一所大型公立大学的 MBA 学生，他们需要暑期实习才能满足学位的部分要求。鲍勃认为这是一个双赢的机会，并决定资助侄子和他们的一位教授来进行一项战略研究。这位教授建议先进行一次 SWOT 分析（优势、劣势、机会和威胁）。此时，公司分布在宾夕法尼亚州费城和匹兹堡之间的 25 个地区，主要销售汽油、糖果、香烟和某些为早餐、午餐和零食准备的外卖食品。他们以传统零售商的方式运营，从批发商和分销商那里购买用于销售的产品，不过由于购买的数量足够多，他们的大部分产品都可以享受批发商和分销商的价格折扣。这一优势连同其运营的高效为Snoopze's公司带来了合理的利润。然而,它们与其他类似零售商和一些经营类似便利店的汽油公司之间的竞争也在加剧。SWOT分析清楚地表明,它们目前的商业模式并没有为增长和扩张提供太多机会,更重要的是,它们非常容易受到竞争的影响。因此它们需要降低成本,提高运营效率,改变基于汽油销售和其他有限数量的零食和食品销售的模式。

他们的第一个重要步骤是购买一队油罐车,直接从主要生产商那里取油,以消除批发商环节,并运送到不同地点。但这一步是冒险的,因为需要大量投资购买设备,也需要对设备和驾驶员进行有效调度。所幸,在当地银行和一些有能力的调度软件的帮助下,企业显著降低了商品的销售成本。此外还产生了另一个他们未曾预料到的结果:由训练有素的司机驾驶的亮红色油罐卡车成为他们的特色标志,产生了很好的广告效果。第二步包括租赁一个位于中心的仓库设施,以降低配送成本并提高产品可用性。第三步是扩大他们的食品供应范围,同时销售冷热食品,并现场制作以实现他们所宣传的按订单制作的生产模式。作为补充,他们的新商店还设立了室内和室外的休息空间。此外,他们决定为现场准备食物的员工提供更多培训。当地的一所职业学校为所需的烹饪技能设立了一个特殊的培训计划,甚至为那些表现出晋升能力的员工设立了一些管理课程。Snoopze's就为在这所学校完成培训的员工提供财政支持和更大的就业机会。

基于这些变化和产品供应范围的扩大,Snoopze's在大西洋中部的七个州里设立了300多个商店,年销售额超过50亿美元。但在2015年,他们再次发现自己处于未来发展的十字路口。该公司仍为家族私人所有,家族第二代成员(即本、劳伦、马特、艾米丽和利兹)组成了现任的执行委员会。他们需要考虑利用现有优势来实现增长的替代方案。由于他们的商店销售大量的三明治,他们正在建造并计划经营他们自己的面包店,以满足顾客对按订单制作(MTO)商品的店内需求,并同时向客户出售"现成的"的商品。他们还计划不但为自己的员工提供培训,还可能为与当地技术学校合作的其他人提供培训。他们认为这些计划是对他们目前企业状况的补充,并想要做更多类似于MTO的突破常规的事情,MTO极大地影响了他们的商业模式,改变了他们的形象,使他们从销售零食和现成食品的汽油企业转变为同时销售汽油的食品企业。

再次起航……

现任执行委员会已经资助了一项研究,该研究同样来自15年前帮助他们突破定式思维并利用他们的技能和才能为未来的扩张做贡献的那所公立大学。这次的研究建议他们关注四个宏观领域——可持续性、人才发展、技术以及社会和人口趋势。执行委员会的结论是,它已经在前两个领域付出了相当大的努力,并将持续下去,而且还认识到需要有更多的资源来培养一批成功的商店经理担任中高层管理职位,从而为组织提供更高的向上流动性。此外,他们还对另外两个领域感兴趣:

711,一个来自东海岸的竞争对手,正在探索一个机会,以帮助解决在两个社会—经济趋势的交叉点上出现的问题,这两个趋势即在线购买的增加,以及公寓业主和公寓租户的增加。后者给联邦快递、UPS、USPS和其他当地包裹配送服务商的配送业务带来了问题——公寓住户更有可能在正常送货时间里不在家又没有门阶或门廊来放包裹。711一直在调查是否可以通过在多个地点放置储物柜来为这类住户服务。它认为这将提供另一个收入来源,并吸引更多的客户额外购买他们的"一站式购物"服务。

另一个领域来自处于青少年和二十几岁青年阶段的几个第三代家庭成员。他们提出通过互联网订单扩大"MTO"的概念,经互联网下单的商品可以直接在他们的商店中提取,也可以送到他们的住所,这类似于全渠道方式以及一些其他方式。

✓ 案例问题

1. Snoopze's 公司要求您分析上面讨论的三种主要选择。[为(员工)向上流动性提供教育与培训;邮政相关业务(邮寄给谁?);为在线订购提供自主取货和送货两种选择。]并对这三种选择进行评论。

2. 您对未来行动的建议是什么?

案例 15.2 Peerless Products 公司

想象一下,著名的消费类电子产品制造商 Peerless Products 公司决定扩大在中国的生产。首席执行官将任务分配给制造部副总裁,在两年内,公司就在广东建立了一个工厂。然而不幸的是,Peerless 公司没有全面的端到端供应链能力来应对其交付周期增加了四周的事实。这反过来影响了公司如何在被中国工厂服务的全球市场中销售产品、接受订单、计划分销、规模仓储以及管理入站和出站物流。

简而言之,虽然该公司降低了产品成本,但它也增加了供应链风险并可能提高其总体成本——如果将销售损失的影响考虑在内的话。根据埃森哲公司(Accenture, Inc.)的说法,全球业务中的风险可分为三个类别:无法控制的风险(如地缘政治不稳定或自然灾害)、部分可控的风险(例如,燃料价格的波动)和可控的风险(例如,预测准确性或供应链伙伴的业绩)。然而,根据对 300 家公司的研究,埃森哲发现,更可控的因素成为了最大的破坏根源。例如,多达 35% 的受访者报告受到自然灾害的影响,20% 的受访者报告受到地缘政治动荡的影响。但 38% 的受访者表示,他们受到了供应链合作伙伴表现不佳的影响,33% 的受访者受到物流复杂性的影响。未能管理好这些风险确实代价高昂,因为销售额、销售回报率、营业收入、资产回报率和库存等指标可能会因此受到负面影响。

虽然很少有公司在全球运营中能够有效管理风险,但许多公司正在为此努力。例如,参加埃森哲发起的全球运营研究的高管中有 60% 以上表示,他们的组织正在当地和全球进行生产,并且正在使用供应商或物流供应商;一半表示他们正有意建立按地理分布的供应基地;超过一半表示库存和安全库存正在增加。此外,49% 的人声称已经制订了正式的供应链风险管理计划。

✓ 案例问题

1. 假设您是 Peerless Products 的 CEO,并且你知道你的公司缺乏全面的端到端供应链能力。那么你的业务可能受到哪些严重的负面影响?

2. 你建议采取哪些步骤来帮助避免上述类型的负面影响?

3. 作为首席执行官,针对目前的潜在问题,你对公司供应链副总裁有何期望? 对供应链副总裁和制造业副总裁的期望有何异同?

附录 15A 逆向物流系统与封闭式物流系统

如前所述，许多术语都被用于描述与管理供应链中的逆向流相关的活动。其中有两个术语的使用频率更高。为了本书，我们给出如下定义：

逆向物流——为获取价值或妥善处置而将货物从最终的目的地向前运输的过程。

闭环供应链——为明确考虑供应链中的正向和逆向流活动而设计和管理的供应链。

虽然这两个术语有时可互换使用，但它们确实存在差异。逆向物流包括将新的或用过的产品"回流"以进行维修、再利用、翻新、转售、回收、报废或经加工再利用的过程。逆向物流系统中的物品通常被退回到一个中心位置进行处理。这些处理通常涉及运输、接收、测试、检查和分类，以便采取适当措施（例如，修理、翻新或转售）。其中涉及的设施和相关流程可由第三方物流（3PL）公司提供。逆向流可以独立于原始制造商进行，也就是说逆向物流系统不是为正向和逆向流设计和管理的。

另一方面，闭环供应链是明确为正向和逆向流设计和管理的。在闭环供应链中，制造商积极参与流程，强调降低成本和获取价值。其最终的目标是一切可被重复利用或回收的东西（即没有浪费）。这里提供了几个例子来说明闭环供应链。

图 15A.1 显示了一个用于磁带回收的闭环供应链。它于 1991 年由施乐公司推出，并于 1998 年流行起来。客户可以通过已经预付邮费的邮件退回磁带。而磁带公司在清洁和检查这些磁带后将对其重新填充。闭环系统的例子有很多，比如 Netflix 设计的原始租赁电影系统，以及 RedBox 设计的系统。

图 15A.2 描绘了一次性相机的闭环供应链。柯达于 20 世纪 90 年代初制订了这个计划，从而实现其一次性相机部件的回收和再利用。首先，客户将相机归还到照片整理中心并冲洗胶卷。其次，照片整理中心将相机分批送到一个收集中心，在那里相机被分拣出来装运给分包商，分包商负责清洗、拆卸和检查相机。最后，装运到柯达工厂进行重新装载和转售。最终产品和新的一样，以至于消费者很难区分它是否包含再制造零件和循环材料。

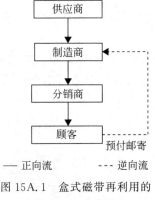

图 15A.1 盒式磁带再利用的闭环供应链

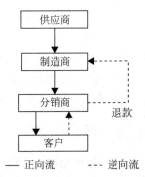

图 15A.2 一次性相机的闭环供应链

用于商用轮胎翻新的闭环供应链如图 15A.3 所示。通常,货车车队(尤其是大型货车车队)的经理会直接与翻新者安排翻新事宜。在收到轮胎后,翻新者通常会将其翻新,然后将翻新好的轮胎返还货车车队。这使得供需平衡变得更加容易。而对于小型车队运营者,经理通常会安排给中间商或轮胎经销商,后者也会把轮胎交付给轮胎翻新者处理,翻新后又将它们交付回车队。闭环供应链也适用于客车轮胎,不过这种情况更加复杂,因为需要整合零售商、车库和经纪商的轮胎,再将其分批出售给翻新者。然后翻新者必须出售重新制造的轮胎,这可能会带来一些挑战。因此,供需平衡并不像商用轮胎那样容易,有时翻新者在维持客车轮胎的盈利能力方面存在问题。

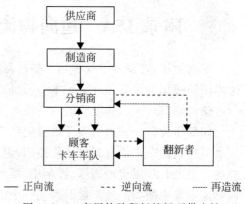

图 15A.3 商用轮胎翻新的闭环供应链

闭环供应链的实例说明了前面描述的特征,即它们被明确地设计和管理从而用于正向和逆向流,以降低成本和捕获价值。虽然它们没有实现正向流的 100% 回报,但它们确实拿回了相当大的比例。公司不必在垃圾填埋场处置这些物品,从而获得经济和社会利益。我们还能找到更复杂的闭环供应链的例子。例如,施乐公司在 1991 年为复印机开发了"无废物系统",并取得了很大的成功。该系统涉及正向流、逆向流和再制造流。在欧洲,施乐有一个闭环供应链,用于处理复印机、打印机和办公产品,回报率达 65%。逆向流中的产品可以被修理、再制造,或对零件进行再制造,这些产品最终都将被转售。除以上三种选择外,逆向流中的第四个选择是回收和处置没有价值的产品。

与闭环供应链相比,逆向物流流程的运作往往更具挑战性,或者更难形成一个可行的价值流。物品可能必须从不同地理位置收集,有些物品甚至可能被视为危险材料,那么就可能需要在收集和处置时进行特殊处理。通常,测试、分类、分级和检查都复杂且耗时。同样,再制造或再装修也可能是复杂和具有挑战性的。此外,再制造后的再销售也可能面临困难。但尽管存在这些挑战,如果逆向流动得到谨慎和积极的管理,企业就能够看到价值流的机遇。一些主要零售商及其供应商已积极主动地开发更有效的逆向物流系统来捕获价值了。

逆向物流项目有三大力量,分别是客户服务、环境问题和经济效益。如前所述,在某些行业中,逆向或回收过程是相当重要的。了解逆向流动的主要力量对于深入了解挑战和机遇,从而提高效率和效力来说是很重要的。

15A.1 客户退货

客户退货有各种原因(如前所述),包括有缺陷或不想要的物品、保修问题、召回和误运。考虑到这类退货的潜在规模,管理产品退货过程可能会对公司的损益表产生重大影响。退货流的内部通道根据退货的原因而有所不同。备选方案包括重新盘存以供转售、修理或翻新以归还给客户,或重新盘存以供转售或处置。具有高回报率的行业,如杂志、书籍、贺卡、报纸、目录和内部销售等,就需要有如前所述的内部过程,而有效地管理这些过程将对损益表有积极的影响。当通过及时退还现金、信贷或替换产品来快速处理退货时,处理客户退货的问题也可以具有积极的客户服务效益(即,它可以提供竞争优势)。超级零售商(沃尔玛、塔吉特、百思买等)已将此方法作为客户服务策略中的关键元素。不过,这也促成了反向流的增加。因此企业需要有一种平衡兼顾的方法,既能满足合理的退货需求,又能阻止不必要的退货。事实上,为了降低成本,许多零售商已经恢复使用更为保守的产品回收方法。

15A.2 环境挑战

由于回收和环境问题与地方、州和联邦各级的监管政策有关,因此它们经常同时受到关注。社会关注刺激了更环保产品的推出、新标准的发展,以及公共提供的回收计划的实施。对个体来说,这可能是令人惊讶的,但是企业在这个领域则发挥了积极的作用,因为它们需要关注道德和社会责任。事实上,在21世纪,三个P的三重底线——利润、人和地球(profit,people,planet,也称为"三大支柱")在企业、政府和激进团体中越来越流行。三重底线将三个P整合到企业的文化、战略和运营中,从而扩大了用于测量组织成功的价值和标准的范围,使之同时包括经济、生态和社会因素。

除了这些企业政策的公共关系价值之外,一些证据表明,当公司与供应商合作减少浪费、减少污染、提高整体"生态效率"时,它们也能够改善产品质量、缩短生产时间、提高生产率。对闭环供应链的讨论也表明,企业采取了更加积极主动的方式来对环境负责,并利用这些战略来提高其整体的财务可行性。

由于科学家、消费者和世界大多数政府越来越迫切地要求采取环境行动,闭环供应链的概念在全球范围内获得了动力。一些国际组织,如联合国和国际标准化组织(ISO)等,提出了设想和工具来促进将环境思想纳入商业实践。例如,联合国大学/高级研究所于1994年发起了零排放研究倡议(ZERI,于1999年改名为零排放论坛)。该倡议提出了这样一种概念,即所有工业投入都可以完全转化为最终产品,而废品则可以转化为另一生产链的增值投入。同样,ISO在1996年首次发布了ISO 14001,它规定了环境管理系统的操作要求,可以指导大多数行业中企业的环境活动。

15A.3 经济价值

在逆向物流系统和闭环供应链中,经济效益已成为企业乃至一些非营利组织关注的重点。将逆向物流视为价值流而非废物流的可能性在30多年前发表的一项研究中得到确认,并在物流管理理事会(现为供应链管理专业人员理事会)出版的白皮书中进一步得到加强。这两项研究都指出,经济利益可以是建立明确逆向物流过程的主要驱动力,而非客户服务(产品回收)和政府要求。换言之,回收再利用和再制造具有成为盈利方案和价值流的潜力。对于像钢铁行业这样原材料成本增加的行业,这种情况尤其如此。

然而,使逆向流盈利既是机遇也是挑战。为了经济利益而管理逆向物流,需要仔细阐明流程,并对成本进行详细分析,以确定成本—收益的权衡是否为正。通常发生的错误是假设逆向流程与正向流程相同,因此认为二者成本相同。这些错误的假设将导致错误的结论。

15A.4 实现逆向流的价值流

上一节中提出的挑战,即确保对逆向流积极主动的管理能降低成本或增加收入,从而展现提高利润的机会,是闭环供应链和逆向物流系统都要考虑的问题。

从制造的角度来看,通过使用逆向流系统获得的材料来进行再制造或翻新似乎比用基本材料或部件生产新产品更昂贵。不过,通常大部分额外成本都与回收的过程相关。有趣的是,其中运输费用是最大的成本,通常占总成本的25%或更多。如果使用运输管理工具和技术来改善和监控运输网络,就可以更好地安排取货和运送,并能通过整合货物来实现规模经济,从而降低运输成本。

如前所述,主要挑战之一是估算回流过程的总成本。公司通常有与正向运输流相关的详细成本,并使用这些成本的历史平均值来估算未来的预算成本。此外,与退货相关的处理成本可能更高,因为退货活动需要分拣、打包,并且货物的大小形状可能不一(导致运输空间浪费)。不过随着公司对此经验的增加,通常可以降低处理成本。

一些公司正在使用作业成本法(ABC)来描述与逆向流相关的真实成本。成本的量化必须包括与退货过程相关的所有成本——劳动力、运输、储存和库存持有成本、材料处理、包装、交易和记录成本,以及一定的间接成本。反过来,考虑与逆向流材料相关的实际成本的节约对于权衡分析、确定经济价值的增加(或减少)是很重要的。

一旦完成对经济价值的评估,就必须考虑可能阻挡逆向流计划实施的障碍。这些障碍可能来自内部或外部,可能包括以下内容:

- 与组织中的其他问题和潜在项目或计划有关的优先级。
- 不重视或缺乏组织高层管理人员的支持。
- 运营和资产基础设施所需的财务资源。
- 开发和实施逆向流计划所需的人力资源。
- 拥有信息系统和足够的材料来支持退货计划。
- 地方、州和联邦的限制或规定。

发展和实施紧密连接且管理良好的逆向流需要仔细考虑前面列出的内部和外部障碍。当然,一些组织可能还会遇到其他障碍。此外,全球供应链也可能遇到一些其他障碍,但即使没有,上面所列出的障碍在全球范围内也可能更为复杂。而成功实施逆向流计划的公司在尝试启动项目之前,通常都会对这一系列潜在障碍进行仔细地考虑。

早些时候为了使逆向流计划成为价值流(废物流的反面),确定了一些战略和战术问题,它们使一些公司在潜在计划合理化和经济合理化后开始考虑第三方物流。在过去二十年中,第三方物流企业的数量和复杂程度快速增长,使得这种想法具有很高的可行性。事实上,一些第三方物流专注于回收和逆向系统。这种类型的外包基于各种原因可能是有益的,但此时讨论一些对第三方物流的替代方案也是恰当的。

如前所述,逆向或闭环系统通常与正向流系统非常不同。由于管理逆向流可能不是组织的核心竞争力,因此组织可能会选择将其外包。显然,此时必须考虑利用第三方物流对经济价值的增加效果。第三方物流可以通过利用信息技术为全球供应链提供一些特殊的优势,从而提供库存的可见性。在处理对时间敏感的产品(如计算机和相关外围设备、复印设备、手机和其他个人通信设备)时,这一点尤其重要。这些产品寿命周期短、报废风险高。这类产品的时间价值是退货过程中的一个关键考虑因素。从重新获取这些产品资产价值的角度考虑,时间延迟的代价可能是非常昂贵的。

总生命周期(TLC)在逆向流管理计划和第三方物流评估中占有更为突出的地位。例如,据估计,新的打印机在等待处置时可能会损失其价值的20%。产品的时间价值函数是资产回收决策的重要考虑因素。事实上,仅仅减少逆向流过程中的时间延迟就可以产生显著的增值。对时间敏感的产品清楚地表明了物流过程对逆向流计划的重要性,但即使是生命周期较长且过时风险较小的产品,物流过程也对逆流计划的效率和回收资产的潜力十分关键,而正是这两方面能够增加经济价值。对于零售商来说尤其如此,这也是为什么一些大型零售商如此广泛地使用第三方物流的原因之一。以前曾指出,在某些情况下,零售一级的客户产品回收可以达到50%,在这种情况下,速度快、效率高的逆向物流流程对于最大化逆向流的价值至关重要。

15A.5 供应链中逆向流的管理

要有效和高效地管理供应链中的逆向流,就需要仔细考虑若干关键活动或问题。如前所述,对逆向流的主动管理可以对公司的财务状况产生相当积极的影响。另一方面,如果逆向流管理不当或未仔细管理,则会产生相反的效果。逆向物流指导委员会建议认真考虑以下事项:

- 避免——生产高质量的产品、改进流程以最大限度地减少或消除退货。
- 把关——在逆向流入口处检查和筛选商品,以消除不必要的退货或最小化处理。
- 减少反向循环时间——分析过程以压缩退货时间,从而提高回收价值。
- 信息系统——开发有效的信息系统以提高产品可见性,减少不确定性,最大化规模经济性。
- 退货中心——为退货中心开发最佳位置和设施布局,以促进网络流动。
- 再制造或翻新——为转售而准备和修理产品,通常在闭环供应链中进行以最大限度地重新获得价值。
- 资产回收——对退回物品、剩余物品、废料和废弃物品进行分类和处理,从而使收益最大化,成本最小化。
- 定价——对退回和转售产品的最优价格进行协商。
- 外包——考虑与第三方组织建立关系,以便在现有人员、基础设施、经验或资本可能不足以成功实施计划的情况下处理和管理逆向流。
- 零退货——制定一项政策,通过提供退货补贴或在现场销毁产品来避免退货。
- 财务管理——制定指导方针和财务程序,以便在客户退回物品时对销售费用和相关财务问题做出正确解释。

教 学 支 持 服 务

圣智学习出版公司（Cengage Learning）作为为终身教育提供全方位信息服务的全球知名教育出版公司，为秉承其在全球对教材产品的一贯教学支持服务，对采用其教材的每位老师提供教学辅助资料。任何一位通过 Cengage Learning 北京代表处注册的老师都可直接下载所有在线提供的、最为丰富的教学辅助资料，包括教师用书、PPT、习题库等。

鉴于部分资源仅适用于老师教学使用，烦请索取的老师配合填写如下情况说明表。

--✂--

教学辅助资料索取证明

兹证明 _____ 大学 _____ 系/院 _____ 学年（学期）开设的 _____ 名学生 □主修 □选修的 _____ 课程，采用如下教材作为□主要教材或□参考教材：

书　名：_____
作　者：_____　　　□英文影印版　　□中文翻译版
出版社：_____
学生类型：　□本科 1/2 年级　　□本科 3/4 年级　　□研究生　　□MBA　　□EMBA　　□在职培训
任课教师姓名：_____　通信地址：_____
职称/职务：_____　E-mail：_____
电话：_____　邮编：_____
对本教材建议：_____
_____
_____

系/院主任：_____（签字）

（系/院办公室章）

_____年____月____日

--✂--

* 相关教辅资源事宜敬请联络圣智学习出版公司北京代表处。

Tsinghua University Press
清华大学出版社
北京市海淀区清华园学研大厦 B 座 509 室
邮编：100084
Tel：8610-83470332 / 83470142
Fax：8610-83470107
E-mail：yuanyang_xu@qq.com

Cengage Learning Beijing Office
圣智学习出版公司北京代表处
北京市海淀区科学院南路 2 号融科资讯中心 C 座南楼 12 层
1201 室　邮编：100190
Tel：(8610)8286 2095/96/97　Fax：(8610)8286 2089
E-mail：asia.infochina@cengage.com
www.cengageasia.com

教师样书申请

尊敬的老师:

您好!感谢您选用清华大学出版社的教材!为方便教师选用教材,我们为您提供免费赠送样书服务。授课教师扫描下方二维码即可获取清华大学出版社教材电子书目。在线填写个人信息,经审核认证后即可获取所选教材。我们会第一时间为您寄送样书。

任课教师扫描二维码
可获取教材电子书目

  清华大学出版社

E-mail: tupfuwu@163.com   网址: http://www.tup.com.cn/
电话: 010-83470332/83470142   传真: 8610-83470107
地址: 北京市海淀区双清路学研大厦B座509室   邮编: 100084